böhlau

Europäische Diktaturen und ihre Überwindung
Schriften der Stiftung Ettersberg

Herausgegeben von
Jörg Ganzenmüller
Anke John
Christiane Kuller

in Verbindung mit
dem Wissenschaftlichen Beirat
der Stiftung Ettersberg

Band 29

Katharina Schwinde

Mitwirken in der Diktatur
Russischer Denkmalschutz und Denkmalpflege
in den langen 1960er Jahren

BÖHLAU

Gefördert durch die Thüringer Staatskanzlei

Gedruckt mit freundlicher Unterstützung der Bundesstiftung
zur Aufarbeitung der SED-Diktatur

Zugl. Dissertation Friedrich-Schiller-Universität 2018

Bibliografische Information der Deutschen Nationalbibliothek:
Die Deutsche Nationalbibliothek verzeichnet diese Publikation in der
Deutschen Nationalbibliografie; detaillierte bibliografische Daten sind
im Internet über https://dnb.de abrufbar.

© 2024 Böhlau, Lindenstraße 14, D-50674 Köln, ein Imprint der Brill-Gruppe
(Koninklijke Brill NV, Leiden, Niederlande; Brill USA Inc., Boston MA, USA;
Brill Asia Pte Ltd, Singapore; Brill Deutschland GmbH, Paderborn, Deutschland;
Brill Österreich GmbH, Wien, Österreich)
Koninklijke Brill NV umfasst die Imprints Brill, Brill Nijhoff, Brill Schöningh,
Brill Fink, Brill mentis, Brill Wageningen Academic, Vandenhoeck & Ruprecht,
Böhlau und V&R unipress.
Alle Rechte vorbehalten. Das Werk und seine Teile sind urheberrechtlich
geschützt. Jede Verwertung in anderen als den gesetzlich zugelassenen Fällen
bedarf der vorherigen schriftlichen Einwilligung des Verlages.

Umschlagabbildung: Teilnehmer der Restaurierungsbrigade Solovki-83
bei Bauarbeiten am Solovecker Kloster, 1983 © Privatarchiv Igor' Mitin (Moskau).

Umschlaggestaltung: Michael Haderer, Wien
Korrektorat: Anja Borkam, Langenhagen
Satz: büro mn, Bielefeld
Druck und Bindung: Hubert & Co., Göttingen
Printed in the EU

Vandenhoeck & Ruprecht Verlage | www.vandenhoeck-ruprecht-verlage.com

ISBN 978-3-412-52762-4

Für Stefan & Ida

Inhalt

Danksagung 13

Einleitung 15
   1. Der russische Denkmalschutz zwischen russischem Nationalismus und sowjetischer Moderne – Zur Relevanz des Themas 18
   2. Forschungsstand 23
   3. Aufbau der Arbeit und ihre Quellen 26
   4. Staat und Gesellschaft in der Russischen Föderativen Sowjetrepublik – Ein methodisches Problem 32
   5. Der sozialistische Gesellschafts- und Demokratiebegriff 36
   6. Was waren die sowjetischen 1960er Jahre? Versuch einer Binnenperiodisierung 43

I Zwischen Tradition und Revolution. Sowjetische Denkmalschutzkonzepte von 1917 bis in die 1970er Jahre 49
   1. Denkmalschutz und Denkmalpflege von Lenin bis Stalin 50
      1.1 Der Kulturerbebegriff marxistisch-leninistischer Prägung 52
      1.2 Zwischen der Musealisierung und dem Ausverkauf der Kulturgüter 57
      1.3 Neue Ökonomische Politik – Pragmatismus im Städtebau 63
      1.4 Vom großen Umbruch zum großen Abbruch 1927–1935 65
          1.4.1 Das Schicksal der Sakralbauten 66
          1.4.2 Ziviler Widerstand und Repressionen 67
          1.4.3 Abbau des Denkmalschutzsystems und die Generalbebauungspläne 70
      1.5 Denkmäler als Abzeichen des sowjetischen Patriotismus 1936–1945 73
      1.6 Wiederaufbau 1945–1950 77
          1.6.1 Von ersten Rettungsmaßnahmen zu den Generalbebauungsplänen 1945–1947 79
          1.6.2 Der Beschluss des Jahres 1948 – Standardisierungen und Wege zur Professionalisierung 82
      1.7 Zwischenfazit 83
   2. Die Neuformierung und Emanzipation der russischen *intelligencija* zwischen Entstalinisierung und kulturellem ›Tauwetter‹ 85

2.1 Die sowjetische *intelligencija* als soziale Gruppe
und Analysekategorie 88
2.2 Die gesellschaftliche Retrospektive und ihre Ausprägungen
in Wissenschaft und Kultur 92
2.3 Die Wiederbelebung des *kraevedenie* 98
3. Die Entwicklung des sowjetischen Denkmalbegriffes und die
ideologische Einwurzelung des ›fremden‹ Erbes 103
3.1 Der Kulturerbebegriff der 1950er und 1960er Jahre 105
3.2 Die »Rehabilitierung des Erbes« 107
3.3 Internationale Ebene 111
3.4 Die frühe Brežnev-Ära – Nationalistisches Denkmalkonzept
und ideologisches Erziehungsmandat 116
3.5 Die unionsweite Denkmalsschau 1972 122
4. Zusammenfassung Teil I 127

II Gesellschaftliche Akteure als Katalysatoren einer neuen staatlichen Denkmalschutzpolitik 131

1. Chruščëvs Kampagne gegen die Kirchen und die Rolle
der russisch-orthodoxen Kirche im Denkmalschutz 132
   1.1 Die ›Kirchenreformen‹ unter Chruščëv 135
   1.2 Abriss und Verfall – Das Schicksal regionaler Kirchenarchitektur
   in der Chruščëv-Ära 139
   1.3 Zwischen forcierter antireligiöser Propaganda und friedlicher
   Koexistenz – Staat und Kirche in der Brežnev-Ära 142
   1.4 Die Rolle der orthodoxen Kirche im Denkmalschutz
   der Brežnev-Ära 145
   1.5 Zwischenfazit 151
2. Die *derevenščiki* und die Popularisierung des
Denkmalschutzdiskurses 153
   2.1 Die Landwirtschaftsreformen unter Chruščëv 155
   2.2 Brežnevs ›Kehrtwende‹ 158
   2.3 Von der Kolchosliteratur zur Dorfprosa 160
   2.4 Die sowjetische Dorfprosa und ihre *malaja rodina* 162
   2.5 Der Denkmalschutz als literarisches Sujet der Dorfprosa ... 165
      2.5.1 Efim Doroš: *Derevenskij dnevnik* 167
      2.5.2 Vladimir Solouchin: *Vladimirskie proselki* 168
      2.5.3 Vladimir Solouchin: *Pis'ma iz russkogo muzeja* 169
      2.5.4 Reisen in alte Zeiten. Der »historisch-kulturelle
      Tourismus« der 1960er Jahre 174

           2.5.5   Vladimir Solouchin: *Černye doski* 179
     2.6   Zwischenfazit 180
3. Städteplaner und Architekten als Zerstörer und Bewahrer:
     Denkmalschutz zwischen Urbanisierung und Lokalpatriotismus 184
     3.1   Das urbane Wohnungsbauprogramm der Chruščëv-Ära 185
           3.1.1   Konformität oder Individualität – Das Beispiel Moskau .. 189
           3.1.2   Altrussische Architektur als Störfaktor zur
                   Transformation in eine sozialistische Stadt? –
                   Das Beispiel Novgorod 192
     3.2   Architektinnen und Architekten – Verwissenschaftlichung
           und internationale Einflüsse 197
     3.3   Stadtplanung und gesellschaftliche Partizipation 201
     3.4   Ziviler Protest – Das Beispiel des Hotel *Rossija* 206
     3.5   Zwischenfazit 209
4. Die VOOPIiK – Eine gesellschaftliche Institution und deren
     staatliche Einhegung 210
     4.1   Zuständigkeiten auf der Denkmalschutzebene vor 1965 212
     4.2   Nikolaj Nikolaevič Voronin – Denkmalschützer
           der ersten Stunde 216
     4.3   Unzureichende gesetzliche Grundlagen 218
     4.4   Der patriotische Jugendklub der Liebhaber für vaterländische
           Geschichte und Kultur – Rodina 224
     4.5   Die Gründung der Allrussischen Gesellschaft zum Schutz
           von Geschichts- und Kulturdenkmälern (VOOPIiK) 233
           4.5.1   Die Struktur der VOOPIiK und die Frage nach einem
                   eigenen Verlagsorgan 238
           4.5.2   Die VOOPIiK als Kommunikationsorgan 243
5. Zusammenfassung Teil II 247

III Der Denkmalschutz in einer Nussschale – Die Solovecker Inseln 253
1. Die Etablierung des sowjetischen Denkmalschutzes
     auf den Solovki: Die Vorläufer gesellschaftlicher Denkmalpflege
     und deren Ende 1920–1957 256
     1.1   *Kraevedenie* im russischen Norden – Die Gesellschaft
           für Heimatkunde in Archangel'sk 257
     1.2   Die Rettung der Solovecker Architekturdenkmäler in den
           frühen 1920er Jahren 260
     1.3   Zwischenfazit: Die Regelung der Koexistenz zwischen Lager
           und Denkmalschutz 268

1.4 Erforschen und Bewahren: Die Tätigkeit der Solovecker Gesellschaft für Heimatkunde in den 1920er und 1930er Jahren 269
    1.4.1 Das Solovecker Lagermuseum – Denkmalpflege und erste Versuche der Musealisierung 274
    1.4.2 Das Solovecker *zapovednik* – Naturschutz im Lager 280
    1.4.3 Außenwirkung und wissenschaftliche Bedeutung der Solovecker Heimatkundegesellschaft 283
    1.4.4 Der ›Große Terror‹ und das Ende der Solovecker Heimatkundegesellschaft 286
1.5 Zwischenfazit: Symbiose von Denkmal- und Naturschutz im Lager 288
1.6 Die sowjetische Nordflotte und die Solovecker Denkmäler 1939–1957 290
    1.6.1 Die Solovecker *Škola Jung* 1942–1945 299
1.7 Zwischenfazit 301
2. Vom militärischen Sperrgebiet zum »touristischen Mekka« der späten 1960er Jahre – Pavel Vitkov als *kraeved* des Nordens 303
    2.1 Die Wiederbelebung des Denkmalschutzes: Pavel Vitkov auf den Solovki 1957–1962 305
        2.1.1 Vitkov und die Akademie der Wissenschaften 312
        2.1.2 Vitkov als Vordenker der Verankerung des *kraevedenie* im Schulunterricht 314
    2.2 Pavel Vitkov und die Entstehung der VOOPIiK 1962 bis Mai 1966 316
    2.3 Die Entwicklung der Solovki vom ›touristischen Neuland‹ zum »touristischen Mekka« 319
    2.4 Zwischenfazit: 1965 als Wendejahr für die Solovki? 323
    2.5 Die Konferenz *Kulturdenkmäler des Russischen Nordens* im Juli 1966 in Archangel'sk 325
    2.6 Von den »Solovecker Träumereien« zu Vitkovs Tatsachenpolitik 333
    2.7 Zwischenfazit 338
3. Die Musealisierung der Solovecker Denkmäler – Das Solovecker Museum 340
    3.1 Museumsgründung im Alleingang – Svetlana Vereš und der Aufbau des Solovecker Museums 1965–1968 344

3.2 Das Solovecker Museum als verlängerter Arm der VOOPIiK – Regulierte Mitsprache im dezentralisierten Kulturbetrieb der Region ... 346
3.3 Die Restaurierung der Solovecker Kreml'anlage – Strukturprobleme und ungeklärte Zuständigkeiten ... 353
3.4 Zwischenfazit ... 364
3.5 Die Solovecker Sammlung – Auf der Suche nach dem verlorenen Klosterschatz ... 365
3.6 Wissenschaftliche Grundlagenforschung und Forschungsexpeditionen ... 370
3.7 Die Interpretation der Solovecker Vergangenheit – Ausstellungsarbeit und ideologisches Erziehungsprogramm .. 373
    3.7.1 Die ersten Ausstellungen des Solovecker Museums ... 376
    3.7.2 Die sowjetische Interpretation der Solovecker Vergangenheit – Die Rundgänge der 1960er Jahre ... 380
    3.7.3 Zwischenfazit ... 386
3.8 Der Kampf um die Deutungshoheit auf den Solovki Ende der 1960er und Anfang der 1970er Jahre ... 387
3.9 Zwischenfazit ... 405
4. Auf den Baustellen des Kommunismus? Die studentische Restaurierungs- und Baubrigade *Solovki* in den 1960er und 1970er Jahren ... 409
   4.1 Organisationsgeschichte der Restaurierungs- und Baubrigade ›Solovki 67‹ im Kontext der studentischen Baubrigadenbewegung der 1960er Jahre ... 414
   4.2 Die Restaurierungsbrigaden der VOOPIiK der späten 1960er Jahre ... 420
   4.3 Das Ausbildungsprogramm der ›Kämpfer‹ der Solovecker Restaurierungsbrigade ... 425
5. Zusammenfassung Teil III ... 434

Schlussbetrachtung ... 437
  Epilog – Solovecker Entwicklung(en) und der Streit um die Deutungshoheit ... 446

Quellen und Literaturverzeichnis 453
   Archivquellen 453
   Veröffentlichte Dokumentensammlungen 454
   Memoiren, Belletristik und zeitgenössische Fachliteratur 455
   Zeitungen und Zeitschriften mit zitierten Jahrgängen 459
   Sekundärliteratur 460
   Enzyklopädien und Lexika 480
   Zitierte Filme/Fernsehsendungen 480
   Internetquellen 480

Abbildungsverzeichnis 483

Danksagung

Mein Dank gilt an erster Stelle meinem Doktorvater Prof. Dr. Jörg Ganzenmüller. Ohne sein Vertrauen in meine Fähigkeiten hätte ich dieses Buch vermutlich nie geschrieben. Gemeinsam mit Prof. Dr. Joachim von Puttkamer und Dr. Raphael Utz hat er mir das wissenschaftliche Werkzeug an die Hand gegeben und mir die Freude am wissenschaftlichen Arbeiten vermittelt. Ich danke ihm für etliche Betreuungsgespräche, seine konstruktiven Anmerkungen, seine Hilfe bei der klaren Strukturierung von halbgaren Gedanken und Fragestellungen und seine freundschaftliche Begleitung in allen Phasen der Arbeit.

Ich hatte das Glück eine wunderbare Doktorandenzeit am Imre-Kertész-Kolleg der Friedrich-Schiller-Universität erleben zu dürfen. Die Arbeit im Rahmen der Graduiertenschule mit lieben Kolleginnen und Kollegen, Hilfskräften und Wissenschaftlerinnen und Wissenschaftlern aus der ganzen Welt hat mich intellektuell befruchtet und mir die Möglichkeit gegeben, über den sowjetischen Tellerrand zu blicken. Zahlreiche Kolloquien, Konferenzen, Vorträge, Sommerschulen, Schreibwerkstätten, Mittagessen und Kaffeepausen haben zu meinem wissenschaftlichen Denken beigetragen. Hierfür bin ich Herrn Prof. Dr. Joachim von Puttkamer und Herrn Prof. Dr. Włodzimierz Borodziej zu großem Dank verpflichtet. Raphael Utz war mir von Beginn an Freund und Ratgeber, Mutmacher und Unterstützer. Viele kritische und kluge Anregungen habe ich ihm zu verdanken. Daniela Gruber gebührt neben Diana Joseph großer Dank für ihre administrative Unterstützung – in erster Linie aber für ihre Freundschaft.

Die schönsten Erinnerungen an meine Doktorandenzeit sind mit meinem Freund Immo Rebitschek verknüpft. Unsere gemeinsamen Reisen nach Russland, unsere langen Bürotage und Diskussionen von beruflichen und privaten Problemen, seine Ratschläge und Ideen haben immens zu diesem Buch beigetragen. Und unsere Freundschaft gehört zu den schönsten Ergebnissen meiner Forschungen.

Ohne die Hilfe meiner russischen Unterstützerinnen und Unterstützer wären mir viele Türen verschlossen geblieben. Ich danke der Gesellschaft Memorial, insbesondere Dmitrij Kozlov für seine Hilfe in Archangel'sk, in Moskau und auf den Solovki. Ich bin sehr dankbar dafür, dass ich die großartige Arbeit Jurij Brodskijs kennenlernen durfte. Er öffnete mir die Tür seines Hauses in Ėlekrostal' und damit den Zugang zu seinem Privatarchiv. Gerne erinnere ich mich an die Gespräche in der Physikalischen Fakultät der Universität Moskau mit Igor' Mitin, der bereit war mit mir seine Erinnerungen an die Solovki zu teilen. Anastasija Lykova und

Sergej Jakovlev ebneten mir den Weg ins Museumsarchiv auf den Solovki und zeigten mir, wie wunderschön die Inseln sind. Elena Šurupova danke ich für ihre Zeit und die Ausflüge, die mir den Aufenthalt in Archangel'sk verkürzt haben. Einen besonders schönen Nachmittag durfte ich mit den Mitarbeiterinnen und Mitarbeitern der Abteilung für altrussische Literatur des Puškinskij Dom der Akademie der Wissenschaften in St. Petersburg verbringen. Sie gaben mir einen Einblick in die Wirkungsstätte und das Archiv Dmitrij Lichačëvs und teilten über Kaffee und Plätzchen viele persönliche Erinnerungen an den Literaturwissenschaftler mit mir. Eine familiäre Umgebung und liebevolle Betreuung in Moskau abseits der Archive erfuhren wir dank Janina und Lija Urussowa.

Durch das Doktorandenstipendium erleichterte mir das Deutsche Historische Institut in Moskau die Arbeit in den Archiven. Dem DHI danke ich zudem für die Hilfe bei der Drucklegung des Buches. Leider verhinderte der Angriffskrieg Russlands auf die Ukraine, dass ich für weitere Abbildungen die Druckgenehmigung erhalten konnte. Wichtige Anregungen zu meiner Doktorarbeit erhielt ich in Kolloquien und Konferenzen zur Osteuropäischen Geschichte in Bremen, Halle, Bielefeld und Basel. Weitere Hinweise zur Veröffentlichung verdanke ich meinen Gutachtern Prof. Dr. Jörg Ganzenmüller, Prof. Dr. Joachim von Puttkamer und Prof. Dr. Malte Rolf.

Ich freue mich sehr, dass der Wissenschaftliche Beirat und der Vorstand der Stiftung Ettersberg der Aufnahme meiner Arbeit in die Schriftenreihe der Stiftung zugestimmt haben. Der Bundesstiftung zur Aufarbeitung der SED-Diktatur danke ich für die unbürokratische Bewilligung und Bereitstellung eines Druckkostenzuschusses.

Abschließend gebührt meiner Familie Dank, allen voran meinen Eltern. Ich danke ihnen für ihre Unterstützung, ihre Geduld und ihr stetes Vertrauen in meinen Lebensweg. Meinen Geschwistern und meiner Schwiegerfamilie danke ich fürs Daumendrücken und ihr Interesse. Seit unserem gemeinsamen Studium lieferten meine Freundinnen Ida Bird, Erika Boon, Anna Dittmar und Tatjana Gens die notwendige Ablenkung und moralische Unterstützung. Dem Ehepaar Meier danke ich für viele kostenlose Übersetzungsdienste.

Stefan, dein Zuspruch und deine Unterstützung waren mir Ansporn und gaben mir das notwendige Durchhaltevermögen. Und unsere Familie ist für mich der schönste Rückzugsort. Ich wünsche mir, dass unsere Tochter noch lange in dem Glauben leben wird, dass der Beruf ihrer Mutter darin besteht, Bücher zu lesen. Euch ist dieses Buch in Liebe gewidmet.

Weimar, im Juni 2023

Einleitung

Ende Mai 1964 verabschiedeten führende Architekten, Restauratoren, Archäologinnen und Archäologen auf der Isola di San Giorgio Maggiore das erste Grundsatzpapier zu internationalen Standards des Konservierens und Restaurierens von Denkmälern. Die so genannte *Charta von Venedig*, die als Grundgesetz der Denkmalpflege in die Geschichte eingegangen ist, unterstreicht in ihrer Präambel die Verpflichtung heutiger Gesellschaften, das kulturelle Erbe zu bewahren und es an die kommenden Generationen weiterzugeben.[1] Nach den Zerstörungen des Zweiten Weltkriegs und der Periode des Wiederaufbaus fristete die Denkmalpflege in den Jahren des europäischen Wirtschaftsaufschwungs allerdings zunächst ein Schattendasein. Aus diesem Grund wurde die *Charta von Venedig* in Westeuropa zum Zeitpunkt ihrer Verabschiedung so gut wie gar nicht wahrgenommen.[2] In der Bundesrepublik Deutschland sollte sich diese Situation erst im Zuge der gesellschaftspolitischen Umbrüche um das Jahr 1968 ändern, die eine Neubestimmung der Denkmalpflege zur Folge hatten. Hier löste sich die Denkmalpflege von ihrer ausschließlich kunsthistorischen Legitimation und wurde fortan zunehmend sozialpolitisch interpretiert.[3] Die gesellschaftliche Bedeutung der Denkmalpflege, insbesondere in ihrem Umgang mit Geschichte, wurde bald auch im steigenden Interesse an der Denkmalpflege sichtbar. So gründeten sich in den 1970er Jahren in Westdeutschland Bürgerinitiativen, denen es nicht nur um den Schutz von Baudenkmälern, sondern vielmehr um die konkrete Teilhabe an der kommunalen Stadtplanung ging. Diese Bewegung erreichte im europäischen Denkmalschutzjahr 1975 ihren Höhepunkt.[4] Etwa 150 Bürgerinitiativen und ein ständig wachsendes Netzwerk an lokalen Geschichts- und Heimatvereinen sahen sich in der Verantwortung, Baudenkmäler vor dem Abriss zu bewahren und im Verfall begriffene Architektur zu

---

1   Viktoria Lukas-Krohm: Denkmalschutz und Denkmalpflege von 1975 bis 2005 mit Schwerpunkt Bayern (Schriften aus der Fakultät Geistes- und Kulturwissenschaften der Otto-Friedrich-Universität Bamberg, 19), Bamberg 2014, S. 15.
2   Achim Hubel: Denkmalpflege. Geschichte, Themen, Aufgaben, Eine Einführung, 2. durchgesehene und aktualisierte Auflage, Stuttgart 2011, S. 148.
3   Winfried Speitkamp: Die Verwaltung der Geschichte. Denkmalpflege und Staat in Deutschland 1871–1933 (Kritische Studien zur Geschichtswissenschaft, 114), Göttingen 1996, S. 12.
4   Siehe dazu Michael S. Falser: Zwischen Identität und Authentizität. Zur politischen Geschichte der Denkmalpflege in Deutschland, Dresden 2008, besonders S. 99–131.

schützen.⁵ Zeitgenössische Beobachter ließen sich sogar dazu hinreißen, das plötzlich gestiegene Interesse an der Denkmalpflege in Westdeutschland als »Volksbewegung« zu betiteln.⁶

Auf der anderen Seite des ›Eisernen Vorhangs‹ begeisterten sich viele DDR-Bürger ebenfalls erst nach den beiden ersten Jahrzehnten des Wiederaufbaus für den Schutz von Baudenkmälern. Während der Heimatbegriff in den 1950er Jahren eine kontrovers diskutierte Konjunktur erlebte, regte die so genannten Kulturerbediskussion Anfang der 1970er Jahre eine Debatte über den Schutz von Gebäuden und historischen Denkmälern an.⁷ Doch während sich die westdeutschen Bürgerbewegungen »in Opposition zum Staat« und als Verfechter einer neuen Sozialpolitik gründeten,⁸ integrierte die DDR die Sorge um den Verfall historischer Baudenkmäler in ihr Kulturerbekonzept und versuchte, das Engagement der Bevölkerung für die Denkmalpflege in staatliche Kampagnen zu lenken, die sowohl die lokale Identität der Bürgerinnen und Bürger, den Patriotismus, als auch die individuelle Verantwortung innerhalb der sozialistischen Gesellschaft stärken sollten.⁹

In der Sowjetunion wiederum, wo die Menschen mit dem Jahr 1968 gänzlich andere Erfahrungen verbanden als im ›Westen‹, begannen sich das Interesse an und der zivile Einsatz in der Denkmalpflege bereits sehr viel früher Bahn zu brechen. Zuvorderst in den einzelnen sowjetischen Teilrepubliken entsponnen sich bereits Mitte der 1950er Jahre Diskussionen über das eigene nationale kulturelle Erbe, die in der Gründung erster staatlicher denkmalpflegerischer Freiwilligenorganisationen mündeten: 1959 in Georgien, 1962 in Aserbaidschan und 1964 in Armenien. In Litauen schloss sich die Denkmalschutzorganisation 1965 mit der Gesellschaft für Heimatkunde zusammen, in Lettland fusionierten die Denkmalpflegerinnen und Denkmalpfleger mit der nationalen Naturschutzorganisation. In der Russischen, der Ukrainischen und in der Weißrussischen Sowjetrepublik wurden 1965 bzw. 1966 erste staatliche Denkmalschutzorganisationen gegründet.¹⁰

---

5   Zitiert in: TOBIAS BECKER: Rückkehr der Geschichte? Die »Nostalgie-Welle« in den 1970er und 1980er Jahren, in: FERNANDO ESPOSITO: Zeitenwandel. Transformation geschichtlicher Zeitlichkeit nach dem Boom, Göttingen 2017, S. 93–118, hier S. 109.
6   So beispielsweise ein Redakteur der *Frankfurter Allgemeinen Zeitung*, zitiert in RUDY KOSHAR: From Monuments to Traces. Artifacts of German Memory, 1870–1990, Berkeley u. a. 2000, S. 237.
7   Siehe JAN PALMOWSKI: Die Erfindung der sozialistischen Nation. Heimat und Politik im DDR-Alltag (Kommunismus und Gesellschaft, 4), Berlin 2016, S. 127–134.
8   Ebd., S. 168.
9   Ebd., S. 162 f, 166.
10 Bol'šaja Sovetskaja Enciklopedija. 18. Teilband (Nikko–Otolity), ³Moskva 1970, S. 241.

Die Diskussionen über den Denkmalschutz und die Denkmalpflege, die in den ausgehenden 1950er und beginnenden 1960er Jahren in den Reihen der kulturellen *intelligencija* in der Russischen Sowjetrepublik geführt wurden, waren eine direkte Reaktion auf die umfassenden Reformen unter Nikita Chruščëv ab der Mitte der 1950er Jahre, die das Leben der städtischen und ländlichen Bevölkerung zutiefst durchdrangen. Die transformative Logik der sowjetischen Modernisierung wurde durch den Verfall und den Abriss historischer Architektur besonders sichtbar und führte dazu, dass Diskussionen über den Schutz und den Erhalt von Baudenkmälern in der russischen Gesellschaft breite Resonanz fanden.[11]

Mit dem Machtwechsel im Kreml' 1964 und dem Regierungsantritt Leonid Brežnevs gründeten sich erste Initiativgruppen in der Denkmalpflege, die in Eigenregie verfallene Baudenkmäler dokumentierten und restaurierten. Dieses persönliche Engagement der Menschen in ihrer Freizeit zwang den sowjetischen Staat Ende 1965 schließlich zur Einrichtung der Allrussischen Gesellschaft zum Schutz von Geschichts- und Kulturdenkmälern (Vserossijskoe Obščestvo Ochrany Pamjatnikov Istorii i Kul'tury – kurz VOOPIiK). Als ›Bewegung von unten‹ in staatliche Politik überführt, dienten der Denkmalschutz und vor allem die Denkmalpflege ähnlich wie in der DDR dazu, das ideologische Konstrukt der ›sozialistischen Demokratie‹ mit Leben zu füllen. Da die Denkmalpflege auf unmittelbare und vor allem sichtbare Weise die Gestaltung der sowjetischen Gegenwart beeinflusste,[12] eignete sich dieses Aktionsfeld besonders gut, um der Bevölkerung die Teilhabe am sozialistischen Projekt zu suggerieren. Gebetsmühlenartig wiederholten sowjetische Funktionärinnen und Funktionäre daher, dass der russische Denkmalschutz durch die »Einbeziehung einer breiten Öffentlichkeit« *(privlečenie širokoj obščestvennosti)* realisiert werden sollte.[13] Die sowjetische Freiwilligenorganisation VOOPIiK wurde in diesem Zusammenhang als direktes Kommunikationsorgan zwischen dem Staat und der russischen Bevölkerung gelobt, in dem engagierte Bürgerinnen und Bürger bürokratische Positionen einnehmen

---

11 Victoria Donovan: The »Old New Russian Town«. Modernization and Architectural Preservation in Russia's Historic North West, 1961–1982, in: *Slavonica* 19, 1 (2013), S. 18–35, hier S. 19.
12 Ebd., S. 24.
13 Siehe beispielsweise Beschluss des Ministerrats der RSFSR vom 30. August 1960: Über die weitere Verbesserung des Schutzes von Kulturdenkmälern in der RSFSR. In: Ochrana pamjatnikov istorii i kul'tury. Sbornik dokumentov, Moskva 1973, S. 138–142, hier S. 139, bzw. Beschluss des Ministerrats der RSFSR vom 23. Juli 1965: Über die Einrichtung der Allrussischen ehrenamtlichen Gesellschaft zum Schutz von Geschichts- und Kulturdenkmälern. In: ebd., S. 144–149, hier S. 144; Ju. A.Tichonov: S"ezdy Vserossijskogo obšestva ochrany pamjatnikov istorii i kul'tury. In: *Voprosy istorii* 10 (1984), S. 13–28, hier S. 14.

und damit Einfluss auf den Denkmalschutz in ihren Heimatregionen ausüben konnten. Die Freiwilligenorganisation wuchs rasant. 1976 hatte die VOOPIiK laut eigenen Aussagen bereits etwa 11,5 Millionen individuelle Mitglieder.[14] Bis 1980 konnte sie ihr Netz auf 223 regionale Abteilungen und tausende lokale Primärorganisationen ausbauen, die den individuellen und kollektiven Mitgliedern, wie etwa Belegschaften ganzer Kolchosen, Kombinate, Unternehmungen und Bildungseinrichtungen, vorstanden.[15]

Vor dem hier skizzierten Hintergrund und der angenommenen breiten sozialen Basis der russischen Denkmalschutzbewegung stellen sich für die vorliegende Arbeit folgende Fragen: Erstens: Inwieweit und in welcher Weise wirkten gesellschaftliche Akteure als Initiatorinnen und Initiatoren einer grundlegenden Neukonzeption des sowjetischen Denkmalschutzes und der Denkmalpflege? Und zweitens: Muss die Forderung nach der »Einbeziehung einer breiten Öffentlichkeit« in den russischen Denkmalschutz und die Denkmalpflege als Lippenbekenntnis einer autoritären Führung interpretiert werden, die zum Erhalt und zur Festigung bestehender Machtbeziehungen beitrug, oder funktionierte das staatliche russische Denkmalschutzsystem tatsächlich als Feld gesellschaftlicher Teilhabe? Und in welchem Maße trug dies schließlich zu einer Integration der Akteure in den sowjetischen Staat bei?

1. Der russische Denkmalschutz zwischen russischem Nationalismus und sowjetischer Moderne – Zur Relevanz des Themas

Baudenkmäler sind nach der Definition von Viktoria Lukas-Krohm materielle Artefakte der Vergangenheit und bilden als solche die mentale Kultur, das heißt die Werte und Konventionen vergangener Gesellschaften ab und übertragen eine »geistige Botschaft der Vergangenheit« in die Gegenwart.[16] Gleichzeitig sind Baudenkmäler ebenso Träger von Informationen zu gegenwärtigen Gesellschaften, die sich über den Umgang mit ihnen charakterisieren lassen. Sie sind als solche Palimpseste, die Spuren von Zeitebenen und Zeitvorstellungen in sich

---

14 Statistik über die Anzahl der regionalen Abteilungen, die Primärorganisationen und die Mitglieder der Allrussischen Gesellschaft für den Schutz von Geschichts- und Kulturdenkmälern. Gosudarstvennyj archiv Archangel'skoj Oblasti (im Folgenden GAAO), f. 2614, op. 1, d. 187, ll. 97–98.

15 Brief des Zentralen Sowjets der VOOPIiK an alle Abteilungen auf Rebubliks-, Regions- und Stadtebene vom 13. 10. 1980, GAAO, f. 2614, op. 1, d. 187, ll. 95–96ob., hier l. 95.

16 LUKAS-KROHM: Denkmalschutz und Denkmalpflege, S. 15.

tragen und den für die Postmoderne prägenden Zeiteindruck der Gleichzeitigkeit und des Ungleichzeitigen unterstreichen.[17]

In Russland orientierte sich der moderne Denkmalbegriff ähnlich wie in Westeuropa am erweiterten Denkmalverständnis des 19. Jahrhunderts. Demzufolge waren bewusst gesetzte Zeichen zur Erinnerung an zum Beispiel historische Ereignisse ebenso Denkmäler wie Objekte, die über ihre frühere rein funktionale Bedeutung hinaus einen Wert zur Erinnerung und zur Erforschung früherer Epochen besaßen.[18] Die Erweiterung des Denkmalbegriffes, die Diskussionen darüber zur Folge hatte, welche Objekte welcher historischen Epochen als erhaltenswert eingestuft werden sollten, entsprang in Russland einer nationalen Selbstvergewisserung nach den napoleonischen Kriegen.[19] Ab der zweiten Hälfte des 19. Jahrhunderts wurden in Russland die Zuschreibungen ›vaterländisch‹ und ›fremd‹ in Bezug auf den Ursprung und die Entstehung eines Bauwerks zur Ermittlung des Denkmalswerts genutzt.[20] Spätestens seit dem 19. Jahrhundert besaß der Umgang mit dem historischen Bauerbe in Russland demzufolge identitätsstiftenden Charakter.

Angesichts des reichhaltigen baulichen Erbes des russischen Zarenreiches hatten sich die Bol'ševiki nach der Oktoberrevolution die Frage zu stellen, welche materiellen Überreste der russischen Geschichte sie erhalten, anerkennen und damit im Gedächtnis der Bevölkerung präsent halten wollten.[21] In der Sowjetunion, in der die Vergangenheit als »Erfahrungs- und Orientierungsraum« für immer ausgedient zu haben schien[22] und die Gegenwart im Rahmen einer zukunftsorientierten sozialistischen Fortschrittsideologie entwertet wurde, demonstrierten Sprengungen von Baudenkmälern »den Triumph der

---

17 ANSGAR NÜNNING: »Moving back and forward in time«: Zur Gleichzeitigkeit verschiedener Zeitstrukturen, Zeiterfahrungen und Zeitkonzeptionen im englischen Roman der Gegenwart. In: MARTIN MIDDEKE (Hrsg.): Zeit und Roman. Zeiterfahrungen im historischen Wandel und ästhetischer Paradigmenwechsel vom sechzehnten Jahrhundert bis zur Postmoderne, Würzburg 2002, S. 395–S. 411.
18 HUBEL: Denkmalpflege, S. 158 f. Für die Entwicklung des Denkmalbegriffs in Russland siehe: DMITRIJ DAVYDOV: Das »fremde« Erbe. Grenzsicherungsanlagen der 1920er-1940er Jahre als Gegenstand des Denkmalschutzes in Russland, Dissertation Bonn 2014, S. 15. Abgerufen unter URL: https://bonndoc.ulb.uni-bonn.de/xmlui/handle/20.500.11811/6002, letzter Zugriff: 18.06.2023.
19 DAVYDOV: Das »fremde« Erbe, S. 10.
20 Ebd., S. 16.
21 ALEIDA ASSMANN: Geschichte im Gedächtnis. Von der individuellen Erfahrung zur öffentlichen Inszenierung, München 2007, S. 131 ff.
22 STEFAN PLAGGENBORG: Experiment Moderne. Der sowjetische Weg, Frankfurt/New York 2006, S. 87.

Moderne über das Abgelegte«.²³ In einer Epoche der »beschleunigten Zeit«, in der das historische Handeln der Bol'ševiki den Zeitverlauf bestimmte,²⁴ schienen Baudenkmäler der Zarenzeit als Abbilder verschiedener ›Zeitschichten‹²⁵ den Homogenisierungstendenzen der sozialistischen Machthaber und der Eindeutigkeit der historischen Entwicklung des Landes grundsätzlich entgegenzustehen. Und doch gestaltete sich der Umgang der Bol'ševiki mit dem ›fremden‹ Erbe keineswegs geradlinig und war bis zum Zusammenbruch der Sowjetunion politischen und gesellschaftlichen Konjunkturen unterworfen. So kam es nach der Oktoberrevolution eben nicht zur oftmals gepriesenen Tabula rasa in Bezug auf die baulichen Hinterlassenschaften der Zarenzeit. Vielmehr avancierte der Umgang mit dem kulturellen Erbe des Landes zum Mittelpunkt kontrovers geführter wissenschaftlicher und politischer Diskussionen. Lenins Theorie der ›zwei Kulturen‹, die das kulturelle Erbe des ›Zarismus‹ als Errungenschaft der ausgebeuteten Massen interpretierte, entwickelte sich zum ideologischen Leitansatz, der die Nachnutzung historischer und politisch symbolträchtiger Gebäude für die Bol'ševiki legitimierte. In den 1930er Jahren wiederum fielen etliche historische Baudenkmäler zunächst der forcierten und rücksichtslosen stalinistischen Transformationspolitik zum Opfer, bevor sie im Zuge des Zweiten Weltkriegs angesichts der äußeren Bedrohung zur nationalen Projektionsfläche im Verteidigungskampf gegen den Faschismus erhoben wurden. Im Kontext eines sowjetischen Patriotismus, der auf Helden der russischen Nationalgeschichte zurückgriff, um die Mobilisierungskraft der sozialistischen Propaganda zu steigern,²⁶ verloren die Denkmalpflege und der Denkmalschutz selbst in der direkten Nachkriegszeit keineswegs an Bedeutung. Nun wurden die Wiederaufbau- und Restaurierungsmaßnahmen propagandistisch genutzt, um visuell den Sieg gegen das faschistische Deutschland zu inszenieren.²⁷

---

23 MARTIN SABROW: Chronos als Fortschrittsheld: Zeitvorstellungen und Zeitverständnis im kommunistischen Zukunftsdiskurs. In: IGOR J POLIANSKI/MATTHIAS SCHWARTZ (Hrsg.): Die Spur des Sputnik. Kulturhistorische Expeditionen ins kosmische Zeitalter, Frankfurt/New York 2009, S.119–134, hier S. 129.
24 PLAGGENBORG: Experiment Moderne, S. 90.
25 Der Begriff der ›Zeitschichten‹ wurde von Reinhart Koselleck geprägt. Damit bezeichnete er das Charakteristikum der Moderne, nämlich die ›Gleichzeitigkeit des Ungleichzeitigen‹, indem er ›Zeitschichten‹ definierte, die auf »mehreren Zeitebenen verschiedener Dauer und unterschiedlicher Herkunft« gleichzeitig vorhanden und wirksam sind. Siehe: REINHART KOSELLECK: Zeitschichten. Studien zur Historik, Frankfurt am Main 2000.
26 DAVID BRANDENBERGER: National Bolshevism. Stalinist Mass Culture and the Formation of Modern Russian National Identity, 1931–1956, Cambridge (MA)/London 2002, S. 246.
27 STEPHEN MADDOX: Stalin's Imperial City. Historic Preservation in Leningrad 1930–1950, Bloomington/Indianapolis 2015, Kapitel 3.

Nach Stalins Tod erlangten viele Baudenkmäler der zarischen Vergangenheit ihre Funktion als nationale identitätsstiftende Objekte zurück. Im Kontext der politischen Abrechnung mit dem Stalinismus und einer ideologischen Neuausrichtung der Partei befand sich die sowjetische Bevölkerung mehr denn je auf der Suche nach ihrer nationalen Identität und Herkunft. Die sowjetische Modernisierungspolitik, die vielerorts erneut den Abriss historischer Architektur zur Folge hatte und den Verfall bedeutender Baudenkmäler in der öffentlichen Wahrnehmung manifestierte, katapultierte Fragen über die Fürsorgepflicht des Staates gegenüber dem historischen Bauerbe in den Mittelpunkt kultureller Debatten. Als Grundlage dieser Entwicklung galt die sich in den 1960er Jahren wandelnde Vorstellung der sowjetischen Machthaber von der sowjetischen Moderne. Die, wie es Dietmar Neutatz gefasst hat, »modifizierte sowjetische Moderne« der Ära Brežnev wertete die Gegenwart als Erfahrungshorizont und Zeitebene auf, indem die Vision vom Kommunismus durch eine gezielte Wohlfahrts- und Fürsorgepolitik in die Gegenwart geholt wurde.[28] Analog zur schrumpfenden Zukunftsdimension veränderte sich in den 1960er Jahren gleichzeitig das Verhältnis zur vorsowjetischen Vergangenheit.[29] Ab 1964 band die Führung unter Brežnev die sowjetische Erfahrung sukzessive an ausgewählte Elemente der vorsowjetischen Geschichte und Kultur. Diese kulturelle Retrospektive, in deren Zuge es nicht nur zu einem ›Historic Turn‹ in den Sozial- und Geisteswissenschaften kam, sondern sich beispielsweise das unter Chruščëv geförderte *kraevedenie*, die russische Spielart der Heimatkunde, in den Regionen verankerte, katapultierte insbesondere die altrussische Epoche und ihr kulturelles und künstlerisches Erbe in den sowjetischen Fortschrittsdiskurs.

Als Phänomen moderner Gesellschaften war auch in der Sowjetunion die Institutionalisierung der Denkmalpflege an internationale Entwicklungen gebunden. Doch bis die internationalen Richtlinien zum Schutz bedeutender Baudenkmäler in nationale Gesetzgebungen einflossen, bedurfte es in Ost und West eines politischen und gesellschaftlichen Umdenkens. Im Kontext europäischer Modernisierungsbestrebungen haftete den Denkmalschützerinnen und Denkmalschützern diesseits und jenseits des ›Eisernen Vorhangs‹ daher zunächst häufig der Vorwurf einer fortschrittsfeindlichen Haltung an. Ihr Einsatz für den Erhalt historischer

---

28 DIETMAR NEUTATZ: Träume und Alpträume. Eine Geschichte Russlands im 20. Jahrhundert, München 2013, S. 431.
29 Zu den strukturellen Veränderungen unser Zeitwahrnehmungen im Zusammenhang mit der ›wissenschaftlich-technischen Revolution‹, u. a. am Beispiel des Denkmalschutzes, siehe beispielsweise HERMANN LÜBBE: Zeit-Verhältnisse. Über die veränderte Gegenwart von Zukunft und Vergangenheit, in: *Deutsche Kunst und Denkmalpflege* 41 (1983), S. 763–775, hier besonders S. 768 f.

Architektur und ihre daraus resultierende Hinwendung zur Vergangenheit wurden angesichts einer sich rasch verändernden Welt oftmals als Angst vor Verlust und Veränderung interpretiert. So unterstellte beispielsweise der schottische Historiker Douglas Johnson 1978 der Denkmalschutzbewegung in der Bundesrepublik: »They wish to stop things happening; they wish to prevent old buildings from being pulled down and new buildings from being put up. And all this, because they fear the future, they dislike the present, and they think things were better in the past.«[30] Neben einer ablehnenden Haltung gegenüber sozialen und wirtschaftlichen Transformationsprozessen attestierte Johnson den westdeutschen Denkmalschützerinnen und Denkmalschützern eine Unzufriedenheit mit der Gegenwart, Zukunftsangst und eine nostalgische Affinität zur Vergangenheit. Die so genannte wissenschaftlich-technische Revolution in der Sowjetunion löste in den 1960er Jahren ähnliche Debatten zum Schutz und zum Erhalt des historischen Erbes aus. So sahen sich die Vertreter der russischen kulturellen *intelligencija* in der zeitgenössischen Debatte den Vorwürfen ihrer Kritiker ausgesetzt, die baulichen Überreste der ›alten Ordnung‹ behinderten den Aufbau der sowjetischen Moderne. Und in der Historiografie zur Sowjetunion wurde die 1965 gegründete russische Denkmalschutzorganisation VOOPIiK als »the intellectual rejection of modernity« beschrieben.[31]

Der Denkmalschutz und die Denkmalpflege sind europäische Phänomene der Moderne. Im Zuge der ›wissenschaftlich-technischen Revolution‹ der 1960er Jahre, als die Sowjetunion weitreichende sozialpolitische Maßnahmen ergriff und die ökonomische und kulturelle Öffnung des Landes ins Ausland beschlossen wurde, gelangten die Begriffe ›Moderne‹ und ›Modernisierung‹ aus den westlichen Sozialwissenschaften auch in den osteuropäischen Diskurs.[32] Die sowjetische Spielart der Moderne, die eine starke visuelle Veränderung russischer Städte und Dörfer zur Folge hatte, resultierte in der Sowjetunion früher als in Westeuropa in Diskussionen über das nationale Kulturerbe. Und anders als in Westeuropa stellte der Rückgriff auf die Nationalgeschichte und deren bauliche Artefakte im Kontext der sowjetischen Nationalitätenpolitik und der Propagierung eines ›Sowjetvolkes‹ eine politische Herausforderung dar.

---

30 Zitiert in: BECKER: Rückkehr der Geschichte? S. 101.
31 ALEXEI EFIMOV: Russian Intellectual Culture in Transition. The Future in the Past (Transanthropologische Texte, hrsg. von INA MARIA GREVERUS und GEORGE MARCUS, 2), Hamburg/London 2003, S. 81.
32 STANISLAV HOLUBEC/WŁODZIMIERZ BORODZIEJ/JOACHIM VON PUTTKAMER: Introduction. In: DIES.: Mastery and Lost Illusions. Space and Time in the Modernization of Eastern and Central Europa (Europas Osten im 20. Jahrhundert, Schriften des Imre Kertész Kolleg Jena, 5), Oldenbourg 2014, S. 5.

2. Forschungsstand

Aufgrund seiner nationalen und identitätsstiftenden Dimension sowie seines angenommenen ›fortschrittsfeindlichen‹ Charakters sind die russische Denkmalschutzbewegung und ihre Akteure bislang fast ausschließlich im Zusammenhang mit dem russischen Nationalismus der frühen Brežnev-Ära untersucht worden.[33] Die Allrussische Gesellschaft zum Schutz von Geschichts- und Kulturdenkmälern (VOOPIiK) ist diesem Narrativ folgend als Sprachrohr und institutioneller Rahmen für den konservativen Flügel der sowjetischen Nationalisten und deren Politik beschrieben worden.[34] Nikolay Mitrokhin, der in seiner Studie zum russischen Nationalismus den Moskauer Gründungszirkel der VOOPIiK untersucht hat, argumentiert, dass vor allem in den Anfangsjahren der VOOPIiK unter den Mitgliedern der Organisation in erster Linie russische Nationalisten zu finden gewesen seien, die mit dem Erhalt altrussischer Baudenkmäler eine langgehegte nationalistische Agenda verbanden hätten.[35] Auch Yitzhak Brudny diskutiert in seiner Studie zum russischen Nationalismus in der frühen Brežnev-Ära die Denkmalschutzbewegung in Zusammenhang mit dem nationalen Flügel der sowjetischen Intellektuellen und deren Weltbild.[36] Zusammengenommen werden die russische Denkmalschutzbewegung und ihre institutionelle Ausprägung in Form der VOOPIiK als elitäre Veranstaltung nationalistischer Intellektueller und gut ausgebildeter städtischer konservativer Kreise verstanden.[37] Andere Wissenschaftlerinnen und Wissenschaftler haben sich mit der sowjetischen Denkmalpflege als sozialem und kulturellem Phänomen auseinandergesetzt und weisen darauf hin, dass das Engagement russischer Intellektueller für den Schutz alter Baudenkmäler nicht automatisch ein Ausweis für deren nationalgesinnte bzw. nationalistische Einstellung gewesen sei.[38]

---

33 Siehe hierzu prominent: YITZHAK BRUDNY: Reinventing Russia. Russian Nationalism and the Soviet State 1953–1991, Cambridge (USA)/London 1998; JOHN B DUNLOP: The Faces of Contemporary Russian Nationalism. Princeton 1983; oder aktueller: NIKOLAJ MITROCHIN: Russkaja Partija. Dviženije russkich nacionalistov v SSSR 1953–1986, Moskva 2003; GEOFFREY HOSKING: Rulers and Victims. The Russians in the Soviet Union, Cambridge MA/London 2006.
34 Siehe dazu vor allem DUNLOP: The Faces of Contemporary Russian Nationalism und VLADIMIR SHLAPENTOKH: Soviet Intellectuals and Political Power. The post-Stalin era, London 1990.
35 MITROCHIN: Russkaja Partija, S. 315 ff.
36 BRUDNY: Reinventing Russia.
37 JACK V. HANEY: The Revival of Interest in the Russian Past in the Soviet Union. In: *Slavic Review* 32 (1973) 1, S. 1–16, hier S. 13.
38 In erster Linie: VICTORIA DONOVAN: Chronicles in Stone. Preservation, Patriotism, and Identity in Northwest Russia, Ithaca/London 2019; oder auch CATRIONA KELLY: »Ispravljat'« li

Neue Studien zeigen, dass es besonders auf regionaler Ebene keine zwangläufige Verbindung zwischen nationalem Gedankengut und einem Engagement für den Denkmalschutz gegeben habe. Damit bestätigen sie letztlich den Befund Mitrokhins, der mit Blick auf die russischen Regionen zu dem Schluss kam, dass es dem zentralen Apparat der VOOPIiK nicht gelungen sei, seine nationalistischen Ideen an die Denkmalschützerinnen und Denkmalschützer in der Provinz zu vermitteln.[39] Victoria Donovan konnte nachweisen, dass die anfängliche Konzentration der regionalen Denkmalschützerinnen und Denkmalschützer sowie der Politikerinnen und Politiker auf das altrussische architektonische Erbe mit einer allgemeinen künstlerischen und ästhetischen Fokussierung auf den altrussischen Baustil einherging. Auch wenn staatlicherseits vor allem die mittelalterliche russische Architektur als Symbol der nationalen Identität propagiert worden sei, so hätten diese Überlegungen in den russischen Regionen nicht notwendigerweise die praktische Denkmalpflege bestimmt. Oftmals hätten vor allem ästhetisch-künstlerische und weniger politische Gründe dazu geführt, dass der Schutz architektonischer Denkmäler des altrussischen Baustils gegenüber anderen favorisiert worden sei.[40] Stephen Maddox zeichnet in seiner Studie zu Leningrad vor und unmittelbar nach dem Zweiten Weltkrieg ein vielschichtiges Bild der stalinistischen Denkmalschutzpolitik: Trotz ihrer bedeutenden patriotischen und erinnerungskulturellen Funktion erzählt er die Geschichte der Leningrader Denkmalpflege als Produkt von Aushandlungsprozessen zwischen der Leningrader Stadtregierung und Spezialisten vor Ort, die keineswegs dem Diktat aus Moskau gehorcht hätten.[41] Corinne Geering hat in ihrer umfassenden Studie zum kulturellen Erbe in der Sowjetunion und in Russland wiederum die internationale Dimension des sowjetischen Kulturerbediskurses herausgearbeitet und aufgezeigt, wie der russische Staat in der späten Sowjetunion aktiv an der Einschreibung bedeutender russischer und sowjetischer Denkmalkomplexe in den Welterbediskurs gearbeitet hat. So kann sie nachweisen, dass die Diskussionen und die Politik zum kulturellen Erbe des Landes den nationalen Rahmen spätestens ab den 1970er Jahren weit überstiegen. Sie betont die Mitwirkung großer

---

istoriju? Spory ob ochrane pamjatnikov v Leningrade 1960–1970-ch godov, in: *Neprikosnovennyj zapas,* Nr. 2 (2009), abgerufen unter: http://www.intelros.ru/readroom/nz/nz_64/3858-ispravljat-li-istoriju-spory-ob-okhrane.html, letzter Zugriff: 15.06.2023.

39 NIKOLAY MITROKHIN: Die »Russische Partei«. Die Bewegung der russischen Nationalisten in der UdSSR 1953–1985, Stuttgart 2014, S. 251.
40 VICTORIA DONOVAN: The »Old New Russian Town«, S. 29.
41 MADDOX: Saving Stalin's Imperial City, S. 7. Einen ähnlichen Ansatz verfolgt Karl Qualls, der in seiner Studie zu Sevastopol' dem Einsatz von Architekten für den Wiederaufbau nach dem Krieg nach Denkmalschutzrichtlinien nachspürt. Siehe QUALLS, KARL: From Ruins to Reconstruction. Urban Identity in Soviet Sevastopol after World War II, Ithaca/London 2009.

Teile der sowjetischen Bevölkerung in der Denkmalschutzbewegung, kritisiert die Einseitigkeit der nationalen Argumentationsweise und regt folglich die Untersuchung der sozialen Basis des russischen Denkmalschutzes an.[42] Bereits 1973 machte Thomas E. Bird in der *Slavic Review* darauf aufmerksam, dass die VOOPIiK bei der Diskussion über die national-kulturelle Bewegung der 1960er und 1970er Jahre nicht unter »anderen Phänomenen« abgehandelt werden dürfe, vielmehr gehöre sie zu »den wichtigen Manifestationen von populärer Partizipation innerhalb der kulturalistischen Bewegung«.[43] Timothy Colton und Catriona Kelly haben in ihren Stadtpanoramen zu Moskau und St. Petersburg sowohl auf den Einfluss der VOOPIiK beim Wiederaufbau und Schutz bedeutender russischer Baudenkmäler der Stadt als auch auf die breite gesellschaftliche Unterstützung des Denkmalschutzes verwiesen.[44] Gleichzeitig diskutieren sowohl Colton als auch John B. Dunlop die Rolle der russischen orthodoxen Kirche in der Denkmalschutzbewegung. Victoria Donovan wiederum hat für den russischen Nordwesten untersucht, wie das Engagement der russischen Bevölkerung im Denkmalschutz in ihren Heimatregionen zur Entwicklung eines lokalen Geschichtsbewusstsein beigetragen hat.[45] Doch trotz ihrer bedeutenden sozialen Dimension und der mittlerweile als etabliert geltenden Feststellung, die Denkmalpflege als einen festen Bestandteil der Geschichtswissenschaft und der Geschichtsvermittlung anzusehen,[46] verblieb die Beschäftigung mit ihr in Ost und West vorrangig in den Händen von Vertreterinnen und Vertretern der Kunstgeschichte, der Architekturwissenschaften und der Denkmalpflege.[47] Bis heute dominieren kunsthistorische und architekturhistorische Fragestellungen auch die Forschungslandschaft zur Geschichte des Denkmalschutzes und der Denkmalpflege in den ehemaligen sozialistischen Ländern Ost- und Ostmitteleuropas. Eine

---

42 CORINNE GEERING: Building a Common Past. World Heritage under Transformation 1965–2000, Göttingen 2019, S. 131.
43 THOMAS E. BIRD: New Interest in Old Russian Things: Literary Ferment, Religious Perspectives and National Self-Assertion, in: *Slavic Review* 32 (1973) 1, S. 17–28, hier S. 22.
44 Siehe TIMOTHY J. COLTON: Moscow. Governing the Socialist Metropolis, Cambridge MA/London 1995, besonders S. 593; CATRIONA KELLY: St. Petersburg: shadows of the past. New Haven/London 2014.
45 DONOVAN: Chronicles in Stone, bspw. S. 78 f. Außerdem verweist sie ebenfalls auf die Denkmalschutzbewegung als Massenphänomen, siehe hier. S. 182 f.
46 SPEITKAMP: Die Verwaltung der Geschichte, S. 15.
47 Davon zeugen auch die für diese Arbeit grundlegenden Sammelbände zur Geschichte der russischen Denkmalpfege, die in erster Linie von russischen Kunst- und Architekturhistorikern herausgegeben wurden. Siehe dazu prominent das umfassende Handbuch zur Geschichte der russischen Denkmalpflege: A. S. ŠČENKOV (Hrsg.): Pamjatniki Architektury v Sovetskom Sojuze. Moskva 2004; eine wichtige Forschungsarbeit zur modernen Denkmalpflege legte 2018 Ingrid Scheurmann vor. Siehe INGRID SCHEURMANN: Konturen und Konjunkturen der Denkmalpflege. Zum Umgang mit baulichen Relikten der Vergangenheit, Köln u. a. 2018.

Ausnahme bildet die DDR-Forschung. Hier sind in den vergangenen Jahren Studien erschienen, die das zivile Engagement in der Denkmalpflege auf lokaler Ebene in den 1960er und 1970er Jahren erforscht und verortet haben.[48]

Zudem hat das Aufkommen der Heritage Studies zu einer wichtigen Erweiterung des Verständnisses von materiellen und immateriellen Kulturgütern beigetragen. Ihr Blick richtet sich weniger auf die technischen Eigenschaften oder die Konservierungshistorie von beispielsweise Baudenkmälern. Vielmehr steht der kulturelle Prozess im Vordergrund, der Denkmälern, materiellen Artefakten bis hin zu bestimmten Verhaltensweisen ihre Bedeutung(en) zuschreibt.[49] In diesem Zusammenhang versucht die Heritage-Forschung interdisziplinäre Ansätze zu vereinen und den Spagat zwischen theoretischen und praktischen Ansätzen zu wagen, die beispielsweise Fragen zum Tourismus und zum Museumswesen stärker mit einbeziehen. Im Hinblick auf die Aneignung *von* und den Umgang *mit* Heritage im Staatssozialismus haben Annäherungen an das Thema gezeigt, dass die zum großen Teil sehr heterogenen nationalen bzw. selbst regionalen politischen und institutionellen Rahmenbedingungen stärker in den Kontext internationaler Entwicklungen gestellt werden müssen.[50]

3. Aufbau der Arbeit und ihre Quellen

Eine historische Auseinandersetzung mit dem Phänomen des russischen Denkmalschutzes und der Denkmalpflege stellt also anders als die Denkmalpflege selber nicht die Denkmäler in den Fokus der Untersuchungen, sondern vielmehr

---

48 Franziska Klemstein: Denkmalpflege zwischen System und Gesellschaft. Vielfalt denkmalpflegerischer Prozesse in der DDR 1952–1975, Berlin, Technische Universität 2020; Katja Wüllner: Hinter der Fassade – Das institutionelle System der Denkmalpflege in der DDR untersucht am Beispiel der thüringischen Städte Erfurt, Weimar und Eisenach. Cottbus-Senftenberg 2015; Luise Helas: Gegen den Verfall. Freiwillige Akteure für das baukulturelle Erbe Dresdens zur Zeit der DDR. In: Denkmal – Heimat – Identität. Denkmalpflege und Gesellschaft. Konferenzband zur Fachtagung des Amtes für Kultur und Denkmalschutz der Landeshauptstadt Dresden, 27.–29. November 2019, Dresden 2020, S. 148–159.
49 William Logan/Máiréd Nic Craith/Ullrich Kockel (Hrsg.): A Companion to Heritage Studies. Chichester/West Sussex 2016, S. 1.
50 Siehe dazu: Eszter Gantner u. a. (Hrsg.): Heritage Studies and Socialism: Transnational Perspectives on Heritage in Eastern and Central Europa (= New Perspectives on Central and Eastern European Studies, 2), New York/Oxford 2021; und den Tagungsbericht von Andreas Ludwig: Heritage Studies and Socialism: Transnational Perspectives on Heritage in Eastern and Central Europe. Abgerufen unter URL: https://www.hsozkult.de/conferencereport/id/fdkn-125546, letzter Zugriff: 06.06.2023.

deren Akteure mitsamt ihren Intentionen und den zeitgenössischen Konzepten der Denkmalpflege in ihren jeweiligen sozialen und politischen Zusammenhängen,[51] denn, wie bereits Winfried Speitkamp 1996 feststellte, »erst die Akteure und deren Handeln [vermitteln] die Funktion, die einem Objekt zugedacht sind und geben Auskunft über mögliche ideologische Verformungen oder politische Instrumentalisierungen«.[52] Der japanische Historiker Sanami Takahashi hat wiederum die Relevanz des Themas für größere Fragestellungen der sowjetischen Geschichte unterstrichen. Die historische Analyse des russischen Denkmalschutzes berühre neben der Frage nach der identitätsstiftenden Funktion von Denkmälern ebenso Fragen zur ästhetischen und patriotischen Erziehung der sowjetischen Gesellschaft wie zum Verhältnis zwischen Staat und Religion oder dem sowjetischen und ausländischen Tourismus. Zudem könne eine Studie zum russischen Denkmalschutz dabei helfen, eine Vorstellung der dominierenden Wertevorstellungen der sowjetischen Generation zwischen 1953 und 1985 zu erhalten.[53]

An diese den Forschungsdiskurs öffnenden Gedanken möchte die vorliegende Arbeit anknüpfen und die Geschichte der russischen Denkmalschutzbewegung der 1960er Jahre als eine Geschichte gesellschaftlicher Mobilisierung und Partizipation erzählen, denn die Feststellung, dass sich im Führungszirkel der VOOPIiK in Moskau führende Vertreter des nationalen Spektrums der russischen *intelligencija* wiederfanden, die ihren Einsatz für den Erhalt und den Schutz maroder Baudenkmäler mit einer nationalen Agenda verbanden, verdeckt das soziale Mobilisierungspotenzial, das der Denkmalschutz und die Denkmalpflege in den russischen Regionen entfalten konnte. So entstand der staatliche Denkmalschutz ›von unten‹, das heißt durch Initiativgruppen von Denkmalpflegerinnen und Denkmalpflegern, die in den russischen Regionen in Eigenregie vom Verfall bedrohte Baudenkmäler dokumentierten, sicherten und restaurierten und die regionalen Parteivertretungen dazu aufriefen, sich für den Erhalt von Architekturdenkmälern einzusetzen. Durch die Konzentration auf die nationale Dimension des Denkmalschutzes gerät sowohl die Motivation der Akteure, sich in ihren Heimatregionen für die Rettung verfallener Architekturdenkmäler zu engagieren, aus dem Blick als auch die Frage nach den konkreten Aushandlungsprozessen zwischen den Denkmalschützerinnen

---

51 SPEITKAMP: Die Verwaltung der Geschichte, S. 17.
52 Ebd., S. 16f.
53 SANAMI TAKAHASHI: Church or Museum? The Role of State Museums in Conserving Church Buildings, 1965–1985, in: *Journal of Church and State* 51 (2009) 3, S. 502–517, hier S. 502f.

und Denkmalschützern, den regionalen Kulturverwaltungen und den zentralen Organen – und damit nach der Institutionalisierung der Denkmalpflege und folglich dem Funktionieren der sowjetischen Kulturpolitik. Anstatt die Perspektive auf den Denkmalschutz zu verengen, sollen in dieser Arbeit also vielmehr die unterschiedlichen Akteure, deren Handlungen, Intentionen, Themen und Wechselbeziehungen im Verhältnis zur Staatsmacht und zur Kulturpolitik der Russischen Sowjetrepublik thematisiert werden. Zu diesem Zweck und aufgrund der starken regionalen Verankerung des Denkmalschutzes wendet sich die vorliegende Studie von einer strikt chronologischen Erzählstruktur ab. Stattdessen ist es Ziel der Arbeit, den nationalen theoretischen Diskurs zum Denkmalschutz mit der praktischen Durchsetzung der Denkmalpflege in der russischen Region zu verschränken. Konkret gliedert sich die Arbeit dafür in drei Teile. Im ersten Teil der Arbeit soll zunächst die historische und theoretische Grundlage für den vielschichtigen Denkmalschutzdiskurs gelegt werden, wie er sich in den 1960er Jahren auf zentraler Ebene manifestierte. Mit Bezug auf die transformative Logik des Sozialismus interessiert in diesem Zusammenhang besonders die Frage, wie es Teilen der russischen *intelligencija* gelang, den kulturellen Erbediskurs ideologisch im sowjetischen Fortschrittsdenken zu verwurzeln und ein neues, sowjetisches Denkmalverständnis zu etablieren.

Unter Zuhilfenahme zeitgenössischer Veröffentlichungen aus der sowjetischen Presse und einschlägiger Sekundärliteratur der 1950er und 1960er Jahre soll im zweiten Teil aufgezeigt werden, wie der Denkmalschutz als Thema in den politischen und gesellschaftlichen Diskurs gelangte und wer seine Wortführer waren. Wie manifestierte sich der ›Kampf‹ zwischen der Tradition und der Moderne als dem Gegensatzpaar europäischer Kulturpolitik in der Russischen Sowjetrepublik?[54] Und kann die Beschäftigung mit dem Schutz und der Pflege von historischen Baudenkmälern – wie in der Forschung behauptet – tatsächlich als ablehnende Haltung gegenüber der Modernisierungspolitik der sowjetischen Regierung gelesen werden? Anknüpfend an den in erster Linie theoretischen wissenschaftlichen und politischen Diskurs des ersten Teils blickt der zweite Teil der Arbeit darüber hinaus auf die Formierung erster Initiativgruppen in der Denkmalpflege, die in Moskau und den russischen Regionen Mitte der 1960er Jahre entstanden. Anhand des umfangreichen Bestands zur VOOPIiK aus dem Russischen Staatsarchiv (GARF) soll sich den Akteuren genähert und nach den politischen Rahmenbedingungen gefragt werden, die das gesellschaftliche Engagement ermöglichten. Quellen zum Jugendklub Rodina aus dem Stadtarchiv Moskau (CAGM) können darüber hinaus konkret nachzeichnen,

---

54 EFIMOV: Russian Intellectual Culture in Transition, S. 87.

an welche Grenzen der Einsatz der Akteure stieß und wie die Moskauer Parteispitze versuchte, die Arbeit der privaten Initiativen durch die Gründung der VOOPIiK Anfang der 1970er Jahre einzuhegen. Abschließend widmet sich der zweite Teil der Struktur und den Aufgaben der VOOPIiK und der Frage, welche Funktionen die VOOPIiK in den ersten Jahren ihrer Existenz in der russischen Kulturpolitik einnahm, welche Hoffnungen Denkmalschützerinnen und Denkmalschützer mit der Einrichtung der Denkmalschutzorganisation verbanden und wie sich die VOOPIiK im Laufe der 1970er Jahre zu einer sowjetischen Massenorganisation entwickelte.

Um an die Leitfrage, wie sich der Einsatz für den Denkmalschutz und das gesellschaftliche Mitwirken in der Denkmalpflege manifestierte und an welche Grenzen und Probleme der Aktivismus im Rahmen der sowjetischen Diktatur stieß, anzuknüpfen, sollen die in den ersten zwei Hauptteilen der Arbeit aufgeworfenen Thesen im dritten Teil am Regionalbeispiel ›Solovki‹ konkretisiert und erweitert werden.

Die Inselgruppe im Weißen Meer mit ihrer historischen Klosterfestung, ihrer einzigartigen (Nutzungs-)Geschichte als zarischer und sowjetischer Verbannungsort für politische Gegnerinnen und Gegner und ihrer bis heute ungebrochenen nationalen Bedeutung eignet sich dabei aus mehreren Gründen für die vertiefende Auseinandersetzung mit dem Phänomen der russischen Denkmalschutzbewegung.

Die Frage des Schutzes historischer Kirchen- und Klosterarchitektur bestimmte den frühen Denkmalschutzdiskurs in der Russischen Sowjetrepublik. Durch die kulturelle und wissenschaftliche Wiederentdeckung des ›Russischen Nordens‹[55] und seiner Architekturdenkmäler avancierten die Solovecker Inseln mit ihrem historischen Klosterensemble zum nationalen Sehnsuchtsort russischer Denkmalpflegerinnen und Denkmalpfleger.

Zudem gelingt es für die Solovki, das individuelle Engagement eines regionalen Heimat- und Denkmalschützers detailliert nachzuzeichnen. Als einer der wenigen regionalen Vertreter gehörte der Direktor der Solovecker Inselschule Pavel Vitkov zum Gründungskomitee der VOOPIiK in Moskau, nachdem er sich seit 1958 im Alleingang vehement bei regionalen und nationalen Behörden dafür eingesetzt hatte, dass die historisch-architektonischen Denkmäler der Solovki

---

55 Bei der Bezeichnung ›Russischer Norden‹ handelt es sich weniger um eine geografische Einordnung als vielmehr um die Bezeichnung eines Kulturraumes, dem gemeinsame historische und kulturelle Merkmale zugeschrieben wurden und werden. Im zeitgenössischen Sprachgebrauch sowie in der Wissenschaft der 1950/1960er Jahre wurde der Begriff daher großgeschrieben. In der vorliegenden Arbeit verwende ich den Begriff in einfachen Anführungszeichen. Falls es sich lediglich um einen geografischen Hinweis handelt, wird ›russisch‹ kleingeschrieben.

1960 in die staatliche Denkmalschutzliste aufgenommen und 1967 ein staatliches Museum auf den Inseln eingerichtet wurde. So geben sein persönlicher Nachlass aus dem Archiv des Solovecker Museums (Naučnyj archiv Soloveckogo muzeja zapovednika – NASMZ), die Akten der regionalen Kulturverwaltung und der VOOPIiK des Staatlichen Archivs der Region Archangel'sk (Gosudarstvennyj archiv Archangel'skoj Oblasti – GAAO) und die Materialien des Zentralen Sowjets der VOOPIiK und des Ministerrats der Russischen Sowjetrepublik aus dem Russischen Staatsarchiv in Moskau (GARF) Aufschluss darüber, wie sich Pavel Vitkovs Werdegang vom Heimat- und Denkmalschützer in der Peripherie bis zum stellvertretenden VOOPIiK-Vorsitzenden in Archangel'sk vollzog, welchen Einfluss sein Engagement auf die regionale Denkmalschutz- und Kulturpolitik ausüben konnte und welche Rolle die VOOPIiK als ›Sphäre‹ zwischen dem ›Staat‹ und der ›Gesellschaft‹ im Rahmen der regionalen Kulturpolitik der 1960er Jahre einnahm. Quellen zur Heimatkundegesellschaft des Solovecker Zwangsarbeitslagers aus den 1920er Jahren aus dem Staatlichen Archiv der Region Archangel'sk (GAAO) und Material zur Periode der Solovki unter der Verwaltung der sowjetischen Nordflotte, das für die Jahre von 1939 bis zum deutschen Überfall auf die Sowjetunion 1941 im Staatlichen Archiv der Kriegsflotte (Rossijskij Gosudarstvennyj archiv voenno-morskogo flota – RGAVMF) einzusehen war, ermöglichen den Blick auf die Geschichte der Solovki in der ersten Hälfte des 20. Jahrhunderts und erlauben eine Annäherung an die Frage, auf welchen wissenschaftlichen und denkmalpflegerischen Traditionen das Engagement Vitkovs auf den Solovki fußte.

Darüber hinaus tritt mit dem Solovecker Museum ein zusätzlicher Akteur des staatlichen Denkmalschutzsystems in Erscheinung, der ab der zweiten Hälfte der 1960er Jahre eine bedeutende Rolle in der russischen Kulturpolitik spielen sollte, denn die staatliche Organisation der Denkmalpflege ging mit dem Ausbau des sowjetischen Museumswesens einher, und die Restaurierung bedeutender Architekturdenkmäler war aufs Engste mit deren Musealisierung verknüpft und damit mit der Aufgabe, Geschichte zu rekonstruieren.[56] Durch die Restaurierung der Solovecker Baudenkmäler und ihre Musealisierung sollte die ›doppelt‹ belastete Geschichte des Solovecker Archipels – bezogen auf seine religiöse Bedeutung und die sowjetisch-repressive Vergangenheit der Inselgruppe – im Kontext des sowjetischen Modernediskurses umgedeutet werden und eine symbolische und ideologische Neubesetzung der Architekturdenkmäler bewirkt werden.[57] Im Hinblick auf die bis heute ungebrochene Bedeutung des Solovecker Archipels als Haft- und

---

56 SPEITKAMP: Die Verwaltung der Geschichte, S. 15.
57 ASSMANN: Geschichte im Gedächtnis, S. 123.

Verbannungsort des zarischen Russlands und als erstes Zwangsarbeitslager und Gefängnis der sowjetischen Machthaber während der 1920er und 1930er Jahre berührte die vom Museum verantwortete Umdeutung der Solovecker Geschichte also nicht nur das Verhältnis zwischen dem sowjetischen Staat und dem kulturellen Erbe der russischen Orthodoxie, sondern ebenso den Umgang mit der repressiven Vergangenheit der Sowjetunion.

An diesem Punkt wird die Besonderheit des Regionalbeispiels deutlich, das den Vergleich zu anderen russischen Kulturerbestätten erschwert. Allerdings eröffnet das Fallbeispiel ›Solovki‹ auf diese Weise noch eine weitere Untersuchungsebene, die Diskussionen darüber anregt, ob und auf welche Weise an einem Ort, der wie kein anderer als Denkmal für das stalinistische Gulag-System fungierte, die repressive Vergangenheit bei der Musealisierung der Solovecker Denkmäler eine Rolle spielte. Anhand von Akten der regionalen Kulturverwaltung aus dem Staatlichen Archiv der Region Archangel'sk (GAAO) und Quellen zur Exkursionsmethodik aus dem Solovecker Museumsarchiv (NASMZ) aus den 1960er und 1970er Jahren soll nachvollzogen werden, welche Rolle das historisch-architektonische *muzej-zapovednik* in der regionalen Kulturpolitik spielte und wie sich die Arbeit des Museums und seiner Mitarbeiterinnen und Mitarbeiter vor diesem Hintergrund gestaltete. Wie wurde das zeitgenössische Denkmalverständnis auf den Solovki umgesetzt? An welche Traditionen knüpfte die museale Auseinandersetzung mit der Solovecker Geschichte und ihren Baudenkmälern an? Wie sah die ideologische Erziehungsarbeit des Museums aus, und welche Geschichte des Solovecker Archipels und seiner Denkmäler wurde an Touristinnen und Touristen der späten 1960er Jahre vermittelt?

Und schließlich eignet sich der Blick auf den Solovecker Archipel zur Untersuchung der russischen Denkmalschutzbewegung und ihrer Akteure, da die Solovki aufgrund der historisch-kulturellen Bedeutung ihrer Baudenkmäler einen erheblichen Einfluss auf die Gründung der studentischen Restaurierungsbrigaden hatten. Die ersten studentischen Denkmalpflegerinnen und Denkmalpfleger, deren Gruppierung in das System der studentischen Baubrigaden des sowjetischen Komsomol eingebettet war und die gleichzeitig als Jugendorganisation der VOOPIiK fungierte, reisten im Sommer 1967 auf die Solovki. Unter Zuhilfenahme der Akten der regionalen Kulturverwaltung und von Quellen zur studentischen Brigadebewegung des Komsomol aus dem Archiv für Soziale und Politische Geschichte Russlands (RGASPI) soll abschließend ein Ausblick auf die 1970er Jahre gewagt und der Frage nachgegangen werden, ob das gesellschaftliche Engagement in der Denkmalpflege auch über die 1960er Jahre hinaus tragfähig blieb und die Denkmalpflege in Bezug auf die sowjetische Jugendpolitik systemstabilisierend wirken konnte.

4. Staat und Gesellschaft in der Russischen Föderativen Sowjetrepublik – Ein methodisches Problem

Wenn wir die Forschung zur Geschichte des Denkmalschutzes in Westeuropa nach dem Zweiten Weltkrieg zugrunde legen, so gehören gesellschaftliche Initiative und Teilhabe zu ihren Kernelementen. Mit Blick auf die Sowjetunion birgt diese Grundannahme zumindest ein grundlegendes methodisches Problem, denn die wissenschaftliche Untersuchung gesellschaftlicher Initiative und Teilhabe an der russischen Denkmalpflege bzw. dem russischen Denkmalschutz setzt das Vorhandensein einer sowjetischen bzw. russischen Gesellschaft voraus. Mit Blick auf die Sowjetunionforschung wird die Existenz einer wirkungsmächtigen Gesellschaft von führenden Historikern jedoch verneint. So hat beispielsweise Stefan Plaggenborg argumentiert, dass auch der sozialistische Wohlfahrtsstaat der Brežnev-Ära keine Gesellschaft geschaffen habe, »dass weder seine Leistungen noch seine Institute zu ihrer Heranbildung« beigetragen hätten.[58] Eine Gesellschaft – verstanden als Interaktion zwischen Intelligenz und ›Öffentlichkeit‹ – habe es in der Sowjetunion lediglich in atomisierter Form gegeben, so Plaggenborg. Obwohl die Sowjetunion in der poststalinistischen Periode ihre Dynamik aufgrund des eingeschränkteren Gewaltmonopols auf dem Konzept des sozialistischen Wohlfahrtsstaates habe aufbauen müssen und damit auf die Zustimmung und Loyalität der sowjetischen Bevölkerung angewiesen gewesen sei, sei die Sowjetunion ein Staat ohne Gesellschaft geblieben.[59]

Diese von Stefan Plaggenborg für die Sowjetunion aufgeworfene Frage – inwieweit der Staatssozialismus Gesellschaft produzierte und zuließ – ist in der Forschung umstritten. Die Totalitarismustheorie verneint konsequent den gesellschaftlichen Faktor, verstanden als Möglichkeit der Interaktion zwischen Staat und Gesellschaft und gesellschaftlicher Partizipation. Indem sie die totale Kontrolle der Kommunistischen Partei über politische, ökonomische und gesellschaftliche Prozesse annimmt, wird der Bevölkerung in totalitären Regimen jegliche Handlungsmacht aberkannt. Nicht nur an diesem Punkt wird die Begrenztheit des Totalitarismusbegriffs deutlich. Die dem Begriff inhärente und ausschließliche Top-down-Perspektive steht ebenso zur Diskussion wie die binäre Trennung in ›Staat‹ und ›Gesellschaft‹, die sowohl für die Sowjetunion als auch für andere sozialistische Staaten schwer aufrechtzuerhalten ist. Hinzu treten weitere konträre Begriffsbildungen und Konzepte, die lange Zeit zur Erklärung der späten

---
58 PLAGGENBORG: Experiment Moderne, S. 244.
59 Ebd., 221 f.

Phase der sozialistischen Herrschaft herangezogen wurden.⁶⁰ Jürgen Kocka hat für die DDR vom Ideal einer »durchherrschten Gesellschaft« gesprochen, gleichzeitig aber auch auf die Grenzen dieses Anspruchs hingewiesen, indem er festhielt, dass der Staat nicht alle ›Ecken‹ der Gesellschaft gleichermaßen habe durchdringen können. So habe der Staatssozialismus ›Nischen‹ produziert, die sich einer »Durchherrschung« entzogen hätten.⁶¹ Mittlerweile geht die historische Forschung davon aus, dass das Leben im ›real existierenden Sozialismus‹ vielmehr geprägt war durch »komplexe Überschneidungen« zwischen unterschiedlichen Sphären, wie beispielsweise zwischen der Öffentlichkeit und dem Privaten oder zwischen der Ideologie und der sozialen Praxis.⁶² Diese Annahme nimmt bewusst Abstand von antagonistischen Beschreibungsmodellen, die die Eigendynamik von Sinnwelten und die Erfahrungen der Bevölkerung oftmals vollkommen ausklammern. An diesem Punkt setzt die Alltagsgeschichte an, die den Motiven und Erfahrungen der Individuen in einer diktatorischen Gesellschaft Bedeutung zuspricht und in diesem Zusammenhang Strukturen der Interaktion zwischen den Menschen und dem Staat aufdeckt.⁶³

In dieser Arbeit sollen sowohl die Bevölkerung der Russischen Sowjetrepublik als auch der ›Staat‹ als Akteure begriffen werden, deren Handlungen, Einstellungen, Überzeugungen, Ideen, Realitäten und Logiken ernst genommen werden müssen⁶⁴ – kurzum: *Herrschaft als soziale Praxis* im Bourdieu'schen Sinne zu verstehen, ist der methodische Leitfaden dieser Arbeit. Thomas Lindenberger hat in Bezug auf die DDR auf die Sphäre zwischen ›Staat‹ und ›Gesellschaft‹ verwiesen und danach gefragt, wie und auf welchen Ebenen Aufgaben und Ideen von ›oben‹ an die Bevölkerung nach ›unten‹ weitergegeben wurden.⁶⁵ Während er die Existenz der DDR-Gesellschaft nicht vollständig verneint, sondern sie als »fragmentiert« bzw. »begrenzt« beschrieben hat, begreift Mary Fulbrook die

---

60 Siehe hierzu beispielsweise Alexei Yurchak, der die Aufteilung in Repression und Widerstand, Wahrheit und Lüge, offizielle und inoffizielle Kultur, den Staat und die Bevölkerung und zwischen der ›Öffentlichkeit‹ und der Privatheit kritisiert. ALEXEI YURCHAK: Everything Was Forever Until It Was No More. The Last Soviet Generation, Princeton/Oxford 2006, S. 283.
61 Siehe vor allem JÜRGEN KOCKA: Eine durchherrschte Gesellschaft. In: HARTMUT KÄLBLE/ JÜRGEN KOCKA (Hrsg.): Sozialgeschichte der DDR. Stuttgart 1994, S. 547–553.
62 ULF BRUNNBAUER: »Die sozialistische Lebensweise«. Ideologie, Gesellschaft, Familie und Politik in Bulgarien (1944–1989), Köln u. a. 2007, S. 44.
63 Siehe beispielsweise THOMAS LINDENBERGER (Hrsg.): Herrschaft und Eigensinn in der Diktatur: Studien zur Gesellschaftsgeschichte der DDR. Köln u. a. 1999.
64 THOMAS LINDENBERGER: The Fragmented Society: »Societal Activism« and Authority in GDR State Socialism. In: *Zeitgeschichte* 37 (2010) 1, S. 3–20, hier S. 4.
65 Ebd.

DDR als partizipatorische Diktatur und unterstreicht die Beeinflussung der Politik der SED »von unten«, das heißt durch gesellschaftliche Gruppen.[66] Lindenberger hingegen nimmt konkret die Untersuchung der so genannten gesellschaftlichen Tätigkeit in den freiwilligen und ehrenamtlichen Massenorganisationen der DDR in den Blick, also jenen Gruppen, in denen die Mehrheit der DDR-Bevölkerung engagiert war und die dennoch in der Forschung bisher wenig Beachtung gefunden haben. Mit Bezug auf deren Akteure plädiert Lindenberger dafür, sie als Akteure in fragmentierten Gesellschaftsräumen wahrzunehmen, in die sie selber als Vertreterinnen und Vertreter staatlicher Organisationen integriert gewesen seien.[67] Pavel Kolář hat mit Blick auf lokale Parteikader in der DDR, der ČSSR und Polen nach 1953 von »Schnittstellen« zwischen Herrschaft und Gesellschaft gesprochen. Hier habe sich Kolář zufolge der poststalinistische Konsens zwischen Staat und Gesellschaft etabliert, den er als Garant der Langlebigkeit der Staatssozialismus ausmacht.[68]

Die Denkmalschutzbewegung in der Russischen Sowjetrepublik der 1960er Jahre und die Arbeit der Akteure in der freiwilligen Denkmalschutzorganisation VOOPIiK eignen sich – so die Ausgangsüberlegung – besonders gut, um den Kontaktbereich, die Interaktion und die Verschränkung zwischen dem Staat und der Bevölkerung in der Russischen Sowjetrepublik auszuleuchten. Dabei erweisen sich der Denkmalschutz und die Denkmalpflege zunächst aufgrund ihrer bis heute unscharfen Kategorisierung als nützlich für die Untersuchung der »Grauzone zwischen Gesellschaft und Staat«, in der sie selbst angesiedelt sind.[69] Die Unschärfe des Untersuchungsgegenstands beginnt dabei bereits bei der Definition der Begriffe. Während der Begriff ›Denkmalpflege‹ im deutschen Sprachgebrauch aus der preußischen Verwaltungssprache stammt und zunächst in erster Linie auf die Erforschung, Erklärung und Deutung der künstlerischen und historischen Bedeutung von Denkmälern abhob und damit einen nichttechnischen Inhalt aufwies, beschrieb das Wort ›Denkmalschutz‹ zu Beginn lediglich den gesetzlichen Schutz der Denkmäler vor Beeinträchtigung.[70] Heute bezeichnen sowohl ›Denkmalpflege‹ als auch ›Denkmalschutz‹ »die Summe der Tätigkeiten, die bewusst auf die Erhaltung und Sicherung des Bestands der Denkmäler gerichtet

---

66 MARY FULBROOK: Ein ganz normales Leben. Alltag und Gesellschaft in der DDR, New Haven/London 2005, S. 22.
67 LINDENBERGER: The Fragmented Society, S. 5.
68 PAVEL KOLÁŘ: Der Poststalinismus. Ideologie und Utopie einer Epoche, Köln u.a. 2016, S. 17 f.
69 SPEITKAMP: Die Verwaltung der Geschichte, S. 11.
70 THOMAS KORTH: »Denkmalpflege«. Überlegungen zum hundertjährigen Bestehen eines Begriffs, in: *Deutsche Kunst und Denkmalpflege* 41 (1983), S. 2–9, hier S. 3 ff.

sind«,⁷¹ wobei damit sowohl die behördlichen Ebene als auch die Methoden für den Schutz und den Erhalt von Denkmälern angesprochen sind. Aus diesem Grund werden beide Begriffe nicht nur umgangssprachlich häufig synonym verwendet. Im engeren Sinne lässt sich jedoch die ›Denkmalpflege‹ als Oberbegriff ausmachen, der alle Fragen in Bezug auf den Erhalt eines Denkmals umfasst und in erster Linie auf das Konservieren und damit auf die ›Pflege‹ als praktische Tätigkeit ausgerichtet ist. Analog dazu bezeichnet der Begriff ›Denkmalschutz‹ in seiner engeren Auslegung alle gesetzlichen Anordnungen und Festlegungen, die auf den Schutz von Denkmälern zielen. Im Russischen besitzt der Begriff der ›Denkmalpflege‹ ebenfalls einen eher technischen Kern *(ochrana i restavracija pamjatnikov)*, im Gegensatz zum staatlichen bzw. behördlichen Denkmalschutz *(ochrana pamjatnikov)*. Der zeitgenössische Literatur- und Quellenkorpus der 1950er und 1960er Jahre aber lässt eine engere Begriffsbestimmung häufig nicht zu. Hinzu tritt die Schwierigkeit, dass die Trennlinie zwischen hoheitlichen bzw. nichthoheitlichen Aufgaben, anhand derer der Denkmalschutz inhaltlich von der Denkmalpflege unterschieden wird, im Rahmen einer Diktatur nur schwer zu ziehen ist.⁷²

Darüber hinaus zeichnet die Tatsache, dass die russische Gesellschaft als Initiator einer Neukonzeption des russischen Denkmalschutzsystems fungierte, die russische Denkmalschutzbewegung als geeigneten Untersuchungsgegenstand für die Interaktion zwischen ›staatlichen‹ und ›gesellschaftlichen‹ Akteuren aus. In den regionalen Abteilungen der VOOPIiK bekleideten viele Denkmalpflegerinnen und Denkmalpfleger ehrenamtliche Positionen und versuchten fortan, ihre Vorstellungen und Ziele zum Schutz von Baudenkmälern mit den Parteivertretungen in der Region und der VOOPIiK-Zentrale in Moskau abzustimmen. Besonders in den Anfangsjahren, als sich die Struktur der VOOPIiK in den Regionen erst langsam ausbildete und der Diskurs zum nationalen Kulturerbe noch nicht bis in die Peripherie gedrungen war, kam den Aktivistinnen und Aktivisten der VOOPIiK eine wichtige Rolle in der Vertretung und Proklamation der Denkmalschutzpolitik in ihren Heimatregionen zu. Dieser fühlten sich zwar die VOOPIiK und mit ihr führende Personen aus Politik und Kultur verpflichtet, oftmals aber keinesfalls die regionalen Parteivertretungen. Eben während dieser Phase zwischen der Gründung der ersten Initiativgruppen in der Denkmalpflege Anfang der 1960er Jahre bis zum Beginn der 1970er Jahre, als sich die VOOPIiK

---

71 Ebd., S. 6.
72 Im vorliegenden Buch verwende ich die Begriffe Denkmalschutz und Denkmalpflege angelehnt an die russischen Quellenbegriffe teilweise synonym bzw. in eigener kontextgebundener Übersetzung.

als sowjetische Massenorganisation etabliert hatte, lassen sich – so die These – Grenzen und Möglichkeiten der ›sozialistischen Demokratie‹ in der Russischen Sowjetrepublik aufzeigen.

5. Der sozialistische Gesellschafts- und Demokratiebegriff

Unsere Schablone einer freiheitlichen, demokratischen und pluralistischen Gesellschaft auf die Sowjetunion anlegen zu wollen, kann gleichwohl nicht gelingen. Trotzdem muss es Ziel dieser Untersuchung sein zu versuchen, das zeitgenössische Verständnis der sowjetischen Politikerinnen und Politiker sowie der Bevölkerung von ›sozialistischer Demokratie‹ und *obščestvennost'* zu dechiffrieren und ihre Interpretationen der Begriffe für die Bewertung gesellschaftlicher Initiative in der Russischen Sowjetrepublik der 1960er Jahre als wirkmächtig anzuerkennen.[73] Die besondere Schwierigkeit liegt darin, dass diese normativen Chiffren sowohl als Konzepte der Sozialtheorie und damit als analytische Werkzeuge Anwendung finden als auch als Quellenbegriffe genutzt werden. In diesem Zusammenhang bleibt die zeitgenössische Definition der Begriffe oftmals ebenso vage wie die Rezeption der Konzepte durch die Bevölkerung.

Das marxistisch-leninistische Verständnis von ›sozialistischer Demokratie‹ ist aufs Engste mit dem Konzept der ›sozialistischen Gesellschaft‹ bzw. der ›sozialistischen Gemeinschaft‹ verknüpft. In Abgrenzung zum bürgerlichen Demokratiekonzept galt die ›sozialistische Demokratie‹ als die bessere, die höchste Form der Demokratie und als Ziel des Übergangs von der Klassengesellschaft in den Kommunismus. In der ›sozialistischen Demokratie‹ sollte die staatliche Führung der Gesellschaft in den Händen der Arbeiterklasse liegen.[74] Als Ausdruck dieser Führungsrolle der Arbeiterschaft galten die Sowjets und die Parteivertretungen auf allen Verwaltungsebenen sowie die sowjetischen Massenorganisationen, allen voran die Gewerkschaften und der Komsomol. Mit Beginn des ›Kalten Krieges‹ erhielt das Konzept der ›sozialistischen Demokratie‹ neuen Aufschwung, nicht zuletzt aufgrund der andauernden Kritik des ›Westens‹ am sozialistischen Demokratieverständnis. Die Frage nach einer ›freiheitlichen Demokratie‹ stellte sich den Chefideologen im Kreml' insofern nicht, als dass sie den bürgerlichen

---

73 Diesen Gedanken beziehe ich aus der Studie von Jan Palmowski zum Staat und zur Gesellschaft in der DDR, der dem Konzept der sozialistischen Demokratie eine große Wirkmacht zugeschrieben hat. Siehe PALMOWSKI: Die Erfindung der sozialistischen Nation, bsp. S. 17 f.
74 Socialističeskaja Demokratija. In: *Sovetskij juridičeskij slovar'*, Moskva 1953. Abgerufen unter URL: https://soviet_legal.academic.ru/, letzetr Zugriff: am 16.05.2023.

Demokratien des ›Westens‹ aufgrund ihrer kapitalistischen Wirtschaftsordnung per se eine freiheitliche Grundordnung absprachen und das Begriffspaar ›Freiheit‹ und ›Demokratie‹ als Klassenbegriffe ablehnten.[75] Ab 1964 erlangte die Idee der ›sozialistischen Demokratie‹ realpolitischen Charakter. Brežnev stellte die vorhandenen und in der Sowjetunion bereits praktizierten Elemente der ›sozialistischen Demokratie‹ in den Mittelpunkt des ideologischen Demokratiediskurses. Auf Parteiebene gehörte dazu unter anderem sein auf dem XXIII. Parteitag 1966 ausgerufenes Prinzip der ›Kaderstabilität‹ und des ›Vertrauens in die Kader‹, in dessen Zuge er die Kollektivführung des Landes als Ausweis der »vollkommenen Demokratie und Meinungsfreiheit« und als »unumstößliches Gesetz« der Partei ausrief.[76] Die ›sozialistische Demokratie‹ wurde nun vielmehr zum Mittel des Fortschritts als zum Ziel des Übergangs zur kommunistischen Gesellschaft. Das Wirtschaftswachstum und der Ausbau des sozialistischen Wohlfahrtsstaates nach dem Amtsantritt Brežnevs verstärkten den Glauben an die nach ideologischem Verständnis gleichzeitig zu erfolgende Entwicklung der sozialistischen Gesellschaft. Die »Beteiligung immer breiterer Massen an der Leitung des Landes, der gesellschaftlichen Angelegenheiten« sollte im Gegensatz zur ›kapitalistischen Welt‹ ganz in den Dienst des Kommunismus gestellt werden.[77] Handelte es sich hierbei lediglich um ideologische Worthülsen oder eine politische »Inszenierung«, die das dahinter stehende autoritäre Herrschaftsmodell Brežnevs verschleiern sollte?[78]

In Teilen der russischen Bevölkerung der 1960er Jahre lösten die ständige Versicherung einer garantierten Teilhabe an Entscheidungen auf lokaler, regionaler oder sogar nationaler Ebene sowie der Aufruf zur aktiven Mitarbeit am Kommunismus und zur Übernahme von politischer und gesellschaftlicher Verantwortung[79] ernstzunehmende Wünsche zur Reformierung des sowjetischen Systems aus, die sich sowohl inhaltlich als auch in ihrer Vehemenz stark voneinander unterschieden. In einer Sammelrezension zu *Problemen und Perspektiven der sozialistischen Demokratie* in der Zeitschrift *Novyj mir* sprach sich der Autor V. Savin 1969 beispielsweise für die »wesentliche Verbreiterung und Vertiefung« des Theorems

---

75 Ebd.
76 SUSANNE SCHATTENBERG: Leonid Breschnew. Staatsmann und Schauspieler im Schatten Stalins, Eine Biographie, Köln u. a. 2017, S. 301 f.
77 Rechenschaftsbericht des Zentralkomitees der KPdSU an den XXIV. Parteitag der Kommunistischen Partei der Sowjetunion. Referent. L. I. Breschnew, Generalsekretär des ZK der KPdSU, 30. März 1971. In: XXIV. Parteitag der Kommunistischen Partei der Sowjetunion 30. März – 9. April 1971. Dokumente, Moskau 1971, S. 153.
78 SCHATTENBERG: Leonid Breschnew, S. 302.
79 XXIV s"ezd KPSS ob ukreplenii sovetskogo gosudarstva i razvitii socialističeskoj demokratii. Moskva 1973, S. 8 ff.

und der Praxis der ›sozialistischen Demokratie‹ und für die Notwendigkeit der Nutzung »progressiver Formen und Methoden der Demokratisierung des gesellschaftlichen Lebens« aus.[80] Konkret schlug der Rezensent die Veränderung des Wahlrechts vor, indem er für die Aufstellung mehrerer Kandidatinnen und Kandidaten für einen politischen Posten votierte.[81] Doch auch abseits politiktheoretischer Debatten war der Wunsch zur Reform und zur Teilhabe an der ›reifen‹ sozialistischen Gesellschaft stark verbreitet. Die *intelligencija,* die aus den Reformen der Chruščëv-Ära gestärkt hervorging, übernahm in den 1960er Jahren die Rolle einer gesellschaftlichen Avantgarde, die den sozialen und politischen Wandel innerhalb des Systems anführen wollte. Dieses Selbstverständnis leiteten ihre Vertreterinnen und Vertreter aus ihrem Verständnis von ›Öffentlichkeit‹ *(obščestvennost')* ab, dessen Bedeutung sich seit dem Tod Stalins stark gewandelt hatte und nicht nur lexikalisch mit dem Wort für Gesellschaft *(obščestvo)* aufs Engste verknüpft ist.

In der sowjetischen Historiografie ist der Begriff *obščestvennost'* in unterschiedlichen Kontexten sowohl als *Öffentlichkeit, öffentliche Meinung* oder mit Blick auf die Reformen der Perestroika sogar als *Zivilgesellschaft* übersetzt worden.[82] Damit umfasst das Konzept einerseits den kommunikativen Rahmen einer oder mehrerer *Öffentlichkeit(en)* bzw. *Sphären von Öffentlichkeit,* in denen politische Kommunikation in einer Diktatur stattfinden konnte und »Menschen mit ihren Mitbürgern, aber auch mit partei-staatlichen Autoritäten interagierten«.[83] Andererseits berührt das Konzept die konkrete soziale bzw. gesellschaftliche Aktivität (Handlungsmacht) im Sinne einer *Zivilgesellschaft* nach Habermas. Deren institutionelles Herzstück sind unabhängige und selbstorganisierte freiwillige Vereinigungen und Organisationen, die als Gegengewicht zur staatlichen Autorität wirken können und »die Resonanz, auf die gesellschaftlichen Problemlagen in den privaten Lebensbereichen finden, aufnehmen, kondensieren und lautverstärkend auf die politische Öffentlichkeit weiterleiten«.[84] Im Habermas'schen Sinne

---

80 V. Savin: Problemy i perspektivy socialističeskoj demokratii. In: *Novyj mir,* Nr. 5 (1969), S. 264–269, hier S. 264.
81 Ebd., S. 268. – Siehe dazu auch: Pëtr Vajl'/Aleksandr Genis: 60-e. Mir sovetskogo čeloveka, Moskva 1996, S. 353, Fn.. 34.
82 Karl Loewenstein: *Obshchestvennost'* as Key to Understanding Soviet Writers of the 1950s: *Moskovskii Literator,* October 1956–March 1957. In: *Journal of Contemporary History* 44 (2009) 3, S. 473–492, hier S. 474.
83 Gábor T. Rittersporn/Malte Rolf/Jan C. Behrends (Hrsg.): Sphären von Öffentlichkeit in Gesellschaften sowjetischen Typs. Zwischen partei-staatlicher Selbstinszenierung und kirchlichen Gegenwelten, Frankfurt am Main u. a. 2002, hier S. 8.
84 Jürgen Habermas: Faktizität und Geltung. Beiträge zur Diskurstheorie des Rechts und des demokratischen Rechtsstaats, Frankfurt am Main 1992, S. 443.

ist der Öffentlichkeitsbegriff eng mit der Vorstellung von einer emanzipierten bürgerlichen Öffentlichkeit verbunden, die ein wirkungsmächtiges Gegengewicht zur Politik bilden soll.[85]

Diese Form von Öffentlichkeit hat es in der Sowjetunion zu keinem Zeitpunkt gegeben. Vielmehr kontrollierte der sowjetische Staatsapparat die ›öffentliche Meinung‹ und versuchte sie als »Verstärker« zu nutzen, um ihre Werte an die unterschiedlichen Gesellschaftsgruppen zu vermitteln.[86] Es ist bereits treffend festgestellt worden, dass der Begriff *obščestvennost'* aufgrund seiner normativen Aufladung vielmehr in seiner Dynamik und seiner zeitgenössischen Perzeption diskutiert werden muss, um die spezifischen Bereiche und Elemente erkennbar werden zu lassen, in denen sich Formen von Öffentlichkeit manifestierten.[87] Inwieweit kann die Denkmalschutzbewegung als eine Form der sowjetischen *obščestvennost'* verstanden werden bzw. inwieweit strukturierten die Bewegung und ihre institutionelle Ausprägung in Form der VOOPIiK ›Sphären von Öffentlichkeit‹, deren Zuschnitt sich in Laufe der Jahre wandelten?

Während *obščestvennost'* im russischen Zarenreich des späten 18. Jahrhunderts eine politisch und sozial aktive Gruppe von Intellektuellen bezeichnete, weitete sich der Begriff im späten 19. Jahrhundert auf eine Gruppe von Menschen aus, die sich gegen die staatliche Politik aussprachen und politische Alternativen aufzeigten. Mit dem Beginn des 20. Jahrhunderts verlagerte sich die Bedeutung des Begriffs in Russland wiederum auf die Bezeichnung nichtstaatlicher Freiwilligenorganisationen, die in der Bildung, in der Wissenschaft oder im Gesundheitswesen gegründet wurden.[88] Die bolschewistische Revolution brachte schließlich eine neue Form hervor, die sowjetische *obščestvennost'*, die das vielfältige öffentliche Engagement in gesellschaftlichen Organisationen einforderte, kontrollierte und es gänzlich in den Dienst des Staates stellte. Dennoch überdauerten Formen

---

85 Siehe Nada Boškovska/Angelika Strobel/Daniel Ursprung: Einleitung. In: dies. (Hrsg.): »Entwickelter Sozialismus« in Osteuropa. Arbeit, Konsum und Öffentlichkeit, Berlin 2016, S. 9–21, hier S. 13.
86 Rittersporn/Rolf/Behrends (Hrsg.): Sphären von Öffentlichkeit in Gesellschaften sowjetischen Typs, S. 14.
87 Boškovska/Strobel/Ursprung: Einleitung, S. 13; ähnlich argumentiert auch Simon Huxtable, der darauf abhebt, dass der Begriff »never possessed a single, fixed, meaning: the notion of *obshchestvennost'* was tinted with individualist ideas, while the notion of *obshchestvennoe mnenie* could often take on an activist colouring«. Siehe Huxtable: News from Moscow, S. 168.
88 Mie Nakachi: What Was Obščestvennost' in the Time of Stalin? The Case of the Post-War Soviet Medical Profession. In: Yasuhiro Matsui (Hrsg.): *Obshchestvennost'* and Civic Agency in Late Imperial and Soviet Russia. Interface between State and Society, Basingstoke Hampshire/New York 2015, S. 128–151, hier S. 128.

öffentlicher Partizipation des 19. Jahrhunderts in sozialen bzw. gesellschaftlichen Organisationen *(obščestvennye organizacii)* bis in die 1920er Jahre.[89] Selbst für die Hochphase des Stalinismus hat die neuere Forschung vereinzelte und temporär aktive ›Sphären von Öffentlichkeit‹ ausgemacht, beispielsweise in der kommunalen Selbstverwaltung.[90] Andere Forschende haben wiederum unterstrichen, dass die Bedrohung durch den äußeren Feind und der Anstieg des sowjetischen Patriotismus während des Zweiten Weltkriegs eine rapide Zunahme des zivilen Verantwortungsbewusstseins – im Sinne der *obščestvennaja rabota* (gesellschaftlichen Tätigkeit) – zur Folge gehabt hätten, die sich bis in die Nachkriegszeit auf unterschiedliche Felder der sowjetischen Gesellschaft erstreckt habe.[91] *Obščestvennost'*, verstanden als ›öffentliche Meinung‹ im Sinne einer gesellschaftlichen Stimmungslage, wurde allerdings erst nach dem Tod Stalins wahrnehmbar und vornehmlich durch literarische und journalistische Kanäle transportiert.[92] 1958 definierte das Wörterbuch der Akademie der Wissenschaften *obščestvennost'* als den »fortschrittlichen Teil der Gesellschaft«, referierte damit auf die soziale Gruppe der *intelligencija* und umriss deren bedeutende Aufgabe in der Neugestaltung des sozialistischen Aufbaus.[93]

Die sowjetischen Schriftstellerinnen und Schriftsteller der ›Tauwetterperiode‹ interpretierten das Konzept der *obščestvennost'* als Aufgabe, eine neue Zustimmung für den staatlichen Kurs basierend auf offener Diskussion zu schaffen.[94] Die poststalinistische Idee der *obščestvennost'* kann dementsprechend zumindest für die zweite Hälfte der 1950er und die 1960er Jahre als Konzept verstanden werden, das von der *intelligencija* als politisches und gesellschaftliches Reformprojekt angenommen wurde und sich – zumindest mehrheitlich – nicht gegen die Staatsmacht richtete. Diese Interpretation entsprach auch dem Verständnis der staatlichen Autoritäten der Chruščëv-Ära von der Rolle, die die *obščestvennost'* beim Aufbau

---

89 IRINA NIKOLAEVNA IL'INA: Obščestvennye organizacii Rossii v 1920-e gody. Moskva 2000.
90 YASUHIRO MATSUI: *Obshchestvennost'* in Residence: Community Activities in 1930s Moscow. In: MATSUI (Hrsg.): *Obshchestvennost'*, S. 109–127.
91 Siehe MADDOX: Saving Stalin's Imperial City; Mie Nakachi wiederum beschreibt den Einsatz sowjetischer Gynäkologen und Geburtshelfer gegen die Abtreibungspolitik der sowjetischen Regierung während des Krieges und das Zusammengehörigkeits- bzw. Pflichtgefühl der Gynäkologen und Geburtshelfer gegenüber den Patienten und der sowjetischen *obščestvennost'*, siehe: MIE NAKACHI: What Was Obščestvennost' in the Time of Stalin? S. 128–151.
92 ELENA ZUBKOVA: Russia After The War. Hopes, Illusions, and Disappointments, 1945–1957, New York/London 1998, S. 193.
93 Ebd., S. 474f.
94 LOEWENSTEIN: *Obshchestvennost'*, S. 479; siehe auch POLLY JONES: The Fire Burns On? The »Fiery Revolutionaries« Biographical Series and the Rethinking of Propaganda in the Brezhnev-Era, in: *Slavic Review* 74 (2015) 1, S. 32–56, hier besonders S. 37.

des Kommunismus spielen sollte. So übertrug Chruščëv gesellschaftlichen Organisationen und der *intelligencija* sukzessive staatliche Aufgaben und teilweise sogar staatliche Funktionen.[95] Die steigende Komplexität des sozialistischen Staates durch dessen zunehmende Integration in den Weltmarkt und dessen kulturelle Vernetzung mit dem ›Westen‹ forderten die aktive Mitarbeit der *obščestvennost'* beim Aufbau des Kommunismus in den unterschiedlichen gesellschaftlichen Bereichen zunehmend ein.[96] Diese Zusammenarbeit zwischen der Bevölkerung und dem Staat wurde unter Brežnev weitergeführt und produzierte ein gegenseitiges Abhängigkeitsverhältnis,[97] das in vielen Bereichen des sowjetischen Lebens in einer ›stillschweigenden Übereinkunft‹ beider Seiten resultierte und für die folgenden Jahrzehnte sowjetischer Herrschaft als einer der Hauptgaranten für die »hyperstabile«[98] Ordnung der Brežnev-Ära gesehen wird. Dieser ›Gesellschaftsvertrag‹, der vornehmlich mit Blick auf die sowjetische Wirtschaft als »Little deal« bezeichnet worden ist,[99] weitete sich in den späten 1960er und 1970er Jahren auch auf Phänomene der sozialen und gesellschaftlichen Ordnung aus.

Neben der aktiven Mitwirkung der Bevölkerung in unterschiedlichen politischen und gesellschaftlichen Bereichen etablierte sich die ›öffentliche Meinung‹ als wichtigstes Stimmungsbarometer der sowjetischen Führung unter Chruščëv und Brežnev. In der Redaktion der *Komsomol'skaja Pravda* entstand 1960 das Institut für öffentliche Meinung (IOM), das bis 1968 existierte,[100] bevor im gleichen Jahr in der Akademie der Wissenschaften das Institut für soziale Studien, das spätere Institut für Soziologie, gegründet wurde, das von 1969 bis 1972 ein eigenes Zentrum zur Erforschung der öffentlichen Meinung (CIOM) unterhielt.[101] Analog zum

---

95 KAZUKO KAWAMOTO: Public and Private Matters in Comrades' Courts under Khrushchev. In: MATSUI (Hrsg.): *Obshchestvennost'*, S. 171–197.
96 Kiyohiro Matsudo hat diesen Punkt in Bezug auf das Phänomen der *družiny* der 1950er und 1960er Jahre unterstrichen, der Mobilisierung der *obshchestvennost'* gegen das Problem der *chuliganstvo* und zur Aufrechterhaltung der ›öffentlichen Ordnung‹. Siehe: KIYOHIRO MATSUDO: *Obshchestvennost'* in the Struggle against Crimes: The Case of People's Vigilante Brigades in the Late 1950s and 1960s. In: MATSUI (Hrsg.): *Obshchestvennost'*, S. 152–170.
97 YASUHIRO MATSUI: Conclusion. In: ebd., S. 219–224, hier S. 220.
98 Der Begriff der ›hyperstabilen Ordnung‹ als Signatur für die Brežnev-Ära wurde von Martin Deuerlein und Boris Belge eingeführt. Siehe MARTIN DEUERLEIN/BORIS BELGE (Hrsg.): Goldenes Zeitalter der Stagnation? Perspektiven auf die sowjetische Ordnung der Brežnev-Ära, Tübingen 2014.
99 JAMES R. MILLAR: The Little Deal. Brezhnev's Contribution to Acquisitive Socialism, in: *Slavic Review* 44 (Winter 1985) 4, S. 694–706.
100 HUXTABLE: News from Moscow, S. 157–186.
101 Schreiben von B. A. Grušin über die Gründung des Zentrums zur Erforschung der öffentlichen/gesellschaftlichen Meinung (CIOM) des Instituts für konkrete soziale Studien an der Akademie der Wissenschaften der UdSSR. In: Institut Sociologii Rossijskoj Akademii Nauk:

komplexen Beziehungsgeflecht zwischen Staat und Bevölkerung differenzierte sich zumindest das lexikalische Verständnis von *obščestvennost'* weiter aus. In der *Bol'šaja Sovetskaja Enciklopedija* von 1974 ist der Begriff *obščestvennost'* nicht mehr auffindbar. Stattdessen wurde zu diesem Zeitpunkt bereits gezielt zwischen den Begriffen *obščestvennoe mnenie* (öffentliche Meinung) und *obščestvennye organizacii* (gesellschaftliche Organisationen) unterschieden.[102] Als wichtigstes Kriterium für Letztere galt die strukturelle und funktionale Ähnlichkeit zur Kommunistischen Partei, während andere Unterscheidungskriterien wie die Altersstruktur, das Tätigkeitsprofil oder die Zielsetzung der Organisationen gänzlich in den Hintergrund traten. *Obščestvennye organizacii* wurden nun noch stärker als zuvor auf ihre politische Funktion, ihren Platz innerhalb der ›sozialistischen Demokratie‹ reduziert. In der sowjetischen Verfassung von 1977 fungierte der Begriff als Sammelbecken für die politischen Nachwuchsorganisationen, alle ehrenamtlichen Organisationen und Verbände im Sozialwesen, im Wissenschafts-, Kultur- und Sportsektor, für die Gewerkschaften und Berufsverbände.[103]

Ein gänzlich anderes Verständnis von *obščestvennost'* entwickelte sich in der sowjetischen Dissidenz der späten 1960er Jahre. Zunehmend ins politische und gesellschaftliche Abseits gedrängt und vielfach zur Emigration gezwungen, entsprach ihre Idee von *obščestvennost'* der einer solidarischen Weltöffentlichkeit.[104] Für die Mehrheit der sowjetischen Bevölkerung der 1960er Jahre hingegen strukturierte sich ihr Verständnis von *obščestvennost'* durch die Interaktion mit den staatlichen Behörden in unterschiedlichen ›öffentlichen Räumen‹ immer wieder aufs Neue.[105] Diese Kontaktflächen waren in den staatlichen Freiwilligenorganisationen besonders hoch. Anders als im Arbeitsumfeld traten die Mitglieder in der Regel aus eigenem Antrieb in die Organisationen ein, um sich beispielsweise für den Schutz und den Erhalt von Baudenkmälern zu engagieren. Die VOOPIiK wiederum ermächtigte besonders in den Anfangsjahren ihre Mitglieder durch die Übertragung von konkreten Funktionen zur Mitgestaltung ihres Heimatdorfes, ihrer Heimatstadt oder ihrer Heimatregion. Wurde die Betätigung in den Parteiorganisationen oder den Gewerkschaften vor allem in der Spätphase der Sowjetunion von vielen Mitgliedern als sinnentleert wahrgenommen, blieb das Interesse am Einsatz für den Denkmalschutz auch in der späten Sowjetunion

---

Rossijskaja Sociologija Šestidesjatych Godov v Vospominanijach i Dokumentach. Sankt Petersburg 1999, S. 522 f.; Huxtable: News from Moscow, S. 184.
102 Bol'šaja Sovetskaja Enciklopedija 1974, S. 241 f.
103 Il'ina: Obščestennye organizacii Rossii, S. 41 ff.
104 Siehe Yasuhiro Matsui: *Obshchestvennost'* across Borders: Soviet Dissidents as a Hub of Transitional Agency. In: ders. (Hrsg.): *Obshchestvennost'*, S. 198–218.
105 Rittersporn/Rolf/Behrends (Hrsg.): Sphären von Öffentlichkeit, S. 16.

ungebrochen – auch wenn die Politik der VOOPIiK und die Ideen und Motivationen ihrer Mitglieder bereits in den 1970er Jahren nicht immer deckungsgleich waren.

Vor dem Hintergrund der komplexen Semantik des *obščestvennost'*-Begriffes, der eine soziale Gruppe, eine Haltung und ein Reformprojekt bezeichnen konnte, ist für die Untersuchung des Phänomens der russischen Denkmalschutzbewegung das poststalinistische Konzept der *obščestvennost',* verstanden als Reformprojekt der nationalen und lokalen russischen *intelligencija,* das sich von einem Diskurs in den staatlichen Medien zu einer gesellschaftlichen Bewegung entwickelte und schließlich in der Aktivität großer Bevölkerungsteile in der halbstaatlichen Freiwilligenorganisation VOOPIiK mündete, zentral. Die Idee des Schutzes und des Erhalts von Baudenkmälern, die sich aus der dringenden Notwendigkeit ergab, dass Ende der 1950er Jahre sowohl in der Peripherie, aber auch in den Zentren bedeutende Kulturdenkmäler verfielen, vermochte landesweit Menschen für den Denkmalschutz und die Denkmalpflege zu mobilisieren. Die Denkmalschutzbewegung in ihrer institutionellen Realisierung in Form der VOOPIiK soll im Folgenden in Anlehnung an Thomas Lindenberger als Interaktionsraum in einer fragmentierten Gesellschaft verstanden werden, in der es zur Kommunikation und Mediation zwischen dem Staat und denjenigen kam, die als freiwillige Vertreterinnen und Vertreter der VOOPIiK in der Sphäre zwischen Staat und Gesellschaft integriert waren.[106]

6. Was waren die sowjetischen 1960er Jahre? Versuch einer Binnenperiodisierung

Die russische Denkmalschutzbewegung ist in ihrer Entstehung ein Phänomen der sowjetischen 1960er Jahre. Doch wie lassen sich die russischen 1960er Jahre als Periode historisieren? Während der Stalinismus als Herrschaftssystem untrennbar mit der Politik und der Person Stalins verbunden ist, scheint sich die Forschung für die ihm nachfolgenden sowjetischen Jahrzehnte langsam von der oftmals schematisch erscheinenden Periodisierung mit Blick auf die Regierungszeiten der Ersten Sekretäre des Politbüros der KPdSU zu lösen. Stattdessen setzten sich für die Zeit ›nach‹ Stalin bzw. die spätsowjetische Ära unter anderen die Begriffe der *Entstalinisierung* und des *Poststalinismus* durch, um in erster Linie den Bruch mit dem stalinistischen Regime zu verdeutlichen. Neuere Forschungen versuchen mit dem vergleichenden Blick ›von unten‹ die Epoche des *Poststalinismus* mit einer

---

106 LINDENBERGER: The Fragmented Society, S. 5.

neuen Sinnwelt zu belegen und sie damit aus ihrem Nischendasein als »leere Übergangsphase« zwischen *Stalinismus* und *Spätsozialismus* herauszuholen.[107] Doch ebenso wie die Bezeichnung *Spätsozialismus,* die den Regierungszeiten Brežnevs und seiner Nachfolger Jurij Andropov und Konstantin Černenko gemeinsame Charakteristika attestiert und die stabilisierenden Faktoren der Regierungssysteme in den Vordergrund rückt, drohen sich die Spezifika des sowjetischen Experiments der zweiten Hälfte des 20. Jahrhunderts oft unter den Epochensignaturen zu verlieren.[108] Die zeitgenössischen Begriffe zur Beschreibung der Sowjetunion nach Stalin, wie die des *Tauwetters,* der *Stagnation* oder der *Perestroika,* werden in der Forschung ebenfalls vermehrt auf den Prüfstand gestellt, vor allem um im Gegenzug Prozesse und Dynamiken stärker in den Blick zu nehmen.[109]

Als ›gespaltenes‹ Jahrzehnt zwischen der Regierungszeit Chruščëvs und der Frühphase der Brežnev-Ära verspricht die Beschäftigung mit den sowjetischen 1960er Jahren auf den ersten Blick eine notwendige Abkehr von alten Periodisierungen. Doch gerade die 1960er Jahre gelten aufgrund der Formierung der sowjetischen Dissidentenbewegung bereits als thematisch ›belegt‹, was nicht zuletzt die Selbstbezeichnung der ›Andersdenkenden‹ als *šestidesjatniki* (die ›'60er‹) eindrucksvoll unter Beweis stellt. Aus diesem Grund konzentrierte sich die historische Forschung zu den sowjetischen 1960er Jahren bislang in erster Linie auf das so genannte kulturelle Tauwetter bis zu den repressiven Maßnahmen der sowjetischen Führung gegenüber der liberalen *intelligencija* nach dem Amtsantritt Brežnevs 1964, die auf die Dissidentenbewegung als Initialereignisse wirkten – wie etwa die Verurteilung der Schriftsteller Andrej Sinjavskij und Julij Daniel' im Jahr 1966 und die gewaltsame Niederschlagung des Prager Frühlings durch sowjetische Truppen 1968. Dabei wurde die Historisierung des Jahrzehnts ganz zentral durch die *šestidesjatniki* selbst vorangetrieben. Da sie ihre Lebensgeschichten bereits während der *Perestroika* veröffentlichten und als ›Tauwettergeneration‹ in Erscheinung traten,[110] kam es retrospektiv zu einer Verschmelzung der historischen Periode des *Tauwetters* mit den 1960er Jahren.[111] Erst nach dem Zusammenbruch der Sowjetunion begann die langsame Dekonstruktion der

---

107 KOLÁŘ: Poststalinismus, vor allem S. 16.
108 MAIKE LEHMANN: When Everything Was Forever: An Introduction. In: *Slavic Review* 74 (Frühjahr 2015) 1, S. 1–8, hier S. 2.
109 Ebd., S. 2.
110 Siehe dazu beispielsweise LJUDMILA ALEXEJEWA: The Thaw-Generation: Coming of Age in the Post-Stalin Era, Pittsburgh 1990.
111 SHEILA FITZPATRICK: Afterword. The Thaw in Retrospect, in: DENIS KOZLOV/ELEONORY GILBURD (Hrsg.): The Thaw. Soviet Society and Culture during the 1950s and 1960s, Toronto u. a. 2013, S. 482–491, hier S. 486.

wirkungsmächtigen »generationellen Nostalgie«, wie es Sheila Fitzpatrick formuliert hat.[112] Eines der bekanntesten aktuellen Beispiele lieferte Alexei Yurchak, der die *späte Sowjetunion* bereits mit dem Tod Stalins beginnen lässt und damit sowohl den Vertreterinnen und Vertretern der *šestidesjatniki* als auch den Generationen der 1970er und 1980er Jahre gemeinsame Verhaltensweisen attestiert und die Besonderheit der ›Tauwettergeneration‹ implizit in Frage stellt.[113]

Die vorliegende Arbeit stellt sich die Frage, ob sich eine Geschichte der russischen 1960er Jahre abseits bzw. in Ergänzung zu den Erfahrungen der *šestidesjatniki* schreiben lässt. Welche Merkmale, Kontinuitäten und Zäsuren der russischen Geschichte der 1960er Jahre lassen sich mit Blick auf den russischen Denkmalschutz bestimmen? Und lässt sich der Historisierung der späten 1960er Jahre als ›konservativer Wende‹ bzw. als Übergangszeit zwischen den Aufbrüchen des ›kulturellen Tauwetters‹ und der Zeit der ›Hyperstabilisierung‹ unter Brežnev ein neues Bild hinzufügen?

In ihrem Buch zu den kulturellen Lebenswelt(en) der sowjetischen 1960er Jahre entwerfen Pëtr Vajl' und Aleksandr Genis ein Panorama von einer Epoche im Spannungsfeld zwischen Utopie, Aufbruch und nüchterner sozialistischer Realität. Die »kurzen 1960er Jahre«,[114] die Vajl' und Genis zufolge mit dem XXII. Parteitag der KPdSU 1961 begannen und 1968 endeten, zeichneten sich ihrer Meinung nach dadurch aus, dass die sowjetische Bevölkerung zu dieser Zeit von der Richtigkeit des politischen Kurses überzeugt gewesen sei, nicht zuletzt durch die starke Rückbesinnung auf Lenin.[115] 1968 wird von ihnen – in erster Linie aufgrund ihrer eigenen biografischen Erfahrung als *šestidesjatniki* – als einschneidende Zäsur markiert, die den Glauben an die kommunistische Utopie durch Ernüchterung und eine politisch vorgegebene Rationalität ersetzte. Karl Schlögel, der sich auf die Spurensuche nach den sowjetischen Lebenswelten eines ganzen Jahrhunderts begab, begreift die 1960er Jahre im Kontext der Dissidentenbewegung ähnlich. Als prosperierende Epoche gestartet, die einen fundamentalen Stimmungs- und Mentalitätswandel hervorgebracht habe und nach dem stalinistischen Terror eine »Zeit der inneren Entspannung, eines Zu-Atem- und Zu-Kräften-Kommens« gewesen sei, habe 1968 ein »scharfes Ende« bereitet.[116] Trotz des unzweifelhaften Zäsurcharakters von 1968 werden die politischen und

---

112 Ebd., S. 487.
113 YURCHAK: Everything Was Forever Until it Was no More.
114 KLAUS GESTWA: Die Stalinschen Großbauten des Kommunismus. Sowjetische Technik- und Umweltgeschichte, 1948–1967, München 2010, S. 563.
115 VAJL'/GENIS: 60-e, besonders S. 171.
116 KARL SCHLÖGEL: Das sowjetische Jahrhundert. Archäologie einer untergegangenen Welt, München 2017, S. 411.

gesellschaftlichen Entwicklungen der 1960er Jahre in der neueren Forschung nicht mehr nur als Übergang vom ›Tauwetter‹ der Chruščëv-Ära zum »Großen Frost« der Brežnev-Jahre gelesen.[117] Einige Historiker haben darauf aufmerksam gemacht, dass die Zeit zwischen 1964 und 1968 bisher unterbelichtet geblieben sei, und davor gewarnt, dass die vielbeschworenen Hoffnungen der sowjetischen Bevölkerung und die Möglichkeiten dieser Jahre hinter dem Bruch von 1968 zu verschwinden drohten.[118] Nancy Condee hat in diesem Zusammenhang darauf hingewiesen, dass das sowjetische Kino oder der sowjetische Jazz erst in der zweiten Hälfte der 1960er Jahre, in einer Art »Nachtauwetter« ihre liberale Phase durchlebt hätten.[119] Stephen V. Bittner wiederum kann eine ähnlich nachgelagerte Konjunktur bzw. eine fehlende Zäsur für die sowjetische Architektur ausmachen.[120] Mikrostudien zur sowjetischen Sozial- und Kulturgeschichte haben zudem die Kontinuitäten zwischen den Regierungszeiten Chruščëvs und Brežnevs betont und die Autorinnen und Autoren plädieren im Kontext internationaler Einflüsse für die Wahrnehmung der »langen 1960er Jahre«.[121] Anne E. Gorsuch und

---

117 Einer der ersten Versuche dazu unternamen Edwin Bacon und Mark Sandle in ihrem Sammelband von 2003. Siehe: EDWIN BACON/MARK SANDLE (Hrsg.): Brezhnev Reconsidered. London/New York 2002.
118 SIMON HUXTABLE: The Life and Death of Breznev's Thaw. Changing Values in Soviet Journalism after Khrushchev 1964–1968, in: DINA FAINBERG/ARTEMY M. KALINOVSKY (Hrsg.): Reconsidering Stagnation in the Brezhnev Era, New York/London 2016, S. 21–41, hier S. 22; siehe auch DERS.: Making News Soviet. Rethinking Journalistic Professionalism after Stalin, 1953–1970, in: *Contemporary European History* 27 (2018) 1, S. 59–84, hier S. 82; oder prominent seine Monografie, in der er den »Tauwetter-Journalismus« als »moralischen Kompass« sowjetischer Journalisten beschreibt, eine Einstellung, die auch in den 1970er und 1980er Jahren Bestand hatte: SIMON HUXTABLE: News from Moscow. Soviet journalism and the limits of postwar reform, Oxford 2022, vor allem S. 218.
119 NANCY CONDEE: Cultural Codes of the Thaw. In: WILLIAM TAUBMAN/SERGEJ KHRUSHCHEV/ABBOTT GLEASON (Hrsg.): Nikita Khrushchev. New Haven/London 2000, S. 160–176, hier S. 162 f.
120 STEPHEN V BITTNER: The Many Lives of Khrushchev's Thaw. Experience and Memory in Moscow's Arbat, Ithaca/London 2008.
121 Siehe dazu beispielsweise die Aufsätze von Rossen Djagalov zur Liedermacherbewegung der 1960er Jahre in globaler Perspektive, von Lewis H. Siegelbaum zum Bau der sowjetischen Stadt Tol'jatti, die als Planungsprojekt der 1960er Jahre ihre Umsetzung in den 1970er Jahren erfuhr, sowie von Robert Edelman zu den Fußball-Hooligans und deren Beeinflussung durch russische Medien. Siehe: ROSSEN DJAGALOV: Guitar Poetry, Democratic Socialism, and the Limits of 1960s Internationalism. In: ANNE E. GORSUCH/DIANE P. KOENKER (Hrsg.): The Socialist Sixties. Crossing Borders in the Second World, Bloomington Indiana 2013, S. 148–166; LEWIS H. SIEGELBAUM: Modernity Unbound: The New Soviet City of the Sixties. In: ebd., S. 66–83; ROBERT EDELMAN: Playing Catch-Up: Soviet Media and Soccer Hooliganism, 1965–75. In: ebd., S. 268–286. – Darüber hinaus wurde die Geschichte der Sowjetunion in den 1960er Jahren auch bereits im Hinblick auf

Diane P. Koenker unternahmen 2013 den Versuch, die *Socialist Sixties* in Bezug auf die Protestbewegung der *Global Sixties*, verstanden als kulturelle Revolution und soziale Transformation, auf ihre Beschaffenheit hin zu untersuchen und der Frage zu folgen, welche globalen Einflüsse und lokalen Besonderheiten das westlich geprägte Modell der 1960er Jahre in der Zweiten Welt aufwies.[122] Neben globalen Einflüssen unterstreicht Marko Dumančič in seiner 2021 vorgelegten Studie zur männlichen Identität in der poststalinistischen Sowjetunion die nationalen und internationalen Modernisierungs- und Reformkontexte zwischen 1953 und 1968 für die Herausbildung der »langen sowjetischen 1960er Jahre«.[123]

Die vorliegende Arbeit möchte die Diskussion zu den sowjetischen 1960er Jahren um eine weitere Fallstudie ergänzen, die für den Blick auf die ›langen 1960er Jahre‹ plädiert. Dabei sollen gesellschaftliche Dynamiken und Prozesse stärker in den wissenschaftlichen Fokus gerückt werden, die allen voran die frühe Brežnev-Zeit auch *nach* 1968 geprägt haben. Dabei geht es nicht darum, den historischen Einschnitten dieses Jahrzehnts ihre Bedeutung abzusprechen. Vielmehr sollen am Beispiel der Geschichte der russischen Denkmalschutzbewegung und der Funktionsweise der russischen Kulturpolitik der frühen Brežnev-Ära andere historische Zäsuren und Entwicklungen zur Diskussion gestellt werden, denn abseits der eingangs thematisierten ›konservativen Wende‹ nach dem Amtsantritt Brežnevs, die sich zuallererst auf das intellektuelle Leben in den späten 1960er Jahren auswirkte, dynamisierte die staatlich gestützte Hinwendung zur Vergangenheit zur gleichen Zeit die Facetten des kulturellen Lebens, beeinflusste Verhaltensweisen[124] und wurde sogar im kulinarischen Diskurs der Zeit

---

den sowjetischen Internationalismus untersucht. Siehe u. a. TOBIAS RUPPRECHT: Soviet Internationalism after Stalin: Interaction and Exchange Between the USSR and Latin America During The Cold War. Cambridge 2015.

122 GORSUCH/KOENKER (Hrsg.): The Socialist Sixties; Studien, die für die Sowjetunion und die kleineren Staaten Ostmitteleuropas neue internationalisierende Impulse, Einflüsse und zeitliche Wegmarken setzen: JAMES MARK/PAUL BETTS: Socialism Goes Global. The Soviet Union and Eastern Europe in the Age of Decolonization, Oxford 2022; neueste Forschungen regen außerdem dazu an, den eurozentrischen Blick bei der Betrachtung der Beziehungen der Sowjetunion zu Ländern der so genannten Dritten Welt zu verlassen und den Einfluss des ›Globalen Südens‹ auf die sowjetische Gesellschaft zu ergründen. Siehe dazu: HILARY LYND/THOM LOYD: Histories of Color. Blackness and Africanness in the Soviet Union, in: *Slavic Review* 81, 2 (2022), S. 394–417; oder jüngst: THOM LOYD: ›The Afro-Soviet Sixties‹. East Centre Research Seminar at the Univerity of East Anglia, 18.05.2023.

123 MARKO DUMANČIČ: Men Out of Focus. The Soviet Masculinity Crisis in the Long Sixties, Toronto u. a. 2021, hier S. 7–8, 14.

124 Siehe dazu CATRIONA KELLY: Refining Russia. Advice Literature, Polite Culture, and Gender from Catherine to Yeltsin, Oxford/New York 2001, Kapitel 5 – Negotiating Consumerism: The Dilemmas of Behaviour Literature, 1953–2000.

sichtbar.¹²⁵ Die russische Denkmalschutzbewegung und die VOOPIiK gehörten dabei ohne Frage zu den prägnantesten Ausprägungen dieses Phänomens, das 1969 seinen Höhepunkt erreichen sollte. Vor diesem Hintergrund ist zu fragen, ob die Russische Sowjetrepublik auch über 1968 hinaus ein Land des kulturellen Aufbruchs und der gesellschaftlichen Initiativen blieb.

Diese Arbeit stellt sich die Aufgabe, die Entwicklung der russischen Denkmalschutzbewegung innerhalb der ›fragmentierten Gesellschaft‹ der 1960er Jahre zu beschreiben, in deren Rahmen es russischen Denkmalschützerinnen und Denkmalschützern gelang, die Institutionalisierung des russischen Denkmalschutzes zu initiieren und einen wichtige Rolle in der Ausgestaltung der russischen Kulturpolitik in den Regionen zu spielen. Um die Spezifika dieser Phase herauszuarbeiten und Rückschlüsse auf die Beschaffenheit der sowjetischen Moderne in der frühen Brežnev-Ära zu ziehen, müssen sowohl die 1950er als auch die 1970er Jahre partiell ins Blickfeld gerückt werden. Inwieweit die frühe Regierungszeit Leonid Brežnevs als »verlängertes Tauwetter«¹²⁶ beschrieben werden kann, in der viele Menschen auch nach 1968 reale Hoffnungen auf eine Mitgestaltung an der ›sozialistischen Demokratie‹ hegten, ist Gegenstand der folgenden Ausführungen.

---

125 ADRIANNE K. JACOBS: V. V. Pokhlëbkin and the search for culinary roots in late Soviet Russia. In: *Cahiers du monde russe* 54 (2013) 1–2, S. 165–186.
126 Siehe HUXTABLE: The Life and Death of Breznev's Thaw; sowie DINA FAINBERG/ARTEMY M. KALINOVSKY: Introduction: Stagnation and Its Discontents: The Creation of a Political and Historical Paradigm. In: DIES.: Reconsidering Stagnation in the Brezhnev Era, S. VII–XXII.

I Zwischen Tradition und Revolution

Sowjetische Denkmalschutzkonzepte von 1917 bis in die 1970er Jahre

Mit der Oktoberrevolution 1917 begann eine neue bolschewistische Zeitrechnung. Sie war mit dem Streben der neuen sowjetischen Machthaber verknüpft, die alte Gesellschaftsordnung zu zerstören und einen ›neuen Menschen‹ und eine neue, sozialistische Kultur zu schaffen. Der Blick der Bol'ševiki richtete sich in die Zukunft. Die Vergangenheit spielte lediglich insofern eine Rolle, als dass man versuchte, sich in allen Feldern des politischen und gesellschaftlichen Lebens von ihr abzusetzen. Doch trotz des unzweifelhaften Zäsurcharakters der Oktoberrevolution gab es in Bezug auf die Kulturpolitik der Bol'ševiki keinen »sauberen Bruch« mit der Vergangenheit.[1] Vor allem die Politik der sowjetischen Führung gegenüber dem ›fremden Kulturerbe‹ der Zarenzeit war Konjunkturen und Veränderungen unterworfen. Darüber hinaus veränderte sich der ideologische Blickwinkel der Bol'ševiki im Laufe der Jahrzehnte. Die Vergangenheit, die lange Zeit ausgedient zu haben schien, kehrte in ausgewählter Form sowohl unter Iosif Stalin als auch unter Leonid Brežnev zur eigenen nationalen Verortung und zur Stärkung des sowjetischen Patriotismus wieder zurück in den ideologischen Diskurs.

Wie verliehen die Bol'ševiki dem zarischen ›fremden‹ Erbe ein sowjetisches Fundament, und wie veränderten sich die Denkmalsdefinitionen und die Funktionen, die Baudenkmälern zugeschrieben wurden, über die Jahrzehnte sowjetischer Herrschaft? Wie unterschieden sich die frühe Kulturdefinition Lenins und der Umgang der jungen Sowjetmacht mit historischer Architektur von den Funktionen, die Baudenkmälern im Zuge des Zweiten Weltkrieges zugedacht wurden? Welchen Einfluss hatte die Entstalinisierung auf die Neukonzeption der sowjetischen Denkmalsdefinition, und welche Akteure traten als ›Interpreten‹

---

1 Catriona Kelly und David Shepherd unterstreichen die Bedeutung des so genannten *clean break* der Oktoberrevolution mit der Vergangenheit für die sowjetische Ideologie bis zum Zusammenbruch der UdSSR. Ihnen zufolge sei diese Vorstellung sowohl für die Integration der sowjetischen Bürger in das neue sowjetische Projekt sehr wichtig gewesen und von Dissidenten wie Aleksandr Solženicyn u. a. betont worden, um die Trennung der sowjetischen Macht von allen historischen Traditionen Russlands besonders zu unterstreichen. Siehe dazu CATRIONA KELLY/DAVID SHEPHERD (Hrsg.): Constructing Russian Culture in the Age of Revolution 1881–1940. New York 1998, S. 230.

des kulturellen Erbes in den Vordergrund? Welche Rolle spielten internationale Einflüsse auf die sowjetische Konzeption von Kulturerbe im Laufe der 1960er und 1970er Jahre? Und wie manifestierte sich die kulturelle Retrospektive der 1960er Jahre auf lokaler Ebene?

Indem das erste Hauptkapitel dieser Arbeit die unmittelbare Nachkriegszeit, in der erste wichtige Entwicklungen im sowjetischen Denkmalschutz und der Denkmalpflege zu beobachten sind, in einen direkten Zusammenhang mit den 1960er und beginnenden 1970er Jahren bringt, legt es einerseits wichtige historische und methodologische Grundlagen für die vorliegende Arbeit. Andererseits soll diese Gegenüberstellung den Blick dafür schärfen, warum Debatten, wie sie in den 1940er Jahren im russischen Denkmalschutz und in der Denkmalpflege geführt wurden, nicht das gleiche gesellschaftliche Potenzial entwickeln konnten wie zwei Jahrzehnte später.

1. Denkmalschutz und Denkmalpflege von Lenin bis Stalin

Einige Historikerinnen und Historiker, darunter vor allem russische, scheinen bis heute in der Vorstellung verhaftet zu sein, die Bol'ševiki hätten unter Lenin enorme Anstrengungen für den Schutz des russischen Kulturerbes unternommen.[2] Dieses Bild, das auf einer Überbewertung der Person Lenins und seiner persönlichen Anstrengungen im Denkmalschutz fußt, wurde bereits in den ersten Jahren nach der bolschewistischen Revolution entworfen,[3] im Zuge der Rückbesinnung auf den Leninismus in den 1960er Jahren wiederbelebt

---

2 So heißt es beispielsweise in einer sowjetischen Studie zum Denkmalschutz aus dem Jahr 1987: »Ungeachtet der schwierigen Situation im Land, die sich als Resultat aus dem Ersten Weltkrieg und dem Bürgerkrieg entwickelt hatte, verwandte der sowjetische Staat bereits seit den ersten Tagen seiner Existenz große Aufmerksamkeit auf den Schutz des historisch-kulturellen Erbes«. Siehe M. A. POLJAKOVA: Iz istorii ochrany i propagandy kul'turnogo nasledija v pervye gody Sovetskoj vlasti. In: Ministerstvo kul'tury RSFSR/Akademija Nauk SSSR/Naučno-issledovatel'skij institut kul'tury (Hrsg.): Muzeevedenie. Iz istorii ochrany i ispol'zovanija kul'turnogo nasledija v RSFSR, Moskva 1987, S. 11–24, hier S. 13.

3 Julie Deschepper spricht vom Mythos des »protective Bolshevik«, ein Bild, das in den ersten Jahren nach der Oktoberrevolution hauptsächlich von Anatolij Lunačarskij gestiftet wurde und sich zu einem tragfähigen Mythos im Denkmalschutzdiskurs in der Sowjetunion manifestierte. Die Heroisierung von denkmalschützerischem Verhalten hatte damals eine klare politische Stoßrichtung und stand im Zusammenhang mit der Übertragung aller Denkmäler in den Besitz des Volkes. Siehe JULIE DESCHEPPER: Between Future and Eternity: a Soviet conception of heritage. In: *International Journal of Heritage Studies* 25, 5 (2019), S. 1–16, hier S. 5. Abgerufen unter URL: https://www.tandfonline.com/doi/full/10.1080/13527258.2018.1467949, letzter Zugriff: 05.05.2023.

und ist auch nach dem Zerfall der Sowjetunion oftmals ungefiltert reproduziert worden.⁴

Aber auch gegenteilige Pauschalannahmen westlicher und russischer Historikerinnen und Historiker, die in der Oktoberrevolution den totalen Bruch mit der Vergangenheit sahen, scheinen der frühen Kulturpolitik der Sowjetunion nur wenig Beachtung geschenkt zu haben. Vielmehr charakterisierte sich die Politik der Bol'ševiki gegenüber dem kulturellen Erbe des Landes durch eine ständige Spannung zwischen ikonoklastischen Maßnahmen und solchen zum Erhalt von Denkmälern und Kulturgütern vergangener Epochen.⁵ Darüber hinaus fügt der Verkauf zahlreicher wertvoller Kunstgegenstände ins europäische Ausland durch die sowjetische Regierung ab den frühen 1920er Jahren der Beurteilung des bolschewistischen Umgangs mit dem kulturellen Erbe des Landes das Bild eines eher wirtschaftlich-utilitaristischen Verhältnisses zu ›bourgeoisen‹ Kunst- und Kulturgütern hinzu.⁶

Der Stalinismus wiederum ist als dunkelster und zugleich als ruhmreichster Abschnitt der Geschichte des Denkmalschutzes und der Denkmalpflege beschrieben worden. Während es bis zur Mitte der 1930er Jahre zu Abrissen denkmalgeschützter Gebäude in einem nie dagewesenen Ausmaß kam, wurden die Maßnahmen zur Rettung wichtiger Denkmäler während des Krieges und die enormen Wiederaufbauanstrengungen im Krieg zerstörter Bauwerke in den unmittelbaren Nachkriegsjahren in das Heldennarrativ des nationalen Abwehrkampfes gegen den Faschismus eingereiht.⁷

---

4 Auch der russische Maler Igor' Grabar' hatte 1937 den Boden für die Darstellung Lenins als engagiertem Denmalschützer bereitet, indem er eine Episode mit Lenin im Moskauer Kreml' in seiner Autobiografie literarisch verarbeitete. Laut Grabar' soll Lenin sich nach der Entdeckung einer zerbrochenen Fensterscheibe in einer der Kirchen im Kreml', die durch die dort spielenden Kinder verursacht worden war, sofort mit dem Zuständigen der Abteilung für Museen und den Denkmalschutz zusammengesetzt haben. In diesem Gespräch soll Lenin eine größere Aufmerksamkeit für den Denkmalschutz allgemein und die Verantwortlichkeit der sowjetischen Gesellschaft eingefordert haben. Siehe IGOR' EMMANUILOVIČ GRABAR': Moja Žizn'. Avtomonografija, Moskva, Leningrad 1937, S. 274.
5 Siehe RICHARD STITES: Iconoclastic Currents in the Russian Revolution. Destroying and Preserving the Past, in: ABBOTT GLEASON U. A. (Hrsg.): Bolshevik Culture. Bloomington, Indianapolis 1985, S. 1–24; sowie RICHARD STITES: Russian Popular Culture. Entertainment and Society since 1900, Cambridge 1992.
6 Siehe WALTRAUD BAYER: Die Beute der Oktoberrevolution: Über Zerstörung, Erhalt und Verkauf privater Kunstsammlungen in der Sowjetunion 1917–1938. In: *Archiv für Kulturgeschichte* 81 (1999) 2, S. 417–441; ALEKSANDR MOSIAKIN: Antikvarnyj eksportnyj fond. In: *Naše nasledie* 3 (1991), S. 35–47; SEAN MCMEEKIN: History's Greatest Heist: The Looting of Russia by the Bolsheviks. New Haven 2009.
7 Siehe besonders MADDOX: Saving Stalin's Imperial City.

Zunächst soll im Folgenden dargestellt werden, wie sich der bolschewistische Umgang mit dem historischen und kulturellen Erbe der Zarenzeit unmittelbar nach der Oktoberrevolution und unter der zerstörerisch-transformativen Politik des Stalinismus bis hin zum Zweiten Weltkrieg gestaltete.[8] Abseits sowjetischer Heldenerzählungen wird der Zweite Weltkrieg als Ereignis interpretiert, das den Denkmalschutz einerseits vor enorme Herausforderungen und Probleme stellte und andererseits Chancen zur Neujustierung des Denkmalschutzsystems und seiner Akteure eröffnete. Obgleich sich bereits Lenin der Wirkungsmacht von kulturellen Traditionen für den Staatsbildungsprozess bewusst war, war es Stalin, der das kulturelle Erbe des Landes zur patriotischen Waffe im nationalen Abwehrkampf gegen die ›kulturlosen deutschen Faschisten‹ umwidmete. Diese Instrumentalisierung und gleichzeitige Neubewertung des kulturellen Erbes veränderten in den 1940er Jahren den Umgang mit Denkmälern und deren Bedeutung für den Aufbau des kommunistischen Staates erheblich. So bedeutete nicht der Spätstalinismus, sondern erst die Chruščëv-Ära mit ihren einschneidenden Reformen für den sowjetischen Denkmalschutz einen erheblichen Rückschritt.

Neben einem einleitenden Exkurs zum marxistisch-leninistischen Verständnis von Kultur und kulturellem Erbe werden die Entwicklungen im sowjetischen Denkmalschutz und in der Denkmalpflege in den darauffolgenden Kapiteln chronologisch betrachtet. Wie stellte sich das bolschewistische Verständnis von ›Kulturerbe‹ dar, und wie wandelte sich die Einstellung des jungen Sowjetstaats zum baulichen Erbe vergangener Epochen? Wie sahen die staatlichen Maßnahmen im Denkmalschutz und in der Denkmalpflege zwischen 1917 und 1953 aus?

1.1 Der Kulturerbebegriff marxistisch-leninistischer Prägung

Nach der Oktoberrevolution und dem gewaltsamen Umsturz der alten Ordnung kämpften die Bol'ševiki zunächst um ihr politisches Überleben. Ein Hauptpfeiler zur Sicherung und Festigung ihrer Macht lag darin, neben der politischen, ökonomischen und sozialen Umwälzung des Landes die Grundlagen der kapitalistischen und der ›auf Ausbeutung‹ beruhenden Lebensordnung zu zerstören. In ihrer Konsequenz sollten die Zerschlagung kapitalistischer Produktionsverhältnisse und die Diktatur

---

8   Neben einschlägiger und stetig wachsender Sekundärliteratur aus Europa und den USA beziehe ich mich in erster Linie auf das sehr gut recherchierte Kompendium zu Architekturdenkmälern in der Sowjetunion des Architekten, Restaurators und Professors am Institut für die Geschichte und Theorie christlicher Kunst an der Orthodoxen Geisteswissenschaftlichen Universität des Heiligen Tichon in Moskau: ALEKSEJ SERAFIMOVIČ ŠČENKOV: Pamjatniki architektury v Sovetskom Sojuze. Očerki istorii architekturnoj restavracii, Moskva 2004.

des Proletariats eine neue Gesellschaftsordnung schaffen, in deren Zusammenhang eine proletarische Kultur die bürgerliche Kultur ablösen würde. Die proletarische Kultur, so Lenin, sei die »gesetzmäßige Weiterentwicklung jener Summe von Kenntnissen, die sich die Menschheit unter dem Joch der kapitalistischen Gesellschaft erarbeitet hat«.[9] Bereits 1913 entwickelte Lenin die Vorstellung des klassischen historisch-materialistischen Kulturverständnisses von Marx und Engels weiter, indem er die These der ›zwei Kulturen‹ propagierte. Lenin ging davon aus, dass in jeder Nation eine herrschende, also bürgerliche Kultur und Elemente einer demokratischen, und damit sozialistischen und internationalen Kultur angelegt seien:

> In *jeder* nationalen Kultur gibt es – seien es auch unentwickelte – *Elemente* einer demokratischen und sozialistischen Kultur, denn in *jeder* Nation gibt es eine werktätige und eine ausgebeutete Masse, deren Lebensbedingungen unvermeidlich eine demokratische und sozialistische Idee erzeugen. In *jeder* Nation gibt es aber auch eine bürgerliche (und in den meisten Fällen noch dazu erzreaktionäre und klerikale) Kultur, und zwar nicht nur in Form von ›Elementen‹, sondern als *herrschende* Kultur. Deshalb *ist* die ›nationale Kultur‹ schlechthin die Kultur der Gutsbesitzer, der Pfaffen, der Bourgeoisie.[10]

Auf der Grundlage dieses Kulturverständnisses versuchten die Bol'ševiki, an die kulturellen Errungenschaften der vorangegangenen Epochen anzuknüpfen, indem sowohl die geistige als auch die materielle Kultur als kulturelle Errungenschaften der ausgebeuteten Masse angesehen wurden. Die proletarische Kultur setze also nicht am ›Nullpunkt‹ an, sondern stelle die »gesetzmäßige Weiterentwicklung des zuvor Geschaffenen« dar. Lenin protestierte gar gegen die ›Erfindung‹ einer völlig neuen proletarischen Kultur. So wies er wiederholt darauf hin, dass es notwendig sei, die Errungenschaften der bisherigen Kultur vom proletarischen Standpunkt sich anzueignen und weiterzuentwickeln.[11] Im Entwurf einer *Resolution über proletarische Kultur* vom 9. Oktober 1920 hieß es:

> 2. Nicht *Erfindung* einer neuen proletarischen Kultur, sondern *Entwicklung* der besten Vorbilder, Traditionen und Ergebnisse der *bestehenden* Kultur, *ausgehend* von der marxistischen Weltanschauung und den Lebens- und Kampfbedingungen des Proletariats in der Epoche seiner Diktatur.[12]

---

9   W. I. LENIN: Über proletarische Kultur. Moskau 1970, S. 21.
10 W. I. LENIN: Kritische Bemerkungen zur nationalen Frage. In: Über Kunst und Literatur. Moskau/Berlin 1977, S. 66–79, hier S. 70, Hervorhebungen im Original.
11 HORST HAASE u. a.: Die SED und das kulturelle Erbe. Orientierungen, Errungenschaften, Probleme, Berlin 1986, S. 19.
12 W. I. LENIN: Entwurf einer Resolution über proletarische Kultur. In: Über Kunst und Literatur, S. 257. Hervorhebungen im Original.

Lenins Argumentation, mit der er seine Theorie der ›zwei Kulturen‹ weiterentwickelte, ist im Kontext des Jahres 1920 als Aufruf gegen die spontanen Zerstörungen des kulturellen Erbes im Land und als Absage an die proletarische Kulturbewegung *Proletkul't* zu werten. Diese Gruppe um den Revolutionär Aleksandr Bogdanov tat die bürgerliche Kultur als »vulgär und provokativ im Inhalt und kriminell in ihrem Ursprung« grundsätzlich ab.[13] Aus diesem Grund versuchten ihre Anhängerinnen und Anhänger, Überbleibsel der alten Kultur zu zerstören, um über Kulturveranstaltungen und alternative kulturelle Ausdrucksformen die neue proletarische Kultur zu propagieren. Auf Bestreben Lenins wurden ihre Handlungen durch die Eingliederung der proletarischen Kulturbewegung in das Volkskommissariat für Bildung eingehegt.[14]

Die ›proletarische Aneignung‹ des kulturellen, dynastischen und bürgerlichen Erbes war nach marxistisch-leninistischem Verständnis eine zentrale Voraussetzung, um die geistigen und materiellen Artefakte der ›ausbeuterischen Klassen‹ in den Besitz der Arbeiterklasse zu überführen. Gleichzeitig bedeutete die stetige Anpassung des kulturellen Erbes der Vergangenheit an die Gegenwart und die Zukunft eine wichtige Voraussetzung für die Erschaffung der neuen kommunistischen Kultur.[15] Die ›proletarische Aneignung‹ sollte in enger Verbindung mit dem Volkskommissariat für Aufklärung erfolgen, auch wenn die ideologischen Richtlinien sehr schwammig blieben. Der Mehrwert des bürgerlichen und dynastischen Erbes des Landes für die Bevölkerung sollte darin bestehen, durch kritische Distanz und die Offenlegung bzw. Aufdeckung der ›inneren Dialektik der Werke‹ reale Lebensbedingungen der Arbeiterklasse widerzuspiegeln, die in einem zweiten Schritt für den Sozialismus nutzbar gemacht werden sollten.[16] Lenins Interpretation des geistigen und materiellen Erbes als »Wissensfonds der zweitausendjährigen Menschheitsgeschichte«,[17] an den die proletarische Kultur unter umgekehrten politischen Verhältnissen anknüpfen sollte, wandte sich gegen eine einseitige Negation und Verdammung des ›Alten‹:

> Das Schöne muss bewahrt werden, es muss als Beispiel dienen, man muss daran anknüpfen, obgleich es ›alt‹ ist. Warum sollten wir uns vom wahrhaftig Schönen abwenden, uns davon

---

13 STITES: Iconoclastic Currents in the Russian Revolution, S. 11.
14 NEUTATZ: Träume und Alpträume, S. 167.
15 PABLO ALONSO GONZÁLES: Communism and cultural heritage: the quest for continuity. In: *International Journey of Heritage Studies* 22, 9, (2016), S. 1–11, hier S. 10.
16 HAASE: Die SED und das kulturelle Erbe, S. 19 f.
17 V. N. IVANOV: Sleduja zavetam Lenina. In: *Pamjatniki Otečestva*. Moskva 1972, S. 11–23, hier S. 12.

lossagen als einem Ausgangspunkt für die weitere Entwicklung, nur aufgrund des Umstands, dass es »alt« ist?[18]

Das ideologische Kulturverständnis der Bol'ševiki fußte also nicht auf einer kompletten Neuerfindung einer proletarischen und damit sowjetischen Kultur, sondern auf dem Erhalt künstlerisch oder historisch bedeutsamer Artefakte. Dennoch fielen Entscheidungen darüber, was erhaltenswert war und was nicht, von Beginn an oftmals willkürlich aus. Diese Praxis resultierte nicht zuletzt aus der vagen Definition des russischen Begriffs für Denkmäler *pamjatniki*, der sowohl mobile als auch immobile Denkmäler umfasst. Grundsätzlich knüpfte die sowjetische Definition an Denkmalskonzepte aus dem 19. Jahrhundert an, als es besonders durch die Reformen Alexanders II. in der zweiten Hälfte des 19. Jahrhunderts zu einem gestiegenen staatlichen und gesellschaftlichen Erhaltungsinteresse von Baudenkmälern gekommen war. Hatten sich frühere Denkmalskonzeptionen ausschließlich auf das Alter und den daraus abzuleitenden wissenschaftlichen Erkenntniswert eines Denkmals konzentriert, erweiterte sich das Verständnis von Baudenkmälern in der zweiten Hälfte des 19. Jahrhunderts um deren Identifikations- und Erinnerungswert als Objekte des Nationalstolzes und Zeugen historischer Ereignisse.[19] Eine weitere Bedeutungsverschiebung des Begriffs *pamjatnik* hatte nicht die Oktoberrevolution, sondern der Erste Weltkrieg zur Folge. Vor dem Hintergrund einer internationalen Drohkulisse bekamen künstlerisch und kulturell wertvolle Bauten und Kunstgegenstände, die sich zum großen Teil in Privatbesitz befanden, nun den Charakter von ›kulturellem Erbe‹ im Sinne von Gemeineigentum zugeschrieben.[20] Da sich diese Bedeutungsverschiebung erst durch die Gründung internationaler Organisationen im Denkmalschutz und die wissenschaftlichen Debatten in der Sowjetunion in den 1960er Jahren in elaborierter Form manifestierte, bedienten sich die Bol'ševiki der ›Flexibilität‹ des Begriffs, um den Status und die Bedeutung eines betreffenden ›Denkmals‹ wenn nötig herabzusetzen.[21] So sah das Dekret vom April 1918 *Über die Denkmäler der Republik* den Abbau von Standbildern vor, die zu Ehren der Zaren und deren Unterstützerinnen und Unterstützern errichtet worden

---

18 V. I. LENIN: O literatury i iskusstve. In: HAASE: Die SED und das kulturelle Erbe, S. 13.
19 DAVYDOV: Das »fremde« Erbe, S. 14–20.
20 SUSAN SMITH: Cultural Heritage and the »People's Property«: Museums in Russia, 1914–21. In: FRAME MURRAY u. a. (Hrsg.): Russian Culture in War and Revolution, 1914–22: Popular Culture, the Arts, and Institutions (Russia's Great War and Revolution, hrsg. von ANTHONY HEYWOOD u. a.) Band 1, Teilband 1. Bloomington Indiana 2014, S. 403–423.
21 Ebd., S. 403, 417.

waren, da sie weder aus historischer noch künstlerischer Sicht von Interesse seien.[22] Obwohl es sich vor allem bei Standbildern um Abzeichen der zarischen Herrschaft handelte, deren Abbau eine enorme symbolische Bedeutung für die Bol'ševiki besaß, ist heute nur schwer nachvollziehbar, welche Denkmäler aus damaliger Sicht eine historische oder künstlerische Bedeutung zugeschrieben bekamen und welche nicht. Während beispielsweise die Person Alexanders III. besonders bei Lenin größte Abneigung hervorrief, nicht zuletzt da sein Bruder unter dessen Regentschaft gehängt worden war, wurde die Statue des Zaren in Petrograd an das Russische Museum übergeben und erhalten, während die Statue Alexanders II. in Moskau abgebaut werden musste und verschwand.[23]

Auch bezogen auf künstlerisch und historisch wertvolle Architekturdenkmäler schienen die Bol'ševiki gewillt zu sein, diese für die Revolution zu ›opfern‹. Während beispielsweise Anatolij Lunačarskij die Bombardierung des Moskauer Kreml' im Zuge der Oktoberrevolution 1917 als »Akt der Barbarei« bezeichnete, soll Lenin die Beschädigung des Kreml' als Kollateralschaden für den Aufbau einer neuen Gesellschaftsordnung willentlich in Kauf genommen haben. Ab Mai 1918 initiierte er allerdings erste wichtige Instandhaltungs- und Restaurierungsarbeiten an den Kreml'gebäuden.[24]

Festzuhalten ist, dass ein Hauptpfeiler der frühen sowjetischen Kulturpolitik darin bestand, die Insignien der zarischen Herrschaft entweder zu zerstören oder sie abzubauen, um sie in Museen zu übergeben und sie durch neue sowjetische Symbolik zu ersetzen.[25] Straßen mit religiösen oder bürgerlichen Namenspatronen wurden nach wichtigen Persönlichkeiten der Kommunistischen Internationale benannt. Während es Büsten bedeutender russischer Schriftsteller wie beispielsweise derer von Aleksandr Puškin, Fëdor Dostojevskij oder Nikolaj Gogol' errichtete, stellte das Regime gleichzeitig ›alten‹ Denkmälern neue entgegen, die sich auf die Kommunistische Internationale und die Revolution bezogen.[26] Stefan Plaggenborg zufolge kann die ›Monumentalpropaganda‹ der Bol'ševiki allerdings nicht als Mittel der neuen Machthaber gelesen werden, die Revolution historisch zu legitimieren. Der Austausch von Standbildern und Büsten bedeutender Personen der zarischen Vergangenheit durch oftmals auch künstlerisch und materiell im Wert nachrangige Denkmäler von weitgehend unbekannten Revolutionären

---

22 DAVYDOV: Das »fremde« Erbe, S. 24.
23 STITES: Iconoclastic Currents in the Russian Revolution, S. 8; siehe auch KELLY/SHEPHERD (Hrsg.): Constructing Russian Culture in the Age of Revolution, S. 236.
24 DAVYDOV: Das »fremde« Erbe, S. 23.
25 STITES: Iconoclastic Currents in the Russian Revolution, S. 16.
26 Beschluss des Sowjets der Volkskommissare vom 17. Juli 1918: O postanovke v Moskve pamjatnikov velikim ljudjam. In: Ochrana pamjatnikov istorii i kul'tury, S. 18–20.

aus Russland und Westeuropa sollte in erster Linie den Widerstand Einzelner gegen die herrschende Klasse symbolisieren.[27]

Die Kulturpolitik der Bol'ševiki im Hinblick auf das dynastische Erbe des Landes blieb von Ambivalenzen und Uneindeutigkeiten gekennzeichnet. Sowohl die vage Definition des Begriffs *pamjatnik* als auch Lenins ›Theorie der zwei Kulturen‹ eröffneten den neuen Machthabern große Handlungsspielräume im Umgang mit mobilen und immobilen Denkmälern und erschweren darüber hinaus die nachträgliche Bewertung der frühen sowjetischen Kulturpolitik.

1.2   Zwischen der Musealisierung und dem Ausverkauf der Kulturgüter

Ein zentraler Bestandteil der These Lenins über die ›zwei Kulturen‹ war die Auffassung des klassischen Marxismus, dass die kulturellen Errungenschaften zu einem »Gemeingut der ganzen Gesellschaft« gemacht werden sollten.[28] Den Bol'ševiki ging es also um die *Enteignung* des Privateigentums der ehemals ›herrschenden Klassen‹, um die *Überführung* des Besitzes in kulturelles Gemeingut und die *Aneignung* des kulturellen Erbes durch das Proletariat. Während der revolutionären Unruhen und in den ersten Monaten nach dem gewaltsamen Umsturz setzten die Bol'ševiki zunächst alles daran, die wichtigsten Kunst- und Kulturgüter, darunter besonders das Erbe der Romanovs, zu sichern. So benannte das Revolutionskomitee noch während der Kampfhandlungen namhafte Künstler zu Kunstkommissaren, die für den Schutz wertvoller Kollektionen in Petrograd und im Russischen Museum in Moskau eingesetzt wurden.[29] Gleichzeitig hatten Soldaten den Schutz der Eremitage und des Moskauer Kreml'komplexes zu gewährleisten.[30]

Obwohl das Ende der napoleonischen Kriege und die Regentschaft Alexanders II. zu einem gestiegenen Interesse am Erhalt des kulturellen Erbes geführt hatten und bereits unter Nikolaus I. ein erstes Denkmalinventar zur Beschreibung und Klassifizierung von Architekturdenkmälern veröffentlicht worden war, wurde auch in der späten Zarenzeit kein zentrales Denkmalschutzsystem

---

27   STEFAN PLAGGENBORG: Revolutionskultur. Menschenbilder und kulturelle Praxis in Sowjetrussland zwischen Oktoberrevolution und Stalinismus, Köln u. a. 1996, S. 248 f.
28   HAASE: Die SED und das kulturelle Erbe, S. 12.
29   BAYER: Die Beute der Oktoberrevolution, S. 420.
30   O. L. FIRSOVA/L. V. ŠESTOPALOVA: Gosudarstvennaja sistema restavracii i ochrany pamjatnikov 1918–1991. In: Restavracija pamjatnikov istorii i iskusstva v Rossii v XIX–XX vekach. Istorija, problemy, Moskva 2008, S. 127–178, hier S. 127.

etabliert.³¹ Die meisten Denkmäler befanden sich bis 1917 in der Zuständigkeit einzelner Besitzerinnen und Besitzer oder einiger weniger im Denkmalschutz und in der Denkmalpflege aktiver ehrenamtlicher Organisationen.³² Eine Ausnahme bildete die Kaiserliche Archäologische Kommission, die zwischen 1886 und 1917 von Graf Aleksej Bobrinskij geleitet wurde. Diese staatliche Organisation konnte durch die enge Zusammenarbeit mit Architekten und Restauratoren zumindest einen kleinen Teil von kirchlichen Architekturdenkmälern vor dem Verfall oder der Beschädigung durch unsachgemäße Restaurierungen schützen. Auf Grundlage von Bittbriefen aus dem Klerus und von Teilen der örtlichen Bevölkerung sandte die Kommission Architekten und Inspektionsgruppen in die entsprechenden Provinzen und organisierte die Finanzierung des von ihr koordinierten Restaurierungsprozesses.³³

Die Änderung der Besitz- und Vermögensverhältnisse, die den radikalen Umsturz 1917 begleiteten, hatten enorme Auswirkungen auf die beweglichen Kulturgüter und auf Architekturdenkmäler. Sie wurden nun zum Volkseigentum erklärt, und viele Fragen der Verwaltung von Denkmälern, die aus Privatbesitz stammten, blieben zunächst ungeklärt. In den Wirren der Revolution und des anschließenden Bürgerkrieges, als es zu großflächigen Plünderungen, widerrechtlichen Aneignungen von Kulturgut und Vandalismus kam, versuchten die neue politische Führung, die Bevölkerung für den Schutz des materiellen Erbes durch Aufrufe zu gewinnen. Ein erster Appell der Bol'ševiki vom 8. März 1917 entstammte der Feder der Kommission für die Erhaltung höfischer Kunstschätze um den sowjetischen Schriftsteller Maksim Gor'kij:

> Bürger, die alten Besitzer sind gegangen und hinterließen ein gewaltiges Erbe. Nun gehört dieses Erbe dem ganzen Volk. Bürger, schützt dieses Erbe, schützt die Bilder, die Statuen, die Gebäude – sie verkörpern eure geistige Kraft und die eurer Vorfahren. Talentierte Menschen konnten selbst unter dem Druck des Despotismus eine solch schöne Kunst erschaffen, die von der Schönheit und Macht der menschlichen Seele zeugt. Bürger, rührt nicht einen Stein an, bewahrt die Denkmäler, Gebäude, Dokumente und die alten Dinge – sie gehören alle zu

---

31 DAVYDOV: Das »fremde« Erbe, S. 7 f.
32 So existierten die Leningrader und Moskauer Gesellschaft für Archäologie, die sich 1846 und 1864 gründeten, die Russische Historische Gesellschaft von 1866 oder die Gesellschaft zum Schutz und zum Erhalt von Kunstdenkmälern und Antiquitäten, die sich 1909 gründete. Siehe POLJAKOVA: Iz istorii ochrany i propagandy kul'turnogo nasledija v pervye gody Sovetskoj vlasti, hier S. 13.
33 EVGENY V. KHODAKOVSKY/EKATERINA A. MELIUKH: Dmitrii Mileev and the Restoration of Wooden Architectural Monuments in Early Twentieth-Century Russia. In: *The Russian Review* 74 (April 2015), S. 247–271, hier S. 251.

unserer Geschichte, zu unserem Stolz. Denkt daran, das alles ist unser Boden, auf dem unsere neue Volkskultur erwächst.[34]

Anders als Lenin wertete Gor'kij das künstlerische und kulturelle Erbe des Zarenreiches nicht als Hinterlassenschaft der Bourgeoisie. Vielmehr sah er in ihm das Erbe und das Verdienst eines unterdrückten Volkes, das dem Despotismus künstlerische und kulturelle Erzeugnisse abgetrotzt habe. Seine Interpretation, die sich als anschlussfähig an die Theorie der ›zwei Kulturen‹ erwies, legte die Grundlage für ein Kulturverständnis, das auch in den 1960er und 1970er Jahren noch Bestand hatte.

Um die Ausfuhr kostbarer Kunstgegenstände zu unterbinden, die seit der Abdankung des Zaren »waggonweise« aus Russland in die skandinavischen Länder ausgeführt wurden,[35] gründete sich im Mai 1918 das Allrussische Kollegium für Museumsangelegenheiten und den Schutz von Kunstdenkmälern und Antiquitäten unter der Leitung von Natal'ja Sedowa, der Ehefrau Trockijs, und dem russischen Maler Igor' Grabar'. Unterstellt war es dem Volkskommissariat für Aufklärung (Narkompros) unter der Leitung von Anatolij Lunačarskij. Dem Kollegium oblag in erster Linie die Aufgabe, alle Denkmäler und künstlerischen Wertgegenstände zu erfassen und zu registrieren. Während das berühmte *Dekret über den Boden* sämtlichen Landbesitz in Volkseigentum überführte, verstaatlichte das *Dekret über die Trennung von Kirche und Staat* vom 20. Januar (2. Februar) 1918 alle Kirchen, Klöster und theologischen Bildungseinrichtungen. Die Verstaatlichungswellen hatten enorme Auswirkungen auf die Erfassung des Kulturbesitzes. Im Dezember 1918 entschied das Volkskommissariat für Bildung, in den Gouvernements Unterabteilungen der Abteilung für Museumsangelegenheiten und den Schutz von Kunstdenkmälern und Antiquitäten einzurichten. Binnen zweier Jahre entstanden so um die 70 Abteilungen in den Gouvernements und Bezirken der späteren Russischen Sowjetrepublik, die ähnlich wie in der Hauptstadt von Mitarbeitenden des Volkskommissariats für Bildung und des Kultursektors geleitet wurden.[36]

Der Zustand der Baudenkmäler in der Provinz war oftmals beklagenswerter als in den russischen Zentren. Die prekäre Versorgungslage auf dem Land, Bandenvandalismus und die Plünderung verwaister Herrenhäuser waren an der Tagesordnung. Auf Grundlage des Dekrets vom April 1918 *Über die Denkmäler*

---

34 IVANOV: Sleduja zavetam Lenina, S. 15. – Alle Übersetzungen aus dem Russischen ins Deutsche stammen, falls nicht anders vermerkt, von der Autorin.
35 BAYER: Die Beute der Oktoberrevolution, S. 419.
36 POLJAKOVA: Iz istorii ochrany i propagandy kul'turnogo nasledija v pervye gody Sovetskoj vlasti, S. 15.

der Republik, das die Nutzung aller Architekturdenkmäler ohne historischen oder künstlerischen Wert zu utilitaristischen Zwecken vorsah, wurden vielerorts Fürsprachen für die museale Nutzung von Denkmälern durch Kunstsachverständige der Kommissionen abgelehnt.[37] Im Oktober des gleichen Jahres erließen die Bol'ševiki deshalb ein weiteres Dekret, um vor allem die Zerstörungen an den Baudenkmälern zu verhindern und die in Staatsbesitz überführten Gebäude zu registrieren.[38] Ähnlich verfuhren die neuen Machthaber auch mit künstlerisch als besonders wertvoll erachteten Gegenständen aus den privaten und staatlichen Kunstsammlungen. Sie wurden in den neugegründeten Museumsfonds (Glavmuzej) nach Moskau überführt. Andere Antiquitäten und Kunstobjekte wurden an neugegründete proletarische Museen in die Hauptstädte der Gouvernements übergeben. Mitarbeitende der Kommissionen für Museumsangelegenheiten und den Schutz von Kunstdenkmälern und Antiquitäten registrierten in diesem Zusammenhang mehr als 500 Kirchen, 431 Privatsammlungen und 82 Güter in Moskau und im Moskauer Umland, in dessen Folge mehr als 110.000 Objekte in den Museumsfond gelangten.[39] Hinzu kamen nur in den ersten Jahren ca. 350 Kirchen in Petrograd und über 1.500 Kirchen und deren Inventar in der Provinz.[40]

Die Musealisierung des verstaatlichten Kulturguts war das politische Hauptinstrument des staatlichen Denkmalschutzes in den ersten Jahren nach der sozialistischen Machtergreifung. Die ehemals ›bourgeoise Kultur‹ sollte nun unter ideologischer Anleitung dem Proletariat zugänglich gemacht werden, denn neben ihrem Klassencharakter besaß die Kultur nach bolschewistischer Auffassung die Funktion, die Massen aufzuklären und im Sinne der Revolution zu erziehen.[41]

Allein zwischen 1918 und 1920 verdoppelte sich daher die Anzahl der Museen in der Sowjetunion. 307 der insgesamt 457 sowjetischen Museen befanden sich in den Regionen.[42] Der flächendeckende Ausbau bereits bestehender Museen und

---

37 Dekret über die Denkmäler der Republik vom 12. April 1918 (Dekret o pamjatnikach Respubliki 12 aprelja 1918). In: Ochrana pamjatnikov istorii i kul'tury, S. 15 f. Zu den Problemen in der Provinz siehe E. D. KUL'ČINSKAJA: Muzeefikacija nasledija. Inercija i proobrazy (1917–1921 gg.). In: A. S. ŠČENKOV (Hrsg.): Pamjatniki Architektury v Sovetskom Sojuze. Očerki istorii architekturnoj restavracii, Moskva 2004, S. 14–21, hier S. 18.
38 Dekret vom 5. Oktober 1918: O registracii prieme na učet i ochranenii pamjatnikov iskusstva i stariny, nachodjaščichsja vo vladenii častnych lic, obščestv i učreždenii, siehe dazu SMITH: Cultural Heritage and the »People's Property«, S. 417.
39 BAYER: Die Beute der Oktoberrevolution, S. 424.
40 FIRSOVA/ŠESTOPALOVA: Gosudarstvennaja sistema restavracii i ochrany pamjatnikov, S. 134.
41 RICHARD STITES: Russian popular culture. Entertainment and society since 1900, Cambridge 1996, S. 39.
42 SMITH: Cultural Heritage and the »People's Property«, S. 417.

die Museumsneugründungen auf dem Land und in den Städten bedeuteten einen wichtigen Schritt für den russischen Denkmalschutz. Nicht nur viele Kunstsammlungen konnten somit zunächst vor bürgerkriegsbedingten Beschädigungen und Plünderungen geschützt werden, sondern gleichzeitig auch die Gebäude, die diese Kollektionen beherbergten. Anwesen, Kirchen und Paläste wurden in Museen umgewandelt und der Besitz der ehemaligen Bewohner ausgestellt, wie beispielsweise die Kirchen im Moskauer Kreml', das Novodevičij- und das Donskoj-Kloster in Moskau oder das Dreifaltigkeitskloster in Sergijev-Possad.[43]

1918 wurde die Tretjakov-Galerie in ein proletarisches Museum umgewandelt und dem Volkskommissariat für Aufklärung mit der Aufgabe übergeben, die erzieherische Funktion des Museums für die Arbeiterinnen und Arbeiter nutzbar zu machen.[44] Neben dem Erziehungsauftrag der neuen politischen Führung fungierte die Musealisierung des kulturellen Erbes als Instrument der Entfremdung der Massen von ihrer bis dato gültigen Lebensrealität. Indem zarische Herrschaftsinsignien in die proletarischen Museen übergeben wurden, entpolitisierte das Regime diese Abzeichen und neutralisierte deren vormalige Wirkungsmacht.[45] Die Ausstellungsobjekte fungierten nun als Kunst- und Anschauungsobjekte einer ›ausbeuterischen Gesellschaftsordnung‹. Durch die gegensätzliche Nutzung herrschaftlicher oder kirchlicher Architektur, indem beispielsweise die neuen antireligiösen Museen des Landes vorzugsweise in ehemalige Klöster und Konvente einzogen, wurde die Wirkung der antireligiösen Propaganda zusätzlich verstärkt.[46]

Im Zusammenhang mit der staatlichen Musealisierungspolitik wurden auch erste Restaurierungswerkstätten für Architekturdenkmäler unter dem Volkskommissariat für Aufklärung (Narkompros) eingerichtet. Neben den bereits vorhandenen Werkstätten in den größten Museen des Landes wurden vor allem in den Städten mit einer hohen Dichte an Architekturdenkmälern Restaurierungswerkstätten eröffnet. Kommissionen der Zentralen Wissenschaftlichen Restaurierungswerkstätten (Central'nye naučno-restavracionnye masterskie – CNRM) besuchten im Rahmen von Expeditionen weit abgelegene Denkmalkomplexe, um sich ein

---

43 FIRSOVA/ŠESTOPALOVA: Gosudarstvennaja sistema restavracii i ochrany pamjatnikov, S. 134.
44 Dekret Über die Nationalisierung der Tret'jakov-Galerie vom 3. Juli 1918 (O nacionalizacii Tret'jakovskoj galerei. Dekret ot 3 ijunja 1918g). In: Ochrana pamjatnikov istorii i kul'tury, S. 17 f.
45 STITES: Iconoclastic Currents in the Russian Revolution, S. 17.
46 S. A. SMITH: Contentious Heritage. The Preservation of Churches and Temples in Communist and Post-Communist Russia and China, in: PAUL BETTS/COREY ROSS (Hrsg.): Heritage in the Modern World. Historical Preservation in Global Perspective (*Past and Present* 2015, 10), S. 178–213, hier S. 184.

Bild über deren Zustand zu machen.[47] Die ersten Expeditionen unter sowjetischer Herrschaft führten die Architekten und Künstler der Kommission 1919 zu Architektur- und Kunstdenkmälern an der oberen und unteren Wolga und entlang der Flüsse um Moskau. 1920 wurden Expeditionen in den russischen Norden unternommen, die historisch-künstlerisches und archäologisches Material der Denkmäler entlang der Severnjaja Dvina und dem Weißen Meer produzierten.[48] Die Exkursionspraktik zur Erforschung, Erfassung und Dokumentation von Denkmälern war bereits seit den 1880er Jahren durch Architekten und Restauratoren etabliert worden. Das in dieser Zeit entstandene fotografische und kartografische Material sowie die methodischen Überlegungen zu Restaurierungspraktiken wurden in der Sowjetunion bis weit in die 1970er Jahre hinein genutzt.[49]

Aufgrund der Kriegshandlungen und der instabilen politischen und wirtschaftlichen Lage wurde der zunächst auf regionale Kräfte ausgelagerte Schutz künstlerischer und historischer Denkmäler in der ersten Hälfte der 1920er Jahre zentralisiert und auf Moskau und Petrograd verlagert. Das umfangreiche Netz an proletarischen Museen, das innerhalb von nur zwei Jahren eine erstaunliche Dichte erreichte, wurde schrittweise zurückgefahren und bis 1923 schließlich weitestgehend eingestampft. Der Abbau war vor allem ökonomischen Zwängen geschuldet. Der Kriegskommunismus, der Zusammenbruch der Industrieproduktion und die katastrophale Versorgungslage in den Städten und auf dem Land forderten ihren Tribut. Den von der Schließungswelle verschonten großen Museen in Moskau und St. Petersburg wurde lediglich ein Mindestmaß an Geldern zur Verfügung gestellt.[50]

Schon früh hatten die Bol'ševiki nicht nur den künstlerischen, sondern auch den materiellen Wert vieler Kunst- und Kulturgüter erkannt. Die finanziellen Engpässe der jungen Sowjetunion aufgrund des Bürgerkriegs, der Reparationszahlungen an Deutschland im Zusammenhang mit dem Frieden von Brest-Litowsk und der Hungersnot von 1920 resultierten in einem »beispiellosen Verkauf von

---

47 In diesem Zusammenhang ist beispielsweise die nördliche Expedition zum Weißen Meer und zur Nördlichen Dvina zu nennen, die den russischen Architekten Pëtr Baranovskij 1920 nach Karelien und in das Gebiet Archangel'sk brachte; auch wenn der Kommission aufgrund des schlechten Wetters eine Überfahrt auf die Solovecker Inseln verwehrt blieb. Diese sollte Baranovskij dann zwei Jahre später nachholen. Siehe: CF. V. A. BUROV/U. A. CHERNOVOL: Soloveckij monastyr'. Iz archiva architektora-restavratora P. D. Baranovskogo, Tom 1, Moskva 2000, S. 8.
48 GRABAR': Moja žizn', S. 276.
49 KHODAKOVSKY: Dmitrii Mileev and the Restoration of Wooden Architectural Monuments, hier besonders S. 252, 258, 267 ff.
50 BAYER: Die Beute der Oktoberrevolution, S. 428.

Kunst- und Wertgegenständen ins europäische Ausland«.[51] Verwaltet wurde der ›Ausverkauf des kulturellen Erbes‹ durch einen Expertenfonds, der im Oktober 1920 eingerichtet wurde und dem Volkskommissariat für Handel und Industrie unterstand. Auf diese Weise wurden zwischen Herbst 1920 und 1933 vornehmlich als ›bürgerlich‹ klassifizierte Kunstgegenstände im Wert von 15 bis 20 Millionen US-Dollar verkauft.[52] Auch viele Stücke des kirchlichen Erbes, deren Vermögenswert nach der Auflösung des Kirchenbesitzes durch das Dekret vom Dezember 1921 gering eingeschätzt wurde, fanden ihren Weg ins Ausland.[53]

Die wenigen in den ersten Jahren eingeleiteten Arbeiten an Architekturdenkmälern wurden zu Beginn der 1920er Jahre wieder aufgegeben. Bereits in den Jahren zuvor hatten die fehlenden rechtlichen Grundlagen und ein Grundkonsens darüber, was als Architekturdenkmal definiert und welches Gebäude wie restauriert werden sollte, dazu geführt, dass sich unterschiedliche Zuständigkeiten auf regionaler und zentraler Ebene überlappten. Zudem waren die Zuständigen auf regionaler Ebene vollkommen abhängig von der Expertise der Sachverständigen in Moskau oder Petrograd.[54] Festzuhalten bleibt allerdings auch, dass das administrative Chaos der frühen Jahre sowjetischer Herrschaft dazu führte, dass in den Jahren zwischen 1917 und 1920 Fragen über die Einrichtung eines zentralen staatlichen Denkmalschutzsystems diskutiert wurden.[55]

1.3 Neue Ökonomische Politik – Pragmatismus im Städtebau

Die Zentralisierung der politischen Macht und die damit verbundene Ausrichtung der verbliebenen Akteure im Denkmalschutz und in der Denkmalpflege auf die Hauptstadt Moskau wurden nach dem Bürgerkrieg weiter verstärkt. Die Phase der Neuen Ökonomischen Politik (Novaja Ėkonomičeskaja Politika – NEP) war einerseits von umfangreichen Abrissen alter Bauten gekennzeichnet sowie andererseits von ersten Diskussionen über die Vereinbarkeit von historischen und sowjetischen Stadtstrukturen im Zuge des sowjetischen Städtebaus. Hauptgründe hierfür waren die wachsende städtische Bevölkerung und der Umzug aller

---

51 Ebd., S. 439; siehe auch MOSIAKIN: Antikvarnyj eksportnyj fond.
52 BAYER: Die Beute der Oktoberrevolution, S. 439.
53 L. I. LIFŠIC: Istorija zakonodatel'stva v oblasti ochrany i restavracii pamjatnikov kul'tury. In: Restavracija pamjatnikov istorii i istkusstva v Rossii v XIX–XX vekach. Istorija, Problemy, Moskva 2008, S. 79–126, hier S. 86.
54 Ebd., S. 81 f.
55 POLJAKOVA: Iz istorii ochrany i propagandy kul'turnogo nasledija v pervye gody Sovetskoj vlasti, S. 24.

administrativen politischen Einheiten in repräsentative Gebäude der Stadt, die eine Neuprojektierung der Stadtplanung notwendig machten.

Der Beschluss des Allrussischen Zentralen Exekutivkomitees und des Sowjets der Volkskommissare vom 7. Januar 1924 *Über die Bestandsaufnahme und den Schutz von Kunstdenkmälern, Antiquitäten, Alltags- und Naturdenkmälern* betonte den utilitaristischen Zugang, der in diesen Jahren den Umgang mit Architekturdenkmälern prägte. So kategorisierte der Beschluss Denkmäler der ersten Kategorie in jene mit wissenschaftlich-künstlerischer oder archäologischer Bedeutung, die aufgrund ihrer Beschaffenheit lediglich museal genutzt werden könnten. Darunter fielen etwa alte Mauerreste, Triumphbögen oder auch Brücken. Als Denkmäler der zweiten Kategorie galten jene, die von Museen oder von Institutionen bzw. Personen genutzt werden konnten, ohne dass deren Nutzung die künstlerische Bedeutung der Denkmäler schädigte. Und schließlich ordnete der Beschluss des Januars 1924 Denkmäler der dritten Kategorie zu, die ausschließlich zu wissenschaftlich-musealen Zwecken nutzbar gemacht werden konnten, da sowohl deren Fassade als auch ihr Inneres als schützenswert erachtet wurden.[56] Inhaltlich und methodisch wird am Beschluss des Jahres 1924 deutlich, dass die Denkmalklassifikation des Jahres 1924 an Vorschläge zu Kategorisierungen von Baudenkmälern und an Denkmalschutzdebatten des 19. Jahrhunderts anknüpfte.[57] Neu war allerdings, dass die Stadtplanung Moskaus in dieser Phase der langsamen politischen und wirtschaftlichen Erholung unter Intellektuellen und Kulturschaffenden eine Diskussion über den Schutz des kulturellen Bauerbes auslöste, die diese in den Zeitschriften des Landes austrugen.[58] Sowohl an diese Diskussionen als auch an einige der 1925/1926 diskutierten Vorschläge für die Musealisierung der Moskauer Innenstadt wurde in den Debatten über die Stadtplanung Moskaus und die Verfehlungen des Moskauer Generalbebauungsplanes von 1935 in den 1960er Jahren erneut angeknüpft.[59] Doch im Gegensatz zu den 1960er Jahren unterstützte die Mehrheit der künstlerischen *intelligencija* in den 1920er Jahren die Stadtplanungsoffensiven der neuen sowjetischen Führung. In diesem Zusammenhang sprach der sowjetische Künstler Igor' Grabar', der als stellvertretender Leiter des

---

56 Instrukcija ob učete i ochrane pamjatnikov iskusstva, stariny, byta i prirody. Izdaetsja na osnovanii p. 9 postanovlenija Vserossijskogo Central'nogo Ispolnitel'nogo Komiteta i Soveta Narodnych Komissarov ot 7-go janvarja 1924g. In: Ochrana pamjatnikov istorii i kul'tury, S. 42–53.

57 So hatte es bereits seit 1870 Bestrebungen für eine Hierarchisierung des Denkmalbestandes gegeben. Siehe dazu u. a. DAVYDOV: Das »fremde« Erbe, S. 27.

58 E. D. KUL'ČINSKAJA: Ot muzeeifikacii k uničtoženiju nasledija. 1920-e gody, in: A. S. ŠČENKOV (Hrsg.): Pamjatniki Architektury v Sovetskom Sojuze. Očerki istorii architekturnoj restavracii, Moskva 2004, S. 21–33, hier S. 24f.

59 Siehe Kapitel II.3.1.1 ab S. 189.

Allrussischen Kollegiums für Museumsangelegenheiten und als Leiter der Zentralen Restaurierungswerkstatt in Moskau eine der wichtigsten Stimmen dieser Jahre darstellte, einem Teil der Befestigungsanlage von *Kitaj Gorod* ihre künstlerische Bedeutung ab und begründete somit deren Abriss. Auf diese Entscheidung sollte in den Diskussionen zum Moskauer Bebauungsplan in den 1960er Jahren mehrmals negativ verwiesen werden. Darüber hinaus wurde bereits 1925/1926, nicht zuletzt aufgrund seiner dynastischen Bedeutung als Krönungstor der Moskauer Zaren, die Idee eines möglichen Abrisses des Auferstehungstores am Roten Platz diskutiert, bevor es 1931 schließlich tatsächlich abgerissen wurde.[60]

Gegen den Abrisstrend regten sich nur wenige Gegenstimmen. Eine davon gehörte Pëtr Sytin, dem Historiker und Direktor des damaligen Kommunalmuseums in Moskau. Er lehnte den Abriss des Auferstehungstores aufgrund seiner künstlerischen und internationalen Bedeutung ab und vertrat die Ansicht, dass alle kulturell gebildeten Menschen zum Denkmalschutz verpflichtet seien. Zudem unterstützte er Ideen, die Denkmäler des Kreml' in einen musealen Gesamtzusammenhang mit den Denkmälern der Befestigungsanlage von *Kitaj Gorod* zu stellen.[61] Bewusst oder unbewusst knüpfte Sytin damit an Erhaltungsgedanken an, wie sie das erste Mal kurz nach den napoleonischen Kriegen im Hinblick auf die mittelalterliche Wehrmauer vom Moskauer Generalgouverneur Aleksandr Tormasov formuliert worden waren.[62] Sytins Argumentation, die sich in erster Linie am kulturhistorischen Wert der Architektur festmachte und sich weniger am Lenin'schen Kulturverständnis orientierte, fand Mitte der 1920er Jahre allerdings nur wenige Unterstützerinnen und Unterstützer. Viel stärker schien der Wunsch zu wiegen, den politischen und gesellschaftlichen Blick nach dem verheerenden Bürgerkrieg nach vorn zu richten und die drängende Wohnungsfrage zu lösen. Erst in den 1960er Jahren sollte seine Position anschlussfähig werden und daher erneut intensiv diskutiert werden.

1.4 Vom großen Umbruch zum großen Abbruch 1927–1935

Unter Stalin wurde die Sowjetunion durch die Zwangskollektivierung, die den Bäuerinnen und Bauern auf brutalste Weise ihre Lebensgrundlage entzog, und die rücksichtslose Ausbeutung menschlicher Arbeitskraft in einem rasanten Tempo industrialisiert und urbanisiert. Unter diesen politischen Rahmenbedingungen

---

60 KUL'ČINSKAJA: Ot muzeeifikacii k uničtoženiju nasledija, S. 26.
61 Ebd., S. 28.
62 DAVYDOV: Das »fremde« Erbe, S. 16.

kam es zu flächendeckenden Abrissen alter und kulturell wertvoller Denkmäler und dem schrittweisen Abbau des sowjetischen Denkmalschutzsystems. Darüber hinaus sahen sich viele Denkmalschützerinnen und Denkmalschützer in den 1930er Jahren wegen ihres Einsatzes für das russische Bauerbe politischen Repressionen ausgesetzt.

1.4.1 Das Schicksal der Sakralbauten

Die Kulturrevolution Stalins hatte weitreichende Folgen für den russischen Denkmalschutz. Die antireligiöse Propaganda wurde mit ganzer Härte fortgesetzt. Das Dekret *Über religiöse Vereinigungen* vom 8. April 1929 knüpfte an den Kampf gegen religiöse Gemeinschaften an, wie er in der ersten Hälfte der 1920er Jahre geführt worden war. Der Beschluss, der faktisch jede Form der Religionsausübung verbot, trieb die Schließung von Kirchen voran. Der Zusatzartikel 36 des Dekrets erlaubte zudem den Abriss religiöser ›Kultstätten‹ auf Anordnung der zuständigen Exekutivkomitees auf Republiks-, Regions- und Gebietsebene, wenn das Gebäude sich als nicht ›notwendig‹ für die Bedürfnisse des Staates und der Gesellschaft erwies.[63] Allein 1928 wurden 534 Kirchen geschlossen, 1929 weitere 1.119.[64] Und während einer einzigen Sitzung des Allrussischen Zentralen Exekutivkomitees vom 19. Februar 1932 wurde die Schließung von 93 Kirchen in der Russischen Sowjetrepublik (RSFSR) angeordnet.[65] Die Denkmalschutzlisten schrumpften zwischen 1927 und 1930 in Bezug auf Kirchenarchitektur kontinuierlich, und es kam zu umfassenden Abrissen von Kirchen und Klöstern. In Moskau verblieben von 474 Kirchen auf der Denkmalschutzliste von 1925 lediglich 74 auf der Liste von 1935.[66] Obgleich die Zentrale wissenschaftliche Restaurierungswerkstatt und die Kommission für Museumsangelegenheiten ein formales Mitspracherecht beim geplanten Abriss von Denkmälern hatten, blieb ihnen oftmals lediglich die Möglichkeit, wertvolle Gegenstände aus den Kirchen zu bergen, bevor die Abrissmaschinerie mit der Arbeit begann.

Die von den Gebietsexekutivkomitees vorgebrachten Gründe für den Abriss ganzer Architekturensembles waren wie in den Jahren zuvor teils utilitaristischer Natur. Die Verbreiterung von Straßen, der Ausbau der Verkehrs- und

---

63 ›O religiosnych ob"edinenijach‹. Postanovlenie Vserossijskogo Central'nogo Ispolnitel'nogo Komiteta i Soveta Narodnych Komissarov RSFSR, 8 aprelja 1929g. Abgerufen unter URL: https://www.1000dokumente.de/index.html/index.html?c=dokument_ru&dokument=0007_rel&object=translation&l=ru, letzter Zugriff: 04.05.2023.
64 SMITH: Contentious Heritage, S. 185.
65 WILLIAM, B. HUSBAND: »Godless Communists«. Atheism and Society in Soviet Russia 1917–1932, Illinois 2000, S. 136.
66 SMITH: Contentious Heritage, S. 186.

Industrieinfrastruktur, der Häuserbau oder die Errichtung öffentlicher Klubs und Parkanlagen dienten als bevorzugte Argumente für die Umgestaltung des öffentlichen Lebensraumes. Zu gleichen Teilen waren allerdings ideologische Gründe für die flächendeckenden Abrisse ausschlaggebend. Damit die Überlegenheit der neuen sozialistischen Gesellschaftsordnung über die Vergangenheit in baulicher Form sichtbar wurde, mussten die neu ausgerufenen sozialistischen Modellstädte zunächst ihren religiösen Charakter verlieren.[67] Die marxistisch-leninistische Idee der Teilhabe des gesamten Volkes am kulturellen Erbe des Landes wurde zunehmend von der Fokussierung auf Relikte und Erinnerungsorte der Oktoberrevolution abgelöst. Die historische Bedeutung, die neben dem architektonischen Wert ausschlaggebend für den Erhalt eines Bauwerkes war, interpretierten die Bol'ševiki nun ausschließlich in Bezug auf die Geschichte des Klassenkampfes und der revolutionären Bewegung.[68] Ideologisch ›fremde‹ Bauwerke und Kulturgüter des vorsowjetischen Zeitalters verschwanden so zunehmend aus den Denkmalverzeichnissen.[69]

Allein pragmatische Gründe konnten eine Kirche oder einen ehemaligen Adelssitz vor dem Abriss bewahren. Zudem spielten hohe Abrisskosten, die Nutzung einiger Denkmäler als Lager und die individuellen Entscheidungen regionaler Offizieller eine nicht zu unterschätzende Rolle für den Erhalt einzelner Gebäude. Catriona Kelly hat in diesem Zusammenhang beispielsweise für Leningrad zeigen können, dass sich die Bemühungen der Stadtregierung um den Erhalt von Kirchenarchitektur in der Newa-Metropole in besonderer Weise auf klassizistische Kirchengebäude der so genannten Goldenen Ära des ausgehenden 18. und beginnenden 19. Jahrhunderts erstreckten.[70]

1.4.2 Ziviler Widerstand und Repressionen

In Zeiten des »permanenten Ausnahmezustandes«[71] passten Denkmalschützerinnen und Denkmalschützer, ihre Strategien für den Erhalt wichtiger Kulturdenkmäler

---

67 A. S. Ščenkov/E. D. Kul'činskaja/K. B. Rycarev: Problemy ochrany i upravlenija restavraciej pamjatnikov architektury v konce 1920-ch – načale 1940-ch godov. Moskva 2004, S. 70–90, hier S. 81.
68 Davydov: Das »fremde« Erbe, S. 29.
69 Ebd., S. 29, 31.
70 Catriona Kelly: Socialist Churches. Heritage Preservation and »Cultic Buildings« in Leningrad 1924–1940, in: *Slavic Review* 71 (Winter 2012) 4, S. 792–823, hier S. 804.
71 Während einige Historikerinnen und Historiker die Moderne als Aneinanderreihung von Ausnahmezuständen beschreiben, orientieren sich viele Osteuropahistorikerinnen und Osteuropahistoriker an denen aus der Totalitarismusforschung stammenden Begriffen der

den neuen politischen Gegebenheiten an. Sie kanalisierten ihren schwindenden Einfluss auf die wichtigsten Architekturdenkmäler und versuchten, das kulturelle Erbe argumentativ als Beispiel des Klassenkampfes, der Internationalisierung und als Mittel für die antireligiöse Propaganda nutzbar zu machen.[72] Darüber hinaus argumentierten sie mit der praktischen Nutzbarkeit vieler Architekturdenkmäler. Sie intensivierten den Schutz jener Kirchengebäude, deren bauliche Erscheinungsform nicht unmittelbar an orthodoxe Gotteshäuser erinnerte und aus diesem Grund für die Nachnutzung als ›zivile‹ Gebäude in Frage kamen.[73] Nichtsdestotrotz blieben Proteste der Kommission für Museumsangelegenheiten und der Zentralen wissenschaftlichen Restaurierungswerkstatt gegen Abrissplanungen der Stadt- und Gebietsexekutivkomitees nur mäßig erfolgreich. Im Zuge des U-Bahn-Baus in Moskau konnten lediglich acht Architekturdenkmäler vor dem Verschwinden bewahrt werden, während dreißig andere den Weg für die Metro freimachen mussten. Allein im Jahr 1930 kam es zum Abriss von 100 unter Denkmalschutz stehender Kirchen in der RSFSR.[74]

Auch wenn die Mehrheit der russischen Bevölkerung in den gewalthaften Umbruchsjahren des Stalinismus zum Denkmalschutz eine eher indifferente Einstellung gepflegt haben mochte,[75] kam es Berichten des sowjetischen Geheimdienstes zufolge in den Jahren 1929 und 1930 zu zivilen Protesten gegen die massenhaften Kirchenschließungen, die Konfiszierung von Kirchenglocken und den Abriss von Kirchen.[76] Vor allem in der russischen Provinz, wo die Kirchenschließungen mit brutalen Repressionen gegen Geistliche und den Kollektivierungsmaßnahmen einhergingen, kam es zu gewalttätigen Auseinandersetzungen zwischen

---

»permanenten Revolution« und des »permanenten Ausnahmezustands« zur Charakterisierung der frühen Sowjetunion bzw. des Stalinismus in Abgrenzung zu den anderen sowjetischen Epochen. Mittlerweile hat sich für den Stalinismus der Begriff des »permanenten Ausnahmezustands« durchgesetzt. Bernd Bonwetsch beschreibt diesen Zustand als das ständige »Bedroht-Sein von innen und außen«, der die Missachtung von Rechtsnormen und die Anwendung von Gewalt im Stalinismus gerechtfertigt habe. Siehe: BERND BONWETSCH: Der Gulag und die Frage des Völkermordes. In: JÖRG BABEROWSKI (Hrsg.): Moderne Zeiten? Krieg, Revolution und Gewalt im 20. Jahrhundert, Göttingen 2006, S. 111–144, hier S. 137.

72 ŠČENKOV U. A: Problemy ochrany i upravlenija restauraciej pamjatnikov architektury v konce 1920-ch – načale 1940-ch godov, S. 78.
73 KELLY: Socialist Churches, S. 816.
74 ŠČENKOV U. A: Problemy ochrany i upravlenija restauraciej pamjatnikov architektury v konce 1920-ch – načale 1940-ch godov, S. 82. Zum Metrobau in Moskau siehe in erster Linie: DIETMAR NEUTATZ: Die Moskauer Metro. Von den ersten Plänen bis zur Grossbaustelle des Stalinismus (1897–1935), Köln u. a. 2001.
75 KELLY: Socialist Churches, S. 810.
76 SMITH: Contentious Heritage, S. 186.

Gemeindemitgliedern und lokalen Offiziellen.[77] Neben dem offenen Protest, den nur eine Minderheit äußerte, ermöglichte das Dekret *Über religiöse Vereinigungen* zumindest theoretisch die Möglichkeit, Petitionen gegen die Schließung und den Abriss von Kirchen an die regionalen Exekutivkomitees und das Allrussische Exekutivkomitee einzubringen und eine alternative Nutzung vorzuschlagen.[78] Obgleich viele Gläubige dieser Möglichkeit nachkamen und sich gegen die Auflösung ihrer Gemeinden stemmten, formierten sich lokale Arbeiterinnen und Arbeiter, Partei- und Komsomol-Mitglieder zu organisierten Demonstrationen, die für die Schließung der Kirchen in ihrer Region auf die Straße gingen.[79]

Insgesamt gestaltete sich der Einsatz für den Denkmalschutz in den 1930er Jahren zunehmend schwieriger. Obwohl die Toleranz für ›bourgeoise‹ Spezialistinnen und Spezialisten im Denkmalschutz und in der Denkmalpflege im Allgemeinen weitaus höher war als in der Industrie oder auf anderen Feldern des sowjetischen Kultursektors, sahen sich in der ersten Hälfte der 1930er Jahre zunehmend auch Denkmalschützerinnen und Denkmalschützer politischen Repressionen ausgesetzt.[80] Ihre denkmalpflegerische Arbeit wurde nun als konterrevolutionär gebrandmarkt und ihr Einsatz für den Erhalt von Kirchenarchitektur mit der Unterstützung von Gläubigen und der Behinderung der antireligiösen Propaganda gleichgesetzt.[81] Die Alte Petersburger Gesellschaft und andere ehrenamtliche Denkmalpflegevereine, die in den 1920er Jahren noch geduldet worden waren, wurden in der zweiten Hälfte der 1930er Jahre aufgelöst.[82] Hochrangige Mitarbeiter der Zentralen Restaurierungswerkstatt wurden 1934 festgenommen

---

77 HUSBAND: »Godless Communists«, S. 141 f.
78 Siehe Artikel 37 des Dekrets vom 8. April 1929. Abgerufen unter URL: https://www.1000doku mente.de/index.html/index.html?c=dokument_ru&dokument=0007_rel&object=transla tion&l=ru, letzter Zugriff: 04.05.2023.
79 HUSBAND: »Godless Communists«, S. 153.
80 So weist Catriona Kelly darauf hin, dass im Denkmalschutz die Toleranz gegenüber Expertinnen und Experten ›bourgeoiser‹ Herkunft relativ hoch gewesen sei, auch wenn in den 1930er Jahren dennoch einige den stalinistischen Säuberungen zum Opfer gefallen seien. Siehe KELLY: Socialist Churches, S. 800. – Anders verhielt es sich beispielsweise mit den Fachkräften und Ehrenamtlichen im sowjetischen Naturschutz, deren halbstaatliche Organisation eine der wenigen überhaupt war, die auch die Stalin-Zeit überdauerte. Siehe DOUGLAS R. WEINER: A Little Corner of Freedom. Russian Nature Protection from Stalin to Gorbachev, Berkeley u.a. 1999.
81 KELLY: Socialist Churches, S. 817.
82 CATRIONA KELLY: From »Counter-Revolutionary Monuments« to »National Heritage«. The Preservation of Leningrad Churches 1964–1982. In: *Cahiers du monde russe* 54 (2013) 1–2, S. 131–164, hier S. 139. – Die Alte Petersburger Gesellschaft hatte sich in den 1920er Jahren zwar in Leningrader Gesellschaft umbenannt, was sie allerdings nicht davor rettete, geschlossen zu werden. Weitere Vereinigungen, die in den 1930er Jahren geschlossen wurden, waren: Das Alte Mokau, Die Gesellschaft für die Erforschung des russischen Landguts oder die

und zu Haftstrafen verurteilt. Unter ihnen war einer der bedeutendsten Architekten und Denkmalschützer seiner Zeit, Pëtr Baranovskij, der – wie noch zu zeigen sein wird – eine wichtige Rolle im frühen Solovecker Denkmalschutz spielen sollte. Als Initiator des Museums in Kolomenskoe und Restaurator der Kazaner Kathedrale auf dem Roten Platz wurde ihm sein lautstarkes Engagement für den Schutz von Moskauer Denkmälern zum Verhängnis. Im April 1934 wurde er durch ein Geheimdienstkollegium auf der Grundlage des berüchtigten § 58 des sowjetischen Strafgesetzbuches verurteilt und verbüßte eine dreijährige Lagerhaft im Gebiet Marijinsk in Sibirien.[83]

1.4.3 Abbau des Denkmalschutzsystems und die Generalbebauungspläne

Nachdem die Arbeit der Kommission für Museumsangelegenheiten der Glavnauka[84] und damit der Unterabteilungen für den Denkmalschutz und die Denkmalpflege 1930 faktisch eingestellt worden und alle Aufgaben an die Zentralen Restaurierungswerkstätten übergegangen waren, liquidierte die stalinistische Führung diese 1934 schließlich ebenfalls.[85] Die Funktionen und Aufgaben der Werkstätten wurden nun der Unionsakademie für Architektur übergeben.[86] Die wenigen von der Akademie in Auftrag gegebenen Restaurierungsarbeiten mussten fortan von speziell eingerichteten Kommissionen oder von den noch verbliebenen Museen verantwortet werden. Der Schließung der Restaurierungswerkstätten war ein schrittweiser Abbau des Denkmalschutzsystems vorausgegangen. Durch den Ersten Fünfjahrplan und die Unterwerfung des gesamten Landes unter wirtschaftliche Ziele hatten die Restaurierungswerkstätten eine politisch-aufklärerische Aufgabe zugeschrieben bekommen, während praktische Restaurationsarbeiten an historischen Denkmälern immer weiter in den Hintergrund traten.[87] Hinzu

---

Taurische Gesellschaft für Geschichte, Archäologie und Ethnographie. Siehe dazu DAVYDOV: Das »fremde« Erbe, S. 32.
83 Siehe Auszüge aus dem Brief Pëtr Baranovskijs, den er 1964 an den KGB schrieb, und darin die Tathergänge, die zu seiner Verhaftung führten. Abgedruckt in: ŠČENKOV U. A: Problemy ochrany i upravlenija restavraciej pamjatnikov architektury v konce 1920-ch – načale 1940-ch godov, S. 76 ff.; sowie PËTR BARANOVSKIJ: Trudy, vospominanija sovremennikov. Moskva 1996.
84 Glavnoe upravlenie naučnymi, naučno-chudožestvennymi i muzejnymi učreždenijami (Hauptverwaltung der wissenschaftlichen, wissenschaftlich-künstlerischen und musealen Einrichtungen).
85 FIRSOVA/ŠESTOPALOVA: Gosudarstvennaja sistema restavracii, S. 143.
86 ŠČENKOV U. A.: Problemy ochrany i upravlenija restavraciej pamjatnikov architektury v konce 1920-ch – mnačale 1940-ch godov, S. 79.
87 Ebd., S. 73.

kam eine seit Mitte der 1930er Jahre vorgesehene Unterteilung in Denkmäler mit staatlichem und lokalem Wert, die den Abriss von Denkmälern mit lediglich lokaler Bedeutung erheblich erleichterte.[88]

1932 wurde das Internationale Komitee für den Schutz von Revolutions- und Kulturdenkmälern gegründet, das dem Präsidium des Zentralkomitees direkt unterstand. Alle Aufgaben von der Koordination des Denkmalschutzes und der Kontrolle der Behörden bis hin zur Erstellung von Denkmalschutzlisten und Fragen zur Nutzung, Finanzierung und Restaurierung von Denkmälern gingen an das Komitee über.[89] Wie bereits der Name des Komitees suggeriert, war der Denkmalschutzbegriff bezogen auf Baudenkmäler terminologisch und methodisch neu gefasst worden. Hatte sich das Denkmalschutzdekret von 1924 noch vorwiegend auf architektonische Denkmäler bezogen, traten ab dem Ende 1920er Jahre verstärkt historische Denkmäler der Revolutionszeit in den Fokus. Neben ›alten‹ Denkmalgattungen wie Architektur- oder Archäologiedenkmälern, die in erster Linie nach ihrem Alter und ihrem kunsthistorischen Wert beurteilt wurden, führte die sowjetische Führung neue historisch-patriotische Kategorien wie ›Revolutionsdenkmal‹, ›Bürgerkriegsdenkmal‹ oder ›Denkmal der Roten Armee‹ ein.[90] Dennoch dauerte es bis zur zweiten Hälfte der 1930er Jahre, bis Revolutionsdenkmäler tatsächlich einen bedeutenden Platz im öffentlichen Leben und in der propagandistischen Bewerbung von sowjetischen Städten einnahmen.[91]

Im Hinblick auf Baudenkmäler hatte die rücksichtslose Erweiterung russischer Städte im Zuge des ausgerufenen ›Generalplans der Rekonstruktion der Stadt Moskau‹ sowie weiterer Pläne für Leningrad, Jaroslavl' oder Charkov zahlreiche Abrisse historisch gewachsener Baustrukturen zur Folge. Architekturdenkmäler wurden in diesem Zusammenhang zu materiellen Artefakten degradiert, deren Materialien und technische Beschaffenheit für eine etwaige Nutzung im industriellen Aufbau des Landes geprüft wurden.[92] Die Unterwerfung aller politischen und gesellschaftlichen Kräfte unter den forcierten Aufbauplan der stalinistischen Regierung spiegelte sich auch im Sprachgebrauch der zeitgenössischen Propaganda wider. Historische Bauwerke wurden zu »sozial schädlichem Ramsch« deklariert, und es folgten Aufrufe zur Entfernung des »historischen Mülls« aus

---

88   KELLY: Socialist Churches, S. 817 f.
89   FIRSOVA/ŠESTOPALOVA: Gosudarstvennaja sistema restavracii, S. 148.
90   DAVYDOV: Das »fremde« Erbe, S. 33.
91   Cirkuljar Presidiuma Vserossijskogo Central'nogo Ispolnitel'nogo Komiteta ot 16 maja 1927 g. In: Ochrana pamjatnikov istorii i kul'tury, S. 87.
92   ŠČENKOV U. A.: Problemy ochrany i upravlenija restavraciej pamjatnikov architektury v konce 1920-ch – načale 1940-ch godov, S. 73.

dem öffentlichen Raum.[93] Der Generalbebauungsplan der Stadt Moskau wurde als »Angriff auf das alte Moskau« propagiert, Lazar' Kaganovič sprach gar von einem »Kriegsplan«.[94] Die Lenin'sche Einstellung zu Denkmälern als Erziehungsobjekte für die ausgebeuteten Massen wurde angesichts des Ziels, sozialistische Modellstädte zu schaffen, ad acta gelegt. Im Zuge des Moskauer Generalbebauungsplans und der Verbreiterung der Moskauer Innenstadt für eine infrastrukturelle Neuordnung der Stadt wurde der Abriss der noch verbliebenen Teile der Festungsmauer von *Kitaj-Gorod* aufs Neue diskutiert.[95] Doch im Gegensatz zu den Diskussionen von 1925 und 1926 regten sich keine vernehmbaren Gegenstimmen, als der Festungsmauer aus dem 16. Jahrhundert der Denkmalstatus abgesprochen wurde und alle Festungstürme und die Schutzmauer bis auf drei kleine Teile abgerissen wurden. Der Ingenieur V. Stankeev bezweifelte den Denkmalswert der Festungsmauer vielmehr offen. Seiner Meinung nach besitze sie nur als *ein* Beispiel für die Verteidigungstechnik des 16. Jahrhunderts historischen Wert.[96]

Neben den berühmt gewordenen Abrissen der Christi-Erlöser-Kathedrale 1931 und des Sucharev-Turmes 1934 mussten auch andere Architekturdenkmäler den neuen infrastrukturellen Schneisen weichen. Die Entstehung neuer Boulevards und Straßen (Novokirovskij, Novoarbatskij-Prospekt, Boulevardring, Zamoskvorech'ja) veränderten das Stadtbild ebenso wie die Verbreiterung alter Moskauer Straßen. Deutlich wurde dies insbesondere an der Tverskaja, die ab 1933 in ulica Gor'kogo (Gorkistraße) umbenannt wurde.[97] Die Abrisse und Neubauten in der ulica Gor'kogo, die als Ikone des neuen Moskaus gelten sollte, wurden über ausführliche fotografische Dokumentationen propagandistisch inszeniert. Der Abbruch des alten Moskaus und der Bau neuer sowjetischer Architektur visualisierten explizit den Aufbau einer neuen Gesellschaftsordnung.[98] Für die Moskauer Denkmalschützerinnen und Denkmalschützer bedeutete der Generalbebauungsplan eine empfindliche Niederlage, auch wenn dieser zum Inbegriff

---

93 DAVYDOV: Das »fremde« Erbe, S. 31 f.
94 NEUTATZ: Träume und Alpträume, S. 254 f.
95 Ebd., S. 255 f. – Monica Rüthers spricht in Bezug auf die Neugestaltung der Moskauer Innenstadt und im Speziellen in Bezug auf die Baumaßnahmen in der neuen *ulica Gor'kogo* von von Magistralen, die als »Echo auf die absolutistischen Stadtvisionen des 17. Jahrhunderts« erbaut worden seien. Siehe RÜTHERS, MONICA: Stadtplanung, Kommunikation und Macht. Die Ulica Gor'kogo zwischen 1928 und 1953, in: HEIKO HAUMANN/BRIGITTE STUDER (Hrsg.): Stalinistische Subjekte. Individuum und System in der Sowjetunion und der Komintern 1929–1953, Zürich 2006, S. 321–343, hier S. 323.
96 ŠČENKOV U. A.: Problemy ochrany i upravlenija restavraciej pamjatnikov architektury v konce 1920-ch – načale 1940-ch godov, S. 83.
97 Ebd.
98 RÜTHERS: Stadtplanung, Kommunikation und Macht, S. 324.

des stalinistischen Städtebaus avancierte und eine wegweisende Funktion für den Aufbau sozialistischer Städte in der gesamten Sowjetunion hatte.[99]

Die Unterordnung des Landes unter wirtschaftspolitische Ziele im Zuge des Ersten Fünfjahrplans schlug sich im regionalen Denkmalschutz und in der Denkmalpflege in der Kürzung der ohnehin spärlich vorhandenen Kader an Fachkräften und an finanziellen Mitteln nieder.[100] Offiziell waren auf Gebiets- und Regionsebene das Volkskommissariat für Bildung und die Abteilungen für Volksbildungen für Denkmäler zuständig.[101] Da deren finanzielle wie personelle Ressourcen deutlich begrenzt waren, wurde die Verpachtung von Denkmälern als Lagerfläche oder Wohnraum zur einzigen Möglichkeit, die Denkmäler vor dem vollständigen Ruin zu bewahren. Die Pachteinnahmen sollten wiederum zur Denkmalpflege der jeweiligen Gebäude genutzt werden. Die utopischen Plan- und Produktionsvorgaben des Fünfjahrplans setzten die Gebietsexekutivkomitees allerdings unter enormen Druck. Dies befeuerte Gerüchte, dass die über die Pachtverträge eingenommenen Gelder nicht für die Denkmalpflege eingesetzt wurden, sondern in die Haushalte der Regionszentren flossen.[102]

1.5 Denkmäler als Abzeichen des sowjetischen Patriotismus 1936–1945

Durch die drohende Kriegsgefahr ab der zweiten Hälfte der 1930er Jahre wandelte sich die denkmalfeindliche Haltung der stalinistischen Führung und damit auch deren Einstellung gegenüber dem Denkmalschutz und der Denkmalpflege. Aufgrund der Ereignisse im Deutschen Reich sahen sich Stalin und seine Anhängerinnen und Anhänger dazu veranlasst, politische und ideologische Maßnahmen zu ergreifen, um die Loyalität zwischen den Machthabern und der sowjetischen Bevölkerung zu stärken. Durch die Propagierung eines sowjetischen Patriotismus erhoffte sich die stalinistische Führung, einen unionsübergreifenden gesellschaftlichen Zusammenhalt erzeugen zu können, der kriegerischen Angriffen standhalten konnte. Aus diesem Grund griff der sowjetische Staat in erheblichem Maße auf russische Mythen und historische Kriegshelden zurück, die das patriotische Empfinden der sowjetischen Bürgerinnen und Bürger im nationalen Verteidigungskampf

---

99 NEUTATZ: Träume und Alpträume, S. 254f.
100 FIRSOVA/ŠESTOPALOVA: Gosudarstvennaja sistema restavracii i ochrany pamjatnikov, S. 146.
101 LIFŠIC: Istorija zakonodatel'stva v oblasti ochrany i restavracii pamjatnikov kul'tury, S. 97.
102 ŠČENKOV U. A.: Problemy ochrany i upravlenija restavraciej pamjatnikov architektury v konce 1920-ch – načale 1940-ch godov, S. 88.

des russischen Mutterlandes befeuern sollten.[103] Dieser Rückgriff auf die russische Nationalgeschichte forcierte die Herausbildung einer modernen russischen Identität, die als Vorläufer des russischen Nationalismus in der Brežnev-Ära und im heutigen Russland angesehen werden kann. Der ›Nationalbolschewismus‹, wie ihn David Brandenberger bezeichnete, hatte unmittelbare Auswirkungen auf den Schutz und den Erhalt von Baudenkmälern.[104]

Ab 1936 wurde die veränderte politische und ideologische Stoßrichtung in der Kulturpolitik des Landes langsam sichtbar. Russische Kunst- und Kulturerzeugnisse, die in den vorangegangenen Jahren Subjekte des Ausverkaufs in den Westen sowie des Anschauungsunterrichts einer dekadenten und ausbeuterischen Gesellschaftsordnung gewesen waren oder zum Aufbau sozialistischer Musterstädte abgerissen worden waren, wurden nun zu ideologischen Waffen im nationalen Verteidigungskampf. Die ruhmreiche und jahrhundertealte Geschichte des russischen Abwehrkampfes gegen äußere Feinde wurde geglättet und wiederbelebt, um sie in eine direkte Kontinuitätslinie mit dem Kampf gegen Hitler-Deutschland zu stellen. Die Hinwendung zur ›vaterländischen Geschichte‹ beinhaltete das Feiern und das Gedenken an siegreiche Schlachten der vergangenen Jahrhunderte. 1937 wurden etwa die Feierlichkeiten zum Gedenken an die Schlacht in Borodino und 1939 die Schlacht in Poltava in großem Stil begangen.[105] Ausgewählte materielle Denkmäler wurden zu lebendigen Zeugnissen des kulturellen Erbes der Sowjetunion erklärt. Der sowjetische Patriotismus entwickelte sich zu einem bedeutenden Bestandteil des Sozialistischen Realismus.[106] Sogar orthodoxe Kirchengebäude, die noch wenige Jahre zuvor rigoros abgerissen worden waren, wurden nun wieder teilweise in das nationale Kulturerbe integriert.[107]

Im Zuge des so genannten Großen Vaterländischen Krieges trat der Denkmalschutz schließlich gänzlich aus seinem Schattendasein heraus und entwickelte sich zu einer wichtigen Aufgabe des sowjetischen Staates. Die Schutzmaßnahmen an bedeutenden Architekturdenkmälern und die Evakuierung von Kunsterzeugnissen wurden als patriotische Tat im nationalen Verteidigungskampf gegen die deutschen ›Barbaren‹ inszeniert. Folgt man Dietmar Neutatz, so kam Denkmälern und ihren Beschützerinnen und Beschützern im so genannten Großen Vaterländischen Krieg eine Doppelfunktion zu. Während ausgewählte Denkmäler

---

103 MADDOX: Saving Stalin's Imperial City, S. 195.
104 BRANDENBERGER: National Bolshevism.
105 DAVYDOV: Das »fremde« Erbe, S. 36.
106 KATERINA CLARK U. A. (Hrsg.): Soviet Culture and Power. A History in Documents, 1917–1953, New Haven/London 2007, S. 260.
107 SMITH: Contentious Heritage, S. 187.

materielle und symbolische Bestandteile des sowjetischen Patriotismus repräsentierten, fungierten die Denkmalschützerinnen und Denkmalschützer wie auch andere Kulturschaffende als »Multiplikatoren« des patriotischen Appells der sowjetischen Regierung an die Gesellschaft.[108] Ein weiterer »Multiplikator« der patriotischen Botschaft war die orthodoxe Kirche, die sich bereits mit dem Beginn des Krieges hinter den Abwehrkampf der sowjetischen Regierung stellte und im Gegenzug vom Staat Freiräume eingeräumt bekam.

Bereits in den ersten Monaten nach dem deutschen Überfall auf die Sowjetunion im Juni 1941 waren die sowjetischen Bemühungen erkennbar, herausragende Kunsterzeugnisse und Architekturdenkmäler des Landes in Sicherheit zu bringen. Obgleich die Evakuierung ganzer Produktionseinheiten, von schwerem militärischem Gerät sowie die Evakuierung der Bevölkerung Vorrang hatten, verließen zahlreiche Züge und Lastwagen mit kostbaren Kunst- und Kulturgütern die großen Städte der Sowjetunion Richtung Osten.

Als Novgorod im August 1941 von der Wehrmacht eingenommen wurde, gelang es den Mitarbeiterinnen und Mitarbeitern des dortigen Heimatkundemuseums, zahlreiche wertvolle Kunsterzeugnisse aus der Stadt zu bringen.[109] In Leningrad begannen die Bemühungen zur Evakuierung und zum Schutz von Kulturgütern ebenfalls relativ früh.[110] Bereits im Frühjahr 1941 informierten Leningrader Denkmalschützerinnen und Denkmalschützer das Stadtexekutivkomitee über notwendige Maßnahmen, um Schäden von den wichtigsten historisch-kulturellen Denkmälern abzuwenden. Um Bombardierungen auf wichtige Kirchengebäude der Stadt zu unterbinden, wurden die goldenen Kirchenkuppeln getarnt.[111] Bewegliche Denkmäler, wie beispielsweise Skulpturen, wurden abgebaut, um sie aus der Stadt zu bringen oder sie zu vergraben.[112]

Welchen Stellenwert die Arbeit der Denkmalpflegerinnen und Denkmalpfleger in Leningrad besaß, zeigt der Umstand, dass diese für ihre denkmalpflegerischen Arbeiten von ihrem Einsatz beim Bau der Befestigungsanlagen befreit wurden und zudem in den Besitz von Lebensmittelkarten der ersten Kategorie gelangten.[113] Durch die Schließung des Blockaderinges im September 1941 und die daraus

---

108 NEUTATZ: Träume und Alpträume, S. 295.
109 DMITRIJ LICHAČËV: Novgorodskie Pis'ma. Iz letnich putešestvii. In: *Literaturnaja Gazeta*, 16.09.1965, S. 1 f., hier S. 1.
110 Siehe dazu MADDOX: Saving Stalin's Imperial City.
111 STEVEN MADDOX: These Monuments Must Be Protected! The Stalinist Turn to the Past and Historic Preservation during the Blockade of Leningrad, in: *The Russian Review* 70 (October 2011) 4, S. 608–626, hier S. 618.
112 FIRSOVA/ŠESTOPALOVA: Gosudarstvennaja sistema restavracii i ochrany pamjatnikov, S. 154.
113 MADDOX: These Monuments Must Be Protected! S. 616.

resultierende katastrophale Versorgungslage war es den Denkmalpflegern ab Winter 1941 praktisch nur unter Einsatz ihres Lebens möglich, mit ihren konservierenden und evakuierenden Maßnahmen fortzufahren. Dennoch investierten städtische und zentrale Stellen während der Hochphase der Belagerung 1942 insgesamt über 1 Million Rubel in Restaurierungs- und Wiederaufbaumaßnahmen. Laut Steven Maddox geschah dies nicht zuletzt, um die Moral der Stadtbewohnerinnen und Stadtbewohner zu heben und ihren Glauben an einen baldigen Sieg zu nähren.[114] Unter Lebensgefahr arbeiteten die Spezialistinnen und Spezialisten an den Denkmälern, richteten Vorbereitungskurse für Restaurateurinnen und Restaurateure ein und eröffneten 1944 eine Hochschule für Restaurierungstechniken.[115] Das Beispiel Leningrads zeigt, dass sich die Denkmalpflegerinnen und Denkmalpfleger über ihren aktiven Einsatz für den Schutz des nationalen Erbes sowohl in den allgemeinen Heroismus der stalinistischen Geschichtspolitik als auch in das Leningrader »Sonderbewusstsein« einreihen, das sämtliche Einwohner der Stadt bereits zu Kriegszeiten pauschal zu Helden verklärte.[116]

Noch während des Krieges erweiterte sich der Denkmalkanon und es wurden neue Denkmalkategorien mit Bezug zum Zweiten Weltkrieg gebildet. Zu diesen Kategorien zählten Denkmäler, deren Besuch sich in den 1970er Jahren zum Pflichtprogramm in der Erziehung sowjetischer Jugendlicher entwickelte. Bereits kurz nach dem Überfall auf die Sowjetunion initiierte das Volkskommissariat für Aufklärung der RSFSR ein Programm zur ›Verewigung des Gedenkens an den Großen Vaterländischen Krieg‹. Dieses sah neben der Erfassung und Musealisierung materieller Kriegszeugnisse das Aufstellen von Denkmälern zum ›Großen Vaterländischen Krieg‹ vor. Darüber hinaus wurden unmittelbar nach der Befreiung besetzter Gebiete Gedenkstätten an Orten errichtet, die entweder Schauplätze von Kampfeshandlungen gewesen waren oder Kriegsgräber beherbergten.[117]

Unionsweit unternahm der sowjetische Staat ebenfalls noch während des Krieges Anstrengungen, das Denkmalschutzsystem auszuweiten und nicht zuletzt aufgrund der Kriegsschäden zentral zu organisieren. Nachdem sich 1942 eine Außerordentliche Kommission den kriegsbedingten Schäden und Zerstörungen angenommen hatte, wurden dem Komitee für architektonische Angelegenheiten im September 1943 die Hauptaufgaben des Denkmalschutzes und der Denkmalpflege übertragen. Durch die Einrichtung der Hauptverwaltung für den Schutz

---

114 Ebd., S. 622 f.
115 Ebd., S. 624 f.
116 JÖRG GANZENMÜLLER: Das belagerte Leningrad 1941–1944. Die Stadt in den Strategien von Angreifern und Verteidigern, Paderborn u. a. 2005, S. 325, 332 f.
117 DAVYDOV: Das »fremde« Erbe, S. 39.

von Denkmälern (Glavnoe Upravlenie Ochrany Pamjatnikov – GUOP) innerhalb des Komitees Anfang 1944 und die Verbreiterung des administrativen Netzwerkes auf republikanischer und regionaler Ebene wurde es nun das erste Mal wieder möglich, denkmalpflegerische Aufgaben zu koordinieren und auszuführen.[118] Die wohl größte symbolische Bedeutung für den Denkmalschutz dieser Jahre hatte die Wiedereröffnung der Zentralen Wissenschaftlichen Restaurierungswerkstatt unter der Führung des sowjetischen Künstlers Igor' Grabar' 1944. Durch die Wiedereröffnung und den Ausbau des Werkstattnetzes konnten Architektinnen und Architekten sowie Denkmalpflegerinnen und Denkmalpfleger in den kommenden Jahren an wichtige Arbeiten anknüpfen, die unter erschwerten Bedingungen von den wenigen museumseigenen Werkstätten noch vor Beginn des Zweiten Weltkrieges beispielsweise in Novgorod, Vladimir, Pskov, Rostov Jaroslavskij und Moskau vorgenommen worden waren.[119] Zunächst ermöglichte die Inbetriebnahme der Werkstätten jedoch die Beseitigung der verheerenden Kriegsschäden und die Einleitung wichtiger Wiederaufbaumaßnahmen.

1.6 Wiederaufbau 1945–1950

Offiziellen Angaben zufolge verloren 26,6 Millionen Bürgerinnen und Bürger der Sowjetunion im Zweiten Weltkrieg ihr Leben.[120] Die Schäden, die der Krieg gegen das nationalsozialistische Deutschland hinterlassen hatte, waren enorm. Soldaten und Flüchtlinge, die in die ehemals von der Wehrmacht besetzten Gebiete zurückkehrten, fanden verwüstete Landschaften und Städte vor, deren wirtschaftliche und zivile Infrastruktur vollkommen zerstört war. Die Sowjetunion der unmittelbaren Nachkriegszeit war gekennzeichnet durch die Migration von Kriegsflüchtlingen in die Städte, durch akute Wohnungsnot und Hunger. Zusätzlich führte eine Dürreperiode im Westen des Landes, die erhebliche Missernten produzierte, gekoppelt mit der Weigerung der sowjetischen Regierung, ihre Nahrungsreserven freizugeben, 1946 zu einer verheerenden Hungersnot.[121] In den sowjetischen Städten lebten die Menschen in Baracken, vollkommen überfüllten Gemeinschaftsunterkünften oder in Aufenthaltsräumen und Küchen von Fabriken. Aufgrund des Krieges hatte im

---

118 FIRSOVA/ŠESTOPALOVA: Gosudarstvennaja sistema restavracii i ochrany pamjatnikov, S. 156.
119 Ebd., S. 152.
120 NEUTATZ: Träume und Albträume, S. 325 ff.
121 DONALD FILTZER: Standard of living versus quality of life. Struggling with the urban environment in Russia during the early years of post-war reconstruction, in: JULIANE FÜRST (Hrsg.): Late Stalinist Russia. Society between reconstruction and reinvention. New York 2006, S. 81–102, hier S. 82.

Oblast Molotov 1948 mehr als die Hälfte der bewohnten Gebäude kein fließendes Wasser und in manchen Fällen nicht einmal Strom.[122] Allein in der Russischen Sowjetrepublik waren in den 17 ehemals okkupierten Gebieten 700 berühmte Baudenkmäler vollkommen oder teilweise zerstört worden.[123]

Doch obgleich die Sowjetunion wie kein anderes Land der Anti-Hitler-Koalition verwüstet worden war, ging sie als Siegerin aus dem Krieg hervor. Dieser Sieg, der als nationaler Triumph des gesamten sowjetischen Volkes gefeiert und inszeniert wurde, entwickelte sich in den kommenden Jahrzehnten zum wichtigsten Legitimationsanker des sowjetischen Systems.[124] Nicht zuletzt aufgrund der verheerenden Kriegsschäden versuchte die Propaganda der 1940er Jahre, den Patriotismus mit der Liebe zum sowjetischen Projekt, also mit dem Aufbau des Kommunismus zu verknüpfen.[125] Architekturdenkmäler spielten dabei eine wichtige Rolle. Zerstörte Kirchenarchitektur und ausgebombte Kreml'anlagen wurden zu Symbolen der Verletzung der sowjetischen Souveränität und der Zerstörungswut der Nazi-Okkupanten stilisiert.[126] Die Außerordentliche Kommission begann 1942 mit der systematischen Untersuchung der »Gräueltaten der deutsch-faschistischen Invasoren« und veröffentlichte einige Artikel über die Zerstörungen von Architekturdenkmälern.[127] Ebenfalls bereits während des Krieges wurden die Zerstörungen der deutschen Angreifer über Ausstellungen an öffentlichen Orten durch die Kommission für den Schutz und die Restaurierung von Architekturdenkmälern publik gemacht.

Aufgrund der verheerenden Kriegsschäden war die Sowjetunion auf die Hilfe der Bevölkerung beim Wiederaufbau angewiesen. Daher modifizierte der sowjetische Staat in der unmittelbaren Nachkriegszeit seine patriotische Idee, indem er

---

122 Ebd., S. 88.
123 M. P. PAVLOVA: Očerk VI: Sostojanie ochrany pamjatnikov architektury i organizacii restavracionnych rabot v 1940-e–1960-e gg. In: A. S. ŠČENKOV (Hrsg.): Pamjatniki Architektury v Sovetskom Sojuze. Očerki istorii architekturnoj restavracii, Moskva 2004, S. 228–296, hier S. 228.
124 JULIANE FÜRST: The Importance of Being Stylish. Youth, Culture and Identity in Late Stalinism, in: HEIKO HAUMANN/BRIGITTE STUDER (Hrsg.): Stalinistische Subjekte. Individuum und System in der Sowjetunion und der Komintern, 1929–1953, Zürich 2006, S. 359–375, hier S. 359.
125 SHEILA FITZPATRICK: Conclusion. Late Stalinism in historical perspective, in: JULIANE FÜRST (Hrsg.): Late Stalinist Russia, S. 269–282, hier S. 272.
126 VICTORIA DONOVAN: The »Old New Russian Town«: Modernization and Architectural Preservation in Russia's Historic North West, 1961–1982. In: *Slavonica* 19 (April 2013) 1, S. 18–35, hier S. 24.
127 PAVLOVA: Sostojanie ochrany pamjatnikov architektury i organizacii restavracionnych rabot v 1940-e–1960-e gg., S. 231.

sie um eine lokale Komponente erweiterte. Um die Wiederaufbaumaßnahmen schnell und unter größtmöglicher gesellschaftlicher Unterstützung voranzubringen, förderten die Bol'ševiki die Liebe zur Heimat und den tatkräftigen Einsatz für die Heimatregion bzw. die Heimatstadt.[128] Wer seine Stadt liebte, würde sich auch verstärkt für ihren Wiederaufbau einsetzen, so lautete das Motto der patriotischen Botschaft der Nachkriegszeit.

1.6.1 Von ersten Rettungsmaßnahmen zu den Generalbebauungsplänen 1945–1947

In Novgorod hinterließen der Bombenkrieg und die Angriffe der deutschen Artillerie erhebliche Schäden an russischen Architekturdenkmälern. Als die Stadt am 20. Januar 1944 von der Armee befreit wurde, waren einige Gebäude von historischer Bedeutung komplett zerstört und sechs der neun Türme des Novgoroder Kreml' waren ohne Dach dem Winterwetter ausgesetzt.[129] Der aus dem 11. Jahrhundert stammenden Sophienkathedrale des Kreml' hatten die Angriffe der Wehrmacht ebenfalls großen Schaden zugefügt. Bereits im Sommer 1944 wurden erste Erhaltungsmaßnahmen durchgeführt. Eine systematische, drei Jahre andauernde Restaurierung erfolgte erst in den Jahren zwischen 1945 und 1948 nach der Einrichtung der Restaurierungswerkstatt in Novgorod im Mai 1945.[130] Zusammengenommen konnte allein in Novgorod zwischen 1945 und 1949 eine erhebliche Anzahl architektonischer Denkmäler altrussischer Baukunst vor dem Verfall gerettet werden.

Besonders schwere Kriegsschäden beklagte auch die südliche Hafenstadt Sevastopol'. Die Bombardements der deutschen Luftwaffe 1941 und 1942 und die beinahe zweijährige Okkupation der Stadt hinterließen eine auf 3.000 Personen geschrumpfte Bevölkerung in einer Stadt, deren Stadtbild bei der Befreiung durch die Rote Armee im Mai 1944 nicht mehr wiederzuerkennen war.[131] Nur einen

---

128 KARL QUALLS: Local-Outsider Negotiations in Postwar Sevastopol's Reconstruction, 1944–53. In: DONALD J. RALEIGH: Provincial Landscapes. Local Dimensions of Power 1917–1953, Pittsburgh 2001, S. 276–277, hier S. 278.
129 S. N. DAVYDOV: Vosstanovlenie Architekturnych Pamjatnikov Novgoroda v 1945–1949 godach. In: *Praktika restavracionnych rabot* 1 (1950), S. 47–84, hier S. 53.
130 Ebd., S. 57.
131 Offizielle Dokumente zeigen, dass die Bevölkerung durch Tod und Abwanderung der Bewohner zwischen Januar 1939 und dem 4. Mai 1944 von 112.000 bzw. 114.000 Bewohnern auf 3000 Einwohner geschrumpft war. Die Befreiung der Stadt hatte allerdings zur Folge, dass die Bevölkerung bereits Ende Mai 1944 wieder auf fast 11.000 Bewohner angewachsen war. Siehe QUALLS: From Ruins to Reconstruction, S. 20.

Monat nach der Befreiung erklärte der städtische Parteichef, dass 5.000 Gebäude der unmittelbaren Innenstadt unwiederbringlich zerstört worden waren und lediglich sieben schwer zerstörte Gebäude erhalten werden könnten. Ähnlich wie auch in anderen stark zerstörten Städten protokollierten Komitees, die aus Vertreterinnen und Vertretern der Partei, der *intelligencija,* der Arbeitervertretung und aus Angehörigen religiöser Vereinigungen bestanden, schon in den ersten Wochen nach der Befreiung die baulichen Kriegsschäden an Bildungseinrichtungen, an administrativen und medizinischen Gebäuden sowie an architektonischen Denkmälern und Monumenten.[132]

Die Hauptaufgabe der Denkmalpflege in den Jahren 1945 und 1946 bestand primär in der Notbefestigung der Denkmäler. Priorität erhielten Baudenkmäler, die durch die deutsche Besatzung zerstört worden waren. Zunächst erfolgte eine Dokumentation der vorhandenen Kriegsschäden, bevor Erstmaßnahmen zur Sicherung der Bausubstanz vorgenommen wurden. Erst in einem dritten Schritt wurden Entwürfe zur Restaurierung der Architekturdenkmäler und Pläne zu deren Durchführung angefertigt.[133] Der wissenschaftliche Rat der Hauptverwaltung für den Denkmalschutz (GUOP) konnte zwischen 1944 und 1946 Impulse für Restaurierungsarbeiten in Moskau, im Moskauer Umland, Novgorod, Pskov und Vladimir setzen. Auf Drängen des Rates wurden die Gründung und Ausstattung wichtiger Restaurierungswerkstätten beschleunigt und notwendige Arbeiten zur wissenschaftlichen Untersuchung und Registrierung von Architekturdenkmälern unternommen.[134]

Landesweit diskutierten Vertreterinnen und Vertreter aus Politik, Architektur und den Stadtplanungsbüros Wiederaufbaupläne, so genannte Generalbebauungspläne für besonders zerstörte sowjetische Städte. Als Grundlage dienten die Pläne der GUOP, die Entwürfe zur Bestimmung von Denkmälern und so genannter architektonischer Schutzgebiete *(zapovedniki)* für 132 Städte erarbeitete.[135] Zudem kategorisierte die sowjetische Regierung 15 Städte der Russischen Sowjetrepublik, deren Wiederaufbau prioritär behandelt werden sollte. Neben Novgorod waren das Rostov am Don, Pskov, Smolensk, Voronež, Kalinin, Novorossijsk, Sevastopol', Kursk, Orël, Velikie Luki, Murmansk, Viaz'ma, Brijansk und Krasnodar.[136] Architekturdenkmäler bekamen allerdings nur insofern einen Platz in den Planungen

---

132 Ebd., S. 17f.
133 Pavlova: Sostojanie ochrany pamjatnikov architektury i organizacii restavracionnych rabot v 1940-e–1960-e gg., S. 241.
134 Ebd., S. 239f.
135 Ebd., S. 245.
136 Bei allen diesen Städten handelt es sich entweder um sowjetische Heldenstädte oder um eine »Stadt des militärischen Ruhmes« *(Gorod vojnskoj slavy).* Siehe: Qualls: Local-Outsider Negotiations in Postwar Sevastopol's Reconstruction, S. 387 Fn. 17.

eingeräumt und wurden geschützt, wenn sie sich in das neu zu erschaffende sozialistische Antlitz der Stadt einfügen ließen.[137] In diesem Zusammenhang favorisierte der sowjetische Denkmalschutz nun beispielsweise Festungskerne bzw. Wehranlagen alter Städte, die nicht nur als Denkmäler der bürgerlichen Geschichte, sondern als materialisierte militärische Geschichte des Landes gelten konnten.[138]

Trotzdem gelang es regionalen Fachkräften aus Architektur und Denkmalpfle mancherorts, sich von einigen Weisungen der Zentrale zu emanzipieren. Karl Qualls konnte für Sevastopol' zeigen, wie sich lokale Architekten für eine Neukonstruktion der Stadt unter Denkmalschutzrichtlinien einsetzten.[139] Trotz baulicher Erhaltungsmaßnahmen historischer Bausubstanz und der sichtbaren Abkehr von der destruktiven Politik der 1930er Jahre traten die meisten Architekturdenkmäler in keinen integralen und lebendigen Zusammenhang mit der formalistischen Architektur der Stalin-Ära. Viel zu häufig wurden sie als Dekoration des Stadtbildes verstanden oder zu Kuriositäten einer längst vergangenen Epoche erklärt.[140]

In den russischen Regionen hatten die meisten Denkmäler ihren traurigen Zustand weniger den kriegerischen Auseinandersetzungen als der denkmalfeindlichen Politik vieler Gebietsexekutivkomitees und privater Pächterinnen und Pächter zu verdanken. Neben der GUOP auf zentraler Ebene und deren Ablegern in den sowjetischen Republiken arbeiteten die in einigen Gebieten eingerichteten wissenschaftlichen Restaurierungswerkstätten in der Denkmalpflege. Die Werkstätten waren dort, wo sie existierten, von den regionalen Gebietsexekutivkomitees abhängig, deren Mitglieder der Denkmalschutzpolitik gegenüber häufig wenig wohlgesonnen waren. Willkürliche Aufhebungen des Denkmalschutzstatus, die eine wirtschaftliche Nutzung der Denkmäler möglich machten, führten dazu, dass in historische Kirchengebäude Industriewerkstätten oder Bierbrauereien einzogen, die wertvolle Wandmalereien oder denkmalgeschützte Fresken vollkommen zerstörten.[141] Bereits 1945 hatte der wissenschaftliche Rat der GUOP gewarnt,

---

137 A. S. ŠČENKOV: Očerk V: Voprosy nasledija v Sovetskoj Kul'ture 1940–1960-ch gg. Istoričeskoe samosoznanie i problemy nasledija v sovetskoj kul'ture vo vremja Velikoj Otečestvennoj vojny, in: DERS. (Hrsg.): Pamjatniki Architektury v Sovetskom Sojuze. Očerki istorii architekturnoj restavracii, Moskva 2004, S. 201–217, hier S. 217.
138 ŠČENKOV: Očerk V: Istoričeskoe samosoznanie i problemy nasledija v sovetskoj kul'ture vo vremja Velikoj Otečestvennoj vojny. In: DERS. (Hrsg.): Pamjatniki Architektury v Sovetskom Sojuze, S. 217.
139 QUALLS: Local-Outsider Negotiations in Postwar Sevastopol's Reconstruction, S. 278.
140 ŠČENKOV: Očerk V: Istoričeskoe samosoznanie i problemy nasledija, S. 217.
141 PAVLOVA: Sostojanie ochrany pamjatnikov architektury i organizacii restavracionnych rabot v 1940-e–1960-e gg., S. 255 f.

dass mit weitreichenden Restaurierungsmaßnahmen im ganzen Land nicht länger gewartet werden dürfe, da die Denkmäler sonst nicht aufgrund der Kriegsschäden endgültig verfielen, »sondern aufgrund ihrer Besitzer, die nichts dagegen tun«.[142] Dem Problem der Verpachtung von Baudenkmälern widmete sich der Beschluss des Ministerrates der Russischen Sowjetrepublik vom 22. Mai 1947, der die denkmalgerechte Nutzung der Gebäude und die Verpflichtung zur Durchführung notwendiger Restaurierungsmaßnahmen durch die Pächterinnen und Pächter festlegte.

1.6.2 Der Beschluss des Jahres 1948 – Standardisierungen und Wege zur Professionalisierung

Da allerdings auch diese Richtlinien vielerorts schlichtweg ignoriert wurden, erließen der Ministerrat und das Komitee für architektonische Angelegenheiten im Oktober 1948 den Beschluss *Über Maßnahmen zur Verbesserung des Schutzes von Kulturdenkmälern*, der Rechte und Pflichten der Pächterinnen und Pächter von denkmalgeschützten Gebäuden gesetzlich festschrieb und der bis in die 1960er Jahre Gültigkeit haben sollte.[143] Der Beschluss des Ministerrates vom 22. Mai 1947 hatte bereits erstmals festgelegt, dass Erzeugnisse altrussischer Baukunst als »unverletzliches historisch-künstlerisches Erbe der Nationalkultur« einzustufen waren und als Eigentum der jeweiligen Republiken dem staatlichen Denkmalschutz unterlagen. Darunter fielen laut Dekret unter anderem Kreml'anlagen, Festungen, Klöster, Schlösser, architektonische Ensembles, Gärten, Parkanlagen, einzelne Gebäude mit ziviler oder »kultischer« Bedeutung sowie das mit den Gebäuden verbundene dekorative Beiwerk wie etwa Wandmalereien, Skulpturen oder Möbel.[144] Der Beschluss vom Oktober 1948 unterstrich deutlich die »schwerwiegenden Mängel« im Schutz von Kulturdenkmälern und konstatierte, dass weder die Organisationen, welche die Denkmäler besaßen oder pachten deren Schutz und Erhalt sicherstellen würden noch die Gebietsexekutivkomitees, in deren Verantwortung der Denkmalschutz in den Regionen letztlich liege.[145] Darüber hinaus präzisierte das Dokument die Möglichkeiten der wirtschaftlichen Nutzung bestimmter Architekturdenkmäler und die Denkmalsklassifikation und knüpfte damit an Festlegungen aus dem Jahr 1924 an, die im Beschluss *Über die Bestandsaufnahme und den Schutz von Kunstdenkmälern, Antiquitäten,*

---

142 Ebd., S. 258.
143 Postanovlenie Soveta Ministrov RSFSR ot 22 maja 1947 g. »Ob ochrane pamjatnikov architektury«. In: Ochrana pamjatnikov istorii i kul'tury, S. 62–64, hier S. 63.
144 Ebd., S. 62.
145 Ebd., S. 65.

Alltags- und Naturdenkmälern getroffen worden waren.[146] Der Gesetzestext machte deutlich, welche weitverbreiteten Fehlnutzungen zu dauerhaften Schäden an Architekturdenkmälern geführt hatten. So wurden laut dem Dokument beispielsweise die Lagerung von brennbaren, flüssigen oder chemisch reaktiven Materialien, die Nutzung von Architekturdenkmälern als Garagen für Landmaschinen oder Automobile oder die Verwendung der Gebäude als Bäckereien mit industriellen Hochöfen untersagt.[147] Doch trotz umfänglicher Festlegungen fehlten weiterhin die lokalen Kontrollmechanismen vor Ort, weshalb bis in die 1970er Jahre Meldungen über Verstöße gegen Pacht- und Verwendungsrichtlinien von Denkmälern aus den russischen Regionen an der Tagesordnung blieben.

Für den sowjetischen Denkmalschutz bedeutete der Beschluss von 1948 allerdings aus einem anderen Grund eine wichtige Weiterentwicklung. Er bildete das Fundament zur standardisierten und methodischen Erfassung und Registrierung von Denkmälern.[148] Über Denkmalslisten und so genannte Erfassungskarten *(kartočka pervičnogo učeta)*, die rückseitig über eine Fotografie des Denkmals verfügten, wurden die unter Denkmalschutz stehenden Objekte von den zuständigen Unionskomitees für Architektur zukünftig erfasst und registriert. Jedes Denkmal wurde zudem mit einem Denkmalspass *(pasport pamjatnika)* ausgestattet, der neben der Inventarisierungsnummer, Informationen zur Baugeschichte des Denkmals, zu seinem historisch-kulturellem Wert, seinen architektonischen Besonderheiten und seinem Denkmalstatus Angaben über vorgenommene Restaurierungs- und Instandhaltungsarbeiten aufwies.[149] Auch wenn selbst in den Zentren wie Moskau und Leningrad eine systematische Erfassung vieler Denkmäler bis in die späten 1960er Jahre ausblieb, legte der Beschluss eine wichtige Grundlage für eine einheitliche Vorgehensweise.

1.7 Zwischenfazit

Die erste Phase nach der Oktoberrevolution zeichnete sich durch einen ambivalenten, oftmals willkürlichen und utilitaristischen Umgang der Bol'ševiki mit Denkmälern *(pamjatniki iskusstva i stariny)* aus. Auf der Grundlage von Lenins

---

146 Ebd., S. 56f.
147 Instrukcija o porjadke učeta, registracii, soderžanija i restavracii pamjatnikov architektury, sostojaščich pod gosudarstvennoj ochranoj. Utverždena predsedatelem Komiteta po delam architektury pri Sovete Ministrov SSSR, 8 aprelja 1949g.. In: Ochrana pamjatnikov istorii i kul'tury, S. 92–128, hier S. 104f.
148 DONOVAN: The »Old New Russian Town«, S. 25.
149 Instrukcija o porjadke učeta, S. 95 ff.

›Theorie der zwei Kulturen‹ sollte das kulturelle Erbe der Vergangenheit, das durch die Oktoberrevolution in den Besitz des sowjetischen Volkes übergegangen war, über einen Aneignungsprozess in einer neuen, weiterentwickelten sozialistischen Kultur aufgehen. Politisch versuchten die bolschewistischen Machthaber so nicht zuletzt auf die willkürlichen Zerstörungen der Revolutionszeit zu reagieren. Auf der praktischen Ebene aber bestand weder in der Frühphase bolschewistischer Herrschaft noch im Stalinismus ein ausreichender Grundkonsens darüber, was als Architekturdenkmal eingestuft und als solches geschützt werden sollte. Lahmte das sowjetische Denkmalschutzsystem in den Anfangsjahren vor allem aufgrund des Mangels an Fachkräften und der starken Zentralisierungs- und Musealisierungsbemühungen, erstickte der Erste Fünfjahrplan 1928 alle Denkmalschutzinitiativen im Keim. Die rücksichtslose Indienstnahme des Landes und seiner Menschen für einen ökonomischen Umbruch im Eiltempo und der gewaltsame Umgestaltungswille stalinistischer Städteplanung fegten einen großen Teil der denkmalgeschützten Infrastruktur hinweg. Gleichzeitig kann nicht jede Zweckentfremdung oder jeder Abriss von beispielsweise russischen Sakralbauten der 1920er und 1930er Jahre ausschließlich als Ausweis für die atheistische Kirchenpolitik der Bol'ševiki gewertet werden. Trotz ideologisch motivierter Abrisse spielten zum Teil auch damals utilitaristische Kriterien eine Rolle für den Erhalt oder den Abriss eines Gebäudes. Zudem veränderte sich damals wie heute das wissenschaftliche Verständnis darüber, was als ›alt‹ und schützenswert galt und was nicht. Wurden Sakralbauten des ausgehenden 19. Jahrhunderts aus Sicht der Denkmalschützerinnen und Denkmalschützer der späten Sowjetunion als künstlerisch wertvolle und damit erhaltenswerte Architekturdenkmäler kategorisiert, waren sie von ihren Vorgängern in den 1920er Jahren noch als »verunstaltend« und nicht erhaltenswert wahrgenommen worden.[150]

Ebenso veränderten sich die Funktionen, die sich mit dem Erhalt von Baudenkmälern, ihrer Zweckentfremdung oder mit dem deren Abriss verbanden.[151] Unter dem Eindruck des Zweiten Weltkriegs nutzte die stalinistische Führung die Bedeutung der militärischen Geschichte Russlands und die Funktion des kulturellen Erbes, um die sowjetische Bevölkerung in sich zu einen und sie enger an den sowjetischen Staat und seine Politik zu binden. Historische Baudenkmäler entwickelten sich im Kontext des sowjetischen Patriotismus zu materiellen

---

150 Ein bekanntes Beispiel ist die Erlöserkapelle am Nevskij-Prospekt, einem 1860/1861 im neorussischen Stil errichteten Bauwerk, das im Jahre 1929 auf Vorstoß der Alten Petersburger Gesellschaft (Leningrader Gesellschaft) abgetragen wurde. Siehe: DAVYDOV: Das »fremde« Erbe, S. 24, Fn. 105.

151 PAVLOVA: Sostojanie ochrany pamjatnikov architektury i organizacii restavracionnych rabot v 1940-e–1960-e gg., S. 272.

Elementen der Nationalkultur, die es gegen den nationalsozialistischen und ›kulturlosen‹ Aggressor zu verteidigen galt. Diese Umdeutung von Denkmälern durch die sowjetische Kriegspropaganda hatte bedeutende Auswirkungen auf die großangelegten Wiederaufbauanstrengungen der sowjetischen Führung, die sich ebenfalls in das patriotische Narrativ der stalinistischen Führung einreihten. Und schließlich konnten im Kontext des Nationalbolschewismus erste wichtige Standardisierungen und methodische Grundlagen für den Umgang mit schützenswerter Architektur gelegt werden.

2. Die Neuformierung und Emanzipation der russischen *intelligencija* zwischen Entstalinisierung und kulturellem ›Tauwetter‹

Der Tod Stalins hinterließ im Politbüro nicht nur ein politisches Vakuum. Vielmehr markiert er bis heute eine Zäsur in der Geschichte der Sowjetunion.[152] Stalin hatte den politischen Kurs der Partei geprägt und das Land durch eine fortwährende Mobilisierung in einen Erschöpfungszustand geführt. Es stand außer Frage, dass es nach seinem Tod einen Kurswechsel geben musste. Unter Nikita Chruščëv begann eine umfassende Reformperiode, die das Land auf wirtschaftlicher, sozialer und kultureller Ebene zutiefst erfasste. In vielen Bereichen rückte Chruščëv kaum von unter Stalin gesetzten politischen Maximen ab, wie beispielsweise bei der Kollektivierung der Landwirtschaft oder der Kommandowirtschaft. Auch der Utopie des Lebens in einer kommunistischen Gesellschaft war Chruščëv ebenso wie Stalin weiterhin verfangen.[153] Der bedeutende Unterschied zu Stalin bestand in der innenpolitischen Abkehr vom systematischen staatlichen Terror. Aus diesem Grund ist die Entstalinisierung als historische Signatur aufs Engste mit der Chruščëv-Ära verknüpft. Die eingeleiteten Reformen sowohl unmittelbar nach dem Tod Stalins im Jahr 1953 als auch nach der ›Geheimrede‹ Chruščëvs auf dem XX. Parteitag der Kommunistischen Partei der Sowjetunion (KPdSU) im Jahre 1956 befreiten das Land vom Terror, der unter Stalin zur Ultima Ratio aller politischen Entscheidungen geworden war. Die massenhafte Lagerauflösung und Amnestie zahlreicher politischer Gefangener waren ebenso ein Resultat dieser politischen Richtungsänderung wie eine relative ›Liberalisierung‹ des

---

152 STEFAN MERL: Kapitel III: Entstalinisierung, Reformen und Wettlauf der Systeme 1953–1964. In: Handbuch der Geschichte Russlands. Band 5 1945–1991, hrsg. von STEFAN PLAGGENBORG, Stuttgart 2002, S. 175–318, hier S. 175.
153 NEUTATZ: Träume und Alpträume, S. 375.

öffentlichen Lebens.¹⁵⁴ So eröffnete die gelockerte Innenpolitik kleine Freiräume, die Privatheit und Individualität in Grenzen möglich machten und etablierte Hierarchien zur Disposition stellten.¹⁵⁵ Dieses zeitweilige Aufbrechen von Kommunikationsräumen, in denen zuvor tabuisierte Themen nun debattiert werden konnten, ist in erster Linie in Bezug auf die sowjetische Literatur bereits relativ gut erforscht worden.¹⁵⁶

In der ›Tauwetterperiode‹ eröffnete die sowjetische Printpresse der *intelligencija* verstärkt die Möglichkeit, sich an Diskussionen über politische und kulturelle Themen zu beteiligen. Auch wenn das durch die Geheimrede Chruščëvs auf den Prüfstand gestellte Verhältnis zu Stalin unter den russischen Intellektuellen zu Konfrontationen führte und die Pressezensur nie aufgehoben wurde,¹⁵⁷ konnten andere und politisch zunächst als abseitig eingestufte Themen, darunter der Denkmalschutz und mit ihm verbundene Fragestellungen, relativ offen diskutiert werden. Wissenschaftlerinnen und Wissenschaftler betonen, dass sich die intellektuelle Elite unter Chruščëv zum offensten und engagiertesten Element der sowjetischen Gesellschaft entwickelt habe, indem ihre Repräsentantinnen und Repräsentanten kritische Positionen artikuliert hätten und in offiziell finanzierten Publikationen ihre Überlegungen hätten veröffentlichen können.¹⁵⁸ Die frühen Jahre nach Stalins Tod hätten einen Kommunikationsraum eröffnet, in dem Intellektuelle sowohl privat als auch bei öffentlichen Treffen Ideen hätten diskutieren und Informationen austauschen können.¹⁵⁹ Darüber hinaus haben neuere

---

154 Marc Elie spricht allein für das Jahr 1953 für die Schließung von 40 Prozent der 3.274 Lagereinheiten. Im Jahr 1960 waren in allen sowjetischen Hafteinrichtungen nur noch knapp 583.000 Gefangene inhaftiert, im Vergleich zu etwa 10 Millionen Gefangenen im Jahr 1953. Siehe MARC ELIE: Khrushchev's Gulag: The Soviet Penitentiary System after Stalin's Death, 1953–1964. In: DENIS KOZLOV/ELEONORY GILBURD (Hrsg.): The Thaw. Soviet Society and Culture during the 1950s and 1960s, Toronto 2013, S. 109–142, hier S. 112, 125.
155 NANCY CONDEE: Cultural Codes of the Thaw. In: WILLIAM TAUBMAN (Hrsg.): Nikita Khrushchev, New Haven/London 2000, S. 160–176, hier S. 176.
156 Siehe dazu beispielsweise den Sammelband zur Literaturkritik in der sowjetischen Epoche: EVGENY DOBRENKO/GALIN TIHANOV (Hrsg.): Literary Theory and Criticism. The Soviet Age and Beyond, Pittsburgh 2011; sowie ebenso die 2013 erschienene Studie zur Rolle der sowjetischen Zeitschrift *Novyj Mir* für die Literaturkritik der Chruščëv-Ära: DENIS KOZLOV: The Readers of Novyi Mir. Coming to Terms with the Stalinist Past, Cambridge Mass./London 2013.
157 MARIA ZEZINA: De-Stalinisation and Socialist Realism. The Union of Soviet Writers in the Period of the Thaw, in: THOMAS BOHN U. A. (Hrsg.): De-Stalinisation reconsidered. Persistence and Change in the Soviet Union, Frankfurt/New York 2014, S. 193–207, hier S. 206.
158 BRUDNY: Reinventing Russia, S. 31.
159 MICHAEL URBAN: The rebirth of politics in Russia. Cambridge 1997, S. 35.

Forschungen darauf verwiesen, dass der sowjetischen *intelligencija* eine nicht zu unterschätzende Rolle in den Diskussionen über die Modernisierung des Landes zugekommen sei, auch aufgrund der Tatsache, dass ihnen diese Funktion von der sowjetischen Führung zugeschrieben worden sei. So konnten Laurent Coumel für die Chruščëv-Ära und Mark Sandle für die Zeit unter Brežnev nachweisen, dass die steigende Komplexität der sowjetischen Wirtschaft und der Industrie die sowjetische Regierung zu einer stärkeren Einbindung der Akademie der Wissenschaften und damit der *intelligencija* gezwungen habe.[160] Die daraus resultierenden Freiräume wichtiger wissenschaftlicher und technischer Institute und die Öffnung des politisch-ideologischen Feldes für außerhalb der Parteinomenklatura stehende ›Beraterinnen und Berater‹ hätten dazu geführt, dass Wissenschaftlerinnen und Wissenschaftler sowie Fachkräfte aktiv an der Modernisierung des Landes mitgewirkt hätten.[161]

Diese Phase der Neuformierung und Emanzipation der sowjetischen *intelligencija* war für das verstärkte Nachdenken über den Schutz von Geschichts- und Kulturdenkmälern und das Heranreifen von Expertinnen und Experten für den Denkmalschutz und in der Denkmalpflege eine zentrale Voraussetzung. Auch wenn die Diskussionen über den sowjetischen Denkmalschutz und die Denkmalpflege erst in der zweiten Hälfte der 1960er Jahre ihren Höhepunkt erreichten, liegen ihre Wurzeln in der Chruščëv-Ära. Die Phase zwischen dem Ende der 1950er Jahre bis zur Absetzung Chruščëvs 1964 ist daher nicht zu Unrecht als Zeit charakterisiert worden, in der es zu einer »emergence of politics by culture« gekommen sei, da neben historischen und politischen Essays gerade die Literaturkritik und literarische Gattungen wie Dichtung und Prosa einen hochpolitischen Charakter aufgewiesen hätten.[162] Doch anders als in der Literaturkritik überdauerte die neue Diskussionskultur in Bezug auf den russischen Denkmalschutz und die Denkmalpflege das Ende der ›Tauwetterperiode‹.

Die Herausbildung einer emanzipierten und reformorientierten *intelligencija* unter Chruščëv kann als soziale Triebfeder für die Ausbildung einer poststalinistischen Denkmalsdefinition und die Entwicklung der russischen Denkmalschutzbewegung gesehen werden. Wie sah also das Handlungs- und Wirkungsfeld der

---

160 Laurent Coumel: The Scientist, the Pedagogue and the Party Official. Interest Groups, Public Opinion and Decision-Making in 1958 educational Reform, in: Melanie Ilic/Jeremy Smith (Hrsg.): Khrushev in the Kremlin: State and Society, London 2009, S. 66–85, hier S. 81; Mark Sandle: A Triumph of Ideological Hairdressing? Intellectual Life in the Brezhnev Era Reconsidered, in: Edwin Bacon/Mark Sandle (Hrsg.): Brezhnev Reconsidered. Basingstoke/New York 2002, S. 135–164, hier S. 137.
161 Sandle: A Triumph of Ideological Hairdressing? S. 82.
162 Brudny: Reinventing Russia, S. 30 f.

kulturellen *intelligencija* in der poststalinistischen Sowjetunion aus, und welchen Einfluss machten die sowjetischen Intellektuellen auf die kulturelle Wiederbelebung der vorsowjetischen Vergangenheit und ihrer baulichen Hinterlassenschaften in den 1960er Jahren geltend? Zur Beantwortung dieser Fragen wirft dieses Kapitel zunächst einen kurzen Blick auf die soziale Gruppe der sowjetischen Intelligenz und skizziert ihre gesellschaftliche Funktion in der poststalinistischen Sowjetunion. In einem zweiten Schritt soll dargestellt werden, welche Rahmenbedingungen die Entstalinisierung und das kulturelle ›Tauwetter‹ der Chruščëv-Periode für das wissenschaftliche Leben in der Sowjetunion setzten. Im Mittelpunkt steht dabei der ›Historic Turn‹, den die sowjetischen Geistes- und Kulturwissenschaften im Laufe der 1960er Jahre durchliefen. Über Publikationen und wissenschaftliche Diskussionen hatte dieser Umschwung hin zur wissenschaftlichen Beschäftigung mit der vorsowjetischen Vergangenheit einen Einfluss auf die sowjetische Bevölkerung der Zeit und damit für den Denkmalschutz. Mit Blick auf die in den 1950er Jahren wiederbelebte russische Heimatkunde *(kraevedenie)* wird über die klassischen Wissenschaftszweige hinaus schließlich der gesellschaftliche Resonanzboden für den ›Historic Turn‹ auf regionaler Ebene ausgeleuchtet.

2.1 Die sowjetische *intelligencija* als soziale Gruppe und Analysekategorie

Die Untersuchung der heterogenen und zugleich homogenen Akteursgruppe *intelligencija*, deren alleinige Existenz als gesellschaftliche Klasse der marxistisch-leninistischen Vorstellung von einer klassenlosen Gesellschaft widersprach, wirft Schwierigkeiten auf.[163] In der sowjetischen Soziologie wurde die *intelligencija* als soziale Makrogruppe definiert, »deren Vertreterinnen und Vertreter vorwiegend ›nicht-körperliche Arbeit‹ leisteten«.[164] Im Gegensatz zur Intelligenz in bürgerlichen Gesellschaften definierten die sowjetischen Soziologen die *intelligencija* als ›Volksintelligencija‹ *(narodnaja intelligencija)*, deren ›Werktätigkeit‹ auf dem »gesellschaftlichen Eigentum an Produktionsmitteln« beruhe und die laut

---

163 In sowjetischen soziologischen Forschungen der 1970er Jahre wurde die *intelligencija* nicht als Klasse im marxistisch-leninistischen Sinne definiert, sondern als »Element der Sozialstruktur«, da die Stellung der sowjetischen *intelligencija* in der gesellschaftlichen Arbeitsteilung »nicht auf einem besonderen Verhältnis ihrer Vertreter zu den ›Produktionsmitteln‹ beruhte«. Siehe RAFAEL MROWCZYNSKI: Im Netz der Hierarchien. Russlands sozialistische und postsozialistische Mittelschichten, Wiesbaden 2010, S. 89.

164 Ebd., S. 87.

sowjetischer Verfassung von 1977 als eines der drei ›grundlegenden Elemente der Sozial- und Klassenstruktur‹ neben der ›Arbeiterklasse‹ und der ›Kolchosbauernschaft‹ galt.[165]

Terminologisch handelt es sich bei dem Begriff *intelligencija* um eine idealisierte Selbstdarstellung der russischen Bildungsschicht.[166] Dietrich Beyrau hat treffend darauf hingewiesen, wie schwierig es sei, ein »Ensemble ausgeprägter Individualisten, die beanspruchen Vordenker zu sein und den Zeitgeist zu prägen [...] als Schicht mit kollektiven Merkmalen zu beschreiben«.[167] Karl Mannheim hat die Intelligenz im Deutschland der Weimarer Republik gleichsam als homogene sowie als heterogene soziale Gruppe beschrieben. Ihre Homogenität machte er an ihrem gemeinsamen Bildungsniveau und damit an ihrer Möglichkeit fest, untereinander zu kommunizieren. Ihre Heterogenität wiederum liege in der Tatsache begründet, dass sie als Gruppe nicht auf eine Perspektive reduziert werden könne, sondern vielmehr verschiedene Perspektiven inkorporiere.[168] Vladimir Shlapentokh hat in seiner Studie zur sowjetischen *intelligencija* unter Chruščëv dagegen deutlich gemacht, dass und wie Intellektuelle gerade in Gesellschaften mit einer starken, unkontrollierbaren politischen Macht dazu tendieren, geschlossene Gruppen zu bilden.[169] Ähnliche Unterschiede scheinen auch in der Frage nach der gesellschaftlichen und sozialen Rolle bzw. nach dem Engagement der Intelligenz in pluralistischen und totalitären Gesellschaften eine Rolle zu spielen. Karl Mannheim verneint die Funktion von Intellektuellen als »spirituelle Führer« bzw. als »Verkünder von politischem Wandel«.[170] In seinem Verständnis könnten Intellektuelle zwar Partei ergreifen, doch seien ihre Beiträge nicht mit spezifischen Einzelinteressen oder sozialen Klassen verknüpft, was die Intelligenz zu einer Art »freischwebenden« Gruppe mache.[171] Damit widerspricht Mannheims Definition der marxistisch-leninistischen Vorstellung, die in der akademischen Elite neben dem Proletariat die »privilegierte Mitte« der

---

165 Ebd., S. 88.
166 RITTERSPORN/BEHRENDS/ROLF: Öffentliche Räume und Öffentlichkeit in Gesellschaften sowjetischen Typs. Ein erster Blick aus komparativer Perspektive. In: DIES. (Hrsg.): Sphären von Öffentlichkeit in Gesellschaften sowjetischen Typs, S. 7–35, hier S. 8.
167 BEYRAU, DIETRICH: Russische Intelligenzija und Revolution. In: *Historische Zeitschrift* 252 (Juni 1991) 3, S. 559–586, hier S. 559.
168 COLIN LOADER: Free Floating. The Intelligentsia in the Work of Alfred Weber and Karl Mannheim, in: *German Studies Review*, 20 (Mai 1997) 2, S. 217–234, hier S. 226f.
169 VLADIMIR SHLAPENTOKH: Soviet Intellectuals and Political Power. The Post-Stalin Era, London/New York 1990, S. 3.
170 LOADER: Free Floating, S. 227 ff.
171 MARTIN CARRIER/JOHANNES ROGGENHOFER (Hrsg.): Wandel oder Niedergang. Die Rolle der Intellektuellen in der Wissensgesellschaft, Bielefeld 2007, S. 23.

Gesellschaft sah und ihr im Sinne der ›Volksintelligencija‹ eine enge Verbindung mit der Arbeiterklasse attestierte.[172]

Aufgrund der politischen Verfasstheit der Sowjetunion wurden die Anhänger der *intelligencija* in der Forschung hauptsächlich anhand ihrer politischen Einstellung und dabei im Hinblick auf ihre das politische System destabilisierenden Funktionen untersucht. Um das komplexe Verhältnis der *intelligencija* zum Staat sichtbar zu machen, haben Historikerinnen und Historiker daher versucht, die *intelligencija* in pragmatisch handhabbare Untergruppen zu unterteilen. Diese Einteilung soll dabei helfen, neben der verkürzenden Unterscheidung zwischen Dissidenten und loyalen Intellektuellen wichtige Graustufen innerhalb der sozialen Gruppe kenntlich zu machen. Die gängige Klassifizierung orientiert sich dabei in erster Linie an der politischen Tätigkeit und der Stellung der *intelligencija* zum sowjetischen System.[173] Boris Meissner hat hingegen eine Einteilung der sowjetischen Intelligenz anhand ihres Tätigkeitsprofils vorgeschlagen. Er unterteilte die Mitglieder der sowjetischen *intelligencija* in eine technisch-ökonomische und wissenschaftlich-kulturelle Gruppe.[174]

Insgesamt hat sich die Sowjetunionforschung viele Jahre hauptsächlich auf die Untersuchung der so genannten liberalen Opposition, der Dissidenz und der Menschenrechtlerinnen und Menschenrechtler konzentriert, denen in der Perestroika eine wichtige Rolle in den Reformbestrebungen der Sowjetunion zukam. Andere oppositionelle Gruppierungen, wie beispielsweise die oppositionelle Linke, spielten und spielen hingegen nur eine untergeordnete Rolle.[175] Untersuchungen zu »loyalen Opportunisten« (Mark Sandle), also zu der dem Staat nahestehenden *intelligencija,* haben bislang ebenfalls nur wenig Beachtung

---

172 Siehe LOADER: Free Floating, S. 228; MROWCZYNSKI: Im Netz der Hierarchien, S. 88.
173 Churchward unterscheidet beispielsweise in Dissidenten und die »verlorene intelligencija«, also Mitgliedern, die keine Parteimitglieder waren und nur im Stillen die Positionen der Dissidenten teilten, Loyalisten und Parteimitgliedern, die an die Lenin'sche Doktrin glaubten, und in Karrieristen, siehe LLOYD GORDON CHURCHWARD: The Soviet intelligentsia: an essay on the social structure and roles of Soviet intellectuals during the 1960s. London 1973. Shlapentokh versucht die Gruppen anhand ihres politischen Handelns und des Grads ihrer oppositionellen oder konformistischen Tätigkeit zu messen. Er differenziert zwischen der offenen Opposition, der legalen Opposition, der privaten Kritik, der Gleichgültigkeit, der offenen Unterstützung des Regimes und der beständigen Loyalität, siehe SHLAPENTOKH: Soviet Intellectuals and Political Power.
174 Siehe BORIS MEISSNER: Sowjetgesellschaft am Scheideweg. Beiträge zur Sozialstruktur der Sowjetunion, Köln 1985, S. 196 f.
175 Siehe dazu EVGENIY KASAKOW: Dissens und Untergrund. Das Wiederaufkommen der linken oppositionellen Gruppen in der späten Brežnev-Zeit. In: BELGE/DEUERLEIN (Hrsg.): Goldenes Zeitalter der Stagnation? S. 75–95.

gefunden. Dabei rechnet Mark Sandle eben dieser größten Gruppe innerhalb der *intelligencija* eine wichtige Rolle für die Entstehung der gesellschaftlichen Rahmenbedingungen zu, in deren Kontext die Reformen der Perestroika zu verstehen sind.[176]

Für die Entstehung der Denkmalschutzbewegung in der Russischen Sowjetrepublik ist hauptsächlich die in dieser Arbeit als nationales Spektrum der russischen *intelligencija* bezeichnete Gruppe von Bedeutung, wie sie von Yitzhak Brudny in Bezug auf den russischen Nationalismus in der Brežnev-Ära untersucht und klassifiziert worden ist. Blickt man auf die sowjetische Literatur der 1950er Jahre, so hatten weder ›liberale‹ noch ›konservative‹ Werte zunächst in klarer Ausprägung vorgelegen, womit diese Zeit als eine Phase des Übergangs für die sich später herausbildenden politischen Flügel gelten kann.[177] Erst ab Mitte der 1960er Jahre sei es laut Brudny zu einer ideologischen Zweiteilung der intellektuellen Elite des Landes in einen liberal-reformerischen und einen stalinistisch-konservativen Flügel gekommen. Ihre Ideen und politischen Sichtweisen veröffentlichten die Anhänger der unterschiedlichen politischen Flügel der *intelligencija* in den so genannten ›dicken‹ Zeitschriften *(tol'stye žurnaly)* des Landes und bildeten damit die Friktion innerhalb der *intelligencija* ab, die sich ebenso innerhalb der politischen Elite der Zeit wiederfand.[178] In seiner Studie zum Patriotismus in der poststalinistischen Ukrainischen Sozialistischen Sowjetrepublik widerspricht Zbigniew Wojnowski der Unterteilung der *intelligencija* in einen ›liberalen‹ und einen ›konservativen‹ Flügel insofern, als dass er allen intellektuellen Kräften ein hohes patriotisches Engagement für Reformen innerhalb des sowjetischen Systems zuerkennt. Wojnowski unterteilt die ukrainische *intelligencija* der 1950er und 1960er Jahre daher in reformerische und konservative Patrioten, deren politische Unterstützung er anders als Brudny vor allem an außenpolitischen Ereignissen festmacht.[179] Für den hier zu behandelnden Kontext und die Frage, welche Rolle russische Intellektuelle in den Debatten zum Denkmalschutz und in der aufkommenden Denkmalschutzbewegung spielten, ist Brudnys Analyse zum sozialen Profil des nationalen Spektrums der *intelligencija* der Chruščëv- und Brežnev-Ära aufschlussreich. Die überwiegende Mehrheit der Mitglieder wurde

---

176 SANDLE: A Triumph of Ideological Hairdressing? S. 135–164.
177 POLLY JONES: The Personal and the Political: Opposition to the Thaw and the Politics of Literary Identity in the 1950s and 1960s. In: KOZLOV/GILBURD (Hrsg.): The Thaw, S. 231–265, hier S. 234.
178 BRUDNY: Reinventing Russia, S. 31 f.
179 ZBIGNIEW WOJNOWSKI: De-Stalinization and Soviet Patriotism. Ukrainian Reactions to Eastern European Unrest in 1956, in: *Kritika, Explorations in Russian and Eurasian History* 13 (2012) 4, S. 799–829.

zwischen 1920 und 1938 auf dem russischen Land geboren.[180] Somit brachte die Chruščëv-Ära in der russischen *intelligencija* einen Generationenwechsel mit sich. Große Teile der intellektuellen Elite setzten sich nunmehr aus Personen zusammen, deren persönliche und politische Sozialisation durch ihre ländliche Herkunft, den Krieg und die Entstalinisierung des Landes geprägt waren. Stellt man die Frage nach dem möglichen Einfluss der sowjetischen *intelligencija* auf politische und gesellschaftliche Prozesse in der poststalinistischen Sowjetunion, scheint wiederum Sandles Feststellung wichtig zu sein, dass der Kommunikationsraum und das Aktionsfeld der Intellektuellen sehr beweglich gewesen seien. Ebenso fließend entwickelten und veränderten sich nach 1956 auch die Grenzen zwischen den intellektuellen Gruppierungen.[181]

Eine klare Unterscheidung der Gruppierungen innerhalb der *intelligencija* scheint ebenso schwer wie eine eindeutige Einordnung der Akteure in politische Lager. Obgleich also der hier gewählte Kollektivbegriff *intelligencija* eine terminologische Verallgemeinerung in sich birgt, soll dieser Schwierigkeit insofern begegnet werden, als dass in den folgenden Kapiteln – soweit möglich – explizit auf Themenfelder und einzelne Akteure eingegangen und deren Argumentation nachvollzogen wird. Da sich die Wortführer des intellektuellen Diskurses zu Themen des Denkmalschutzes mehrheitlich im nationalen Spektrum der russischen *intelligencija* wiederfanden und hauptsächlich der kulturellen und wissenschaftlich-technischen Intelligenz zuzurechnen sind, orientiert sich die Arbeit grundsätzlich an den von Yitzhak Brudny und Boris Meissner vorgeschlagenen Klassifizierungen.

2.2 Die gesellschaftliche Retrospektive und ihre Ausprägungen in Wissenschaft und Kultur

Wie einflussreich intellektuelle Diskurse auf Stimmungen und Trends innerhalb der sowjetischen Gesellschaft waren, ist im Gegensatz zu ihrer Wirkmacht und ihrem Einfluss auf die sowjetische Politik deutlich schwerer einschätzbar. Folgt man Vladimir Shlapentokh, war die *intelligencija* in den 1960er Jahren die wichtigste Quelle für Reformideen und die einzige politische Kraft, die das Regime zur Modernisierung des Landes zwang. Shlapentokh zufolge entwickelte sie sich zum Sprachrohr der Gesellschaft und zur Avantgarde auf der Suche nach einem neuen moralischen Grundgerüst.[182] Lloyd Gordon Churchward wiederum hat

---

180 BRUDNY: Reinventing Russia, S. 34.
181 SANDLE: A Triumph of Ideological Hairdressing? S. 140.
182 SHLAPENTOKH: Soviet Intellectuals and Political Power, S. 281.

bereits 1973 in eine ähnliche Richtung argumentiert, als er den Stellenwert intellektueller Einrichtungen, wie von Lern- und Forschungsinstituten, bei der Entstehung und Gestaltung von ökonomischen, wissenschaftlichen und kulturellen Debatten in den 1960er Jahren unterstrich.[183] Impulse und Diskussionen zur Modernisierung des Landes entstanden oftmals in diesen Milieus. Setzt man das bereits diskutierte Selbstbild russischer Intellektueller der poststalinistischen Sowjetunion von *obščestvennost'*, also einer reformorientierten gesellschaftlichen Avantgarde zu diesen Befunden in Bezug, kann angenommen werden, dass die von der russischen intellektuellen Elite initiierten Debatten an konkrete Sorgen und Bedürfnisse der sowjetischen Gesellschaft geknüpft waren. Darüber hinaus zeichneten sich die von der *intelligencija* vertretenen Initiativen, Meinungen und Werte oftmals durch einen generellen Charakter aus und waren damit leicht auf die russische Gesellschaft zu übertragen.[184] Vor dem Hintergrund einer restriktiven und unfreien Gesellschaftsordnung ähnelte die Funktion der russischen *intelligencija* daher einem gesellschaftspolitischen Mandat, das sich mit Aufrufen an den sowjetischen Staat und konkrete Handlungsaufforderungen Wahrnehmung verschaffte.

Die Periode des so genannten Tauwetters, deren historische Signatur durch einen gleichnamigen Kurzroman von Il'ja Ėrenburg geprägt wurde,[185] hatte starke Auswirkungen auf das kulturelle und wissenschaftliche Leben in der Sowjetunion. Insbesondere die späten 1950er Jahre sind in diesem Zusammenhang als die »Hoch-Zeit der sowjetischen Wissenschaft« bezeichnet worden.[186] Noch unter Stalin hatte die sowjetische Wissenschaft weitestgehend isoliert von der Wissenschaft jenseits des ›Eisernen Vorhangs‹ agiert. Die sowjetische Führung hatte damit den sowjetischen Forscherinnen und Forschern jegliche Möglichkeit verwehrt, wissenschaftlich zu kommunizieren. Die politische Führung der ›Tauwetterperiode‹ erlaubte nun einen geregelten Austausch über eingeschränkte Forschungsinhalte.[187] Diese Auseinandersetzung ermöglichte es der sowjetischen Forschungselite, ihr wissenschaftliches Profil zu erweitern und zu schärfen. Durch das Lacy-Zarubin-Abkommen 1958 zwischen der Sowjetunion und den USA

---

183 CHURCHWARD: The Soviet intelligentsia, S. 116 f.
184 In dieser Hinsicht ähnelte die russische *intelligencija* dem Typus des »intellektuellen Engagements«, einer Kategorie von Intellektuellen, die sich laut Martin Carrier im Laufe des 20. Jahrhundert entwickelten. Siehe: CARRIER/ROGGENHOFER (Hrsg.): Wandel oder Niedergang, S. 22.
185 IL'JA ĖRENBURG: Ottepel'. Povest', in: *Snamja* 5 (1954), S. 14–87.
186 MANFRED HILDERMEIER: Geschichte der Sowjetunion 1917–1991. Entstehung und Niedergang des ersten sozialistischen Staates, München 1998, S. 809.
187 SHLAPENTOKH: Soviet Intellectuals and Political Power, S. 106.

konnten sich in den Natur- und Wirtschaftswissenschaften wichtige internationale Scientific Communitys entwickeln.[188]

Doch nicht alle wissenschaftlichen Disziplinen profitierten gleichermaßen vom ›Wissenschaftsboom‹ der 1960er Jahre. Zusammengenommen kam es in den 1960er Jahren zum Ausbau der sowjetischen Wissenschaftszweige, auch wenn sie nur dort Weltniveau erreichten, wo sie von militärischem oder politischem Nutzen waren. Anknüpfend an Forschungen, die bereits im Stalinismus geleistet worden waren, bedeutete das zunächst eine Präferenz der naturwissenschaftlichen Forschung. Während Forschungsdisziplinen wie die Kernphysik, die Molekularbiologie oder auch die Biochemie neu geschaffen wurden, gerieten nicht unmittelbar ›nützliche‹ Fächer wie experimentelle Physik und Chemie im Vergleich zu internationalen Forschungen aus dem Tritt.[189]

Gestärkt durch die neuen Möglichkeiten forderten sowjetische Forscherinnen und Forscher unter Chruščëv nun selbstbewusster eine eingeschränktere Einflussnahme auf die Wissenschaft durch die Politik. Während es in den Naturwissenschaften zu einer Lockerung des starren Korsetts marxistisch-leninistischer Doktrin kam und die Wissenschaftlerinnen und Wissenschaftler in vielen Bereichen relativ frei von staatlicher Einmischung agierten,[190] blieb der politische und ideologische Zugriff auf die Geistes-, Sozial- und Kulturwissenschaften sehr streng. Diese Fachbereiche waren ungleich stärker mit den ideologischen Vorgaben des Staates und damit mit seiner Legitimation verbunden, was eine grundsätzliche Abkehr von den geltenden politischen und ideologischen Normen unmöglich machte.[191] Und dennoch begründete die Chruščëv-Ära auch in diesen Forschungsdisziplinen einen Wandel. Neben der vorsichtigen Etablierung der empirischen Sozialwissenschaften wurde beispielsweise der sowjetischen Philosophie der Spielraum zugestanden, sich nun auch mit Fragen zur Logik oder zur Naturphilosophie auseinanderzusetzen.[192] Ebenso wie in der Literaturpolitik unterlagen die Geisteswissenschaften deutlichen Schwankungen in Bezug auf den staatlichen Umgang mit und dem politischen Zugriff auf

---

188 Siehe beispielsweise für die Wirtschaftswissenschaften JOHANNA BOCKMAN/MICHAEL A. BERNSTEIN: Scientific Community in a Divided World: Economists, Planning, and Research Priority during the Cold War. In: *Comparative Studies in Society and History* 50 (2008) 3, S. 581–613; YALE RICHMOND: Cultural Exchange and the Cold War. Raising the Iron Curtain, Pennsylvania 2003, S. 15.
189 HILDERMEIER: Geschichte der Sowjetunion 1917–1991, S. 810 ff.
190 Dies betraf alle Naturwissenschaften mit Ausnahme der Genetik, siehe SHLAPENTOKH: Soviet Intellectuals and Political Power, S. 106.
191 BEYRAU: Intelligenz und Dissenz, S. 216.
192 SHLAPENTOKH: Soviet Intellectuals and Political Power, S. 106.

diese Disziplinen.¹⁹³ Grundsätzlich lässt sich sowohl für die Chruščëv- als auch für die Brežnev-Ära eine durchgehende starke politische Kontrolle der Geistes- und Kulturwissenschaften festmachen. Doch trotz politischer und ideologischer Vorgaben kehrten in der Chruščëv-Ära ›neue‹ bzw. ›alte‹ Themenbereiche in die Forschung zurück oder konnten nunmehr freier diskutiert werden. In diesem Zusammenhang öffneten sich die Geschichts- und Kunstwissenschaft einer intensiven Auseinandersetzung mit der vorsowjetischen Vergangenheit, was sich durch den politischen Kurs der frühen Brežnev-Ära noch weiter verstärkte.

1969, auf dem Höhepunkt der gesellschaftlichen Retrospektive, hatte das Interesse an der altrussischen Vergangenheit sowohl den Kultursektor im Allgemeinen als auch den Wissenschaftssektor vollständig erfasst. Dieser Blick in die Vergangenheit und die Orientierung am kulturellen Erbe wurden in der Chruščëv-Ära in besonderer Weise durch die sowjetischen Geistes- und Kulturwissenschaften konturiert. Im Laufe der späten 1950er und frühen 1960er Jahre kam es zu substanziellen Forschungen auf dem Gebiet der zarischen Vergangenheit. Disziplinen wie die Geschichts- und Literaturwissenschaft öffneten sich wieder Themen und Personen, die in der stalinistischen Sowjetunion nicht zum wissenschaftlichen Kanon an den Universitäten und Forschungseinrichtungen gehört hatten. Ab der Mitte der 1950er Jahre erlebte die altrussische Literatur einen neuen Aufschwung. Unter Stalin war es zwar vereinzelt zu institutionellen Gründungen im Bereich der altrussischen Literaturwissenschaft gekommen,¹⁹⁴ doch die strikte marxistisch-leninistische Doktrin verhinderte eine umfassende wissenschaftliche Beschäftigung mit dem Untersuchungsgegenstand.¹⁹⁵ Die zugrunde liegende Maxime des Sozialistischen Realismus, welche die Literatur als Abbild der ›Realität‹ verstanden wissen wollte, wurde erst unter Chruščëv zeitweise gelockert. Ab Mitte der 1950er Jahre begann man, die literarischen Erzeugnisse vergangener Jahrhunderte als Ausdruck der Kunst zu bewerten und sie erstmals wieder anhand ihrer literarischen und ästhetischen Formen zu analysieren. Im April 1979 bemerkte die amerikanische Literaturwissenschaftlerin Olga Hughes in ihrer Rezension zu neuen Publikationen zur altrussischen Literaturgeschichte, »dass es keinen Zweifel daran gebe, dass sowjetische Wissenschaftler die altrussische Literatur seit geraumer

---

193 Viele Historikerinnen und Historiker haben sich bereits mit einer ausführlichen Analyse der Literaturpolitik in der Chruščëv-Ära befasst. Siehe dazu stellvertretend und überblicksartig: HILDERMEIER: Geschichte der Sowjetunion 1917–1991, S. 817–825.
194 So kam es 1934 beispielsweise im Institut für Russische Literatur im berühmten Puschkinhaus in Leningrad zur Gründung der Abteilung für Altrussische Literatur, dessen Leiter 1954 der Literaturwissenschaftler Dmitrij Lichačëv wurde.
195 RUDOLF NEUHAUSER: Changing attitudes in Soviet-Russian Studies of Kievan and Old Russian Literature. In: *Canadian Slavonic Papers* 8 (1966), S. 182–197, hier S. 182.

Zeit als Kunstgattung analysieren könnten und sich nicht länger für ihr Interesse an der Kultur des alten Russlands zu rechtfertigen hätten«.[196] Zahlreiche wissenschaftliche Abhandlungen und Bibliografien zu altrussischen literarischen Werken konnten in den 1960er und 1970er Jahren veröffentlicht werden und neben einer Neuentdeckung von vorsowjetischen und westlichen Schriftstellern kam es darüber hinaus zu einer Wiederbelebung des Interesses an religiöser Literatur.[197]

In der Geschichtswissenschaft, die in besonderer Weise von der »ideologischen Bevormundung« der Partei betroffen war,[198] wurden neben der hauptsächlichen Rückbesinnung auf die Geschichte der frühen Sowjetunion vermehrt Arbeiten zum 16. und 17. Jahrhundert veröffentlicht. Die Geschichte der Alten Rus' und in diesem Zusammenhang die Rolle der orthodoxen Kirche in der russischen Geschichte wurden, wenn auch in stark ideologisch geprägten Analysen, erstmals wieder zum Forschungsgegenstand gemacht.[199] Fragen nach den Parallelen und Unterschieden zwischen der russischen und der westeuropäischen historischen Entwicklung wurden in diesem Zusammenhang ebenso diskutiert wie eine zeitliche Neuverortung der Epoche des Feudalismus in der russischen Geschichte.[200]

In der bildenden Kunst konnte der Sozialistische Realismus in den Jahren 1956 und 1961/1962, den Höhepunkten der ›Tauwetterperiode‹, etwas freier interpretiert werden als noch zuvor. Die künstlerische Abgrenzung zur Epoche des Stalinismus manifestierte sich in der Revitalisierung moderner Stilelemente, die in den 1930er Jahren noch als ›formalistisch‹ verdammt worden waren.[201] Parallel zur offiziellen Kunstszene, die zwischen liberalen Phasen und starker politischer

---

196 OLGA HUGHES: The Rediscovery of Old Russian Literature. In: *Russian Review* 38 (April 1979), S. 215–222, hier S. 217.
197 NEUHAUSER: Changing attitudes in Soviet-Russian Studies, S. 184. – Neben der aus Stalin-Zeiten stammenden grundlegenden Studie zur altrussischen Literatur von N. Gudzij, die auch in westeuropäische Sprachen übersetzt wurde (N. K. GUDZIJ: Istorija drevnej russkoj literatury. Učebnik dlja vysšich učebnich zavedenij, Moskva ³1945), stammen wichtige Veröffentlichungen aus der Zeit vor allem von DMITRIJ LICHAČËV (u. a.: Čelovek v literature Drevnej Rusi, Moskva 1958; Poetika drevnerusskoj literatury, Leningrad 1967; Kul'tura Rusi. Epochy obrazovanija russkogo nacional'nogo gosudarstva, konec XIV – načalo XVI vv., Leningrad 1967.)
198 BEYRAU: Intelligenz und Dissenz, S. 213.
199 BIRD: New Interest in Old Russian Things, S. 24.
200 Manfred Hildermeier verweist in diesem Zusammenhang auf diese erst in späteren Jahren veröffentlichten Diskussionen unter sowjetischen Historikern, deren Protagonisten in den 1970er Jahren von Brežnev systematisch von ihren Posten enthoben wurden. Siehe HILDERMEIER: Geschichte der Sowjetunion 1917–1991, S. 816.
201 SUSAN E. REID: Masters of the Earth: Gender and Destalinisation in the Soviet Reformist Painting of the Khrushchev Thaw. In: *Gender & History* 11 (Juli 1999) 2, S. 276–312, hier S. 277.

Eindämmung gefangen war, entwickelte sich gegen Ende der 1950er Jahre ein Milieu aus inoffiziellen Künstlerinnen und Künstlern, das bis zum Ende der Sowjetunion Bestand hatte.[202] Als Schlüsselereignis für das Ende einer von Liberalisierungstendenzen gekennzeichneten Periode galt die so genannte Manege-Ausstellung in Moskau 1962. Während seiner Besichtigung kritisierte Nikita Chruščëv einige abstrakte Gemälde des Moskauer Künstlerverbandes heftig und drängte den sowjetischen Künstlerverband in alter stalinistischer Manier zur Rückkehr zur *pravdivost'* (Wirklichkeitstreue), einem zentralen Prinzip des Sozialistischen Realismus.[203] Nach dem Wechsel im Politbüro 1964 etablierte sich der Sozialistische Realismus erneut zum unerschütterlichen künstlerischen Dogma. Gleichwohl vertieften sich die Unterschiede zwischen der offiziellen und inoffiziellen Kunstszene ab der zweiten Hälfte der 1960er Jahre erheblich. Anzeichen des kulturellen Umbruchs, der schließlich während der Perestroika sichtbar wurde, waren unter der Oberfläche bereits ab dem Ende der 1970er Jahren virulent.[204]

Die Darstellung altrussischer Architekturdenkmäler in ihrer folkloristischen, religiösen bzw. künstlerischen Motivik entsprach den zentralen Prinzipien des Sozialistischen Realismus nach Wirklichkeitstreue *(pravdivost')*, Parteilichkeit *(partijnost')* und Volksnähe *(narodnost')*. Neben der umjubelten Wiederentdeckung der Ikonenmalerei Andrej Rublëvs[205] widmeten sich zeitgenössische sowjetische Künstlerinnen und Künstler in der Brežnev-Ära verstärkt den materiellen Manifestationen der vorsowjetischen Vergangenheit. Zahlreiche Ausstellungen in der Russischen Sowjetrepublik zeigten Kunstwerke zeitgenössischer oder neu entdeckter ›alter‹ Künstlerinnen und Künstler. Ausstellungen mit den Titeln *Die Zierde der alten Baukunst* und *In den alten Städten der Rus'* 1965 und 1966 begeisterten in Moskau zahlreiche Besucherinnen und Besucher.[206] Die Ausstellung *Kultur und*

---

202 Siehe dazu BORIS GROYS: The Other Gaze. Russian Unofficial Art's View of the Soviet World, in: ALES ERJAVEC/BORIS GROYS (Hrsg.): Postmodernism and the Postsocialist Condition. Politicized Art Under Late Socialism, Berkeley 2003, S. 56–89.
203 Kunst in der Manege. In: *Spiegel,* 19.12.1962, S. 81–83.
204 ADA RAEV: Parallelwelten. Offizielle und inoffizielle Kunst in der Brežnev-Ära, in: BELGE/DEUERLEIN (Hrsg.): Goldenes Zeitalter der Stagnation? S. 55–74, hier S. 74.
205 Hierzu sind vor allem die Veröffentlichungen von Natal'ja Alekseeva Demina zu nennen. Siehe dazu beispielsweise T. IVANOVA/N. DEMINA: Andrej Rublëv. Al'bum, 1966; N. A. DEMINA: Andrej Rublëv i chudožniki ego kruga. Moskva 1972. – Das Andronikov-Kloster in Moskau, in dem Andrej Rublëv gelebt hatte und auch gestorben sein soll, wurde bereits 1947 zu einem historisch-architektonischen *zapovednik* und Museum ausgebaut und restauriert, das seinem Leben und Wirken gewidmet war. Siehe dazu: L. PETROV: Istoriko-architekturnyj zapovednik imeni Andreja Rublëva. In: *Architektura SSSR* 9 (1960), S. 47–51.
206 In den alten Städten der Rus'. In: *Literaturnaja Gazeta,* 10.08.1965, S. 2; Die Zierde der alten Baukunst. In: *Literaturnaja Gazeta,* 12.07.1966, S. 3.

Kunst der alten Rus' in der Manege in Moskau erregte 1969 nach offiziellen Zeitungsberichten große Aufmerksamkeit bei sowjetischen und ausländischen Bürgerinnen und Bürger und wurde von mehr als 50.000 Gästen besucht.[207] In den russischen Regionen zogen ähnliche Ausstellungen das Interesse der lokalen Bevölkerung auf sich. 1957 wurden beispielsweise auf Kiži, einer Halbinsel im Onegasee in Karelien, die aufgrund ihres einzigartigen Holzkirchenensembles bereits Ende der 1940er Jahre von Architekten ›wiederentdeckt‹ worden war, erste Anstrengungen für eine Ausstellung zur altrussischen Malerei unternommen.[208] Die Ausstellung *Der sowjetische Norden* lockte 1969 tausende Bürgerinnen und Bürger in die Ausstellungsräume nach Petrozavodsk. Die Kunstwerke alter und zeitgenössischer Künstlerinnen und Künstler der Region, die regionale Baudenkmäler, natürliche und folkloristische Motive thematisierten, wurden als regionale Manifestationen des sowjetischen Patriotismus gefeiert.[209] Das Interesse der Bevölkerung an der in erster Linie altrussischen Vergangenheit manifestiere sich dabei zuallererst an Denkmälern, bevor sich der Blick der Malerei und Literatur zuwenden werde, bemerkte ein Rezensent der Ausstellung *Kunst und Kultur der alten Rus'* von 1969 in Moskau.[210] Im Laufe der 1960er Jahre entwickelten sich die architektonischen Relikte des russischen Imperiums von vernachlässigten Bauruinen zu integralen Bestandteilen der visuellen und materiellen Lebenswelt der sowjetischen Bevölkerung und damit zu ungemein beliebten künstlerischen Motiven. Der ästhetische und künstlerische Wert russischer Architekturdenkmäler stand dabei fortwährend in einem starken Kontrast zum Pragmatismus sowjetischer Architektur und einer von Standardisierungen gekennzeichneten sowjetischen Lebensweise.

2.3 Die Wiederbelebung des *kraevedenie*

Entscheidende Bedeutung für die Einwurzelung der kulturellen und wissenschaftlichen Retrospektive auf lokaler Ebene und damit unter der Bevölkerung hatte die Wiederbelebung der *kraevedenie*-Bewegung in den 1950er Jahren. Der Begriff *kraevedenie,* der erst zu Beginn des 20. Jahrhunderts in den russischen

---

207 Die Tourismusindustrie. In: *Literaturnaja Gazeta,* 09.07.1969, S. 3.
208 Brief des Leiters der Verwaltung für Architektur des Ministeriums für Kommunalwirtschaft der Karelisch-Finnischen Sowjetischen Sozialistischen Republik Solomonov an den Direktor des Staatlichen Russischen Museums in Leningrad vom 7. September 1957. In: Dokumenty i materialy po istorii Kižskogo architekturnogo ansamlja (1946–1979), Petrozavodsk 2014, S. 52.
209 Sovetskij Sever. In: *Severnyj Komsomolec,* 19.12.1969, S. 2.
210 Zhivaja drevnjaja Rus'. In: *Literaturnaja Gazeta,* 30.07.1969, S. 8.

Sprachgebrauch überging, wurde als einer von drei Termini zur Übersetzung des deutschen Ausdrucks *Heimatkunde* eingeführt. In seiner späteren russischen Auslegung ist der Begriff als Synthese aus verschiedenen Fachrichtungen verstanden worden.[211] Folgt man einem zeitgenössischen russischen Wörterbuch, wird unter dem Begriff des *kraevedenie* das »Studium einzelner Gegenden des Landes bezogen auf ihre geografischen, kulturell-historischen, ökonomischen und ethnographischen Besonderheiten« verstanden.[212] Ebenso wie die Heimatkunde fußt auch die russische Manifestation des *kraevedenie* auf der Basis des lokalen Aktivismus durch Akademikerinnen und Akademikern und vorwiegend männlichen Laienwissenschaftlern, den so genannten *kraevedy*. Diese »multidisziplinäre Form der Lokalstudie« hatte in Russland, wenn auch zunächst nicht unter dieser Bezeichnung, eine lange Tradition.[213] Erste topografische Beschreibungen von Städten, wie beispielsweise von St. Petersburg, erschienen bereits im 18. Jahrhundert. Das *kraevedenie* des 19. Jahrhunderts konzentrierte sich dagegen stärker auf die Kunst und die Architektur der Vergangenheit.[214] Nach der Oktoberrevolution erlebte die russische Heimatkunde einen erneuten Aufschwung und erhielt mit dem Zentralen Büro des *kraevedenie* (Central'noe bjuro kraevedenija – CBK) unter dem Volkskommissariat für Aufklärung ein eigenes Organ. Dieses engagierte sich in den Jahren des Bürgerkrieges für die Koordination des Einsatzes lokaler Freiwilliger, um wertvolle Dokumente und Artefakte vor der Zerstörung zu schützen.[215] Mit staatlicher Unterstützung wuchs das Netz an *kraevedenie*-Organisationen zwischen 1917 und dem Ende der 1920er Jahre stark an. Parallel dazu entwickelten sich zahlreiche lokale Museen, die in der Tradition des *kraevedenie* Ausstellungen zur Geschichte einzelner Städte und Regionen zusammenstellten. 1917 existierten im Russischen Zarenreich etwa 155 heimatkundliche Organisationen und 94 so genannte *kraevedčeskie muzei* (Heimatkundemuseen). Bis 1930 war das Netz heimatkundlicher Institutionen bereits auf 2.334 Organisationen und 409 Museen angewachsen.[216] Artikel von Heimatschützern über ihre Sammlungsarbeit oder

---

211 EMILY D. JOHNSON: How St. Petersburg learned to study itself. The Russian Idea of Kraevedenie, University Park 2006, S. 3 f.
212 S. I. OŽEGOV/N. JU. ŠVEDOVA: Tolkovyj slovar' Ožegova 1949–1992. Abgerufen unter URL: http://dic.academic.ru/dic.nsf/ogegova/91218, letzter Zugriff: 05.05.2023.
213 VICTORIA DONOVAN: »How Well Do You Know Your Krai?« The Kraevedenie Revival and Patriotic Politics in Late Khrushchev-Era Russia, in: *Slavic Review* 74 (Herbst 2015) 3, S. 464–483, hier S. 464.
214 JOHNSON: How St. Petersburg learned to study itself, S. 20.
215 DONOVAN: »How Well Do You Know Your Krai?«, S. 471.
216 A. M. RAZGON: Puti Sovetskogo Kraevedenija. In: *Istorija SSSR* 4 (Juli–August 1967), S. 190–201, hier S. 193.

die Weiterentwicklung von Ideen und Konzepten des *kraevedenie* wurden ab 1923 in eigenen Zeitschriften wie der *Kraevedenie* oder dem Bulletin *Izvestija Kraevedenija* diskutiert.[217] Aufgrund ihres stark lokalen Zuschnitts und ihrer Funktion als Aktionsfeld der regionalen *intelligencija* geriet die russische Spielart der Heimatkunde im Stalinismus schnell ins politische Abseits. Im Zuge der forcierten Zentralisierung und der damit verbundenen hegemonialen Stellung Moskaus wurde von politischer Seite gegenüber dem *kraevedenie* der pauschale Vorwurf laut, einen Nährboden für regionalen Separatismus zu schaffen.[218] Sowohl die Führungspersonen als auch viele Mitglieder lokaler Organisationen und Anhänger des *kraevedenie* waren im Zuge der Säuberungen unter Akademikerinnen und Akademikern zwischen 1929 und 1931 und anschließend in den Jahren des ›Großen Terrors‹ Repressionen ausgesetzt oder verloren ihr Leben. 1938 wurden schließlich alle Organisationen des *kraevedenie* sowohl auf zentraler als auch auf lokaler Ebene per Regierungsbeschluss geschlossen.[219] Erst nach dem Zweiten Weltkrieg und unter den Rahmenbedingungen eines von der stalinistischen Führung initiierten »Nationalbolschewismus«[220] kam es zu einer vorsichtigen Wiederbelebung des *kraevedenie* in den Regionen. Eine Umfrage des Institutes für *kraevedenie* von 1949 verdeutlichte, dass heimatkundliche Forschungen auf regionaler Ebene in erster Linie von Museen durchgeführt wurden. Dennoch hatten sich in der Zeit zwischen 1946 und 1949 lediglich fünf heimatkundliche Gruppen neu gegründet.[221]

Wie auch andere Wissenschaftszweige profitierte die russische Form der Heimatkunde von der Entstalinisierung und dem Aufbrechen starrer ideologischer Zwänge erheblich. Historische Fakultäten regionaler Universitäten integrierten 1956 Übungen zum *kraevedenie* wieder in ihren Lehrplan,[222] und Artikel in Fachzeitschriften über die goldene Ära des *kraevedenie* erinnerten die Leser an die verloren geglaubte Wissenschaft.[223] Die neue politische Marschrichtung, die durch den XX. Parteitag der KPdSU 1956 sowie den XXII. Parteitag 1961 von der Staatsführung vorgegeben wurde, unterstützte das wiederholte Anwachsen der *kraevedenie*-Bewegung. Neben der Gründung des Ministeriums für Kultur und der damit verbundenen Aufwertung kultureller und musealer Fragestellungen galt

---

217 Ebd.
218 DONOVAN: »How Well Do You Know Your Krai?«, S. 471 f.
219 RAZGON: Puti Sovetskogo Kraevedenija, S. 196.
220 BRANDENBERGER: National Bolshevism.
221 RAZGON: Puti Sovetskogo Kraevedenija, S. 197.
222 N. V. ALEKSEENKO: Studenty izučajut osnovy kraevedenija. In: *Istorija SSSR* 4 (Juli–August 1966), S. 227–228, hier S. 227.
223 JOHNSON: How St. Petersburg learned to study itself, S. 177.

das *kraevedenie* zunehmend als Ausweis der generellen Verbesserung des kulturellen und akademischen Lebens in der Sowjetunion.[224] Nach den Verfolgungen der Stalin-Zeit und einer flächendeckenden Zerstörung institutioneller Strukturen im Kultursektor schienen viele methodische Unterschiede, die eine Zusammenarbeit von Expertinnen und Experten des Denkmalschutzes, der Biologie und der Ethnologie in den 1920er Jahren oftmals erschwert hatten, nun keine große Rolle mehr zu spielen. In der poststalinistischen Sowjetunion agierte die sowjetische Heimatkunde nun mit einem breiten Selbstverständnis und versammelte verschiedenste Formen lokaler Aktivitäten, waren sie ökologischer, ökonomischer, denkmalpflegerischer oder historischer Art, unter ihrem Dach.[225]

Den größten Nutzen der *kraevedenie*-Bewegung sah die sowjetische Regierung in ihrer Breitenwirkung. Schnell erkannten die sowjetischen Offiziellen den hohen »moralischen Output« und das große erzieherische Potenzial, das dem *kraevedenie* zukam.[226] Über die Heimatkunde und damit über den lokalen Umweg erhoffte sich die Chruščëv-Regierung in letzter Instanz die Erziehung des Volkes im Geiste des sowjetischen Patriotismus, der als sozialer und ideologischer Kitt den Aufbau des Kommunismus beschleunigen sollte. In der Ausführung dieses Vorhabens kam den Heimatkundemuseen *(kraevedčeskie muzei)* eine wichtige Rolle zu. Dort sollte das große Fortschrittsnarrativ der Sowjetunion auf die lokale Ebene heruntergebrochen werden, indem die Ausstellungen die Entwicklungsgeschichte der Regionen in der Sowjetzeit portraitierten. Die Arbeit gemäß heimatkundlicher Methoden sollte die oftmals sperrigen und unverständlich wirkenden ideologischen Dogmen durch konkrete lokale Beispiele veranschaulichen. So unterstrich der Beschluss des Ministeriums für Aufklärung der RSFSR vom Mai 1961 *Über die Verstärkung der Arbeit des kraevedenie in Schulen und die Veröffentlichung von Materialien des kraevedenie für Schüler* die erzieherische Bedeutung der russischen Form der Heimatkunde für den Schulunterricht. »Die Nutzung von Materialien des *kraevedenie* für den Geographie-, Biologie-, Geschichts-, Literaturunterricht sowie den Unterricht anderer Fächer wird es Schülern möglich machen, sich das Wissen bewusster anzueignen und Beweise über die Strukturen, die sie lernen, in ihrer Umwelt wiederzufinden.«[227] Ethnografische Exkursionen zu Kolchosen und Sovchosen, archäologische Expeditionen sowie gemeinsame Lesungen zur sowjetischen Geschichte der Region

---

224 DONOVAN: »How Well Do You Know Your Krai?«, S. 472.
225 JOHNSON: How St. Petersburg learned to study itself, S. 177.
226 DMITRIJ S. LICHAČËV: Kraevedenie kak nauka i dejatel'nost'. In: D. S. LICHAČËV: Vospominanija, Razdum'ja, Raboty raznych let v III tomach. Tom vtoroj, Sankt Peterburg 2006, S. 327–338, hier S. 328.
227 DONOVAN: »How Well Do You Know Your Krai?«, S. 475.

gehörten bald zum Standardrepertoire des Lehrplans an Schulen und pädagogischen Hochschulen, die dieses Programm in enger Zusammenarbeit mit den heimatkundlichen Museen und Kreisen organisierten.[228]

Im Gegensatz zu anderen staatlichen Vorgaben wurde das *kraevedenie* in den Regionen erneut enthusiastisch implementiert.[229] Obgleich die Heimatkunde auch in der poststalinistischen Sowjetunion in erster Linie ein Betätigungsfeld der lokalen *intelligencija* blieb, engagierten sich vermehrt Schülerinnen und Schüler an der Erforschung ihrer Region. Im Jahr 1958 konnte das kleine und provisorisch ausgestattete Heimatkundemuseum in Archangel'sk 85.000 Besucherinnen und Besucher vermelden. Über 600 Führungen und Exkursionen durch die Stadt oder in angrenzende Gebiete wurden durch die Mitarbeiterinnen und Mitarbeiter des Museums realisiert; weitere 96 Lesungen und öffentliche Veranstaltungen zu verschiedenen Themen der Heimatkunde versammelten interessierte Bürgerinnen und Bürger in kulturellen und wissenschaftlichen Einrichtungen der Stadt.[230]

Mit dem Beginn der 1960er Jahre rückte das architektonische Erbe der Städte und Regionen stärker ins Tätigkeitsfeld der *kraevedy*. Das losgetretene Interesse an der Lokalgeschichte und das sich entwickelnde historische Bewusstsein für die Zeit vor der Oktoberrevolution unter breiten Bevölkerungsteilen machten eine Beschränkung auf die im Vergleich sehr kurze Epoche der sowjetischen Herrschaft schwierig. Um eine patriotische und damit emotionale Bindung an ihre Heimatregionen – und im Umkehrschluss an den Sowjetstaat – zu erreichen, richteten die *kraevedy* ihren Blick zunehmend auch auf die zeitlich weiter entfernten Epochen ihrer Region. Für die lokale *intelligencija* bedeutete die Beschäftigung mit dem vorsowjetischen Erbe, den Wurzeln des russischen Volkes, der russischen Nation nachzuspüren und manchmal sogar Antworten auf Fragen zu erhalten, die ihnen das sowjetische Narrativ schuldig blieb. Doch durch die Beschäftigung mit dem kulturellen Erbe Russlands traten zugleich oftmals die Widersprüche und Diskontinuitäten in der sowjetischen Meistererzählung zu Tage. Besonders in Bezug auf die staatliche Propaganda und Nutzung historischer Denkmäler der sowjetischen Periode, in deren Schatten künstlerisch wertvolle Architekturdenkmäler verfielen oder mutwillig zerstört wurden, fiel die Ambivalenz der sowjetischen Kulturpolitik den *kraevedy* zunehmend ins Auge. Ende der 1950er Jahre gehörten Führungen an sowjetischen Erinnerungsorten zur Revolution

---

228 ALEKSEENKO: Studenty izučajut osnovy kraevedenija, S. 227 f.
229 DONOVAN: »How Well Do You Know Your Krai?«, S. 482.
230 Arbeitsbericht des Heimatkundemuseums in Archangel'sk aus dem Jahr 1958. GARF, f. 10010, op. 5, d. 112, ll. 1–28, hier l. 18.

oder zum Bürgerkrieg zum Standardrepertoire jedes Museums. In den 1960er Jahren erweiterten die Museen ihr Repertoire um Exkursionen und Führungen zu Architekturdenkmälern früherer Epochen. Parallel dazu entwickelte sich die Herstellung und Publikation heimatkundlicher Materialien in Form von Reiseführern und kurzen historischen Abhandlungen. Diese lieferten den *kraevedy* die notwendigen Anleitungen für eine ideologisch vertretbare Erforschung von Baudenkmälern und der Geschichte ihrer Region.

Die Wiederbelebung des *kraevedenie* in den 1950er Jahren führte zu einer gesteigerten Auseinandersetzung der russischen Bevölkerung mit ihrer Geschichte und dem historischen Erbe ihrer Region. Über ihr Engagement in der *kraevedenie*-Bewegung und die Erforschung von Geschichts- und Kulturdenkmälern entwickelten sich lokale Heimatschützerinnen und Heimatschützer, die so genannten *kraevedy*, zu den frühen Denkmalschützerinnen und Denkmalschützern der Russischen Sowjetrepublik.

3. Die Entwicklung des sowjetischen Denkmalbegriffes und die ideologische Einwurzelung des ›fremden‹ Erbes

Trotz der ideologischen Neuausrichtung, die in großen Teilen auf der Rückbesinnung auf das marxistisch-leninistische Fundament fußte, hatten die Verurteilung des Stalin-Kults und die außenpolitischen Ereignisse des Jahres 1956 eine gesellschaftliche Verunsicherung hinterlassen. Laut Alexei Yurchak verlor die Sowjetunion mit Stalin ihren ideologischen Metadiskurs, der die Regeln und Grenzen des intellektuellen, wissenschaftlichen, politischen und ästhetischen Diskurses gesetzt hatte.[231] Die Eindeutigkeit der ideologischen Marschrichtung, an der sich die Bürgerinnen und Bürger der Sowjetunion zu orientieren hatte, wich der Suche nach neuen ideologischen Anknüpfungspunkten. Die außenpolitischen Ereignisse des Jahres 1956 in Ungarn und Polen unterstützten diesen Trend zusätzlich. Die mangelnde Informationspolitik und die unzureichende politische Stellungnahme des sowjetischen Führungszirkels zu den Ereignissen im sozialistischen Ausland veranlassten die kulturelle *intelligencija* dazu, ihr Recht auf Informationen und auf Partizipation einzufordern.[232] Auch in Bezug auf die Innenpolitik, sowohl in der Wirtschaft als auch im Kultursektor, mehrten sich die Forderungen der intellektuellen Elite nach einer Mitgestaltung des politischen Diskurses.

---

231 YURCHAK: Everythig Was Forever, S. 44, 47.
232 WOJNOWSKI: De-Stalinization and Soviet Patriotism, S. 805, 827.

Wie bereits dargelegt, richtete sich der Blick großer Teile der Intelligenz im Laufe der 1960er Jahre in die russische Vergangenheit. In diesem Zusammenhang bekam die Frage, wer den Wert alter Kulturgüter bewerten dürfe, neuen Auftrieb. In der Stalin-Zeit war es ausschließlich die Partei gewesen, die beispielsweise in Bezug auf die Literatur unter Zuhilfenahme ›loyaler Expertinnen und Experten‹ der Kulturszene einen Kanon aus vorrevolutionären und frühen sowjetischen Klassikern vorschrieb, die der neuen sowjetischen Gesellschaft dienlich sein sollten.[233] Eine starke kulturelle Rückbesinnung auf die Vergangenheit passte nicht zum politischen Aufbruchsmythos der Stalin-Zeit, den Boris Groys für die sowjetische Kunstszene folgendermaßen auf den Punkt gebracht hat:

> The Soviet state understood itself as an avant-garde of mankind on its way into the communist future. Accordingly, the power of Soviet censorship was exerted not in the name of the past, but rather in the name of the future. The Soviet population had to be constantly on the move, constantly mobilized, inspired, and oriented toward utopian ideals. It had no right to stop, to relax, to look toward the past. In this sense, official Soviet art was also utopian, avant-garde art, because its main task was to visualize the communist future in order to inspire the Soviet people on the road to utopia.[234]

Diese noch fern erscheinende kommunistische Zukunft wurde durch Chruščëvs Ankündigung vom beschleunigten Aufbau des Kommunismus 1958 ein Stück näher an die Gegenwart geholt und damit erfahrbarer gemacht, bevor Brežnev den Kommunismus in die Gegenwart verlegte. Laut Nancy Condee folgten Chruščëvs Modernisierungsanstrengungen einer politischen Maxime, in der das ›Alte‹ dem ›Neuen‹ zu weichen hatte und Diskussionen entlang dieser Argumentationspole ein deutliches Merkmal der ›Tauwetterperiode‹ darstellten. Visuell sei diese Vorgabe vor allem an den architektonischen Großprojekten der Zeit abzulesen, wie etwa dem Kongresspalast am Kreml' oder dem *Rossija*-Hotel, die nach ihrem Bau im starken Kontrast zu der sie umgebenen Kirchenarchitektur standen.[235]

Die Reformen Nikita Chruščëvs und die ideologische Marschrichtung der Partei provozierten also nicht nur eine Auseinandersetzung mit der stalinistischen Vergangenheit, sondern zugleich auch eine konzentrierte Diskussion über das historisch-kulturelle Erbe des Landes, das durch die Modernisierungsanstrengungen in Gefahr geriet und zum Diskussionsobjekt avancierte. Die im

---

233 BITTNER: The Many Lives of Khrushchev's Thaw, S. 143.
234 GROYS: The Other Gaze, S. 58.
235 CONDEE: Cultural Codes of the Thaw, S. 167.

Stalinismus unterdrückte und in Zeiten des ›permanenten Ausnahmezustands‹ zunächst zweitrangige Frage, wie mit Geschichts- und Kulturdenkmälern des zarischen Russlands umzugehen sei, entwickelte sich durch die *intelligencija* zu einem zentralen Gradmesser sowjetischer Kulturpolitik. Der Rückgriff auf Lenin und die Wiederbelebung seiner Interpretation des Kulturerbebegriffes gaben der *intelligencija* das notwendige ideologische Rüstzeug an die Hand, um sich zur wichtigsten Interpretin der Vergangenheit zu emanzipieren.

3.1 Der Kulturerbebegriff der 1950er und 1960er Jahre

In den 1960er Jahren sollten sich der Denkmalbegriff und das Verständnis vom ›kulturellen Erbe‹ des Landes aufgrund verschiedener Faktoren verändern. Obgleich sich die Bol'ševiki bereits direkt nach der Oktoberrevolution mit dem kulturellen und architektonischen Nachlass der zarischen Vergangenheit auseinandersetzten, hatte der Kulturerbebegriff des Marxismus-Leninismus – wie bereits diskutiert worden ist – zunächst eine andere Konnotation als in der Zeit nach dem Zweiten Weltkrieg. Lenin verstand das kulturelle Erbe des Landes in erster Linie im engeren Wortsinne, das heißt als materielle und damit teilbare, kulturelle, künstlerische und ästhetische Hinterlassenschaft an das gesamte sowjetische Volk, auf dessen Grundlage es galt, eine neue, proletarische Kultur zu erschaffen. In den frühen sowjetischen Dokumenten taucht daher der Begriff *Erbe* unter dem russischen Terminus *nasledstvo* auf. Im zeitgenössischen Kontext kann *nasledstvo* vorrangig als Erbschaft übersetzt werden, ging es den Bol'ševiki doch um die Verstaatlichung des kulturellen Nachlasses, also um die Überführung von Privatbesitz in den Besitz des gesamten sowjetischen Volkes.[236] Erst nach dem Zweiten Weltkrieg ist zu beobachten, wie sich die enge Wortbedeutung des Begriffes ›Erbe‹ als finanzielle bzw. materielle Erbschaft erweiterte und sich langsam auf den Terminus *nasledie* verlagerte. Dem Begriff *nasledie* bzw. dem Wortpaar *kul'turnoe nasledie* wohnt neben der direkten Wortbedeutung von ›kulturellem Erbe‹ bzw. ›Kulturerbe‹ ein viel stärkerer Imperativ inne als *nasledstvo*. Semantisch beinhaltet der Begriff *kul'turnoe nasledie* die Pflicht zum Schutz des kulturellen Erbes und deren Weitergabe an

---

236 So heißt es in einem ersten Aufruf der Bol'ševiki an das sowjetische Volk vom März 1917: »Bürger, die alten Besitzer sind gegangen und hinterließen ein gewaltiges Erbe. Nun gehört dieses Erbe dem ganzen Volk.« *(Graždanie, starie chosjaeva ušli, posle nich ostalos' ogromnoe nasledstvo. Teper' ono prinadležit vsemu narodu).* Siehe: IVANOV: Sleduja zavetam Lenina, hier S. 15.

die kommende Generation.²³⁷ Weitergedacht impliziert der Erbebegriff eine Aufgabe oder Chance, die sich der gegenwärtigen Gesellschaft durch die Übernahme oder Aneignung immaterieller oder materieller Artefakte aus der Vergangenheit bietet.²³⁸ Das erste Mal wurde dieser Begriffswandel im Beschluss des Ministerrates über den Schutz von Architekturdenkmälern vom 22. Mai 1947 deutlich. Darin betonte der Ministerrat, dass die Architekturdenkmäler als »historisch-künstlerisches Erbe der Nationalkultur« zu betrachten seien *(Sčitat' neprikosnovennym istoriko-chudožestvennym nasediem nacional'noj kul'tury)*.²³⁹ Im deutschsprachigen Raum wurde der Begriff des ›kulturellen Erbes‹ in seiner Bedeutung für nachkommende Generationen das erste Mal in der *Haager Konvention (Konvention zum Schutz von Kulturgut bei bewaffneten Konflikten)* von 1954 unterstrichen. Dessen Genese wird als Anlehnung an den englischen und französischen Begriff *(cultural heritage* bzw. *patrimoine culturel)* verstanden.²⁴⁰ Nicht nur terminologisch war die Entwicklung des russischsprachigen Begriffes eng an den europäischen Diskurs gebunden, der im Zusammenhang mit den gewaltigen Zerstörungen des Zweiten Weltkrieges und der darauffolgenden Gründung der UNESCO (United Nations Educational, Scientific and Cultural Organization) stand. Die Öffnung der Sowjetunion gegenüber dem ›Westen‹ durch den Regierungsantritt Nikita Chruščëvs manifestierte sich langsam in einer Verwissenschaftlichung des Denkmalbegriffes und in der

---

237 Nasledstvo, Nasledie (heritage). In: *Politika. Tolkovyj slovar'*, Moskva 2001. Abgerufen unter URL: http://dic.academic.ru/dic.nsf/politology/3888/, letzetr Zugriff: am 04.05.2023.
238 HANS-RUDOLF MEINER/MARION STEINER: Einführung in das Tagungsthema. In: DIES. U. A. (Hrsg.): Denkmal – Erbe – Heritage: Begriffshorizonte am Beispiel der Industriekultur, Holzminden 2018, S. 16–35, hier S. 19.
239 So heißt es im ersten Absatz des Beschlusses: »Werke der altrussischen Baukunst, so wie Kreml, Festungen, alte Bauwerke, Klöster, Paläste, architektonische Hofensembles, gartenähnliche bzw. parkähnliche Grünanlagen, einzelne Gebäude bürgerlicher oder kultureller Bedeutung, sowie die mit ihnen zusammenhängende dekorative Ausstattung (monumentale Malereien, Skulpturen, Möbel) sollen als unverletzbares historisch-künstlerisches Erbe der nationalen Kultur und als Gut der Republiken aufgefasst werden, unter deren staatlichem Schutz sie stehen.« [»Sčitat' neprikosnovennym istoriko-chudožestvennym nasediem nacional'noj kul'tury i dostojaniem respubliki, podležaščim gosudarstvennoj ochrane, proizvedenija drevnerusskogo zodčestva: kremli, kreposti, drevnie sooruženija, monastyri, dvorcy, architekturnye ansambli usadeb, sodovo-parkovye nasaždenija i otdel'nye zdanija graždanskogo i kul'tovogo naznačenija, a takže svjazannye s nimi dekorativnye ubranstva (monumental'naja živopis', skul'ptura, mebel'«]. Siehe Beschluss des Ministerrates der RSFSR vom 22. Mai 1947: Über den Schutz von Architekturdenkmälern. In: Ochrana pamjatnikov istorii i kul'tury, S. 62.
240 GESA BIERWERTH: Kulturerbe. In: Online-Lexikon zur Kultur und Geschichte der Deutschen im östlichen Europa, 2014. Abgerufen unter URL: https://ome-lexikon.uni-oldenburg.de/begriffe/kulturerbe/, letzter Zugriff: 16.05.2023.

Theorie und Methodik der Denkmalpflege. Insgesamt war es in der Sowjetunion bereits ab den 1920er Jahren zu einer sukzessiven Erweiterung des Denkmalbegriffes gekommen. Trotz »starkem ideologischem Diktat« entwickelte sich in der Nachkriegszeit ein wissenschaftliches Verständnis über den Begriff des Geschichts- und Kulturdenkmals *(pamjatnik istorii i kul'tury)*.[241] Gleichwohl dauerte es bis in die 1960er Jahre, bis in der wissenschaftlichen Publizistik und zunehmend auch in der Tagespresse Fragen zum Schutz von Baudenkmälern und zum staatlichen Umgang mit dem kulturellen Erbe des Landes diskutiert wurden. Analog zu dieser politischen Entwicklung, die schließlich 1965 in der Gründung der russischen Denkmalschutzgesellschaft mündete, stellte sich von Beginn an die Frage nach der ideologischen Vereinbarkeit des kulturellen Erbes der vorsowjetischen Vergangenheit mit dem sowjetischen Modernediskurs. Dem Versuch, der kulturellen Hinterlassenschaft imperialer Zeiten ein sowjetisches ideologisches Fundament zu verleihen, soll dieses Kapitel gewidmet sein. Wie fand die sowjetische Denkmal- und Kulturerbekonzeption über den wissenschaftlichen Diskurs hinaus Einzug in die sowjetische Tagespresse und schließlich in die sowjetische Propaganda? Gelang den Vertreterinnen und Vertretern der *intelligencija* eine Versöhnung zwischen dem materiellen Erbe des Feudalismus und dem sowjetischen Fortschrittsgedanken? Und wenn ja, wie?

3.2 Die »Rehabilitierung des Erbes«

Eine der ersten wissenschaftlichen Veröffentlichungen in der Sowjetunion, die in Fachkreisen ein erhebliches Maß an Aufmerksamkeit bekam, war die Broschüre des Archäologen und Historikers Nikolaj Voronin. In seiner Publikation *Liebt und schützt die Denkmäler der altrussischen Kunst* von 1960, die in einer Auflage von 25.000 Exemplaren veröffentlicht wurde, benennt Voronin explizit die Probleme und Fragen, die sich für viele Bürgerinnen und Bürger der Sowjetunion vor allem im Zusammenhang mit der Denkmalpflege von religiösen Architekturdenkmälern zwangsläufig ergaben. So bemerkte Voronin:

> [...] Warum sollte man eine große Anzahl an alten russischen Kirchen schützen? [...] Sollten sie nicht vom der Erde verschwinden, um diese ›Symbole uralter Vorurteile‹ zu zerstören? Diese fragwürdigen Aussagen kann man in der Literatur und in Reiseführern zu altrussischen

---

[241] M. A. POLJAKOVA: »Kul'turnoe nasledie«: istoričeskaja dinamika ponjatija. In: *Observatorija kul'tury* 1 (2006), S. 60–63. Abgerufen unter URL: http://museolog.rsuh.ru/pdf/256_polyakova_observatoria_kultury_2006_60-64.pdf, letzter Zugriff: 16.06.2023.

Städten lesen, wo über die Kirchenarchitekturdenkmäler häufig abwertend gesprochen wird: Denkmäler der Kirchenarchitektur seien der Aufmerksamkeit unwürdig oder sogar »schädlich«. [...] Über diese Denkmalskategorie der russischen Kultur sollte im Detail gesprochen werden, so dass jeder sowjetische Mensch deren Bedeutung versteht und für den Staat zu einem aktiven Helfer in der großartigen Arbeit ihres Schutzes wird.[242]

Als Antwort auf diese Fragen bot Voronin ein alternatives Konzept zur Bewertung und ideologischen Einordnung der altrussischen Kirchenarchitektur in die sowjetische Gegenwart an. Mithilfe des Vokabulars der Zeit warb Voronin für die ›Rehabilitierung‹ des Kulturerbes, indem er konzeptionell an die unter Lenin gefassten Überlegungen zum Umgang mit dem kulturellen Erbe des Landes anknüpfte.[243] In diesem Zusammenhang unterstrich Voronin in erster Linie den ästhetisch-künstlerischen Charakter der Baudenkmäler und trennte ihn von der religiösen Bedeutung der Kirchenarchitektur. Lege man den religiösen Inhalt dieser Gebäude ab, so eröffne sich an ihnen der ästhetische und künstlerische »Genius des werktätigen Volkes«.[244]

Seine Interpretation vermochte zweierlei: Zum einen orientierte sich seine Sichtweise an den Leitlinien der Politik der Entstalinisierung und des ›Tauwetters‹ und zum anderen brachte sie über die Wiederbelebung und Erweiterung des Lenin'schen Konzeptes zum kulturellen Erbe eine wissenschaftliche Diskussion in Gang, denn obgleich die von Voronin angestrebte ›Objektivierung‹ der Bauwerke als künstlerische Manifestationen der nationalen Kunstgeschichte an die Musealisierungstendenzen der frühen Jahre der sowjetischen Herrschaft erinnerte, ging Voronin in seiner Interpretation noch einen Schritt weiter. Im Zusammenhang mit dem kommunistischen Aufbaumythos der Zeit schloss er seinen Überlegungen Ideen über den Platz und die Rolle an, die das kulturelle Erbe in der kommunistischen Zukunft spielen sollte. In seiner Interpretation war mit dem Begriff des ›kulturellen Erbes‹ im Sinne von *kul'turnoe nasledie*

---

242 N. N. VORONIN: Ljubite i sochranjajte pamjatniki drevnerusskogo iskusstva. Moskva 1960, S. 6. Wie zitiert in: NADEZHDA BELIAKOVA/VERA KLJUEVA: Grassroots initiatives fort he preservation of cultural heritage in the late USSR: a case of student restoration teams. Unveröffentliches Manuskript 2022, S. 7; die Zitation einer ähnlichen Stelle findet sich auch in: A. S. ŠČENKOV: Očerk V: Voprosy nasledija v Sovetskoj kul'tury 1940–1960-ch gg. Kul'turnoe nasledie v žizni obščestva vtorogo poslevoennogo desjatiletija. In: DERS. (Hrsg.): Pamjatniki architektury v Sovetskom Sojuze. Očerki istorii architekturnoj restavracii, Moskva 2004, S. 218–225, hier S. 224.

243 So wird im Kompendium von Ščenkov u. a. von der »Rehabilitierung« des Erbes gesprochen sowie von der Wiederanknüpfung an Traditionen der Musealisierung des kulturellen Erbes aus den ersten Jahren nach der Oktoberrevolution, siehe ebd., S. 225.

244 Ebd.

die gesellschaftliche Verpflichtung des Schutzes von Baudenkmälern verbunden, die als »kultureller Staffelstab« an die folgende Generation weitergegeben werden sollte.[245] Voronin verstand die russischen Kulturdenkmäler also nicht als Eigentum einer Generation, sondern – wie Lenin – als Besitz des gesamten sowjetischen Volkes. Bereits vier Jahre zuvor hatte er in einem offenen Brief an die Redaktion der *Pravda* darauf verwiesen, dass es sich bei Kulturdenkmälern um »wertvolles Nationalgut der Völker« handele, das geschützt und erforscht werden müsse.[246] In einem seiner frühen Briefe, den er am 10. November 1955 direkt an Nikita Chruščëv und Nikolaj Bulganin, den Vorsitzenden des Ministerrates der UdSSR, adressierte, kritisierte er die fehlende Popularisierung von altrussischen Denkmälern durch die wissenschaftliche Publizistik und die Politik und stellte sich damit in die Tradition von der bereits unter Lenin geforderten Propaganda von Denkmälern. In Anlehnung an Lenin und die von ihm geforderte Aufgabe, eine »breite Masse der Bevölkerung mit den Schätzen der Kunst und des Altertums vertraut zu machen«, entwarf Voronin ein kurzes Programm mit weiterführenden Maßnahmen zur Wissensvermittlung zur altrussischen Geschichte. Es sah vor, die sowjetischen Schulbücher im Hinblick auf diese Epoche und die Methoden der Vermittlung zu reformieren.[247] Seiner Meinung nach waren der katastrophale Zustand vieler bedeutender Kulturdenkmäler und die feindliche Haltung gegenüber dem kulturellen Erbe des Landes auf das fehlende historische Wissen der sowjetischen Bevölkerung zurückzuführen.

> Wir machen alles, um aus dieser Angelegenheit, die eine Angelegenheit des gesamten Volkes ist, das Volk heraus zu halten; wir machen nichts dafür, um die von ihren Vorfahren erschaffenen Schätze zu ihrem Gut zu machen ... Wir isolieren unsere Jugend von diesen Schätzen.[248]

Dmitrij Lichačëv knüpfte im Frühjahr 1961 an Voronins Gedanken der Heranführung der Jugend an das kulturelle Erbe des Landes an und betonte in seinem Artikel *Kulturdenkmäler sind Volkseigentum*, der in der Zeitschrift *Istorija SSSR* veröffentlicht wurde, das patriotische Erziehungspotenzial altrussischer Denkmäler. Seinem Aufsatz unterlag ein erweitertes Verständnis vom »materiellen und historisch-kulturellen Erbe« des Landes, unter das nach seiner Lesart neben Baudenkmälern ebenso Kunstdenkmäler wie beispielsweise orthodoxe Ikonen

---

245 DMITRIJ LICHAČËV: Pamjatniki kul'tury – Vsenarodnoe dostojanie. In: *Istorija SSSR* 3 (Mai–Juni 1961), S. 3–12, hier S. 3.
246 NIKOLAJ VORONIN: Ob ochrane pamjatnikov kul'tury. In: *Pravda*, 30. 03. 1956, S. 2.
247 I. V. KOVALËV: Voprosy ochrany pamjatnikov v epistoljarnom nasledii N. N. Voronina. In: *Archeografičeskij ežegodnik* za 1988 god, Moskva 1990, S. 261–267, hier S. 264.
248 Ebd.

oder auch altrussische Handschriften fielen.[249] Außerdem ist Lichačëvs Artikel als Plädoyer für das *kraevedenie* zu werten. Ihm sollte die Vermittlerrolle der Geschichte und der Kultur der altrussischen Vergangenheit an die sowjetischen Jugendlichen zukommen.

> Die Liebe zur Heimat – das ist nicht etwas Abstraktes; es ist die Liebe zur eigenen Stadt, zu seiner Gegend, zu den Denkmälern, die diese Geschichte abbilden. [Es ist] der Stolz auf die Geschichte der Gegend. Und aus diesem Grund muss die Vermittlung von Geschichte in den Schulen konkret werden – anhand von historischen und kulturellen Denkmälern und anhand der revolutionären Geschichte dieser Gegend. Und deswegen bedarf es auch einer Propaganda der örtlichen Kulturdenkmäler.[250]

Illustrierend beschrieb Lichačëv ein lokales Beispiel der Heimatforschung in einer Mittelschule in Tichvin in der Region Leningrad. Durch die Heranziehung dieses Fallbeispiels betonte Lichačëv die zwei Hauptakteursgruppen in der ideologischen Nutzbarmachung des wissenschaftlichen Diskurses. Wie auch bei Voronin war die sowjetische Jugend das Zielobjekt der patriotischen Erziehung und der Mittelschullehrer avancierte als Vertreter der lokalen *intelligencija* zum ausführenden Subjekt der erzieherischen Maßnahme. Dabei sollte der Lehrer nach Auffassung Lichačëvs in seiner Arbeit unter wissenschaftlicher denn unter politischer Einflussnahme stehen. Der Politik wurde dadurch, wie auch im lokalen Fall, lediglich eine unterstützende Rolle zugeschrieben. So griffen in Tichvin der Initiative des Lehrers und seiner Klasse die städtische Abteilung des Ministeriums für Bildung und die städtische Bibliothek unterstützend unter die Arme.[251] Lichačëv machte einmal mehr deutlich, woher der Impuls des *kraevedenie* und damit auch des Denkmalschutzes kam und nach Auffassung von Lichačëv auch kommen sollte, nämlich aus der sowjetischen Gesellschaft. Auch wenn Lichačëv in erster Linie sich selber und damit die kulturelle *intelligencija* als Impulsgeber verstand, war der Gedanke an eine »demokratische« Einbeziehung der Gesellschaft in den Denkmalschutz und die Denkmalpflege ein unter Kulturschaffenden dieser Zeit weitverbreitetes Anliegen.

---

249 LICHAČËV: Pamjatniki kul'tury – Vsenarodnoe dostojanie, S. 7.
250 Ebd., S. 10.
251 So halfen die Abteilung für Bildung, die Touristenstation für Kinder und die lokale Bibliothek dem Lehrer und den Schülerinnen und Schülern, geeignete Stände, Vitrinen und Ausstellungsobjekte für ihre musealen Anstrengungen herzustellen bzw. zu sammeln. Darüber hinaus waren die Organisationen bei offiziellen Verhandlungen zur Einrichtung eines Heimatmuseums beteiligt; ebd., S. 11.

Über ihre Rückbindung an die Lehre Lenins vom kulturellen Erbe des Landes und unter Verwendung des politischen Vokabulars des kulturellen ›Tauwetters‹ suchten sowohl Voronin als auch Lichačëv eine Diskussion unter der Intelligenz des Landes auszulösen und die Regierung zu konkreten politischen Maßnahmen im Denkmalschutz anzuregen. Die sowjetische Führung unter Nikita Chruščëv schien jedoch den wissenschaftlichen Diskurs zum Denkmalschutz größtenteils zu ignorieren. Unter den Rahmenbedingungen einer »gleichgültigen« Politik sowjetischer Offizieller gegenüber altrussischen Kulturdenkmälern, wie es Voronin und Lichačëv in ihren Publikationen freundlich formulierten, konnte das kulturelle Erbe nicht geschützt, geschweige denn zum Gegenstand patriotischer Erziehungsmaßnahmen werden.

3.3 Internationale Ebene

Wie beim Denkmalschutz im Allgemeinen, fielen Ideen zur Heranziehung altrussischer Denkmäler zur patriotischen Erziehung der Jugend erst durch den Herrschaftswechsel 1964 und die Verschiebung des ideologischen Referenzpunktes auf fruchtbaren Boden. Wie bereits erwähnt, avancierten Baudenkmäler im Kontext des sowjetischen Modernediskurses und der einschneidenden Veränderungen im öffentlichen und privaten Leben der Menschen zum Ausdruck des individuellen, historischen und nationalen Charakters einer Stadt, eines Dorfes oder einer ganzen Region. Im Hinblick auf die Internationalisierung wissenschaftlicher Disziplinen, den internationalen Austausch in Bereichen wie der Architektur[252] und den westlichen Einflüssen im Alltag der Sowjetbürgerinnen und Sowjetbürger waren auch die Entwicklung und Erweiterung des wissenschaftlichen Denkmalbegriffes in der Sowjetunion eng an internationale Entwicklungen im Denkmalschutz und in der Denkmalpflege gekoppelt. Laut Anne Kropotkine zeugen vor allem die 1960er Jahre für einen intensiven Austausch der Sowjetunion über den Denkmalschutz

---

252 Gorod blizkogo zavtra. In: *Literaturnaja Gazeta* 13. 05. 1965, S. 2. – In seinem Artikel argumentiert der hauptverantwortliche Architekt der Oktjabr'skij Region in Moskau, Ja. Belopol'skij, dass durch den internationalen Austausch von Wissenschaft und Technik die Grenzen spezifisch nationaler Architektur aufgeweicht würden. Zu internationalen Einflüssen in der sowjetischen Wohnarchitektur und dem Wohndesign siehe CHRISTINE VARGA-HARRIS: Homemaking and the aesthetic and moral perimeters of the soviet home during the Khrushchev era. In: *Journal of Social History* 3 (2008), S. 561–589, besonders S. 565 f. – Zu den konkreten Auslandsreisen und dem wissenschaftlich-technischen Austausch zwischen sowjetischen, skandinavischen und westeuropäischen Architekten siehe MARK B. SMITH: Property of Communists. The Urban Housing Program from Stalin to Khrushchev, Illinois 2010, S. 78, 88 f.

und die Denkmalpflege auf internationaler Ebene.[253] Für Corinne Geering stellt die Zusammenarbeit zwischen sowjetischen und internationalen Politikerinnen und Politikern sowie Expertinnen und Experten in internationalen Institutionen und auf internationalen Plattformen einen Hauptpfeiler des russischen bzw. sowjetischen Systems zum Schutz des Kulturerbes dar. Sie kann nachweisen, dass die Sowjetunion mit Beginn der internationalen Zusammenarbeit in den 1960er Jahren dazu beitrug, dass die sowjetischen Kulturerbestätten im In- und Ausland als Teil des Weltkulturerbes wahrgenommen wurden und die Auswahl der russischen UNESCO-Weltkulturerbestätten in den frühen 1990er Jahren auf Überlegungen in der Brežnev-Ära zurückgehen.[254]

Bereits kurz nach dem Zweiten Weltkrieg beteiligte sich die Sowjetunion an der internationalen Denkmalpflege. 1948 wurden die sowjetischen Architektinnen und Architekten Teil der Internationalen Union der Architekten. 1954 war die UdSSR der UNESCO und der IUCN (The International Union for Conservation of Nature) beigetreten und hatte 1957 die *Haager Konvention zum Schutz von Kulturgut* unterzeichnet. Bei der *Haager Konvention zum Schutz von Kulturgut* von 1954 handelte es sich nicht nur um den ersten internationalen, dem Schutz von Kulturgütern gewidmeten Vertrag überhaupt. Die Konvention bedeutete gleichzeitig eine gesetzlich festgelegte Abkehr vom »kulturellen Nationalismus« hin zu einem »kulturellen Internationalismus« bezüglich der Verantwortung gegenüber dem Kulturerbe in Kriegszeiten.[255] Da in den vorangegangenen Verträgen lediglich Empfehlungen für den Schutz und die Restaurierung von Denkmälern ausgesprochen worden waren, lag die Entscheidung, welches Kulturgut im Kriegsfall zu schützen war und welches nicht, bis 1954 in der alleinigen Verantwortung der Nationalstaaten. Im Zusammenhang mit den verheerenden Zerstörungen wertvoller historischer, kultureller und künstlerischer Denkmäler im Zweiten Weltkrieg verpflichteten sich die Unterzeichner durch die *Haager Konvention* nun zum gegenseitigen Respekt und Schutz des nationalen Kulturerbes, das als internationales Kulturerbe der gesamten Menschheit definiert wurde.[256] Die Probleme, die sich im Zuge der Wiederaufbau- und Restaurierungsbemühungen

---

253 ANNE KROPOTKINE: Les ambiguïtés du Dégel. Que faire du patrimoine culturel? In: *Cahiers du Monde Russe* 47 (2006) 1–2, S. 269–301, hier S. 295.
254 GEERING: Building a Common Past, vor allem S. 200–242.
255 KERSTIN ODENTHAL: Kulturgüterschutz. Entwicklung, Struktur und Dogmatik eines ebenenübergreifenden Normensystems, Tübingen 2005, S. 118 f. – Kerstin Odenthal verweist darauf, dass der Begriff des kulturellen Internationalismus auf den amerikanischen Rechtswissenschaftler John Henry Merryman zurückgehe, der die *Haager Konvention* von 1954 als eine »charter for cultural internationalism« bezeichnet habe.
256 Ebd., S. 119.

der im Krieg zerstörten Gebäude auf nationaler Ebene ergaben, förderten die internationale Kooperation auf der Ebene des Denkmalschutzes im Rahmen der UNESCO.[257] 1965 wurde innerhalb der UNESCO der Internationalen Rat der Denkmalpflege (International Council on Monuments and Sites – ICOMOS) gegründet, dem die Sowjetunion im gleichen Jahr beitrat. Die Arbeit der ICOMOS konzentrierte sich in erster Linie auf Architekturdenkmäler und historische Denkmalstätten und intensivierte in den darauffolgenden Jahren die internationale Zusammenarbeit mit den sozialistischen Ländern.[258] Obgleich ein verbindliches und unionsweites Denkmalschutzgesetz in der Sowjetunion erst im Oktober 1976 auf den Weg gebracht wurde, erlangte die bereits erwähnte *Internationale Charta von Venedig* aus dem Jahr 1964 in der Sowjetunion Bedeutung, deren Text ins Russische übersetzt, von der Sowjetunion anerkannt und unterschrieben wurde.[259] Das in der Präambel der Charta *Über die Konservierung und Restaurierung von Denkmälern und Ensembles* vorgelegte Denkmalverständnis offenbart ein umfassendes internationales Konzept von Denkmälern dieser Zeit, das den Überlegungen sowjetischer Wissenschaftler aus den frühen 1960er Jahren auffallend ähnelt. So definierte die Charta Denkmäler als »Vermittler einer geistigen Botschaft der Vergangenheit«. Eindrücklich unterstreicht die Einleitung des Gesetzestextes zudem die »Verantwortung« und »Verpflichtung« der Menschheit, Denkmäler »in ihrer Authentizität« an kommende Generationen weiterzugeben.[260] Doch im Gegensatz zum national konnotierten sowjetischen Diskurs zum kulturellen Erbe bestimmte die *Internationale Charta von Venedig* in Anknüpfung an die *Haager Konvention* von 1954 nationale Kulturgüter als »Denkmäler der Menschheit«, woraus sich dementsprechend eine internationale Verpflichtungserklärung für die nachfolgenden Generationen ergab.[261] Die Charta und die gemeinsame Arbeit in der ICOMOS und der UNESCO trugen zu einer Vertiefung der theoretischen Kenntnisse der Denkmalpflege und zu einer Erweiterung des Denkmalkonzeptes bei. Durchweg positiv berichtete beispielsweise Vladimir Ivanov, Kunsthistoriker und späterer stellvertretender Vorsitzender der VOOPIiK, in der Zeitschrift *Architektura SSSR* von der Gründungskonferenz der ICOMOS in Warschau und Krakau im Juni 1965. Im Zusammenhang mit der Konferenz hatte die sowjetische Delegation, die sich aus den führenden

---

257 LUCE HINSCH: ICOMOS 1965–1980. Central Office of Historic Monuments in Norway, Oslo 1980, S. 6.
258 GEERING: Building a Common Past, S. 204 f.
259 KROPOTKINE: Les ambiguïtés du Dégel, S. 295.
260 Charta von Venedig. In: ICOMOS – Hefte des Deutschen Nationalkomitees X, München 1992, S. 45–49, hier S. 45.
261 Ebd.

Experten im Feld des Denkmalschutzes zusammensetzte, nicht nur die Möglichkeit, anhand der Architekturdenkmäler in Warschau und Krakau die konkrete denkmalpflegerische Arbeit des polnischen Komitees zu begutachten, sondern auch einen Einblick in die konkrete methodische und praktische Ausbildung von Fachkräften im Bereich der Architektur und der Restauration in Europa zu erhalten. Als positiv und zentral für die Arbeit der ICOMOS bewertete Ivanov die angestrebte Ausarbeitung internationaler wissenschaftlicher Methoden zur Konservierung, Restaurierung und Nutzung von Denkmälern.[262] Auf der Gründungskonferenz wurde Vladimir Ivanov zu einem der drei Vizepräsidenten der ICOMOS gewählt. Im darauffolgenden Jahr wurde er außerdem zum stellvertretenden Vorsitzenden der VOOPIiK ernannt und füllte in den kommenden Jahren diese Doppelrolle aus.[263]

Beim internationalen Kolloquium der ICOMOS vom 2. bis 8. September 1969 in Leningrad wurde deutlich, dass sich die Sowjetunion zwar an den internationalen methodischen Richtlinien der ICOMOS orientierte, den nationalen und spezifisch marxistisch-leninistischen Charakter der Denkmäler in der Sowjetunion aber weiterhin verteidigte. Dieser liege – wie es Vladimir Ivanov in seiner Rede in Leningrad hervorhob – in der sozialen Rolle von Denkmälern und ihrer erzieherischen Funktion für die Gesellschaft begründet. Implizit plädierte Ivanov daher dafür, die Definition der *Charta von Venedig* zu erweitern und auch Denkmäler ›neueren‹ Ursprungs, und damit sowjetischen, Denkmalsstatus zuzusprechen.[264] Gleichzeitig unterstrich er die humanistische und nationale Grundlage des Denkmalschutzes und der Denkmalpflege in der Sowjetunion und erteilte Wortführern anderer Länder eine Absage, die sich für eine internationale Kultur abseits nationaler oder klassenbedingter Zuschreibungen einsetzten. Doch für Ivanov lag der Mehrwert der internationalen Zusammenarbeit im Bereich der Denkmalpflege nicht nur in der methodischen und praktischen Weiterentwicklung von Restaurierungs- und Konservierungstechniken. Vielmehr interpretierte er historische Denkmäler als »Instrument und Stimulus« für das Verständnis zwischen den Menschen untereinander und für deren Respekt gegenüber dem kulturellen Erbe des jeweils anderen. Die internationale Zusammenarbeit im Rahmen der Denkmalpflege sei somit ein Garant für internationalen Frieden.[265]

---

262 V. IVANOV: Učreditel'nyj kongress meždunarodnogo soveta JUNESKO po ochrane pamjatnikov i istoričeskich mest – IKOMOS. In: *Architektura SSSR* 10 (1965), S. 59.
263 GEERING: Building a Common Past, S.
264 VLADIMIR IVANOV: Monuments and Society. Symposium on Monuments and Society, ICOMOS Leningrad 2.–8. September 1969, S. 11–19, hier S. 18. Abgerufen unter URL: https://www.icomos.org/publications/society1.pdf, letzter Zugriff: 05.05.2023.
265 Ebd., S. 16, 19.

Im Zusammenhang mit der methodischen Erweiterung des Denkmalbegriffes, nach der Architekturdenkmäler in der Sowjetunion nicht länger isoliert oder wie in den 1950er und frühen 1960er Jahren üblich in Freilichtmuseen ausgestellt, sondern als Teil ihrer historischen Umgebung betrachtet und erforscht werden sollten, orientierte sich die Sowjetunion ebenfalls eng am internationalen Diskurs der ICOMOS und konnte sogar bedeutende eigene Impulse setzen.[266] Dabei knüpfte die Sowjetunion an die russische Idee des *zapovednik* an, ein aus spätimperialer Zeit stammendes Konzept aus dem Naturschutz, das unverletzliche Naturschutzzonen definierte.[267] So genannte *muzei-zapovedniki,* also Museen, in denen ganze architektonische Ensembles in ihrer originären historischen Umgebung geschützt und musealisiert wurden, entstanden in der Sowjetunion ab dem Ende der 1950er Jahre, beispielsweise in Novgorod, Kostroma, Vladimir, Gor'kij oder Jaroslavl'.[268] Die konzeptuelle Übertragung des *zapovednik*-Gedankens auf die Denkmalsumgebung war von sowjetischen Experten bereits in den 1920er Jahren auf den Solovki diskutiert worden.[269] Der museale Zusammenschluss ganzer architektonischer Ensemble in museale Schutzzonen unterlag einerseits pragmatischen Überlegungen, da musealisierende und denkmalpflegerische Arbeiten auf diese Weise erheblich vereinfacht werden konnten. Darüber hinaus knüpften die Museumsgründungen Ende der 1950er Jahre in vielen altrussischen Städten an bereits bestehende museale Traditionen an.[270] Andererseits spielte die touristische und damit ökonomische Nutzung der *muzei-zapovedniki* von Beginn an eine wichtige Rolle, im Unterschied zum ursprünglichen Konzept des *zapovednik,* das eine ökonomische Nutzung der zu schützenden Natur untersagte.[271] Nicht zuletzt aufgrund von fehlenden Einrichtungen mit ähnlichen Profilen auf

---

266 I. Makovetski [Makovetskij]: Definition de la notion de »Monument Historique«. In: Colloque sur le monuments et la société/Symposium on Monuments and Society, Leningrad URSS, 2–8 septembre 1969. Abgerufen unter URL: http://www.icomos.org/en/about-icomos/committees/scientific-committees/list-and-goals-of-isc/157-articles-en-francais/ressources/publications/409-colloque-sur-les-monuments-et-la-societe--symposium-on-monuments-and-society, letzter Zugriff: 05.05.2023; siehe auch die Kritik Makovetskijs an den Freilichtmuseen der Sowjetunion, wie diskutiert in: Geering: Building a Common Past, S. 161.
267 Geering: Building a Common Past, vor allem S. 163. Ausführlicher wird auf das Konzept der *zapovedniki* und *muzei-zapovedniki* mit Bezug auf die Solovki ab Seite 275 eingegangen.
268 Donovan: »How Well Do You Know Your Krai?«, S. 476.
269 Siehe dazu Kapitel III.1.4., ab S. 270.
270 In diesem Zusammenhang ist beispielsweise das heutige Museum und *zapovednik* in Novgorod (NGOMZ) zu nennen, das sich bereits seit der Oktoberrevolution den Geschichts-, Kunst- und Architekturdenkmälern widmete und sich an eine lange, aus dem 19. Jahrhundert stammende museale Tradition anschloss.
271 Geering: Building a Common Past, S. 166.

internationaler Ebene wertet Corinne Geering die sowjetischen *muzei-zapovedniki* als »Wegbereiter« des Wandels innerhalb des internationalen Kulturerbediskurses, bei dem sich der Fokus von einzelnen Denkmälern auf deren Einbettung in und ihre Beziehung zu ihrer Umgebung verlagerte.[272]

Der internationale Austausch und die damit zusammenhängende internationale Aufwertung russischer Kulturdenkmäler wirkten sich in ökonomischer und politischer Hinsicht positiv auf die Sowjetunion aus. Aus diesen und zunehmend auch aus wissenschaftlichen Gründen intensivierte die Sowjetunion in den 1970er und 1980er Jahren ihre Zusammenarbeit mit internationalen Regierungs- und Nichtregierungsorganisationen der Kulturgutpflege. Doch im Gegensatz zu vielen westlichen Staaten des ICOMOS-Bündnisses bedeuteten die ideologische Umwidmung und Einwurzelung des russischen Kulturerbes für die Sowjetunion eine Kraftanstrengung, die durch eine Fokussierung auf den internationalen wissenschaftlichen Erbe- und Denkmaldiskurs nicht bewältigt werden konnte.

3.4 Die frühe Brežnev-Ära – Nationalistisches Denkmalkonzept und ideologisches Erziehungsmandat

Ab der zweiten Hälfte der 1960er Jahre war eine zunehmend nationalistische Aufladung des Erbebegriffes in der Sowjetunion zu beobachten. In diesem Zusammenhang wurde das nationale russische Erbe durch das stärker auftretende nationale Spektrum der *intelligencija* als Gradmesser für das Überlegenheitsgefühl der russischen Nation und ihrer Kultur innerhalb des supranationalen Gebildes der Sowjetunion interpretiert und instrumentalisiert. Mit der kulturellen Wiederentdeckung der vorsowjetischen Vergangenheit war eine partielle Wiederbelebung des Erbes der russischen Orthodoxie verbunden. Die Anerkennung und der Schutz des Vergangenen sowie dessen Integration in die sowjetische Gegenwart wurden nunmehr als die richtige und damit sowjetische Vorbereitung auf die Zukunft propagiert. Die »modifizierte sowjetische Moderne« der Brežnev-Ära, welche die kommunistische Perspektive aus der Zukunft in die Gegenwart holte, ließ sich bald auch in sprachlicher Hinsicht in den Debatten über den Denkmalschutz ablesen. Die neue Terminologie verdeutlichte die nun gegenwartsbezogene Stoßrichtung sowjetischer Kulturpolitik und war die Antwort der Politik auf die kulturelle Retrospektive in breiten Teilen der Gesellschaft. Eine Zeitungsüberschrift mit dem Titel *Das Erbe der Vergangenheit für den*

---

272 Ebd., S. 122, 161.

Aufbau der Gegenwart[273] skizzierte ein unmittelbareres und konkreteres Bild der sowjetischen Moderne, als es die Zukunftsvisionen Chruščëvs getan hatten, der den Kommunismus wie sein Vorgänger Stalin »als lichte Zukunft der ganzen Menschheit« verstanden hatte.[274]

Die Wortführer des nationalistischen Denkmalschutzdiskurses stellten die patriotische Erziehungsfunktion des baulichen Kulturerbes als Argument für dessen Schutz in den Vordergrund. Eine Versöhnung des materiellen Erbes vergangener und ideologisch überkommener Epochen mit der sowjetischen Moderne schien unter veränderten politischen Vorzeichen nun möglich zu sein. Dmitrij Lichačëv knüpfte an seine Anfang der 1960er Jahre formulierten Ideen an und beschrieb altrussische Städte aufgrund ihrer historischen Bausubstanz und ihrer architektonischen Besonderheiten als »Universitäten des Patriotismus«, die durch ihre visuelle Verbindung von Vergangenheit und Zukunft von der Unsterblichkeit des Volkes erzählten.[275] Gleichzeitig verwiesen er und andere führenden Vertreter aus den Reihen der kulturellen *intelligencija* zusehends häufiger auf die großangelegten Wiederaufbaumaßnahmen altrussischer Denkmalstrukturen in der Zeit nach dem Zweiten Weltkrieg, betrauerten den Verlust wertvoller Denkmäler durch die ›faschistische Aggression‹ oder betonten den »heldenhaften Einsatz« von Denkmalschützerinnen und Denkmalschützern während des Krieges.[276]

Neben dem vorrangig akademisch-patriotischen und damit in erster Linie kognitiven Verständnis vom erzieherischen Potenzial altrussischer Baudenkmäler durch konservative Wissenschaftler wie Lichačëv entwickelte sich gegen Ende der 1960er Jahre ein in erster Linie ethno-nationalistischer Ansatz zur Bewertung des ideologischen Mehrwerts von Denkmälern. Insbesondere die Vertreter der sowjetischen Dorfprosa luden den Diskurs zum Denkmalschutz emotional auf und unterstrichen ab dem Ende der 1960er Jahre den spirituellen und kulturellen Charakter altrussischer Baudenkmäler.

Der Artikel *Vse ty ispolnena, zemlja russkaja! Pis'mo iz Severa (Wie bist du doch erfüllt russische Erde! Ein Brief aus dem Norden)* des sowjetischen Schriftstellers und Dorfprosaikers Semën Šurtakov liefert dafür ein anschauliches

---

273 Siehe unter anderem den Artikel: Obščaja naša zabota. In: *Sovetskaja kul'tura,* 17. Juli 1965, S. 2; Delo každogo iz nas. Naslediju prošlogo – byt' v stroju nastojaščego! In: *Sovetskaja kul'tura,* 31. Juli 1965, S. 1.
274 Programm der Kommunistischen Partei der Sowjetunion, beschlossen auf dem XXII. Parteitag der KPdSU am 31. Oktober 1961. Moskau 1962, S. 58.
275 Četvertoe izmerenie. In: *Literaturnaja Gazeta,* 10. Juni 1965, S. 2.
276 Siehe dazu beispielsweise Dmitrij Lichačëv: Novgorodskie Pisma. Iz letnich putešestvij. In: *Literaturnaja Gazeta,* 14. September 1965, S. 1.

Beispiel.²⁷⁷ Gleichzeitig ist Šurtakovs Artikel, der im März 1969 in der Jugendzeitschrift *Smena* erschien, ein wichtiger Beleg dafür, wie in breiten Teilen der sowjetischen Gesellschaft der späten 1960er Jahre mit der Renaissance der altrussischen Vergangenheit zeitgleich eine religiöse Nostalgie und Teilrehabilitierung der russischen Orthodoxie einherging.

Bereits der Titel des Beitrags von Šurtakov, *Vse ty ispolnena, zemlja russkaja!,* ist ein unvollständiges Zitat einer aus dem 13. Jahrhundert stammenden altrussischen Handschrift, in der unter anderem die Heiligenlegende des Aleksandr Nevskij *(Žitie Aleksandra Nevskogo)* enthalten ist, die zu einem der wichtigsten Textquellen der altrussischen Literaturgeschichte gehört. Das Zitat entstammt dem *Slovo o pogibeli russkoj zemli, po smerti velikogo knjazja Jaroslava,* einem anonymen Textfragment über den Tod des Kiewer Großfürsten Jaroslav Mudryj, das lange Zeit von der Forschung als eine Art Einleitung zur Heiligenlegende Aleksandr Nevskijs gelesen wurde.²⁷⁸ In seinem Original lautet das Zitat:

> [...] *Vsego esi ispol'nena zemlja Ruskaja, o pravaver'naja vera christijan'skaja!*²⁷⁹ ([...] *Wie bist du doch erfüllt, russische Erde – Oh du christlich orthodoxer Glaube!)*

Der Originaltext ist ebenso wie der Artikel Šurtakovs tief durchdrungen von nationalistischen und romantisierenden Aussagen über die Schönheit des Landes und der Natur. Allerdings ist das Original anders als Šurtakovs Artikel als Beispiel für die untrennbare Verbindung der Kiewer Rus', seiner weltlichen Herrscher und seiner Natur mit der Orthodoxie zu lesen. In Bezug auf einen erweiterten Denkmalbegriff, der auch historische Handschriften mit einschloss und vor allem von Literaturwissenschaftlern vertreten wurde, hatte sich das so genannte *Slovo* über den wissenschaftlichen Diskurs in den 1960er Jahren zu einem wichtigen Kulturdenkmal der altrussischen Literaturgeschichte entwickelt. Obwohl Šurtakov den zweiten Teil des Originalzitats mit seinem direkten Verweis auf die russische Orthodoxie durch den Untertitel *Pis'mo iz Severa (Ein Brief aus dem Norden)* ersetzte, war das Originalzitat vielen Leserinnen und Lesern bekannt. Erst 1965, also vier Jahre zuvor,

---

277 SEMËN I. ŠURTAKOV: Vsego ty ispolnena, zemlja russkaja! Pis'mo iz Severa. In: *Smena* 5 (März 1969), S. 12–15.
278 FRITHJOF BENJAMIN SCHENK: Aleksandr Nevskij. Heiliger – Fürst – Nationalheld. Eine Erinnerungsfigur im russischen kulturellen Gedächtnis 1263–2000, Köln u. a. 2004, S. 59.
279 A. A. GORSKIJ: Problemy izučenija ›Slova o pogibeli Ruskyja zemli‹. K 750-letiju so vremeni napisanija, trudy otdela drevnerusskoj literatury, Bd. 43, St. Peterburg/Moskva 1990, S. 18–38, hier S. 36; sowie Istorija literatury Drevnej Rusi. Elektronnyj učebno-metodičeskij kompleks, abgerufen unter URL: https://www.bsu.by/Cache/pdf/205253.pdf, letzter Zugriff: 05.06.2023.

war eine wichtige und breitdiskutierte wissenschaftliche Untersuchung des Slavisten Jurij Begunov *Pamjatnik russkoj literatury XIII veka »Slovo o pogibeli russkoj zemli«* unter der Redaktion von Dmitrij Lichačëv erschienen, die anhand von neuen Archivquellen die Herkunft des Dokumentes als nachträgliche Ergänzung der Heiligenlegende Aleksandr Nevskijs belegen konnte.[280] Zudem entwickelte sich das Vorwort in seiner patriotischen Lobpreisung zu einem häufig genutzten Referenzwerk, das in Bezug auf die Restaurierung ehemaliger sakraler Bauwerke wie Klöster und Kirchen auch in späteren Artikeln erneut auftauchen sollte.[281]

Als eher unbekannter Vertreter der Dorfprosa, dem führenden sowjetischen Literaturgenre der 1960er Jahre, dessen vorrangiges literarisches Thema die Verbindung der Natur mit der menschlichen Arbeit darstellte, wagte sich Šurtakov in seinem Artikel an einen interessanten Vergleich, indem er den Wert altrussischer Kunst- und Kulturdenkmäler für den Aufbau des Kommunismus zu messen versuchte. In der Brežnev-Ära, in der die Legitimierung des Staatsmodells untrennbar an den technischen Fortschritt geknüpft war,[282] verglich Šurtakov den Bau des Bratskaja-Staudamms in Sibirien mit dem Holzkirchenensemble auf der Halbinsel Kiži im Onegasee in Karelien:

> Wir erbauen den Kommunismus. Auch der Bratskaja-Staudamm arbeitet für den Kommunismus. Aber wenn man seinen Blick weitet und unter Kommunismus nicht nur [...] das materielle Wohl versteht, dann lässt sich mit Bestimmtheit sagen, dass auch Kiži für den Kommunismus »arbeitet«. Es arbeitet am Menschen der kommunistischen Gesellschaft. Der Unterschied besteht lediglich darin, dass, wenn man vom Wasserkraftwerk redet, man genau sagen kann wieviel Kilowatt Energie es erzeugt. Aber wie kann man die Energie messen, die in unseren Herzen von der Schönheit geweckt wird? Wie, mit welchen Maßeinheiten kann man messen, was uns im Umgang mit der Kunst, die wir von unseren Großvätern und Urgroßvätern geerbt haben, seelisch befruchtet?![283]

Die Wahl eines Wasserkraftprojektes als Beispiel für den durch den Sozialismus erzielten wissenschaftlich-technischen Fortschritt entsprach 1969 der sowjetischen

---

280 Rezension zu JURIJ BEGUNOV: Pamjatnik russkoj literatury XIII veka ›Slovo o pogibeli russkoj zemli‹. Moskva/Leningrad 1965, in: *Jahrbücher für Geschichte Osteuropas* 14 (1966), S. 588–590.
281 Siehe beispielsweise den Artikel: O, svetlo svetlaja i krasno ukrašennaja zemlja Russkaja. In: *Pravda Severa,* 15. August 1976, S. 4. – Hier geht es um die Rettung der Kirchen des nordrussischen Baustils in der Region Onega.
282 Siehe STEFAN GUTH: Stadt der Wissenschaftlich-Technischen Revolution: Ševčenko, Kasachstan. In: BELGE/DEUERLEIN (Hrsg.): Goldenes Zeitalter der Stagnation? S. 97–130.
283 ŠURTAKOV: Vsego ty ispolnena, zemlja russkaja!, S. 15.

Planungsrealität. Nach den gigantischen sozialistischen Großbauprojekten unter Stalin, wie etwa dem Weißmeer-Ostsee-Kanal, war der Bratskaja-Staudamm in der Region Irkutsk eines der technischen Großprojekte der Chruščëv-Ära und konnte nach einer 13-jährigen Bauphase 1967 fertiggestellt werden. Die Holzkirchen der Halbinsel Kiži wiederum verkörpern in ihrer architektonischen, kulturellen und nicht zuletzt religiösen Bedeutung die Einzigartigkeit nordrussischer Baukunst und die ungebrochene visuelle und künstlerische Bedeutung des kulturellen und religiösen Erbes der Vergangenheit. Die Wahl seines Beispiels griff zudem die fortlaufend hitzig geführten Debatten auf, die über die Planungen zu Wasserkraftgroßprojekten in Sibirien in den 1960er und 1970er Jahren geführt wurden. Vor allem Wasserkraftprojekte am Baikalsee erregten heftige Kritik unter Umweltschützerinnen und Umweltschützern, die die Meinung vertraten, der »Fortschritt« und die »Moderne« seien mit der Zerstörung ihrer geistigen Heimat erkauft worden.[284]

In seinem Artikel nahm Šurtakov Stellung zu einem der zeitgenössischen Argumente für den Abriss altrussischer Baudenkmäler, das besonders im Zuge der Stadtplanung und der sowjetischen Wohnungsbaukampagne unter Chruščëv häufig vorgebracht wurde: Inwieweit behinderten Überbleibsel der ›alten Ordnung‹ den Aufbau der sowjetischen Moderne? Šurtakov begriff den Staudamm und die Kirchen als komplementäre und gleichwertige »Arbeiter« für den Aufbau des Kommunismus. Verbunden war damit auch Šurtakovs Anliegen, als ideologischen Gradmesser für den sowjetischen Aufbruch in die Moderne nicht ausschließlich den materiell-technischen Fortschritt, sondern auch die Kunst und die »geistigen Werte« der Vergangenheit und der Gegenwart zu begreifen.

> [...] Aber Bilder und Bücher, die in jenen Jahren erschaffen wurden, und die uns bis heute ergreifen, gehören zum geistigen Rüstzeug der Menschheit. Echte Kunst stirbt nicht zusammen mit der Epoche, in der sie erschaffen wurde. Die Kunst ist immer Teil der gegenwärtigen Ordnung.[285] [...] In den Kommunismus sollten wir nicht nur materiell reich, sondern auch geistig reich eintreten. [...] Damit wir anlehnend an den altrussischen Poeten mit Stolz sagen können: Wie bist du doch erfüllt, du sowjetische Erde![286]

Da sein Artikel in der Jugendzeitschrift *Smena*, einer der so genannten ›dicken‹ und auflagestarken Zeitschriften erschien, hob Šurtakov im Besonderen auf die Propaganda der Denkmäler für die sowjetische Jugend ab. Das stark gewachsene

---

284 WEINER: A Little Corner of Freedom, S. 356.
285 ŠURTAKOV: Vsego ty ispolnena, zemlja russkaja!, S. 13.
286 Im russischen Original: »Vse ty ispolnena, zemlja Sovetskaja!« ebd., S. 15.

Interesse der Jugendlichen an Geschichts- und Kulturdenkmälern und damit auch an religiösen Baudenkmälern wurde zu diesem Zeitpunkt in Moskau bereits mit wachsender Sorge betrachtet. Šurtakov versuchte diese Sorge dadurch zu zerstreuen, indem er darauf hinwies, dass es den Besucherinnen und Besuchern an den Orten altrussischer Kirchenarchitektur nicht um die Heiligtümer nach kirchlichem Verständnis gehe. Vielmehr wollten die Besucherinnen und Besucher an Orten wie Suzdal' oder Rostov Veliki »Russland mit besonderer Kraft spüren«, da insbesondere die Jugend ein Verlangen nach einem »tiefen Verständnis ihres Heimatlandes« habe.[287] Die Beschäftigung mit altrussischen und sowjetischen Denkmälern sei grundlegend für die Erziehung der Jugend im Geiste des sowjetischen Patriotismus. In diesem Zusammenhang griff Šurtakov auf Lenin zurück, indem er konstatierte, der Sozialismus habe das kulturelle Erbe nicht nur für jeden zugänglich gemacht, sondern tatsächlich in den Besitz des Volkes überführt.

> Mögen sie [die Jugend] alle wertvollen Denkmäler unter ihren Besitzerblick nehmen, angefangen mit den Kulturdenkmälern vergangener Jahrhunderte und endend mit den Denkmälern der Revolutionsorte und des Vaterländischen Krieges. Mögen die Jugendlichen nicht nur die Denkmalsorte ihrer Heimatregionen kennen, sondern auf sie stolz sein und für sie werben. Dabei geht es freilich nicht um einen ortsgebundenen, regionalen Patriotismus, sondern um die Erziehung zu einem sowjetischen Patriotismus.[288]

Šurtakovs Artikel verdeutlicht zum einen, wie die Wiederbelebung der *kraevedenie*-Forschung gegen Ende der 1960er Jahre in einen breiten nationalen Diskurs gemündet war, der den sowjetischen Kultursektor erfasst hatte. Zum anderen ist der Artikel ein Beleg dafür, wie weit die Toleranz der sowjetischen Führung und der Zensurinstitutionen gegenüber dem nationalen Spektrum der *intelligencija* 1968 und 1969 tatsächlich ging. Der Artikel mit seinen eindeutigen Anleihen an der russischen Orthodoxie und Kiewer Rus' konnte im März 1969 ungehindert erscheinen. Die Zeitschrift *Smena* gründete 1969 sogar eine neue Rubrik mit dem Titel *Krasota rodnoj zemli (Die Schönheit der Heimaterde)*. Unter dieser Überschrift erschienen ausführlich bebilderte Reisereportagen zu altrussischen Baudenkmälern und Ensembles, wie beispielsweise zu den Solovki, in Städte der Sowjetunion mit einer hohen Denkmalinfrastruktur, wie beispielsweise Riga, und Artikel zu Ausflügen in die Natur.[289] Allerdings wurde die Rubrik, die in der

---

287 Ebd., S. 13.
288 ŠURTAKOV: Vsego ty ispolnena, zemlja russkaja!, S. 15.
289 Siehe hierzu beispielsweise die Januarausgabe der Zeitschrift mit dem Artikel von Vladimir Solouchin, *Smena* 2 (Januar 1969), S. 12–17; oder die Reisereportage zu den Solovki in:

zweiten Januarausgabe der Zeitschrift vom Dorfprosaisten Vladimir Solouchin, einem der Mitherausgeber der sowjetischen Zeitschrift *Molodaja Gvardija*, vorgestellt wurde, bereits im Dezember desselben Jahres wieder eingestellt. Diese Maßnahme scheint eng mit der sich anbahnenden *Molodaja-Gvardija*-Affäre in Verbindung zu stehen, die im Dezember 1970 zur Absetzung des Chefredakteurs der Zeitschrift Anatolij Nikonov führte. Bereits in den Monaten zuvor hatte das in der Zeitschrift sehr offen artikulierte neostalinistische und slavophile Gedankengut nicht nur innerhalb des liberalen Flügels der *intelligencija*, sondern ebenso in der Abteilung für Ideologie und Propaganda des Zentralkomitees der KPdSU für Empörung gesorgt.[290] In diesem Zusammenhang scheint die Entfernung der Rubrik in der Jugendzeitschrift *Smena* ein weiterer Hinweis auf das Ende der wohlwollenden und unterstützenden Politik der sowjetischen Führung unter Brežnev gegenüber dem nationalen Spektrum der *intelligencija* zu sein, die Yitzhak Brudny als »inclusionary politics« bezeichnet hat und die in den 1970er Jahren langsam eingestellt wurde. Parallel zum politischen Kurs der sowjetischen Regierung wirkte auch die Jugendzeitschrift *Smena* in den 1970er Jahren auf die patriotische Erziehung von Jugendlichen über den Arbeitsprozess und die Propaganda der politischen, wissenschaftlich-technischen und kulturellen Errungenschaften der sowjetischen Periode.

3.5 Die unionsweite Denkmalsschau 1972

Obgleich die Bedeutung der Denkmalkomplexe altrussischer Architektur nicht zuletzt aufgrund des aufkommenden Massentourismus in den 1970er Jahren weiter anstieg und die nationalistische Aufladung des Denkmalschutzdiskurses anhielt, veränderte sich die an Denkmäler und Denkmalsorte der sowjetischen Vergangenheit geknüpfte Erziehung. In den 1970er Jahren stand die sowjetische Jugend als Hauptadressat der sowjetischen Denkmalschutzpropaganda im Vordergrund. Im Jahr 1972 riefen das Ministerium für Bildung und das Ministerium für Kultur gemeinsam mit der VOOPIiK das Jahr der ›Allrussischen Schau von Geschichts- und Kulturdenkmälern‹ aus. Diese war fast ausschließlich den Denkmälern der sowjetischen Epoche gewidmet und wurde im Zusammenhang mit dem 50. Jahrestag der Bildung in der UdSSR veranstaltet. In der Region Archangel'sk legte der verantwortliche Sekretär des regionalen Sowjets der VOOPIiK allen örtlichen

---

Smena 19 (Oktober 1969), S. 16–21; sowie die letzte Ausgabe mit einem Ausflug auf dem Kama-Fluss: *Smena* 23 (Dezember 1969), S. 12–17.
290 BRUDNY: Reinventing Russia, besonders S. 80–93.

Abteilungen nahe, an der Denkmalsschau aufgrund ihrer nationalen Bedeutung und der erzieherischen Funktion teilzunehmen.[291] Für die VOOPIiK-Abteilung in Archangel'sk legte er die Steigerung der Patenschaften von Denkmälern der sowjetischen Epoche und deren Renovierung als wichtigste Aufgaben fest. Darüber hinaus regte er die Gründung von Arbeitsgruppen für den Zugang zu Plätzen des »Ruhmes der Revolution, des Krieges und der Arbeit« sowie weiterer Arbeitsgruppen für die Organisation des Ausflugs der Pioniere und Schüler, der unter dem Motto »Mein Vaterland – die UdSSR« stehen sollte, an.[292] Der Ausflug reihte sich in das gleichnamige Projekt des Ministeriums für Kultur der RSFSR ein, das unter anderem über die Beschäftigung mit regionalen Denkmälern die Liebe und den Stolz für die sowjetische Heimat stärken sollte.[293]

Die Idee der Denkmalspatenschaften für einzelne historische Baudenkmäler oder Denkmäler der sowjetischen Epoche war zu diesem Zeitpunkt relativ neu. Zwar hatte die VOOPIiK aufgrund ihrer strukturellen Schwäche in den Regionen bereits ab Mitte der 1960er Jahre Bürgerinnen und Bürger zur Übernahme von Patenschaften ermutigt,[294] allerdings war es Pëtr Baranovskij, der diese Idee 1971 konsequent umsetzte. Im *Krutickoe Podvor'e* gründete er eine Gesellschaftliche Kommission für Denkmalpatenschaften für Kultur- und Geschichtsdenkmäler, die schließlich 1981 Teil der Moskauer Abteilung der VOOPIiK wurde.[295] Die Idee der Kommission war es, enthusiastische Laiendenkmalpflegerinnen und Laiendenkmalpfleger für einfache Restaurierungs- und Instandhaltungsaufgaben zu gewinnen und damit dem Mangel an ausgebildetem Personal zu begegnen. Im Gegensatz zu Baranovskij begriff die VOOPIiK schnell das Potenzial, welches das Denkmalpatenschaftsprogramm insbesondere für die Denkmäler der sowjetischen Epoche bereithielt. Einerseits konnten auf diesem Weg die kostenlose Instandhaltung und Nutzung vorhandener Denkmalkomplexe sicherstellt werden. Andererseits hatte die Übernahme von Patenschaften für Denkmäler der sowjetischen Epoche durch Schulklassen oder Arbeitskollektive einen hohen lokalpatriotischen und erzieherischen Mehrwert.

Die Planungen zur Denkmalsschau von 1972 in Archangel'sk zeigen, wie die Abteilung der VOOPIiK das patriotische Erziehungspotenzial von Denkmälern und Erinnerungsorten zum Gedenken an die Geschichte der Sowjetunion in erster Linie für die sowjetische Jugend nutzen wollte. Wie bereits in den 1950er Jahren

---

291 God smotra pamjatnikov. I gordost' i slava. In: *Pravda Severa*, 14. Juli 1972, S. 3.
292 Ebd.
293 GEERING: Building a Common Past, S. 132.
294 Siehe S. 232.
295 BELIAKOVA/KLJUEVA: Grassroots initiatives, S. 8.

wurden ganze Schulklassen, Komsomolzinnen und Komsomolzen dazu angehalten, die sowjetische Geschichte ihrer Region zu erforschen und diese museal zu inszenieren. In dieser Hinsicht erhielt auch die Beschäftigung mit dem *kraevedenie* eine deutliche Ausrichtung auf die Darstellung der sowjetischen Entwicklungsphase der jeweiligen Region. Bereits existierende Heimatmuseen stockten ihre Ausstellungen um erweiterte Sektionen zur sowjetischen Geschichte auf. Neu gegründete historische Zirkel in Schulen und anderen Bildungseinrichtungen konzentrierten sich auf die Darstellung der Errungenschaften der sowjetischen Periode. Die Agitbrigade der Mittelschule des Dorfes Karpogorij im Gebiet Archangel'sk trug mit »Enthusiasmus« Material zusammen und wurde bei ihrem Projekt zur sowjetischen Geschichte unter dem Slogan »Unsere Region – Pinega« vom lokalen Sekretär des Exekutivkomitees und gleichzeitigem Vorsitzenden der VOOPIiK angeleitet.[296] In Archangel'sk übernahm die Schule Nr. 23 die Patenschaft für das Denkmal der Interventionsopfer,[297] während Schülerinnen und Schüler der Schule Nr. 24 sich um die Kriegsgräber der Stadt aus Revolutionszeiten kümmerten. In der Schule Nr. 17 in Severodvinsk unterstützten Veteranen des Bürgerkrieges und des ›Großen Vaterländischen Krieges‹ die Schülerinnen und Schüler in ihrer Sammlungsarbeit für ihre Ausstellung »zum Ruhme des Kampfes und der Arbeit« und begleiteten sie zu den sowjetischen Denkmälern der Stadt.[298] Historische Architekturdenkmäler aus vorsowjetischer Zeit hatten es nur dann in die Liste der Denkmäler für die Denkmalsschau 1972 geschafft, wenn ihre Geschichte mit der kriegerischen Vergangenheit der Region zusammenhing.[299]

In der auflagenstärksten Regionalzeitung der Region Archangel'sk, der *Pravda Severa,* fanden sich in den 1970er Jahren in der Rubrik *Erinnern und bewahren (pomnit' i bereč')* im Vergleich zu den 1960er Jahren weitaus weniger Artikel zu Geschichts- und Kulturdenkmälern der vorsowjetischen Epoche. Die publizierten Beiträge zu historischen Architekturdenkmälern hoben in erster Linie auf das touristische und ökonomische Potenzial der Baudenkmäler und Architekturensembles ab. Der Verweis auf die Einzigartigkeit russischer Baukunst, ihre Authentizität und touristische Attraktivität – besonders in Bezug auf das Ausland – stand

---

296 A. KALININ: Oživšaja istorija. ›Kraj naš pinežskij‹. In: *Pravda Severa,* 14. Juli 1972, S. 3.
297 O. ANDREEVA: Poisk vedut škol'niki. In: *Pravda Severa,* 14. Juli 1972, S. 3.
298 L. BOSTREM: Pišem letopis' strany. In: *Pravda Severa,* 5. April 1973, S. 3.
299 In diesem Zusammenhang schaffte es beispielsweise die von Peter I. gegen die Invasion der Schweden gegründete Festung in Novodvinsk aus dem 18. Jahrhundert, einer Stadt, etwa 18 Kilometer von Archangel'sk entfernt, in die Liste der Denkmäler für die Denkmalsschau; und das, obwohl in der Festung seit Mitte des 20. Jahrhunderts bis einschließlich 2006 eine Besserungsarbeitsanstalt untergebracht war. Siehe N. KON'KOV: Pamjatnye mesta. Novodvinskaja krepost'. In: *Pravda Severa,* 14. Juli 1972, S. 3.

nun im Vordergrund der Darstellungen. Und die Nutzung der Denkmäler für die touristische Entwicklung des Landes eröffnete wiederum eine Antwort auf die Frage, wie die Baudenkmäler vorsowjetischer Epochen in der sowjetischen Gegenwart genutzt werden konnten.[300]

Architektururdenkmäler ohne unmittelbare ›ökonomische Zweckdienlichkeit‹ waren in vielen Landesteilen allerdings erneut dem Verfall preisgegeben. Diesem Problem widmete sich unter anderen ein Artikel zweier Ingenieure, den die *Pravda Severa* am 15. August 1976 veröffentlichte. Ihr Brief an die Redaktion der Zeitschrift stand unter der Überschrift *O svetlo svetlaja i krasno ukrašennaja...*[301] Ebenso wie der Titel des Artikels von Šurtakov von 1969 entstammte auch dieses Satzfragment dem *Slovo o pogibeli Russkoj zemli*. Vollständig heißt der Eingangspassus des *Slovo*: *O svetlo svetlaja i krasno ukrašennaja zemlja Russkaja* (*Oh du helle, ungleich hellste und schöne, ungleich schönste russische Erde*) und muss in Bezug auf die Veröffentlichung von 1976 als zynischer Verweis auf den Inhalt des Artikels gewertet werden. Darin beklagten die Ingenieure G. Ksenzjuk und O. Fišer den »katastrophalen« Zustand einiger Kirchen altrussischer Holzbaukunst in der Region Archangel'sk. In einer Zeit, in der alle Kräfte auf die »Beschleunigung des wissenschaftlichen-technischen Fortschritts« und damit auf die »Steigerung der Effektivität der Produktion« gelenkt werden sollten,[302] interpretierten die Ingenieure die Architekturdenkmäler als »materialisierte bauliche Konstruktion der Vergangenheit«.[303] Allerdings erteilten die Autoren der zeitgenössischen Bewertung von Architekturdenkmälern unter rein ökonomischen Gesichtspunkten eine Absage. Die bei Geschichts- und Kulturdenkmälern verhandelte Kategorie sei keine ökonomische, obgleich die Denkmäler realen und damit finanziellen Aufwand erforderten.[304]

Ksenjuk und Fišer vertraten eine Denkmalsdefinition, die Anleihen aus dem 19. Jahrhundert mit der nationalistischen Aufladung des Denkmalkonzeptes aus den späten 1960er Jahren miteinander vereinte. Ihnen zufolge repräsentierten Architekturdenkmäler gleichermaßen die »vergeistlichte Erinnerung an die Vergangenheit«, als auch eine »Quelle heutiger Emotionen«.[305] Anstatt ihre Forderungen nach konkreten denkmalpflegerischen Aktivitäten an generationelle

---

300 GEERING: Building a Common Past, S. 137.
301 G. KSENZJUK/O. FIŠER: O svetlo svetlaja i krasno ukrašennaja... In: *Pravda Severa*, 15. August 1976, S. 4.
302 Rechenschaftsbericht des Zentralkomitees der KPdSU an den XXIV. Parteitag der Kommunistischen Partei der Sowjetunion, Berlin 1972, S. 75 f.
303 KSENZJUK/FIŠER: O svetlo svetlaja, S. 4.
304 Ebd.
305 Ebd.

Verpflichtungserklärungen zu knüpfen, verwiesen Ksenzjuk und Fišer auf den gestiegenen Wohlstand der ›reifen‹ sowjetischen Gesellschaft und das gehobene wissenschaftliche Niveau der sowjetischen Forschung auf dem Gebiet der Denkmalpflege, die den Verfall von »Kulturdenkmäler unseres sowjetischen Volkes« unverständlich machen würden.[306] Neben der Aufnahme denkmalpflegerischer Inhalte in die Curricula russischer Universitäten im Laufe der 1970er Jahre konzentrierten sich Wissenschaftler auf technische Aspekte der religiösen Architektur und betonten die sozialistische Aufwertung des kulturellen Erbes, die sie über die Integration in die sozialistische Stadtentwicklung erfahren würden.[307]

In einem Bildband zur Architektur des ›Russischen Nordens‹, der 1976 in Leningrad herausgegeben wurde und sich durch seinen zweisprachigen Ansatz (russisch/englisch) in erster Linie an ausländische Besucherinnen und Besucher richtete, wird eine weitere Argumentationslinie der 1970er Jahre sichtbar. Der sowjetische Dichter und Redakteur der national gesinnten Zeitschrift *Naš Sovremennik* Sergej Vikulov versuchte darin den Wiederaufbau der Ruinen in Novgorod und Pskov nach den verheerenden Zerstörungen durch den Zweiten Weltkrieg und die Bemühungen des sowjetischen Staates im Denkmalschutz und in der Denkmalpflege zu portraitieren. Die Darstellung der denkmalpflegerischen Aktivitäten der sowjetischen Gesellschaft und des sowjetischen Staates im und nach dem Zweiten Weltkrieg als gemeinsame, nationale Kraftanstrengung reihte sich problemlos in die propagierte und integrativ wirkende sowjetische Erinnerung an den Zweiten Weltkrieg ein. In diesem Zusammenhang vertrat Vikulov ein zutiefst patriotisches Denkmalverständnis, das sich in seiner Auffassung zur dominierenden Kirchenarchitektur des sowjetischen Nordens manifestiert. Seiner Argumentation nach bezeuge die große Anzahl an kirchlichen Architekturdenkmälern im russischen Norden keineswegs die herausragende und historisch verwurzelte Religiosität der Russinnen und Russen. Vielmehr habe man durch den prachtvollen Kirchenbau sich selbst als Nation behaupten und erfahren wollen. So verweise die Kirchenarchitektur des ›Russischen Nordens‹ auf das künstlerische Genie der ›einfachen russischen Menschen‹ und sei in ihrer Architektur zutiefst national.[308]

Der nationalistische Schriftsteller Valentin Rasputin wiederum knüpfte seine Überlegungen zu den Holzarchitekturdenkmälern seiner Heimatstadt Irkutsk 1979 – ähnlich wie auch vor ihm Ksenzjuk und Fišer – an einen antiquierten,

---

306 Ebd.
307 Siehe hierzu den belorussischen Historiker Aleksandr Timofeevič Korotkevič. Diskutiert in: GEERING: Building a Common Past, S. 134.
308 Zodčestva russkogo Severa XII–XIX vv./Architecture of the Russian North 12th–19th Centuries. Leningrad 1976, S. 7.

aus dem 19. Jahrhundert stammenden Denkmalbegriff. So beschrieb Rasputin in seinem Artikel für die *Sovetskaja Kul'tura* die Denkmäler als ›Zeugen der Vergangenheit‹, die in ihrer Fähigkeit, »die Erinnerung bis zu derartigen Tiefen und Ereignissen zu verlängern«, Zeugen seien, »wie wir sie selber nicht sein können«.[309] Seine Denkmalsdefinition hob dabei auf den Charakter historischer Baudenkmäler ab, authentische ›Zeugen der Vergangenheit‹ zu sein. Im Kontext des wachsenden In- und Auslandstourismus und der Zusammenarbeit in internationalen Verbänden wie der UNESCO und der ICOMOS spielte das Merkmal der objektbezogenen Authentizität eine zunehmend wichtigere Rolle.[310] Ab 1977 galt der Ausweis der ›Authentizität‹ eines Bauwerkes gar als Voraussetzung zur Aufnahme in die Weltkulturerbeliste der UNESCO.[311]

4. Zusammenfassung Teil I

Während die Bol'ševiki das kulturelle Erbe nach der Oktoberrevolution durch eine großangelegte Musealisierungskampagne in Gemeingut überführten, wandelte sich der Umgang mit Baudenkmälern durch die Umgestaltung russischer in sowjetische Städte im Rahmen der Neuen Ökonomischen Politik. Der Zweite Weltkrieg kann schließlich als Katalysator für den veränderten Umgang mit Denkmälern und als Grund für das Ende des massenhaften Abrisses klerikaler und historischer Architektur gewertet werden.[312] Der nationale Abwehrkampf gegen den Faschismus, der als Kampf gegen die ›Zerstörung der Nationalkultur‹ propagiert wurde, generierte noch zu Kriegszeiten menschliches und organisatorisches Potenzial für den Denkmalschutz und die Denkmalpflege. In der Nachkriegszeit avancierte der Denkmalschutz dadurch sowohl in der architektonischen Praxis

---

309 Valentin Rasputin: Irkutsk s nami. In: *Sovetskaja Kul'tura*, 14.09.1979, S. 6. – In diesem Zusammenhang zitiert Rasputin auch die berühmte Überlieferung Gogol's über die Architektur als Chroniken der Welt, die besonders in der zweiten Hälfte der 1960er Jahre in Bezug auf altrussische Denkmäler häufig in der Presse aufgegriffen wurde.
310 Zur material- und objektbezogenen Authentizität im Gegensatz zur Technik der Authentifizierung siehe MARTIN SABROW/ACHIM SAUPE: Historische Authentizität. Zur Kartierung eines Forschungsfeldes, in: DIES. (Hrsg.): Historische Authentizität. Göttingen 2016, S. 7–28, hier S. 8.
311 ACHIM SAUPE: Authentizität. Version 3.0, in: Docupedia-Zeitgeschichte, 25.08.2015. Abgerufen unter URL: https://docupedia.de/zg/Saupe_authentizitaet_v3_de_2015, letzter Zugriff: 04.06.2023.
312 Catriona Kelly vermutet sogar, dass ohne die drohende Kriegsgefahr und die Annäherung zwischen der orthodoxen Kirche und dem sowjetischen Staat die Abrisse von Sakralbauten noch weiter gegangen wären. Siehe KELLY: Socialist Churches, S. 818.

als auch in der wissenschaftlichen Theorie zu einem wichtigen Thema, indem er sich in das Projekt des Wiederaufbaus von konkreten Gebäuden einschreiben konnte. Doch trotz des gestiegenen Interesses am Erhalt ausgewählter Architekturdenkmäler wurde die Integration historischer Bausubstanz im Zuge der großangelegten Generalbebauungspläne nur innerhalb eines strikt definierten Kanons des ›Nationalbolschewismus‹ diskutiert.

Unter Nikita Chruščëv und seinem Nachfolger Leonid Brežnev trieben Vertreter des nationalen Spektrums der russischen *intelligencija* die Diskussionen zur Neukonzeption des russischen Denkmalschutzsystems und zur Definition und Einwurzelung des kulturellen Erbes in das ideologische Narrativ der Sowjetunion voran. Die aufgezeigten Argumentationsmuster exemplarischer Wortführer orientierten sich dabei an der jeweiligen politischen Situation, die den Rahmen und vor allem das politische Vokabular vorgab, um sich über das ›fremde‹ Kulturerbe einer als feudal konnotierten Vergangenheit auszutauschen. Die Fähigkeit der Führer des Denkmalschutzdiskurses »to speak Bolshevik«,[313] machte es ihnen nicht nur möglich, ihre Gedanken in die Öffentlichkeit zu tragen, sondern eigene Konzepte zur Bewertung des kulturellen Erbes der vorsowjetischen Vergangenheit anzubieten und zu diskutieren. Im Zusammenhang mit der in den 1950er und 1960er Jahren stark anwachsenden *kraevedenie*-Bewegung kam es zunächst zu einer inhaltlichen und ideologischen Einengung des Denkmalkonzeptes auf ein lokalpatriotisches Motiv. In Bezug auf kirchliche Denkmäler versuchte die *intelligencija* eine Trennung der religiösen Bedeutung der Denkmäler von ihrem kulturellen, ästhetischen oder künstlerischen Wert zu vollziehen. Die Aufwertung und gleichzeitige Überbewertung der Rolle Lenins als Denkmalschützer und der Anstrengungen der jungen Sowjetregierung im Bereich des Denkmalschutzes manifestierten sich mit Beginn der ›Tauwetterperiode‹ zu einem tragfähigen Mythos. Darüber hinaus wurden nun auch der internationale Einfluss auf die wissenschaftliche Definition des Denkmalbegriffes in der Sowjetunion und der Versuch, nationalbolschewistische Spezifika – wie den sozialen Aspekt von Denkmälern und deren erzieherische Funktion – in den internationalen Diskurs einzuschreiben, sichtbar. Die methodologische Erweiterung des Denkmalbegriffes in der internationalen Denkmalpflege hing mit der Einbindung der Sowjetunion in den internationalen Rahmen der UNESCO und der ICOMOS zusammen und zeigte sich insbesondere in Bezug auf das sowjetische Konzept des *zapovednik,* kulturelle Denkmäler in ihrer historischen Umgebung zu schützen und so genannte Denkmalbereiche einzurichten.

---

313 STEPHEN KOTKIN: Magnetic Mountain. Stalinism as a Civilization, Berkeley/Los Angeles 1997.

Ähnlich wie Architekturdenkmäler und ihre Denkmalbereiche visuell in die sozialistische Moderne eingepasst wurden, bemühten sich in erster Linie Schriftsteller des nationalen bis nationalistischen Spektrums Ende der 1960er Jahre verstärkt um die ideologische Einwurzelung des russischen Kulturerbes in den Modernediskurs der sowjetischen Führung. Fragen nach dem Wert von beispielsweise altrussischen Baudenkmälern im Rahmen der ›wissenschaftlich-technischen Revolution‹ spielten dabei ebenso eine Rolle wie das Erziehungspotenzial von Geschichts- und Kulturdenkmälern für die sowjetische Jugend. Zu dieser Zeit stimulierten in erster Linie die Veröffentlichungen der Dorfprosa – die Thema des folgenden Hauptkapitels sein werden – die Hinwendung zu einer nationalistischen Denkmalsdefinition. Ende der 1960er Jahre begann die strikte Trennung zwischen dem religiösen und künstlerischen Inhalt des kulturellen Erbes der Vergangenheit zu verschwimmen. Aus diesem Grund verschob die sowjetische Führung in den 1970er Jahren den inhaltlichen und ideologischen Fokus des Denkmalschutzes und seiner Vermittlung auf die historischen Denkmäler der sowjetischen Periode. Der Schwerpunkt lag nun auf der Erziehung der Jugendlichen im Geist des sowjetischen Patriotismus, der sich aus Sicht der Regierung zum größten Teil auf den Errungenschaften der sowjetischen Epoche gründen sollte. Baudenkmäler der russischen Vergangenheit traten ideologisch weitestgehend in den Hintergrund. Ausnahmen bildeten die bedeutenden touristischen Komplexe, die sowohl aufgrund ihres nationalen und internationalen Prestiges als auch wegen ihres wirtschaftlichen Potenzials weiterhin die Agenda der Kulturoffiziellen bestimmten. Gängige Argumentationslinien führten nun den wissenschaftlich-technischen Fortschritt der Sowjetunion, den erreichten Wohlstand und das gestiegene kulturelle Niveau der sowjetischen Gesellschaft als Gründe für einen sorgsamen Umgang mit Denkmälern an. Das Denkmalverständnis, das in diesem Zusammenhang von Vertreterinnen und Vertretern des Denkmalschutzes, des Architektur- und Ingenieurwesens und Kulturschaffenden als Argumentationsgrundlage genutzt wurde, knüpfte dabei sowohl an traditionelle Denkmaldefinitionen aus dem 19. Jahrhundert als auch an das patriotische Narrativ der späten Sowjetunion an. Die Betonung des heroischen Einsatzes für den Denkmalschutz zu Zeiten des Zweiten Weltkrieges und die Wiederaufbaubemühungen der sowjetischen Regierung nach dem erfolgreichen ›nationalen Abwehrkampf gegen den faschistischen Aggressor‹ erreichten in den 1970er und 1980er Jahren schließlich ihren Höhepunkt und verdrängten in mancher Hinsicht die starke Betonung der Maßnahmen für den Schutz und die Restaurierung von Denkmälern in den frühen Jahren der sowjetischen Herrschaft. Doch trotz erheblicher Anstrengungen durch die russische *intelligencija*, dem ›fremden‹ Erbe ein sowjetisches Fundament zu verleihen, blieb die ideologische Ambivalenz in Bezug auf religiöse Denkmäler ein Problem, das sich bis zum Zusammenbruch der Sowjetunion nicht lösen ließ,[314] denn während die Authentizität eines beispielsweise kirchlichen Architekturdenkmals international zu einem wichtigen Gradmesser für die historische und kulturelle Bedeutung des Bauobjekts avancierte, war die sowjetische Führung nur insoweit an der »Konstruktion des Authentischen im Umgang mit der Vergangenheit«[315] interessiert, solange diese nicht mit der marxistisch-leninistischen Ideologie in Konflikt geriet.

---

314 Darauf verweist auch Anne Kropotkine in ihrem Artikel über das kulturelle Erbe in der Zeit des Tauwetters. Siehe KROPOTKINE: Les ambiguïtés du Dégel, S.70.
315 SABROW/SAUPE: Historische Authentizität, S. 9.

II Gesellschaftliche Akteure als Katalysatoren einer neuen staatlichen Denkmalschutzpolitik

Nicht nur die *intelligencija,* sondern die gesamte sowjetische Gesellschaft durchlief nach dem Tod Stalins einen fundamentalen Wandel. Ende der 1960er Jahre war die sowjetische Gesellschaft im Hinblick auf die Lohnarbeit, die weitgehend abgeschlossene Urbanisierung und den Wandel hin zu einer Bildungsgesellschaft den modernen westlichen Industriegesellschaften nähergekommen.[1] Die Entstalinisierung markierte zudem einen Wandel in den sozialen Beziehungen, während die wirtschaftlichen und technischen Errungenschaften der Periode einen Stimmungswandel in der sowjetischen Gesellschaft stimulierten. Nach langen und entbehrungsreichen Jahren des stalinistischen Terrors richtete die sowjetische Bevölkerung ihren Blick wieder mehrheitlich optimistisch in die Zukunft.[2]

Gleichwohl unterschied sich die sowjetische Gesellschaft durch ihren eingangs diskutierten ›fragmentierten‹ Charakter von demokratischen Gesellschaften erheblich. Trotz ihrer staatlich gesteuerten Verfasstheit ist es Anliegen dieser Arbeit, die Eigendynamiken der poststalinistischen Gesellschaft in ihren Logiken und ihrem historischen Kontext ernst zu nehmen. Nur so können die Zusammenhänge von politischem und gesellschaftlichem Handeln aufgedeckt werden und letztlich zu einem differenzierteren Bild der russischen Gesellschaft der 1960er Jahre beitragen. Im zweiten Hauptkapitel soll daher dem Einfluss der gesellschaftlichen Akteure auf die Neukonzeption des russischen Denkmalschutzes und der Denkmalpflege im Rahmen der Reformkontexte der 1950er und 1960er Jahre nachgespürt werden, denn die Neujustierung des russischen Denkmalschutzsystems und die gesellschaftliche Rückbesinnung auf die Zeit vor der Oktoberrevolution müssen – wie eingangs bereits erwähnt – als direkte Reaktionen auf die umfassende Reformpolitik der 1950er und 1960er Jahre gelesen werden. Der Reformprozess der Chruščëv-Ära und die Weiterführung der sowjetischen Modernisierungspolitik unter Leonid Brežnev in Bezug auf die sowjetische Landwirtschaft, die Religionspolitik oder den Städtebau und die Stadtplanung hatten direkte Auswirkungen auf die Entwicklung eines gesellschaftlichen Bewusstseins für den Denkmalschutz

---

1 STEFAN PLAGGENBORG: Sowjetische Geschichte in der Zeitgeschichte Europas, Version: 1.0, in: Docupedia-Zeitgeschichte, 30.09.2011. Abgerufen unter URL: http://docupedia.de/zg/plaggenborg_sowjetunion_zeitgeschichte_v1_de_2011, letzter Zugriff: 16.06.2023.
2 MELANIE ILIC: Introduction. In: MELANIE ILIC/JEREMY SMITH (Hrsg.): Soviet State and Society Under Nikita Khrushchev, New York 2009, S. 1–7, hier S. 2.

und die Denkmalpflege. Mit Blick auf das erste Hauptkapitel, das den Wandel des sowjetischen Denkmalverständnisses dokumentiert und die unterschiedlichen Funktionen beleuchtet hat, die Baudenkmälern zwischen 1917 und den 1970er Jahren zugeschrieben wurden, soll in den folgenden Kapiteln gezeigt werden, wie die unterschiedlichen Reformkontexte der Chruščëv-Ära den Diskussionen über den Umgang mit dem baulichen Erbe des Landes Vorschub leisteten. Wie und durch wen gelangten Fragen zum Schutz und Erhalt historischer Architektur in den politischen und gesellschaftlichen Diskurs? Welche Auswirkungen hatten die Debatten auf die Formierung erster Initiativgruppen in der Denkmalpflege und die Einrichtung eines zentralen Denkmalschutzsystems? Und welche Handlungsspielräume konnten sich die beteiligten Akteure in den Diskussionen über den Denkmalschutz und die Denkmalpflege erstreiten bzw. welche Freiräume wurden von der sowjetischen Führung geduldet?

1. Chruščëvs Kampagne gegen die Kirchen und die Rolle der russisch-orthodoxen Kirche im Denkmalschutz

Die vom Verfall bedrohte Kirchenarchitektur, die ab Mitte der 1960er Jahre im Zentrum des Denkmalschutzdiskurses stand, war nicht ausschließlich das Produkt jahrzehntelanger staatlicher Vernachlässigung. Die antireligiösen Kampagnen unter Chruščëvs zwischen 1958 und 1964 führten in erheblichem Maße zum Abriss historischer Kirchenarchitektur und zum Verfall bestehender Gebäude. Die Reformen, die an eine verschärfte atheistische Propaganda geknüpft waren, schufen eine politische Stimmung im Land, die erneut den Abriss und einen nachlässigen Umgang mit religiöser Architektur ideologisch und moralisch legitimierte. Die zerstörerische Politik der sowjetischen Führung gegen die Kirchen und der Umgang des Staates mit dem sakralen und architektonischen Erbe des Landes riefen nun allerdings zunehmend gesellschaftliche Ablehnung und Protest hervor. Wie eng die Entwicklung eines gesellschaftlichen Bewusstseins für den Denkmalschutz mit der Frage des Erhalts und des Schutzes von Kirchenarchitektur verknüpft war, wurde vor allem in der Zeit nach Chruščëv sichtbar, denn wenngleich die atheistische Politik unter Brežnev intensiviert fortgeführt wurde und einige unter Chruščëv eingeführten Bestimmungen noch bis in die 1980er Jahre hinein in Kraft blieben, stoppten unter Brežnevs Führung die Abrisse historischer Kirchenarchitektur nahezu gänzlich. Mit dem Amtsantritt Brežnevs änderte sich nicht die Einstellung des Regimes gegenüber der Religion, sondern die Geisteshaltung und die Politik der sowjetischen Führung gegenüber dem kulturellen Erbe des Landes. Catriona Kelly hat in ihrer Forschung zum Schutz von

Kirchen als Baudenkmäler in Leningrad festgestellt, dass man die Bedeutung des Wandels unter Brežnev in Bezug auf religiöse Architektur gar nicht überschätzen könne.³ Auch Kathleen Parthé macht auf diese Verbindung aufmerksam, indem sie in den Kampagnen gegen die orthodoxe Kirche unter Chruščëv und in der zunehmenden Verlagerung religiöser Aktivität in den Untergrund die Stimuli der russischen Denkmalschutzbewegung ausmacht.⁴ John Dunlop sieht die Entstehung der Denkmalschutzorganisation VOOPIiK gar als direkte Folge und Antwort auf die Kirchenkampagnen unter Chruščëv, die Gläubige und Nationalisten gleichermaßen im Kampf gegen den »kulturellen Nihilismus« der sowjetischen Führung vereint hätten.⁵ Michail Škarovkij wies wiederum darauf hin, dass die kompromisslose atheistische Politik der sowjetischen Führung unter Chruščëv von einem großen Teil der liberalen *intelligencija* geteilt worden sei. So hätten die Kirchenkampagnen der späten 1950er und frühen 1960er Jahre auf einem Nährboden gesellschaftlicher Gleichgültigkeit gedeihen können.⁶

Die antireligiöse Kampagne in den ausgehenden 1950er und frühen 1960er Jahren wird in der Forschung als integraler Bestandteil der Modernisierungspolitik der Sowjetunion unter Chruščëv gedeutet.⁷ Folgt man Andrew B. Stone, so stand die antireligiöse Kampagne in einem direkten Zusammenhang zu den Landwirtschaftsreformen der sowjetischen Führung unter Chruščëv. Mit dem Ziel, das sowjetische Landleben zu modernisieren, sollten die »Überbleibsel der Vergangenheit«, allen voran die russisch-orthodoxe Kirche, beseitigt werden.⁸ Zuvorderst die orthodoxe Kirche und mit ihr die Frömmigkeit der ländlichen Bevölkerung waren

---

3   CATRIONA KELLY: From »counter-monuments« to national heritage. The Preservation of Leningrad Churches 1964–1982. In: *Cahiers du monde russe,* Bd. 54, Heft 1–2 (2013), S. 131–164, hier S. 133.
4   KATHLEEN PARTHÉ: Russia's dangerous texts. Politics between the Lines, New Haven/London 2004, S. 78.
5   DUNLOP: The Faces of Contemporary Russian Nationalism, S. 35 f.
6   MICHAIL ŠKAROVSKIJ: Angriff auf Religion und Kirche. Chruščev und die Russische Orthodoxe Kirche, in: *Osteuropa* 67 (2017) 9–10, S. 165–173, S. 166.
7   Siehe beispielsweise den Aufsatz von Andrew Stone, der diesen Zusammenhang sehr deutlich macht: ANDREW B. STONE: »Overcoming Peasant Backwardness«: The Krushchev Antireligious Campaign and the Rural Soviet Union. In: *Russian Review* 67 (April 2008) 2, S. 296–320; siehe auch ALEKSIJ PROTOIEREJ MARČENKO: Religioznaja politika Sovetskogo gosudarstva v gody pravlenija N. S. Chruščëva i ee vlijanie na cerkovnuju žizn' v SSR, Moskva 2010.
8   So sprach Nikita Chruščëv in seiner Rede zum 22. Parteikongress von den »Überbleibseln der Vergangenheit«, die wie ein »Alptraum« über den Köpfen der lebenden Kreaturen hängen würden. Siehe DONALD A. LOWRIE/WILLIAM C. FLETCHER: Khrushchev's religious policy 1959–1964. In: RICHARD H. MARSHALL/THOMAS E. BIRD (Hrsg.): Aspects of religion in the Soviet Union 1917–1967. Chicago 1971, S. 131–192, hier S. 133 f.

Hauptbestandteile der dörflichen und damit in den Augen des Regimes ›rückständigen‹ Kultur, die es zu beseitigen galt, um das sowjetische Dorf zu reformieren und es einer kommunistischen, und damit modernen Zukunft entgegenzuführen. Auf dem XXII. Parteitag der KPdSU im Jahr 1961 gab die sowjetische Staatsführung daher das Ziel aus, dass bis 1980 nicht nur der Kommunismus erreicht sein sollte, sondern zudem die russisch-orthodoxe Kirche und andere religiöse Organisationen in den folgenden 20 bis 30 Jahren aufhören würden zu existieren.[9]

Aufgrund der Härte, mit der das sowjetische Regime gegen die orthodoxe Kirche als Institution und ihre Anhängerinnen und Anhänger vorging, sind die antireligiösen Kampagnen der Regierungszeit Chruščëvs als Abweichung vom allgemeinen Liberalisierungstrend der Ära und als Maßnahmen zur »Liquidierung der Russischen Orthodoxen Kirche mit stalinistischen Methoden« bewertet worden.[10] William Taubman hingegen interpretiert die ›Kirchenreformen‹ als Teil der Entstalinisierungspolitik Nikita Chruščëvs. So hätten die Kampagnen gegen die Kirchen das seit dem Zweiten Weltkrieg herrschende Verhältnis der Übereinkunft zwischen dem sowjetischen Staat und der orthodoxen Kirche beendet. Das repressive Vorgehen gegen religiöse Vereinigungen, gegen ihre Anhängerinnen und Anhänger und die Religiosität unter der Bevölkerung kann ihm zufolge als Rückkehr zum militanten Vorgehen Lenins gegen die Kirche in den 1920er Jahren interpretiert werden.[11] Sowohl in den 1920er und 1930er Jahren als auch in den 1950er und frühen 1960er Jahren lag das Bestreben der sowjetischen Führung darin, die Kirche als Institution zu liquidieren. Während der sowjetische Staat in den 1930er Jahren allerdings ›Klassenfeinde‹ unter den Kirchenanhängern rigoros verfolgt hatte, stigmatisierte die sowjetische Führung unter Chruščëv den Klerus und Gläubige im Zuge der allgemeinen Aufbaurhetorik des Regimes als ideologisch ›rückständig‹ und ›fremd‹.[12]

Bei der Darstellung der Chruščëv'schen ›Kirchenreformen‹ und der Entwicklung des Verhältnisses zwischen Kirche und Staat in der Brežnev-Ära beschränkt sich das Kapitel auf die Politik des sowjetischen Staates gegenüber der russisch-orthodoxen Kirche, obgleich sich die repressiven Maßnahmen des sowjetischen Staates auch gegen andere christliche Kirchen, die jüdische Glaubensgemeinschaft, den Islam und verschiedene in der Sowjetunion tätige Sekten richteten: zum einen weil die baulichen Hinterlassenschaften der russischen Orthodoxie in Form von

---

9   Tatiana A. Chumachenko: Church and State in Soviet Russia. Russian Orthodoxy from World War II to the Khrushchev years, New York/London 2002, S. 188.
10 Siehe Protoierej Marčenko: Religioznaja politika Sovetskogo gosudarstva, S. 263 f.
11 William Taubman: Khrushchev. The Man and his Era, New York/London 2003, S. 512.
12 Škarovskij: Angriff auf Religion und Kirche, S. 167.

Kirchen und Klöstern den Diskurs über den Denkmalschutz in den 1960er Jahren bestimmten, zum anderen weil mit dem Denkmalschutz und der Denkmalpflege auf den Solovki, deren Geschichte im dritten Hauptkapitel der Arbeit dargestellt wird, ein orthodoxes Klosterensemble im Mittelpunkt der Untersuchungen steht.

Wie manifestierte sich die antireligiöse Kampagne unter Chruščëv, und welchen Einfluss hatte die Politik auf die Abriss- bzw. Erhaltungspraxis im Land? Und inwieweit kann die antireligiöse Kampagne Chruščëvs als Stimulus der Denkmalschutzbewegung gewertet werden? Im Hinblick auf die zweite Hälfte der 1960er und die 1970er Jahre unter Brežnev fragt das Kapitel zudem nach dem Verhältnis zwischen Kirche und Staat und danach, welche Auswirkungen das neue Denkmalverständnis für den Schutz ehemaliger Kirchen und Klöster hatte. Dabei sollen sowohl der sowjetische Staat als auch die orthodoxe Kirche als Akteure im staatlichen Denkmalschutz begriffen und dargelegt werden, welche Rolle die russisch-orthodoxe Kirche beim Schutz und Erhalt historischer Kirchenarchitektur spielte und wie sich ihre Zusammenarbeit mit der VOOPIiK gestaltete.

1.1 Die ›Kirchenreformen‹ unter Chruščëv

Der Schulterschluss des sowjetischen Staates mit der russisch-orthodoxen Kirche, der in erster Linie dem gemeinsamen Abwehrkampf gegen das faschistische Deutschland geschuldet war, wandelte die repressive Politik der stalinistischen Sowjetunion gegenüber der orthodoxen Kirche zu einer Politik des Dialoges.[13] Gleichwohl wurde die offene Annäherung des Staates an die russisch-orthodoxe Kirche nicht von allen Teilen der sowjetischen Nomenklatura mit Wohlwollen beobachtet. Im Todesjahr Stalins 1953 hatte sich die russisch-orthodoxe Kirche eine gewichtige Stellung im öffentlichen Leben zurückerobert. Trotz staatlicher Kontrolle durch den 1943 gegründeten Rat für die Russisch-Orthodoxe Kirche wurden viele Gemeinden, die während der 1920er Jahre geschlossen worden waren, neu gegründet. Das Gleiche galt für religiöse Bildungseinrichtungen. Die Freilassung inhaftierter Geistlicher aus den stalinistischen Lagern stockte zudem das Personal der Kirche auf. Auch die finanzielle Situation der orthodoxen Kirche verbesserte sich in der Phase des Spätstalinismus sichtlich. In der Führungsetage der Kommunistischen Partei und unter regionalen Parteimitgliedern nährte sich die Angst eines »religiösen Revivals«.[14]

---

13 CHUMACHENKO: Church and State in Soviet Russia, S. 189.
14 MIKHAIL V. SHKAROVSKII: The Russian Orthodox Church 1958–64. In: *Russian Studies in History* 50 (Winter 2011–12) 3, S. 71–95, hier S. 72.

Neben der gestärkten Stellung der russisch-orthodoxen Kirche als Institution beunruhigte die Kommunistische Partei vor allem das Aufleben an Religiosität, das unter der sowjetischen Bevölkerung spürbar wurde. Neben ehemaligen Gulag-Häftlingen, die während ihrer Haftzeit erneut oder erstmals zu Gott gefunden hatten, stieg die Zahl der Eintritte von jungen Männern in die Klöster und Bildungseinrichtungen der orthodoxen Kirche in den 1950er Jahren erneut an.[15] Bilder gefüllter Kirchen beim Ostergottesdienst oder von Menschen, die an religiösen Prozessionen teilnahmen, prägten die Nachkriegsjahre.[16] Besonders der Einfluss, der der orthodoxen Kirche auf die junge Generation zugeschrieben wurde, bedeutete für die sowjetische Führung ein Ärgernis. Daher verabschiedete das Zentralkomitee der KPdSU 1954 einen Beschluss, der eine Intensivierung der atheistischen und wissenschaftlichen Propaganda an allen Schulen und Hochschulen vorsah.[17] Im Zuge des XX. Parteitages der Kommunistischen Partei 1956 und des offenen Bruchs mit dem Stalinismus ideologisierte sich die politische Debatte um die wachsende Volksfrömmigkeit und die Rolle der Kirche im Lande deutlich. Die Reformära, die das Land einer modernen, kommunistischen Zukunft näherbringen sollte, schien für die sowjetische Führung unvereinbar mit einer rückwärtsgewandten, ›reaktionären‹ Institution wie der orthodoxen Kirche zu sein. Als Teil der vergangenen Gesellschaftsordnung stehe der Religion höchstens ein Platz im Museum zu, so die damalige Sichtweise.[18] Im Zuge ihrer Modernisierungspolitik versuchte die sowjetische Führung, alle gesellschaftlichen Kräfte für das »großartige Ziel des Aufbaus des Kommunismus« zu bündeln, wie es die Zeitschrift *Kommunist* in Bezug auf die ›Kirchenreformen‹ der Regierung 1958 fasste.[19]

Der Beginn der Kampagnen gegen religiöse Institutionen und ihre Anhängerinnen und Anhänger wird in der Forschung auf das Jahr 1958 datiert. Der harte politische Zugriff begann sich zunächst in den orthodoxen Klöstern bemerkbar zu machen. Allein in der Ukrainischen Sowjetrepublik wurden in diesem Jahr 13 der 40 Klöster geschlossen. Männern unter 30 Jahren wurde der Eintritt in ein Kloster verboten, des Weiteren wurde es dem Patriarchat untersagt, ohne die Zustimmung

---

15 Ebd.
16 CHUMACHENKO: Church and State in Soviet Russia, S. 190.
17 Hierbei handelte es sich um das Dekret des ZK der KPdSU vom 10. November 1954: Über Fehler in der Durchführung der wissenschaftlich-atheistischen Propaganda unter der Bevölkerung. Deutsche Übersetzung Siehe dazu: VICTORIA SMOLKIN-ROTHROCK: »A Sacred Space is never Empty«. Soviet Atheism 1954–1971, UC Berkeley Electronic Dissertation 2010, S. 32, abgerufen unter URL: https://escholarship.org/uc/item/39q3d8tq letzter Zugriff: 16.06.2023.
18 STONE: »Overcoming Peasant Backwardness«, S. 301.
19 DANIELA ȘIȘCANU: The Communist Party of the Soviet Union and the Russian Orthodox Church 1943–1964. In: *Danubius* 32 (2014), S. 293–305, hier S. 303.

des Rates für die russisch-orthodoxe Kirche Gelder und andere Zuwendungen an Klöster zu verteilen.[20] Auf der anderen Seite mussten die Klöster fast das gesamte Land, das ihnen verblieben war, an den Staat abgeben. 1958 traten zudem neue Steuergesetze in Kraft, die Landbesitz, die von den Kirchen betriebenen Friedhöfe und die Einnahmen des Verkaufs von Kerzen hoch besteuerten.[21]

Die Partei, der Komsomol und ab 1960 nachweislich auch der sowjetische Geheimdienst KGB intensivierten die atheistische Propaganda im Land und erhöhten den Druck auf Bürgerinnen und Bürger, die ihren Glauben öffentlich auslebten. Theologische Akademien und Seminare wurden Anfang der 1960er Jahre als »Nester der Konterrevolution« gebrandmarkt und in vielen sowjetischen Städten geschlossen.[22] Jugendlichen unter 18 Jahren wurde es in der Folgezeit verboten, an Gottesdiensten oder religiösen Zeremonien teilzunehmen, Geistlichen der religiöse Unterricht für Kinder untersagt.[23] Darüber hinaus wurden durch den Beschluss *Über Maßnahmen zur Beendigung der Pilgerfahrten an sogenannte heilige Orte* im November 1958 Fahrten zu Pilgerorten der russischen Orthodoxie, der unierten Kirche oder des Islam entweder gänzlich verboten oder insofern unmöglich gemacht, indem die Wallfahrtsorte geschlossen oder eingezäunt und von Polizisten bewacht wurden.[24]

Die juristische Grundlage für die Maßnahmen gegen die orthodoxe Kirche legten der Erlass vom 13. Januar 1960 *Über die Maßnahmen zur Beseitigung der Verletzung der sowjetischen Gesetzlichkeit über die Kulte durch die Geistlichkeit* und das Dekret vom März 1961 *Zur strengeren Kontrolle über die Einhaltung der Gesetze gegenüber Kulten*[25] Diese Festlegungen zwangen regionale Offizielle zu einer härteren und konsequenteren Gangart gegenüber religiösen Einrichtungen und der Ausübung religiöser Aktivitäten.[26] Die Mitgliedschaft in religiösen Organisationen für Frauen und Kinder wurden in der Folge ebenso untersagt wie religiöse Studienzirkel und jegliches karitatives Engagement der orthodoxen Kirche.[27] Alle wirtschaftlichen und finanziellen Tätigkeiten der orthodoxen Kirche wurden durch den Rat für die Russisch-Orthodoxe Kirche und damit durch den Staat überwacht. In der Folge behielten die Geistlichen lediglich ihre seelsorgerische

---

20 SHKAROVSKII: The Russian Orthodox Church 1958–64, S. 74.
21 Ebd., S. 75; siehe auch ŞIŞCANU: The Communist Party of the Soviet Union, S. 303.
22 SHKAROVSKII: The Russian Orthodox Church 1958–64, S. 80 f.
23 LOWRIE/FLETCHER: Khrushchev's religious policy 1959–1964, S. 143 f.
24 STONE: »Overcoming Peasant Backwardness«, S. 296.
25 PROTOIEREJ MARČENKO: Religioznaja politika Sovetskogo gosudarstva, S. 265.
26 SONJA LUEHRMANN: Secularism Soviet Style. Teaching Atheism and Religion in a Volga Republic, Bloomington Indianapolis 2011, S. 98.
27 SHKAROVSKII: The Russian Orthodox Church 1958–64, S. 80.

Tätigkeit inne, obgleich diese durch die Liquidierung vieler Gemeinden, massenhafte Kirchenschließungen und Repressionen gegen Mitglieder des Klerus oftmals nur im Untergrund realisiert werden konnte. Ab 1960 nahm zudem die Verfolgung des Klerus, von Gläubigen und Anhängerinnen und Anhängern von Sekten Fahrt auf. Allein zwischen 1961 und 1964 wurden in der Sowjetunion 1.234 Menschen aus religiösen Gründen zu Gefängnis- bzw. Lagerhaft oder zu einem Leben im Exil verurteilt.[28]

Neben der verstärkten atheistischen Propaganda des Parteiapparates und aller sowjetischer Bildungseinrichtungen versuchte das Regime ähnlich wie in den 1920er Jahren, alternative, atheistisch-sowjetische Rituale und Feste einzuführen, um die sowjetischen Bürgerinnen und Bürger vom Empfang religiöser Sakramente abzuhalten.[29] Doch trotz unionsweiter Anstrengungen blieb sowohl die Zahl derer, die sich als religiös bezeichneten, als auch jener, die regelmäßig Gottesdienste oder religiöse Zeremonien aufsuchten, konstant.[30] Gegen Ende der Chruščëv-Ära musste daher die Kommunistische Partei konstatieren, dass der Prozess der »Befreiung« des Volkes von religiöser Bevormundung trotz der eingeleiteten Maßnahmen nur »sehr langsam vonstattenging«.[31]

Die Auswirkungen der ›Kirchenreformen‹ der Ära Chruščëv auf die russisch-orthodoxe Kirche waren dennoch enorm. Noch 1958 verfügte das Moskauer Patriarchat über 13.414 Kirchen, 56 Klöster und 12.169 Priester. Zu Beginn des Jahres 1966 waren noch 7.523 Kirchen, 19 Klöster und 7.410 Priester übriggeblieben.[32] Große Teile der Kirchenstrukturen waren zerstört worden, und die orthodoxe Kirche befand sich erneut in einem totalen Abhängigkeitsverhältnis zum Staat. Obgleich die sowjetische Administration unter Brežnev von der Idee der vollkommenen Zerstörung der orthodoxen Kirche abrückte und in vielen Bereichen ein auf Kompromisse basierendes Verhältnis zur Kirche etablierte, blieben viele der in den 1950er und frühen 1960er Jahren erlassenen Gesetze in Kraft und hatten erhebliche Auswirkungen auf das kirchliche Leben in der späten Sowjetunion. Der fehlende klerikale Nachwuchs hatte beispielsweise zur Folge, dass die

---

28 Ebd., S. 84.
29 So wurden beispielsweise Kolchos-Feiertage als Gegenveranstaltungen zu denen auf dem Dorf sehr verbreiteten Altar- und Patronatsfesten entworfen sowie folkloristische Hochzeitspraktiken wiederbelebt, die sich allerdings erst in den 1970er Jahren durchsetzen sollten. Siehe dazu ULRIKE HUHN: Glaube und Eigensinn. Volksfrömmigkeit zwischen orthodoxer Kirche und sowjetischem Staat 1941 bis 1960 (Forschungen zur Osteuropäischen Geschichte, Bd. 81), Wiesbaden 2014, S. 280 f.
30 ŞIŞCANU: The Communist Party of the Soviet Union, S. 304.
31 Ebd.
32 SHKAROVSKII: The Russian Orthodox Church 1958–64, S. 94.

meisten der verbliebenen geistlichen Bildungseinrichtungen und Klöster ihre Arbeit einstellten mussten. 1970 existierten lediglich zwei geistliche Akademien und drei orthodoxe Seminare.[33] Auch viele Kirchen im ländlichen Raum konnten nicht länger von Geistlichen bedient werden. 1970 funktionierten lediglich 7.338 Gotteshäuser als orthodoxe Kirchen.[34]

1.2 Abriss und Verfall – Das Schicksal regionaler Kirchenarchitektur in der Chruščëv-Ära

Nirgends waren die Kirchenschließungen und der Angriff auf das religiöse Leben der Chruščëv-Ära so deutlich mit dem Verfall von religiöser Architektur verbunden wie auf dem Land. Durch die Schließungen und die Auflösungen von Gemeinden wurden Kirchen und Klöster regionalen Organen unterstellt. Und selbst dort, wo die Kirchen nicht geschlossen wurden, durften ab 1961 orthodoxe Geistliche nicht mehr die Gemeinden leiten. Stattdessen wurde die Leitung den Gemeinderäten übergeben, die von den örtlichen Parteikomitees besetzt wurden.[35] Restaurierungsarbeiten konnten folglich lediglich auf Anweisung der regionalen Kulturbehörde oder der regionalen Gebietsexekutivkomitees erfolgen.[36] Ab 1960 mussten die örtlichen Gemeinderäte für jegliche Reparatur- und Restaurierungsarbeiten an ihren Kirchen die Erlaubnis der regionalen Vertreterinnen und Vertreter des Rates für religiöse Angelegenheiten einholen. Zuwiderhandlungen wurden oftmals mit der sofortigen Schließung der betreffenden Kirche bestraft.[37] Gläubigen wurde zudem untersagt, durch Spenden Kirchen und Klöster zu erhalten.[38]

Neben der Auflösung von Gemeinden und der Schließung von religiösen Bildungsanstalten gehörten der Abriss oder die Sprengung von Kirchengebäuden zum sichtbaren Angriff des Staates auf die Kirche im öffentlichen Raum. Kirchenabrisse wurden zumeist kurzfristig und unter Hilfeleistung der lokalen Autoritäten und der regionalen Abteilungen des Rates für religiöse Angelegenheiten vorgenommen. In der Region Kirov wurden zwischen 1960 und 1964 40 der 75

---

33 PROTOIEREJ MARČENKO: Religioznaja politika Sovetskogo gosudarstva, S. 269.
34 Ebd.
35 ŠKAROVSKIJ: Angriff auf Religion und Kirche, S. 169 f.
36 ŠČENKOV: Očerk V: Voprosy nasledija v Sovetskoj kul'tury 1940–1960-ch gg. Kul'turnoe nasledie v žiznii obščestva vtorogo poslevoennogo desjatiletija, S. 222.
37 MICHAEL BOURDEAUX: Patriarch and Prophets. Persecution of the Russian Orthodox Church Today, London 1969, S. 128.
38 ŠKAROVSKIJ: Angriff auf Religion und Kirche, S. 169.

Kirchen, die 1959 noch als solche funktioniert hatten, geschlossen. 9 von ihnen wurden zerstört oder gesprengt. Die übrigen Kirchen wurden geschändet oder angezündet.[39] Die regionalen Gebietsexekutivkomitees überließen viele Kirchengebäude ihrem Schicksal oder nutzten sie unabhängig von ihrem Denkmalwert für wirtschaftliche Zwecke. Restaurierungsarbeiten, die teilweise noch in den Jahren zuvor begonnen worden waren, wurden gestoppt oder stark verzögert. Die meisten ländlichen Kirchen wurden für die Bedürfnisse der örtlichen Kolchose umfunktioniert.[40] Nicht selten nutzten diese die ehemaligen Gotteshäuser für die Lagerung giftiger oder hochentzündlicher Stoffe und nahmen somit eine nachhaltige Schädigung der Gebäude in Kauf. So berichtete Aleksej Tarasov im Jahr 1966 an die VOOPIiK, dass die aus dem 18. Jahrhundert stammenden Gebäude der Pfingst- und Himmelfahrtskirche in der kleinen Stadt Kasimov im Gebiet Rjazan jahrelang als Lager bzw. Garage gedient hätten. Laut Tarasov erinnere nicht mehr viel an das ursprüngliche Aussehen der Kirchen. Die Innenwände seien »durchtränkt von Benzin und Schweröl« und die Böden von der langjährigen Lagerung von Automobilen stark beschädigt.[41] Die Welle an Kirchenschließungen unter Chruščëv begünstigte den Verfall und in der Folge auch die vollkommene Zerstörung religiöser Baudenkmäler. Im Gebiet Archangel'sk waren zwischen 1960 und 1973 8 von 40 Dorfkirchen aufgrund von Vernachlässigung zur Ruine verfallen. Und von den verbliebenen 32 Kirchen, darunter 14 Gebäude, die unter staatlichem Denkmalschutz standen, befanden sich 1973 6 in äußerst schlechtem Zustand, während die übrigen 8 erhebliche Brandschäden aufwiesen.[42] Durch die formelle Auflösung von Gemeinden – zwischen 1958 und 1966 stellten 5.949 (44 Prozent) der kirchlichen Gemeinschaften ihre Arbeit ein – verließen viele Geistliche die Dörfer.[43] Somit wurden die Kirchen ihrer menschlichen Sicherheitsmaßnahme beraubt. Verheerende Brände waren in vielen russischen Dörfern die Folge der unachtsamen Nutzung und der fehlenden Überwachung. Drei von

---

39 Ebd., S. 138 f.
40 ŠČENKOV: Očerk V: Voprosy nasledija v Sovetskoj kul'tury 1940–1960-ch gg. Kul'turnoe nasledie v žizni obščestva vtorogo poslevoennogo desjatiletija, S. 222.
41 Brief des Korrespondenten Aleksej Tarasov aus Kasimov an den Vorsitzenden der Allrussischen Gesellschaft für den Schutz historischer und kultureller Denkmäler aus dem Jahr 1966, GARF, f. A639, op. 1, d. 41, l. 144.
42 V. TRET'JAKOV/V. ORFINSKIJ: Russkij Sever. Etnografičeskie muzei ili nacional'nye parki? In: Pamjatniki otečestva. Illustrirovannyj al'manach Vserossijskogo Obščestva Ochrany Pamjatnikov istorii i kul'tury, Moskva 1980, Heft 2, S. 139–147, hier S. 146.
43 Gab es im Jahr 1958 13.415 Kirchengemeinden in der UdSSR, so waren es 1966 noch 7.466, was bedeutet, dass es zu einer Schrumpfung um 5.949 Gemeinden kam, also einer Verringerung der Anzahl an Gemeinden um 44 Prozent. Siehe dazu NATHANIEL DAVIS: A Long Walk to Church. A Contemporary History of Russian Orthodoxy, San Francisco/Oxford 1995, S. 43 f.

den acht vollkommen zerstörten Architekturdenkmälern im Gebiet Archangel'sk waren Bränden zum Opfer gefallen, darunter eine Kirche aus dem 17. und zwei Kirchen aus dem 18. Jahrhundert.[44] Verwaiste Kirchengebäude wurden zudem immer häufiger zum Opfer von Vandalismus. Im Januar 1955, etwa ein halbes Jahr, nachdem das Zentralkomitee die Resolution des 7. Juli angenommen und zum radikalen Atheismus aufgerufen hatte, wandten sich Vertreter der kulturellen *intelligencija*, unter ihnen Dmitrij Lichačëv und der sowjetische Schriftsteller Aleksej Jugov, in einem offenen Brief in der *Literaturnaja Gazeta* gegen den drohenden Verfall bedeutender nordrussischer Kirchen im Gebiet Archangel'sk. In ihrem Brief mit dem programmatischen Titel *So darf man mit den Denkmälern volkseigener Baukunst nicht umgehen* beklagten die Autoren »mit Bitterkeit«, wie sie schrieben, die schädliche Einstellung der regionalen und zentralen verantwortlichen Behörden gegenüber den »wunderschönen Denkmälern [...] volkseigener Baukunst«, wie etwa dem Troickij-Antoniev-Sijskij-Kloster aus dem 16. Jahrhundert und der berühmten Kathedrale in Cholmogoryj. Aufgrund des unzureichenden Schutzes der formal unter staatlichem Denkmalschutz stehenden Bauwerke seien einige von ihnen abgebrannt oder von Dieben und Vandalen heimgesucht worden.[45] Auch andernorts vermeldeten die Behörden die Zerstörung von Ikonen, Kreuzen oder anderen religiösen Artefakten. Arbeiterbrigaden verwüsteten und plünderten Kirchen derart, dass die unzivilisierten Maßnahmen der Arbeiterinnen und Arbeiter in vielerlei Hinsicht an die Vorkommnisse der 1920er Jahre erinnerten.[46] Eine weitere Auswirkung der antireligiösen Kirchenpolitik Chruščëvs war das stetige Schrumpfen der ohnehin größtenteils wirkungslosen staatlichen Denkmalschutzlisten in Bezug auf religiöse Architektur.[47] Kirchen wurden gesprengt oder durch Bulldozer dem Erdboden gleichgemacht, wenn auch nicht im gleichen Ausmaß wie in den 1920er und 1930er Jahren. All dies geschah teilweise auf Geheiß des Regimes, in jedem Falle aber unter dessen Billigung.[48] Ebenso wie die Schließungen von Kirchen und die Auflösung von Gemeinden

---

44 TRET'JAKOV/ORFINSKIJ: Russkij Sever, S. 146.
45 Nel'zja tak otnosit'sja k pamjatnikam narodnogo zodčestva. In: *Literaturnaja Gazeta*, 15. Januar 1955, S. 2. – Die Autoren beschreiben u. a. den Diebstahl von Fensterrahmen und Fensterscheiben aus dem im Verfall befindlichen Krasnogorskij-Kloster am Fluss Pinega.
46 DAVIS: A Long Walk to Church, S. 45.
47 Catriona Kelly spricht von einer »feindlichen Neutralität« der staatlichen Denkmalschutzinspektion in Leningrad, welche die Denkmalschutzlisten um einige religiöse Baudenkmäler ›erleichterte‹ und sich nicht gegen die Zerstörung der Erlöserkirche am Heumarkt in Leningrad stemmte. Siehe CATRIONA KELLY: From »Counter-Revolutionary Monuments« to »National Heritage«, S. 144.
48 CHUMACHENKO: Church and State in Soviet Russia, S. 188.

Proteste hervorriefen, erregten die Abrisse und die schädliche Nutzung religiöser Architektur zunehmenden Unmut unter der kulturellen und wissenschaftlichen Elite des Landes und der örtlichen Bevölkerung. In Moskau hatte der Abriss der Verklärungskirche im Zuge des Metroausbaus 1964 beispielsweise die Sammlung von 2.500 Unterschriften von Gläubigen gegen den drohenden Abriss zur Folge.[49] Ähnliche gesellschaftliche Ablehnung und Proteste rief die Sprengung der Smolensker Kathedrale in Ufa im Juli 1956 hervor.[50] Allerdings erreichten die Protestaufrufe von lokalen *kraevedy,* Intellektuellen und Gläubigen auf Regierungsebene keinerlei Wirkung. Im Gegenteil, die heftige Angriffswelle gegen religiöse Institutionen und ihre Versammlungsorte sollte zu diesem Zeitpunkt noch folgen.

1.3 Zwischen forcierter antireligiöser Propaganda und friedlicher Koexistenz – Staat und Kirche in der Brežnev-Ära

Unter Leonid Brežnev wandelte sich die Haltung des Staates gegenüber der orthodoxen Kirche. Die repressiven antireligiösen Maßnahmen wurden gestoppt, und der Staat ging zu einer stabilen und ›bürokratischen‹ Kontrolle der Kirche über.[51] 1965 verabschiedete der Oberste Sowjet der UdSSR einen Beschluss *Über einige Fakten des Beschlusses des Verstoßes gegen sozialistische Gesetzlichkeit in Bezug auf Gläubige,* in dessen Zuge einige Gefangene, die Anfang der 1960er Jahre aufgrund religiöser Gründe verurteilt worden waren, amnestiert wurden.[52] Gleichzeitig wurde die staatliche Kontrolle jedoch insofern aufrechterhalten, als dass der bereits 1943 gegründete Rat für religiöse Angelegenheiten gemeinsam mit dem Institut für den wissenschaftlichen Atheismus über die Belange der Kirche und der Religion wachte.

---

49 Die wiederaufgebaute Verklärungskirche auf dem gleichnamigen Platz in Moskau wurde am 8. Mai 2015 am Vorabend des 70. Jahrestages des ›Großen Vaterländischen Krieges‹ an ihrem ursprünglichen Platz durch Patriarch Kirill geweiht. Die Metrostation *Preobraženskaja ploščad'* wurde damals auf der gegenüberliegenden Seite der Kirche gebaut, wo sich auch heute noch der Eingang zur Haltestelle befindet. An der Stelle der wiederaufgebauten Kirche befand sich ab 1964 eine Grünfläche. Siehe A. TRUBAČEVA: Preobraženskaja cerkov'. Novyj podchod k vozmeščeniju utračennogo, in: *Moskovskoe nasledie* 18 (2012), S. 6–8.
50 V zaščitu pamjatnikov kul'tury. In: *Literaturnaja Gazeta,* 23. August 1956, S. 1.
51 FELIX CORLEY: Religion in the Soviet Union. An Archival Reader, Hampshire, London 1996, S. 244.
52 MICHAIL SHKAROVSKIJ: Die Russisch-Orthodoxe Kirche und antireligiöse Staatspolitik in der Sowjetunion (1943–1988). In: HARTMUT LEHMANN/JENS HOLGER SCHJØRRING (Hrsg.): Im Räderwerk des »real existierenden Sozialismus«. Kirchen in Ostmittel- und Osteuropa von Stalin bis Gorbatschow, Göttingen 2003, S. 14–30, hier S. 27.

Während sich die Kirche auf internationaler Ebene in den Dienst des Staates und seiner außenpolitischen Interessen stellte,[53] setzte die sowjetische Führung im Innern die atheistische Propaganda stärker fort als zuvor. 1964/1965 wurde an allen Hochschulen des Landes der verbindliche Kurs ›Wissenschaftlicher Atheismus‹ eingeführt.[54] Das Institut für den wissenschaftlichen Atheismus betrieb soziologische Studien, um der Religiosität der Bevölkerung auf den Grund zu gehen. Die Ergebnisse waren für das Regime niederschmetternd. Sowjetische Soziologen stellten fest, dass die Kirchenschließungen Anfang der 1960er Jahre zu einem Anstieg der Religiosität unter der Bevölkerung geführt hätten. Obgleich beispielsweise im Gebiet Dnepropetrovsk in der Ukraine zwischen 1961 und 1966 83,5 Prozent der Kirchen geschlossen worden waren, machten statistische Daten für das Jahr 1967 deutlich, dass mehr religiöse Riten in den verbliebenen 20 Kirchen ausgeführt worden waren als in der Vergangenheit in allen 150 Kirchen im Gebiet Dnepropetrovsk zusammen.[55] Der offensichtlichen Krise in der atheistischen Politik und Propaganda des Landes versuchten die Chefideologen der führenden atheistischen Zeitschrift *Nauka i religija* mit höheren Auflagen und einer atheistischen Propaganda zu begegnen, die anstelle eines strengen marxistisch-leninistischen Zugangs auf einer individuellen und eher psychologischen Grundlage fußte.[56] Bereits unter Chruščëv war man zu der Einstellung gelangt, Religion »nicht mehr als im Kern antisowjetisch« anzusehen und die Grenzen »des im sowjetischen Raum Möglichen« durch sowjetisch-spirituelle Rituale zu erweitern.[57] Ohnehin schien die von offiziellen Stellen festgelegte Unterscheidung zwischen der religiösen und damit rückständigen Landbevölkerung und den modernen und atheistischen Arbeiterinnen und Arbeitern aus der Stadt nicht mehr länger tragfähig zu sein. So rief die Zeitschrift *Nauka i religija* Anfang der 1970er Jahre zu einem verständnisvollen Umgang zwischen Atheistinnen und Atheisten auf der einen Seite und Gläubigen auf der anderen Seite auf. Denn, so konstatierte die Zeitschrift, die Mehrheit der gläubigen Bürgerinnen und Bürger der Sowjetunion bestünde doch aus »redlichen Arbeitern und Patrioten«.[58]

Im Zusammenhang mit der kulturellen und wissenschaftlichen Retrospektive der zweiten Hälfte der 1960er Jahre und einem veränderten Verständnis über

---

53 CORLEY: Religion in the Soviet Union, S. 244.
54 SHKAROVSKIJ: Die Russisch-Orthodoxe Kirche, S. 28.
55 VICTORIA SMOLKIN-ROTHROCK: The Ticket to the Soviet Soul: Science, Religion, and the Spiritual Crisis of Late Soviet Atheism. In: *The Russian Review* 73 (April 2013), S. 171–197, hier S. 184 f.
56 Ebd., S. 190.
57 HUHN: Glaube und Eigensinn, S. 330.
58 Fromme Komsomolzen. In: *Der Spiegel*, 26. Juli 1971, S. 112.

das kulturelle Erbe des Landes hatte sich die Bewertung religiöser Architektur grundlegend geändert. Waren religiöse Bauwerke in den 1950er Jahren noch größtenteils auf ihre religiöse Funktion reduziert und als religiöse »Gegendenkmäler« der sowjetischen Epoche verstanden worden, entwickelten sie sich unter Brežnev und dem steigenden Nationalgefühl zu integralen Bestandteilen des nationalen Bauerbes.[59] Die orthodoxe Religion und damit die orthodoxe Kirche wurden in diesem Zusammenhang als »spirituelles Erbe« des Landes dargestellt.[60] Dieser Bedeutungswandel führte, wie im ersten Hauptkapitel zu sehen war, zu einer Teilrehabilitierung der orthodoxen Kultur in den 1960er Jahren. Erst eine härtere Gangart gegen die nationalistische Elite des Landes im Nachhall der Krise in der Tschechoslowakei (ČSSR) von 1968, die neben ›Andersdenkenden‹ auch die religiöse Opposition weiter in den Untergrund trieb, beendete diese Phase. Das Jahr 1971 markierte eine deutliche Abkehr von der Tolerierung des schleichenden Rehabilitationsprozesses religiöser Themen in Wissenschaft und Kultur. Am 16. Juli 1971 erließ das Zentralkomitee den Beschluss *Über die Intensivierung der atheistischen Arbeit unter der Bevölkerung*, in der sich die Regierung deutlich von der »Idealisierung« der religiösen Kultur und religiöser Bräuche distanzierte.[61] Trotz dieser Entwicklungen ist vor allem in den 1970er Jahren eine graduelle Annäherung der orthodoxen Kirche als Institution an den Staat zu beobachten, die nicht zuletzt mit der Wahl von Patriarch Pimen Anfang der 1970er Jahre zusammenhing. Mit Patriarch Pimen I. (Izvekov) übernahm 1971 das erste Mal ein in der Sowjetunion aufgewachsener und sozialisierter Patriarch die Leitung der russisch-orthodoxen Kirche. Sein außenpolitisches Engagement für sowjetische Belange und seine allgemein eher durch Annäherung und Kompromiss als durch Konfrontation getragene Politik gegenüber der sowjetischen Regierung wurde nicht von allen Gläubigen und Weggefährtinnen und Weggefährten unterstützt. Das als *Osterbrief* bzw. *Fastenbrief* bekannt gewordene Schreiben des damals bereits im westlichen Exil lebenden Aleksandr Solženicyn an den Patriarchen von 1972, der den auf Arrangement mit dem Staat fußenden Modus Vivendi und den fehlenden Protest der Kirche gegen die repressiv-atheistische Politik des sowjetischen Staates anklagte, ist zu einem der bedeutendsten Zeugnisse des Verhältnisses zwischen Kirche und Staat in der Brežnev-Ära geworden.[62]

---

59 KELLY: From »Counter-Revolutionary Monuments« to »National Heritage«, S. 131–164.
60 SMOLKIN-ROTHROCK: The Ticket to the Soviet Soul, S. 192.
61 SMOLKIN-ROTHROCK: »A Sacred Space is never Empty«, S. 222.
62 Brief Solženicyns an Patriarch Pimen 1972. Rossijskij gosudarstvennyj archiv novejšej istorii (RGANI), f. 5, op. 64, d. 75, l. 8.

1.4 Die Rolle der orthodoxen Kirche im Denkmalschutz der Brežnev-Ära

Neben der wachsenden außenpolitischen Funktion der russisch-orthodoxen Kirche gab es auch innenpolitisch Bereiche der intensiven Zusammenarbeit zwischen Kirche und Staat. Seit Ende der 1950er Jahre besaß der sowjetische Staat de facto die uneingeschränkte Kontrolle über die Wirtschaftspolitik der Kirche. Unter Chruščëv litt die Kirche unter einer schweren Steuerlast und zusätzlichen Abgaben, die einige Gemeinden Anfang der 1960er Jahre in den finanziellen Ruin trieben. Bisher ist die Forschung davon ausgegangen, dass es sich bei den zusätzlichen Abgaben, die von der russisch-orthodoxen Kirche an den 1961 gegründeten Friedensfonds (fond mira) und ab 1968 an die Allrussische Gesellschaft für den Schutz von Geschichts- und Kulturdenkmälern (VOOPIiK) geleistet werden mussten, um Zwangsabgaben handelte.[63] Doch die in diesem Kapitel untersuchten Dokumente des Moskauer Patriarchats und der VOOPIiK machen deutlich, dass zumindest ein Teil der finanziellen Zuwendungen der orthodoxen Kirche an die Denkmalschutzgesellschaft ursprünglich auf die Initiative der Kirche zurückging. Geht man also von der Annahme aus, dass der Impuls für die zusätzlichen Abgabezahlungen an die VOOPIiK vom Moskauer Patriarchat selbst kam, muss an dieser Stelle zwangsläufig nach den Motiven der russisch-orthodoxen Kirche für die Zahlungen gefragt werden. Darüber hinaus offenbarte die Finanzierung von Restaurierungsarbeiten ehemals religiös genutzter Gebäude durch die Kirche den schwierigen Spagat, den die sowjetische Führung unter Brežnev meistern musste. So betrieb die sowjetische Führung eine Politik, die zwischen einem pragmatischen Arrangement mit der Kirche und einer gleichzeitigen Intensivierung der atheistischen Propaganda lag.

Insgesamt ist über die Finanzpolitik und die finanzielle Situation der russisch-orthodoxen Kirche in der Sowjetunion sowohl unter Chruščëv als auch unter seinem Nachfolger Leonid Brežnev sehr wenig bekannt.[64] Zum einen ist die finanzielle Situation der Kirche aufgrund des beschränkten Zugangs zu Archivmaterialien kaum einzuschätzen. Zum anderen können Statistiken aus der sowjetischen Epoche nur im Abgleich mit anderen Quellen belastbare Erkenntnisse liefern. Schließlich liegen Fragen zur finanziellen Ausstattung der

---

63 So zitiert Jane Ellis in ihrer Studie Bischof Feodosi aus Poltava, der den Beginn der Zwangsabgaben jeder Gemeinde an die VOOPIiK auf 1968 datiert. JANE ELLIS: The Russian Orthodox Church. A Contemporary History, Bloomington Indianapolis 1986, S. 50.
64 Eine der Ausnahmen ist die relativ ausführliche, wenn auch mittlerweile in Teilen überholte Studie von Jane Ellis, die sich weitaus ausführlicher mit dem Thema Finanzen beschäftigt. Siehe ELLIS: The Russian Orthodox Church.

orthodoxen Kirche bis heute nicht im Fokus des wissenschaftlichen Interesses.⁶⁵ Dennoch wird aus der vorhandenen Forschungsliteratur ersichtlich, dass sich die finanzielle Situation der russisch-orthodoxen Kirche im Vergleich zu ihrer Lage gegen Ende der Chruščëv-Ära im Laufe der Regierungszeit Leonid Brežnevs aufgrund einiger Lockerungen auf einem bescheidenen Niveau regenerieren konnte.⁶⁶ Einige Gesamtdarstellungen zur Geschichte der orthodoxen Kirche in der Sowjetunion nach Stalin operieren mit Gesamtzahlen über die Ein- und Ausgaben der Kirche, die eine Einordnung und Bewertung des hier untersuchten kirchlichen Beitrages zum Denkmalschutz zumindest in Ansätzen möglich machen. Neben den Einnahmen durch den Verkauf von Kerzen und christlichen Memorabilien, die etwa ein Viertel der Gesamteinnahmen ausmachten, akquirierte die russisch-orthodoxe Kirche den restlichen Teil ihrer Einnahmen über Finanzspenden von Gläubigen und über Honorare für die Zelebration christlicher Riten und Sakramente.⁶⁷

Am 22. September 1967 informierte der Kulturminister der Russischen Sowjetrepublik Nikolaj Kuznecov den stellvertretenden Vorsitzenden des Ministerrates der RSFSR und Vorsitzenden des Zentralen Sowjets der VOOPIiK Vjačeslav Kočemasov darüber, dass das Ministerium für Kultur auf Grundlage der Empfehlung des Sowjets für religiöse Angelegenheiten unter bestimmten Voraussetzungen einer vorgeschlagenen Spende des Patriarchen Aleksij (Alexius I.) an die VOOPIiK zustimme.⁶⁸ Ferner geht aus dem Schreiben des Kulturministers hervor, dass der Vorschlag des Patriarchen zur Finanzierung von Restaurierungsarbeiten

---

65 Ähnlich wie in der Forschung zur poststalinistischen Sowjetunion allgemein standen zunächst Fragen des institutionellen Verhältnisses zwischen Kirche und Staat im Vordergrund. In den letzten Jahren sind grundlegende Forschungen aus der »Bottom-up«-Perspektive hinzugekommen, die den Einfluss auf und die Perzeption atheistischer Propaganda durch die sowjetische Bevölkerung untersuchen oder die gelebten religiösen Praktiken innerhalb der Bevölkerung beleuchten. Siehe dazu beispielsweise SMOLKIN-ROTHROCK: »A Sacred Space is never Empty«; LUEHRMANN: Secularism Soviet Style; oder die Dissertation von ULRIKE HUHN: Glaube und Eigensinn.
66 DAVIS: A Long Walk to Church, S. 187.
67 JANE ELLIS: The Russian Orthodox Church, S. 49.
68 Schreiben des Ministers für Kultur der RSFSR an den stellvertretenden Vorsitzenden des Ministerrates der RSFSR und Vorsitzenden des Zentralen Sowjets der VOOPIiK vom 22.09.1967, GARF, f. A639, op. 1, d. 16, l. 71. In ihrer Selbstdarstellung hält die VOOPIiK fest, dass dem Schreiben des Ministers für Kultur ein Treffen des stellvertretenden Vorsitzenden des Ministerrates und Vorsitzenden des Zentralen Sowjets der VOOPIiK, Vjačeslav Kočemasov, und seines Stellvertreters, Vladimir Ivanov, mit dem Patriarchen der russisch-orthodoxen Kirche, Aleksij I., im Frühsommer 1966 vorausgegangen sei. Die VOOPIiK habe sich nach ihrer Gründung also aktiv an die Kirche gewandt. Siehe: V. A. LIVCOV: Učastije Vserossijskogo Obščestva ochrany pamjatnikov istorii i kul'tury (VOOPIiK) v sochranenii kul'turnogo nasledija narodov

durch Mittel des Moskauer Patriarchats an die Restaurierung konkreter Gebäude geknüpft war. So schlug Patriarch Aleksij vor, denkmalpflegerische Arbeiten an zwei Kirchen und zwei Kapellen des Troice-Sergiev-Klosters (Dreifaltigkeitskloster) im damaligen Zagorsk (heute Sergijev Possad) zu finanzieren.[69] Kuznecov machte deutlich, dass die Einwilligung des Ministeriums für Kultur zur Annahme der Gelder nicht zuletzt daher rühre, weil in anderen Teilrepubliken wie beispielsweise Georgien und Armenien »die Mittelbeschaffung unter Gläubigen für die Realisierung von Restaurierungsarbeiten an Geschichts- und Kulturdenkmälern, die nicht unter religiösen Zielen genutzt werden«, bereits durchgeführt werde.[70] Kuznecov verwies auf zwei wichtige Details: Indirekt führte er die Herkunft der Gelder des Moskauer Patriarchats auf Spenden durch Gläubige zurück. Darüber hinaus streifte Kuznecov im oben zitierten Absatz einen wichtigen Grundsatz der damals geltenden Denkmalschutzrichtlinien. In den Fällen, in denen die orthodoxe Kirche als Pächterin von Kirchenarchitektur auftrat, hatte die Kirche laut Pachtvertrag ohnehin für den Erhalt der Gebäude zu sorgen und damit auch für die Finanzierung notwendiger Restaurierungsarbeiten. Für die unter Denkmalschutz stehende Kirchenarchitektur, die sich nicht in der Nutzung der Kirche befand, hatte der Staat und damit in erster Linie die VOOPIiK für die Denkmalpflege zu sorgen. Da auch unter Brežnev weiterhin Kirchen geschlossen wurden, gingen diese, falls sie nicht an andere Pächterinnen oder Pächter wie Unternehmungen oder regionale Kolchosen übergeben wurden, an die VOOPIiK und das staatliche Denkmalschutzsystem über. Hinsichtlich der enormen Kosten, die der Unterhalt und die aufwendigen Restaurierungsarbeiten an den zum Teil jahrhundertealten Kirchengebäuden verursachten, waren die staatlichen Stellen also einerseits auf finanzielle Hilfe angewiesen. Andererseits beinhaltete die Nutzung kirchlicher Gelder für die Restaurierung ehemals religiös genutzter Gebäude eine ideologisch schwer verdauliche Komponente. Nicht zuletzt aus diesem Grund knüpfte der Minister die Annahme der Spendengelder an feste Regeln. Im gleichen Schreiben von 1967 an die VOOPIiK legte er fest, dass die Kirche keinerlei Ansprüche auf die Nutzung der Denkmäler erheben dürfe, deren Restaurierungsarbeiten sie finanziere. Folglich wurde die Kirche damit de facto zu einer Pächterin ohne Pachterlaubnis degradiert. Die Angst der sowjetischen Führung, sie könne die Entscheidungsgewalt über die Nutzung der unter staatlichem Denkmalschutz stehenden Kirchengebäude verlieren, trieb diese Argumentation ebenso an wie der

---

Rossijskoj Federacii. In: 75 let Paktu Rericha. Materialy meždunarodnoj obščestvenno-naučnoj konferencii, Moskva 2010, S. 317—336, hier S. 322 f.
69 GARF, f. A639, op. 1, d. 16, l. 71.
70 Ebd.

Pragmatismus eines Ministeriums, das für die kostenintensive Instandhaltung religiöser Architekturdenkmäler auf die finanzielle Hilfe der Kirche angewiesen war.

Die orthodoxe Kirche wiederum konnte aus der Mitwirkung im Denkmalschutz eigene Vorteile ziehen. Grundsätzlich stellten der Paradigmenwechsel in der Bewertung kirchlicher Architektur und folglich die Gründung der VOOPIiK für die russisch-orthodoxe Kirche glückliche Veränderungen dar. Die zahlreichen orthodoxen Kirchen der Russischen Sowjetrepublik gehörten zu den bedeutendsten und in Bezug auf die Instandhaltung aufwendigsten Architekturdenkmälern. Dass sich nun eine staatliche Organisation der Restaurierung und des Erhalts von religiösen Baudenkmälern mit öffentlichen Geldern annahm, war ganz im Sinne der orthodoxen Führung. Einer ähnlichen Agenda zur Rettung der orthodoxen Kirchenarchitektur dürften sich auch Teile der VOOPIiK verpflichtet gesehen haben. Als die VOOPIiK einige Tage nach dem gescheiterten Augustputsch 1991 zur Restaurierung bedrohter Kirchen in Moskauer Zeitungen aufrief, begründete sie ihren Einsatz zur Rettung orthodoxer Kirchenarchitektur nicht länger mit dem historischen und kulturellen Wert der Bauwerke, sondern argumentierte offen religiös.[71]

In den 1960er und 1970er Jahren spielten die jahrhundertealten Sakralbauten in Bezug auf den sich entwickelnden internationalen Tourismus eine zunehmend wichtigere Rolle. Die orthodoxen Kirchen und Klöster der Sowjetunion wurden zu bedeutenden Kulturobjekten im Systemwettstreit mit dem ›Westen‹. In diesem Sinne wurde Patriarch Pimen nicht müde, die internationale Bedeutung der religiösen Architekturdenkmäler gegenüber der VOOPIiK zu betonen:

> Millionen von ausländischen Gästen, die in unser Land reisen, lernen die reiche historische Vergangenheit unseres Volkes kennen. Während sie die Gegenwart und Vergangenheit unseres Volkes ergründen, sind sie durchdrungen von Respekt vor unserem großen Mutterland und unserem Volk. Diese Kontakte dienen der Annäherung der Völker auf dem Planeten und helfen dem heiligen Unternehmen der Festigung des Friedens.[72]

Patriarch Pimen machte sich die politische Rhetorik der Zeit ebenso zunutze wie das auf eine Entspannungspolitik ausgelegte außenpolitische Engagement der Sowjetunion, das auch die Kirche in ihrer internationalen Position gestärkt hatte. Ab 1961 hatte die russisch-orthodoxe Kirche wieder am Weltkirchenrat und

---

71 JOHN GARRARD/CAROL GARRARD: Russian Orthodoxy Resurgent. Faith and Power in the New Russia, Princeton 2008, S. 99.
72 Brief des Patriarchen Pimen an den Vorsitzenden des Zentralen Sowjets der VOOPIiK Vjačeslav Ivanovič Kočemasov vom 29. 10. 1976, GARF, f. A639, op. 1, d. 474, l. 108.

an den Konferenzen aller orthodoxen Kirchen der Welt teilgenommen. Zudem leitete sie die Christliche Bewegung für den Frieden und war auch beim Zweiten Vatikanischen Konzil zugegen gewesen.[73]

Der Verweis auf den internationalen Tourismus bzw. auf die internationale Bedeutung einiger Kirchen- und Klosterkomplexe fungierte darüber hinaus als gewichtiges Argument für den Erhalt, die Rekonstruktion religiöser Gebäude oder deren Ausbau. So stimmte der Rat für religiöse Angelegenheiten 1982 beispielsweise dem Vorschlag von Patriarch Pimen für einen Anbau an das Refektorium der Moskauer geistlichen Akademie des Troice-Sergiev-Klosters in Zagorsk zu. Begründet wurde der Neubau durch den Anstieg der Besuche wichtiger ausländischer Delegationen, der eine bessere Versorgung der Gäste aus Politik und Klerus notwendig mache. Zudem genieße die Arbeit mit ausländischen Delegationen im Kloster »einen besonders positiven Stellenwert«.[74] Die gezielten Geldspenden an die VOOPIiK ermöglichten also eine indirekte Einflussnahme der Kirche auf die Instandhaltung und Restaurierung wichtiger Kirchenarchitektur, die sich bis auf wenige Ausnahmen nicht in ihrer Nutzung befand.

Der Brief Kuznecovs an Kočemasov von 1967 endete mit dem Auftrag Kuznecovs an die VOOPIiK, die Gelder für die vom Patriarchen vorgeschlagenen Gebäude anzunehmen und den Arbeitsplan der wissenschaftlichen Restaurierungswerkstatt der Moskauer Region für das Jahr 1968 in Bezug auf die Restaurierungen der Kirchengebäude in Zagorsk zu aktualisieren.[75] Auch in den folgenden Jahren flossen regelmäßig Spenden des Moskauer Patriarchats an die VOOPIiK. Insgesamt sind für die Jahre 1967, 1974 bis 1978, 1980 bis einschließlich 1982 zusätzliche Spenden des Moskauer Patriarchates an die VOOPIiK über anfänglich 400.000 Rubel (1974) und ab 1975 bis einschließlich 1982 über 1 Million Rubel bzw. zum 60. Jahrestag der Oktoberrevolution 1977 sogar über 1,4 Millionen Rubel nachweisbar. Unter Berücksichtigung des sich ändernden Rubelkurses handelte es sich hierbei um beachtliche finanzielle Zuwendungen, obgleich Aleksij Marčenko in seiner Studie zur antireligiösen Politik Chruščëvs für die Brežnev-Zeit von einer weitaus höheren Abgabe der orthodoxen Kirche an die VOOPIiK ausgeht. Bei einem Gesamteinkommen der russisch-orthodoxen Kirche von 25 Millionen Rubel im Jahr 1969 seien im gleichen Jahr mehr als 12 Millionen

---

73 ŠKAROVSKIJ: Angriff auf Religion und Kirche, S. 172.
74 Brief des Vorsitzenden des Sowjets für religiöse Angelegenheiten V. A. Kuroedov an den Ministerrat der RSFSR vom April 1982, GARF, f. A639, op. 1, d. 685, l. 121–122.
75 Schreiben des Ministers für Kultur der RSFSR an den stellvertretenden Vorsitzenden des Ministerrates der RSFSR und Vorsitzenden des Zentralen Sowjets der VOOPIiK vom 22.09.1967, GARF, f. A639, op. 1, d. 16, l. 71.

Rubel an den Friedensfonds und die VOOPIiK gegangen.[76] Marčenko macht allerdings weder Angaben darüber, wie viel Geld von den 12 Millionen Rubel an die VOOPIiK ausgezahlt wurde, noch gibt er Anhaltspunkte zu der Herkunft der Zahlen. Zudem unterscheidet er nicht zwischen der Zwangsabgabe von Geldern an die VOOPIiK für die tatsächlich von der Kirche genutzten Gebäude und hier thematisierten zusätzlich geleisteten Zahlungen. Diese Unterscheidung wird auch in den jährlichen Briefen des Patriarchen an die VOOPIiK unterstrichen. Eine in allen Zuwendungsschreiben des Moskauer Patriarchats an die VOOPIiK fast identische Passage lautete daher:

> Die russische orthodoxe Kirche trägt zu dieser edlen Sache [zum Denkmalschutz] ihren möglichen Teil bei, indem sie die Denkmäler restauriert, die von ihr zu religiösen Zwecken genutzt werden. Daneben aber unterstützt sie mit ihren Mitteln auch die allgemeine Arbeit der Allrussischen Gesellschaft für den Schutz und den Erhalt von Geschichts-, Architektur- und Kulturdenkmälern unseres Volkes.[77]

Das Moskauer Patriarchat verschickte die Zuwendungsbescheide an die VOOPIiK oft zu sozialistischen Feiertagen. 1975 kam der Brief des Patriarchen pünktlich zum 30. Jahrestag des Sieges im ›Großen Vaterländischen Krieg‹. Zwischen 1976 und 1980 trafen die Briefe jeweils zum Jahrestag der Oktoberrevolution in der VOOPIiK-Zentrale in Moskau ein. Im Dezember 1982 gratulierte Patriarch Pimen mit seiner Millionenspende zum 60. Jubiläum des sowjetischen Bildungswesens.[78] In einigen Fällen waren die Spenden des Patriarchats zweckgebunden. 1980 sollten beispielsweise 475.000 Rubel der Millionenspende für die Restaurierung der Himmelfahrtskathedrale in Vladimir genutzt werden.[79] Trotz der bereits diskutierten Trendwende im sowjetischen Denkmalschutz der 1970er Jahre hin zu einer prioritären Behandlung von so genannten Geschichtsdenkmälern der sowjetischen Epoche liegt die Vermutung nahe, dass die vom Patriarchat zur Verfügung gestellten, zum Teil ungebundenen Gelder anscheinend dennoch ausschließlich der Restaurierung von Architekturdenkmälern religiöser Provenienz zugeführt wurden. Das jedenfalls suggerieren die Antwortschreiben des Vorsitzenden der VOOPIiK, Kočemasov, der den

---

76 Protoierej Marčenko: Religioznaja politika Sovetskogo gosudarstva, S. 271.
77 Brief des Patriarchen Pimen an den Vorsitzenden des Zentralen Sowjets der VOOPIiK Vjačeslav Ivanovič Kočemasov vom 29. 10. 1976, GARF, f. A639, op. 1, d. 474, l. 108.
78 Brief des Patriarchen Pimen an den Vorsitzenden des Zentralen Sowjets der VOOPIiK Vjačeslav Ivanovič Kočemasov vom 26. 11. 1982, GARF, f. A639, op. 1, d. 687, l. 137.
79 Brief des Patriarchen Pimen an den Vorsitzenden des Zentralen Sowjets der VOOPIiK Vjačeslav Ivanovič Kočemasov vom 5. November 1980, GARF, f. A639, op. 1, d. 614, l. 67.

Patriarchen regelmäßig über fortschreitende Restaurierungsarbeiten an religiösen Denkmälern informierte, wie beispielsweise 1976 über die Arbeiten an den Klosterkomplexen auf den Solovki, in Novgorod oder Pskov[80] oder 1981 an den Kirchen des Kulikovo-Feldes bei Tula,[81] denn obgleich die VOOPIiK in den 1970er Jahren verstärkt mit der Einrichtung und Propagierung von sowjetischen Denkmalsorten beschäftigt war, forderte besonders die religiöse Architektur aufgrund ihres Alters und ihrer künstlerischen Komplexität die meisten Gelder für ihren Erhalt ein.

1.5 Zwischenfazit

Die mutwillige Zerstörung von Kirchenarchitektur bzw. die »feindliche Neutralität«[82] gegenüber der Verwahrlosung und dem Verfall religiöser Architektur waren manifester Ausweis der antireligiösen Politik der sowjetischen Führung, die zusammen mit den übrigen Modernisierungsanstrengungen des sowjetischen Regimes den Eintritt in den Kommunismus ebnen sollten. Dabei begünstigte die repressiv-atheistische Politik der sowjetischen Administration eine denkmalfeindliche Politik, die selbst den Abriss unter Denkmalschutz stehender kirchlicher Gebäude möglich machte und diesen darüber hinaus politisch rechtfertigte. In den 1960er Jahren erschütterte der unzivilisierte und »barbarische« Umgang regionaler Kulturbehörden und Unternehmen mit religiöser Architektur große Teile der künstlerischen und wissenschaftlichen Elite des Landes.[83] Die Mehrheit der *intelligencija* verknüpfte mit der Entstalinisierungs- und Modernisierungspolitik des Regimes Hoffnungen auf eine Liberalisierung des öffentlichen und kulturellen Lebens und weniger einen Rückfall in unzivilisierte und ›kulturlose‹ Zeiten der Vergangenheit. Obgleich sich die ›Kirchenreformen‹ auf institutioneller Ebene als durchaus erfolgreich und dauerhaft wirksam erwiesen, scheiterten die Kampagnen Chruščëvs ähnlich wie in den 1920er Jahren, die

---

80 Antwortschreiben des Vorsitzenden des Zentralen Sowjets der VOOPIiK Vjačeslav Ivanovič Kočemasov an den Patriarchen Pimen vom November 1976, GARF, f. A639, op. 1, d. 474, l. 105–106, hier l. 105.
81 Antwortschreiben des Vorsitzenden des Zentralen Sowjets der VOOPIiK Vjačeslav Ivanovič Kočemasov an den Patriarchen Pimen vom 17. 12. 1981, GARF, f. A639, op. 1, d. 652, l. 133.
82 KELLY: From »Counter-Revolutionary Monuments« to »National Heritage«, S. 144.
83 Die Autoren des Artikels von 1956 schreiben, die zahllosen Abrisse und der Verfall bedeutender architektonischer Denkmäler sprächen von einem »barbarischen Verhältnis zu den historisch-architektonischen Denkmälern seitens der von ihnen genutzten Einrichtungen/Organisationen«. Siehe dazu: V zaščitu pamjatnikov kul'tury, S. 1.

Religiosität der sowjetischen Bevölkerung zu bekämpfen. Im Gegenteil kam es unter Chruščëvs Nachfolger Leonid Brežnev besonders gegen Ende der 1960er Jahre zu einer erneuten Wiederbelebung religiöser Kultur im öffentlichen Leben. Wie im vorangegangenen ersten Hauptkapitel deutlich geworden ist, wurde das religiöse Erbe des Landes in den 1960er Jahren in den Diskurs über das nationale Kulturerbe integriert. In den 1970er Jahren gebot die sowjetische Führung der Diskussion über religiöse Themen in der Öffentlichkeit Einhalt und damit der im Zuge der Kulturerbedebatte vollzogenen Teilrehabilitierung des spirituellen Erbes der russischen Orthodoxie. Anhängerinnen und Anhänger religiöser Ideen sahen sich ähnlich wie die Mitglieder der liberalen Opposition gezwungen, fortan im Untergrund zu agieren. Das Verhältnis zwischen der russisch-orthodoxen Kirche und dem sowjetischen Staat blieb während der 1970er und 1980er Jahren allerdings stabil. Staatlicherseits waren die Beziehungen getragen von Kontrolle und pragmatischem Arrangement. Obgleich die Sowjetunion die atheistische Propaganda in den 1960er und 1970er Jahren intensivierte, änderte sich an der kontinuierlichen finanziellen Unterstützung des staatlichen Denkmalschutzes religiöser Architektur durch die Kirche nichts. Die Zusammenarbeit der russisch-orthodoxen Kirche mit dem sowjetischen Staat im Rahmen der VOOPIiK macht die von Alexander Fokin angemahnte Diskrepanz der sowjetischen Kulturpolitik der 1960er und 1970er Jahre deutlich, die sich zwischen staatlicher Kontrolle auf der einen Seite und öffentlicher Präsentation bedeutender kultureller Werke auf nationaler und internationaler Ebene auf der anderen Seite bewegte.[84] Über die Annahme der jährlichen Geldspenden des Patriarchats eröffnete die sowjetische Führung der orthodoxen Kirche die Möglichkeit der aktiven Teilhabe an der staatlichen Denkmalschutzpolitik und damit am Schutz und Erhalt religiöser Architektur. Das veränderte Denkmalverständnis erleichterte die ideologische Vereinbarkeit und offizielle Rechtfertigung für die Annahme der Gelder. Zusätzlich forcierten die internationale Stellung der russisch-orthodoxen Kirche und die damit verbundene Vertretung sowjetischer Interessen durch die Kirche auf internationalem Terrain die Zusammenarbeit beider Seiten. Und schließlich begünstigten die touristische Nutzung und das internationale Renommee der sowjetischen Kulturerbestätten, die in erster Linie aus religiöser Architektur bestanden, den pragmatischen Schulterschluss zwischen Kirche und Staat im Bereich des Denkmalschutzes.

---

84 ALEXANDER FOKIN: Kulturangelegenheiten auf den KPdSU-Parteitagen der 1960er und 1970er Jahre. In: IGOR NARSKIJ: Hochkultur für das Volk? Literatur, Kunst und Musik in der Sowjetunion aus kulturgeschichtlicher Perspektive, Oldenbourg 2018, S. 117–136, hier S. 135.

2. Die *derevenščiki* und die Popularisierung des Denkmalschutzdiskurses

Die Anhänger der sowjetischen Dorfprosa, die so genannten *derevenščiki*,[85] hatten, wie es bereits am Beispiel von Semën Šurtakov angeklungen ist, einen erheblichen Einfluss auf die Ausbildung eines nationalistischen Denkmalverständnisses ab der zweiten Hälfte der 1960er Jahre. Sie entwickelten sich zu Wortführern in der Debatte um den sowjetischen Denkmalschutz und gehörten zu den ersten Besuchern altrussischer Architekturdenkmäler.

Aufgrund ihrer gesellschaftlichen Wahrnehmung und literarischen Rezeption entwickelte sich die Dorfprosa zur größten und wichtigsten literarischen Strömung in den 1960er und 1970er Jahren. Ihre Veröffentlichungen, die dem Diskurs über das russische Landleben und über die russische Kultur entsprangen, kurbelten die Diskussionen über den Schutz und den Erhalt des kulturellen Erbes unter sowjetischen Intellektuellen und der sowjetischen Bevölkerung an. Ausgelöst durch die umfassenden landwirtschaftlichen Reformen der Chruščëv-Ära, portraitierten die Dorfprosaisten das russische Dorf und seine Bewohnerinnen und Bewohner als Wurzel des einfachen und genuin russischen Lebens, das trotz der radikalen politischen Einschnitte seinen unverfälschten Charakter bewahrt habe. Dabei bedienten sich die *derevenščiki* des Rückgriffs auf die Vergangenheit, des Blicks in vorrevolutionären Epochen, in eine Zeit vor den Umwälzungen der Oktoberrevolution und der sowjetischen Moderne. Neben den Dorfbewohnerinnen und Dorfbewohnern wurde in erster Linie die kirchliche Architektur als Ausdruck dieser unverfälschten und standhaften russischen Kultur portraitiert. Ihr Schutz, der in vielen Veröffentlichungen der Dorfprosaisten angemahnt wird, entwickelte sich zum wichtigsten Bestandteil in ihrer Agenda zur Bewahrung des russischen Kulturguts.

In der historischen Sowjetunionforschung hat die Dorfprosa ihren Platz vor allem in Untersuchungen zum russischen Nationalismus gefunden.[86] In diesem

---

85 Der Begriff *derevenščiki*, der in der zeitgenössischen Publizistik oftmals als abschätziger Begriff zur Beschreibung der Vertreter der *derevenskaja proza* benutzt wurde, war ursprünglich ein Begriff zur Beschreibung von Teilen der revolutionären Organisation der Narodniki – ›Land und Freiheit‹ *(zemlja i volja)*, der in den 1950er und 1960er Jahren zur Bezeichnung der Dorfprosaisten wiederbelebt wurde. Der Begriff, der heute in der Forschungsliteratur unbelastet genutzt wird, soll in dieser Studie ebenfalls als Synonym für die Vertreter der *derevenskaja proza* herangezogen werden.

86 Siehe hierzu beispielsweise die Veröffentlichungen von BRUDNY: Reinventing Russia; MITROKHIN: Die »Russische Partei«; ALEXANDRA MEY: Russische Schriftsteller und Nationalismus 1986–1995. Vladimir Solouchin, Valentin Rasputin, Aleksandr Prochanov, Eduard Limonov (Dokumente und Analysen zur russischen und sowjetischen Kultur, 12/II, hrsg. von Karl Eiermacher und Klaus Waschik), Bochum/Freiburg 2004.

Zusammenhang ist der russische Nationalismus der späten 1980er Jahre als Ergebnis einer langen Tradition nationalistischen Denkens bewertet worden, dessen Anfänge nicht zuletzt auf die Bewegung der Dorfprosa zurückgeführt wurden.[87] Obgleich der Einfluss der Dorfprosa auf die Entwicklung des russischen Nationalismus unumstritten ist – die Einengung des Dorfprosadiskurses auf seine zum Teil ethno-nationalistische und daraus resultierende politische Stoßrichtung spielt für die Untersuchung in diesem Kapitel nur eine Nebenrolle, da eine solche Bewertung der Dorfprosa ihre konkreten Inhalte und die von ihr thematisierten sozialen, ökonomischen und politischen Themen der Zeit in den Hintergrund treten lässt.

Kathleen Parthé hat in ihrer Forschung zur Dorfprosa nachgewiesen, dass nicht so sehr die Inhalte der Dorfprosa als vielmehr die Literaturkritik der 1960er und 1970er Jahre, also deren literarische Rezeption die Sprachbilder dieser russischen Literaturgattung mehrheitlich im nationalistischen Diskurs verankert hätten.[88] Der sowjetische Kritiker A. Petrik argumentierte 1981 wiederum, dass die Dorfprosa nicht so sehr das Objekt einer literaturkritischen Studie gewesen sei, sondern vielmehr die Möglichkeit geboten habe, über die wichtigsten zeitgenössischen Probleme zu streiten.[89] Die drängenden Fragen dieser Zeit standen dabei in unmittelbarem Zusammenhang mit den Modernisierungsanstrengungen des Regimes, die in erheblichem Maße den landwirtschaftlichen Sektor betrafen. Geoffrey A. Hosking hat in einem frühen Artikel von 1973 darauf verwiesen, dass die Autoren der Dorfprosa die Suche nach neuen Vorbildern nach dem Tode Stalins und der Entstalinisierung dazu bewegt habe, sich dem ›einfachen‹ Mann auf dem Dorf und seinem Kampf gegen die moderne Welt zu widmen. In diesem Zusammenhang sei ›der Bauer‹ in der Dorfprosa zum Opfer der großen und schonungslosen Prozesse der sowjetischen Modernisierung stilisiert worden.[90]

Anknüpfend an diese Überlegungen soll der Fokus dieses Kapitels auf den Themen und Inhalten der sowjetischen Dorfprosa liegen und es soll danach gefragt werden, wie und in welchem Zusammenhang der Schutz von religiösen Architekturdenkmälern Eingang in die sowjetische Literatur hielt und damit einen breiten Kreis an Leserinnen und Lesern fand. Anhand ausgewählter Texte einschlägiger Dorfprosaisten soll exemplarisch dargestellt werden, auf welche Weise

---

87 KATHLEEN PARTHÉ: Village Prose: Chauvinism, Nationalism, or Nostalgia? In: SHEELAGH DUFFIN GRAHAM (Hrsg.): New Directions in Soviet literature, London 1992, S. 106–121.
88 Ebd., S. 106.
89 A. PETRIK: »Derevenskaja proza«. Itogi i perspektivy izučenija. In: *Filologičeskie nauki* 1 (1981), S. 66, zitiert in: PARTHÉ: Village Prose, S. 114.
90 GEOFFREY HOSKING: The Russian Peasant Rediscovered. »Village Prose« of the 1960s, in: *Slavic Review* 32 (Dezember 1973) 4, S. 705–724, hier S. 723.

die *derevenščiki* ihre Veröffentlichungen für die Popularisierung vergessener Denkmäler in den russischen Regionen nutzten und welche politischen Forderungen sie mit ihren Veröffentlichungen verbanden.

Dieses Kapitel versucht, die Dorfprosa als Phänomen ihrer Zeit ernst zu nehmen und die notwendigen politischen Zuschreibungen aus den Kontexten und Diskursen der Zeit zu extrahieren. Aus diesem Grund müssen die Bewegung der Dorfprosa und die von ihr aufgeworfenen Themen in den breiteren Kontext der Reformen des Landwirtschaftssektors unter Nikita Chruščëv und Leonid Brežnev gestellt werden. War die Rückbesinnung auf die russischen kulturellen Wurzeln, welche die Anhänger der Dorfprosa auf dem russischen Land zu finden glaubten, eine Antwort auf die Landwirtschaftsreformen der 1960er Jahre und damit auf die sowjetische Moderne? Und ist der Denkmalschutzdiskurs der Dorfprosa folglich als eine Ausprägung dieser Rückbesinnung und als Gegenwehr zur Modernisierung zu werten?

Um diese Fragen beantworten zu können, soll der historische Hintergrund der Landwirtschaftsreformen unter Nikita Chruščëv und Leonid Brežnev skizziert werden, ehe in Grundzügen die Entwicklung der sowjetischen Dorfprosa aus literaturwissenschaftlicher Sicht erläutert wird. Im Anschluss werden konkrete Werke führender Dorfprosaisten und deren Bedeutung für den Denkmalschutzdiskurs interpretiert, um schließlich dem Einfluss der Dorfprosa auf den so genannten historisch-kulturellen Tourismus der 1960er Jahre nachzuspüren.

2.1 Die Landwirtschaftsreformen unter Chruščëv

Nach der gewaltsamen Zwangskollektivierung Ende der 1920er Jahre, die Millionen von Opfern gefordert hatte, war die erwartete Modernisierung der sowjetischen Landwirtschaft ausgeblieben.[91] Die Hauptinvestitionen der sowjetischen Wirtschaft der direkten Nachkriegszeit flossen in den Aufbau der zerstörten sowjetischen Städte und den Ausbau der Schwerindustrie. Die meisten Bäuerinnen und Bauern waren zu Beginn der 1950er Jahre in Kolchosen organisiert und fristeten ein Leben in Armut.[92] Weit über die Hungersnot von 1946 hinaus, die zwischen einer und anderthalb Millionen Opfer gefordert hatte, kämpfte die sowjetische Landwirtschaft bis in die 1950er Jahre hinein mit Problemen, die russischen Städte mit ausreichend

---

91 Zur Zeit vor Chruščëv siehe in erster Linie STEPHAN MERL: Bauern unter Stalin. Die Formierung des sowjetischen Kolchossystems 1930–1941, Berlin 1990.
92 DONALD FILTZER: Die Chruschtschow-Ära. Entstalinisierung und die Grenzen der Reform in der UdSSR, 1953–1964, Mainz 1995, S. 49 f.

Lebensmitteln zu versorgen.⁹³ Vor allem die sich verändernde sowjetische Gesellschaft stellte Anforderungen an die Landwirtschaft, mit denen das alte Agrarsystem nicht Schritt halten konnte. Die Bedürfnisse der Bevölkerung waren gestiegen, ebenso wie die Nachfrage nach Lebensmitteln in der Stadt und auf dem Land.

Direkt nach seinem Amtseintritt sah sich Chruščëv zu landwirtschaftlichen Reformen gezwungen. Einer der Kernpfeiler der Agrarpolitik war die Steigerung der landwirtschaftlichen Produktion. Dabei ging es nicht nur um die Schließung von Versorgungsengpässen und eine grundlegende Modernisierung der sowjetischen Landwirtschaft. Als übergeordnetes Ziel seiner landwirtschaftlichen Politik gab Chruščëv die Ein- und Überholung der USA in Bezug auf die Viehhaltung und die Produktion von Grundnahrungsmitteln pro Kopf, wie etwa Milch und Fleisch, bis zum Jahr 1975 aus.⁹⁴

Die Produktionssteigerung sollte mit dem zusätzlichen Anbau von Futtermais in neuen und bis dato brachliegenden Anbaugebieten in Zentralasien und Westsibirien erreicht werden.⁹⁵ Gleichzeitig glaubten sowjetische Politikerinnen und Politiker, die Pläne durch die im Jahr 1958 beschlossene großflächige Zusammenlegung von Kolchosen zu größeren Produktionseinheiten sowie die Umwandlung von Kolchosen zu Staatsgütern (Sovchosen) realisieren zu können. Um die Konkurrenz zwischen den Maschinen-und-Traktoren-Stationen (MTS) und den Kolchosen, als den »beiden Herren auf dem Land«, aufzubrechen, wurden die MTS 1958 abgeschafft.⁹⁶ Die MTS hatten als Staatsfirmen über Verträge mit den Kolchosen die mechanisierte Feldarbeit übernommen und wurden von diesen im Gegenzug mit landwirtschaftlichen Gütern bezahlt. Doch während die MTS daran interessiert waren, so viel Arbeit wie möglich zu erledigen und damit maximalen Ertrag zu erwirtschaften, wollten die Kolchosen die Felder unter einem Minimum an Ausgaben von den MTS abernten lassen.⁹⁷ Die Abschaffung der staatlich subventionierten Maschinen-und-Traktoren-Stationen hatte allerdings zur Folge, dass sich die Großkolchosen auf lange Sicht stark verschuldeten. Jede Kolchose musste sich nun aus Eigenmitteln die benötigte Maschinerie aus den Beständen der aufgelösten MTS aufkaufen. Die hohen Staatsabgaben und die niedrigen Preise für landwirtschaftliche Erzeugnisse brachten den Kollektivbetrieben zu wenig Geld

---

93 NEUTATZ: Träume und Alpträume, S. 344.
94 ANATOLII STRELIANYI: Khrushchev and the Countryside. In: WILLIAM TAUBMAN U. A. (Hrsg.): Nikita Khrushchev. New Haven/London 2000, S. 113–137, hier S. 114, 126.
95 FILTZER: Die Chruschtschow-Ära, S. 53 f.
96 Siehe beispielsweise: ANATOLII STRELIANYI: Khrushchev and the Countryside, S. 119; sowie ALEC NOVE: Soviet Agriculture under Brezhnev. In: *Slavic Review* 29 (September 1970) 3, S. 379–410, hier S. 383.
97 STRELIANYI: Khrushchev and the Countryside, S. 119.

ein, um die horrenden Kosten des erzwungenen Kaufs von Landmaschinen zu decken.[98] Neben der finanziellen Verschuldung der kollektiven Landwirtschaft resultierten aus der Auflösung der MTS auch Ernteengpässe, da vielerorts die notwenige Maschinerie nicht vorhanden war.[99]

Die Effektivität der landwirtschaftlichen Produktion versuchte Chruščëv zeitgleich durch die Umstrukturierung der ländlichen Verwaltung zu heben. Zu diesem Zweck wurden so genannte Produktionsverwaltungen eingerichtet. Sie bestanden aus Fachkräften aus der Landwirtschaft und unterstanden den ebenfalls eingerichteten landwirtschaftlichen Komitees auf Gebiets-, Republik- und Unionsebene. Ihre Aufgabe bestand darin, die Arbeit einer oder mehrerer Kollektivwirtschaften zu kontrollieren bzw. zu reformieren.[100] Doch die administrative Trennung der Produktionsverwaltungen von den ländlichen Parteiorganisationen sorgte für eine erhebliche Bürokratisierung des russischen Landlebens und für administrative Verwirrung.[101]

Das Hauptproblem der Chruščëv'schen Landwirtschaftspolitik lag in der Tatsache begründet, dass die von Chruščëv ausgerufenen Kampagnen und Abgaben nicht auf die lokalen Bedingungen vor Ort und die tatsächlichen Ernteerträge abgestimmt waren. Die Schwäche der sowjetischen Landmaschinen und die rudimentäre Chemieindustrie waren weitere Gründe für die schwierigen Bedingungen auf dem Land. Gleichzeitig wurden die Investitionen in den Landwirtschaftssektor langfristig zurückgefahren und der Lohn für die Kollektivarbeit der Bäuerinnen und Bauern fiel 1960 auf ein neues Tief: Er sank auf 8 Prozent unter den Durchschnittslohn des Jahres 1958.[102] Selbst über kurzfristige Regulierungen in der Landwirtschaft konnten die hochgesteckten Ziele des Systemwettstreits nie annähernd erreicht werden. Preissteigerungen und Versorgungsengpässe riefen Unruhe in der Bevölkerung hervor.[103] Die Missernte von 1963, in deren Folge die Sowjetunion das erste Mal seit der Kriegszeit wieder Getreide importieren musste, lieferte den endgültigen Beweis für Chruščëvs gescheiterte Landwirtschaftspolitik und trug maßgeblich zu dessen Sturz bei.[104]

---

98 NOVE: Soviet Agriculture under Brezhnev, S. 381 f.
99 STRELIANYI: Khrushchev and the Countryside, S. 123.
100 Ebd., S. 127.
101 NOVE: Soviet Agriculture under Brezhnev, S. 382.
102 Ebd., S. 384.
103 In Novočerkassk kam es in diesem Zusammenhang aufgrund der massiven Preissteigerung von Fleisch zu Arbeiterstreiks und durch die Auflösung der Streiks durch die Miliz zu mehreren Toten.
104 IL'IA E. ZELENIN: Agrarian Policy and Agriculture in the USSR. In: *Russian Studies in History* 50 (Winter 2011/2012) 3, S. 44–70, hier S. 56.

2.2 Brežnevs ›Kehrtwende‹

Bereits kurz nach seinem Amtsantritt vollzog Brežnev eine Kehrtwende von der Landwirtschaftspolitik seines Vorgängers. Die Landwirtschaftskampagnen wurden als unrentabel verurteilt, die »Fantasterei« und die »großsprecherischen Ankündigungen« der Chruščëv-Ära kritisiert.[105] Im Gegenzug dazu versuchte Brežnev mit enormen materiellen und finanziellen Investitionen und einem variablen Maß an Staatsabgaben, auf die gravierenden Probleme des sowjetischen Agrarsektors zu reagieren.[106] Der Staat investierte dabei in hohem Maße in die Technisierung der Landwirtschaft und den Ausbau des Einsatzes von chemischen Düngern. Um die Lebenssituation der *kolchosniki* (Kolchosbauern) zu verbessern, wurden die staatlichen Ankaufpreise für Getreide und Schlachtvieh erhöht. Zudem wurde den Bäuerinnen und Bauern das erste Mal in der Geschichte der Sowjetunion ein flächendeckend regulärer Lohn für ihre Arbeitsleistung gezahlt.[107] Um die enormen regionalen Unterschiede zwischen armen und reichen Landwirtschaftsregionen anzugleichen, verhängte die sowjetische Regierung eine auf Zonen zugeschnittene Preispolitik, in der die staatlichen Ankaufpreise je nach Wirtschaftskraft der einzelnen Kolchosen stark variierten.[108]

Die ausufernde Bürokratie versuchte die Brežnev-Administration 1965 über die Abschaffung der erst drei Jahre zuvor eingerichteten Produktionsverwaltungen einzudämmen. Die verwirrenden und lähmenden Autoritätsnetzwerke, bestehend aus den Produktionsverwaltungen, den lokalen Landwirtschaftsverwaltungen des Ministeriums und den lokalen Parteikomitees, hatten die Autonomie der Kolchosen stark eingeschränkt. Mit der Abschaffung der Produktionseinheiten gerieten die landwirtschaftlichen Kollektivbetriebe wieder unter die Ägide der regionalen Ableger des Ministeriums für Landwirtschaft und der lokalen Parteikomitees.[109]

Auch den *kolchosniki* wurde ein gewisses Maß an Autonomie zugestanden. Die Restriktionen in Form von Steuern, die unter Chruščëv in Bezug auf die Nutzung des Privatlandes und den Viehbestand der *kolchosniki* ausgesprochen worden waren, wurden abgeschwächt.[110] In der Folge konzentrierte sich die Arbeitskraft

---

105 NEUTATZ: Träume und Alpträume, S. 409.
106 NOVE: Soviet Agriculture under Brezhnev, S. 386, 410.
107 NEUTATZ: Träume und Alpträume, S. 415; siehe auch NOVE: Soviet Agriculture under Brezhnev, S. 387.
108 STEPHEN K. WEGREN: Agriculture and the State in Soviet and Post-Soviet Russia. Pittsburgh 1998, S. 31.
109 WILLIAM J. TOMPSON: The Soviet Union under Brezhnev. New York 2003, S. 70.
110 NOVE: Soviet Agriculture under Brezhnev, S. 381.

der Bäuerinnen und Bauern in erster Linie auf das von ihnen bewirtschaftete Privatland, dessen Überschüsse sie privat am Markt verkaufen durften.[111]

Auch wenn sich die hohen Investitionen in den Agrarsektor auf den ersten Blick zu lohnen schienen und die Sowjetunion 1970 zum größten Weizenproduzenten der Welt aufgestiegen war, konnte die Agrarproduktion nicht nachhaltig gesteigert werden.[112] Zwischen 1970 und 1990 bestand das durchschnittliche Produktivitätswachstum der sowjetischen Agrarwirtschaft bei minus 4 Prozent im Jahr.[113] Die horrenden Kosten, die der Agrarsektor verursachte, und die enormen Schulden, die der Staat von den Kolchosen übernommen hatte, belasteten den Staatshaushalt enorm. Ein unlösbares Problem stellte zudem die fehlende Arbeitsdisziplin in den Kolchosen dar. Aufgrund der hohen Abwanderung von Bäuerinnen und Bauern in die Städte blieben auf dem Land oftmals nur die älteren und schlecht ausgebildeten Arbeiterinnen und Arbeiter zurück. Der vor allem auf dem Land weitverbreitete Alkoholismus behinderte die Erhöhung der Arbeitsproduktivität erheblich, ganz zu schweigen von den enormen Kosten, den die Produktion von Alkohol für den Landwirtschaftssektor verursachte.[114] Probleme beim Transport der Ernteerträge, fehlende oder schlecht bewachte Lager und Erntediebstahl reduzierten den Ernteertrag jedes Jahr zusätzlich um ein Fünftel.[115]

Wie Stephen Wegren festgestellt hat, habe die sowjetische Landwirtschaftspolitik neben dem ökonomischen Umfeld in höchstem Maße auch die sozialen Beziehungen und die soziale Zusammensetzung auf dem Land beeinflusst.[116] Im Zuge der Wohnungsbaukampagne in den 1950er Jahren lautete eine weitere Maxime der Landwirtschaftspolitik, die Lebensbedingungen auf dem Land denen der sowjetischen Städte stetig anzunähern. In diesem Zusammenhang führte die Unterteilung der ruralen Siedlungen in »Perspektiv- und Nichtperspektivsiedlungen« zum infrastrukturellen Ausbau der wenigen Perspektivsiedlungen und zur Verkümmerung sekundärer Dorfstrukturen.[117] Doch trotz verstärkter »ideologischer Aufpolierung« des Images der *kolchosniki* wurde das Dorfleben im Vergleich zur Stadt als unterprivilegiert und zweitklassig wahrgenommen.[118]

---

111 NEUTATZ: Träume und Alpträume, S. 416.
112 TOMPSON: The Soviet Union under Brezhnev, S. 71.
113 Zitiert in ebd., S. 71.
114 VLADIMIR G. TREML: Alcohol in the USSR: A Fiscal Dilemma. In: *Soviet Studies* 27 (April 1975) 2, S. 161–177, hier S. 163.
115 DAVID R. MAPLES: Russia in the Twentieth Century. The Quest for Stability, Harlow England u. a. 2011, S. 228.
116 WEGREN: Agriculture and the State, S. 17.
117 NEUTATZ: Träume und Alpträume, S. 449 f.
118 ZELENIN: Agrarian Policy, S. 59.

In den Städten konnte zudem relativ schnell bezahlte Arbeit gefunden werden. Dazu kam, dass durch die Reformierung des Passsystems von 1958 die Bäuerinnen und Bauern das erste Mal einen Pass erhielten und damit das Recht zugesprochen bekamen, ihren Aufenthaltsort frei zu wählen. Trotz des Ausbaus des sozialen Sicherungssystems der ländlichen Bevölkerung unter Brežnev, in dessen Zusammenhang beispielsweise erstmalig Rentenzahlungen an Bäuerinnen und Bauern festgesetzt wurden, wanderten zwischen 1960 und 1964 etwa sieben Millionen Landbewohnerinnen und Landbewohner in die Städte ab.[119]

2.3 Von der Kolchosliteratur zur Dorfprosa

Bereits während der Zwangskollektivierung ab 1928 war das russische Dorf zum literarischen Sujet erhoben worden. Bedingt durch die verspätet einsetzende Industrialisierung des Zarenreiches, hatte sich vor allem die Literatur des frühen 20. Jahrhunderts vermehrt auf das urbane Leben konzentriert. Erst die so genannte Kolchosliteratur der ausgehenden 1920er Jahre verlagerte den Fokus wieder auf das Dorf und etablierte sich als eine Untergattung des Sozialistischen Realismus. Die forcierte Industrialisierung der Stalin-Ära wurde in der Kolchosliteratur glorifiziert, und das dargestellte Leben auf dem Land war geprägt durch die Bilder des mechanisierten Fortschritts und das glückliche Leben der *kolchosniki* im Hinblick auf eine strahlende kommunistische Zukunft des Landes. Die Abkehr von der traditionellen Lebens- und Arbeitsweise auf dem Land wurde als positiver Aufbruch in ein neues Zeitalter gepriesen.[120]

Erst nach dem Tod Stalins im Frühjahr 1953 entwickelte sich eine Kritik an der vorherrschenden Darstellung des ruralen Lebens in der Sowjetunion sowie an der sowjetischen Literatur überhaupt. Die Etablierung der Literaturkritik als Teil der sowjetischen Literaturwissenschaft und die Wiederbelebung der so genannten ›dicken‹ Zeitschriften unter Chruščëv ermöglichten eine neue Diskussionskultur über literarische Erzeugnisse. In den Jahren 1953 und 1954 forderten die Schriftsteller und Literaturkritiker Vladimir Pomerantsev und Fëdor Abramov in der

---

119 Ebd., S. 58.
120 Vertreter der frühen Dorfliteratur waren beispielsweise Michail Šolochov, Fëdor Panfërov oder Efim Permitin, die alle zu einer idealisierten Darstellung der Kollektivierung in ihren Werken beitrugen. Siehe dazu ANDREAS GURSKI: Von der Avantgarde zur Gleichschaltung der Literatur (1917–1934). In: KLAUS STÄDTKE (Hrsg.): Russische Literaturgeschichte, Stuttgart/Weimar ²2011, S. 290–320, hier S. 319; siehe auch ERNA MALYGIN: Literatur als Fach in der sowjetischen Schule der 1920er und 1930er Jahre. Zur Bildung eines literarischen Kanons, Bamberg 2012, S. 269.

Zeitschrift *Novyj Mir* eine »neue Aufrichtigkeit« von der sowjetischen Literatur ein.[121] Aufrichtigkeit *(iskrennost')* und Wahrheit *(pravda)* waren die Parameter, an denen die sowjetische Literatur in den Jahren des literarischen ›Tauwetters‹ gemessen werden sollte. Die Kolchosliteratur der Nachkriegszeit sollte sich nach Meinung der Reformer auf das Alltagsleben und die Lebensbedingungen der Bäuerinnen und Bauern konzentrieren und vor allem die Probleme ansprechen, die es auf dem Land zu lösen galt.[122] Im Gegensatz zur späteren Dorfprosa war die Kolchosliteratur der Chruščëv-Zeit allerdings »noch wesentlich von dem Reformeifer und Fortschrittsoptimismus« dieser Epoche geprägt.[123]

Wie bereits dargelegt, führten die Diversifizierung des Agrarsektors in verschiedene Produktionszweige und der Aufbau von territorialen Produktionsverwaltungen unter Chruščëv dazu, dass es zu einem erheblichen Anstieg der ruralen Bürokratie und einem dementsprechend starken Anwachsen der Parteifunktionärinnen und Parteifunktionäre auf dem Land kam.[124] Die Kritik der Kolchosliteratur konzentrierte sich aus diesem Grund vornehmlich auf Themen wie die ländliche Bürokratie, auf die Probleme mit verantwortlichen Parteivertreterinnen und Parteivertretern und auf die Schwächen des in Kolchosen strukturierten Landlebens.

Inhaltlich und stilistisch versuchte sich die Kolchosliteratur der Nachkriegszeit von der idealisierenden Darstellung des ländlichen Lebens im Stalinismus abzugrenzen. Eines der bedeutendsten Beispiele dieser Gattung und zugleich die offenste literarische Abrechnung mit dem stalinistischen Erbe auf dem Land, die in der Sowjetunion erscheinen konnte, war die Kurzgeschichte *Ryčagi (Hebel)* von Aleksandr Jašin.[125] In dieser Kurzgeschichte, die 1956 in der zweiten und zugleich letzten Ausgabe des literarischen Almanachs *Literaturnaja Moskva* erschien, beschrieb Jašin die Parteiversammlung einer Kolchose, die Trostlosigkeit des

---

121 Zur Debatte siehe Vladimir Pomerantsev: Ob iskrennosti v literature. In: *Novyj Mir* 29 (Dezember 1953) 12, S. 218–245; sowie Fëdor Abramov: Ljudi kolchosnoj derevni v poslevoennoj proze. In: *Novyj Mir* 30 (April 1954) 4, S. 210–231; zusammenfassend in: Viktor Petelin: Istorija Russkoj literatury. Vtoroj poloviny XX veka 1953–1993 gody, tom II, Moskva 2013, S. 213.
122 Kathleen Parthé: Images of Rural Transformation in Russian Village Prose. In: *Studies in Comparative Communism* 23 (Sommer 1990) 2, S. 161–175, hier S. 164.
123 Hildegard Kochanek: Die russische-nationale Rechte von 1968 bis zum Ende der Sowjetunion. Stuttgart 1999, S. 21.
124 Zelenin: Agrarian Policy, S. 63.
125 Aleksandr Jašin: Ryčagi. In: *Literaturnaja Moskva* 2 (Dezember 1956), S. 502–513. Abgerufen unter URL: http://www.lib.ru/PROZA/YASHIN/rychagi.txt, letzter Zugriff: 04.05.2023; in englischer Übersetzung: Edmund Stillman (Hrsg.): Bitter Harvest. The Intellectual Revolt behind the Iron Curtain, New York 1959, S. 25–39.

sowjetischen Dorflebens und die ständige und oftmals lähmende Kontrolle durch regionale Parteifunktionärinnen und Parteifunktionäre. Die Parteimitglieder des Dorfes wurden rein funktional als ›Hebel‹ der regionalen und übergeordneten Parteikomitees beschrieben, die zentrale Maßnahmen trotz der Fragwürdigkeit ihrer realistischen Anwendbarkeit auf lokaler Ebene umzusetzen hatten. Politisch überstieg die Kritik Jašins das geduldete Maß an literarischer Kritik. Seine Geschichte wurde von Nikita Chruščëv persönlich öffentlich verurteilt, und der Skandal führte nur kurze Zeit später zur Einstellung des literarischen Almanachs *Literaturnaja Moskva*.[126] Literarisch offenbarte Jašins Veröffentlichung wichtige Unterschiede zur späteren Dorfprosa, denn sie war in erster Linie vom Geist der Entstalinisierung geprägt.

2.4 Die sowjetische Dorfprosa und ihre *malaja rodina*

Die sowjetische Dorfprosa der 1960er Jahre war eine literarische Bewegung, die in erster Linie eine moralische Verklärung des russischen Dorflebens unternahm. Dabei standen im Gegensatz zur Erzählung Jašins nicht die Kolchose und die regionalen Parteifunktionärinnen und Parteifunktionäre im Fokus der Erzählung, sondern das Dorf und seine ›einfachen‹ Bewohnerinnen und Bewohner.[127] Sowohl der Schwund von teilweise über Jahrhunderte gewachsenen dörflichen Strukturen durch die Zusammenlegung ganzer Dörfer zu landwirtschaftlichen Großbetrieben als auch die weitverbreitete Perspektivlosigkeit der Großkolchosen beeinflussten die Dorfprosa. Viele Dorfprosaiker nahmen sich diesen und ähnlichen Problemen im Rahmen einer retrospektiven und romantisierenden Verklärung des russischen Dorflebens an.

Die von den *derevenščiki* als genuin russisch dargestellten Traditionen und Werte des Dorflebens etablierten sich zu den Hauptsujets ihrer Werke. In ihrer Darstellung fungierte das russische Dorf als Wiege der russischen Kultur und die dörfliche Gesellschaft als Wurzel des russischen Lebens, der russischen Tradition und der gerade literarisch so häufig gepriesenen ›russischen Seele‹. In diesem Sinne vertraten weite Teile der Dorfprosaisten ein enges Konzept von nationaler Identität. Im Gegensatz zur sowjetischen Diskussion über eine Annäherung und letztlich Verschmelzung aller Nationalitäten der Sowjetunion am Anfang der 1960er Jahre argumentierten Dorfprosaisten gegen eine Angleichung der

---

126 NIKITA CHRUŠČËV: Za tesnuju svjaz' literatury i iskusstva s žizn'ju naroda. In: *Novyj Mir* 9 (September 1957), S. 3–22, hier S. 16f.
127 PARTHÉ: Images of Rural Transformation, S. 165.

Nationalkulturen und für einen Austausch der jeweiligen Kulturen zur »Bewahrung« nationaler Eigenarten.[128]

Der zentrale zeitliche Referenzpunkt der Dorfprosa war die Vergangenheit, denn obgleich in der damaligen dörflichen Gegenwart angesiedelt, lebten die Erzählungen vom verklärten Blick in die Vergangenheit und den Kindheitserinnerungen der Autoren.[129] Im Gegensatz zu anderen sowjetischen Schriftstellerinnen und Schriftstellern zuvor stammten die *derevenščiki* in ihrer überwiegenden Mehrheit vom Land und hatten erst ihre höhere Bildung in den Instituten Moskaus oder Leningrads erlangt.[130] Die fundamentalen Einschnitte in das sowjetische Dorfleben und die daraus resultierenden sichtbaren Veränderungen ihrer Heimatdörfer steigerten ihre Sorge um den Verlust des russischen Dorflebens und seiner Bewohnerinnen und Bewohner, der damit für viele dem Verlust ihrer persönlichen Identität gleichkam.[131] Laut der russischen Literaturwissenschaftlerin Natal'ja Kovtun kann der Pathos des Schaffens der *dereveščiki* mit dem Ausspruch des russischen Schriftstellers Evgenij Zamjatin gefasst werden, der bereits Anfang der 1920er Jahre die Zukunft der russischen Literatur in der Vergangenheit sah.[132] Grundsätzlich kam der Antrieb der Dorfprosaisten, die Zukunft in der Vergangenheit zu suchen, der ideologischen Stoßrichtung der Brežnev-Ära deutlich näher als der industriellen Utopie einer strahlenden kommunistischen Zukunft, die Chruščëvs ideologisches Fundament seiner Reformanstrengungen darstellte. Letztendlich aber erschufen die *derevenščiki* durch ihre Glorifizierung einer bäuerlichen Zivilisation, deren materielle und geistige Zeugnisse im Verschwinden begriffen waren, nur eine neue literarische Utopie, die dieses Mal in der Vergangenheit lag.

Die Helden der Erzählungen der Dorfprosa waren meistens alte Menschen, die als Personifizierung russischer Traditionen auftraten. Der *kolchosnik* war intuitiv intelligent, erfinderisch, arbeitsam und als Einziger in der Lage, sich die Natur und deren Gaben behutsam nutzbar zu machen.[133] Grundsätzlich entstammten die literarischen Themen der Dorfprosa dem Drang, dem russischen Landleben und seinen Bewohnerinnen und Bewohnern in Zeiten des modernen Wandels und der ›wissenschaftlich-technischen Revolution‹ Bedeutung zu verleihen. Neben idyllischen Beschreibungen der Vergangenheit wurden auch Themen aus dem Alltagsleben der bäuerlichen Bevölkerung aufgegriffen. Fragen nach

---

128 ALEXANDRA MEY: Russische Schriftsteller und Nationalismus, S. 121.
129 KATHLEEN PARTHÉ: Village Prose, S. 110.
130 BRUDNY: Reinventing Russia, S. 36 ff.
131 PARTHÉ: Village Prose, S. 112.
132 N. V. KOVTUN: «Derevenskaja Proza» v zerkale utopii. Novosibirsk 2009, S. 211.
133 YVES PERRET-GENTIL: Der Kolchosbauer in der heutigen russischen Dorf-Literatur. In: *Osteuropa* 28 (1978) 9, S. 794–810, hier S. 798 f.

der besseren Nutzung und Kompensation der bäuerlichen Arbeitskraft spielten genauso eine Rolle wie die Leistungen der bäuerlichen Bevölkerung während des Zweiten Weltkrieges.[134] Das bäuerliche Dorf und die bäuerliche Religiosität oder Spiritualität wurden als thematische Antipoden zum gesellschaftlichen Atheismus, Materialismus und zum Prozess der Urbanisierung beschrieben.[135] Anleihen aus der Geschichte der Alten Rus' und der ›verlorenen‹ russischen Heimat fanden sich ab der Mitte der 1960er Jahre in den Werken des rechten Flügels der Dorfprosa wieder, zu dem Autoren wie Vladimir Solouchin oder Viktor Astaf'jev zählten. In ihrer radikal ethno-nationalistischen, zum Teil antimodernistischen und antiwestlichen Ausprägung verurteilte der rechte Flügel der Dorfprosaisten zudem die kulturelle Öffnung zum Westen und die Begehrlichkeiten, die der westliche Kapitalismus und der Konsum in der sowjetischen Gesellschaft weckten.

Während der zentrale zeitliche Bezugsrahmen der Dorfprosa in der Vergangenheit lag, konzentrierte sich die geografische Suche nach den Wurzeln russischer Traditionen und Werte auf die Heimatregionen der Schriftsteller. Kathleen Parthé hat festgestellt, dass die Dorfprosaisten eine sehr enge, lokale Auffassung von Heimat *(rodina)* gehabt hätten. Sie bewertet daher den Regionalismus als weitaus wichtigeres Sujet für die Dorfprosa als den Nationalismus. *Rodina* habe mehrheitlich eher den Inhalt einer *malaja rodina* (kleine Heimat) gehabt und sei entweder auf die Heimatregion oder gar auf das Heimatdorf des Schriftstellers beschränkt gewesen.[136] Ihrer Meinung nach fänden sich in den Werken der *derevenščiki* eine Vielzahl »kleiner Heimaten«, die jede für sich einen abgeschlossenen Mikrokosmos darstellten.[137] Victoria Donovan wiederum hat auf die inhaltliche Nähe der Dorfprosa zur russischen *kraevedenie*-Bewegung verwiesen. Ihr zufolge könnten die Dorfprosaisten in ihrer detaillierten Beschreibung des dörflichen Lebens durchaus als *kraevedy* betrachtet werden, die versuchten, das ursprüngliche Bild ihrer *malaja rodina* für die Nachwelt festzuhalten.[138]

---

134 PARTHÉ: Village Prose, S. 110. – In diesem Zusammenhang ist vor allem Fëdor Abramov zu nennen, der als prominenter Vertreter der Dorfprosa in seinen Erzählungen offen mit den stalinistischen Verklärungen des ländlichen Alltags auf dem Land während des Zweiten Weltkrieges brach. Hierbei ist in erster Linie sein Erzählzyklus Brüder und Schwestern *(Brat'ja i sëstry)* zu nennen, der 1958 in der Zeitschrift *Neva* erschien und das alltägliche Leben und die Arbeit der Bäuerinnen und Bauern in den Jahren des ›Großen Vaterländischen Krieges‹ thematisiert.
135 PARTHÉ: Village Prose, S. 110.
136 KATHLEEN PARTHÉ: Russia's dangerous texts. Politics between the lines, New Haven, London 2004, S. 97.
137 PARTHÉ: Village Prose, S. 113.
138 DONOVAN: »How Well Do You Know Your Krai?«, S. 478; bzw. Donovan: Chronicles in Stone, ab S. 87.

Obgleich erste Werke der *derevenščiki* bereits gegen Ende der 1950er Jahre publiziert wurden und das endgültige Ende der literarischen Bewegung mit dem Tod namhafter Dorfprosaisten Anfang der 1980er Jahre besiegelt schien, entwickelte die Dorfprosa vor allem ab der zweiten Hälfte der 1960er Jahre ihre größte politische und gesellschaftliche Wirkungskraft.[139] Durch die Literaturkritik und die provokanten Veröffentlichungen der *derevenščiki* wurden die Themen der Dorfprosa zu einer breiten literarischen und politischen Debatte erhoben. Zeitlich fielen die Veröffentlichungen der Dorfprosa zudem in die Hochphase der gesellschaftlichen Retrospektive und der wohlwollenden Politik der sowjetischen Regierung gegenüber dem nationalen Flügel der *intelligencija* in der frühen Brežnev-Ära. So wurde 1968 Sergej Zalygin, einer der bedeutendsten Anhänger der Dorfprosa, mit dem Literaturpreis der UdSSR ausgezeichnet.[140] Und die von Brežnev in den 1960er Jahren weitergeführten hohen Investitionen in den Agrarsektor, die großflächige Technisierung der Landwirtschaft und der Ausbau der sowjetischen Schwerindustrie, die der russischen Natur starken Schaden zufügten, befruchteten den Absatzmarkt für die Gedanken der Dorfprosaisten zusätzlich.[141] Im Gegensatz zur Kolchosliteratur traten in diesem Zusammenhang verstärkt Themen wie der Natur- und Denkmalschutz in den Fokus der *derevenščiki*.

2.5 Der Denkmalschutz als literarisches Sujet der Dorfprosa

Der Denkmalschutz war als literarischer Gegenstand in den Werken der Dorfprosaisten immer mit einem politischen Appell zum Erhalt von dörflicher Architektur verbunden. Die ländliche Wohnarchitektur stand in ihrer Schlichtheit dabei in einem krassen Gegensatz zu den Kirchengebäuden, die oftmals weit über die Dorfgrenzen hinaus Bekanntheit genossen. Die einfachen Bauernhäuser illustrierten für die *derevenščiki* auf kleinster Fläche die auf dem Land angeblich erhalten gebliebene Lebensweise, die eine Mischung aus alten russischen Traditionen und folkloristischen Elementen darstellte. Die in den Erzählungen häufig thematisierte Inneneinrichtung der Bauernhäuser galt als Ausweis für die Bescheidenheit und die kulturelle Bildung ihrer Bewohnerinnen und Bewohner. Der Bau neuer Bauernhäuser in den Perspektivsiedlungen Russlands »mit Schieferdächern, städtischen

---

139 So starben 1982 Jurij Kazakov und 1983 Fëdor Abramov sehr plötzlich. 1984 verstarb zudem Vladimir Tendrjakov. Alle gelten als einflussreiche Vertreter der sowjetischen Dorfprosa.
140 Siehe BRUDNY: Reinventing Russia, S. 77.
141 THANE GUSTAFSON: Reform in Soviet Politics. Lessons of recent policies on land and water, Cambridge u. a. 1981.

Möbeln, sanitären Anlagen und modischen Tapeten« wurde von radikalen Dorfprosaisten verurteilt und als Verlust der bäuerlichen traditionellen Lebensweise empfunden.[142] Die massenhafte Abwanderung der Landbevölkerung in die Städte machte das Bild von heruntergekommenen, verwaisten Gebäuden und verfallener Architekturdenkmäler zu einem beliebten und wiederkehrenden Motiv der Dorfprosa. Visualisierte dieses Bild doch wie kaum ein anderes die tiefen Veränderungen auf dem russischen Land und den Verlust der dörflichen Kultur.[143] Neben dem Image von verlassenen Gebäuden »mit zerbrochenen Fenstern und kalten Kaminen« war es also mehrheitlich die Kirchenarchitektur, die als immer wiederkehrendes Sujet die Arbeiten der *derevenščiki* prägte.[144] Neben dem drohenden Wegfall der traditionellen russischen Lebensweise veranschaulichten die heruntergekommenen dörflichen Kirchengebäude in den Augen der Dorfprosaisten zwangsweise den Verlust der religiösen Prägung des Landlebens. Trotz ihres architektonischen und künstlerischen Wertes war die ländliche Kirchenarchitektur in den meisten Fällen in den Besitz der lokalen Kolchosen oder Sovchosen gefallen und durch ihre Neunutzung als Lagerraum für landwirtschaftliche Güter oder Maschinen oftmals stark zerstört worden.

Die Sorge der *derevenščiki* um die Zukunft des russischen Dorfes, seiner Einwohnerinnen und Einwohner und seiner Architektur war, wie bereits angesprochen, eng mit unmittelbaren Appellen an die zuständigen regionalen und zentralen politischen Stellen zum Schutz von Baudenkmälern verbunden. Ihre eigene ländliche Herkunft verlieh ihnen dabei eine unmittelbare Legitimität, die sie nutzten, um soziale und politische Probleme literarisch in Szene zu setzen.[145] Im Folgenden sollen vier ausgewählte Arbeiten von bedeutenden russischen Dorfprosaisten der 1960er Jahre analysiert werden. Dabei handelt es sich um das *derevenskij dnevnik (Landtagebuch)* von Efim Doroš von 1956 und um drei Arbeiten des Schriftstellers Vladimir Solouchin: *Vladimirskie proselki (Landstraßen in Vladimir)* von 1957, *Pis'ma iz russkogo muzeja (Briefe aus dem Russischen Museum)* von 1966 und *Černye doski – Zapiski načinajuščego kollekcionera (Schwarze Ikonen – Ich entdecke das verborgene Russland)* von 1969. Die Auswahl der Werke erfolgte aufgrund ihrer Bedeutung für den Denkmalschutzdiskurs der ausgehenden 1950er und der 1960er Jahre. Die hier dargestellten Publikationen sollen zudem den Wandel in den Werken der Dorfprosaisten aufzeigen, die den

---

142 Dabei geht es um eine Äußerung von Viktor Čalmaev, der sich gegen die ›Progressisten‹ wandte, die eine Modernisierung des russischen Landlebens anstrebten. Siehe V. IVANOV: Nacional'nyj charakter i literatura. In: *Literaturnaja Gazeta,* 7. Mai 1969, S. 3f., hier S. 4.
143 PARTHÉ: Images of Rural Transformation, S. 173.
144 Ebd., S. 167.
145 PARTHÉ: Russia's dangerous texts, S. 75.

Denkmalschutz als literarisches Sujet Ende der 1950er Jahre entdeckten und ihre Beschreibungen über den Zustand altrussischer Architekturdenkmäler in den folgenden Jahren immer stärker an die Durchführung konkreter politischer Maßnahmen knüpften.

2.5.1 Efim Doroš: *Derevenskij dnevnik*

Eine frühe Veröffentlichung der Dorfprosa ist der erste Teil des *derevenskij dnevnik (Landtagebuch)* von Efim Doroš, der ebenso wie die Geschichte von Aleksandr Jašin im literarischen Almanach *Literaturnaja Moskva* von 1956 erschien. Bis zu seinem Tod im Jahr 1972 sollte Doroš sein ländliches Tagebuch erweitern, das ihn jährlich in die Region Rostov führte und deren Veränderungen er in dieser Arbeit festhielt.

Sein Werk kann nicht nur als eine der ersten Manifestationen des russischen Nationalismus in der poststalinistischen Sowjetunion gelesen werden,[146] denn gleichzeitig ist es eine frühe Manifestation der sowjetischen Dorfprosa, die auf die Zerstörungen der ländlichen Kirchenarchitektur aufmerksam macht und ein durchaus realistisches Bild vom Zustand ruraler Denkmäler liefert. Seine Beschreibungen heruntergekommener Kirchengebäude unterscheiden sich dabei von späteren Veröffentlichungen anderer Dorfprosaisten insofern, als dass der direkte Appell an die Politik zur Umsetzung konkreter denkmalpflegerischer Tätigkeiten noch ausbleibt. Berücksichtigt man allerdings die Entstehungszeit seines *derevenskij dnevnik*, so befand sich die Sowjetunion 1956 an der Schwelle zu Chruščëvs antireligiöser Kampagne, die mit heftigen Angriffen auf die orthodoxe Kirche verbunden war, etliche verbliebene Gemeinden zur Schließung zwang, orthodoxe Priester Repressionen aussetzte und das Schicksal vieler Kirchengebäude besiegelte.

> Die Mehrzahl der Kirchen sind heute freilich geschlossen. In ihnen befinden sich verschiedene Lager und Werkstätten, ansonsten stehen sie leer. Die Kirchen verfallen, und mancherorts sind sie bereits abgebaut worden oder werden abgebaut, obwohl die Ziegel unbrauchbar sind, da die Dächer ja alle verrostet sind. Tatsächlich müssen manche Kirchen gesichert werden. Denn zu jeglicher Stunde könnte etwas von oben herunterfallen, vor allem bei starkem Wind: Ziegel, ein Stück Eisen oder Stücke vom Putz.[147]

Neben seiner detaillierten und realistischen Beschreibung des Zustands vieler ländlicher Kirchen verweist Doroš gleichzeitig auf die für ihn und für alle

---

146 BRUDNY: Reinventing Russia, S. 48.
147 EFIM DOROŠ: Dožd' popolam s solncem. Derevenskij dnevnik, Moskva 1973, S. 97.

Dorfprosaisten untrennbare und ursprüngliche Verbindung des Erbes der russischen Orthodoxie mit dem dörflichen Leben und der Natur.

> Durch das Verschwinden der ländlichen Kirchen verarmt auch die russische Landschaft zu einem guten Stück, diese hügelige Landschaft mit ihren Schluchten und ihrem seicht bewaldeten Gefilde.[148]

Auch der Naturschutz, der mit dem Schutz des materiellen und kulturellen Erbes des Landes aufs Engste verknüpft war, spielte in den frühen Veröffentlichungen der Dorfprosa eine wichtige Rolle. Am Raubbau an der Natur, von Stalin begonnen und von Chruščëv und seinem Nachfolger weitergeführt, entzündete sich weit über die literarischen Zirkel der *intelligencija* hinaus Kritik. Die Beziehung des Menschen zur Natur und die Begleiterscheinungen, die der technische Fortschritt und die Modernisierung des Landes auf die Natur hatten, trieben die Dorfprosaisten um. So führten beispielsweise die Diskussionen rund um die Errichtung einer Papier- und Zellulosefabrik am Baikalsee ab 1958 und die befürchteten Folgen für das Biosystem des Gewässers und seine Anwohnerinnen und Anwohner zu einer jahrelang hitzig geführten Debatte zwischen Personen aus der Wissenschaft, dem Journalismus und der Politik, die im Gegensatz zu früher geführten Diskussionen zum Naturschutz von einem breiten Publikum angenommen wurde.[149] Vor allem in den 1970er Jahren, als es zu einer staatlich propagierten Bewusstseinsbildung für den Naturschutz kam und die Natur nicht länger als »Objekt der Unterwerfung und Umgestaltung« gesehen wurde, setzten sich viele *derevenščiki* für ökologische Fragen und Probleme des Naturschutzes ein.[150]

2.5.2 Vladimir Solouchin: *Vladimirskie proselki*

Vladimir Solouchin gilt als wohl prominentester Vertreter der nationalistischen Rechten der Dorfprosa. Ähnlich wie Efim Doroš und Aleksandr Solženicyn begab sich auch Solouchin Mitte der 1950er Jahre auf eine Reise durch seine Heimatregion, um seine *malaja rodina* zu entdecken. Seine daraus entstandenen Erzählungen, *Vladimirskie proselki (Landstraßen in Wladimir)*, die 1957 in der sowjetischen Zeitschrift *Novyj Mir* veröffentlicht wurden, sind gespickt von

---

148 Ebd.
149 WEINER: A Little Corner of Freedom, S. 356–373.
150 HEIDE WÜST: Tradition und Innovation in der sowjetrussischen Dorfprosa der sechziger und siebziger Jahre. Zu Funktion, Darstellung und Gehalt des dörflichen Helden Vasilij Šukšin und Valentin Rasputin, München 1984, S. 16; besonders interessant sind hierbei die Biografien der Dorfprosaisten Sergej Zalygin und Valentin Rasputin.

romantisch verklärten Skizzen der Natur, des russischen Bauerntums und der altrussischen Vergangenheit. In diesem Zusammenhang tauchen Überlegungen über die materiellen und geistigen Hinterlassenschaften der Vergangenheit auf. Seine konkrete Kritik an den fehlenden staatlichen Maßnahmen zum Erhalt und zur Restaurierung wichtiger Baudenkmäler fiel allerdings, ähnlich wie bei Doroš, im Gegensatz zu seinen späteren Veröffentlichungen noch sehr verhalten aus. So beschrieb er beispielsweise seinen Besuch des im Verfall begriffenen Georgijevskij-Domes in der Stadt Jur'ev Pol'skij, dessen Grundstein laut einer Legende von 1152 durch Jurij Dolgorukij gelegt worden sein soll, wie folgt:

> Die Meinung vieler Wissenschaftler geht dahin, dass dieser Dom [...] gleichwohl erhaltenswert ist, kann er doch von keinem zweiten Jurij Dolgorukij mehr erbaut werden. Nichtsdestotrotz zerfällt der Georgijevskij-Dom in Jur'ev-Pol'skij. Eine Ecke [des Doms] ist bereits eingestürzt und bald wird er [ganz] zusammenstürzen. Keinerlei Wiederaufbau- bzw. Sicherungsarbeiten werden dort durchgeführt. Wenn nicht Schritte zur Restaurierung des Domes ergriffen werden, könnten wir die letzte Generation sein, die die Möglichkeit hat, mit ihren Augen dieses wahrhaftige Prunkstück zu sehen, das sich seit achthundert Jahren am grünen Ufer des Kolokša befindet.[151]

Im Gegensatz zu Solouchins Befürchtungen wurden erste Restaurierungsarbeiten, vor allem an den Außenfassaden des Doms, die sich durch ihre einzigartigen figürlichen Darstellungen und Reliefs auszeichnen, ab Mitte der 1960er Jahre unternommen und der Dom konnte vor dem Einsturz bewahrt werden.[152]

Solouchins Erzählungen aus Vladimir wurden zu einem großen Erfolg. Seine gesammelte ›lyrische Prosa‹ über die Spaziergänge durch seine Heimatregion wurden 1958 in einem renommierten Verlag in einer Auflage von 500.000 Exemplaren veröffentlicht.[153]

2.5.3 Vladimir Solouchin: *Pis'ma iz russkogo muzeja*

Einen erheblichen Einfluss auf die Debatte zum russischen Denkmalschutz hatte Solouchins Reise ins Russische Museum in Leningrad, die er in Form von Briefen literarisch verarbeitete. Die *Pis'ma iz russkogo muzeja (Briefe aus dem Russischen Museum)*, die in der September- und Oktoberausgabe des Jahres 1966 in der

---

151 Vladimir Solouchin: Vladimirskie proselki. In: *Novyj Mir* 9 (September 1957) und 10 (Oktober 1957), hier Nr. 9 (September 1957), S. 82–141, S. 131 f.
152 N. N. Voronin: Vladimir, Bogoljubogo, Suzdal', Jur'ev-Pol'skoj. Kniga-sputnik po drevnim gorodam Vladimirskoj zemli, Moskva 1967.
153 Mey: Russische Schriftsteller und Nationalismus, S. 93.

Zeitschrift *Molodaja Gvardija* veröffentlicht wurden, begründeten laut Alexandra Mey Solouchins lebenslange Anerkennung als Denkmalschützer und Experte für das russische Kulturerbe.[154]

Seine Briefe, die sich in erster Linie dem Erhalt von russischem Kulturgut widmen, übersteigen dabei inhaltlich einen Appell zum Schutz und Erhalt des nationalen Kulturerbes. Neben einer Verherrlichung des vorrevolutionären Russland und seines spirituellen Erbes stellte Solouchin die russische Geschichte als Kampf der russischen Nation unter der Führung des russischen Zaren gegen eine ständig drohende Fremdherrschaft dar.[155] Diese Interpretation unterschied sich ebenso grundsätzlich von der marxistisch-leninistischen Auffassung der Geschichte als ständigem Klassenkampf wie Solouchins Idee von einer ›ganzheitlichen Nationalkultur‹, die er der Lehre Lenins von den ›zwei Kulturen‹ gegenüberstellte.[156] Diese Interpretation des sowjetischen Erbediskurses, der auf den Seiten der *Molodaja Gvardija* ab Mitte der 1960er Jahre von Autoren wie Vladimir Solouchin, Viktor Čalmaev, Michail Lobanov oder Vadim Kožinov wiederholt dargelegt wurde, führte in den Jahren zwischen 1966 und 1969 zu hitzigen Diskussionen über den ›Volkscharakter‹ *(narodnyj charakter)* bzw. ›Nationalcharakter‹ *(nacional'nyj charakter)* in den Zeitungen und Zeitschriften des Landes.[157] Kritiker der Dorfprosa warfen den Autoren vor, die historische Perspektive und die dialektische Verbundenheit von russischer Tradition und sowjetischer Moderne verloren zu haben. Der zeitgenössische sowjetische Einfluss auf den Nationalcharakter werde in ihren Werken schlichtweg ignoriert und die Träger des von ihnen portraitierten russischen Nationalcharakters erinnerten eher an den vorrevolutionären *mužik* (russischen Bauer) als an einen sowjetischen Kolchosbauern.[158]

Tatsächlich ignorierte Solouchin den sowjetischen Einfluss auf den russischen Nationalcharakter in seinen Briefen aus dem Russischen Museum keinesfalls,

---

154 Ebd., S. 96.
155 BRUDNY: Reinventing Russia, S. 72. – Brudny orientiert sich dabei an der Kritik des Schriftstellers Andrej Dement'ev, der in seinem Artikel *O tradicijach i narodnosti* [*Über die Traditionen und die Volkstümlichkeit*], der im April 1969 in der Zeitschrift *Novyj Mir* erschien und u. a. die Veröffentlichungen des nationalistischen Schriftstellers Viktor Čalmaev und anderer Autoren der Zeitschrift *Molodaja Gvardija* verurteilte. Siehe ANDREJ DEMENT'EV: O tradicijach i narodnosti. In: *Novyj Mir* 4 (April 1969), S. 215–235.
156 THOMAS METSCHER: Logos und Wirklichkeit (Bremer Beiträge zur Literatur- und Ideengeschichte, 60). Frankfurt am Main 2010, S. 350.
157 Zur Konzeption des *narodnyj charakter* in der *Molodaja Gvardija* siehe vor allem GEORG WITTE: Die sowjetische Kolchos- und Dorfprosa der fünfziger und sechziger Jahre. Zur Evolution einer literarischen Unterreihe, München 1983, S. 80–85. Abgerufen unter URL: https://www.peterlang.com/document/1066956, letzter Zugriff: 05.05.2023.
158 IVANOV: Nacional'nyj charakter i literatura, S. 4.

sondern ging mit der sowjetischen Politik hart ins Gericht. Der Hauptangriffspunkt seiner Briefe bildete die Stadtplanung Moskaus in den 1930er Jahren, der seiner Schilderung zufolge 400 Architekturdenkmäler zum Opfer gefallen waren.[159] In Bezug auf den ersten Generalbebauungsplan der Stadt Moskau reihte sich Solouchins Kritik am Abriss der Christi-Erlöser-Kathedrale und des Sucharev-Turms in die allgemeine Diskussion über den Generalbebauungsplan von 1935 und eine Verurteilung des stalinistischen Umgangs mit Architekturdenkmälern ein, die sowohl von der russischen *intelligencija* als auch zunehmend von der russischen Bevölkerung geäußert wurde.[160] Doch im Gegensatz zu führenden Vertreterinnen und Vertretern aus Architektur und Denkmalschutz, die den Abbruch bedeutender Architekturdenkmäler in erster Linie als historischen und künstlerischen Verlust und als Verarmung historischer Stadtstrukturen beklagten, begriff Solouchin die Denkmäler als lebendige Zeugen einer im Vergleich zur Gegenwart überlegenen Vergangenheit. In Anlehnung an Denkmalkonzepte aus dem 19. Jahrhundert zitierte Solouchin den Maler Vasilij Surikov, der seine Eindrücke bei seiner Ankunft in Moskau Ende des 19. Jahrhunderts folgendermaßen beschrieben hatte:

> Ich habe die Denkmäler wie lebendige Menschen angeschaut – habe sie befragt: »Ihr habt gesehen, ihr habt gehört, ihr seid Zeugen« ... Nur erwidern sie nicht mit Worten. Die Denkmäler haben alles selbst gesehen: die Zaren im Ornat und die Zarinnen – lebendige Zeugen. Die Wände habe ich befragt und nicht die Bücher.[161]

Neben der kirchlichen Architektur gehörten russisch-orthodoxe Ikonen sowohl in seinen Briefen aus dem Russischen Museum als auch in seinem drei Jahre später erscheinenden Werk *Černye doski – Zapiski načinajuščego kollekcionera* (dt. Titel: *Schwarze Ikonen – Ich entdecke das verborgene Russland*) zu den von ihm untersuchten künstlerischen Objekten. Sie identifizierte Solouchin nicht nur als Kunstobjekte, vielmehr stellten sie ihm zufolge »die Verkörperung der Volksseele« dar.[162] Ebenso wie Chruščëv hatte Solouchin im Jahr der Manege-Ausstellung 1962 Kritik an der abstrakten Kunst geübt, die seiner Meinung nach die Nationalität seines Schöpfers verschleiere und damit weder die Fähigkeit besitze, ›volksnah‹ *(narodno)* zu sein, noch den traditionellen Volksgeist *(duch naroda)* transportiere.[163]

---

159 VLADIMIR SOLOUCHIN: Briefe aus dem Russischen Museum. Nachdenkliche Betrachtungen eines sowjetischen Dichters, München/Salzburg 1972, S. 28 ff.
160 Siehe hierzu das folgende Kapitel.
161 SOLOUCHIN: Briefe aus dem Russischen Museum, S. 27 f.
162 MEY: Russische Schriftsteller und Nationalismus, S. 96.
163 Ebd., S. 122.

Kirchliche Architekturdenkmäler und Ikonen dagegen stellten für Solouchin nationale Kunstwerke mit künstlerisch-ästhetischem Wert dar, weshalb er sich, analog zu anderen Intellektuellen seiner Zeit, gegen die ausschließliche Bewertung von russischen Kirchen und orthodoxer Kunst als religiöse Objekte aussprach.[164] Im Kontext der künstlerischen Wiederentdeckung der Ikonenmalerei Andrej Rublëvs bewegten sich Solouchins Werke zunächst auf politisch gefestigten Boden.[165] Erst im Januar 1971 sollte ihn das Institut für wissenschaftlichen Atheismus des Zentralkomitees für seine zweigliedrige Interpretation von Ikonen, sie also sowohl als Artefakte der religiösen Kultur Russlands als auch als Abzeichen nationaler Kunst zu begreifen, verurteilen. Laut Meinung des Institutes entfernten sich seine Auslassungen zur Religion, zu religiösen Artefakten und ihren Funktionen zu weit von der historischen Wahrheit und damit vom Marxismus.[166] Gehörte er in den frühen Jahren seiner Karriere zu den ›loyalen‹ Vertretern des Schriftstellerverbandes der RSFSR, indem er gemeinsam mit anderen im Oktober 1958 für den Ausschluss Boris Pasternaks stimmte, geriet er in der Brežnev-Ära aufgrund von ›religiöser Propaganda‹ unter schärfere politische Kontrolle. Obgleich er nie aus dem Schriftstellerverband ausgeschlossen wurde, beteiligte sich 1981 sogar die Parteispitze an einer öffentlichen Verurteilung Solouchins. Der Grund dafür war eine Sammlung von kurzen Texten, die im gleichen Jahr unter dem Titel *Kameški na ladoni (Steinchen auf der Handfläche)* erschien und die Frage nach einer ›höheren Vernunft‹ bejahte.[167]

Wie auch in seinem späteren Werk *Schwarze Ikonen* übertrug er in seinen *Briefen aus dem Russischen Museum* den von ihm portraitierten Restauratoren und einfachen Dorfbewohnerinnen und Dorfbewohnern, die im Zuge der Kirchenschließungen oder deren Umnutzung in den Besitz von Ikonen gekommen waren, die Rolle von ›Rettern‹ der russischen Nationalkultur. Diese Rolle nahm er in letzter Instanz auch selber an, beschrieb er doch in beiden Werken seine eigenen Reisen in die russische Provinz. Seine in der für ihn typischen Ich-Erzählerform verfassten Reisen zur Auffindung und Sicherung des ›fast verlorenen‹ russischen Kulturguts begründeten zusammen mit parallel verlaufenden Entwicklungen in der Kunstwissenschaft und den Kulturwissenschaften ein regelrechtes Sammlerhobby für materielle Überreste der altrussischen Lebensweise unter der russischen

---

164 KOCHANEK: Die russische-nationale Rechte, S. 63.
165 Zur Wiederentdeckung Andrej Rublëvs siehe auch Kapitel I.2.2, ab S. 92.
166 Zapiska Akademii obščestvennych nauk pri ZK KPSS v ZK KPSS ob ošibočnych ocenkach religii i ateizma v nekotorych proizvedenijach literatury i iskusstva, 21 janvarja 1971 g. In: N. G. TOMILINA U. A. (Hrsg.): Apparat ZK KPSS i Kul'tura 1965–1972. Moskva 2009, S. 877–885, hier S. 878.
167 MEY: Russische Schriftsteller und Nationalismus, S. 100.

Bevölkerung.[168] Tatsächlich entwickelten sich religiöse Souvenirs wie Ikonen und Kreuze zu beliebten Mitbringseln von Orten mit ehemals religiös genutzter Infrastruktur. Analog zur wissenschaftlichen Bewertung des religiösen Kulturerbes wurden Ikonen eher als Ausweis für die kulturelle Bildung ihrer Besitzerinnen und Besitzer denn als religiöse Artefakte gewertet. Besonders in den ländlichen Regionen waren sie nach der zweiten Welle der Kirchenschließungen in die Hände der dörflichen Bevölkerung geraten, die sie zuhause verwahrte.[169] Die Sammelleidenschaft volkstümlicher Realia ließ auch den Schwarzmarkt für orthodoxe Heiligenbilder florieren, wie ein Gespräch eines Korrespondenten der nördlichen Regionalzeitung *Pravda Severa* mit einem Bewohner des Solovecker Archipels zeigt. Mitte der 1960er Jahre hatte dieser Ikonen in einem kleinen Dorf nahe der Stadt Kargopol' von Privatpersonen erworben.

> Aber wofür haben sie die Ikonen? – fragte ich. – Na und, ganz Moskau ist doch von ihnen begeistert! – Ja aber trotzdem – wofür hast du sie? – Ja wie? Sie hängen zu Hause an der Wand, als Bilder. Es handelt sich doch um Kunst […].[170]

Auch Solouchins Reisen bzw. die Reisen der von ihm portraitierten *ochraniki* (Bewahrer) führten ihn in den russischen Norden.

> In den nördlichen Landesteilen, hauptsächlich bei Archangel'sk und in den Karelischen Gebieten, mitten in den Wäldern und an den Ufern der kalten Flüsse sind hie und da erstaunliche kleine Kapellen und Kirchen aus Holz erhalten geblieben, in denen, wie man hört, mitunter noch, eingetrocknet und gedunkelt vom Kerzenruß, herrliche Überreste gefunden werden. Wenn diese nicht rechtzeitig gefunden werden, so sind sie verloren.[171]

Der russische Norden entwickelte sich ebenso wie Sibirien zu einem geografischen Referenzpunkt der Dorfprosaisten. In ihrer Romantisierung der weitestgehend spärlich besiedelten Landesteile galt Sibirien als märchenhafter Hort der vaterländischen Klassik und der ›Russische Norden‹ als »Bewahrer der russischen Seele«.[172]

---

168 VAJL/GENIS: 60-e. Mir sovetskogo čeloveka, S. 268.
169 Vladimir Solouchin erzählt davon, dass die Ikonen beim Umbau der Kirchen oder bei deren Abriss von den Dorfbewohnern mit nach Hause genommen worden seien. Siehe SOLOUCHIN: Schwarze Ikonen. Ich entdecke das verborgene Russland, München/Salzburg 1978.
170 Put' k gorizontu. In: *Pravda Severa,* 15.07.1966. In: Naučnyj archiv Soloveckogo muzeja zapovednika (NASMZ), f. 2, op.2, d. 162–1.
171 SOLOUCHIN: Briefe aus dem Russischen Museum, S. 70.
172 KOVTUN: »Derevenskaja Proza«, S. 219, 221.

Insgesamt hatte sich die Frequenz, in der Fragen zum Denkmalschutz Eingang in die Veröffentlichungen der Dorfprosa fanden, ab Mitte der 1960er Jahre deutlich erhöht. Damit verbreitete sich auch das Bild der portraitierten ›kleinen Heimaten‹. Aus unterschiedlichsten Regionen der Russischen Sowjetrepublik wurde ein trauriges und doch realistisches Bild der Verwahrlosung russischer Kirchenarchitektur und der Umnutzung kleiner Dorfkirchen als Lagerräume örtlicher Kolchosen in Umlauf gesetzt.

> Aber die Kirche stand offen, und ich beschloss, einzutreten. Gleich an der Schwelle stieß ich auf einen Berg Hafer. Der Hafer lag in meterdicker Schicht da. Hätte ich weitergehen wollen, hätte ich auf die Körner treten müssen. Natürlich ging ich weiter. [...] Eine Frau, die Lagerverwalterin, kam mir auf dem Hafer entgegen.[173]

2.5.4 Reisen in alte Zeiten. Der »historisch-kulturelle Tourismus« der 1960er Jahre

Neben der so genannten Reiseprosa *(putevaja proza)*, einer Kombination aus Autobiografie, Reisebericht und Dokumentationsliteratur, und den zahlreichen Reiseessays in sowjetischen Zeitschriften, die über Reisen ins In- und Ausland berichteten,[174] hatte die sowjetische Dorfprosa einen nicht zu unterschätzenden Einfluss auf den sowjetischen Inlandstourismus und damit auf den Besuch von Kulturdenkmälern in der russischen Provinz.

Die romantisierenden Beschreibungen von unberührten Landschaften, die Wiederbelebung des russischen Dorfes und seiner materiellen Überlieferungen und die Entdeckung regionaler Architekturdenkmäler faszinierten die Leserinnen und Leser der 1960er Jahre und begründeten den »historisch-kulturellen Tourismus« der frühen Brežnev-Ära.[175]

In einem Artikel mit dem Titel *Die Leitbilder Russlands* in der Zeitschrift *Novyj Mir* aus dem Jahre 1969 amüsierte sich Efim Doroš über die Auswirkungen einer neuen »Mode«, die sich gegen Ende der 1960er Jahre in der sowjetischen Gesellschaft verbreitet hatte. Laut Doroš würden Moskauer Damen ihre Appartements mit Ikonen und folkloristischer Kunst des 19. Jahrhunderts aus Zentral- und Nordrussland dekorieren. Im Urlaub führen sie anstatt wie früher ans Schwarze

---

173 SOLOUCHIN: Schwarze Ikonen, S. 265.
174 MARINA BALINA: A Prescribted Journey: Russian Travel Literature from the 1960s to the 1980s. In: *The Slavic and East European Journal* 38 (Sommer 1994) 2, S. 261–270, hier S. 261 f.
175 IN. POPOV: Novye Kiži. In: *Sovetskaja Kul'tura,* 7. Juli 1966, S. 4.

Meer oder nach Riga nur noch nach Kiži oder auf die Solovki.¹⁷⁶ »Reisen in alte Zeiten« erfreuten sich Ende der 1960er Jahre immer größerer Beliebtheit.¹⁷⁷

Im Zuge der sozialen Reformen Chruščëvs in der zweiten Hälfte der 1950er Jahre begann die sowjetische Führung, große finanzielle Mittel zur Neugestaltung von Ferienorten zur Verfügung zu stellen. Zu einer Zeit, in der sich die Freizeitgestaltung zu einem breiten sozialen Phänomen entwickelte, versuchte der sowjetische Staat, der steigenden Nachfrage und den gewachsenen Ansprüchen der sowjetischen Bevölkerung gerecht zu werden.¹⁷⁸ Einen zusätzlichen Schub erhielt diese Entwicklung durch die Abschaffung der sechstägigen Arbeitswoche 1967.¹⁷⁹ Das freie Wochenende machte es nun möglich, Ausflüge in die Heimatregion oder auch zu weiter abgelegenen Orten des Landes zu unternehmen. Offiziellen Zahlen zufolge fuhren 1970 bei einer Gesamtbevölkerungszahl von 242 Millionen Menschen nur knapp 1,8 Millionen Sowjetbürgerinnen und Sowjetbürger ins Ausland,¹⁸⁰ denn auch wenn ab Mitte der 1950er Jahre die Möglichkeit einer Reise in das sozialistische oder kapitalistische Ausland bestand, waren derartige Reisen sehr teuer und verlangten eine sorgsame Überprüfung der Reisenden durch die lokalen Partei- und Gewerkschaftsorganisationen.¹⁸¹ Die Mehrzahl aller sowjetischen Bürgerinnen und Bürger verbrachte ihren Urlaub demnach im Inland. Entweder ergatterten sie einen der wenigen Plätze, um an die beliebten Bade- oder Kurorte der Sowjetunion zu fahren, oder sie blieben zuhause und fuhren auf ihre Datscha. Wieder andere besuchten ihre Verwandten auf dem Land. Zusätzlich zum Konsumversprechen Brežnevs sollte im Gegensatz zum kapitalistischen System des Westens das Recht eines jeden Werktätigen auf Erholung und Vergnügen

---

176 EFIM DOROŠ: *Obracy Rossii*. In: *Novyj mir* Nr. 3 (1969), S. 182.
177 Brief der Bürgerin Archipova an die Redaktion des *Severnyj Komsomolec*, Gosudarstvennyj archiv Archangel'skoj oblasti (GAAO), F. 5859, op. 2, d. 1529, l. 12.
178 Zur Entwicklung der Freizeit und der Freizeitgestaltung als soziales und wissenschaftliches Thema in der Sowjetunion der frühen 1960er Jahre siehe NOACK, CHRISTIAN: Coping with the Tourist. Planned and »Wild« Mass Tourism on the Soviet Black Sea Coast, in: ANNE E. GORSUCH/DIANE P. KOENKER (Hrsg.): Turizm. The Russian and the East European Tourist under Capitalism and Socialism, Ithaca/London 2006, S. 281–304, hier S. 289 f.
179 ARKADIJ LICHAČËV: A kak že v dni otdycha? In: *Literaturnaja Gazeta*, 13. Dezember 1967, S. 12. – Das Gesetz zur Einführung der fünftägigen Arbeitswoche wurde am 7. März 1967 erlassen; siehe Postanovlenija ZK KPSS, Soveta Ministrov SSSR i VCSPS ot 7 marta 1967 goda ›O perevode rabočich i služaščich predprijatij, učreždenij i organisacij na pjatidnevnuju rabočuju nedelju s dvumja vychodnymi dnjami‹, siehe dazu: SCHATTENBERG: Leonid Breschnew: S. 355.
180 DIANE P. KOENKER: Whose Right to Rest? Contesting the Family Vacation in the Postwar Soviet Union, in: *Comparative Studies in Society and History* 51 (2009) 2, S. 401–425, hier S. 409, 411.
181 Ebd., S. 410.

gewährleistet werden.¹⁸² Doch trotz enormer Investitionen in den Tourismussektor durch den achten und neunten Fünfjahrplan 1965 bis 1975 und einer stetig steigenden Zahl an touristischen Einrichtungen blieben die verfügbaren Plätze sowohl in den Erholungsheimen und -lagern als auch in den Touristenstationen weit hinter der Nachfrage zurück.¹⁸³ Hinzu kam ein kompliziertes Voucher-System *(putëvka)*, über das der Aufenthalt in den betriebseigenen oder mit dem Betrieb verbundenen Einrichtungen überhaupt erst möglich wurde. Arbeiterinnen und Arbeiter bekamen diese über ihre lokalen Gewerkschaften und damit über ihre Betriebe zugeteilt, oftmals ohne den Bedarf an Familienreisen zu berücksichtigen.¹⁸⁴ Nicht zuletzt aus diesen Gründen stieg der unorganisierte Tourismus in der Brežnev-Periode rasant an. Die Zahl an ›wilden Touristen‹ *(dikie turisty)* überstieg schon bald die der staatlich-organisierten Urlauberinnen und Urlauber.¹⁸⁵ Die Zahl der Kurzurlauberinnen und Kurzurlauber stieg ab der zweiten Hälfte der 1960er Jahre ebenfalls an. Für das Jahr 1980 geht Christian Noack von etwa 17 Millionen sowjetischen Bürgerinnen und Bürger aus, die Kurztrips in die sowjetischen Regionen unternahmen oder das freie Wochenende für Ausflüge nutzten.¹⁸⁶ Lokale Kultur- und Freizeitangebote erfreuten sich daher eines regen Zulaufs.¹⁸⁷

Als beliebte Ausflugsziele galten die Sehenswürdigkeiten des so genannten Goldenen Rings *(Zolotoe kol'co)* rund um Moskau. Diese touristische Route verband unter anderem Städte wie Rostov, Jaroslavl' und Suzdal' und ihre altrussischen religiösen Denkmäler miteinander. Ende der 1960er Jahre hatte sich der Begriff *Goldener Ring Russlands* bereits zu einer erfolgreichen touristischen Marke entwickelt. Ursprünglich entstammte er der Feder des Journalisten des offiziellen Presseorgans des Ministeriums für Kultur, der *Sovetskaja Kul'tura*, Jurij Byčkov. Im November 1967 war er mit seinem Auto die Strecke Moskau – Sergiev-Possad (das zu dieser Zeit noch Zagorsk hieß), Pereslavl' Zalesskij – Rostov – Jaroslavl' – Kostroma – Ivanovo – Suzdal' – Vladimir – Moskau abgefahren. In der Folgezeit hatte er einen Artikelzyklus seiner Reise in der *Sovetskaja Kul'tura* veröffentlicht, für den er den Namen Goldener Ring Russlands entwickelte.¹⁸⁸ Sehr schnell etablierte sich der

---

182 ALEKSANDR PROCHOROV/VIKTOR URIN: Za čto my ratuem. In: *Literaturnaja Gazeta*, 9. Juli 1966, S. 2; DIANE P. KOENKER: Club Red. Vacation Travel and the Soviet Dream, Ithaca 2013, S. 6.
183 NOACK: Coping with the Tourist, S. 281 f.
184 KOENKER: Whose Right to Rest? S. 414 ff.
185 NOACK: Coping with the Tourist, S. 281.
186 Ebd.
187 KOENKER: Whose Right to Rest? S. 405.
188 KSENIJA VOROTYNCEVA: Jurij Byčkov. »V drevnej architekture vyrasilis' lučšie kačestva russkogo naroda«, in: *Kultura 85*, 11. Juni 2014. Abgerufen unter URL: http://portal-kultura.

Begriff zu einem offiziellen Terminus der kulturellen und touristischen Erschließung dieser Region rund um Moskau. Im Sommer 1968 brach eine Abordnung des Zentralen Sowjets der VOOPIiK zu einer wissenschaftlichen Expedition zur Erforschung des Goldenen Ringes auf. Neben der Bestandsaufnahme aller Geschichts- und Kulturdenkmäler trafen sich Abgeordnete aus Wissenschaft und Kultur mit den Vorsitzenden der betreffenden Gebietsexekutivkomitees, um die touristische Nutzung der Denkmäler zu diskutieren.[189] Im Sommer 1969 beging man die erste wissenschaftliche Konferenz zu Problemen der touristischen Erschließung des Goldenen Ringes in Jaroslavl'.[190] Im gleichen Jahr begannen in den Städten der wohl bekanntesten russischen Reiseroute großangelegte Restaurierungsarbeiten und der Ausbau der touristischen Infrastruktur durch den Bau von Straßen und Hotels. Parallel zum Goldenen Ring entwickelte sich der Nördliche Ring Russlands, dessen Herzstück die Geschichts- und Kulturdenkmäler Leningrads bildeten. Fahrten entlang der Städte der Alten Rus' *(Drevnjaja Rus')* oder der Nördlichen Kette *(Severnoe ožerel'e)* mit Halt beispielsweise in Archangel'sk, Vologda, Kargopol', Onega oder Cholmogoryj etablierten sich im Laufe der 1970er Jahre zu weiteren beliebten Tourismusrouten, die allerdings im Gegensatz zum Goldenen Ring nie ganz fertiggestellt wurden. Die Besucherzahlen stiegen jährlich an. In den Museen der Städte Vladimir, Suzdal', Jaroslavl' und Rostov wurde 1971 eine halbe Million Besucherinnen und Besucher gezählt. Für die kommenden Jahre plante man bereits damals mit einer Besucherzahl von bis zu zwei Millionen jährlich.[191]

Romantisch wiederbelebt und infolgedessen auch touristisch erschlossen wurden auch die entlegenen Regionen des ›Russischen Nordens‹. 1960 veröffentlichte der Schriftsteller Jurij Kazakov den ersten Teil seines dokumentarisch angelegten *Severnyj dnevnik (Nördliches Tagebuch)*, das in Analogie zum Landtagebuch von Efim Doroš Kazakovs Reisen durch den russischen Norden portraitierte.[192] Die Erfahrungen, die er auf seinen Reisen im Gebiet Archangel'sk oder entlang des Weißen Meeres gemacht hatte, sollten im Laufe der 1960er und 1970er Jahren Eingang in viele seiner Kurzgeschichten finden. Die wertvollen Holzarchitekturdenkmäler des russischen Nordens und die sie umgebene unberührte Natur machten den abgelegenen Landstrich trotz seiner peripheren Lage zu einer beliebten

---

ru/articles/best/46669-yuriy-bychkov-v-drevney-arkhitekture-vyrazilis-luchshie-kachestva-russkogo-naroda/, letzter Zugriff: 05.05.2023.
189 Materialy po sozdaniju turističeskoj maršruta ›Zolotoe kol'co‹ 1968–1969gg., GARF, f. A639, op. 1, d. 207, l. 2.
190 Jurij Byčkov: Zolotoe kol'co. In: *Smena* 18 (September 1971), S. 20–22, hier S. 22.
191 Ebd.
192 Jurij Kazakov: Severnyj dnevnik. Moskva 1960.

Reiseregion. Besonders den Nordwesten Russlands, in erster Linie die Regionen Archangel'sk und Karelien, die sich von der nördlichen Dvina bis zum Weißen Meer, zwischen dem Onega- und dem Ladogasee erstreckten, besuchten wie Kazakov im Laufe der 1960er Jahre viele tausende Besucherinnen und Besucher.[193] Die einzigartige nordrussische Architektur und das unberührte und einfache Leben der Bäuerinnen und Bauern in den weiten und spärlich besiedelten Regionen erfuhren durch die Arbeiten der Dorfprosa eine romantische Wiederbelebung. Die Halbinsel Kiži im Onegasee mit ihrem einzigartigen Holzkirchenensemble und der Solovecker Archipel mit seiner Festungsanlage empfingen seit Mitte der 1960er Jahre russische Touristinnen und Touristen und zunehmend auch Besucherinnen und Besucher aus anderen sozialistischen Ländern. Bereits 1956 hatte die Leningrader Touristenbasis eine neue Passagierschiffsroute von Leningrad zum Onegasee angeregt, die zwischen Juni und August Touristinnen und Touristen auf die Halbinsel Kiži bringen sollte.[194] Aufgrund des »großen Zustroms an Touristen« forderten karelische Offizielle in Moskau noch im gleichen Jahr die Herausgabe eines Reiseführers für die architektonischen Denkmäler der Halbinsel.[195] Doch während das Freilichtmuseum der volkstümlichen Baukunst in Kiži in den 1950er Jahren nur einige tausend Besucherinnen und Besucher zählte, entschieden sich in den drei Sommermonaten des Jahres 1965 erstmals mehrere zehntausend Touristinnen und Touristen für einen Besuch der Halbinsel.[196] Auch das soziale Profil der Gäste hatte sich gewandelt. So unterschied sich die Touristin bzw. der Tourist der 1960er Jahre in ihrer bzw. seiner Altersstruktur und dem beruflichen Werdegang von denen der 1950er Jahre. Schon längst handele es sich bei den Besucherinnen und Besuchern nicht mehr nur um »Künstler und Wissenschaftler wie noch vor 10–15 Jahren«, sondern um interessierte, ›einfache‹ Bürgerinnen und Bürger, wie einer der Architekten aus Kiži 1965 bemerkte.[197]

Mitte der 1960er Jahre hatte der »historisch-kulturelle Tourismus«, wie ihn ein Korrespondent der *Sovetskaja Kul'tura* 1966 taufte, große Bedeutung für die

---

193   Hier ist die Karelisch-Finnische SSR gemeint.
194   Brief des stellvertretenden Direktors der Leningrader Touristenbasis Lejbošic an die Verwaltung für Architektur des Ministerrates der Karelisch-Finnischen Sowjetischen Sozialistischen Republik über die Organisation einer touristischen Marschroute nach Kiži vom 18.04.1956. In: Dokumenty i materialy po istorii Kižskogo architekturnogo ansamlja (1946–1979), Petrozavodsk 2014, S. 39.
195   Brief des Leiters der Verwaltung für Architektur des Ministeriums für Kommunalwirtschaft der Karelisch-Finnischen Sowjetischen Sozialistischen Republik Solomonov an den stellvertretenden Kulturminister Kuznecov vom 9.10.1956. In: ebd., S. 46.
196   A. OPOLOVNIKOV: Muzej narodnogo zodčestva. In: *Architektura SSSR* 12 (1965), S. 22–28, hier S. 25.
197   Ebd.

sowjetische Tourismusindustrie erlangt.¹⁹⁸ Neben dem Ausbau wichtiger touristischer Knotenpunkte erhofften sich die regionalen Regierungen, einen finanziellen und politischen Nutzen aus ›ihren‹ Denkmalkomplexen ziehen zu können. Im offiziellen Duktus und mit der beginnenden Vermarktung von Reisen zu »jahrhundertealten Kunstschätzen der Nationalkultur«¹⁹⁹ spielte die Konkurrenz mit dem Westen und mit anderen europäischen Kulturerbestätten eine zunehmend größere Rolle.

2.5.5 Vladimir Solouchin: *Černye doski*

1969, auf dem Höhepunkt der gesellschaftlichen Retrospektive, veröffentlichte Vladimir Solouchin seine bereits erwähnte Erzählung *Černye doski – Zapiski načinajuščego kollekcionera* in der Zeitschrift *Moskva*.²⁰⁰ In seiner Geschichte führte ihn die Suche nach orthodoxen Heiligenbildern in halb zerfallene, entweihte Kirchen oder an Orte, an denen vor dem Abriss von Kirchenarchitektur eine Dorfkirche gestanden hatte. Seine drastischen Beschreibungen der Zustände und die Schärfe der geäußerten Kritik am Umgang mit Architekturdenkmälern und an der fehlenden Initiative regionaler Offizieller für den Erhalt des Kulturerbes russischer Dörfer unterscheiden sich deutlich von den frühen Veröffentlichungen Solouchins:

> Und das war das Schicksal der Kirchen in Stawrowo: In der einen richtete man eine Tischlerei ein, in der anderen eine Reparaturwerkstatt der »Selchostechnika«. In die beiden Kirchen fuhren Raupenschlepper und Lastwagen hinein und wurden Fässer mit Brennstoff gerollt. Die Sommerkirche, jene, die die Maschinentraktorenstation bekommen hatte, war, als sie gebaut wurde, durch Eisenträger verstärkt worden. Das hat ihren Untergang beschleunigt. Der Direktor der MTS [Maschinen-und-Traktoren-Stationen] fand die Eisenträger ganz brauchbar; er ließ sie herausnehmen und daraus Bolzen, Schraubmuttern und sonstige Ersatzteile machen. [...] Die von den Trägern entblößten Mauern begannen zu wanken. Die Vibration der Raupenschlepper, die unter dem Gewölbe herumfuhren, hat den Gang der Dinge beschleunigt. Die Kirche stürzte ein. An der Stelle der Kirche hat man nun eine kleine Grünanlage geschaffen, wo sich ein Schießstand und ein Tanzplatz befinden.²⁰¹

---

198 IN. POPOV: Novye Kiži. In: *Sovetskaja Kul'tura*, 7. Juli 1966, S. 4.
199 Ebd.
200 VLADIMIR SOLOUCHIN: Černye doski. Zapiski načinajuščego kollekcionera, in: *Moskva* 1 (1969), S. 129–197.
201 SOLOUCHIN: Schwarze Ikonen, S. 69 f.

1969 hatte sich die öffentliche Wahrnehmung zu Fragen des Erhalts und des Schutzes von russischem Kulturgut verändert. Waren Ende der 1950er Jahre noch wahllos Kirchen abgerissen worden, so war diese Vorgehensweise Ende der 1960er Jahre nicht mehr vorstellbar; jedenfalls nicht, ohne öffentlichen Protest hervorzurufen. Diese Veränderungen werden auch bei Solouchin sichtbar, als er von einem Besuch bei einer Kirche im Dorf Čerkutino berichtet:

> Damals waren bei mir in Olepino gerade drei Moskauer Freunde, Schriftsteller zu Gast. Ich fuhr sie nach Tscherkutino, wo sie ein Wagen nach Moskau abholen sollte. Hier sahen wir zum ersten Mal die zertrümmerte Kirche am Boden liegen. Man hatte sie zwei Tage zuvor abgebrochen. [...] Diese Ruinen von heute machten die Moskauer Schriftsteller stutzig. Sie empörten sich und riefen erregt: »Was für eine Schande!« »Dafür muss man denen einen Prozess machen!« Sobald ich nach Moskau komme, rufe ich bei der Zeitung an; sie sollen einen Bildreporter schicken und die Fotos veröffentlichen.« »Nein, ich will Michalkow [Sergej Vladimirovič Michalkov, Chefredakteur des satirischen Filmmagazins *Fitil'*] anrufen, der soll Filmleute hierher senden und eine Nummer seiner satirischen Zeitung damit füllen.«[202]

Durch die Veröffentlichungen der Dorfprosa und die in anderen Bereichen geführten Diskussionen über den sowjetischen Denkmalschutz in den Zeitungen des Landes hatte sich eine ›Protestkultur‹ etabliert, die jegliche als unsachgemäß wahrgenommene Einmischung in den Schutz von Kulturdenkmälern von regionalstaatlicher Seite anmahnte.

2.6 Zwischenfazit

Die sowjetische Dorfprosa war Teil der Literaturkritik der 1960er Jahre und nicht ausschließlich eine Reaktion auf die landwirtschaftlichen Reformen der ausgehenden 1950er und der 1960er Jahre, wenn auch diese den entscheidenden Einfluss auf die Formierung dieser Literaturgattung ausübten. Über die tiefen Einschnitte in das russische Dorfleben durch die Landwirtschaftsreformen der Chruščëv- und Brežnev-Ära hinaus reflektierten die Dorfprosaisten ethische, ästhetische und psychologische Fragestellungen, die die sowjetische Gesellschaft an der Schwelle zur sozialistischen Moderne bewegten.

In Bezug auf den Schutz von historischer Kirchenarchitektur hatte die Dorfprosa einen enormen Einfluss auf den *regionalen* Denkmalschutz. Die Konzentration der *derevenščiki* auf ihre *malaja rodina* brachte vor allem verfallene

---

202 Ebd., S. 120 f.

religiöse Architektur in den Fokus eines Diskurses, der sich in den Jahren zuvor hauptsächlich auf Architekturdenkmäler in den Hauptstädten des Landes konzentriert hatte. Zahlreiche kirchliche Architekturdenkmäler auf dem Land wurden durch die zum Teil ethnografischen Arbeiten der Dorfprosa einem breiten sowjetischen Publikum bekannt gemacht und ermutigten lokale Denkmalpflegerinnen und Denkmalpfleger, sich für deren Erhalt einzusetzen oder in anderen Landesteilen nach erhaltenswerter baulicher Infrastruktur zu fahnden. Darüber hinaus stimulierte die Dorfprosa den Tourismus an Orten mit historischer Kirchenarchitektur und hatte einen großen Anteil daran, dass sich der ›historisch-kulturelle Tourismus‹ in den 1960er Jahren rasant entwickelte. Die Dorfprosa schaffte es, eine realitätsnahe Vermittlung der Zustände von Architekturdenkmälern in den russischen Regionen zu zeichnen. Dieser oftmals dokumentarische Charakter wurde dadurch unterstützt, dass die *derevenščiki* mit ihren Veröffentlichungen konkrete politische Maßnahmen einforderten, also zunehmend eine politische Agenda mit ihren Appellen zum Schutz und Erhalt des künstlerischen und architektonischen Kulturerbes verbanden. Für die Dorfprosaisten bedeutete *narodnost'* (Volksnähe, Volkstümlichkeit) eines der zentralen Prinzipien des Sozialistischen Realismus, also tatsächlich Nähe zum Volk, die sie durch den verständlichen und damit leichten Zugang zu ihren Werken zu erreichen versuchten.[203]

Vorrangig die Werke von Vladimir Solouchin trugen zu einer Wiederentdeckung des orthodoxen Kulturerbes bei, das über den Umweg des materiellen Erbes auch in seiner geistigen Überlieferung verstärkt zum Beschäftigungsgegenstand avancierte.[204] Oder um es in den Worten von Pëtr Vajl' und Aleksandr Genis zu sagen: Die *intelligencija* hatte die Orthodoxie zusammen mit der Ikone und dem Heiligenlämpchen aus dem vorrevolutionären bäuerlichen Alltag entdeckt.[205] Erst ab 1971 fielen auch die Werke Solouchins in Ungnade.[206] In einem Bericht des Instituts für wissenschaftlichen Atheismus der Akademie der Gesellschaftswissenschaften vom Januar 1971 wurden seine Veröffentlichungen als literarische Werke diffamiert, die »mit idyllischen Bewunderungen über die kirchliche Vergangenheit, über das Alte und die kirchlichen Traditionen«

---

203 KELLY/SHEPHERD (Hrsg.): Constructing Russian Culture in the Age of Revolution, S. 286. – Das versuchten die Dorfprosaisten unter anderem auch durch eine *narodnyj jazyk,* also eine Sprache, die sich an der volkssprachlichen Tradition orientieren sollte. Siehe WITTE: Die sowjetische Kolchos- und Dorfprosa, S. 90.
204 MEY: Russische Schriftsteller und Nationalismus, S. 99.
205 VAJL'/GENIS: 60-e. Mir sovetskogo čeloveka, S. 268. Deutsche Übersetzung ist übernommen aus: MEY: Russische Schriftsteller und Nationalismus, S. 98, Fn. 214.
206 KOCHANEK: Die russisch-nationale Rechte, S. 69.

gefüllt seien.²⁰⁷ Seine Sorge und seinen Einsatz für den Erhalt von Architektur- und Kunstdenkmälern unterstützte das Akademieinstitut allerdings weiterhin. Solouchin habe Recht, wenn er mit Entrüstung über die zum Teil barbarische Beziehung zu Kulturdenkmälern schreibe und zu einem sorgsamen Umgang mit den Werken altrussischer Baukunst aufrufe.²⁰⁸ Während die ideologische Rehabilitierung des spirituellen Erbes der Orthodoxie und Solouchins Charakterisierung des kirchlichen Kulturerbes in Konkurrenz zum marxistisch-leninistischen Verständnis stand, wurde der Schutz religiöser Architektur auch in den 1970er Jahren keineswegs aus den Veröffentlichungen der Dorfprosa verbannt. Auch der aktive Einsatz vieler *derevenščiki* für den Denkmalschutz blieb in den 1970er Jahren ungebrochen. So protestierte beispielsweise Valentin Rasputin 1979 gegen die Zerstörung alter Kulturdenkmäler in Irkutsk.²⁰⁹ In den 1970er Jahren war zwar eine Abkehr von der politischen Billigung religiöser Themen im öffentlichen Diskurs zu beobachten, gleichzeitig spielte religiöse Architektur als Teil des nationalen Bauerbes weiterhin eine sehr wichtige Rolle. Aus diesem Grund blieb die staatliche ebenso wie in verstärkter Weise die kirchliche Unterstützung für den Schutz religiöser Architektur auch nach dem ›Erhaltungsboom‹²¹⁰ der 1960er Jahre erhalten.

Den Vertretern der russischen Dorfprosa insbesondere aus dem Umfeld der *Molodaja Gvardija* ist eine antiamerikanische, slavophile, antimaterialistische, antiurbane und modernekritische Haltung attestiert worden.²¹¹ Inwieweit der Einsatz der Dorfprosaisten für den Schutz russischer Architekturdenkmäler als Gegenwehr zu den sowjetischen Modernisierungsanstrengungen bewertet werden kann, ist schwierig zu beantworten. Fest steht, dass die Dorfprosaisten die Landwirtschaftsreformen und die negativen Auswirkungen des Städtebaus auf das Land ebenso kritisierten wie die allgemeine Erhöhung des materiellen Lebensstandards. Außerdem sahen sie in vielen als fortschrittlich angepriesenen politischen und wirtschaftlichen Maßnahmen vor allem die Gefahr des Verlustes einer geistigen und moralischen Entwicklung des Menschen.²¹² Die Spaltung der Dorfprosaisten gegen Ende der 1960er Jahre in einen gemäßigteren und einen radikalen Flügel muss allerdings ebenfalls berücksichtigt werden. Nun fanden sich die Anhänger mit zunehmend nationalistisch-chauvinistischem, antisemitischem und der

---

207 Zapiska Akademii obščestvennych nauk, 21 janvarja 1971 g. In: Tomilina: Apparat ZK KPSS i Kul'tura, S. 878.
208 Ebd.
209 VLADIMIR RASPUTIN: Irkutsk s nami. In: *Sovetskaja Kul'tura,* 14. September 1979, S. 6.
210 KELLY: From »Counter-Revolutionary Monuments« to »National Heritage«, S. 131–164.
211 WITTE: Die sowjetische Kolchos- und Dorfprosa, S. 80 f.
212 WÜST: Tradition und Innovation, S. 14 f.

sowjetischen Modernisierung feindlich gesinntem Gedankengut auf der rechten Seite des politischen Spektrums wieder. Doch interessanterweise lehnten selbst viele als ›nationalistisch‹ und ›fortschrittsfeindlich‹ gebrandmarkten *derevenščiki* den Fortschritt zumindest öffentlich keineswegs rundheraus ab. Laut Vladimir Rasputin sei lediglich der »ausschweifende und bedenkenlose Fortschritt«, der nicht dem Menschen diene und damit auch nicht als Fortschritt bezeichnet werden könne, schädlich.[213] In diesem Zusammenhang wandte sich Vladimir Rasputin entschieden gegen den Vorwurf der Fortschrittsfeindlichkeit und plädierte im Duktus der Zeit vielmehr für die »Verbindung« von russischer Vergangenheit und sowjetischer Moderne:

> Das Problem besteht nicht darin, ob es bei uns Wasserkraftwerke geben soll oder nicht. Wasserkraftwerke wird es natürlich geben. Und auch den hohen Geschwindigkeiten kann man nicht entkommen. Hier mag die Frage auftauchen: »Sind Sie für das Alte oder für das Neue?« Aber ich bin gerade dafür das Alte mit dem Neuen zu verbinden. Das Neue wird so oder so kommen.[214]

Während das Bild, das die Dorfprosaisten in ihren Werken von der Zukunft entwarfen, nur indirekt eine Rolle spielte, lag ihr zentraler Referenzpunkt in der vorsowjetischen Vergangenheit. Damit passte die von den Dorfprosaisten propagierte moralische Verpflichtung zur Vergangenheit bzw. die Verflechtung von Vergangenheit und Gegenwart phasenbedingt gut zum politischen Kurs der sowjetischen Führung. Ebenso verhielt es sich mit den Aufrufen der Dorfprosaisten zur Rettung des vorsowjetischen Kulturerbes, da sich der Denkmalschutz im Laufe der 1960er Jahre zur staatsbürgerlichen Pflicht und damit zum integralen Bestandteil der Moderne sowjetischer Prägung entwickelte. Lediglich in Bezug auf die Wiederbelebung des geistigen Erbes der Orthodoxie wurden der Bewegung bzw. einigen seiner Vertreter Grenzen aufgezeigt. Erst im Laufe der 1970er Jahre sollte die hauptsächlich in der Vergangenheit und in Erinnerungen verhaftete Sicht auf die damals gegenwärtigen Probleme von der Bevölkerung zunehmend als Einseitigkeit und Beschränktheit empfunden werden.[215]

---

213 KOVTUN: »Derevenskaja Proza«, S. 211.
214 Valentin Rasputin bei einem Treffen mit Studentinnen und Studenten der Moskauer Universität, zitiert in WÜST: Tradition und Innovation, S. 23.
215 J. STARIKOWA: Der soziologische Aspekt in der heutigen »Dorfprosa«. In: *Kunst und Literatur* 1 (1973), S. 43–65, hier S. 65; ebenso WÜST: Tradition und Innovation, S. 13.

3. Städteplaner und Architekten als Zerstörer und Bewahrer: Denkmalschutz zwischen Urbanisierung und Lokalpatriotismus

Ein wesentlicher Bestandteil der Reformpolitik der 1950er bis 1970er Jahre auf sozialpolitischer Ebene war der Wohnungsbau. Die traditionell drängende Wohnungsknappheit hatte sich in der Zeit nach Stalin unter anderem durch den millionenfachen Zuzug in die Städte vom Land und die durch Kriegszerstörungen schwache Infrastruktur dramatisch verstärkt. Enorme Investitionen in den Wohnungsbausektor waren notwendig geworden.

Die Wohnungsbaukampagne der Chruščëv-Ära war ideologisch hochgradig aufgeladen und sollte die Ausrichtung des Staates auf die kommunistische Zukunft und die konkrete Einbeziehung der sowjetischen Gesellschaft in den aktiven Aufbau des Kommunismus widerspiegeln. Der technische und materielle Fortschritt der Sowjetunion sollte sich auch im Alltag der sowjetischen Bürgerinnen und Bürger bemerkbar machen; die Zusicherung von häuslichem Komfort reihte sich in die unter Chruščëv propagierten Wohlfahrts- und Konsumversprechen ein.[216]

Im Zuge der Wohnungsbaukampagnen der 1950er und 1960er Jahre und der daraus resultierenden baulichen Neugestaltung ganzer Stadtviertel diskutierten Vertreterinnen und Vertreter aus den Stadtplanungs- und Architekturbüros sowie Künstlerinnen und Künstler die praktische und ästhetische Vereinbarkeit historisch gewachsener Stadtstrukturen mit den Neubauten sowjetischer Wohn- und Verwaltungsarchitektur. Die Diskussion bewegte sich dabei durchaus entlang internationaler Diskurse zu Fragen der Urbanisierung, des Schutzes und der Erneuerung historischer Stadtteile im Zuge des modernen Städtebaus. Ähnliche Fragen thematisierten Fachkräfte des Denkmalschutzes, der Architektur und der Stadtplanung beispielsweise auf dem internationalen ICOMOS-Symposium in der Tschechoslowakei im Jahr 1966.[217] Trotzdem hat die Problematik, wie die historische Bausubstanz russischer Altstädte mit der Architektur der sowjetischen Moderne in Einklang zu bringen sei, nur sehr fragmentiert Eingang in die Forschungen zum sozialistischen Wohnungsbau und der sozialpolitischen Reformen der Chruščëv- und Brežnev-Ära gefunden. Für die Entwicklung des russischen Denkmalschutzes stellten sie jedoch einen wichtigen Baustein dar. Auf der Hintergrundfolie der Diskussionen zum sozialistischen Wohnungsbau streiften die Debatten inhaltlich zentrale Fragen der politischen und ideologischen Ausrichtung der poststalinistischen Sowjetunion, in der Vertreterinnen und

---
216 Neutatz: Träume und Alpträume, S. 444f.
217 Hinsch: ICOMOS 1965–1980, S. 17.

Vertreter aus Politik, Architektur und Kultur um einen adäquaten Umgang mit der architektonischen vorsowjetischen Vergangenheit rangen. Den städtischen Akteuren und ihren Argumenten nachzuspüren, die ein allgemeines gesellschaftliches Bewusstsein für den Erhalt historische Baudenkmäler beeinflussten, ist Ziel dieses Kapitels. An welchen konkreten Punkten kristallisierten sich Debatten über den Schutz historischer Baudenkmäler oder historisch gewachsener Stadtstrukturen heraus? Wie unterschieden sich die Argumente der Fachleute aus Architektur und Denkmalschutz, und welche Reichweite konnte die Kritik der *intelligencija* an einem der Kernprojekte der sowjetischen Modernisierungspolitik entfalten? Und schließlich: Welche Rolle wurde der Stadtbevölkerung im Rahmen der Stadtplanung von intellektueller Seite zugeschrieben? Und welche Rolle konnte sie durch öffentlichen Protest gegen stadtplanerische Entscheidungen selber spielen?

Nach einer kurzen Auseinandersetzung mit der Wohnungsbau- und Stadtplanungspolitik der Chruščëv- und Brežnev-Ära sollen stellvertretend die Beispiele Moskau und Novgorod näher beleuchtet werden. Aus Moskau, dem Zentrum der Sowjetunion, gingen die entscheidenden sozialpolitischen und städteplanerischen Weisungen aus. Die gigantischen Bauprojekte des Moskauer Generalplans von 1934 prägten die Entwicklung der Stadtplanung und der Architektur in der gesamten Sowjetunion. Ebenso verhielt es sich mit dem Wohnungsbauprogramm der späten 1950er Jahre. Die ersten Modellregionen sowjetischen Wohnens entstanden im Süden von Moskau. Gleichzeitig weist das historische Zentrum der Hauptstadt eine erhebliche Dichte an Architekturdenkmälern auf, die teilweise dem Moskauer Generalplan von 1934 zum Opfer gefallen waren. Novgorod wiederum war als eine der ältesten Städte der Kiewer Rus' eine Stadt mit dichter historischer Bausubstanz. Nach den verheerenden Zerstörungen des Zweiten Weltkrieges traten ab der zweiten Hälfte der 1950er Jahre im Zuge großer Bauprojekte Fragen zur Rekonstruktion und Restaurierung von Denkmälern erneut auf die Tagesordnung.

3.1 Das urbane Wohnungsbauprogramm der Chruščëv-Ära

Anfang der 1950er Jahre bewohnten in den Zentren der Sowjetunion die meisten Menschen Keller, Baracken, baufällige Gebäude und die berühmten Gemeinschaftsunterkünfte, die *Komunalki*.[218] Nach den Entbehrungen der Kriegs- und unmittelbaren Nachkriegsjahre wünschten sie sich mehr Komfort und

---

218 SMITH: Property of Communists, S. 74.

Privatsphäre. Im Zusammenhang mit dem Sieben-Jahr-Plan der Sowjetunion, der 1958 auf dem XXI. Parteitag der KPdSU beschlossen wurde, verabschiedete das Zentralkomitee der KPdSU am 31. Juli 1957 ein Dekret, das sich dem Wohnungsmangel in den urbanen Gebieten ausführlich widmete und ein nicht nur auf seine geografische Ausdehnung bezogenes nie dagewesenes Wohnungsbauprogramm startete. Zwischen 1956 und 1970 konnten so mehr als 126 Millionen sowjetische Bürgerinnen und Bürger, also mehr als die Hälfte der sowjetischen Bevölkerung in neue Wohnungen einziehen.[219] Das Programm des XXII. Parteitages der KPdSU 1961 versprach die Lösung der Wohnungsfrage im Laufe der ersten zehn Jahre und die Distribution komfortabler Apartments für jede Familie und jedes Ehepaar innerhalb von zwanzig Jahren. Das Endziel der sowjetischen Regierung bestand sogar darin, die Wohnungen graduell mietfrei bewohnbar zu machen.[220]

Ganze so genannte *mikrorajony,* autarke Wohnviertel, die neben einer Wohn- und Konsuminfrastruktur auch kommunale Gebäude aufwiesen, entstanden ab dem Ende der 1950er Jahre in den Außenbezirken der sowjetischen Großstädte. Fünfstöckige Appartementblöcke, die in den Volksmund nach ihrem politischen Namensgeber, als so genannte *chruščëvki* eingingen, wurden in den neuen Wohnbezirken in Rekordzeit hochgezogen.

Der sozialistische Wohnungsbau unter Chruščëv verfolgte eine wichtige Maxime: Mit einfachen und preisgünstigen Baumaterialien sollten so schnell wie möglich so viele Wohnungen wie nötig errichtet werden. Die neuen Wohnungen wurden als »Wohnungen für alle« propagiert, die trotz ihrer sozialistischen, standardisierten Schlichtheit »angenehm, warm und trocken« sein sollten.[221] Die Begriffe der ›sozialistischen Stadt‹ und des ›Hauses des neuen Lebens‹, des *dom novogo byta,* die eng mit dem propagierten wissenschaftlich-technischen Fortschritt verknüpft waren, standen im Zentrum planerischer Überlegungen und sollten die kommunistische Utopie in architektonische Realität verwandeln.[222]

---

219 BLAIR A. RUBLE: »From khrushcheby to korobi«. In: WILLIAM CRAFT BRUMFIELD/ BLAIR A. RUBLE (HRSG.): Russian Housing in the modern age. Design and Social History, Washington 1993, S. 234, zitiert in: VARGA-HARRIS: Homemaking, S. 561.

220 Dieses Ziel widersprach dabei nicht nur jeglicher realistischer Planungsgrundlage, sondern zudem auch der Bevölkerungsdynamik, welche die Zahlen der Planer bei Weitem überstiegen. Siehe THOMAS M. BOHN: ›Closed Cities‹ versus ›Open Society‹? The Interaction of De-Stalinisation and Urbanisation, in: THOMAS M. BOHN U. A. (Hrsg.): De-Stalinisation reconsidered. Persistence and Change in the Soviet Union, Frankfurt/New York 2014, S. 115–131, hier S. 121; SMITH: Property of Communists, S. 116.

221 Dom v kotorom my budem zhit'. In: *Literaturnaja Gazeta,* 9. August 1958, S. 2.

222 GUTH: Stadt der Wissenschaftlich-Technischen Revolution, S. 99. – Konkret auf die Stadtplanung und den Wohnungsbau bezogen: MONICA RÜTHERS: Moskau bauen von Lenin

Aufgrund des fehlenden ideologischen Fundaments kann die ›sozialistische Stadt‹ laut Thomas Bohn vor allem als Projekt der sowjetischen Moderne gelesen werden und weniger als Ausdruck marxistisch-leninistischer Utopie.²²³ Gleichwohl sollte sich nach offizieller Lesart die ideologische Stoßrichtung im Design der Wohnviertel widerspiegeln. Die in den Zeitungen beschriebene Helligkeit der Wohnungen sollte als Beispiel für die lichte kommunistische Zukunft, die Schlichtheit der Form, als Abkehr von der neoklassischen und monumentalen stalinistischen Baupraxis und die Einheit der Gebäude als Zeichen für die Gleichheit aller Bürgerinnen und Bürger der Sowjetunion gelesen werden.²²⁴ Das Konzept der ›sozialistischen Stadt‹ hatte sich seit dem Ende des Stalinismus nicht nur in Bezug auf den Baustil und die Baumaterialien verändert. Die neue sozialistische Stadt war eine funktionale Stadt, eine Stadt der Produktion und des Wohnens und keine Stadt der Monumentalbauten mehr. Auch der planerische Fokus hatte sich von den Zentren der Städte in die Außenbezirke, auf die *mikrorajony* verschoben – »from the representation of Soviet prestige to housing construction«.²²⁵ Die Maxime des »funktionalen Wohnens«, die einen kompletten Rückzug ins Private verhindern sollte, wirkte sich auch auf die Inneneinrichtung aus. Das Möbeldesign wurde bewusst asketisch gehalten und die Wohnung in »rationale Funktionszonen für Essen, Schlafen, Arbeit und Ruhe« geteilt.²²⁶

Die Wohnungsbauinitiative zeigte schnell Wirkung. Allein in Moskau konnte laut offiziellen Angaben Anfang der 1960er Jahre jedes Jahr neuer Wohnraum für ca. 500.000 Menschen geschaffen werden.²²⁷ Unter Brežnev wurde die Wohnungsbaupolitik fortgesetzt, da die Wohnungsknappheit trotz Anstrengungen nicht behoben werden konnte. Besonders Einwohnerinnen und Einwohner großer Städte hatten noch immer mit langen Wartezeiten und einem zum Teil willkürlichen Vergabeprinzip von Wohnungen zu kämpfen.²²⁸ Doch dank neuer Entwicklungen in technischer und gestalterischer Hinsicht kam es bereits ab Mitte der 1960er Jahre zu einer Abkehr von den standardisierten und ewig gleich gehaltenen Wohnblocks der Chruščev-Ära. Man ging dazu über, in die Höhe zu bauen, und den Wohnraum, das heißt die Größe der Wohnungen, stärker zu variieren. Zwischen 9 bis maximal 30 Etagen zählten die Appartementblöcke der 1970er

---

bis Chruščev. Öffentliche Räume zwischen Utopie, Terror und Alltag, Köln u. a. 2007.
223 Siehe BOHN: »Closed Cities« versus »Open Society«? S. 119.
224 VARGA-HARRIS: Homemaking, S. 567.
225 BOHN: »Closed Cities« versus »Open Society«? S. 130.
226 RÜTHERS: Moskau bauen, S. 277.
227 Protiv vrednoj putanicy voprosach gradostroitel'stva. In: *Pravda*, 11. Mai 1962, S. 4.
228 HENRY M. MORTON: Who gets what, when and how? Housing in the Soviet Union, in: *Soviet Studies* 32 (April 1980) 2, S. 235–259.

und frühen 1980er Jahre. Wohnungen für Familien konnten zwischen einem und fünf Räumen rangieren.[229]

Die Wohnungsbauprogramme schufen nicht nur eine gänzlich neue Form des sowjetischen Alltags, des *sovetskij byt'*, sondern hatten auch eine Privatisierung des Alltags der Menschen zu Folge. Jede Familie konnte sich nun in ihrer eigenen Wohnung ihre Privatheit bewahren und musste sich ihr Apartment nicht länger mit Fremden teilen.

Ganz maßgeblich veränderte die »urbanistische Moderne sowjetischer Prägung«[230] das Stadtbild der Zentren der Sowjetunion und sie eröffnete unter den im breiten Maße einbezogenen Spezialistinnen und Spezialisten, noch anders als in den Jahrzehnten zuvor, rege Diskussionen über das Wesen des sowjetischen Städtebaus allgemein, die konkrete Umsetzung der großen Bebauungspläne und über die Beteiligung der sowjetischen Bevölkerung an der sowjetischen Stadtplanung. Ab Mitte der 1960er Jahre und dem propagierten nahenden Eintritt in den Kommunismus trieb Expertinnen und Experten aus Architektur, Stadtplanung und Denkmalschutz die Frage um, wie die neue kommunistische Stadt der Zukunft aussehen sollte. Hierbei ging es nicht mehr nur um den Bau von Apartmentblöcken, sondern vielmehr um das Idealbild zukünftigen Lebens im entwickelten Kommunismus und um die rationale und auf Jahre tragbare Vereinbarkeit von Wohnen, Verkehr, Natur, Arbeit und Freizeit.[231] In Städten mit großflächigen Kriegszerstörungen oder Städten, die im Zuge der ›wissenschaftlich-technischen Revolution‹ selbst in den unwirtlichsten Regionen aus dem Nichts neu entstanden waren, konnten Spezialistinnen und Spezialisten der Stadtplanung und der Architektur ihre Ideen und Visionen von »Musterstädten des Sozialismus« und »Miniaturisierungen der urbanistischen Utopie« ausleben.[232] Die Um- und Neugestaltung altrussischer Städte hingegen stellte die Verantwortlichen vor schwerwiegende Probleme. Hinsichtlich infrastruktureller Baumaßnahmen und der Integration sowjetischer Wohnarchitektur in historisch gewachsenen Stadtteilen erweiterte sich die Diskussion zur Stadtplanung um die Frage, wie die ›alte‹ mit der ›neuen‹ Stadt in einen pragmatischen und ästhetischen Einklang gebracht werden könnte.

---

229 LYNNE ATTWOOD: Gender and Housing in Soviet Russia. Private Life in a Public Space, Manchester/New York 2010, S. 181.
230 GUTH: Stadt der Wissenschaftlich-Technischen Revolution, S. 110.
231 Gorod blizkogo zavtra. In: *Literaturnaja Gazeta,* 13. Mai 1965, S. 2.
232 Siehe beispielsweise Minsk, das durch den Zweiten Weltkrieg fast vollkommen zerstört worden war. In: THOMAS M. BOHN: Minsk – Musterstadt des Sozialismus. Stadtplanung und Urbanisierung in der Sowjetunion nach 1945, Köln u. a. 2004; siehe außerdem das Beispiel der kasachischen Retortenstadt Ševčenko in: GUTH: Stadt der Wissenschaftlich-Technischen Revolution, S. 97–130.

3.1.1 Konformität oder Individualität – Das Beispiel Moskau

Der Tod Stalins stellte den noch 1952 beschlossenen Zehnjahrplan zur Rekonstruktion Moskaus zur Diskussion. Im Rahmen der unter Chruščëv ausgerufenen Wohnungsbaukampagne forderten die Vorsitzenden des Moskauer Stadtsowjets und des Moskauer Parteikomitees, billigere, standardisierte Lösungen für den Wohnungsbau vorzulegen, und kritisierten die kostenintensiven und monumentalen Bauvorhaben des Generalplans. Die von Architektinnen und Architekten formulierten Ideen zur Rekonstruktion Moskaus reichten von der Umsiedlung von Teilen der Bewohner des Moskauer Zentrums über die Erweiterung des Roten Platzes durch den Abriss des GUM (Glavnyj magazin strany, Warenhaus am Roten Platz) und des Russischen Museums bis hin zu einer kompromisslosen Ablehnung der Zerstörung des historischen Kerns der Stadt.[233] In diesem Zusammenhang sorgte ein Artikel der Zeitschrift *Moskva* vom März 1962, der von vier Intellektuellen aus dem Kultur- und Bausektor verfasst wurde, für Aufruhr in der Debatte um den Wohnungsbau und die Stadtentwicklung der sowjetischen Metropole.[234] Darin portraitierten die Autorinnen und Autoren A. A. Korobov, Pëtr Revjakin, V. Tydman und Natal'ja Četunova die modernistisch-funktionale Architektur der neu geschaffenen *mikrorajony* als Orte der architektonischen Monotonie, die durch ihre Konformität selbst interessante und gute Ideen der Bauplanung in den Hintergrund drängen würden.[235] Auch wenn jede Epoche etwas Neues hervorbringe, dürfe das Alte nicht nivelliert werden, hieß es im Artikel.[236] Im Hinblick auf die Stadtplanung Moskaus und dem Neubau von Büro-, Wirtschafts- und Wohngebäuden forderten sie Maßnahmen zur architektonischen und städtebaulichen Rekonstruktion von Bauwerken des historischen Moskauer Zentrums, deren Denkmäler in großem Ausmaß dem Generalplan der Stadt von 1934 zum Opfer gefallen waren.[237] In einer sehr deutlich ausfallenden Kritik an den Entscheidungen der Verantwortlichen des Generalbebauungsplanes Moskaus und ihrer Entscheidungswege bemängelten Korobov, Revjakin, Tydman und Četunova explizit den Umgang von Offiziellen mit Denkmälern und warnten vor weiteren Abrissen.

---

233 Bittner: The Many Lives of Khrushchev's Thaw, S. 151.
234 A. Korobov u. a.: Kak dal'še stroit' Moskvu? In: *Moskva* 3 (1962), S. 147–160.
235 Ebd., S. 152.
236 Ebd., S. 149.
237 In diesem Zusammenhang benannten die Autorinnen und Autoren des *Moskva*-Artikels etwa den Sucharev-Turm und die Christi-Erlöser-Kathedrale. Siehe dazu auch Colton: Moscow, S. 420.

Neben einer ästhetischen Gegenüberstellung der alten und der in ihren Augen damit individuellen und künstlerisch wertvollen Architektur mit der neuen, rational-modernistischen und standardisierten Bauweise unterstrichen die Autorinnen und Autoren vor allem den historischen und nationalen Charakter von Architekturdenkmälern:

> Architekturdenkmäler verkörpern in jedem Land die Geschichte des Volkes und bilden so seinen Nationalstolz. Deutlicher und anschaulicher als in jeder anderen Kunst prägen sich in der Architektur Charakter, Bild, Gedanken und Gefühle des Volkes aus. [An ihr] bildet sich der Lauf der Geschichte ab.[238]

Den patriotischen Charakter von Architekturdenkmälern suchten Korobov, Revjakin, Tydman und Četunova zusätzlich durch den Verweis auf den Zweiten Weltkrieg und die Zerstörungen an historischer Bausubstanz durch die Deutschen zu unterstreichen. Der Schlüssel zur Durchbrechung der standardisierten Gleichheit einzelner Stadtteile liege in der Bewahrung und Achtung von Nationaldenkmälern, in der untrennbaren Verbindung zwischen der Vergangenheit und der Zukunft:

> Die Menschen, die die Geschichte unserer Stadt lieben, das alte Moskau zu Beginn unseres großen Jahrhunderts verstehen und das Moskau der 1930er, 1940er und 1950er kennen, sind von einem glücklichen Anblick befallen: vor ihnen erstreckt sich sowohl das neue, das ungeahnte Moskau, mit seinem eigenen, nicht zu wiederholendem Antlitz, als auch das Moskau, das vom großen Puschkin besungen wird.[239]

Der Artikel, der von den Herausgebern des Literaturjournals *Moskva* mit dem Aufruf versehen war, eine breite gesellschaftliche Debatte über die sowjetische Stadtplanung im Allgemeinen zu beginnen, löste unter den Verantwortlichen für den Generalplan der Stadt heftige Kritik aus. Am 9. Mai 1962 wurde die Redaktion der Zeitschrift vom Moskauer Parteikomitee zu einem Treffen einbestellt, bei dem sich die Redakteure mit den in dem Artikel stark kritisierten Vertretern der architektonisch-planerischen Verwaltung Moskaus auseinandersetzen mussten.[240] Auch der Moskauer Architektenverband (Moskovskoe otdelenie Sojuza architektorov SSSR – MOSA) rang sich mehrheitlich zu einer strikten Abmahnung Reviakins durch, der als Architekt Mitglied der MOSA war.[241] Die

---

238 Korobov u. a.: Kak dal'še stroit' Moskvu? S. 148.
239 Ebd., S. 159.
240 Bittner: The Many Lives of Khrushchev's Thaw, S. 156.
241 Ebd., S. 159.

Pravda veröffentlichte am 10. Mai eine knappe Verurteilung des Artikels der Zeitschrift *Moskva,* um einen Tag später, am 11. Mai 1962, einen gemeinsamen Brief von Architektinnen und Architekten des Architektenverbandes der RSFSR und Verantwortlichen der architektonisch-planerischen Verwaltung der Stadt Moskau abzudrucken. Die Architektinnen und Architekten sahen sich vom Monotonievorwurf sowjetischer Wohnungsarchitektur angegriffen, den die Autorinnen und Autoren des *Moskva*-Artikels in erster Linie auf die Modellregion des Chruščëv'schen Wohnungsbauprogrammes überhaupt, den Moskauer Stadtteil *Novye Čeremuški* bezogen. Die in den späten 1950er Jahren errichteten archetypischen *mikrorajony* Nr. 9 und Nr. 12 des südlichen Moskauer Stadtteils *Novye Čeremuški* sollten ein exemplarisches Zusammenwirken von »rationalen und ideologisch proto-kommunistischen Prinzipien« darstellen. In ihrer Kombination von Wohn-, Freizeit- und Wirtschaftsarchitektur erlangten sie für die gesamte Sowjetunion Modellcharakter.[242]

Neben der fachmännischen Entscheidung von technischen und wirtschaftlichen Fragen innerhalb der Wohnungsbauprojekte sahen einige russische Architektinnen und Architekten ihre Arbeit vor allem in der Lösung der sozialen Wohnungsfrage. Über ihr Selbstverständnis als Agentinnen und Agenten der sowjetischen Modernisierungsanstrengung zur Lösung der Wohnungsfrage beizutragen, grenzten sich die sowjetischen Architektinnen und Architekten von ihren Berufsgenossen aus dem ›kapitalistischen Westen‹ ab.[243] Durch die Kritik an der Modellregion Moskaus fühlten sich die involvierten Architektinnen und Architekten daher persönlich angegriffen.

Auf die Forderung des *Moskva*-Artikels, bedeutende Moskauer Architekturdenkmäler zu musealisieren und diese in die Neugestaltung der Stadt einzubinden, reagierten Teile der Moskauer Architektinnen und Architekten mit Ablehnung. Es sollte nicht zu einer »Unterwerfung des ganzen Lebens unserer Hauptstadt unter die Traditionen unserer Vergangenheit kommen«, so die Verfasserinnen und Verfasser. Obwohl die herausragenden Werke der Architekten vergangener Epochen von ihnen bewundert würden und das vergangene Moskau und seine Geschichte nicht vom zukünftigen Moskau zu trennen sei, so könnte das alte Moskau dem gegenwärtigen und zukünftigen Moskau nicht vorgezogen werden. Terminologisch diffamierten sie die Autorinnen und Autoren des *Moskva*-Artikels als »Spießbürger«, die sich allem Neuen murrend in den Weg stellten, und

---

242 SMITH: Property of Communists, S. 115.
243 Über die soziale Aufgabe des sowjetischen Architekten innerhalb des Wohnungsbauprogrammes der Chruščëv-Ära siehe S. CHAN-MAGUMEDOV: O roli architektora v pereustrojstva byta. In: *Architektura SSSR* (Januar 1959), S. 45–47.

sprachen im Gegensatz dazu der neuen Architektur ein hohes Maß an »Progressivität« zu.[244]

Zu einem konkreten Streitpunkt unter Vertreterinnen und Vertretern aus Architektur und Stadtplanung der Hauptstadt entwickelte sich der Bau des *Novyj Arbat* bzw. des Kalinin-Prospektes, der zu Beginn der 1960er Jahre verwirklicht wurde. Ursprünglich entsprang das Bauvorhaben einer vom Kreml' nach Westen führenden Straße, durch die man sich eine Linderung des Verkehrsaufkommens im Zentrum erhoffte, dem Generalbebauungsplan von 1935.[245] Für den Bau dieser Magistrale, die sich zu einem Prestigeprojekt der Chruščëv-Ära entwickelte und von hochgeschossiger Wohn- und Büroarchitektur gesäumt werden sollte, musste ein großer Teil des alten Arbat-Quartiers abgerissen werden.[246] Wie auch andere bauliche Großprojekte der Chruščëv-Ära, die mit dem Abriss alter Stadtstrukturen zusammenhingen, visualisierte der Bau des Kalinin-Prospektes das Spannungsfeld zwischen der baulichen Umgestaltung Moskaus in eine sozialistische Musterstadt und dem Erhalt alter, gewachsener Stadtstrukturen wie kaum ein anderer. Zunehmend spaltete die zentrale Frage, welche Rolle historisch gewachsene Stadtstrukturen und zum Teil denkmalgeschützte Bauwerke in der kommunistischen Stadt der Zukunft spielen sollten, russische Architektinnen und Architekten und die künstlerisch-wissenschaftliche *intelligencija* in zwei Lager.

3.1.2 Altrussische Architektur als Störfaktor zur Transformation in eine sozialistische Stadt? – Das Beispiel Novgorod

Eben dieser Frage nahm sich die *Literaturnaja Gazeta* an und veröffentlichte 1965 einige Artikel, die sich mit der Stadtplanung und der Sanierung altrussischer Städte beschäftigten. Besonders in Städten mit einer erheblichen Dichte an alten architektonischen Strukturen, wie beispielsweise Novgorod, Suzdal', Rostov oder Pskov, war das Problem der Vereinbarkeit von alter und sowjetischer Architektur zur visuellen Realität geworden.

Dmitrij Lichačëv, eine der wichtigsten intellektuellen Figuren in der Diskussion um den Schutz historischer Denkmäler der Städte Novgorod und Leningrad, knüpfte in seinen Beiträgen *Četvërtoe izmerenie (Die vierte Dimension)*

---

244 Protiv vrednoj putanicy voprosach gradostroitel'stva. In: *Pravda,* 11. Mai 1962, S. 4.
245 BITTNER: The Many Lives of Khrushchev's Thaw, S. 111.
246 MONICA RÜTHERS: Mythos Arbat. Von der Vorstadt zur Flaniermeile, in: MONICA RÜTHERS/CARMEN SCHEIDE (Hrsg.): Moskau. Menschen, Mythen, Orte, Köln u. a. 2003, S. 39–49, hier S. 44.

vom 10. Juni 1965 und *Novgorodskie pis'ma (Briefe aus Novgorod)* vom 14. und 16. September 1965 indirekt an die Argumentation des *Moskva*-Artikels von 1962 an. Lichačëv unterstrich die Schwierigkeit der ästhetischen Vereinbarkeit altrussischer Baudenkmäler mit der modernistischen sowjetischen Bauweise und plädierte für den Erhalt historisch gewachsener städtischer Strukturen.[247] Gleichzeitig versuchte Lichačëv den Diskurs abseits politischer Flügelkämpfe zwischen Liberalen und Nationalkonservativen zu etablieren. Er wehrte sich gegen den Vorwurf des »Konservatismus« und gegen die Unterstellung, der Einsatz für den Erhalt des historischen Antlitzes altrussischer Städte sei zwangsläufig mit einer Ablehnung der modernen Lebensweise und dem technischen Fortschritt im Alltag der Menschen verbunden. Doch der Mensch brauche, so das Argument Lichačëvs, nicht nur Wasserleitungen, ein Transportsystem und angenehme Wohnungen, sondern auch eine Heimatstadt oder ein Heimatdorf mit Geschichte.[248] Lichačëvs charakterisierte Novgorod als Freilichtmuseum *(gorod-muzej)*, dessen gesamter historischer Organismus musealisiert werden müsse,[249] als Spiegelbild der russischen Geschichte und als Ausweis für die regionale und nationale Identität und Individualität russischer Städte. In diesem Zusammenhang verurteilte er die Eintönigkeit des sowjetischen Wohnungsbaus.

> Und deswegen möchte ich die Genossen Architekten fragen: Glauben Sie, dass alle Städte unseres Vaterlandes nach dem gleichen Prinzip geplant werden und einander gleichen sollen? Glauben Sie, dass die alten Städte lediglich eine »zweite Geburt« und eine »zweite Jugend« brauchen? [...] Sollte man denn nicht im Detail überlegen, wie sich das Neue mit dem Alten verbinden lässt? Indem wir nämlich die Zukunft von der Gegenwart und der Vergangenheit loslösen, verarmt unsere Zukunft und wird vom Individuum losgelöst. [...] Man darf nicht denken, dass Schönheit nur in der ebenen Linie der Gebäude besteht oder in den Mikrorajons bestimmter Typen, nur in fünfstöckigen Gebäuden oder in Hochhäusern. Die Schönheit braucht Individualität. [...] Unsere Städte müssen unterschiedlich sein. Wir werden nicht nur einzelne Denkmale schützen, sondern die allgemeine Schönheit unserer Städte. Wir werden ihre Individualität schützen.[250]

---

247 DMITRIJ LICHAČËV: Četvertoe izmerenie. In: *Literaturnaja Gazeta*, 10. Juni 1965, S. 2.
248 Ebd.
249 Siehe die Definition des Begriffs *gorod-muzej* in der russischen Museumsenzyklopädie. Abgerufen unter URL: http://www.museum.ru/rme/dictionary.asp?49, letzter Zugriff: 04.05.2023. – Auch im Hinblick auf Suzdal' wurde der Begriff geprägt. Siehe hierzu JURIJ BYČKOV: Zolotoe kol'co, S. 22.
250 DMITRIJ LICHAČËV: Novgorodskie Pisma. Iz letnich putešestvij. In: *Literaturnaja Gazeta*, 14. September 1965, S. 2.

Im Zuge des Novgoroder Generalbebauungsplans war es 1958 zu Kritik am Umgang der Stadtregierung mit den historischen Denkmälern der Stadt gekommen. Die in den 1960er Jahren in der Tagespresse ausgetragene Diskussion zu Novgorod hatte ihre direkten Vorläufer in den Debatten, die in Kreisen der Architektinnen und Architekten bereits in den 1940er Jahren in Bezug auf den Wiederaufbau von Städten mit einer erheblichen Denkmalstruktur geführt worden waren. Im Rahmen des Wiederaufbauplanes Novgorods, der durch den stalinistischen ›Stararchitekten‹ Aleksej Ščusev verantwortet worden war, geriet besonders der Altstadtkern mit seinem historischen Kreml'ensemble in den Fokus der Diskussionen. Im Gegensatz zu anderen Plänen, die eine strikte Trennung von Alt- und Neustadt vorsahen bzw. die gesamte Altstadt in ein Freilichtmuseum umwandeln wollten, sah der Plan Ščusevs den Bau sowjetischer Verwaltungs- und Kulturgebäude in der unmittelbaren Nachbarschaft der denkmalgeschützten Altstadt vor. Auf diese Weise sollte eine »organische Verbindung des traditionellen Novgorods mit den Ideen der neuen sowjetischen Architektur« gewährleistet werden.[251] Deutlich stärker als noch vor dem Krieg orientierten die sowjetischen Architektinnen und Architekten ihre Pläne zum Wiederaufbau nun an der historischen und sozialen Bedeutung der Stadt.[252] Gleichzeitig lenkten die großangelegten Bauvorhaben in der Innenstadt Novgorods, die in der zweiten Hälfte der 1950er Jahre begonnen wurden, den Blick Intellektueller aufs Neue auf den katastrophalen Zustand der historischen Architekturdenkmäler.[253] Führende Vertreter wissenschaftlicher und kultureller Institutionen, darunter Dmitrij Lichačëv und der Direktor der Leningrader Eremitage, Michail Artamonov, wandten sich im März 1958 in einem offenen Brief an den Ministerrat der russischen Sowjetrepublik. Darin sprachen die Verfasser ihren Unmut über den Verfall bedeutender altrussischer Novgoroder Denkmäler, wie der Novgoroder Sophienkathedrale, der Peter-und-Paul-Kirche oder des Novgoroder Kreml', aus. Sie kritisierten, dass es »aufgrund der Unwissenheit der Verantwortlichen Novgorods gegenüber der nationalen Bedeutung dieser Denkmäler nicht zugelassen werden dürfte, dass der Verfall der russischen Kulturdenkmäler weiter fortschreite«.[254] Ihr Lösungsvorschlag sah die Gründung historisch-künstlerischer Museen vor, die zur Koordinierung der Sanierungsarbeiten

---

251 G. N. JAKOVLEVA: Očerk V: Voprosy naslediaj v Sovetskoj kul'tury 1940–1960-ch gg. Istoričeskoe somosoznanija i problemy naslediaj v Sovetskoj kul'ture. In: ŠČENKOV (Hrsg.): Pamjatniki architektury v Sovetskom Sojuze, S. 201–208, hier S. 207.
252 QUALLS: Local-Outsider Negotiations in Postwar Sevastopol's Reconstruction, hier S. 278.
253 So kam es zwischen 1955 und 1962 und in den Jahren danach zum massiven Bau von Wohnarchitektur im Novgoroder Zentrum, so zum Beispiel in der ul. Gor'kogo und der ul. Leningradskaja.
254 Brief der Akademie der Wissenschaften an den Ministerrat der RSFSR vom 15.03.1958, GARF, f. A259, op. 42, d. 683, l. 70–73, hier l. 72.

und zur musealen Erschließung der russischen Kulturdenkmäler in den ältesten russischen Städten errichtet werden müssten.[255] Der Protestbrief vom März 1958 war einer der ersten erfolgreichen Interventionen Intellektueller im Bereich des Denkmalschutzes, der konkrete Maßnahmen des Ministerrates und des Ministeriums für Kultur nach sich zog. 1958 wurde das historisch-architektonische und künstlerische Museum und *zapovednik* Novgorod auf Beschluss des Ministerrates gegründet.[256] Auf Grundlage der bereits bestehenden Museumsstrukturen, die bis in das ausgehende 19. Jahrhundert zurückreichten, wurden der Novgoroder Kreml' und andere Denkmäler altrussischer Baukunst unter Denkmalschutz mit republikweiter Bedeutung gestellt. Im Laufe der 1960er Jahre sollten noch weitere Zweigstellen des Museums in die Strukturen eingegliedert und der Museumskomplex in das Vereinigte Museum und *zapovednik* Novgorod umstrukturiert werden.[257]

Zu ähnlichen Konfrontationen zwischen der *intelligencija* und der politischen Führung der Stadt kam es Ende der 1950er Jahre auch in Pskov, wie ein Briefwechsel zwischen dem russischem Maler und Denkmalschützer Igor' Grabar' mit den republikanischen und örtlichen Verwaltungsstellen in Pskov offenbart. Bezugnehmend auf den Bau einer öffentlichen Toilette an der Anastasia-Kirche in Pskov sowie den Anbau eines 60 Meter hohen Schlotes an einen der Festungstürme der Stadt, verurteilte Grabar', dass »unzählige Unternehmungen zur Zerstörung des national-kulturellen Erbes« der Stadt »unter der Flagge des Städtebaus und der Formung des sozialistischen Antlitzes der Stadt« erfolgen würden.[258] In seinem Antwortschreiben unterstrich der stellvertretende Vorsitzende des Gebietsexekutivkomitees die Anstrengungen der Regionalregierung im Denkmalschutz und verteidigte sich gegen die Anschuldigungen Grabar's. Der Bau von Fabriken, Betrieben, Industrieanlagen oder von Wohnraum könne sich schließlich nicht ausnahmslos dem Schutz von Denkmälern unterordnen.[259]

Dieses hier aufgeworfene Argument von offizieller Seite, dass sich die sowjetische »rationale Moderne«[260] nicht dem Erhalt, der Restaurierung oder der

---

255 Ebd.
256 Beschluss des Ministerrates der RSFSR über die Einrichtung des muzej-zapovednik in Novgorod, GARF, f. A259, op. 42, d. 683, l. 50.
257 Offizielle Seite des *muzej-zapovednik* in Novgorod. Abgerufen unter URL: https://novgorodmuseum.ru/, letzter Zugriff: 04.05.2023; siehe weitere Informationen auch unter URL: http://www.museum.ru/m654, letzter Zugriff: 04.05.2023.
258 M. P. PAVLOVA: Očerk VI: Sostojanie ochrany pamjatnikov architektury i organizacii restavracionnych rabot v 1940-e–1960-e gg, S. 272.
259 Ebd.
260 Mark Smith führt den Begriff der »rationalen Moderne« in seiner Studie zum Wohnungsbauprogramm der Chruščëv-Ära ein, um die Rationalität sowjetischer Wohnarchitektur (die Standardisierung der Form) und die rationale Agenda der Kostenreduzierung,

Rekonstruktion historischer Bausubstanz ›längst überkommender Epochen‹ unterordnen sollte, thematisierte auch der Novgoroder Brief von 1958. So warfen die Kulturschaffenden den regionalen Verantwortlichen vor, der Schutz des kulturellen Erbes der »historischen Vergangenheit« werde von ihnen als Hindernis in Bezug auf die Wandlung Novgorods in eine moderne, sozialistische Stadt portraitiert.[261]

Dmitrij Lichačëv griff diesen Zusammenhang in seinem Artikel *Novgorodskie Pisma* aus der *Literaturnaja Gazeta* vom 16. September 1965 erneut auf. In seinem Beitrag, der die Arbeit des Museums in Novgorod und seiner Mitarbeiterinnen und Mitarbeiter in ihrer Bedeutung für das sozialistische Novgorod unterstrich, missbilligte Lichačëv die weitverbreitete Annahme, das architektonische Erbe »alter Zeiten« als Störfaktor beim Aufbau einer neuen, sozialistischen Stadt zu definieren. Ihm zufolge sei dies nicht nur falsch, sondern verlaufe sogar konträr zur Lehre Lenins zum kulturellen Erbe des Landes.[262] Stattdessen suchte Lichačëv die untrennbare und natürliche Verbindung des alten Novgorods mit der sozialistischen Moderne zu unterstreichen.

> Das Museum beschränkt sich nicht auf ein Gebäude. Es bevölkert das heutige Novgorod. Das Museum und das heutige Novgorod sind miteinander vereint und bilden ein geschlossenes Ganzes. [...] Die Vitrinen des Museums sind auf die ganze Stadt verteilt. [Die Vitrinen das sind] der Kreml' und seine Gebäude, das sind die alten Kirchen und ihre in der ganzen Welt verehrten Fresken. Sie fügen sich in die architektonische Landschaft des modernen Novgorods ein. Das Museum stellt seine Exponate inmitten des sprudelnden Geschäftslebens, inmitten des ansteigenden Verkehrs, zwischen den Grünanlagen und Plätzen der Stadt aus.[263]

Lichačëvs Argumentation bildet auf anschauliche Weise die ideologische Zeitrechnung der frühen Brežnev-Periode ab. Die Vergangenheit und die Gegenwart werden hier als integrative Bestandteile der kommunistischen Zukunft eines jeden

---

Wohnungsdistribution und auch der internationalen Einflüsse zu beschreiben. Siehe SMITH: Property of Communists.

261 »Oni stremjatsja protivopostavit' zadači stroitel'stva socialističeskogo Novgoroda zadačam ochrany kul'turnogo nasledija, sčitaja čto zabota o pamjatnikach istoričeskogo prošlogo jakoby mešaet prevraščeniju Novgoroda v sovremennyj socialističeskij gorod.« [»Sie streben einen Vergleich zwischen den Aufgaben des Baus des sozialistischen Novgorods mit den Aufgaben zum Schutz des kulturellen Erbes an, indem sie die Pflege der Denkmäler der historischen Vergangenheit als etwas ansehen, das die Verwandlung Novgorods in eine moderne sozialistische Stadt störe.«] GARF, F. A259, op. 42, d. 683, l. 70.

262 LICHAČËV: Novgorodskie Pisma, S. 2.
263 Ebd., S. 1.

Einzelnen begriffen. Im Gegensatz zur Ausrichtung auf das kollektive Leben im Kommunismus der Zukunft argumentierte Lichačëv mit dem Individuum und der »Individualität« und gegen die Monotonie und Gleichförmigkeit russischer Städte. Diese im Kern unsozialistische Argumentationsweise reihte sich in der zweiten Hälfte der 1960er Jahre nahtlos in den Diskurs zum sowjetischen Städte- und Wohnungsbau ein.

3.2 Architektinnen und Architekten – Verwissenschaftlichung und internationale Einflüsse

Stephen Bittner hat die sowjetischen Architektinnen und Architekten als Teil der kreativen *intelligencija* beschrieben, die in besonderer Weise die Freiräume genutzt hätten, die ihnen das politische Tauwetter der Chruščëv-Ära geboten habe.[264] Im Gegensatz zu anderen Berufsgruppen des Kultur- und Wissenschaftssektors waren die russischen Architektinnen und Architekten laut Bittner von den Kampagnen gegen die künstlerische Freiheit in den Jahren 1962/1963 verschont geblieben, und das trotz der enormen Bedeutung der Wohnungsbaukampagne in der Reformpolitik der ausgehenden 1950er und beginnenden 1960er Jahren. Der neue politische Kurs, der die Architektinnen und Architekten metaphorisch zu ›Erbauerinnen und Erbauern‹ des Kommunismus machte, hatte nicht nur formale Auswirkungen auf die sowjetische Architektur. So brachte die Chruščëv-Ära eine komplette Abkehr von den aufwendigen und teuren neoklassizistischen und gotischen Bauformen der Stalin-Ära, die ganz im Sinne der Entstalinisierung als architektonische »Exzesse« aus dem architektonischen Kanon verdammt wurden.[265] Die uniformierte Bauweise der 1950er Jahre, die stark durch eine »Standardisierung der Form« geprägt war, entwickelte sich Anfang der 1960er Jahre zu einer Architektur, die trotz typisierter Baumaterialien mehr Varianz an architektonischen Strukturen zuließ.[266] Im Zuge des Chruščëv'schen Tauwetters und der Maxime eines funktionalistischen Zugangs zur Architektur diskutierten russische Architektinnen und Architekten das Erbe des sowjetischen Konstruktivismus der 1920er und 1930er Jahre, der unter Stalin als Ausdruck des »Formalismus«

---

264 STEPHEN V. BITTNER: Remembering the Avant-Garde: Moscow Architects and the »Rehabilitation« of Constructivism 1961–64. In: *Kritika: Explorations in Russian and Eurasian History* 2 (2001) 3, S. 553–576, hier S. 576.
265 Ebd., S. 557.
266 Bittner beschreibt diese Art der Architektur als *tipizacija*, die sich vor allem aus der Kritik der Architekten entwickelt habe, dass eine Hyperstandardisierung der Bauweise die Architektur zu einem Stiefkind der Bauindustrie habe werden lassen. Siehe ebd., S. 558.

gebrandmarkt worden war und auch unter Chruščëv keine politische Rehabilitation erfahren sollte.[267] Gleichzeitig intensivierte sich im Kontext des ›Kalten Krieges‹ der Austausch in Fachkreisen darüber, welche Elemente der sowjetischen Architektur als typisch sowjetisch gelten könnten. In diesem Zusammenhang wurde vor allem der bereits thematisierte soziale Aspekt der Architektur hervorgehoben, der dem propagierten ›Neuen Leben‹ der Chruščëv-Zeit konkreten Anschauungswert verleihen sollte.

Die Umsetzung des Zehnjahrplans zur Rekonstruktion Moskaus manifestierte eine zunehmend ambivalente Haltung unter Teilen der Architektinnen und Architekten, die sich vermehrt gegen eine radikale Modernisierung des Stadtbildes aussprachen. Innerhalb der Moskauer Abteilung der Union der Architekten kam es im Laufe der 1960er Jahre zu einer zunehmenden Entfernung zwischen Vertreterinnen und Vertretern der Stadtplanung und des Moskauer Stadtsowjets auf der einen und Denkmalschützerinnen und Denkmalschützern auf der anderen Seite. Erst der Sturz Chruščëvs führte in Institutionen wie dem Architektenverband zu einer langsamen Mehrheitsverschiebung zugunsten der Denkmalschützerinnen und Denkmalschützer. »Das Wetter ändert sich«, wie es der Autor des *Moskva*-Artikels, der Architekt und Denkmalschützer Pëtr Reviakin auf einer Versammlung der MOSA vier Monate nach dem Wechsel im Politbüro seinen Kollegen versicherte.[268] Neben einer verstärkten politischen Wahrnehmung zu Fragen des Denkmalschutzes kam es mit dem Machtantritt Brežnevs in der Architektur allgemein zu einer Prioritätsverschiebung. Im Gegensatz zur ideologisch hochgradig aufgeladenen Diskussion über Architektur in der Chruščëv-Ära stand nun die Qualität der Bauwerke im Vordergrund und die Diversität architektonischer Formen nahm wieder etwas zu. Diskussionen über die Monotonie sowjetischer Architektur und die Angst vor der ›Hyperstandardisierung‹ sowjetischer Städte, wie sie bereits 1963/1964 geführt worden waren, lebten vor dem Hintergrund der Restaurierung altrussischer Städte allerdings erneut auf.

In Novgorod stellte die vorhandene Denkmalinfrastruktur nicht nur die städtische Parteielite vor schwer lösbare Aufgaben. Auch die involvierten Architekten rangen lange Zeit um eine adäquate Einpassung rationaler sowjetischer Bauformen in eine hauptsächlich vom altrussischen oder klassizistischen Baustil geprägte Umgebung.[269] Auf dem Hintergrund sich verändernder politischer Vorzeichen Ende der

---

267 Ebd.
268 BITTNER: The Many Lives of Khrushchev's Thaw, S. 165.
269 Siehe I. KUŠNIR: Nekotorye voprosy poslevoennoj zastrojki Novgoroda. In: *Architektura SSSR* (März 1958), S. 21–25.

1960er Jahre und einer sich ausbildenden und politisch wirkungsvollen Expertokratie bemühten sich russische Architektinnen und Architekten insgesamt um eine ausgeglichene Haltung zwischen dem »Nihilismus des Alten« und den »Eiferern des Altertums, die bereit sind, die gesamte Stadt unter einen gläsernen Deckel zu legen«.[270] In Bezug auf eine Denkmalpolitik, die großflächig Gebäude des 18. bzw. 19. Jahrhundert ohne erkennbare architektonische Relevanz unter Schutz stellte,[271] forderten die Architektinnen und Architekten die Verwissenschaftlichung der Denkmalpflege und ein elaborierteres System sowjetischer Stadtplanung durch den Austausch von Spezialistinnen und Spezialisten verschiedener Fachrichtungen.[272]

Durch die Gründung der VOOPIiK 1965 kam es zu wichtigen Erlassen des Ministerrates und des Ministeriums für Kultur. Für die Rekonstruktions-, Restaurierungs- oder Sanierungsarbeiten ganzer Denkmalkomplexe des Landes wurden nun jedes Jahr erhebliche Summen aufgewendet. Langsam begann sich auch das Bewusstsein für die Notwendigkeit einer Verwissenschaftlichung der Denkmalpflege durchsetzen, die von involvierten Architekten bereits seit Ende des Krieges gefordert worden war. 1966 wurde das wissenschaftlich-methodische Institut für Museumswesen und Denkmalschutz (NII kul'tury) gegründet. In den 1970er Jahren erschienen erste wissenschaftliche Untersuchungen zum Denkmalschutzbegriff und zur Theorie der Denkmalpflege, auch wenn diese in erster Linie in der Vermittlung von Restaurierungspraktiken verhaftet blieben.[273] Darüber hinaus kam es auf der Ebene des Ministeriums für Kultur in den kommenden Jahren zur Gründung von Restaurierungswerkstätten und Laboratorien, die eine kleine Anzahl an Spezialistinnen und Spezialisten ausbilden konnten.[274] Die Rekonstruktion ganzer Altstädte und die Instandhaltungsarbeiten an Denkmälern wurden in erster Linie vom Gosstroj der UdSSR und dessen Unterabteilungen in den sowjetischen Teilrepubliken verantwortet, die im Zuge einer wissenschaftlichen Professionalisierung des Berufsfeldes von Denkmalpflegerinnen und Denkmalpflegern erstmals auf Erkenntnisse der Restaurierungswerkstätten und Institute zurückgreifen konnten.

Die 1960er Jahre brachten zudem einen breiten internationalen wissenschaftlichen Austausch, der über die Mitarbeit der Sowjetunion in Institutionen wie der UNESCO ermöglicht wurde. In diesem Zusammenhang orientierten sich

---

270 DMITRIJ LICHAČËV: Garmonija prošlogo i nastojaščego. In: *Literaturnaja Gazeta,* 29. Oktober 1969, S. 10.
271 EFIMOV: Russian Intellectual Culture in Transition, S. 85.
272 LICHAČËV: Garmonija prošlogo i nastojaščego, S. 10.
273 T. N. PANKRATOVA: Ochrana pamjatnikov istorii i kul'tury v Rossijskoj Federacii v 1960–1970-e gg. In: NII kul'tury Muzeevedenie: Iz istorii ochrany i ispol'zovanija kul'turnogo nasledija RSFSR, Moskva 1987, S. 25–45, hier S. 31.
274 Ebd., S. 32.

Vertreterinnen und Vertreter aus Architektur und Kunst verstärkt an westeuropäischen Beispielen des Städtebaus. Im Frühjahr 1968 druckte die Zeitschrift *Istorija SSSR* Beiträge einer Diskussionsrunde ab, die auf Einladung der Redaktion unter dem Thema »Denkmäler der vaterländischen Geschichte. Das Geschichtsdenkmal und die zeitgenössische Baukunst« zusammengekommen war. Historiker, Künstler und Architekten diskutierten anhand des Denkmalkomplexes in Ul'janovsk, der zum 100. Geburtstag Lenins im Jahr 1970 eröffnet werden sollte, die Herausforderung der Einpassung zeitgenössischer Architektur in denkmalgeschützte Stadtstrukturen. Bereits kurz nach dem Tode Lenins war die Idee zur Errichtung eines Denkmalkomplexes in Form eines Palastes in Ul'janovsk, Lenins Geburtsstadt, aufgekommen, bevor 1940 zunächst der Bau einer Lenin-Statue realisiert werden konnte. Mit Blick auf den 100. Geburtstag des Revolutionärs entwickelten Architekten den Plan zur Errichtung eines ›Denkmalzentrums‹ inmitten der städtischen Denkmalzone, die verschiedene historische Wirkstätten Lenins miteinander verbinden sollte. Während Künstler die involvierten Architekten aufforderten, das zeitgenössische Denkmalszentrum am »Colorit der Vergangenheit« und dem »Geist der Geschichte« zu orientieren, beklagten die Architekten die Abwesenheit eines künstlerischen Vorbilds inmitten einer Stadt, die von einer erheblichen industriellen Infrastruktur gekennzeichnet war und nur fragmentarische Altstadtreste aufwies.[275] Als Paradebeispiel der »organischen Zusammenführung« zwischen alter und neuer Architektur wurde der Hauptsitz der UNESCO in Paris in die Diskussion eingebracht. Vor allem das moderne und in Paris höchst umstrittene y-förmige Sekretariatsgebäude auf dem Place de Fontenoy, das im November 1958 eingeweiht worden war, begeisterte russische Künstlerinnen und Künstler.[276] In den Augen seiner Befürworterinnen und Befürworter gliederte sich die moderne Formgebung der Betonarchitektur harmonisch in das Halbrund des Place de Fontenoy und seine historische Umgebung ein.[277] Ebenso wie in Paris entschieden sich auch die russischen Architekten des Denkmalzentrums in Ul'janovsk gegen einen mehrstöckigen Bau, um die Sichtachsen zwischen den bereits bestehenden Gebäuden nicht zu belegen. Wie wichtig der internationale Einfluss auf die sowjetischen Debatten zur Stadtplanung und zum Denkmalschutz im Laufe der Brežnev-Ära wurde, zeigt auch ein Beitrag der Zeitschrift *Istorija SSSR* aus dem Frühjahr 1970. Dieser berichtete von der Sitzung des wissenschaftlich-methodischen Institutes

---

275 Pamjatniki otečesvennoj istorii. Istoričeskij pamjatnik i sovremennoe zodčestvo, in: *Istorija SSSR 2* (März–April 1968), S. 174–184, hier S. 175, 177.
276 Ebd., S. 175.
277 Iris Schröder: Der Beton, die Stadt, die Kunst und die Welt. Der Streit um die Pariser UNESCO-Gebäude, in: *Zeithistorische Forschungen* (2010) 1, S. 7–29, hier S. 8. Abgerufen unter URL: https://zeithistorische-forschungen.de/1-2010/4693, letzter Zugriff: 05.05.2023.

zu Problemen der sowjetischen Architektur. Neben der Heranziehung architektonischer Beispiele aus sozialistischen Bruderländern, wie Warschau oder Prag, veranschaulichten die sowjetischen Architektinnen und Architekten ihre Gedanken zur Rekonstruktion historischer Stadtstrukturen in erster Linie an Beispielen aus Westeuropa. Arbeiten von Architektinnen und Architekten aus Städten wie Florenz, Genua, Rom, Oxford oder Regensburg wurden ebenso positiv herausgestellt wie ähnliche Unternehmungen in Paris. Das französische Fallbeispiel und die französische Gesetzgebung, die seit 1962 nicht nur einzelne Bauwerke, sondern gesamte Stadtviertel bzw. städtische Baustrukturen unter Denkmalschutz gestellt hatte, inspirierten auch die Sowjetunion zu ähnlichen Projekten in Städten wie Tallin, Kamenec-Podolski oder Suzdal'.[278]

Trotz einer breiten Akzeptanz zu Fragen des Schutzes und des Erhalts von alten Baustrukturen wehrten sich die russischen Architektinnen und Architekten im Laufe der Brežnev-Ära immer häufiger gegen einen ›inflationären‹ Trend im Denkmalschutz, der vor allem nach der Gründung der VOOPIiK und der Festlegung so genannter Denkmalzonen im unmittelbaren Umkreis wichtiger Denkmäler die Ausweisung von Bauflächen und den tatsächlichen Neubau von Gebäuden in einigen Städten erheblich erschwerte.[279] In den Augen vieler Architektinnen und Architekten sollten Denkmäler nur dann erhalten bleiben, wenn sie neben ihrem historischen Wert auch eine zeitgenössische Komponente aufweisen könnten.[280] Obgleich auch in den folgenden Jahrzehnten über große Bauprojekte gestritten werden sollte, hatte sich die Idee der ›sozialistischen Stadt‹ im Laufe der 1960er Jahre verändert. Die urbane sowjetische Perspektive umfasste fortan neben Neu- und Umbauten auch den »Schutz und die Rekonstruktion bereits vorhandener städtischer Bauten«.[281]

3.3 Stadtplanung und gesellschaftliche Partizipation

Ein weiteres Element der neuen ›sozialistischen Stadt‹ war die gesellschaftliche Beteiligung an Fragen des Städtebaus und des Denkmalschutzes. Neben seiner Bedeutung für das sich entwickelnde Bewusstsein für den Denkmalschutz ist der *Moskva*-Artikel von 1962 argumentativ als eindrückliches Beispiel der

---

278 E. V. MICHAJLOVSKIJ: Istoriko-architekturnoe nasledie v strukture sovremennogo goroda. In: *Istorija SSSR* 3 (1970), S. 187–188, hier S. 188.
279 COLTON: Moscow, S. 559.
280 LICHAČËV: Garmonija prošlogo i nastojaščego, S. 10.
281 Teoretičeskie osnovy formirovanija sovetskogo goroda. In: *Architektura SSSR* (Februar 1968), S. 3–6, hier S. 3.

Tauwetterperiode zu werten. Mit erstaunlicher Deutlichkeit kritisierten Korobov, Revjakin, Tydman und Četunova neben dem Umgang mit Architekturdenkmälern die Arbeit der Verwaltung des Generalbebauungsplanes. Sie forderten eine Abkehr von gängigen »stalinistischen Praktiken des Städtebaus« und mehr Transparenz der Entscheidungswege.[282] Zusätzlich insistierten die Verfasserinnen und Verfasser auf einer ›Demokratisierung‹ der städtebaulichen Planungen und deren Umsetzung. Die Meinungen der Arbeiterinnen und Arbeiter zu baulichen Maßnahmen in Moskau sollten nicht nur ermittelt werden, sondern durch offene Wettbewerbe in die Planungen eingehen. Die Ausführung und Umsetzung der baulichen Vorhaben sollten schließlich unter gesellschaftliche Kontrolle gestellt werden.[283]

> Wir sind für die Abkehr vom Subjektivismus und Empirismus in der Planung, für die Abkehr von Planung »nach Augenmaß«, gegen die alleinige Entscheidung städteplanerischer Fragen durch den Willen des einen oder anderen Leiters. [...] Es ist nicht mehr zu tolerieren, dass der Generalplan Moskaus, der jeden Moskauer etwas angeht, vor den Bürgern der Hauptstadt verschlossen bleibt. Wir müssen die Lage beenden, in der die Moskoviter nur die »vollzogenen Fakten« sehen, in der die Zauberformel »Das wurde bereits entschieden« gilt. Diese Formel wurde benutzt, um alle Ansichten über »bereits entschiedene« Fragen und jegliche Kritik zu unterdrücken, die als Angriff auf die »persönlichen« Entscheidungen Stalins oder die des »Hüters von Moskau«, Kaganovič, gesehen werden konnten.[284]

Korobov, Revjakin, Tydman und Četunova blieben nicht allein mit ihrer Forderung nach der Mitwirkung und Einbeziehung der *obščestvennost'* in stadtplanerische Fragen. Bereits ein Jahr zuvor hatte Dmitrij Lichačëv die Verhandlung stadtplanerischer Fragen anhand »demokratischer Prinzipien« und die Ausweitung der Debatten auf ein größeres Publikum gefordert.[285] 1965 sollte er diese Forderungen in der *Literaturnaja Gazeta* erneut wiederholen:

> Und die [Einbeziehung der Öffentlichkeit] sollte nicht in Mauern umgesetzt werden, die für eine breite Masse [...] unzugänglich sind – [mit diesem Projekt] sollte man in die Fabriken, in die Universitäten, in die Kulturhäuser ausrücken. [...] Stadtplaner sollten mehr auf die Stimme der Öffentlichkeit hören.[286]

---

282 KOROBOV U. A.: Kak dal'še stroit' Moskvu? S. 150 f.
283 Ebd., S. 150.
284 Ebd.
285 DMITRIJ LICHAČËV: Pamjatniki kul'tury. Vsenarodnoe dostojanie. In: *Istorija SSSR* (Mai–Juni 1961), S. 3–12, hier S. 8.
286 DERS.: Četvertoe izmerenie, S. 2.

Während sich allerdings die Autorinnen und Autoren des *Moskva*-Artikels für die Beteiligung der Moskauer Bevölkerung an der Stadtplanung im Sinne breiter gesellschaftlicher Partizipation einsetzten, hatte die »Einbeziehung einer breiten Öffentlichkeit« in der Argumentation Lichačëvs eine andere Konnotation. Lichačëv ging nicht so weit, eine demokratische Mitwirkung der städtischen Bevölkerung zu fordern, sondern insistierte vielmehr auf der Partizipation der kulturellen und akademischen Fachwelt an der Stadtplanung.

> Warum werden die Pläne nicht vorher mit Künstlern, Schriftstellern, Historikern, Künstlern auf großen Versammlungen und in den Printmedien verhandelt, bevor die Neugestaltung historischer Orte beginnt?[287]

Als Angehöriger der Leningrader *intelligencija* und durch seinen aktiven Einsatz für den Erhalt altrussischer Denkmäler reflektierte er also vielmehr seine eigene Rolle und seinen persönlichen Wunsch einer aktiven Einflussnahme auf städteplanerische Entscheidungen. Lichačëvs Argumentation folgend sollte die Vermittlung von stadtplanerischen Prinzipien an die Bevölkerung in die Hände von Expertinnen und Experten gelegt werden. Durch sein akademisches Verständnis von Städten als »materialisierter Geschichte«, als Bildungsinstrumente und »kolossale Vorlesungssäle« begriff er den städtischen Raum in erster Linie als Gestaltungsraum von Fachkräften und nicht von Politikerinnen und Politikern oder gar der Bevölkerung.[288]

Trotz der berechtigten Feststellung Coltons, dass ein ähnlicher öffentlicher Angriff auf den Generalplan Moskaus, wie ihn die Autorinnen und Autoren des *Moskva*-Artikels 1962 aussprachen, durch die politische Unterdrückung der liberalen *intelligencija* ab dem Ende der 1960er Jahre erst nach 1985 wieder möglich gewesen sei,[289] erfuhr der Gedanke zur ›Demokratisierung‹ stadtplanerischer Entscheidungen im ›Nachtauwetter‹, also in den Monaten unmittelbar nach der Absetzung Chruščëvs, ein kurzzeitiges Revival. Auf Sitzungen der MOSA im Februar und März 1965 wiederholte Pëtr Reviakin seine Forderungen nach einer offenen, verantwortungsvollen und aufmerksamen Wahrnehmung des Willens der »wissenschaftlichen, künstlerischen, professionellen und allgemeinen Öffentlichkeit«.[290] Seine Ausführungen, die ihm noch 1962 eine scharfe Zurechtweisung aus politischen und wissenschaftlichen Kreisen eingebracht hatten, wurden nun

---

287 DERS.: Pamjatniki kul'tury, S. 8.
288 DERS.: Četvertoe izmerenie, S. 2.
289 COLTON: Moscow, S. 421.
290 BITTNER: The Many Lives of Khrushchev's Thaw, S. 165.

mehrheitlich von Applaus begleitet. Den Stadtplanerinnen und Stadtplanern in der Verwaltung warf er Ignoranz in Bezug auf den »Willen der Menschen« und ihre »Loslösung« von der Bevölkerung vor.[291] Andere Vertreterinnen und Vertreter der Architektur, der Literatur- und der Kunstszene, die die MOSA ebenfalls zur Versammlung geladen hatte, gruppierten sich hinter der Idee der Einrichtung einer zentralen Denkmalschutzgesellschaft, durch die sie sich ein institutionelles Gegengewicht zur Moskauer Parteispitze und der architektonisch-planerischen Verwaltung erhofften.[292] Die Idee zur Gründung einer Denkmalschutzgesellschaft war auch in Architekturkreisen bereits Anfang der 1960er Jahre aufgekommen. Doch erst jetzt, nach dem Wechsel an der Spitze des Politbüros konnten die Denkmalschützerinnen und Denkmalschützer innerhalb der MOSA mehrheitliche Allianzen bilden.

Stephen Bittner hat in seiner Studie zum Diskurs über den *Novyj Arbat* resümiert, dass das Thema der gesellschaftlichen Partizipation im Rahmen der Stadtplanung, wie es im Frühjahr 1965 in der Moskauer Abteilung des Architektenverbandes diskutiert wurde, durch die Gründung der VOOPIiK erneut eingedämmt worden sei. Die VOOPIiK habe die Rolle der Öffentlichkeit im Denkmalschutz »formalisiert« und damit der MOSA die zentrale Rolle innerhalb dieser Bewegung streitig gemacht.[293] Obwohl die *obščestvennost'* zu einer wichtigen und von Politikerinnen und Politikern der Brežnev-Ära häufig propagierten Referenz avancierte, verkam das Verständnis von *obščestvennost'* tatsächlich immer weiter zu einer bloßen Hülle, mit der sich Politikerinnen du Politiker schmückten, um ihren Entscheidungen einen legitimierenden Anstrich geben zu können.[294] Auch die VOOPIiK trug diesem Trend im Laufe ihrer Entwicklung immer deutlicher Rechnung. Doch gerade in ihren Anfangsjahren bemühte sich die VOOPIiK, eben jenes Gegengewicht zur architektonisch-planerischen Verwaltung und gegenüber städtischen Offiziellen zu verkörpern, das sich die Denkmalschützerinnen und Denkmalschützer unter den Moskauer Angehörigen der MOSA gewünscht hatten. So forderte der stellvertretende Vorsitzende der VOOPIiK, Vladimir Ivanov, im Juni 1967 in seinem Brief an den Vorsitzenden der architektonisch-planerischen Verwaltung des Moskauer Stadtexekutivkomitees die Einbindung der VOOPIiK und der Inspektion für den Denkmalschutz in stadtplanerische Entscheidungen. Aufgrund der »gewaltigen Anzahl« von Briefen aus den Reihen der Moskauer Stadtbevölkerung, die sich mit ihren Wünschen,

---

291 Ebd.
292 Ebd., S. 166f.
293 Ebd., S. 168.
294 Ebd., S. 171.

Vorschlägen und ihrer Kritik hinsichtlich des Plans zur Rekonstruktion Moskaus an den Zentralen Sowjet der VOOPIiK gewandt hätten, schlug Ivanov eine wissenschaftliche Plattform für den Austausch aller beteiligten Institutionen vor.[295] In dieser Hinsicht verstand sich die VOOPIiK als institutionalisierte *obščestvennost'*, die versuchte, sich im Rahmen des Generalbebauungsplanes ihre Stellung inmitten der behördlichen Zuständigkeiten zu erkämpfen. Das *obščestvennost'*-Konzept der VOOPIiK ähnelte dabei den Vorstellungen Lichačëvs und seinen Überlegungen zur Einbeziehung einer akademischen Öffentlichkeit. Gleichzeitig aber flossen zumindest in den Anfangsjahren Impulse und Kritik aus der Bevölkerung in die Arbeit der VOOPIiK ein. Innerhalb der Moskauer VOOPIiK-Abteilung avancierten allerdings mehrheitlich Vertreter des nationalen Spektrums der *intelligencija* zu Wortführern im russischen Denkmalschutz und liefen der MOSA damit zunehmend den Rang ab.

Als der russische Maler und Denkmalschützer Pavel Korin im Sommer 1966 seinen Artikel *Als Bürger Russlands* in der *Komsomol'skaja Pravda* veröffentlichte und darin vehement für die Einbeziehung des russischen Volkes in die Stadtplanung Moskaus eintrat, horchten die Leserinnen und Leser auf. Seine breite und im Kern nationale Definition von *obščestvennost'* und die von ihm verwendete Terminologie weckten Erinnerungen an die Forderungen des *Moskva*-Artikels der Tauwetterperiode:

> Dieses Problem geht jeden an – nicht nur die Architekten, sondern gerade Künstler, Schriftsteller und Arbeiter – das ganze Volk. Wir brauchen unbedingt Transparenz [*glasnost'*], einen offenen Wettbewerb für die Besprechung der Projekte der Rekonstruktion [Moskaus].[296]

Gleichzeitig ging Korin in seinem Artikel, der ein großes Echo unter Denkmalschützerinnen und Denkmalschützern hervorrief, noch einen Schritt weiter. Im Hinblick auf die zahlreichen Zerstörungen von Architektur- und Kulturdenkmälern durch regionale Offizielle und die fehlenden gesetzlichen Grundlagen, gegen diese vorzugehen, rief er die sowjetische Öffentlichkeit dazu auf, »ihre Stimme des Protestes« zu erheben;[297] eine Forderung, der in Bezug auf den Moskauer Generalbebauungsplan immer mehr Menschen tatsächlich nachkommen sollten.

---

295 Brief des stellvertretenden Vorsitzenden der VOOPIiK Ivanov an den Vorsitzenden der architektonischen Verwaltung des Moskauer Stadtexekutivkomitees Georgij Fomin vom 18.07.1967, GARF, f. 639, op. 1, d. 17, l. 25.
296 PAVEL KORIN: Kak graždanin Rossii. In: *Komsomol'skaja Pravda*, 27. Juli 1966, S. 3–4.
297 Ebd., S. 4.

3.4 Ziviler Protest – Das Beispiel des Hotel *Rossija*

Einer der wenigen dokumentierten Fälle öffentlichen Protests ist der gegen den Bau des Hotels *Rossija* in unmittelbarer Nachbarschaft zum Moskauer Kreml' in einem der ältesten Stadtteile Moskaus, dem Stadtteil *Zarjad'e*. Ende der 1950er Jahre wurde dort der Hotelkomplex *Rossija* geplant, der nach seiner Fertigstellung Ende der 1960er Jahre als der größte der Welt galt. Der Hoteltrakt bestand aus vier zwölfstöckigen Gebäuden, die bis zu 5.300 Gästen Platz bieten sollten. Dem eigentlichen Hotelgebäude wurden Restaurants und ein riesiger Konzertsaal für 1.500 Gäste angeschlossen. Das Hotel, das zwischen 1962 und 1967 errichtet wurde, war ein Prestigebau der frühen Brežnev-Ära. In seiner funktionalen sozialistischen Architektur repräsentierte das Hotel den Aufbruch in die Moderne und sollte dem Anspruch gerecht werden, allen Arbeiterinnen und Arbeitern ein günstiges Zimmer im unmittelbaren Stadtzentrum Moskaus mit Blick auf den Kreml' zur Verfügung zu stellen.[298] Der Streit über das Bauvorhaben entzündete sich vor allem daran, dass sich das Baugebiet des Hotels nicht nur in unmittelbarer Nachbarschaft des Kreml' befand, sondern gleichzeitig den Bestand wertvoller Kultur- und Architekturdenkmäler der *ulica Razina* bedrohte. Dabei handelte es sich vor allem um Kirchenarchitektur des 16.–18. Jahrhundert, die auf dem unmittelbaren Baugrund des Hotels lag. Bereits in den 1930er Jahren war es in diesem Gebiet zum breitflächigen Abriss alter Wohnarchitektur gekommen. Den Plänen zum Megahotel waren in den 1940er Jahren Planungen zum Bau eines 46 Etagen hohen Bürogebäudes im Stil des sozialistischen Klassizismus vorangegangen, die durch den stalinistischen Chefarchitekten Dmitrij Čečulin verantwortet worden waren.[299] Dieses gigantische Bauvorhaben, das 1954 gestoppt worden war, wurde ab Mitte der 1950er Jahre durch Planungen für den Hotelbau ersetzt. Doch anders als in den 1930er Jahren erhoben sich ab 1961 Proteste gegen die Pläne und den Abriss kleinerer Kirchen der *ulica Razina*.

---

298 In der berühmten sowjetischen Komödie *Mimino* aus dem 1977, in dem es um einen georgischen Piloten geht, der aus seiner Heimat nach Moskau aufbricht, um für eine sowjetische Airline auf internationalen Flügen zu arbeiten, wird das Hotel *Rossija* zur ersten Anlaufstelle und Unterkunft des Piloten Mimino in Moskau. In dem modernen Gebäudekomplex teilt er sich sein Hotelzimmer mit direkter Sicht auf den Kreml' mit einem armenischen Fernfahrer. Die Unterkunft wird ähnlich wie der moderne Restaurant- und Kulturbereich des Hotels als für jeden Arbeiter erschwinglich porträtiert. Siehe: Mimino, Mosfil'm 1977.

299 COLTON: Moscow, S. 329, 370; KUPRIYANOV, PAVEL/SADOVNIKOVA, LYUDMILA: Historical Zaryadye as remembered by locals. Cultural meanings of city spaces, in: ALBERT BAIBURIN/CATRIONA KELLY/NIKOLAI VAKHTIN (Hrsg.): Russian Cultural Anthropology after the Collapse of Communism, Oxfordshire/New York 2012, S. 220–253, hier S. 239.

Intellektuelle begannen Protestbriefe an den Ministerrat und das Ministerium für Kultur zu schreiben, in denen sie ihre Kritik am geplanten Abriss der Kirchen kundtaten. Neben dem Argument, dass die Denkmäler des alten Moskauer Stadtteils *Zarjad'e* zusammen mit den Architekturdenkmälern des Kreml' einen »einheitlichen kulturhistorischen und architektonischen Komplex« bilden[300] und das Hotel das architektonische Ensemble des Moskauer Kreml' in den »Schatten stellen« würde,[301] schien laut zeitgenössischen Berichten die Angst, der Rote Platz könne aufgrund der das Hotels umgebenden Geschäfte in einen Basar verwandelt werden, die Stadtbevölkerung aufhorchen zu lassen.[302] Trotz der »Ignoranz« des Moskauer Stadtexekutivkomitees gegenüber den »Protesten einer breiten Öffentlichkeit«[303] und des »langatmigen, anstrengenden Kampfes durch Mitarbeiter des Kultursektors, Historiker und Architekten« wurde das Hotel zwar gebaut, aber die Denkmalschützerinnen und Denkmalschützer konnten erste Erfolge für sich verbuchen.[304] Aufgrund des öffentlichen Drucks wurde der geplante Baugrund verkleinert. Die das Hotel zukünftig umgebenden Kirchen konnten erhalten bleiben und wurden zusammen mit Teilen der Festungsmauer *Kitaj Gorods* in einem musealen Gesamtzusammenhang unter Denkmalschutz gestellt.[305]

Wie eine anthropologische Mikrostudie über die Erinnerung ehemaliger Einwohner an den alten Stadtteil *Zarjad'e* aufzeigen kann, spielte der historische Status des Stadtteils erst seit den 1960er Jahren für seine Bewohnerinnen und Bewohner eine wichtige Rolle. Konnten die historischen Gebäude in den Jahrzehnten zuvor durch ihre teilweise Überbauung oder ihre ästhetische Wertlosigkeit keine emblematische Funktion für die Bewohnerinnen und Bewohner übernehmen, so änderte sich das in den 1960er Jahren. Durch die Transformation des Stadtteils in dieser Zeit und durch die ästhetisch-visuelle Abgrenzung zum Megabau des *Rossija*-Hotels, sei es zu einer »emergence of history in architecture« gekommen:[306]

---

300 V. LAVROV: Pamjatniki architektury i gorod. In: *Architektura SSSR* 12 (1965), S. 12–15, hier S. 13.
301 Leserbrief an die *Komsomol'skaja Pravda* vom stellvertretenden Vorsitzenden der VOOPIiK aus der Region Kujbyševsk (heute Samara) O. Strukov als Reaktion auf den Artikel Pavel Korins in der Zeitung vom 16. August 1966, GARF, f. A639, op. 1, d. 41, ll. 5–6, hier l. 5.
302 KOROBOV u. a.: Kak dal'še stroit' Moskvu? S. 158.
303 Ebd.
304 COLTON: Moscow, S. 558.
305 Ebd., S. 555. – Zur Projektierung des neuen Denkmaldistrikts siehe LAVROV: Pamjatniki architektury i gorod, S. 12–15.
306 KUPRIYANOV/SADOVNIKOVA: Historical Zaryadye as remembered by locals, S. 229.

> [...] what was hidden before now became clear to see, what had merged with its surroundings and had not been picked up by the uninitiated eye was now in the centre of attention.³⁰⁷

Die Causa ›Hotel *Rossija*‹ entwickelte sich in den kommenden Jahren zu einem wichtigen Referenzobjekt der Denkmalschützerinnen und Denkmalschützer. Sie kritisierten, dass die Planung zum Hotelbau »hinter verschlossenen Türen« abgelaufen und damit lediglich ein enger Kreis von Personen aus Politik und Architektur in die Planungen involviert worden sei.³⁰⁸ Der Protest gegen den Hotelbau fiel ab Mitte der 1960er Jahre mit der Ablehnung der Moskauer Bebauungspläne durch weite Teile der Moskauer Bevölkerung zusammen. In einer Sitzung der regionalen Abteilung der Denkmalschutzgesellschaft VOOPIiK im Moskauer Stadtbezirk Kirov im Februar 1968 bemerkte ein Mitglied, wie wichtig es sei, die *obščestvennost'* über die Stadtplanung in Kenntnis zu setzen, bevor diese verabschiedet werde. So könnten eventuell gefährdete Architekturdenkmäler gegebenenfalls verrückt oder verlegt werden. In jedem Fall sollte die ›Öffentlichkeit‹ »aktiv teilhaben«, da durch ihre Intervention, wie im Fall des Baus des Hotels *Rossija,* Denkmäler geschützt werden könnten.³⁰⁹ Der Bau des *Rossija*-Hotels und die Stadtplanung Moskaus waren also Momente, die für die Ausbildung des Wunsches nach einer gesellschaftlichen Beteiligung zu Fragen der Stadtplanung und des Denkmalschutzes entscheidend waren; ganz im Gegenteil zum Bau des Kongresspalastes im Kreml' 1960/1961. Nachdem der Bau des Palastes der Sowjets nach einigen Wettbewerbsrunden zwischen 1957 und 1959 abgebrochen worden war, bewegten sich die Diskussionen um den Bau des Kongresspalastes, der in der Rekordbauzeit von einem halben Jahr rechtzeitig zum XXII. Parteitag der KPdSU im Dezember 1961 eingeweiht wurde, ausschließlich in Fachkreisen, nicht zuletzt deshalb, weil für den Bau des Kongresspalastes Gebäude abgerissen wurden, die keinen besonderen architektonischen und historischen Wert besaßen. Allenthalben wurde der moderne Baustil des Kongresspalastes gepriesen, der als »Denkmal des Aufbaus des Kommunismus« inmitten der historischen Kreml'architektur gefeiert wurde und als »Gebäude für das Volk« dienen sollte.³¹⁰

Dass der »Respekt gegenüber dem städtischen Erbe«, wie Timothy Colton in seinem Stadtportrait Moskaus bemerkt hat, sich in der Brežnev-Ära bereits in der Gesellschaft verankert hatte und Fragen des Schutzes von russischem Kulturgut

---

307 Ebd.
308 Diese Bemerkung entspringt einem Leserbrief an die Redaktion der Zeitschrift *Nauka i Žizn* aus dem August 1969, GARF, f. A639, op. 1, d. 265, ll. 78–85, hier l. 78.
309 Protokoll der Kirov-Region der Moskauer Stadtorganisation der VOOPIiK, Central'nyj archiv goroda Moskvy (CAGM), f. 792, op. 2, d. 27, l. 36–50, hier l. 37.
310 Siehe dazu: Kremlevskij dvorec c"ezdov. In: *Architektura SSSR* 12 (1961), S. 4–12.

das politische Handeln mitbestimmten, ist nicht zuletzt das Resultat der Gründung der Allrussischen Gesellschaft für den Schutz historischer und kultureller Denkmäler 1965.[311]

3.5 Zwischenfazit

Die Wohnungsbaukampagne, die durch ihre enormen Einschnitte in der urbanen Lebenswelt der Bevölkerung Fragen zur Stadtentwicklung und zur Vereinbarkeit alter und neuer Architektur aufwarf, trug in erheblichem Maß zur Entwicklung eines gesellschaftlichen Interesses für die Stadtplanung und den Schutz von Architekturdenkmälern bei. Die Entstalinisierung und eine emanzipierte *intelligencija*, die dem offiziellen Diskurs zum Wohnungsbau und zur Stadtentwicklung ihre mehrheitlich kritischen Ansichten gegenüberstellte, befähigte so zunehmend auch die russische Bevölkerung, sich stadtplanerischen Entscheidungen in ihren Heimatstädten mutig in den Weg zu stellen. Fragen zur Stadtplanung und zum Erhalt denkmalgeschützter Gebäude regten im Laufe der 1960er Jahre Diskussionen über das konkrete Mitspracherecht von Expertinnen und Experten sowie der Bevölkerung an. Im Zusammenhang mit dem Machtwechsel im Kreml' verlagerten sich die Kompetenzen der russischen Architektinnen und Architekten und Teile der wissenschaftlich-technischen *intelligencija* in Fragen der Stadtplanung und des Erhalts von Architekturdenkmälern zunehmend auf Intellektuelle des nationalen Spektrums und die Bevölkerung. Selbst unter den Architektinnen und Architekten, die im Gegensatz zu anderen kulturellen Bereichen mit der Absetzung Chruščëvs eine Art ›Nachtauwetter‹ erlebten, setzten sich verstärkt die Anhänger des Denkmalschutzes durch. Neben dem spürbaren Einfluss internationaler Bauprojekte auf die wissenschaftlichen Diskussionen war der sorgsame Umgang mit Architekturdenkmälern und ihrer historischen Umgebung in der zweiten Hälfte der 1960er Jahre zum gängigen Modus Vivendi unter Architektinnen und Architekten geworden. Die akademischen und gesellschaftlichen Debatten hatten somit die politische Praxis verändert. Die sozialistische Stadt der Brežnev-Ära präsentierte sich fortan als moderne Stadt mit historischem Antlitz. Trotz andauernden Kritik von Denkmalschützerinnen und Denkmalschützern an Bauvorhaben in alten russischen Städten können aus den damaligen Diskussionen ernsthafte Überlegungen und Bemühungen beider Seiten für eine pragmatische, rationale und ästhetische Vereinbarkeit der ›Geschichte‹ mit der Zukunft abgelesen werden. Doch anders als noch im Stalinismus forderten Angehörige der technisch-wissenschaftlichen

---

311 COLTON: Moscow, S. 555.

und kulturellen *intelligencija* sowie Teile der russischen Bevölkerung nun eine Beteiligung an den staatlichen Modernisierungsanstrengungen und damit an der Interpretation der vorsowjetischen Vergangenheit ein. Indem die sowjetische Regierung dem Rechnung trug, gelang zumindest eine partielle Versöhnung mit der sozialistischen Moderne und damit eine stärkere Akzeptanz der sowjetischen Lesart der Geschichte und eine Integration maßgeblicher gesellschaftlicher Kräfte in die politische Ordnung der Sowjetunion.

4. Die VOOPIiK – Eine gesellschaftliche Institution und deren staatliche Einhegung

Die sowjetische Bevölkerung trat bislang nicht als Akteur, sondern lediglich als Rezipient einer in intellektuellen Kreisen geführten Debatte auf. Auch wenn sich die kulturelle Renaissance der vorsowjetischen Vergangenheit im Alltag der sowjetischen Bürgerinnen und Bürger konkret realisierte, wurde die Partizipation der Gesellschaft im Denkmalschutz nur vereinzelt sichtbar, wie beispielsweise in der Debatte um den Protest gegen den Bau des Hotels *Rossija*. Doch die russische Denkmalschutzbewegung blieb nicht ausschließlich in einem Elitendiskurs verhaftet. Um sich der zentralen Frage anzunähern, inwieweit gesellschaftliche Akteure als Initiatorinnen und Initiatoren einer Neukonzipierung des russischen Denkmalschutzes wirkten, verfolgt dieses Kapitel einen doppelten Ansatz.

So soll anhand der Gründungsgeschichte der VOOPIiK zunächst demonstriert werden, dass die staatliche Denkmalschutzorganisation nicht nur als direkte Folge des personellen Wechsels im Politbüro zu bewerten ist, sondern ebenso als Resultat einer sich emanzipierenden sowjetischen Gesellschaft. So entstand die VOOPIiK auf Druck von unten, das heißt durch den umfassenden intellektuellen Diskurs und den ›Graswurzelaktivismus‹[312] in der Denkmalpflege auf lokaler Ebene, der die sowjetische Führung dazu zwang, den Denkmalschutz staatlich und zentralisiert zu organisieren. Wie und wo entstanden Initiativgruppen im russischen Denkmalschutz, und auf welchen Strukturen fußten sie? Wer waren die Menschen, die sich in den russischen Regionen zum Schutz und Erhalt historischer Architekturdenkmäler zusammenfanden? Als Untersuchungsbeispiel wird die bekannteste private Gruppierung im Denkmalschutz Moskaus, der Rodina-Klub,

---

312 Thomas Lindenberger spricht in Bezug auf die gesellschaftliche Tätigkeit in der DDR von »Graswurzelaktivismus« und so genannten Graswurzelfunktionären, die die Posten in den ehrenamtlichen Freiwilligenorganisationen übernommen hätten. Siehe LINDENBERGER: The Fragmented Society, S. 5, 8.

herangezogen, um anhand neuer Quellen aufzuzeigen, wie der Klub in einer losen Verbindung zu bereits etablierten staatlichen Strukturen funktionierte und inwieweit sich seine Mitglieder die Abwesenheit des Staates im Denkmalschutz zu Nutze machten. Wie veränderten sich die Arbeit des Klubs und das Kräfteverhältnis im regionalen Denkmalschutz durch die Gründung der VOOPIiK 1965?

In einem zweiten Schritt widmet sich dieses Kapitel der Funktionsweise der VOOPIiK als gesellschaftlicher Massenorganisation. Inwieweit ließen sich die unterschiedlichen Vorstellungen gesellschaftlicher und politischer Akteure von der Beteiligung der ›Öffentlichkeit‹ durch die Denkmalschutzgesellschaft umsetzen? Und wie gestalteten sich der konkrete gesellschaftliche Einfluss und die Mitsprache der Bevölkerung an der Arbeit der VOOPIiK?

Nicht erst die vorliegende Studie zur Denkmalschutzbewegung hat auf die methodischen Probleme bei der Untersuchung des ›gesellschaftlichen‹ Einflusses in der Sowjetunion nach Stalin hingewiesen. Jurij Aksjutin, der den Einfluss der ›öffentlichen Meinung‹ in der Tauwetterperiode untersucht hat, argumentiert, dass das Fehlen von unmittelbaren Zeugnissen eine wissenschaftliche Analyse von gesellschaftlichen Stimmungen eigentlich unmöglich mache. Die von ihm analysierten Eingaben an das Zentralkomitee der lokalen Parteikomitees und des Geheimdienstes aus dieser Zeit könnten daher lediglich Teile der öffentlichen Stimmung der 1950er und 1960er Jahre einfangen und sich der »Stimme der Menschen« annähern.[313] Martin Dimitrov schlägt daher die Erweiterung der untersuchten Quellen um öffentliche Meinungsumfragen vor. In seiner Studie für die Brežnev-Ära betont er die unabdingbare Zusammenschau von Geheimdienstberichten, Meinungsumfragen und Beschwerdebriefen aus der Bevölkerung, um eine Annäherung an gesellschaftliche Stimmungen dieser Zeit zu erreichen.[314] Trotz aller Schwierigkeiten ist die Annäherung an eine Geschichte der späten Sowjetunion ›von unten‹ dennoch zwingend erforderlich, denn die sowjetische Führung unter Brežnev war politisch auf den »organisierten Konsens« mit der sowjetischen Bevölkerung ausgerichtet.[315] Kennziffern über die Stimmung aus der Gesellschaft, sei es über inoffizielle Geheimdienstberichte oder über freiwillig eingereichte Beschwerdebriefe wurden im Zentralkomitee aufmerksam verfolgt. In diesem Zusammenhang soll die VOOPIiK im Folgenden als eine Form

---

313 IURII AKSIUTIN: Popular Responses to Khrushchev. In: TAUBMAN (Hrsg.): Nikita Khrushchev, S. 177–208, hier S. 178.
314 MARTIN K. DIMITROV: Tracking Public Opinion under Authoritarianism. The Case of the Soviet Union during the Brezhnev Era, in: *Russian History* 41 (2014), S. 329–353.
315 Ebd., S. 350 f. – Der Terminus »organized consensus« wiederum entstammt der Studie von VICTOR ZASLAVSKY: The neo-Stalinist. Class, Ethnicity and Consensus in Soviet society. New York 1982.

von ›Öffentlichkeit‹ verstanden werden, in der »Menschen mit ihren Mitbürgern, aber auch mit ihren parteistaatlichen Autoritäten interagierten«[316] und in der zumindest zeitweise eine Auseinandersetzung über konkrete Denkmalschutzpolitik zwischen der Bevölkerung, der *intelligencija* und den politischen Führungseliten stattfinden konnte. Die Kommunikation und Interaktion der VOOPIiK mit der sowjetischen Gesellschaft auf der einen und den zuständigen Kulturverwaltungen auf der anderen Seite soll anhand von Beschwerdebriefen russischer Denkmalschützerinnen und Denkmalschützern analysiert werden, die Verletzungen von Denkmalschutzrichtlinien in den russischen Regionen in den Anfangsjahren direkt an den Zentralen Sowjet der VOOPIiK meldeten. Wie verfuhr die VOOPIiK mit den Beschwerden aus der Bevölkerung? Und konnte die VOOPIiK den Anliegen der Denkmalschützerinnen und Denkmalschützern nun institutionelles Gehör verleihen? Um den besonderen Kontext der 1960er Jahre im Hinblick auf die VOOPIiK deutlicher herauszuarbeiten, wird abschließend ein Blick auf die Arbeit und Entwicklung der VOOPIiK in den 1970er Jahren geworfen. Wie veränderten sich Zuschnitt und Aufgabenfelder der Gesellschaft? Und hatten diese Entwicklungen Einfluss auf das gesellschaftliche Engagement im russischen Denkmalschutz in der späten Sowjetunion?

4.1 Zuständigkeiten auf der Denkmalschutzebene vor 1965

Die unzureichende staatliche Fürsorge und die eklatanten Mängel im sowjetischen Denkmalschutzsystem traten im Zuge der öffentlichen Diskussionen über den Denkmalschutz immer offener zu Tage. Bereits Ende der 1950er Jahre wurden das erste Mal Stimmen laut, die konkret die Gründung einer zentralen Denkmalschutzorganisation forderten. Auch wenn dieser Forderung zunächst nicht nachgegeben wurde, so zwang die öffentliche Kritik die Regierung dazu, staatliche Maßnahmen zu beschließen, die das dezentralisierte und schlecht funktionierende System des russischen Denkmalschutzes zu regulieren suchten. Nicht zuletzt auch aufgrund aufkommender Ideen zur touristischen und damit wirtschaftlichen Nutzung vieler bedeutender Denkmalkomplexe der Sowjetunion erließ der Ministerrat der RSFSR am 30. August 1960 die Verordnung *Über die weitere Verbesserung des Schutzes von Kulturdenkmäler der RSFSR*.[317] Die Hauptprobleme des sowjetischen Denkmalschutzes dieser Zeit lassen sich anhand des Dokumententextes ablesen.

---

316 RITTERSPORN/BEHRENDS/ROLF: Öffentliche Räume und Öffentlichkeit, S. 8.
317 Beschluss des Ministerrats der RSFSR vom 30. August 1960: Über die weitere Verbesserung des Denkmalschutzes in der RSFSR. In: Ochrana pamjatnikov istorii i kul'tury, S. 138–142.

Ein wichtiger Teil des Beschlusstextes bezog sich auf die Registrierung und die Erfassung aller Kulturdenkmäler in Denkmalschutzlisten. Einerseits verlangte der Beschluss des Ministerrates der UdSSR vom 14. Oktober 1948 die Registrierung und fotografische Fixierung aller Kulturdenkmäler. Andererseits wurden lediglich für die Denkmäler Gelder für Sanierungs-, Restaurierungs- und Wiederaufbauarbeiten zur Verfügung gestellt, über die in den regionalen Gebietsexekutivkomitees und in Moskau Kenntnis bestand. Aus diesem Grund verfielen vor allem in dünn besiedelten Regionen weitab der Gebietszentren die Baudenkmäler unbemerkt.[318] Weiterhin verdeutlichte der Beschluss von 1960 das gravierendste Problem des staatlichen Denkmalschutzsystems: fehlende konkrete institutionelle Zuständigkeiten für den Denkmalschutz in den russischen Regionen. Außer den Denkmälern in Moskau und St. Petersburg, die direkt von der Hauptverwaltung für Architektur und Planung (GlavAPU), und dem Gosstroj (Staatlichen Komitee des Ministerrats für Bauwesen) der RSFSR bzw. der UdSSR verwaltet wurden, waren in den Regionen die Gebietsexekutivkomitees für den Umgang, die Nutzung und den Schutz der Kulturdenkmäler verantwortlich. Da es den Gebietsexekutivkomitees durch den Beschluss von 1948 möglich gemacht worden war, Denkmäler auch zu wirtschaftlichen und nicht nur ausschließlich zu wissenschaftlich- bzw. musealen Zwecken zu nutzen, vermieteten viele regionale Exekutivkomitees Kulturdenkmäler an ›private‹ Pächterinnen und Pächter, wie zum Beispiel Unternehmen. Diese Art der Nutzung von zumeist Architekturdenkmälern wurde in den Regionen sehr liberal interpretiert. Laut dem Beschluss von 1948 trugen die Pächterinnen und Pächter durch Zustimmung zur Pachtvereinbarung »die volle Verantwortung für den Erhalt und die zeitgerechte Renovierung« der Denkmäler, doch die Realität in der russischen Peripherie gestaltete sich anders.[319] Neben der nachlässigen Nutzung von formal unter Denkmalschutz stehenden Kirchengebäuden als Lagerräumen für Mehl und Kalk oder als Sammelstellen für Altglas[320] kam es mitunter zu weitaus dramatischeren Verletzungen des Denkmalstatus, indem Stadtexekutivkomitees ganze Kulturdenkmäler abreißen ließen, um die Baumaterialien zur Errichtung anderer Gebäude zu verwenden.[321] Trotz eingehender Mahnungen durch einen Ministerratsbeschluss von 1957, der die Gebietsexekutivkomitees zur »strikten Kontrolle der Denkmäler«

---

318 Beschluss des Minsterrats der UdSSR vom 14. Oktober 1948: Über Maßnahmen zur Verbesserung des Denkmalschutzes. In: ebd., S. 65–67, hier S. 66.
319 Priloženie k postanovleniju Soveta Ministrov SSSR ot 14 oktjabrja 1948, Položenie ob ochrane pamjatnikov kul'tury. In: ebd., S. 68–75, hier S. 71.
320 Brief der Bürgerin Archipova an die Zeitung *Severnyj Komsomolec* über ihre Reise nach Kargopol und die Nutzung der Kirchen als Lager 1969. GAAO, f. 5859, op. 2, d. 1529, l. 12.
321 V zaščitu pamjatnikov kul'tury. In: *Literaturnaja Gazeta*, 23.08.1956.

und zur Durchführung von notwendigen Sanierungs-, Konservierungs- oder Wiederaufbaumaßnahmen verpflichtete, war eine gesicherte Kontrolle vor Ort schlichtweg nicht organisierbar. Die staatliche Inspektion zum Schutz architektonischer Denkmäler, die auf zentraler Ebene gemeinsam mit dem Komitee für bauliche und architektonische Angelegenheiten und der Hauptverwaltung für kulturerzieherische Arbeit für den Schutz der Denkmäler eingesetzt worden war, war personell nicht in der Lage, eine Überwachung in den Regionen sicherzustellen. Während im Moskauer Gebiet beispielsweise drei Inspektoren im Einsatz waren und Regionen wie Novgorod und Jaroslavl' einen bzw. zwei Inspektoren aufwiesen, gab es im Gebiet Archangel'sk Anfang der 1960er Jahre nicht einen einzigen.[322] Fehlende Schutz- und Kontrollmechanismen auf regionaler Ebene machten viele Denkmalsruinen zu Anlaufpunkten für Plünderer und Vandalen oder zu Opfern von Brandstiftung. Neben dem Personalmangel in den wenigen staatlichen Behörden, die sich im Denkmalschutz engagierten, stellte die fehlende Expertise regionaler Verantwortlicher in Bezug auf den künstlerisch-kulturellen Wert der Denkmäler ein weiteres Problem dar. Unzulässige Formen der Nutzung von Denkmalsgebäuden, der Abriss von Denkmälern, das Abholzen alter landschaftlicher Parkanlagen oder die mangelhafte Bearbeitung architektonischer Denkmäler waren im ganzen Land an der Tagesordnung.[323] Aus diesem Grund versuchte die sowjetische Führung ab dem Ende der 1950er Jahre verstärkt, Fachkräfte besser in die praktische Denkmalpflege und die Ausbildung, das heißt in die methodische Arbeit zu integrieren. Ende 1957 kam es zur Gründung des Allrussischen wissenschaftlichen Forschungslaboratoriums, das Materialien, Methoden, Instrumente und Apparaturen für die konkrete Denkmalpflege ausarbeiten sollte.[324] Angelehnt an die Arbeit der Restaurierungsworkshops, die in der unmittelbaren Nachkriegszeit bereits in Städten mit eklatanter Kriegszerstörung wie Novgorod und Suzdal' eingerichtet worden waren, wurde die Denkmalpflege ab den 1950er Jahren vor Ort von speziell gegründeten wissenschaftlichen Restaurierungswerkstätten übernommen.[325] Diese sollten neben der Denkmalpflege auch wissenschaftliche Forschung betreiben. Besonders in Städten mit einer erheblichen altrussischen Denkmalinfrastruktur entstanden Anfang der 1950er

---

322 Brief des stellvertretenden Kulturministers V. M. Striganov an den stellvertretenden Vorsitzenden des Ministerrates, M. D. Jakovlev, vom 24.06.1960, GARF, f. A259 op. 42, d. 4181, l. 24.
323 PANKRATOVA: Ochrana pamjatnikov istorii i kul'tury, S. 36 f.
324 LIFŠIC: Istorija zakonodatel'stva v oblasti ochrany i restavracii pamjatnikov kul'tury, S. 112.
325 Zur Geschichte des Denkmalschutzes in Novgorod und Suzdal' siehe DONOVAN: Chronicles in Stone; bzw. DIES.: The ›Old New Russian Town‹: Modernization and Architectural Preservation in Russia's Historic North West 1961–1982. In: *Slavonica* 19 (April 2013) 1, S. 18–35.

Jahre weitere Restaurierungswerkstätten, so etwa in Pskov, Novgorod, Vladimir, Vologda, Kostroma, Jaroslavl und Rostov am Don.[326] Eine Zusammenführung aller im Denkmalschutz engagierten Organisationen in ein System begann durch die Gründung des Ministeriums für Kultur ab 1953. In dessen Hände wurde der methodisch-wissenschaftliche Rat übergeben und eine Verwaltung der Museen und des Denkmalschutzes gegründet.[327] In diesen Zusammenhang fielen zudem die bereits erwähnten Gründungen erster *muzei-zapovedniki,* ganzer musealer Komplexe mit dazugehörigen geschützten Territorien und Naturschutzgebieten ab dem Ende der 1950er Jahre.[328] Die vielschichtigen Museumsstrukturen der *zapovedniki* erlaubten durch eine verbesserte und konzentrierte personelle und materielle Ausstattung zügige und fachgerechte Entscheidungen wichtiger Fragen der Denkmalpflege und der musealen Präsentation.

Auch wenn der Ausbau der Restaurierungswerkstätten in den kommenden Jahren weiter voranschritt und Filialen in Kostroma, Gor'kij, Rjazan, Kazan und Molotov entstanden, gehörte der Schutz von denkmalgeschützter Architektur – wie bereits dargelegt – nicht zu den Prioritäten der Kulturpolitik Chruščëvs, was auch an den finanziellen Zuwendungen für den Denkmalschutz ablesbar war. Die sowjetische Führung kürzte das Budget für die Restaurierung von Kulturdenkmälern zwischen dem Ende der 1950er Jahre und 1962 um 50 Prozent auf das Budget früherer Jahre.[329] In Moskau wurden zwischen 1946 und 1954 242 Denkmäler restauriert, von denen sich die meisten im Besitz staatlicher Institutionen und Ministerien befanden. Von den dafür vorgesehenen 121 Millionen Rubel stellte die Stadtregierung lediglich 19,1 Millionen Rubel zur Verfügung.[330] Die frei gewordenen Geldmittel wurden stattdessen unter anderem für den Neubau ganzer Mikrostädte und für die Reformierung des Landwirtschaftssektors genutzt. 1958 konstituierte sich eine Sonderkommission des Zentralkomitees, die die Rahmenbedingungen für die Gründung einer zentralen Denkmalschutzorganisation prüfen sollte. Als die Pläne der Kommission allerdings an den Ministerrat übergingen, wurde der dazugehörige Gesetzgebungsprozess gestoppt.[331]

---

326 O. L. FIRSOVA/L. V. ŠESTOPALOVA: Gosudarstvennaja systema restavracii i ochrany pamjatnikov 1918–1991. In: Gosudarstvennyj naučno-isledovatel'skij institut restavracii: Restavracija pamjatnikov istorii i istkusstva v Rossii v XIX–XX vekach. Istorija, problemy, učebnoe pocobie, Moskva 2008, S. 127–178, hier S. 160.
327 Ebd., S. 162.
328 Auf das Konzept der *zapovedniki* als russischer Besonderheit des Museumswesens und des Naturschutzes soll im folgenden Hauptkapitel in historischer Perspektive eingegangen werden.
329 DONOVAN: The ›Old New Russian Town‹, S. 26.
330 BITTNER: The Many Lives of Khrushchev's Thaw, S. 148.
331 Ebd., S. 160.

Wie eng das Vorhaben zur staatlichen Neukonzeption des russischen Denkmalschutzes in den 1960er Jahren mit der Idee zur Gründung einer freiwilligen Massenorganisation verknüpft war, reflektierte bereits der Beschluss des Ministerrates von 1960, der zur Einrichtung spezieller Denkmalschutzkommissionen auf regionaler Ebene aufrief. Diese sollten sowohl mit Mitarbeitenden regionaler Kulturorgane als auch mit Vertreterinnen und Vertretern der regionalen Universitäten und der *obščestvennost* besetzt werden.[332]

4.2 Nikolaj Nikolaevič Voronin – Denkmalschützer der ersten Stunde

Unter der russischen *intelligencija* war die Idee zur Gründung einer gesellschaftlichen Massenorganisation im Denkmalschutz bereits seit Mitte der 1950er Jahre herangereift. Erheblichen Anteil daran hatte der bereits erwähnte Historiker und Archäologe Nikolaj Voronin. Der Experte für altrussische Architektur gehörte in der Chruščëv-Ära zu einem der aktivsten Denkmalschützer, der die sowjetische Staatsspitze konsequent zur Auseinandersetzung mit Fragen des Schutzes und des Erhalts von denkmalgeschützter Architektur anhielt. Sein privater Nachlass, der bereits im Jahr 1989 analysiert und publiziert wurde, aber bis heute wenig Widerhall in der wissenschaftlichen Forschung gefunden hat, offenbart, wie früh sich Nikolaj Voronin für die Reformierung des Denkmalschutzsystems einsetzte.[333] Voronin stammte aus Vladimir, einer Stadt mit einer hohen Dichte an altrussischer Architektur, was sein wissenschaftliches Interesse und Schaffen geprägt haben mochte. Seine zahlreichen Veröffentlichungen zur Geschichte, zur Kunst und Kultur der Alten Rus' hatten ihn bereits unter Stalin zu akademischem Ansehen verholfen.[334] Sein zweibändiges Hauptwerk *Die Baukunst der Nordöstlichen Rus' im XII. bis XV. Jahrhundert* wurde 1965 mit dem Leninorden ausgezeichnet, nachdem es 1961 und 1962 veröffentlicht worden war.[335] Zeitlebens trieben ihn sowohl Fragen nach einer zentralen Denkmalschutzorganisation und gesetzlichen Regelungen im Denkmalschutz um als

---

332 Siehe den Beschluss des Ministerrates vom 30. August zur ›Weiteren Verbesserung des Schutzes von Kulturdenkmälern‹. In: Ochrana pamjatnikov istorii i kul'tury, S. 138–142, hier S. 140.
333 I. V. Kovalëv: Voprosy ochrany pamjatnikov v epistoljarnom nasledii N. N. Voronina. In: *Archeografičeskij ežegodnik* za 1988 god, Moskva 1989, S. 261–267.
334 So wurde er 1952 mit dem Stalinorden der zweiten Stufe für seine Mitarbeit an dem zweibändigen Werk *Istorija kul'tury Drevnej Rusi* ausgezeichnet. Siehe N. Sofronov: Nikolaj Nikolaevič Voronin. In: O krae rodnom. Sbornik, Jaroslavl' 1978, S. 49–58, hier S. 54.
335 Ebd.

auch Maßnahmen für eine wissenschaftliche und politische Popularisierung des Denkmalschutzes.[336]

Das Fehlen staatlicher Regulative und staatlicher Anlaufstellen ermutigten ihn, in eine direkte Kontaktaufnahme mit der politischen Führung des Landes zu treten. In seinen Briefen scheute er dabei nicht vor offener Kritik an der fehlenden staatlichen Fürsorge gegenüber Kulturdenkmälern zurück. Bereits 1951 wandte sich Voronin in einem Brief direkt an Stalin und beklagte den Verlust bedeutender Kulturdenkmäler im Zusammenhang mit den Wiederaufbaumaßnahmen an regionalen Denkmälern nach den Zerstörungen des Zweiten Weltkrieges wie etwa in Novgorod oder Moskau. Voronin bemängelte das Unverständnis zu Fragen des Denkmalschutzes, das »von lokalen und manchmal auch zentralen Organen und Organisationen« an den Tag gelegt werde.[337] Aus diesem Grund forderte er eine persönliche Stellungnahme Stalins zur Bedeutung des Schutzes von Kulturdenkmälern, die gesetzliche Verankerung von Kulturdenkmälern als sozialistisches Eigentum und Maßnahmen zur Organisation eines »Komitees für den Schutz von Kulturdenkmälern«.[338] Eine Antwort auf Voronins Schreiben ist nicht überliefert. Interessant ist jedoch die Tatsache, wie offen Voronin 1951 Kritik an der politischen Führungselite übte, und das in Bezug auf die Wiederaufbauanstrengungen nach dem Zweiten Weltkrieg. In diesem Sinne brach Voronin gleich mit zwei für die Stalin-Ära geltenden Tabus. Nach dem Tod Stalins nahm Voronin seine Kernforderungen erneut auf, wie sein Brief an den Vorsitzenden des Präsidiums des Obersten Sowjets, Klement Vorošilov, bezeugt. Weitaus drängender als noch zuvor beklagte er das »beispiellose Verhältnis« vieler Pächterinnen und Pächter zum nationalen Kulturerbe, das zum »massenhaften Sterben von Denkmälern mit Weltbedeutung« führe.[339] Darüber hinaus protestierte Voronin gegen die Schließung von 40 Regionalmuseen, die durch den Ministerrat auf der Grundlage eines alarmierenden Berichtes des Ministeriums für Kultur über die Zustände in vielen Regionalmuseen im Januar 1954 beschlossen wurde.[340] Seiner Meinung zufolge war die »nihilistische« Einstellung von Politikerinnen und Politikern und breiten Teilen der Bevölkerung auf deren mangelhaftes Wissen über die Geschichte und Kultur der altrussischen Epoche zurückzuführen. Obwohl

---

336 KOVALËV: Voprosy ochrany pamjatnikov, S. 262.
337 Ebd.
338 Ebd., S. 262 f.
339 Ebd., S. 263.
340 33 Regionalmuseen wurden geschlossen und weitere 7 in Bibliotheken umgewandelt. Siehe dazu DONOVAN: »How Well Do You Know Your Krai?«, S. 472 f.

Vertreterinnen und Vertreter des Wissenschafts- und Kultursektors die Pflicht hätten, dieses Wissen zu verbreiten, sah er in erster Linie die höchsten politischen Stellen in der Pflicht, den Denkmalschutz als Aufgabe des Staates und der ›Gesellschaft‹ zu popularisieren.³⁴¹ In seinem bereits zitierten Brief an Chruščëv und Bulganin vom November 1955 rief er dazu auf, einen Regierungsbeschluss »zum Denkmalschutz und zur Bedeutung der Museen« zu erlassen.³⁴² Durch diesen Beschluss sollte zuallererst die Aufsplitterung der Zuständigkeiten im Denkmalschutz durch die Gründung einer zentralen Denkmalschutzorganisation aufgehoben werden. Darüber hinaus sollte sichergestellt werden, dass das sowjetische Volk in die »patriotische Arbeit zum Schutz und zur Erforschung der Kulturdenkmäler« miteinbezogen werde, so Voronin. Die Beteiligung des Volkes am Denkmalschutz war für Voronin ein zentraler und integraler Bestandteil einer zukünftigen Denkmalschutzordnung. Als ebenso zentral gestaltete sich für Voronin die gesetzliche Verankerung des Denkmalschutzes im sowjetischen Gesetzbuch. Um Verstöße gegen die Denkmalschutz- und Pachtrichtlinien zu ahnden, sollten Kulturdenkmäler laut Voronin und anderer Intellektueller als sozialistisches Eigentum charakterisiert werden.³⁴³

4.3 Unzureichende gesetzliche Grundlagen

Der Artikel, den die *Literaturnaja Gazeta* am 23. August 1956 auf ihrer Titelseite unter der Überschrift *Zum Schutz der Kulturdenkmäler* druckte, lässt sich als gebündelte Kurzfassung der Forderungen Voronins lesen. Am Artikel, der als Aufruf Intellektueller an die sowjetische Regierung zu lesen ist, beteiligten sich neben Nikolaj Voronin weitere führende Intellektuelle und Kulturschaffende, wie beispielsweise der Rektor der Moskauer Universität Ivan Petrovskij, die berühmten russischen Schriftsteller Il'ja Ėrenburg und Efim Doroš sowie der Maler Igor' Grabar'. In ihrem gemeinschaftlichen Appell zur Gründung einer »Allrussischen Freiwilligengesellschaft zum Schutz von Kulturdenkmälern mit Unterabteilungen in den Regionen« kritisierten sie den Umgang regionaler Offizieller mit lokalen Kulturdenkmälern scharf.³⁴⁴ Zu einer Zeit, in der die antireligiöse Kampagne Chruščëvs im vollen Gange war und im ganzen Land Kirchen abgerissen wurden, beklagten sie die Sprengung der Smolenskij-Kathedrale in Ufa, die trotz

---

341 KOVALËV: Voprosy ochrany pamjatnikov, S. 263 f.
342 Siehe Kapitel I.3.2, ab S. 107.
343 KOVALËV: Voprosy ochrany pamjatnikov, S. 265.
344 V zaščitu pamjatnikov kul'tury, S. 1.

erheblicher Proteste der Akademie der Wissenschaften der Baschkirischen Autonomen Sozialistischen Sowjetrepublik (BASSR), des dortigen Ministeriums für Kultur und der »gerechtfertigten Empörung vieler Bürger in Ufa« im Sommer 1956 vonstattengegangen war.[345] *Kraevedy* der Region hatten sich im Vorfeld dafür eingesetzt, die Kathedrale zu erhalten und in ihren Räumlichkeiten das Heimatmuseum der Stadt einzurichten.[346]

Anknüpfend an frühere Forderungen Voronins mahnten die Autoren die mangelhafte Gesetzeslage bei Vergehen gegen Kulturdenkmäler an. Sie kritisierten, dass vor allem in den Regionen Verstöße nicht geahndet würden, was die Vorsitzenden der Stadt- und Gebietsexekutivkomitees de facto zu Alleinentscheidenden über das Schicksal von Denkmälern mache. Im Falle der Smolenskij-Kathedrale in Ufa existierte sogar ein Ministerratsbeschluss der BASSR aus dem Jahre 1940, der die Übergabe der Kathedrale an das städtische Heimatmuseum »zum Schutz und zur wissenschaftlichen Nutzung als historisches Denkmal« festlegte.[347] Die Nichterfüllung des Ministerratsbeschlusses und der endgültige Abriss der Kirche durch das Stadtexekutivkomitee stellten laut G. Jusupov, dem leitenden wissenschaftlichen Mitarbeiter der baschkirischen Filiale der Akademie der Wissenschaften, »nicht nur eine grobe Missachtung der Gesetze des Schutzes von Kulturdenkmälern dar, sondern eine Missachtung des Bewusstseins der einfachsten Menschen, die die Werke unserer fernen und ruhmreichen Vorfahren als wertvoll erachten«.[348] In diesem Zusammenhang forderten die Autoren »ein einheitliches überrepublikanisches Gesetz gegen die Demolierung oder Zerstörung von Kulturdenkmälern, das von den Organen der Staatsanwaltschaft mit der gleichen Strenge und Unermüdlichkeit nachverfolgt werden muss, wie es die Gesetze zum sozialistischen Eigentum werden«.[349]

1949 hatte ein Gesetz den Staatsanwälten bereits das Recht eingeräumt, kriminelle Handlungen gegenüber Individuen, die denkmalschützerische Auflagen verletzten, zur Anklage zu bringen. Darüber hinaus oblag es Staatsanwälten bzw. der allgemeinen Aufsicht, dem *obščij nadzor*, regionale Verantwortliche wegen grober Dienst- und Verwaltungsvergehen zu verwarnen bzw. Untersuchungen einzuleiten. Allerdings kam das Gesetz von 1949 nur in äußerst seltenen Fällen

---

345 Ebd.
346 I. V. NIGMATULLINA: Staraja Ufa. Istoriko-kraevedčeskij očerk, Ufa 2007, S. 51. – In diesem Zusammenhang wird der Heimatkundler Pëtr Fedorovič Iščerikov genannt, der sich für den Erhalt der Kirche einsetzte und die Sprengung der Kathedrale fotografisch dokumentierte.
347 P. F. IŠČERIKOV: Zabytyj istoričeskij pamjatnik. In: *Krasnaja Baškirija*, 1. Juni 1946. Abgerufen unter URL: http://vk.com/album-319544_102015012, letzter Zugriff: 04.05.2023.
348 V zaščitu pamjatnikov kul'tury, S. 1.
349 Ebd.

zur Anwendung,[350] ebenso wie Untersuchungsverfahren gegen regionale Parteifunktionärinnen und Parteifunktionäre wegen Vergehen im Denkmalschutz zu einer absoluten Ausnahme gehörten. Proteste auf der Grundlage der Unverletzlichkeit staatlichen Eigentums, die direkt an die Staatsanwaltschaften gerichtet wurden, verliefen im Sand bzw. wurden nicht auf Vergehen im Denkmalschutz angewendet.[351] Aus diesem Grund klängen die Denkmalplaketten mit der Aufschrift »Architekturdenkmal – vom Gesetz geschützt« die viele Gebäude zierten, »wie bitterer Hohn«, wie es in einem publizierten Leserbrief als Reaktion auf den Artikel von 1956 hieß.[352] Erst in das neue Strafgesetzbuch von 1960 wurde schließlich ein Gesetz aufgenommen, das konkret auf den Denkmalschutz angewendet werden konnte. In Artikel 230 über die »vorsätzliche Zerstörung, Beschädigung oder Verschandelung von Kulturdenkmälern« hieß es:

> Die vorsätzliche Zerstörung, Beschädigung, oder Verschandelung von Kulturdenkmälern oder Objekten der Natur, die unter Denkmalschutz stehen, wird mit Freiheitsentzug von bis zu zwei Jahren, einer Verurteilung zu Besserungsarbeiten von bis zu einem Jahr, oder mit einer Strafe von bis zu 100 Rubeln geahndet.[353]

Doch auch dieses Gesetz änderte die Praxis in der regionalen Kulturpolitik kaum, so dass weiterhin Denkmäler zerstört, abgerissen oder von den Pächterinnen und Pächtern mutwillig dem Verfall preisgegeben wurden. Da es sich bei den ›Übeltäterinnen und Übeltätern‹ häufig um regionale Offizielle handelte, wurden die Fälle von den Staatsanwaltschaften nicht weiterverfolgt. Teilweise wurde das Verhalten der regionalen Parteispitzen sogar humoristisch aufgearbeitet. 1962 sendete das satirische Filmjournal *Fitil'* einen Beitrag, der selbst im Zentralkomitee Beachtung finden sollte.[354] In dem kurzen Film wird die Sprengung einer Kirche aus dem 12. Jahrhundert in der belarussischen Stadt Vitebsk im Dezember 1961 aufgegriffen. Diese war trotz ihres Denkmalstatus vom Vorsitzenden des Stadtexekutivkomitees durchgesetzt worden. Als öffentliche Proteste über den Vandalismus der Stadtregierung laut wurden, stellte der Ministerrat der Belarussischen SSR kurzerhand die Ruinen der Kirche unter Denkmalschutz.[355]

---

350 BITTNER: The Many Lives of Khrushchev's Thaw, S. 149.
351 V zaščitu pamjatnikov kul'tury, S. 1.
352 Nadpis' ne ochranjaet. In: *Literaturnaja Gazeta,* 22. September 1956, S. 2.
353 Ugolovnyj Kodeks RSFSR. Utveržden zakonom, prinjatym 3-j sessiej Verchovnogo Soveta RSFSR pjatovo sozyva 27 oktjabrja 1960 – Izvlečenie. In: Ochrana pamjatnikov istorii i kul'tury, S. 143.
354 KROPOTKINE: Les ambiguités du Dégel, S. 281.
355 Nedolgo dumaja. In: *Fitil'* 3 (1962).

Auch nach dem Wechsel im Politbüro rissen die Forderungen nach einer gezielten Strafverfolgung für Vergehen im Denkmalschutz in den zentralen Presseorganen nicht ab. Korrespondenten der *Sovetskaja Kul'tura* beklagten in ihrer Reportage über die Restaurierungsarbeiten am Rostover Kreml' und an den Kirchen in Jaroslavl' vom 16. Oktober 1965 die Straffreiheit gegenüber Vergehen oder die gleichgültige Haltung gegenüber Architekturdenkmälern, wie sie ihrer Meinung zufolge beispielsweise von der Kulturverwaltung in Jaroslavl' an den Tag gelegt würden.[356]

Trotz aller Beschwerden, die selbst die *Times* zu einem Artikel über die schädliche Nutzung von kirchlicher Architektur durch den Moskauer Stadtsowjet und den Protest von Denkmalschützerinnen und Denkmalschützer veranlasste, konnte der Beschluss des Ministerrates der RSFSR vom Mai 1966 *Über den Zustand und Maßnahmen zur Verbesserung des Schutzes von historischen und kulturellen Denkmälern in der RSFSR*, der im direkten Zusammenhang mit der offiziellen Gründung der VOOPIiK im Jahr davor stand, der unsachgemäßen Nutzung oder der fahrlässigen Zerstörung von Denkmälern ebenfalls nur begrenzt Einhalt gebieten.[357] Immerhin nahm sich der Beschluss unter anderem dieser Fragen an, unterstrich abermals die Pflichten der Denkmalpächterinnen und Denkmalpächter und beschloss weitere Maßnahmen zur Bewachung und Brandverhütung von ungenutzten Denkmälern.[358]

Der humoristische Filmbeitrag von 1962 und der bereits diskutierte Artikel des russischen Künstlers Pavel Korin unter dem Titel *Kak graždanin Rossii (Als Bürger Russlands)* vom Juli 1966 hallten in der russischen Gesellschaft nach. Korin sprach sich in seinem Artikel, in dem es als Reaktion auf einen Beitrag in der *Molodaja Gvardija* aus dem Jahr zuvor hauptsächlich um den Abriss und den mutwillig geduldeten Verfall von russischer Kirchenarchitektur ging, ganz gezielt für ein Denkmalschutzgesetz aus:

> Der humanitäre »Geist des Gesetzes« sollte in strengen ›Buchstaben des Gesetzes‹ gefestigt werden.[359]

Russische Bürgerinnen und Bürger schlossen sich in etlichen Briefen, die die Redaktion der *Komsomol'skaja Pravda* erreichten, den Forderungen Korins an und plädierten für ein unionsübergreifendes Gesetz, um, wie ein Leser schrieb,

---

356 Jarolslavskie Neurjadicy. In: *Sovetskaja Kul'tura*, 16. Oktober 1965, S. 3.
357 Churches-Into-Factories Plans Rouse Russians. In: *The Times*, 1. August 1966, S. 7.
358 Über den Zustand und die Maßnahmen zur Verbesserung des Schutzes von Geschichts- und Kulturdenkmälern in der RSFSR, 24. Mai 1966. In: Ochrana pamjatnikov istorii i kul'tury. Sbornik dokumentov, S. 150–155, hier S. 152.
359 KORIN: Kak graždanin Rossii, S. 4.

die »gedankenlosen Täter, die unsere Schönheit töten und unsere Geschichte verletzen, indem sie unsere einmaligen Schätze zerstören«, zu bestrafen.[360]

Die erste unionsübergreifende gesetzliche Regelung im sowjetischen Denkmalschutz wurde allerdings erst 1976 beschlossen und hielt 1977 schließlich Eingang in die sowjetische Verfassung. Wenn auch zeitlich verzögert, hatten die Entwicklungen der 1960er Jahre doch den Weg zu diesem Gesetz geebnet.[361] Am 29. Oktober 1976 verabschiedete der Oberste Sowjet der Sowjetunion das Gesetz *Über den Schutz und die Nutzung historischer und kultureller Denkmäler*, das am 1. März 1977 in Kraft trat.[362] In den Monaten zuvor war der Entwurf des Gesetzes in den überregionalen Zeitungen *Izvestija* und *Sovetskaja Kul'tura* und den Presseorganen der autonomen Republiken diskutiert worden. Nach eigenen Angaben erreichten das Oberste Gericht der Sowjetunion daraufhin 1.600 Vorschläge für den Gesetzestext von verschiedenen Institutionen und Organisationen sowie von Privatpersonen. Der stellvertretende Leiter der Verwaltungsabteilung des Ministeriums für Justiz, M. Grišin, lobte das Gesetz als »lebendige Manifestation sozialistischer Demokratie innerhalb des legislativen Prozesses« und als »eine Bestätigung dafür, dass die Gesetze des sozialistischen Staates den Willen der Menschen ausdrücken«.[363] Das Gesetz stellte die rechtliche Basis für § 68 der sowjetischen Verfassung von 1977 dar, der den Denkmalschutz als Pflichtaufgabe für alle sowjetischen Bürgerinnen und Bürger definierte:

> Die Sorge für die Erhaltung von historischen Denkmälern und anderen kulturellen Werten ist Pflicht und Schuldigkeit der Bürger der UdSSR.[364]

Neben der gesetzlichen Verankerung von Vergehen im Denkmalschutz hatte die Idee der Autoren des Artikels der *Literaturnaja Gazeta* zur Gründung einer Denkmalschutzgesellschaft 1956 auf Politbüroebene noch nicht genügend Unterstützerinnen und Unterstützer gefunden. Chruščëv selbst soll auf den Antrag des sowjetischen

---

360 Brief des Funktionärs für Wissenschaft und Technik der Fabrik *Svetlana* in Leningrad, Sergej Alekseevič Obolenskij an die Redaktion der Zeitschrift *Komsomolskaja Pravda* vom 28. Juli 1966, GARF, f. A639, op. 1, d. 41, l. 125.
361 ALBERT J. SCHMIDT: Soviet Legislation for Protection of Architectural Monuments: Background. In: ALBERT J. SCHMIDT (Hrsg.): The Impact of Perestroika on Soviet Law, Dordrecht u. a. 1990, S. 335–364, hier S. 336.
362 M. GRISHIN: The Law Protects Monuments. In: *Soviet Law and Government. Translation from original Soviet sources* 16 (1977) 2, S. 105–110, hier S. 105.
363 Ebd.
364 Siehe Artikel 68 der Verfassung der Sowjetunion von 1977. Abrufbar unter URL: https://www.verfassungen.net/su/verf77-i.htm, letzter Zugriff: 04.05.2023.

Schriftsteller und Gründers des satirischen Kinojournals *Fitil'*, Sergej Michalkov, zur Gründung einer zentralen Denkmalschutzorganisation mit einem Wutausbruch reagiert und ihn rundweg ablehnend haben.[365] Doch trotz mangelnder Unterstützung im Politbüro rissen die publizistischen Diskussionen zur Gründung einer zentralen Verwaltungseinrichtung für den Denkmalschutz nicht ab. Vor allem aus Fachkreisen wurde der Druck auf die Regierung verstärkt. In einem unionsübergreifenden Seminar zu Fragen der Restaurierung architektonischer Denkmäler 1962 in Moskau wurde die Notwendigkeit der Gründung eines staatlichen Organs, das alle Arbeiten im Bereich des Schutzes und der Restaurierung von Kulturdenkmälern leiten sollte, erneut unterstrichen.[366] Die Idee zur Gründung einer zentralen Denkmalschutzorganisation war von Beginn an getragen von der Vorstellung, eine breite Unterstützung und freiwillige Mitwirkung der sowjetischen Gesellschaft zu erreichen. Die Autoren des *Literaturnaja-Gazeta*-Artikels vom 23. August 1956 schrieben der zukünftigen Organisation die Funktion zu, als »treuer Helfer der staatlichen Organe im Bereich des Denkmalschutzes und des Museumsbaus« zu agieren. Gleichzeitig drückten sie ihre Überzeugung darüber aus, dass sich Millionen von sowjetischen Menschen dem Vorhaben anschließen würden[367] – nicht zuletzt auch deshalb, weil das gesellschaftliche Interesse für den Denkmalschutz mit dem Beginn der 1960er Jahre seinen Niederschlag in ersten Initiativgruppen zu finden begann.

Der stellvertretende Leiter der Hauptverwaltung für Museen und den Denkmalschutz des Ministeriums für Kultur und das spätere Mitglied des Organisationskomitees der VOOPIiK, A. V. Serëgin, wandte sich 1960 mit der Bitte an den Ministerrat, eine Entscheidung hinsichtlich der Gründung einer allrussischen Gesellschaft zur Mitwirkung im Denkmalschutz zu treffen.[368] Das »gestiegene gesellschaftliche Interesse für den sorgsamen Umgang mit Kulturdenkmälern«, das in seiner Argumentation auf das Wachstum des kulturellen Niveaus des sowjetischen Volkes zurückzuführen war, spiegele sich sowohl in den »zahlreichen Briefen von Arbeitern, Lehrern, Beschäftigten des Kultursektors, Rentnern, Studenten und Schülern« an seine Verwaltung wider als auch in den lokalen Gründungen einiger »Initiativgruppen zum Schutz und zur Erforschung von Kulturdenkmälern«. Aus diesem Grund unterstrich Serëgin die notwendige Übertragung der gesellschaftlichen Initiative in staatliche Organisationsformen.[369]

---

365 DUNLOP: The Faces of Contemporary Russian Nationalism, S. 45.
366 Obmen opytom restavracii pamjatnikov architektury. In: *Architektura SSSR* 8 (1962).
367 V zaščitu pamjatnikov kul'tury, S. 1.
368 Informationsschreiben A. V. Serëgins an den Ministerrat über den Zustand des Denkmalschutzes in der RSFSR 1960, GARF, f. A259, op. 42, d. 4181, l. 34–42, hier l. 42.
369 Ebd.

4.4 Der patriotische Jugendklub der Liebhaber für vaterländische Geschichte und Kultur – Rodina

Die von Serëgin angesprochenen Initiativgruppen fanden sich sowohl in den Hauptstädten als auch in den russischen Regionen zusammen. Ihre Mitglieder waren größtenteils Akademikerinnen und Akademiker und Angehörige lokaler Bildungs- und Kultureinrichtungen. Viele Initiativgruppen fußten auf den *kraevedenie*-Organisationen verschiedener Dörfer, Regionen oder Stadtteile, die sich unter Chruščëv neu gegründet hatten. In den Heimatkundekreisen engagierten sich viele Pensionärinnen und Pensionäre, die ihr ganzes Leben oder über eine lange Zeit in der gleichen Nachbarschaft gewohnt hatten. Ihre gesammelten historischen Zeugnisse über ihren Stadtteil oder ihr Dorf, wie beispielsweise Fotos, veröffentlichten sie regelmäßig in kleinen Lokalzeitungen ebenso wie Informationen über die von ihnen geplanten Exkursionen.[370] Viele dieser lokalen *kraevedenie*-Kreise traten nach der Gründung der VOOPIiK geschlossen als kollektive bzw. individuelle Mitglieder in die VOOPIiK ein.[371]

In der Stadt Murom, in der Region Vladimir, gründete sich Mitte der 1960er Jahre eine Initiativgruppe zur Rettung des dortigen Boris-und-Gleb-Klosters aus dem 17. Jahrhundert. Die Gruppe speiste sich aus den Mitgliedern des Heimatgeschichtskreises einer Mittelschule der Stadt, dem regionalen Theaterdirektor und dem Direktor des Heimatkundemuseums. Sie intervenierten in regionalen und überregionalen Zeitungen für die Restaurierung der Klostergebäude und die Musealisierung derselben durch die angegliederte Dorf- und ehemalige Gemeindeschule des Dorfes Borisogleb.[372]

Eine ähnliche Gruppierung gründete sich im Heimatkundemuseum der Stadt Nižnjaja Sal'da im Gebiet Sverdlovsk. Diese Initiative versuchte für die Restaurierung und Musealisierung der dortigen Aleksandr-Nevskij-Kirche Unterstützerinnen und Unterstützer in Politik und Industrie zu finden und organisierte erste Restaurationsarbeiten in Eigenregie.[373] Obwohl die Kirche erst 1980 unter staatlichen

---

370 Kurzer Bericht über die Arbeit des Heimatgeschichtskreises der Gor'kij Bibliothek Nr. 126 der Frunzenskij Region der Stadt Moskau, CAGM, f. 792, op. 2, d. 83, l. 78.
371 Die etwa 30 Mitglieder des Heimatgeschichtskreises der Gor'kij Bibliothek, unter denen sich in der Mehrheit Rentnerinnen und Rentner befanden, traten Ende des Jahres 1966 geschlossen in die VOOPIiK ein. Siehe ebd.
372 Brief an die Redaktion des Kino-Journals *Fitil'* einer Initiativgruppe aus der Stadt Murom, GARF, f. A639, op. 1, d. 41, ll. 40–42.
373 Fotografie eines Zeitungsartikels aus einer Regionalzeitung des Gebietes Sverdlovsk, in dem über die Einrichtung der Initiativgruppe berichtet wird, als Anhang an den Brief des Bürgers Lapenkov an die VOOPIiK, GARF, f. A639, op. 1, d. 265, l. 48.

Denkmalschutz gestellt wurde und ernsthafte Instandhaltungs- und Restaurierungsarbeiten erst nach der Übernahme der Anlage durch die orthodoxe Kirche 1989 begannen, konnte sich auch diese Initiativgruppe regional Bedeutung verschaffen.

Neben den Freunden von Leningrad, einer Gruppe von Heimatschützern, die 1966 mehr als 200 Mitglieder zählte,[374] und der Gruppierung Rossija, die 1965 im Umfeld des Russischen Museums in Leningrad entstand,[375] gründete sich eine der nominell größten Initiativgruppen im Mai 1964 in Moskau. Unter der Leitung des Architekten und Restaurators Pëtr Baranovskij formierte sich der patriotische Jugendklub Rodina (Heimat). Die Gruppierung ging auf eine Initiative Baranovskijs zurück, der zusammen mit russischen Studentinnen und Studenten des Chemisch-Technischen Mendeleev-Institutes mit selbstgemieteten Bussen das Moskauer Umland und seine Baudenkmäler erkundete.[376] Der Rodina-Klub, der von Mai 1964 bis Ende 1972 existierte, ist eines der frühen und gut dokumentierten Beispiele des organisierten, nichtstaatlichen Engagements in der russischen Denkmalpflege. Die Gründung des Rodina-Klubs im Mai 1964 wurde durch hochrangige Personen des künstlerischen Lebens Moskaus und Anhängern der Bewegung russischer Nationalisten unterstützt und vom Moskauer Komsomol protektiert.[377] Auch wenn Nikolay Mitrokhin zu Recht auf die Bedeutung des Klubs in Bezug auf die Anwerbung junger Menschen für die Russische Partei verweist, war der Klub keine politische Organisation, sondern eine Laienorganisation von Denkmalpflegerinnen und Denkmalpflegern.[378]

Am 25. Mai 1964 traten die Mitglieder des Klubs, die sich in ihrer Tätigkeit »der Verteidigung und des Schutzes der Geschichts- und Kulturdenkmäler« verschrieben,[379] das erste Mal öffentlich in Erscheinung, als sie unter der Anleitung von Baranovskij freiwillig bei den Restaurierungsarbeiten auf dem Territorium des

---

374 DENIS KOZLOV: The Historical Turn in Late Soviet Culture. In: *Kritika: Explorations in Russian and Eurasian History* 2 (2001) 3, S. 577–600, hier S. 594.
375 MITROKHIN: Die »Russische Partei«, S. 244.
376 V. PESKOV: Otečestvo. Pazmyšlenija nad pis'mom. In: *Komsomol'skaja Pravda,* 4. Juni 1965; siehe auch COLTON: Moscow, S. 406 f.
377 MITROKHIN: Die »Russische Partei«, vor allem S. 246.
378 Ebd., S. 244, 248. Die Jugendlichen fanden unter anderem sowohl in den nationalistisch gesinnten Künstlern Pavel Korin und Il'ja Glazunov als auch im Schriftsteller und Dorfprosaisten Vladimir Solouchin begeisterte Befürworter für ihr Vorhaben. Siehe hierzu: Artikel der Intellektuellen des nationalen Spektrums Konenkovs, Korins und Leonovs von 1965 in der *Molodaja Gvardija,* in dem sie über die Gründung des Klubs als eine wichtige Initiative im Denkmalschutz berichteten. Siehe S. T. KONENKOV/P. D. KORIN/L. M. LEONOV: Beregite svjatynju našu! In: *Molodaja Gvardija* 5 (1965), S. 216–219, hier S. 219; siehe auch DUNLOP: The Faces, S. 65 f.
379 Diese Beschreibung entstammt dem Projektentwurf eines Abzeichens für den *Rodina*-Klub, CAGM, f. R-792, op. 1, d. 44, l. 31.

Krutickoe Podvor'e (kurz: *Kruticy*) im Moskauer Stadtteil Taganskij halfen.[380] Als Autor und Hauptverantwortlicher des Restaurierungsprojektes des ehemaligen Bischofssitzes *Kruticy* nutzte Baranovskij seine dortige Restaurierungswerkstatt und die Tatkraft der Jugendlichen, um die Amateurrestaurateurinnen und Amateurrestaurateure in den wichtigsten Fertigkeiten zu unterweisen. Das *Kruticy*-Territorium mit angeschlossener Restaurierungswerkstatt wurde in den kommenden Jahren zum offiziellen Treffpunkt des Klubs. Neben der regelmäßigen Arbeit der Studierenden dort veranstaltete der Klub in den kommenden Jahren viele so genannte *voskresniki* in Moskau und im Moskauer Umland. So halfen die Mitglieder des Klubs beispielsweise bei den Restaurierungsarbeiten im Glockenturm des Znamenskij-Klosters im ehemaligen Stadtteil *Zarjad'e* und bei Aufräum- und Einzäunungsarbeiten im Museumskomplex Polenovo, rund 200 Kilometer südlich von Moskau.[381]

Die Mitgliederstruktur der Rodina-Gruppe war relativ homogen. Die Mehrheit der Mitglieder setzte sich aus russischen Studentinnen und Studenten unterschiedlicher Moskauer Institute für Ingenieurwesen, Architektur, Kunst, Musik, Geschichte und Philosophie zusammen, die in den 1940er Jahren geboren worden waren. Weitere Mitglieder rekrutierten sich aus der Restaurierungswerkstatt in *Kruticy,* dem Museumskomplex Polenovo, aus den Schulen und dem Künstlerverband der Stadt.[382] Die Frage nach den Mitgliederzahlen ist nicht genau zu beantworten, da in den Archiven bis 1968 keine Dokumentationen des Rodina-Klubs überliefert wurden. John B. Dunlop geht in seiner Studie zum russischen Nationalismus für das Jahr 1965 von einer Mitgliederstärke von 500 Personen aus.[383] Obgleich der Klub in den Anfangsjahren viel Zulauf genoss und eine ruckartige Abnahme der Mitgliederzahlen der Rodina-Organisation aufgrund der Gründung der VOOPIiK ab 1968 nachweisbar ist,[384] sind die einzigen dokumentierten Mitgliederzahlen niedriger. Laut eigenen Angaben hatte der Rodina-Klub im Jahr 1969 lediglich 60 feste Mitglieder und 90 Kandidaten, die sich um eine Mitgliedschaft im Klub bewarben.[385] Die Teilnehmendenzahl der so genannten *voskresniki,* der regelmäßigen Arbeitseinsätze

---

380 Bericht des Sekretärs Zirka der Moskauer Stadtabteilung der VOOPIiK über den Rodina-Klub an die VOOPIiK Zentrale in Moskau, wahrscheinlich 1968, der insgesamt 40 Mal vervielfältigt wurde, GARF, f. A639, op. 1, d. 158, ll. 1–5 ob., hier l. 1.
381 Arbeitsbericht des Rodina-Klubs zwischen September 1968 und Juni 1970, CAGM, f. R-792, op. 1, d. 44, ll.65–70, hier l. 66.
382 Mitgliederliste des Klubs Rodina 1968/69, CAGM, f. R-792, op. 1, d. 44, ll. 80–82.
383 Dunlop: The Faces, S. 65.
384 Arbeitsbericht des Jugendklubs Rodina der Moskauer Stadtabteilung der VOOPIiK zwischen 1968 und 1972, CAGM, f. R-792, op. 1, d. 142, ll. 1–6, hier l. 1.
385 Informationen der Arbeit des Klubs Rodina, der Jugendabteilung der Moskauer Stadtabteilung der VOOPIiK seit September 1969, CAGM, f. R-792, op. 1, d. 44, ll.60–62, hier l.60.

und damit der konkreten denkmalpflegerischen Aktivitäten, war jedoch um ein Vielfaches höher. Allein zwischen Mai 1969 und Anfang 1970 organisierte der Klub 150 freiwillige Arbeitseinsätze.[386] Auch die Teilnahme an den regelmäßig von der Gruppe abgehaltenen Kulturabenden und Lesungen war rege. Im oben genannten Zeitraum realisierte der Klub etwa 100 Vortragsabende zu verschiedenen Themen des Denkmalschutzes, der Stadtplanung und der altrussischen Architektur und Kultur. Dazu luden die Organisatoren das interessierte Moskauer Publikum über regelmäßige Inserate in der *Večernjaja Moskva* ein.[387]

Trotz verbreiteter Vorbehalte der höchsten politischen Stellen sprachen sich führende Mitglieder des Moskauer Komsomol und des Ministeriums für Kultur bereits direkt nach der Gründung für die Unterstützung der Arbeit des Klubs aus.[388] Auf der Sitzung des Zentralkomitees des Komsomol im Dezember 1965 befürwortete der Journalist Vasilij Peskov die Idee, der Komsomol solle seine Mitglieder zur aktiven Mitarbeit im Rodina-Klub ermutigen.[389] Einige Monate zuvor, im Februar 1965, war der Rodina-Klub nicht zuletzt aufgrund seiner Lobby in führenden gesellschaftlichen und politischen Kreisen der Stadt von der regionalen Kulturverwaltung und dem Gebietsexekutivkomitee des Moskauer Komsomol als eigenständige ehrenamtliche Organisation anerkannt worden und agierte in den folgenden zwei Jahren in einer losen Abhängigkeit zu diesen Behörden.[390] Neben der politischen Agenda, die russische Nationalisten mit dem Rodina-Klub verbanden, stellte der Umstand, dass das Ministerium für Kultur und vor allem die regionale Kulturverwaltung auf die kostenlose Hilfe der jungen Menschen angewiesen waren, einen weiteren Faktor dar, der die Tolerierung der Gruppe von staatlicher Seite ermöglichte, denn der Mangel an fachkundigem Personal führte dazu, dass die Jugendlichen durch das Ministerium für Kultur als Inspekteurinnen und Inspekteure im Denkmalschutz eingesetzt wurden. Hierfür fuhren die Jugendlichen beispielsweise ins Moskauer Gebiet, um Verhandlungen mit potenziellen Pächterinnen und Pächtern für die zahlreichen geschlossenen Kirchen zu führen und die Einhaltung der Denkmalschutzrichtlinien zu kontrollieren.[391] Außerdem

---

386 Arbeitsbericht des Jugendklubs Rodina, CAGM, f. R-792, op. 1, d. 142, ll. 1–6, hier l. 3.
387 Ebd.; Arbeitsbericht des Rodina-Klubs von September 1968 bis Juni 1970, CAGM, f. R-792, op. 1, d. 44, ll. 65–70, hier l. 65; Rechnungsbericht des Klubs Rodina 1969/1970, CAGM, f. R-792, op. 1, d. 44, ll. 71–75, hier l. 74.
388 PESKOV: Otečestvo, S. 4.
389 BRUDNY: Reinventing Russia, S. 68.
390 Information über den Jugendklub Rodina in Moskau, GARF, f. A639, op. 1, d. 158, ll. 1–5 ob., hier l. 2; Bez rulja. In: *Sovetskaja Kul'tura*, 29. Juli 1968, GARF, f. A639, op. 1, d. 142, ll. 60;
391 A. FILIPPOV: Čelovek, kotoryj spas chram Vasilija Blažennogo. In: *Nekučnyj sad. Žurnal o pravoslavnoj žizni*, 5. November 2007. Abgerufen unter URL: http://www.nsad.ru/articles/

half der Klub der regionalen Kulturbehörde bei der fotografischen Dokumentation von Architekturdenkmälern in Moskau und im Moskauer Umland.

Bis zur Gründung der VOOPIiK Ende 1965 und der offiziellen Arbeitsaufnahme der Gesellschaft Anfang 1966 wies die Rodina-Gruppe also wichtige Alleinstellungsmerkmale im Moskauer Denkmalschutz auf. Doch durch die Etablierung der VOOPIiK als zentraler staatlicher Institution für den Denkmalschutz wurde die Existenz des Klubs zunehmend bedroht und sollte schließlich in der Auflösung der Gruppe im Winter 1972 münden. Während es in den Anfangsjahren der VOOPIiK noch zu gemeinsamen Aufrufen an den Ministerrat für den Schutz von Moskauer Denkmälern kam,[392] wurde das Verhältnis beider Organisationen zueinander zusehend problematischer. Der Rodina-Klub musste durch die Gründung der VOOPIiK einen erheblichen Mitgliederschwund verkraften. Um weiterexistieren zu können, engagierte sich die junge Leitung des Klubs daher verstärkt für die Aufnahme ihrer Organisation in die Strukturen der Moskauer Gesellschaft.[393] Dieser Antrag wurde im März 1966 und im April 1967 im Präsidium der Moskauer VOOPIiK diskutiert,[394] die notwenigen Schritte und eine Unterstützung der Gruppe durch die Moskauer Stadtabteilung unterblieben allerdings. Im Gegenteil: Anfang April 1968 soll es sogar zu einer versuchten gewaltsamen Räumung des Klubs durch die Moskauer Kulturverwaltung gekommen sein.[395] Erst ein Artikel der *Sovetskaja Kul'tura*, der die fehlende Unterstützung des Klubs durch die städtische VOOPIiK-Abteilung und die regionale Kulturverwaltung kritisierte und den Enthusiasmus der Jugendlichen lobte, brachte Bewegung in die Aufnahmegespräche zur VOOPIiK.

> Juristisch gesehen existiert der Klub nicht. Aber es existiert der Wunsch von dutzenden jungen Menschen dem Staat bei der Wiederherstellung historischer Denkmäler zu helfen. Was wird aus ihnen? [...] Sie müssen unterstützt werden, sie müssen genutzt werden, sie müssen geführt werden. Die Tätigkeit des Klubs Rodina wäre so viel produktiver und vielfältiger, wenn der

---

chelovek-kotoryj-spas-hram-vasiliya-blazhennogo?print=1, letzter Zugriff: 05.06.2023.
392 Brief von Mitgliedern der Jugendabteilung der Liebhaber für Geschichte und Kunst Rodina und Mitgliedern der VOOPIiK an den stellvertretenden Vorsitzenden des Ministerrates und Vorsitzenden des Zentralen Sowjets der VOOPIiK, Kočemasov, vom 18.10.1966, GARF, f. A501, op. 1, d. 5324, l. 14–15.
393 Nikolay Mitrokhin spricht in seiner Studie davon, dass die Moskauer Kulturabteilung den Klub 1967 geschlossen habe, da durch die Gründung der VOOPIiK seine Existenz nun überflüssig geworden sei. Siehe MITROKHIN: Die »Russische Partei«, S. 247.
394 Über die Arbeit des Klubs Rodina der Moskauer Stadtabteilung der VOOPIiK, CAGM, f. R-792, op. 1, d. 142, ll. 1–6, hier l. 1.
395 MITROKHIN: Die »Russische Partei«, S. 247.

Klub eine seriöse und dauerhafte Führung seitens der Kultur-, der Partei- und Komsomol-Organe bekäme.[396]

Das Präsidium der Moskauer Stadtabteilung der VOOPIiK (MGO/Moskauer Stadtabeilung) sah sich durch den Artikel und einen zusätzlichen Aufruf des Vorsitzenden der VOOPIiK zum Handeln gezwungen.[397] Hinzu trat die Maxime der neuen Denkmalschutzgesellschaft, besonders Jugendliche für den Denkmalschutz und die Denkmalpflege zu begeistern. Bereits im Beschluss des Ministerrates vom 30. August 1960 war eine »breite Einbeziehung der Öffentlichkeit [...] und dabei besonders der Jugend« in den Denkmalschutz gefordert worden.[398] Ende 1968 wurde der Rodina-Klub daher schließlich als Jugendabteilung in die Strukturen der Moskauer Stadtabteilung der Gesellschaft integriert und die Satzung des Klubs am 14. Mai 1969 verabschiedet.

Dieser zufolge lagen die Ziele der Jugendabteilung Rodina in der »Erziehung ihrer Mitglieder im Geist des sowjetischen Patriotismus, im Geiste der revolutionären, kämpferischen, arbeitsliebenden und kulturellen Traditionen des sowjetischen Volkes«.[399] Die Arbeit des Klubs gliederte sich fortan in vier verschiedene Arbeitsbereiche: in eine architektonische, eine historische, eine musikalische und eine Sektion der angewandten Künste. Alle Arbeitspläne und Tätigkeiten sollten nun zukünftig vom Präsidium der Moskauer Stadtabteilung sanktioniert werden.[400] Das Tätigkeitsprofil indes war eine Fortführung der Arbeitsbereiche, die der Rodina-Klub zuvor als lose Freiwilligenorganisation wahrgenommen hatte. Ihre finanziellen Mittel generierten die Studentinnen und Studenten über Spenden, Mitgliedsbeiträge, Einnahmen aus offiziellen Veranstaltungen und über Zuwendungen durch das Präsidium des Sowjets der Moskauer Stadtabteilung der VOOPIiK.[401] Diese Gelder wurden allerdings auf ein Minimum beschränkt, wie überhaupt die Moskauer Stadtabteilung der Gesellschaft nicht an einer Entwicklung und eigenständigen Tätigkeit des Klubs interessiert war. So weigerte sich das Präsidium der Moskauer VOOPIiK bis zur Auflösung der Gruppe im Winter 1972, die Frage nach einer adäquaten

---

396 ›Bez rulja‹, GARF, f. A639, op. 1, d. 142, l. 60.
397 Notiz an die VOOPIiK-Zentrale von der Kanzlei des Ministerrates zur Sichtung des Artikels ›Bez rulja‹ vom 4. Juli 1968, GARF, f. A639, op. 1, d. 142, l. 59.
398 Beschluss des Ministerrats der RSFSR vom 30. August 1960: Über die weitere Verbesserung des Denkmalschutzes in der RSFSR. In: Ochrana pamjatnikov istorii i kul'tury, S. 139.
399 Satzung des Rodina-Klubs vom 14. Mai 1969, CAGM, f. R-792, op. 1, d. 44, ll. 24–27, hier l. 25.
400 Ebd.
401 Ebd., l. 27.

Abb. 1   Entwurf eines Abzeichens für den Rodina-Klub, August 1968 – Das Abzeichen zeigt die Umrisse der Preobraženskij-Kathedrale auf der Insel Kiži mit aufgehender Sonne.

Unterkunft des Klubs zu entscheiden. Die Bitte der Leitung des Klubs nach einem Gebäude für die Jugendorganisation mit einem Versammlungssaal für 150–200 Personen blieb unbeantwortet.[402] Ebenso wenig entsprach die Moskauer Abteilung der VOOPIiK dem Wunsch nach einem eigenen Abzeichen und einem Mitgliedsausweis für die Jugendabteilung. Die dazu seit 1968 kursierenden Entwürfe wurden ignoriert.[403]

In einem Arbeitsbericht aus dem Jahr 1968 beklagte sich der Vorsitzende des Klubs über die »innere Schwäche« der Gruppe und die großen Anstrengungen, die von den Mitgliedern unternommen werden müssten, da ihnen ein Klubgebäude fehle.[404] Aus diesem Grund versammelte sich der Klub weiterhin in den Gebäuden der wissenschaftlichen Restaurierungswerkstatt in *Kruticy*. Diese waren der Werkstatt 1969 und 1970 zu Restaurierungszwecken und für die Unterbringung ihrer Materialien und Werkzeuge vom regionalen Gebietsexekutivkomitee übergeben worden. Als die Moskauer Stadtabteilung der VOOPIiK

---

402   Vortrag und Bericht über die Tätigkeiten des Klubs Rodina 1969/1970, CAGM, f. R-792, op. 1, d. 44, ll. 76–79, hier l. 78.
403   Bericht über die Tätigkeiten des Klubs Rodina, CAGM, f. R-792, op. 1, d. 44, ll. 76–79, hier l. 78.
404   Ebd., l. 76.

diese Gebäude zur Unterbringung eines ihrer Kunstkombinate vorschlug und die Restaurierungswerkstatt und damit auch den Klub seiner Versammlungsräume berauben wollte, verschärfte sich der Streit zusehends.[405]

Die Arbeit des Klubs vertrug sich zunehmend weniger mit den Vorstellungen der Moskauer Stadtabteilung der VOOPIiK. Sowohl die thematische Ausrichtung des Klubs als auch die eigenständige und damit in den Augen der MGO unangemessene Arbeitsweise stießen auf immer größere Ablehnung seitens der VOOPIiK-Funktionäre. Während in der VOOPIiK zu Beginn der 1970er Jahre eine Kehrtwende von der Ausrichtung auf Architekturdenkmäler der vorrevolutionären Epochen hin zu einer verstärkten Propagierung von Geschichtsdenkmälern der sowjetischen Periode einsetzte, blieb der Rodina-Klub seinem Profil treu. Doch die intensive Beschäftigung von Jugendlichen mit der altrussischen Geschichte und Kultur hatte der sowjetischen Führung von Beginn an Bauchschmerzen verursacht. Nicht umsonst unterstand die Arbeit mit Jugendlichen innerhalb der VOOPIiK daher der Propagandaabteilung. Noch im März 1972 diskutierte der Klub den Wunsch, die Ausrichtung der Gruppe auf Architekturdenkmäler durch die Einrichtung weiterer Unterabteilungen zu unterstreichen und sich stärker in der Arbeit für die russische Kultur zu engagieren.[406] Immer häufiger beschwerte sich das Präsidium der MGO der VOOPIiK über die schlampige Arbeitsweise des Klubs, verspätet eingereichte Arbeitsberichte und Veranstaltungen, deren Ablaufpläne ohne Genehmigung kurzfristig verändert wurden. Als die Rodina-Gruppe schließlich zu einer Veranstaltung über den Generalplan zur Rekonstruktion der Stadt Moskau ohne Absprache die Presse einlud und eine Resolution gegen den Generalplan Moskaus verabschiedete, wurden die Tätigkeiten des Klubs gestoppt.[407] Im abschließenden Bericht der MGO der VOOPIiK, der die Auflösung des Rodina-Klubs besiegelte, hieß es:

> Unter Berücksichtigung des oben Aufgeführten wird vorgeschlagen, die Organisationsformen der Moskauer Stadtabteilung an der Satzung zu orientieren. In Bezug auf die Arbeit mit Jugendlichen bedeutet das, dass die Arbeit in Form von Klubs als nicht zweckmäßig erachtet wird und eine Jugendabteilung unter dem MGO der Gesellschaft gegründet werden soll.[408]

---

405 Brief Pëtr Baranovskijs an den Vorsitzenden der VOOPIiK Kočemasov vom Februar 1971, GARF, f. A639, op. 1, d. 325, ll. 162–162a.
406 Protokoll des Rodina-Klubs vom 22.03.1972, CAGM, f. R-792, op. 1, d. 141, l. 13–16, hier l. 14.
407 Über die Arbeit des Klubs Rodina der Moskauer Stadtabteilung der VOOPIiK, CAGM, f. R-792, op. 1, d. 142, ll. 1–6, hier l. 5.
408 Ebd., l. 6.

Die neue Jugendabteilung der VOOPIiK wurde Anfang 1973 gegründet. Im Allgemeinen übernahm sie bewährte Arbeitsbereiche des Rodina-Klubs, ihre thematische Ausrichtung aber unterschied sich deutlich. Die erste Sitzung der Jugendabteilung der MGO der VOOPIiK unterstrich die Ausrichtung der Gruppe auf Geschichtsdenkmäler und hielt die Unterstützung von Moskauer Schulen bei der Einrichtung von Revolutionsmuseen als einen der zukünftigen Tätigkeitsbereiche im Protokoll fest.[409]

Mit der Auflösung der Rodina-Gruppe trat ein Vakuum in der Moskauer Denkmalpflege zu Tage, das die VOOPIiK mit ihren Möglichkeiten allein nicht in der Lage war zu füllen. Die zahlenmäßig starken *voskresniki* jugendlicher Laiendenkmalpflegerinnnen und Laiendenkmalpfleger in Moskau und in der Umgebung hatten fehlende Gelder und fehlendes Fachpersonal bei der Instandhaltung wichtiger Denkmalkomplexe zumindest abgefedert. Abermals auf Initiative Pëtr Baranovskijs gründete sich 1971 im *Krutickoe Podvor'e* die Gesellschaftliche Kommission für Denkmalpatenschaften für Kultur- und Geschichtsdenkmäler unter der Aufsicht der VOOPIiK.[410] Die Kommission, die nach Angaben der VOOPIiK eine eigene große »Denkmalpatenschaftsbewegung« initiierte, war eng mit den studentischen Restaurierungsbrigaden der VOOPIiK verknüpft.[411]

Der Rodina-Klub kann als anschauliches Beispiel dafür gelten, an welche Grenzen das Engagement von Denkmalschützerinnen und Denkmalschützer stieß und wie der sowjetische Staat mit der Gründung der VOOPIiK versuchte, gesellschaftliches Engagement im Denkmalschutz und in der Denkmalpflege einzuhegen. Die Weiterführung der denkmalpflegerischen Traditionen des Rodina-Klubs und das gesellschaftliche Mobilisierungspotenzial von freiwilligen Arbeitseinsätzen in der Denkmalpflege zeigen, dass das Schicksal des Rodina-Klubs einerseits eng an die politischen Kampagnen gegen die Bewegung der russischen Nationalisten Anfang der 1970er Jahre gebunden war. So stand die Auflösung des studentischen Klubs in unmittelbarem zeitlichem Zusammenhang zur Absetzung

---

409 Erstes Sitzungsprotokoll der Jugendabteilung der MGO der VOOPIiK vom 11.04.1973, CAGM, f. R-792, op. 1, d. 164, ll. 1–2.

410 Auch wenn die Kommission offiziell erst 1981 in die Strukturen der Moskauer Abteilung der VOOPIiK aufgenommen wurde, stand sie unter der Aufsicht der VOOPIiK, insbesondere der Restaurierungskommission der Sektion für Architektur der VOOPIiK. Siehe: Livcov: Učastije Vserossijskogo Obščestva ochrany pamjatnikov istorii i kul'tury (VOOPIiK) v sochranenii kul'turnogo nasledija narodov Rossijskoj Federacii, S. 326.

411 Die enge Nähe zur Bewegung der studentischen Restaurierungsbrigaden der VOOPIiK war auch durch den Leiter der Restaurierungskommission der Sektion für Architektur G. V. Alferov gegeben, der einige Jahre die Leitung der Restaurierungsbrigade auf der Kij-Insel in der Onega-Bucht im Weißen Meer im Gebiet Archangel'sk innehatte. Siehe ebd.

der Chefredakteursposten der *Molodaja Gvardija* und der *Sovetskaja Rossija,* zwei der wichtigsten Publikationsorgane des nationalen Spektrums der russischen *intelligencija*.[412] Laut Aleksandr Jakovlev, dem Vorsitzenden der Propagandaabteilung des ZK, sollte fortan die Kampagne zum Denkmalschutz nicht länger dazu genutzt werden, die »reaktionäre Natur des zaristischen Regimes reinzuwaschen«.[413] Insgesamt brachten die 1970er Jahre eine stärkere Ausrichtung auf Geschichtsdenkmäler der sowjetischen Epoche mit sich. In dieser Hinsicht widersprachen sowohl die thematische Ausrichtung des Rodina-Klubs als auch seine Arbeitsweise der neuen, härteren Gangart gegenüber national gesinnten Gruppierungen und Jugendgruppen im Allgemeinen. Andererseits ist die Auflösung des Rodina-Klubs mit seiner Konkurrenz zur Moskauer VOOPIiK zu begründen. Die VOOPIiK, die aus Angst vor den unkontrolliert wachsenden Initiativgruppen im Juli 1965 gegründet worden war, duldete schon bald keine weiteren, von ihr unabhängig agierenden Vereinigungen im Denkmalschutz. Erst während der Perestroika sollten sich erneut kleinere und unabhängige Gruppen im russischen Denkmalschutz gründen.

4.5 Die Gründung der Allrussischen Gesellschaft zum Schutz von Geschichts- und Kulturdenkmälern (VOOPIiK)

Durch den Ministerratsbeschluss vom 23. Juli 1965 enstand die Allrussische Freiwilligengesellschaft zum Schutz von Geschichts- und Kulturdenkmälern mit dem Ziel, die »Einbeziehung einer breiten Öffentlichkeit zur aktiven Teilnahme am Schutz von historischen und kulturellen Denkmälern« zu erreichen.[414] Pëtr Vejl' und Aleksandr Genis haben die Gründung der VOOPIiK, neben den Feierlichkeiten anlässlich des 70. Geburtstages von Sergej Esenin, als das wichtigste Ereignis des Jahres 1965 und als einen Wendepunkt zu einer gesellschaftlichen Beschäftigung mit der vorsowjetischen Vergangenheit und Hinwendung zum russischen Nationalismus beschrieben.[415] In den Augen der *intelligencija* wurde die Beteiligung der *obščestvennost'* am Denkmalschutz und an der Denkmalpflege, die beginnend mit Lenin von allen sowjetischen Politikerinnen und Politikern stets

---

412 MITROKHIN: Die »Russische Partei«, S. 113.
413 Protiv antiistorisma. In *Literaturnaja Gazeta,* 15. November 1972; zitiert u.a. in BRUDNY: Reinventing Russia, S. 98.
414 Beschluss des Ministerrats der RSFSR vom 23. Juli 1965: Über die Einrichtung der Allrussischen Freiwilligenorganisation zum Schutz von Geschichts- und Kulturdenkmälern. In: Ochrana pamjatnikov istorii i kul'tury, S. 144–149, hier S. 144.
415 VAJL'/GENIS: 60-e, S. 237.

als Ziel des sowjetischen Denkmalschutzes hervorgehoben worden war, durch die Gründung der VOOPIiK nicht hinreichend eingelöst. Die Leitung des Organisationskomitees, das im Herbst 1965 berufen wurde, übertrug der Ministerrat der Russischen Sowjetrepublik seinem stellvertretenden Vorsitzenden Vladimir Kočemasov, der auf der ersten Sitzung der VOOPIiK im Juni 1966 schließlich auch zum Vorsitzenden der Gesellschaft gewählt wurde. Zu seinem Stellvertreter im Organisationskomitee wurde zunächst Nikolaj Voronin ernannt,[416] bevor das Amt des stellvertretenden Vorsitzenden nach Gründung der VOOPIiK an den Kunsthistoriker Vladimir Ivanov überging.

Für die Moskauer Denkmalschützerinnen und Denkmalschützer stellte die Zusammensetzung des Organisationskomitees der Stadtabteilung der Moskauer VOOPIiK eine herbe Niederlage dar. Führende Vertreter des nationalen Spektrums der *intelligencija* wie die Schriftsteller Pavel Korin, Vladimir Solouchin, Efim Doroš, Aleksandr Jašin, Oleg Volkov und Wissenschaftler wie Aleksandr Nesmejanov beklagten in ihrem Brief, der am 30. Oktober 1965 in der *Literaturnaja Gazeta* veröffentlicht wurde, dass sich unter den gewählten Vertretern des Organisationskomitees für die Stadt Moskau lediglich ein Schriftsteller, ein Künstler und ein Mitglied der Kommission für den Schutz von Kulturdenkmälern befänden. Die überwiegende Mehrheit der 29 Personen aber bestehe aus sowjetischen Politikern und Vertretern verschiedener Einrichtungen, die sich in der Vergangenheit nicht im Sinne der Popularisierung des Denkmalschutzes ausgezeichnet hätten.[417] Unter der Überschrift *Ne očen' udačnoe načalo (Kein besonders vielversprechender Beginn)* forderten die Autoren vehement die Mitsprache von Fachkundigen ein, die als Vertreterinnen und Vertreter der *obščestvennost'* von den Moskauer Bürgerinnen und Bürgern gewählt werden sollten. Da die VOOPIiK auf Initiative der sowjetischen Bevölkerung entstanden sei, habe die Gesellschaft die Aufgabe, Rahmenbedingungen zu schaffen, mit deren Hilfe die sowjetische Öffentlichkeit die Arbeit von bestehenden Regierungsorganen unterstützen und im Zweifelsfall auch kontrollieren könnte.[418]

Der Protestbrief von Vertretern der *intelligencija* zeigt, wie weit die Vorstellungen über die Funktion der Gesellschaft und die Einbeziehung der *obščestvennost'* in die Arbeit der VOOPIiK zwischen den Moskauer Intellektuellen und der Regierung auseinanderklafften. Während der Partei eine »machtlose, bürokratische

---

416 Beschluss des Ministerrats der RSFSR vom 23. Juli 1965: Über die Einrichtung der Allrussischen Freiwilligenorganisation zum Schutz von Geschichts- und Kulturdenkmälern, hier S. 144 f.
417 ›Ne očen' udačnoe načalo‹. In: *Literaturnaja Gazeta,* 30. Oktober 1965.
418 Ebd.

Massenorganisation« unter der Leitung von Parteimitgliedern vorschwebte,[419] waren die Kulturschaffenden an einer Gesellschaft interessiert, in der Intellektuelle aufgrund ihrer Expertise als Repräsentantinnen und Repräsentanten der sowjetischen Bevölkerung in die Leitung und Kontrolle der Organisation eingebunden wurden. Obgleich die Autoren des Briefes von 1965 den Demokratiebegriff des Tauwetters nicht bemühten, erinnerten ihre Ausführungen an das Demokratieverständnis, wie es durch den XXII. Parteitag der KPdSU am 31. Oktober 1961 beschlossen worden war.

Als die sowjetische Führung auf dem XXII. Parteitag verkündete, sie habe die materiellen Grundlagen des Sozialismus geschaffen, und damit einen neuen Entwicklungsgrad der sozialistischen Gesellschaft propagierte, bedeutete das ideologisch das Ende der ›Diktatur der herrschenden Klasse‹. Jedenfalls theoretisch sollte nun aus der Demokratie der Mehrheit eine Volksdemokratie gemacht werden.[420] Obgleich die ›Volksdemokratie‹ sowjetischer Prägung weiterhin Klassencharakter besaß, also lediglich das Volk der Werktätigen repräsentierte und die volle Unterstützung der Parteiführung und der Parteikontrolle genoss, sollte den Werktätigen eine ausgedehnte Teilhabe an den Aufgaben des Staates zugesichert werden.[421] Im Sinne der ›kommunistischen Selbstverwaltung‹ liest sich das Parteiprogramm der Kommunistischen Partei vom Oktober 1961 folgendermaßen:

> Die sozialistische Gesellschaft gestaltet ihr ganzes Leben auf der Grundlage einer umfassenden *Demokratie* [Hervorhebung im Original]. Die Werktätigen nehmen durch die Sowjets, die Gewerkschaften und andere gesellschaftliche Massenorganisationen aktiv an der Staatsverwaltung und der Lösung der Probleme des wirtschaftlichen und kulturellen Aufbaus teil.[422]

Der Diskurs zum sowjetischen Denkmalschutz und die sich formierenden Initiativgruppen, die der Gründung der VOOPIiK vorausgegangen waren, hatten die Hoffnungen auf eine Teilhabe der Bevölkerung an Entscheidungen der Organisation und die konkrete Ausgestaltung der Arbeit der Gesellschaft in besonderer Weise geschürt. Teile der sowjetischen Nomenklatura wiederum hatten in ihrer Fürsprache für die Gründung einer freiwilligen Organisation zum Schutz von Denkmälern auf das Konzept der kommunistischen Selbstverwaltung verwiesen. Die Idee einer sich selbst verwaltenden Gesellschaft im Kommunismus war

---

419 BRUDNY: Reinventing Russia, S. 69.
420 LÁSZLÓ RÉVÉSZ: Marxistisch-Leninistischer Demokratiebegriff. Neue Entwicklungstendenzen, in: *Studies in Soviet Thought* 8 (1968), S. 33–56, hier S. 42.
421 Ebd., S. 40, 42.
422 Programm der Kommunistischen Partei der Sowjetunion, beschlossen auf dem XXII. Parteitag der KPdSU am 31. Oktober 1961. Moskau 1962, S. 19.

bereits im Rahmen des XXI. Parteitages 1960 mit Leben gefüllt worden. Laut Parteiprogramm sollte die Rolle der gesellschaftlichen Organisationen in der von Chruščëv eingeleiteten Übergangsphase vom Sozialismus in den Kommunismus gestärkt werden, um ihnen graduell Funktionen einzelner staatlicher Organe zu übertragen.[423] Neben den größten sowjetischen Massenorganisationen, wie dem Komsomol, den Gewerkschaften und den Kolchosen, sollte das Prinzip auch auf freiwillige Organisationen im wissenschaftlichen und kulturellen Sektor übertragen werden.

> Wir sagen, daß im Kommunismus der Staat absterben wird. Welche Organe werden erhalten bleiben? Die gesellschaftlichen! Ob sie nun Komsomol, Gewerkschaften oder anders genannt werden. Es werden gesellschaftliche Organisationen sein, durch die die Gesellschaft ihre Beziehungen regeln wird. Jetzt müssen dafür die Wege frei gemacht werden, man muß die Leute daran gewöhnen, damit sie darin Fertigkeit erlangen.[424]

In diesem Sinne erkannte nicht nur die Ministerin für Kultur der Sowjetunion, Ekaterina Furceva, in der Gründung einer freiwilligen Denkmalschutzorganisation Anfang der 1960er Jahre die praktische Umsetzung des Prinzips der kommunistischen Selbstverwaltung. Allerdings wurde ihr Vorstoß von der ideologischen Abteilung des Zentralkomitees eingedämmt.[425] Auch nach der Gründung der VOOPIiK maskierten Aussagen wie die des Vorsitzenden der Gesellschaft, Vjačeslav Kočemasov, dass durch die Einbeziehung der *obščestvennost'* den von »Nihilismus« und »Verantwortungslosigkeit« getragenen Beschlüssen über das Schicksal von Kulturgütern zukünftig ohne Toleranz begegnet werde,[426] das

---

423 B. S. MAN'KOVSKIJ: O povyšenii roli obščestvennych organizacij v stroitel'stve kommunizma. In: Ot socialističeskoj gosudarstvennosti k kommunističeskomu obščestvennomu samoupravleniju. Trudy naučnoj konferencii, provedennoj Moskovskim gorodskim komitetom KPSS, Institutom filosofii i Institutom gosudarstva i prava Akademii nauk SSSR v g. Moskve 7–8 ijulja 1960g., Moskva 1961, S. 90–129, hier S. 91.

424 Rede Chruščëvs auf der 13. Sitzung des Komsomol, in: *Ost-Probleme* Nr. 10, Heft 16/17 (1958), S. 547–555, hier S. 554.

425 BITTNER: The Many Life of Khrushchev's Thaw, S. 162. Ekaterina Alekseevna Furceva, Ministerin für Kultur der UdSSR von 1960–1974, war nicht nur eine Befürworterin für die Bildung einer Freiwilligenorganisation für den Schutz von Denkmälern, sondern hatte ebenfalls einen erheblichen Einfluss auf die Laienkunst in der Sowjetunion. Siehe dazu: ALEXANDER FOKIN: Kulturangelegenheiten auf den KPdSU Parteitagen der 1960er und 1970er Jahre. In: IGOR NARSKIJ: Hochkultur für das Volk? Literatur, Kunst und Musik in der Sowjetunion aus kulturgeschichtlicher Perspektive, Berlin/Boston 2018, S. 117–136, hier S. 133 f.

426 TICHONOV: S"ezdy Vserossijskogo obšestva ochrany pamjatnikov istorii i kul'tury, S. 14.

eigentliche Verständnis der Partei von Führung und Kontrolle. In der Einbeziehung oder Beteiligung der so häufig bemühten *obščestvennost'* am Denkmalschutz verstand die sowjetische Führung lediglich die lokale Umsetzung parteistaatlicher Direktiven. Massenorganisationen wie die VOOPIiK hatten sowohl nach innen als auch nach außen als institutionalisierte ›öffentliche Meinung‹ zu funktionieren und dienten dem Regime in seiner Repräsentation als ›Staat für alle‹, der den Wünschen der Bevölkerung nicht nur große Aufmerksamkeit zuteilwerden ließ, sondern sie gleichzeitig an der Gestaltung der Politik aktiv beteiligte. In der Realität wurde die Initiative der Bevölkerung im Laufe der 1970er Jahre fast vollständig unter die Kontrolle der VOOPIiK und damit unter staatliche Kontrolle gebracht. Die Beteiligung der *intelligencija* wurde auf eine kontrollierte und rein wissenschaftliche Expertenfunktion beschränkt, denn der Einsatz für Themen des Denkmalschutzes durch namhafte Intellektuelle wurde zunehmend mit Argwohn betrachtet. Das zeigt ein Geheimbericht des KGB vom September 1973 an das Zentralkomitee. In diesem Bericht über die »antisowjetische« und »verunglimpfende« Propaganda Aleksandr Solženicyns und Aleksej Sacharovs im In- und Ausland warnte der sowjetische Geheimdienst ausdrücklich davor, dass beide Intellektuelle neben Fragen über »die Rolle des russischen Volkes im sowjetischen Staat« auch über Themen wie den Denkmalschutz versuchen würden, die Sympathie verschiedener Kreise der Bevölkerung »anzulocken«. Um dieser Tendenz entschieden entgegenzuwirken und letztlich das Monopol zu Fragen der Vergangenheit zurückzuerlangen, hielt der sowjetische Geheimdienst die ausführliche Behandlung dieser Themen in der sowjetischen Presse, und damit unter staatlicher Zensur, für unverzichtbar.[427]

Den enttäuschten Hoffnungen der *intelligencija* und der weiteren Entwicklung der VOOPIiK in den 1970er Jahren zum Trotz ist die Gründungsphase der Gesellschaft ein Ausweis dafür, welche gesellschaftlichen Mechanismen sich im regionalen Denkmalschutz bis dato entwickelt hatten und wie sich die russische Gesellschaft die Abwesenheit von staatlichen Strukturen und staatlichem Engagement zu eigen machte. Bevor sich die VOOPIiK in den 1970er Jahren zu einer sowjetischen Massenorganisation entwickelte und ihre Strukturen bis auf die lokale Ebene reichten, agierte die VOOPIiK zunächst in direkter Kommunikation zwischen den Denkmalschützerinnen und Denkmalschützern vor Ort und den regionalen Kulturverwaltungen.

---

427 Zapiska Komiteta gosudarstvennoj bezopasnosti pri Sovete Ministrov SSSR, 17 sentjabrja 1973 g. In: A. V. KOROTKOV/C. A. MEL'ČIN/A. S. STEPANOV (Hrsg.): Kremlevskij Samosud. Sekretnye dokumenty Politbjuro o pisatele A. Solženicyne, Sbornik dokumentov, Moskva 1994, S. 331–336, hier S. 335 f.

4.5.1 Die Struktur der VOOPIiK und die Frage nach einem eigenen Verlagsorgan

Die VOOPIiK stand unter der Kontrolle des Ministeriums für Kultur und unter der direkten Aufsicht des Ministerrates der Russischen Sowjetrepublik. Strukturell ähnelte der Aufbau der Denkmalschutzgesellschaft im Kern jeder anderen sowjetischen Massenorganisation. Das höchste Gremium der Gesellschaft war die Allrussische Sitzung der Gesellschaft, die sich in unregelmäßigen Abständen in den Jahren 1966, 1972, 1977 und 1982 konstituierte. Das leitende und exekutive Organ der VOOPIiK war ihr Zentraler Sowjet. Unter dem Zentralen Rat der Denkmalschutzgesellschaft wurde das Präsidium der VOOPIiK eingerichtet, eine Art legislative Vertretung. Darunter entspann sich ein Netz an regionalen Abteilungen, welche die ständig wachsende Anzahl von Primärorganisationen der VOOPIiK in Fabriken, Unternehmen und Bildungseinrichtungen verwalteten.[428] Die lokalen Primärorganisationen der Gesellschaft waren das kleinste Gebilde der Gesellschaft auf lokaler Ebene. Laut Satzung musste eine solche Unterorganisation mindestens aus zehn Mitgliedern bestehen. Politisch bekam jede Primärorganisation das Recht zugesprochen, eine Vertreterin bzw. einen Vertreter zu den Sitzungen der regionalen Abteilung der Gesellschaft zu schicken.

In ihrer Mitgliederstruktur unterschied die VOOPIiK zwischen kollektiven und individuellen Mitgliedern. Kollektive Mitglieder waren laut Beschluss des Ministerrates vom 1. März 1967 Kolchosen, Sovchosen, Kombinate, Unternehmen oder Bildungseinrichtungen, die als solche in die VOOPIiK eintraten. Als kollektive Mitglieder übernahmen Kolchosen oder Schulen beispielsweise Patenschaften von Denkmälern, die sich zumeist entweder auf ihrem Gelände oder in ihrer unmittelbaren Nachbarschaft befanden. Damit verpflichteten sich Schulen oder Betriebe, für die Instandhaltung der Denkmäler zu sorgen und die Denkmäler zu bestimmten Jahrestagen oder sowjetischen Feiertagen zu schmücken. Obwohl die jeweilige Geschäftsführung bzw. die Vorsitzenden einer Einrichtung den Eintritt in die VOOPIiK eigenständig festlegten,[429] wurden alle Mitarbeiterinnen und Mitarbeiter oftmals gleichzeitig zu einer individuellen Mitgliedschaft in der Denkmalschutzgesellschaft angehalten.

---

428 Materialien über die Arbeit des Organisationskomitees. Entwurf über den Aufbau der VOOPIiK vom 26. 11. 1965, GARF, f. A639, op. 1, d. 2, ll. 28 – 39, hier ll. 33–35.
429 Beitrittserklärung des Gewächskombinats der Primorskij Region in Archangel'sk, GAAO, f. 2614, op. 1, d. 35, l. 20.

Ebenso wie den Primärorganisationen wurde auch jedem Kollektivmitglied das Recht zugeschrieben, eine Vertreterin bzw. einen Vertreter in den lokalen Sowjet der VOOPIiK zu entsenden.[430] Neben kollektiven Mitgliedern generierte die VOOPIiK auch eine große Anzahl an individuellen Mitgliedern, die sich entweder den lokalen Primärorganisationen der Gesellschaft anschlossen oder als passive Mitglieder in den Listen der Gesellschaft in Erscheinung traten. Bei den Angaben der Mitgliederzahlen der VOOPIiK, die in der Sekundärliteratur kursieren, wird die Unterscheidung zwischen kollektiven und individuellen Mitgliedern nicht vorgenommen.[431] In allen Regionen Russlands stiegen die Mitgliederzahlen seit der Gründung der VOOPIiK kontinuierlich an. Hatte die städtische Moskauer Abteilung der VOOPIiK nach eigenen Angaben im April 1968 940 kollektive und 112.000 individuelle Mitglieder,[432] wies sie im Jahr 1976 bereits 1.048 kollektive und 599.000 individuelle Mitglieder auf. In Bezug auf die Bevölkerung der sowjetischen Hauptstadt waren 1976 offiziell etwa 8 Prozent der Bürgerinnen und Bürger Moskaus Mitglieder der VOOPIiK.[433] Bis 1976 konnte die VOOPIiK in Moskau ihr Netz an lokalen Abteilungen auf 29 ausbauen, die wiederum 2.229 Primärorganisationen vorstanden.[434] Was die individuelle Mitgliederzahl anging, lag Moskau damit allerdings keineswegs an der Spitze. In der Region Orlovsk war 1976 gemessen an der Gesamtbevölkerungszahl fast ein Viertel der regionalen Bevölkerung Mitglieder der Denkmalschutzgesellschaft, im Gebiet Kursk waren es etwa 20 Prozent.[435] Folgt man den offiziellen Angaben der VOOPIiK, so hatte die Gesellschaft in der RSFSR 1976 fast 11,5 Millionen (11.475.000) individuelle Mitglieder.[436] Bis zum Jahr 1980 hatte die VOOPIiK ihr Netz auf 223 regionale Abteilungen ausgebaut und verkündete die Mitgliedschaft von 13,5 Millionen Menschen.[437] Und bis 1988 sollte die Mitgliederzahl der

---

430 Anschreiben des Vorsitzenden der VOOPIiK-Abteilung der Primorskoe Region im Oblast Archangel'sk an die Unternehmen und Einrichtungen in seiner Region, GAAO, f. 2614, op. 1, d. 35, l. 38.
431 In der Sekundärliteratur beziehen sich fast alle Arbeiten auf die von Colton in seiner Studie zur russischen *intelligencija* gemachten Angaben. Siehe COLTON: Moscow S. 407.
432 V Moskovskom otdelenii Vserossijskogo Obščestvo ochrany pamjatnikov istorii i kul'tury. In: *Istorija SSSR* 1 (1969), S. 172–174, hier S. 173.
433 Statistik über die Anzahl der regionalen Abteilungen, die Primärorganisationen und die Mitglieder der Allrussischen Gesellschaft für den Schutz historischer und kultureller Denkmäler, GAAO, f. 2614, op. 1, d. 187, ll. 97–98, hier l. 97.
434 Ebd.
435 Ebd., ll. 97–98.
436 Ebd.
437 Brief des Zentralen Sowjets der VOOPIiK an alle Abteilungen auf der republikanischen, Regions-, Gebiets- und Stadtebene vom 13. 10. 1980, GAAO, f. 2614, op. 1, d. 187, ll. 95–96ob.,

VOOPIiK auf über 17 Millionen Menschen anwachsen.[438] Doch ähnlich wie in anderen sowjetischen Massenorganisationen auch befanden sich etliche ›Karteileichen‹ unter den Mitgliedern bzw. solche, deren Arbeitsstelle oder curriculare Aktivität eine Mitgliedschaft in der VOOPIiK voraussetzten.[439]

Mit Gründung der VOOPIiK bewilligte der Ministerrat der RSFSR der Gesellschaft zunächst 1.500 bezahlte Stellen für Mitarbeitende.[440] In der Zentrale in Moskau arbeiteten die Mitarbeiterinnen und Mitarbeiter in verschiedenen Abteilungen und Sektionen, die sich in ähnlicher Weise auch in den Regionen wiederfanden. Neben den Verwaltungsabteilungen oblag der Propagandaabteilung die ›Öffentlichkeitsarbeit‹ der VOOPIiK und, wie bereits erwähnt, die Arbeit mit Jugendlichen und Kindern. Unter den thematischen Hauptabteilungen für Geschichts- und Architekturdenkmäler fanden sich Sektionen und Kommissionen für archäologische Denkmäler, für Denkmäler der vorrevolutionären Epoche, für Kunstdenkmäler oder die Restaurierung von Denkmälern.[441] In den 1970er Jahren und einer programmatischen Präferenzverschiebung der Arbeit der VOOPIiK auf Geschichtsdenkmäler, die entweder aus der sowjetischen Epoche stammten oder mit dem revolutionären Kampf der Bol'ševiki in Verbindung standen, verschwand die Abteilung für Architekturdenkmäler zwischen 1978 und 1981 zusammen mit der Sektion für die Restaurierung von Denkmälern gänzlich, bevor sie 1981 wieder eingeführt wurde.[442]

Ihre finanziellen Mittel rekrutierte die VOOPIiK über Spenden, über einmalig zu entrichtende Eintrittsgebühren, die jährlichen Mitgliederbeiträge sowie über den Erlös des Verkaufs von Souvenirartikeln. Für kollektive Mitglieder orientierten sich die jährlichen Mitgliedsbeiträge an der Größe der Institutionen. Während eine große Autofabrik 5.000 Rubel im Jahr an die VOOPIiK zahlen konnte, belief sich der Jahresbeitrag des Institutes für Kunstgeschichte in Moskau auf 100 Rubel.[443] Ein kleines Gewächskombinat im Gebiet Archangel'sk hatte Ende der 1960er

---

hier l. 95.
438 GEERING: Building a Common Past, S. 193.
439 Das war beispielsweise der Fall bei allen Mitgliedern der studentischen Restaurierungsbrigaden der RSFSR. Eine Mitgliedschaft in der VOOPIiK war für ihre Arbeit Voraussetzung. Ihre Bewerbung für die Arbeit in der Restaurierungsbrigade in den Sommerferien hatte eine automatische Aufnahme in der VOOPIiK zur Folge. Siehe dazu III.4 ab S. 409 zu den studentischen Restaurierungsbrigaden.
440 V. I. KOČEMASOV: God poiskov, god nadežd. In: *Istorija SSSR* 5 (1967), S. 197–203, hier S. 197.
441 Vorwort zum Verzeichnis (opis') Nr. 1 GARF, f. A639, op. 1, t. 1 [1965–1968], l. 1.
442 Vorwort zum Verzeichnis (opis') Nr. 1 GARF, f. A639, op. 1 [1978–1986], l. 1.
443 RUSSELL V. KEUNE: The Private Sector in Historic Preservation. In: A Report by the US Historic Preservation Team of the US–USSR Joint Working Group on the Enhancement of

Jahre wiederum lediglich 50 Rubel im Jahr an die VOOPIiK zu entrichten.[444] Individuelle Mitglieder bezahlten 1965 eine Aufnahmegebühr von 15 Kopeken und einen Jahresbeitrag von 30 Kopeken bzw. 10 Kopeken für Jugendliche.[445] Etwa 20 Prozent der Einnahmen durften die lokalen Abteilungen für ihre eigene Arbeit aufwenden, der Rest musste an die regionale Abteilung weitergeleitet werden. Diese wiederum sandte etwa die Hälfte ihrer finanziellen Mittel an den Zentralen Sowjet nach Moskau.[446] Von Beginn an hoffte die VOOPIiK, einen erheblichen Teil ihrer Einnahmen aus dem Verkauf von Souvenirs und Druckerzeugnissen generieren zu können. 1971 wurde unter dem Zentralen Sowjet der VOOPIiK eine Verwaltung von Unternehmen gegründet, welche die Herstellung und den Vertrieb von touristischen Souvenirartikeln organisierte. Die größten Kombinate dieser Art waren ab 1972 in Moskau und in Irkutsk beheimatet. Das Kombinat *Russkij suvenir* und die Fabrik *Sibirskij suvenir* sowie etliche kleinere Kunstwerkstätten etwa in Rostov oder Suzdal' waren für die Fertigung von russischem Kunsthandwerk zuständig, das in speziellen Geschäften und in den Tourismuszentren vor Ort zum Verkauf angeboten wurde.[447] Neben der Herstellung von Reversnadeln oder Kunstartikeln aus Holz und Pappmaché erweiterten die Kombinate der VOOPIiK ihr Sortiment in den 1970er Jahren um die Produktion von Schmuck und kleinen Keramikplaketten, die das Panorama einer russischen Stadt oder bedeutende historische Ereignisse zierten.[448]

Obgleich der Vertrieb von Souvenirs vor allem in den abseits gelegenen Gebieten der Russischen Sowjetrepublik zunächst schleppend anlief, gestalteten sich die Herstellung und Distribution von Druckerzeugnissen in der Gründungsperiode weitaus schwieriger. Zu Beginn schien die sowjetische Führung zunächst selber uneins darüber zu sein, ob und in welchem Rahmen der VOOPIiK ein eigenes Printorgan gewährt werden sollte. Erste Forderungen nach einer eigenen Zeitschrift für die Belange des Denkmalschutzes wurden als Reaktion auf den Artikel sowjetischer Intellektueller vom August 1965 in der *Literaturnaja Gazeta* und deren Forderung nach einer zentralen Denkmalschutzorganisation laut.[449] 1965

---

the Urban Environment, May 25th – June 14th 1974, Washington D. C. 1975, S. 56–63, hier S. 61.
444 Beitrittserklärung des Gewächskombinats der Primorskij Region in Archangel'sk, GAAO, f. 2614, op. 1, d. 35, l. 20.
445 Materialien über die Arbeit des Organisationskomitees. Entwurf über den Aufbau der VOOPIiK vom 26. 11. 1965, GARF, f. A639, op. 1, d. 2, ll. 28–39, hier l. 36.
446 Ebd., l. 37.
447 Vorwort zum Verzeichnis (opis') Nr. 1. GARF, f. A639, op. 1, t. 2 [1970–1977], ll. 1–3.
448 KEUNE: The Private Sector in Historic Preservation, S. 62.
449 A. ANDREEV/I. KOROTKIN: Edinoe delo. In: *Literaturnaja Gazeta*, 22. September 1965, S. 2.

sprach sich der damalige Minister für Kultur der RSFSR und stellvertretende Leiter des Organisationskomitees der VOOPIiK, Aleksej Popov, zur Gründung der VOOPIiK in der *Sovetskaja Kul'tura* mit Überzeugung für eine eigene Zeitschrift der VOOPIiK aus.[450] Auch der stellvertretende Leiter des Zentralen Sowjets der Gesellschaft, Vladimir Ivanov, hoffte noch im Oktober 1966 auf die Gründung eines Presseorgans im folgenden Jahr.[451] Doch derlei Erwartungen der VOOPIiK zerschlugen sich. Die vorsichtige Anfrage Ivanovs an den Ministerrat 1967 im Verlagshaus *Sovetskaja Rossija*, eine Redaktion für Fragen des Denkmalschutzes anzulegen, verlief im Sande.[452] Die Forderungen von Vertretern des nationalen Spektrums der *intelligencija*, sei es 1965 durch Vladimir Solouchin[453] oder 1969 durch Semën Šurtakov, »eine Zeitschrift für die Propaganda von Denkmälern« herauszugeben,[454] wurden auf zentraler Regierungsebene ignoriert. Obgleich es eigentlich für alle sowjetischen Massenorganisationen üblich war, ein eigenes Printorgan zu besitzen, schien die sowjetische Führung vor der Bereitstellung einer eigenen Zeitschrift für die VOOPIiK zurückzuschrecken. Zu groß mochte die Sorge in Regierungskreisen gewesen sein, das nationale Spektrum der russischen *intelligencija* könnte die Zeitschrift für die Propagierung ihrer Ideen und Ziele instrumentalisieren.[455] Der ab 1980 durch das Verlagshaus der *Sovetskaja Rossija* herausgegebene, in illustrierter Form erscheinende Almanach der VOOPIiK *Pamjatniki Otečestva* blieb das einzige jährliche Druckerzeugnis, in dem die Arbeit der Gesellschaft in einzelnen Beiträgen dargestellt wurde. Andere Publikationen wurden über das Druckkomitee des Ministerrates an verschiedene Verlage weitergegeben.[456]

---

450 ›Delo každogo iz nas. Nasledĳu prošlogo – byt' v stroju nastojaščego‹! In: *Sovetskaja Kul'tura*, 31. Juli 1965, S. 1.
451 Brief von Vladimir Ivanov an den Autor des Artikels der *Vostočno-Sibirskaja Pravda:* ›Nužna gazeta kraeveda‹ T. Riskind, 22. Oktober 1966, GARF, f. A639, op. 1, d. 41, ll. 12–14, hier l. 12.
452 Brief Ivanovs an den Ministerrat von 1967, GARF, f. A639, op. 1, d. 17, l. 45.
453 So forderte Vladimir Solouchin in einem im Jahr 1965 veröffentlichten Essay eine eigenständige Denkmalschutzorganisation mit ihrem »eigenen Museum, ihrer eigenen Zeitschrift, ihren eigenen umfangreichen finanziellen Mitteln, und besonders wichtig, mit sozialer Initiative«. Siehe DUNLOP: The Faces, S. 66 f.
454 ŠURTAKOV: Vsego ty ispolnena, S. 14.
455 Siehe dazu die Beschwerde des Schriftstellers Pëtr Dudochkin auf der zweiten Konferenz der VOOPIiK-Abteilung in Kalinin, siehe DUNLOP: The Faces, S. 69 f.
456 Entwurf zum Buchprojekt der VOOPIiK *Pamjatniki Rossijskoj stariny* von 1968, das im Verlag Chudožnik erscheinen sollte, GARF, f. A639, op. 142, ll. 32–37. – Andere Werbebroschüren, Reiseführer und Veröffentlichungen wurden unter anderem auch über den Verlag der *Molodaja Gvardija* verlegt. Zwischen 1970 und 1980 erschienen zunächst vier Aufsatzsammlungen in der Reihe *Pamjatniki Otečestva*, bevor ab 1980 ein illustrierter Almanach unter dem gleichen Titel herausgegeben wurde.

4.5.2 Die VOOPIiK als Kommunikationsorgan

Trotz der erfolgreichen politischen Eindämmung der ›Graswurzelinitiativen‹ auf lokaler Ebene und der Deckelung der partizipatorischen Hoffnungen der *intelligencija* durch die vertikale Organisationsstruktur der VOOPIiK hatte die Gründung der Gesellschaft besonders in den ersten Jahren eine nicht zu unterschätzende Aufwertung des Selbstbewusstseins russischer Denkmalschützerinnen und Denkmalschützer zur Folge. Die staatliche Anerkennung und Organisation der Denkmalpflege und die Möglichkeit der Partizipation auf lokaler Ebene ermutigten russische Bürgerinnen und Bürger, ihre Kritik an der regionalen Kulturpolitik offen zu äußern und sich etwaigen Verletzungen des Denkmalschutzstatus bestimmter Gebäude couragiert in den Weg zu stellen. Auf der einen Seite führte diese Entwicklung zu konkretem Aktivismus seitens der Bevölkerung, über den in den Zeitungen des Landes rege berichtet wurde; so etwa in einem Artikel der *Literaturnaja Gazeta,* der die tumultartigen Szenen am Goldenen Tor von Vladimir im Jahre 1966 folgendermaßen beschrieb:

> Als vor meinen Augen ein Bagger und ein Bulldozer erschienen, versammelte sich eine Menschenmasse: »Was wird gebaut? Es [das Goldene Tor] wird abgerissen!« Ein betagter Mann, der neben mir stand, rief: »Es muss geschützt werden! Wir schaffen das!« Ein Milizionär bringt Klarheit: »Bürger, so beruhigen Sie sich doch! Das Goldene Tor bleibt bestehen. Es handelt sich um einen Hügel, der eingeebnet werden soll.«[457]

Ähnliche Szenen ereigneten sich auch woanders, wie beispielsweise im Dorf Novoje Rakitino im Gebiet Lipeck. Aufgrund des drohenden Abrisses einer aus dem 19. Jahrhundert stammenden Kirche hätten die Bürgerinnen und Bürger des Dorfes ihren »energischen Protest geäußert« und damit zunächst den Abriss verhindern können, wie ein Moskauer Architekt der VOOPIiK in einem Schreiben vom Juni 1969 berichtete.[458] Auf der anderen Seite äußerte sich die Kritik der Bürgerinnen und Bürger über konkrete Beschwerdebriefe, welche die VOOPIiK-Zentrale in ihrer Gründungsperiode erreichten. Die Prüfung der Beschwerden aus der sowjetischen Bevölkerung stellte in den Anfangsjahren eine der wichtigsten Aufgaben der VOOPIiK dar. Als bedeutender Gradmesser für Themen und Probleme, die die sowjetischen Bürgerinnen und Bürger umtrieben und somit in den Augen der Regierung zu potenzieller Unruhe führen konnten, wurde Beschwerdebriefen in

---

457 ›Novostrojki drevnosti‹. In: *Literaturnaja Gazeta,* 2. Juli 1966, S. 2.
458 Brief des Architekten I. I. Voronov an Vladimir Ivanov, 24.06.1969, GARF, A639, op. 1, d. 265, ll. 14–14 ob.

der Ära Brežnev besondere Aufmerksamkeit zuteil[459] – auch weil sie im Gegensatz zu Meinungsumfragen und geheim angelegten KGB-Berichten freiwillig geschrieben und eingeschickt wurden. Eine entsprechende Entscheidung des Obersten Gerichtshofes der UdSSR von 1968 *Über das Verfahren der Prüfung von Vorschlägen, Petitionen und Beschwerden von Bürgern*[460] enthielt eine genaue Anleitung für die Behandlung und Beantwortung der Eingaben.[461]

Die überwältigende Mehrheit von Beschwerdebriefen in der Brežnev-Ära an sowjetische Parteiorganisationen und an die Presseorgane griff Probleme des Alltags auf.[462] Die VOOPIiK-Zentrale in Moskau erreichten in den 1960er Jahren zahlreiche Briefe zu Fragen des Denkmalschutzes. Einige davon waren direkt an die Gesellschaft gerichtet, andere wiederum an sowjetische Presseorgane, die alle Anfragen und Reaktionen auf Zeitungsartikel zu Problemen im Denkmalschutz an die VOOPIiK weiterleiteten. Durch die direkte Auseinandersetzung der VOOPIiK-Zentrale mit den Beschwerden und Bitten der Bevölkerung und deren Aufnahme, Prüfung und Weiterleitung kam der Gesellschaft in der zweiten Hälfte der 1960er Jahre die Funktion eines Kommunikations- und Mediationsorgans zwischen der Bevölkerung und den regionalen und lokalen Kulturorganen zu. Stephan Merl hat die Beschwerdebriefe der sowjetischen Ära als »systemstabilisierende Schuldzuweisungen« interpretiert. Sie hätten konkreten Personen auf regionaler Ebene die Schuld an einem Missstand gegeben, ohne die »Systembedingtheit der Mängel« zu thematisieren.[463] Die vertikale Kommunikation zwischen dem Adressaten und der zuständigen staatlichen Behörde habe die Akzeptanz der paternalistischen Herrschaft beider Seiten bedingt und der Bevölkerung gleichzeitig das Gefühl vermittelt, aktiv handeln und eingreifen zu können.[464] Die Beschwerdepraxis der VOOPIiK ähnelte der gängigen Eingabepraxis und hatte häufig Sanktionen gegenüber regionalen Offiziellen zur Folge. Als Sphäre zwischen dem Staat und der Gesellschaft und als Institution, die auf Druck von Initiativgruppen aus der Bevölkerung gegründet worden war, unterschied sich die VOOPIiK aufgrund ihrer Stellung innerhalb der sowjetischen Bürokratie

---

459 DIMITROV: Tracking Public Opinion under Authoritarianism, S. 350f., 331.
460 O porjadke o rassmotrenija predloženija, zajavlenija i žalob graždan. Vedomosti Verchovnogo Soveta SSSR 1968 (Nr. 17), Artikel 144.
461 DIMITROV: Tracking Public Opinion under Authoritarianism, S. 345. – So mussten die Eingaben innerhalb von vier Wochen geprüft und beantwortet werden. Siehe hierzu STEPHAN MERL: Politische Kommunikation in der Diktatur. Deutschland und die Sowjetunion im Vergleich (Das Politische als Kommunikation, 9), Göttingen 2012, S. 85.
462 DIMITROV: Tracking Public Opinion, S. 347.
463 MERL: Politische Kommunikation, S. 91f.
464 Ebd., S. 93.

allerdings ebenso von anderen staatlichen Behörden wie in ihrer Wahrnehmung durch die Bevölkerung. Da darüber hinaus dauerhafte Kontroll- und Strafmaßnahmen gegen regionale Kulturorgane im Denkmalschutz in der Anfangsphase nicht existierten, kam der VOOPIiK eine entscheidende Rolle in der Kulturverwaltung der russischen Regionen zu. Insofern berührte der Vorsitzende der Moskauer Abteilung der VOOPIiK, Kaftanov, im Juli 1966 durchaus einen wahren Kern, als er sich in der *Sovetskaja Kul'tura* folgendermaßen zitieren ließ:

> Auf Grundlage des Beschlusses des Ministerrates der RSFSR, darf niemand ein Denkmal, ohne die Zustimmung der zuständigen regionalen Abteilung der Gesellschaft abreißen. Hieraus wird ersichtlich, über welche reelle Macht derjenige verfügt, der einen Mitgliedsausweis der Allrussischen Gesellschaft zum Schutz von Denkmälern bekommt.[465]

Auf Druck der VOOPIiK bestrafte das Stadtexekutivkomitee in Vologda beispielsweise ein Unternehmen, das in der dortigen Vladimir-Kirche seinen Firmensitz unterhielt und die Pachtrichtlinien für Denkmäler verletzt hatte. Das Unternehmen wurde aufgrund der »schamlosen Missnutzung seiner Behausung« zum Auszug gezwungen. In ihrer Begründung bezeichnete das Stadtexekutivkomitee die verhängte Strafe als »Antwort auf die Forderung der öffentlichen Meinung«.[466] Harsche Worte wechselte die VOOPIiK 1967 auch mit dem internationalen Jugendzentrum des Komsomol in Rostov, das in einem Gebäude des Rostover Kreml' untergebracht war. Zuvor war die Gesellschaft durch einen alarmierenden Brief eines Bürgers aus Rostov auf die dortigen Zustände aufmerksam gemacht worden.[467] Die Korrespondenz zwischen der VOOPIiK und lokalen Denkmalschützerinnen und Denkmalschützern einerseits und der VOOPIiK und den zuständigen regionalen Behörden andererseits macht die Vermittlerposition deutlich, welche die VOOPIiK zwischen den unterschiedlichen gesellschaftlichen und staatlichen Ebenen spielte. Darüber hinaus fungierte sie als wichtige Übersetzerin zwischen den einzelnen Sphären in der Weitergabe von Informationen aus den Regionen, die sonst ungehört geblieben wären.[468]

Das trifft vor allem für die Gründungsphase der VOOPIiK zu, als das Netzwerk der Gesellschaft auf regionaler und lokaler Ebene noch im Entstehen begriffen war.

---

465 Razum i Ruki. In: *Sovetskaja kul'tura*, 30. Juli 1966, S. 2–3, hier S. 2.
466 DUNLOP: The Faces, S. 74.
467 Brief des Bürgers Manujlov aus Rostov an die VOOPIiK 1967, GARF, FA639, op.1, d. 5, ll. 121–122.
468 Thomas Lindenberger hat in Anlehnung an Mary Fulbrook die Transmitter- und Mediationsfunktion als charakteristisch für die gesellschaftlichen Massenorganisationen bezeichnet. Siehe LINDENBERGER: The Fragmented Society, S. 5.

Akribisch nahm der Zentrale Sowjet der VOOPIiK unter der Leitung seines stellvertretenden Vorsitzenden Vladimir Ivanov die Beschwerden aus allen Teilen der Russischen Sowjetrepublik auf. Die Bearbeitung der Anfragen und die Reaktion auf die Kritik von Bürgerinnen und Bürgern gingen oft über ein standardisiertes Antwortschreiben hinaus. Die an die Gesellschaft angetragenen Bitten und Pläne zum Schutz von bestimmten Architekturdenkmälern suchte die Gesellschaft in vielen Fällen direkt mit Spezialistinnen und Spezialisten abzustimmen – nicht selten auch aus dem Grund, weil die regionalen Kulturverwaltungen trotz Aufforderungen der VOOPIiK untätig blieben. So bat die VOOPIiK Ende 1966 beispielsweise die lokale Architektin Galina Krylova um ihre fachkundige Meinung zur restaurierungsbedürftigen Pfingstkirche in der Stadt Čalygin im Gebiet Lipeck. Trotz der Anweisungen an den regionalen Leiter der VOOPIiK in der Stadt, den Leiter der Kulturverwaltung und den Vorsitzenden des Stadtexekutivkomitees umgehende Maßnahmen zum Schutz der Kirche und ihrer Umgebung einzuleiten, machte sich der Zentrale Sowjet der Gesellschaft »begründete Sorgen« um den Erhalt des Architekturdenkmals.[469]

Die konkrete Mitarbeit der Bevölkerung in den regionalen Abteilungen der VOOPIiK war zwar aufgrund der hierarchischen Struktur der Gesellschaft eingeschränkt, gleichzeitig aber hingen Reichweite und Funktionalität der VOOPIiK von der Mitarbeit der Bevölkerung ab. Zu viele Geschichts- und Architekturdenkmäler waren noch immer nicht registriert und fielen damit aus dem Blickfeld der Denkmalschutzgesellschaft. Unter der Vorgabe, die Denkmalschutzlisten zu prüfen und gegebenenfalls zu erweitern, gingen die Mitarbeiterinnen und Mitarbeiter der VOOPIiK mit Nachdruck selbst Anfragen nach Gebäuden nach, die nicht unter staatlichem Denkmalschutz standen. Als im September 1966 der Bürger Aleksej Tarelkin den Zentralen Sowjet in Moskau darauf aufmerksam machte, dass die Pokrovskij-Kirche in der Arbeitersiedlung Konstantinovsk im Gebiet Rostov am Don zu einem Sportsaal umfunktioniert werden sollte, wandte sich die VOOPIiK umgehend an die regionale Abteilung der Gesellschaft und an die Kulturverwaltung der Region. Erst nach der Zusicherung beider Abteilungen, dass 1965 und 1966 »nicht eine Kirche« in Konstantinovsk abgerissen worden sei, und deren Verweis auf den Beschluss des betreffenden Gebietsexekutivkomitees, der die Kirche nicht als Architekturdenkmal auswies und damit die Nutzung als Sportkomplex möglich machte, verzichtete die VOOPIiK auf eine weitere Prüfung des Falls.[470]

---

469 Brief Vladimir Ivanovs an die Lipecker Architektin Galina Krylova Ende 1966, GARF, f. A639, op. 1, d. 41, l. 77.
470 Brief der stellvertretenden Vorsitzenden der regionalen Kulturverwaltung A. Redkozubova an Vladimir Ivanov, 3. September 1966, GARF, f. A639, op. 1., d. 41, l. 138.

In seinen zahlreichen Antwortschreiben ermutigte Vladimir Ivanov die Autorinnen und Autoren der Beschwerdebriefe, ihre Arbeit in den Dienst der VOOPIiK zu stellen und eigene Unterorganisationen in Städten und Dörfern zu gründen. Neben dem Effekt, die Initiativgruppen so besser kontrollierbar zu machen und Informationen über die Zustände vor Ort zu erhalten, fungierten die Denkmalschützerinnen und Denkmalschützer zudem als Organe, um die Ideen und Ziele der VOOPIiK unter der lokalen Bevölkerung publik zu machen. Als Antwort auf einen Brief des Bürgers Viktor Jakovlev aus dem Dorf Floriši in der Region Nižnij Novgorod, der sich über den Zustand des Klosters in Floriši beschwerte, riet Ivanov ihm zur Gründung einer Dorfzelle der VOOPIiK, um eine Patenschaft für die Gebäude des Klosters zu übernehmen und die »Einstellung der Gesellschaft« auch auf lokaler Ebene zu vertreten.[471]

Mehrheitlich thematisierten die Beschwerdebriefe in den Anfangsjahren der VOOPIiK den vernachlässigenden oder feindlichen Umgang mit kirchlichen Architekturdenkmälern, auch wenn durchaus ebenfalls Anfragen für den Schutz sowjetischer Denkmäler in der Zentrale eintrafen. Neben besorgten Briefen über den Umgang mit Kriegsgräbern von sowjetischen Lokalhelden aus dem Bürgerkrieg und dem Zweiten Weltkrieg setzte sich die VOOPIiK gemeinsam mit Bürgerinnen und Bürgern aus Magadan für den Erhalt des Wohnhauses Eduard Berzins ein, dem ersten Direktor des staatlichen Trusts *Dal'stroj* und einem Organisator des Gulag-Systems.[472]

5. Zusammenfassung Teil II

Zur Beantwortung der Frage, welchen Einfluss gesellschaftliche Akteure auf die Neukonzipierung des russischen Denkmalschutzsystems hatten, ist die Zusammenschau der unterschiedlichen Reformkontexte der 1950er und 1960er Jahre unabdingbar. Wie eng die Diskussionen und ihre Wortführer miteinander verbunden waren und sich gegenseitig beeinflussten, hat insbesondere das Beispiel der sowjetischen Dorfprosaisten deutlich gemacht. Während die Dorfprosa und ihr Beitrag für die Denkmalschutzbewegung im Kontext der Landwirtschaftsreformen gelesen werden können, sind die Diskussionen der *derevenščiki* nicht vom Nationalismusdiskurs der späten Sowjetunion zu trennen und zudem aufs Engste mit den ›Kirchenreformen‹ der Chruščëv-Administration und deren

---

471 Brief Ivanovs an Viktor Jakovlev im Dorf Floriši, 30. Dezember 1966, GARF, f. A639, op. 1, d. 41, l. 53.
472 Brief des Rentners Ju. A. Odinec vom 8. April 1968, GARF, f. A639, op. 1, d. 188, ll. 54–55.

Auswirkungen auf das Landleben verknüpft. Darüber hinaus können die Aufrufe der Dorfprosaisten zum Schutz und Erhalt historischer Baudenkmäler und zur Erkundung der russischen Provinz als wirksamer Stimulus für den ›historisch-kulturellen‹ Inlandstourismus und schließlich den ›Graswurzelaktivismus‹ in der Denkmalpflege gesehen werden, wie es am Beispiel des Rodina-Klubs deutlich geworden ist. Während in den sowjetischen Städten die Debatten zum Wohnungsbau und zur Stadtplanung dazu führten, dass sich Menschen den Abrissen von historischer Bausubstanz mutig in den Weg stellten, riefen die *derevenščiki* ihre Leserinnen und Leser dazu auf, in ihren Heimatprovinzen auf die Suche nach heruntergekommenen Architekturdenkmälern zu gehen und sich für deren Erhalt einzusetzen. Aus diesem Grund vereinfacht die Sichtweise, die in den ›Kirchenkampagnen‹ der Ära Chruščëv den alleinigen Auslöser der Denkmalschutzbewegung sieht und die Entstehung der VOOPIiK als Antwort auf die Angriffe der Administration Chruščëvs auf die Religionsgemeinschaften interpretiert, die ineinander verwobenen Reformdiskurse der ausgehenden 1950er und beginnenden 1960er Jahre. Obwohl sich die gesellschaftliche Initiative im lokalen Denkmalschutz und in der Denkmalpflege insbesondere am Schicksal historischer Kirchenarchitektur entzündete, ignoriert die Konzentration auf die ›Kirchenkampagne‹ Chruščëvs die Debatten zum sowjetischen Wohnungsbau und zur Stadtplanung, die in den russischen Städten wichtige Diskussionen über die Einbeziehung der *obščestvennost'* in die Gestaltung der modernen sowjetischen Stadt und die Vereinbarkeit von sowjetischer und historischer Architektur evozierten.

Gleichwohl hat die Untersuchung ebenfalls aufgezeigt, wie schwer es fällt, eine klare Trennlinie zwischen ›staatlichen‹ und ›gesellschaftlichen‹ Akteuren zu ziehen. Die portraitierten Gruppen und Akteure waren aufgrund ihrer Stellung zum Staat und ihrer Funktion für den Staat vielmehr gleichzeitig in den ›Staat‹ und in die ›Gesellschaft‹ integriert. Trotz dieser Einschränkung kommt der sowjetischen Bevölkerung ein bisher unterschätzter Anteil an der Neustrukturierung des russischen Denkmalschutzsystems und der Gründung der VOOPIiK zu. Dass die sowjetische Führung 1965 ihre Politik gegenüber dem historischen Bauerbe schließlich langfristig änderte, ist nicht ausschließlich durch das politische Kalkül der Brežnev-Administration zu erklären, das nationale Spektrum der *intelligencija* als loyales Bollwerk gegen die liberale Opposition einzusetzen. Vielmehr stimulierten die miteinander verwobenen Diskussionen über die sowjetische Modernisierung des Landes im Kontext einer denkmalfeindlichen Politik die Formierung lokaler Initiativgruppen, die selbständig in der Denkmalpflege aktiv wurden und damit die Entscheidung im Politbüro zur Einrichtung einer zentralen Denkmalschutzgesellschaft miterzwangen.

Auch wenn die Hoffnungen auf eine dauerhafte politische Partizipation der intellektuellen Eliten durch die Gründung der VOOPIiK schnell verpufften, erfüllte die russische Denkmalschutzgesellschaft in ihren Anfangsjahren eine nicht zu unterschätzende Kommunikationsfunktion. So trat die VOOPIiK für besorgte Bürgerinnen und Bürger in die Auseinandersetzung mit den zuständigen regionalen Kulturverwaltungen. Besonders vor dem Export der VOOPIiK in die russischen Regionen fungierten die Beschwerdebriefe von Laiendenkmalschützerinnen und Laiendenkmalschützer an die VOOPIiK als Kontrollmechanismus im Denkmalschutz, um die vorgebrachten Fälle in Absprache mit Fachkräften und den regionalen Kulturverwaltungen zu prüfen, Maßnahmen zum Erhalt der Baudenkmäler einzuleiten und im Zweifelsfall Rügen auszusprechen. Darüber hinaus versorgten die Briefe aus der sowjetischen Bevölkerung die VOOPIiK mit notwendigen Informationen über die Existenz und den Zustand von Denkmälern in der russischen Provinz. Erst nach der zügigen Etablierung der VOOPIiK auf regionaler und lokaler Ebene ähnelten die Organisationsstruktur und die Verwaltungsabläufe der Organisation anderen sowjetischen Massenorganisationen. Das gesellschaftliche Fundament, das von der *intelligencija* und den Politikerinnen und Politikern vehement eingefordert und gepriesen worden war, spiegelte sich zwar bald in den hohen Mitgliederzahlen wider, doch eine unmittelbare Einflussnahme der russischen Bevölkerung auf die Denkmalschutzpolitik ihrer Region blieb nur wenigen vorbehalten. Während in der Chruščëv-Ära hochrangige Politikerinnen und Politiker in der Gründung einer Denkmalschutzgesellschaft die Chance zur praktischen Umsetzung der kommunistischen Selbstverwaltung sahen, realisierte sich die ›sozialistische Demokratie‹ im Laufe der Brežnev-Periode keineswegs in einer echten politischen Partizipation der sowjetischen Bevölkerung, sondern vielmehr in der umfassenden Bürokratisierung des öffentlichen Lebens.[473] Gesellschaftliche Massenorganisationen wie die VOOPIiK wurden als ›institutionalisierte öffentliche Meinung‹ und als Ausweis eines konsensorientierten Regierungsstils gepriesen. Einen entscheidenden Anteil aber hatte die VOOPIiK an der zurückgehenden Abrisspraxis von kirchlichen Denkmälern – eine Hoffnung, die alle Denkmalschützerinnen und Denkmalschützer mit der VOOPIiK verbunden hatten. In Moskau gingen die Zerstörungen an Kirchenarchitektur in den 1970er Jahren stark zurück und nur drei Kirchen wurden bis 1982 abgerissen.[474] Der Einfluss der VOOPIiK auf konkrete Restaurierungsarbeiten an historischer Denkmalarchitektur ist ebenfalls nicht von der Hand zu weisen, auch wenn die VOOPIiK staatlichen Stellen

---

473 NEUTATZ: Träume und Alpträume, S. 410.
474 COLTON: Moscow, S. 555.

oftmals lediglich als Finanzquelle diente.[475] Eigenen Angaben zufolge stellte die VOOPIiK zwischen 1976 und 1980 mehr als 25 Millionen Rubel für Restaurierungsarbeiten zur Verfügung, darunter unter anderem für Arbeiten am Solovecker Kloster und an Denkmälern in Suzdal'.[476]

Trotz der zunehmenden Bürokratisierung der Denkmalschutzgesellschaft in den 1970er Jahren und der ›maskierten‹ staatlichen Kontrolle der Organisation legen zeitgenössische Berichte nahe, dass auch in der späten Sowjetunion der gesellschaftliche Enthusiasmus für die konkrete Mitarbeit in der Denkmalpflege nicht verloren gegangen war:

> VOOPIiK has devised a program of voluntary professional and amateur participation that is probably unequalled by any comparable preservation society in the world. But perhaps its greatest service to Soviet preservation is the enormous enthusiasm which it inspires among members and the public at large.[477]

In den 1970er und 1980er Jahren erfreute sich insbesondere das VOOPIiK-Programm der Denkmalpatenschaften großer Beliebtheit.[478] Erst mit dem Aufkommen alternativer Organisationsformen und sozialer Bewegungen während der Perestroika sollte das Engagement für den staatlichen Denkmalschutz und die Denkmalpflege in den Reihen der VOOPIiK abnehmen. Als Sprachrohr für den Schutz des russischen Kulturerbes konkurrierte die VOOPIiK dabei mit dem Sowjetischen Kulturfonds, der 1986 vor allem auf Betreiben Dmitrij Lichačëvs und Raisa Gorbachëvas gegründet worden war und der VOOPIiK in den letzten Jahren der sowjetischen Herrschaft den Rang ablief.[479] Die Mitgliederzahlen der VOOPIiK nahmen ab und bereits kurz nach dem Zusammenbruch der Sowjetunion war die VOOPIiK weder finanziell in der Lage, denkmalpflegerisch aktiv zu werden, noch vielerorts Freiwillige für vorgesehene Arbeitseinsätze zu rekrutieren.[480] Trotz ihres Bedeutungsverlustes ab den 1980er Jahren existiert die VOOPIiK bis heute.

---

475 CATRIONA KELLY: »Ispravliat'« li istoriju? Spory ob ochrany pamjatnikov v Leningrade 1962–1990. In: *Neprikosnovennyj zapas* 2 (2009). Abgerufen unter URL: http://www.intelros.ru/readroom/nz/nz_64/3858-ispravljat-li-istoriju-spory-ob-okhrane.html, letzter Zugriff: 30.05.2023.
476 BELIAKOVA/KLJUEVA: Grassroot initiatives, S. 8.
477 KEUNE: The Private Sector in Historic Preservation, S. 63.
478 Siehe dazu Kapitel I.3.5, besonders S. 123.
479 GEERING: Building a Common Past, S. 264.
480 V. A. LIVCOV: Učastije Vserossijskogo Obščestva ochrany pamjatnikov istorii i kul'tury (VOOPIiK) v sochranenii kul'turnogo naslediaja narodov Rossijskoj Federacii, S. 334; und GEERING: Building a Common Past, S. 263.

Aufgrund ihres Verhandlungsgegenstandes, der neben der Denkmalpflege in der Geschichte begründet lag, blieb die VOOPIiK in der Sowjetunion unter der strengen Aufsicht des Staates. Durch die Gründung der VOOPIiK versuchte die sowjetische Führung den Diskurs zum Denkmalschutz, der den Kern des Diskussionsgegenstandes in den 1960er Jahren oftmals überstiegen hatte und neben Fragen nach konkreter politischer Partizipation auch alternative Interpretationen der vorsowjetischen Geschichte verhandelt hatte, unter staatliche Kontrolle zu bringen. Während die sowjetische Administration in diesem Zusammenhang der VOOPIiK ein eigenes Publikationsorgan verweigerte, bot die Gesellschaft Denkmalschützerinnen und Denkmalschützern einen staatlichen Rahmen, innerhalb dessen sie lokalen Parteioffiziellen und regionalen Behörden entgegentreten konnten. Das institutionelle Spielfeld gesellschaftlicher Akteure innerhalb der VOOPIiK konkreter auszuleuchten, ist Aufgabe des dritten Hauptkapitels des Buches.

III Der Denkmalschutz in einer Nussschale – Die Solovecker Inseln

Der polnische Publizist Mariusz Wilk hat die Solovki aufgrund ihrer bewegten Geschichte und ihrer geografischen Lage in der Abgeschiedenheit des russischen Nordens als »Essenz und zugleich Antizipation Rußlands« beschrieben. Seit Jahrhunderten bildeten die Solovki »einen Mittelpunkt der Rechtsgläubigkeit und ein machtvolles Zentrum der russischen Staatlichkeit im Norden«.[1] Der Charakterisierung Wilks wohnt ein über Jahrhunderte tradierter Gedanke inne, der den Solovki einen Beispielcharakter und aufgrund ihrer nationalen Bedeutung sogar eine Vorreiterrolle für die politische und religiöse Entwicklung Russlands attestiert. Der Historiker und Fotograf Jurij Brodskij argumentierte in eine ähnliche Richtung, als er dem zu Lagerzeiten geprägten Zitat »Heute auf den Solovki und morgen in Russland!« auch für die Jahrhunderte davor Bedeutung beimaß.[2]

Der Solovecker Archipel, der sich etwa 160 Kilometer südlich des Polarkreises inmitten des Weißen Meeres befindet und aus einer bewohnten Hauptinsel und fünf unbewohnten Nebeninseln (Anzer, Große und Kleine Muksal'ma-Insel und die Große und Kleine Zajackij-Insel) besteht, gilt heute – in erster Linie aufgrund seiner einmaligen Verbindung von Religion und Natur – als einer der heiligen Orte der russischen Orthodoxie. Das Solovecker Kloster wurde Mitte des 15. Jahrhundert durch orthodoxe Mönche und Eremiten gegründet und erlangte seine festungsähnliche Bauform zu großen Teilen im 17. und 18. Jahrhundert. In der Frühen Neuzeit avancierte das Kloster zum religiösen, militärischen, wirtschaftlichen und kulturellen Zentrum der gesamten Region. Zudem errang es Mitte des 17. Jahrhunderts als Ort der ›Altgläubigen‹ Bedeutung, als die Solovecker Mönche die ›Kirchenreformen‹ Nikons ablehnten und in der Folge einer siebenjährigen Belagerung durch zarische Truppen standhielten. Die »Essenz« Russlands, die Wilk für die Solovki ausmacht, liegt allerdings nicht nur im religiösen Erbe des Archipels begründet. Die Besonderheit der Inselgruppe werde durch ihre – wie es Karl Schlögel formuliert hat – »Höhenflüge und Abstürze des

---

1 MARIUSZ WILK: Schwarzes Eis. Mein Russland, Wien/München 2003, S. 15.
2 Jurij Brodskij: Soloveckie paradoksy. In: *Al'manach Soloveckoe more* Nr. 1 (2002). Abgerufen unter URL: http://www.solovki.info/?action=archive&id=42, letzter Zugriff: 05.05.2023. – Seine neueste Veröffentlichung ist stark von dieser Auffassung geprägt, in der er die Geschichte der Solovki von ihren Anfängen bis in die Gegenwart rekonstruiert. Siehe JURIJ BRODSKIJ: Solovki. Labirint preobraženij, Moskva 2017.

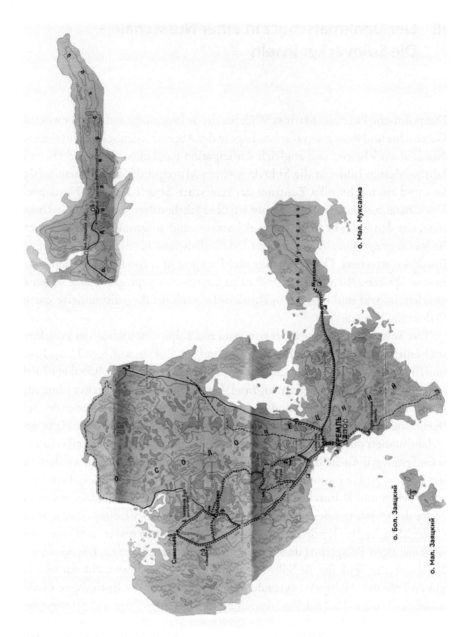

Abb. 2   Der Solovecker Archipel mit seiner Hauptinsel und fünf Nebeninseln. Der Kreml' liegt direkt an der Solovecker Bucht und der Anlegestelle.

russischen Geistes« greifbar, die nicht zuletzt auf die repressiven Traditionen des Archipels anspielen,[3] denn sowohl unter den russischen Zaren als auch unter den Bol'ševiki wurden die Solovki als Verbannungs- und Haftort für politische Gegner genutzt.[4] Das in den 1920er und 1930er Jahren existierende Zwangsarbeitslager Solovki ist dabei als Vorläufer und ›Laboratorium‹ des Gulag in die Forschung und das russische Geschichtsbewusstsein eingegangen. Seine repressive Vergangenheit habe den Archipel zu einem »archetypischen Ort russischen Schicksals« gemacht, schrieb Walter Mayr 2003.[5] Beeinflusst wurde seine Sichtweise durch das Monumentalwerk Aleksandr Solženicyns, der seinen *Archipel Gulag* nach dem Solovkecker Arbeitslager benannte und den Grundstein dafür legte, die Solovki als ›Keimzelle‹ des stalinistischen Zwangsarbeitslagersystems und den Gulag als ›Mikrokosmos‹ des Stalinismus zu begreifen.[6]

Aufgrund ihrer geografischen Lage und ihrer topografischen Beschaffenheit fällt es nicht schwer, die Solovecker Inselgruppe als einen historischen ›Mikrokosmos‹ zu verstehen. Auch errangen einige Solovecker ›Entwicklungen‹, sei es die einzigartige Klosterwirtschaft der Mönche oder die unrühmliche Ausbeutung menschlicher Arbeitskraft im Rahmen des stalinistischen Zwangsarbeitslagers, unbestreitbaren und unrühmlichen Beispielcharakter für das gesamte Land. Den Solovki allerdings eine Vorreiterrolle bei der politischen und religiösen Entwicklung Russlands zuzuschreiben, verdeckt die tiefe Verflochtenheit des Archipels mit dem Festland und den unmittelbaren Einfluss, den die politische Entwicklung Russlands auf die Geschichte der abgelegenen Inselgruppe hatte.

Dieses Spannungsverhältnis zwischen der geografischen Abgeschiedenheit und der konzentrierten historischen Entwicklung im ›Mikrokosmos‹ Solovki gilt es nun im Hinblick auf die bereits erzielten Ergebnisse fruchtbar zu machen. Die ersten beiden Hauptkapitel des Buches haben deutlich gemacht, dass sich unter den besonderen Bedingungen der 1960er Jahre das gesellschaftliche Engagement und der ›Graswurzelaktivismus‹ im russischen Denkmalschutz und in der Denkmalpflege in erster Linie auf regionaler und lokaler Ebene realisierten. Daher scheint es lohnenswert, die Frühphase der russischen Denkmalschutzbewegung in den 1960er Jahren und die institutionellen Vorläufer der VOOPIiK anhand des Regionalbeispiels Solovki umfassend zu beleuchten, um den Akteuren

---

3   SCHLÖGEL: Das sowjetische Jahrhundert, S. 689.
4   Zum Kloster als politischem Haftort unter den russischen Zaren siehe beispielsweise: DANIEL H. SHUBIN: Monastery Prisons. Wrocław ³2016.
5   WALTER MAYR: Stille Tage am Polarkreis. In: *Spiegel Special*, 01.10.2003 (3/2003). Abgerufen unter URL: https://magazin.spiegel.de/EpubDelivery/spiegel/pdf/28731592, letzter Zugriff: 05.05.2023.
6   ALEKSANDR SOLŽENIZYN: Der Archipel Gulag. 3 Bde, Frankfurt a. M. 2008.

im Denkmalschutz und in der Denkmalpflege, ihrer Motivation und Vorgehensweise sowie ihren politischen und wissenschaftlichen Prägungen näherzukommen. Daran knüpft die bisher noch unbeantwortet gebliebene Frage an, welche konkreten politischen Gestaltungsmöglichkeiten sich den Denkmalschützerinnen und Denkmalschützern ab 1965 innerhalb der VOOPIiK und im russischen Museumswesen eröffneten, denn in den 1960er Jahren entwickelten sich an den Orten architektonischer Denkmalensembles Mehrspartenmuseen, die fortan den Denkmalschutz und die Musealisierung – und damit die Nutzung der Denkmäler – verantworteten. Der zweite Fokus dieses Hauptkapitels liegt folglich darauf, was die aktuelle *Heritage*-Forschung mit dem Begriff *heritagization* meint: also zu untersuchen, wie die Entwicklung von immateriellem und materiellem Kulturerbe zu *heritage* funktioniert. Für die Solovki bedeutet das konkret zu prüfen, wie sich abseits der reinen Erhaltungsgeschichte der Architekturdenkmäler die Aneignung des Solovecker Kulturerbes und der Umgang damit im Rahmen des sowjetischen Modernediskurses gestalteten. Das Konfliktpotenzial der *heritagization* ist dabei wohl an keinem nationalen Denkmalkomplex Russlands so deutlich ablesbar wie auf den Solovki mit ihrem einzigartigen Natur- und Kulturerbe und ihrer komplizierten und brüchigen Vergangenheit.

1. Die Etablierung des sowjetischen Denkmalschutzes auf den Solovki: Die Vorläufer gesellschaftlicher Denkmalpflege und deren Ende 1920–1957

Wie bereits diskutiert worden ist, knüpfte das sowjetische Kulturerbekonzept der 1960er Jahre an ideologische Bausteine und Entwicklungen an, die aus dem 19. Jahrhundert, den frühen Jahren nach der Oktoberrevolution und aus dem Stalinismus herrührten. Der Solovecker Denkmalschutz, wie er ab dem Ende der 1950er Jahre durch den Heimatkundler Pavel Vasil'evič Vitkov Bedeutung erlangen sollte, fußte auf wissenschaftlicher Forschung und Diskussionen, die in den 1920er und 1930er Jahren im Hinblick auf das Kultur- und Naturerbe der Solovki geführt worden waren. Die sowjetischen Wurzeln des Solovecker Denkmalschutzes der 1960er Jahre zu diskutieren und der frühen Prägung des Solovecker Heimatkundlers Pavel Vitkovs in der *kraevedenie*-Bewegung des russischen Nordens nachzuspüren, ist Aufgabe des ersten Kapitels.

Die bewegte Geschichte des Solovecker Archipels im 20. Jahrhundert stellt zunächst drei staatliche Akteure ins Zentrum des frühen sowjetischen Denkmalschutzes: zunächst die Abteilung für Museumsangelegenheiten des Volkskommissariats für Aufklärung, die gemeinsam mit dem Exekutivkomitee des

Gouvernements Archangel'sk, an das der Archipel und das dortige Kloster 1920 fielen, die Verstaatlichung des Solovecker Kulturerbes verhandelten. Als zweiter Akteur trat 1923 das sowjetische Innenministerium auf den Plan, als auf dem Archipel das berüchtigte Solovecker Zwangsarbeitslager gegründet wurde und die Inseln in den Hoheitsbereich des sowjetischen Geheimdienstes übergingen. Zum dritten ›Hausherren‹ der Solovki avancierte ab Herbst 1939 die sowjetische Nordflotte, die im Zuge des drohenden Winterkrieges gegen Finnland den Archipel zur Einrichtung einer marinen Ausbildungsabteilung zugesprochen bekam. Als vierter und ›halbstaatlicher‹ Akteur rückt die Solovecker Heimatkundegesellschaft in den Fokus der Untersuchungen, die zwischen 1925 und 1937 im Solovecker Lager existierte, zur überwiegenden Mehrheit aus Gefangenen bestand und bedeutende Forschungen zur Natur des Archipels und zu seinen Denkmälern hervorbrachte.

Anknüpfend an die bereits diskutierten Ergebnisse zum Umgang der Bol'ševiki mit dem kulturellen Erbe des Landes und der Etablierung eines sowjetischen Denkmalverständnisses in den ersten Jahren nach der Oktoberrevolution, stellen sich für dieses Kapitel zunächst folgende Fragen: Wie realisierte sich das frühe bolschewistische Kulturverständnis auf den Solovki kurz nach der Verstaatlichung des Solovecker Klosters? Welche Diskussionen zum Schutz und Erhalt des Solovecker Kultur- und Naturerbes wurden nach 1920 geführt, auf welchen wissenschaftlichen Konzepten fußten diese, und wie tragfähig erwiesen sich erste Vereinbarungen für die Zeit danach?

Im Stalinismus kam es – wie wir gesehen haben – zunächst zu flächendeckenden Abrissen historischer Kirchenarchitektur. Die Unterwerfung des Landes unter eine forcierte Industrialisierungspolitik und die rücksichtslose Verfolgung potenzieller ›Staatsfeinde‹ forcierten eine denkmalfeindliche Politik, die sich in besonderer Weise gegen das ›fremde‹ Kulturerbe richtete. Wie gestaltete sich der Umgang mit den religiösen Kulturdenkmälern im Solovecker Lager, das in der Forschung als Prototyp des sowjetischen Umerziehungslagers frühsowjetischer Strafpolitik und als Vorläufer des gewaltigen Zwangsarbeitslagersystems Gulag gilt? Konnten in einer Umgebung, die durch den Raubbau an der historischen Naturlandschaft gekennzeichnet war und in der die sowjetische Geheimpolizei in Bezug auf den brutalen Umgang mit den Gefangenen in einem quasi rechtsfreien Raum agierte, überhaupt Überlegungen zum Denkmal- und Naturschutz angestellt werden?

In einem dritten Schritt wird auf die Jahre zwischen 1939 und 1941 geblickt, als es in der Sowjetunion im Zuge des drohenden Weltkrieges zu einer Aufwertung des ›nationalen‹ Kulturerbes kam und der Denkmalschutz als heroische Aufgabe im Abwehrkampf des sowjetischen Volkes gegen den nationalsozialistischen

Aggressor propagandistisch instrumentalisiert wurde. Ihre strategisch günstigen Lage inmitten des Weißen Meeres und ihre Nähe zu Finnland brachten die Solovki im Herbst 1939 in den Hoheitsbereich des sowjetischen Verteidigungsministeriums. Inwieweit wirkte sich die patriotische Kulturwende der späten 1930er und frühen 1940er Jahre auf die Solovki aus? Und welche Aussagen lassen sich vor diesem Hintergrund zum Denkmalschutz zwischen 1939 und 1941 treffen?

1.1 *Kraevedenie* im russischen Norden – Die Gesellschaft für Heimatkunde in Archangel'sk

Pavel Vitkov, der die Wiederbelebung des Solovecker Kulturerbes in den 1960er Jahren vorantrieb, begann in den 1920er Jahren in der *kraevedenie*-Bewegung aktiv zu werden. Diese Frühphase seines Engagements sollte ihn nach eigenen Angaben dauerhaft prägen.[7] Bereits während seines Chemiestudiums am Pädagogischen und Polytechnischen Institut im damaligen Petrograd trat Vitkov 1922 der studentischen Abteilung der Heimatkundegesellschaft der Akademie der Wissenschaften bei. Als Präsidiumsmitglied der studentischen Abteilung der *kraevedenie*-Organisation gründete er eine Arbeitsgemeinschaft, die sich explizit mit der Erforschung des ›Russischen Nordens‹ auseinandersetzte.[8] Laut eigenen Aussagen wurde sein vergleichsweise kurzes Wirken in Petrograd von bedeutenden Wissenschaftlern und *kraevedy* der Zeit beeinflusst, wie beispielsweise durch den Orientalisten und Vorsitzenden des Zentralen Büros der *kraevedenie*-Gesellschaft, Sergej Ol'denburg, den Geografen und Botaniker Pëtr Semenov-Tjan'-Šanskij oder den Historiker Sergej Platonov.[9] Diese Personen hätten ihn, wie er später schreiben sollte, »für das ganze Leben mit der Liebe zu den Schönheiten unserer Heimat infiziert«.[10] Sowohl Ol'denburg, ehemaliger Bildungsminister der Provisorischen Regierung und Mitglied der Kadettenpartei, als auch Platonov, der die Oktoberrevolution zunächst verurteilte und versuchte sich abseits der marxistischen Geschichtsschreibung zu positionieren, waren nach dem Machtantritt der Bol'ševiki kurzzeitig inhaftiert worden. Beide durften jedoch zunächst weiter lehren, Ol'denburg als Leiter der Akademie der Wissenschaften und Platonov als

---

7   Geboren wurde Pavel Vasil'evič Vitkov 1903. Er starb Anfang 1979 und wurde in Severodvinsk (Gebiet Archangel'sk) beigesetzt.
8   Ličnyj archiv Vitkova P. V. peredan na chranenie v muzej. In: *SM Vestnik* 7 (August 2007), S. 4.
9   Brief Pavel Vitkovs an den Schriftsteller Jurij Kazakov, Naučnyj archiv Soloveckogo muzeja zapovednika (NASMZ/ličnyj fond Pavel Vitkova), f. 2, op. 2, d. 162–3.
10 ANTONINA SOŠINA: Kak vse načinalos'. In: *SM Vestnik* 3 (2002).

Historiker und Präsident der Archäografischen (Archivarischen) Kommission. Erst mit dem Machtantritt Stalins endete auch ihr Engagement in der Petersburger Wissenschaftsszene. Sie wurden als ›Feinde der Oktoberrevolution‹ gebrandmarkt und mit Haftstrafen belegt. Während Sergej Ol'denburg 1929 wieder freikommen konnte, wurde Platonov als ›reaktionärer Historiker‹ Opfer der so genannten Akademischen Affäre, in deren Zuge führende Wissenschaftler von den Hochschulen des Landes entfernt und durch die sowjetische Geheimpolizei verhaftet wurden.[11] Für die Teilnahme an einer ›monarchischen Konspiration‹ wurde Platonov 1930 verurteilt und nach Samara verbannt, wo er nur drei Jahre später verstarb. Erst 1967 sollte Platonov vom Obersten Gerichtshof der Sowjetunion rehabilitiert, und ein Jahr später posthum erneut in die Akademie der Wissenschaften aufgenommen werden.[12]

Im Rahmen einer ersten Verfolgungswelle von Heimatkundlerinnen und Heimatkundlern nach dem Tode Lenins wurden der Leiter sowie weitere führende Personen der Leningrader *kraevedenie*-Gesellschaft 1924 festgenommen. Formal existierte die Gesellschaft jedoch bis 1937 weiter. Pavel Vitkov wurde 1924, nach nur zwei Semestern Studium, aufgrund seiner Tätigkeit im studentischen Büro der *kraevedenie*-Gesellschaft zwangsexmatrikuliert.[13] Sein Weg führte ihn daraufhin nach Archangel'sk zurück, in die Hauptstadt seiner Heimatregion. Dort engagierte er sich noch im selben Jahr in der heimatkundlichen Gesellschaft der Stadt, um sich erneut dem Studium des ›Russischen Nordens‹ zu widmen.[14]

Ebenso wie in Leningrad war auch die heimatkundliche Gesellschaft in Archangel'sk (Archangel'skoe obščestvo kraevedenija – AOK) 1923 von einem Mitglied der zarischen *intelligencija* gegründet worden, der in der unmittelbaren Revolutions- und Bürgerkriegszeit als Unterstützer der politischen Gegner der Bol'ševiki in Erscheinung getreten war und in Archangel'sk sein politisches Exil gefunden hatte. Andrej Evdomikov war vor allem der vorrevolutionären Moskauer Gesellschaft als Journalist und Schriftsteller ein Begriff, der sich nach der Revolution im Sowjet der gesellschaftlichen Funktionäre (Sovet obščestvennych dejatelej) engagierte. Diese Vereinigung, die eng mit dem Namen und der Regierung

---

11 ALEKSEI NIKOLAEVICH TSAMUTALI: Sergei Fedorovich Platonov (1860–1933): A Life for Russia. In: THOMAS SANDERS (Hrsg.): Historiography of Imperial Russia. The Profession and Writing of History in a Multinational State, London/New York 1999, S. 311–332, hier S. 328.
12 Ebd.
13 JURIJ DOJKOV: Archangel'skie Teni. Po archivam FSB, Tom 1 (1908–1942), Archangel'sk 2008, S. 142.
14 Mitgliedsausweis der heimatkundlichen Gesellschaft Archangel'sk von Pavel Vitkov, NASMZ, f. 2, op. 2, d. 162–3.

Aleksandr Kerenskijs verknüpft war, wurde von der sowjetischen Geheimpolizei, der ČK,[15] als eines der Zentren der konterrevolutionären Organisationen ausgemacht.[16] Während des Bürgerkrieges ging Evdomikov in die Ukraine, wo er sich lange Zeit im dem von den ›weißen‹ Truppen kontrollierten Charkiv aufhielt. Bei einer Veranstaltung in Mariupol' lernte er schließlich seine zukünftige Frau kennen, die ihn im November 1921 in ihre Heimatstadt Archangel'sk mitnahm. Zusammen mit dem ehemaligen ›weißen‹ Offizier und Chemiker Veniamin Lebedev aus Leningrad, der nach einer kurzen Haftzeit zu einem der ersten Professoren an der neu gegründeten Archangel'sker Universität aufgestiegen war,[17] gründete Evdomikov im Mai 1923 die Archangel'sker Gesellschaft für Heimatkunde. Pavel Vitkov schloss sich der AOK im Sommer 1924 an und wurde in seiner Aufnahmebestätigung nicht zuletzt aufgrund seiner geleisteten Arbeit in Leningrad als »nützlicher technischer Mitarbeiter für die nördliche Region« eingestuft.[18] Nach eigenen Angaben wuchs die Heimatkundliche Gesellschaft in Archangel'sk schnell und hatte bis zu ihrer Auflösung im Jahr 1937 um die 600 Mitglieder.[19] Die überwiegende Mehrheit von ihnen gehörte der gebildeten Mittelschicht an und engagierte sich als Mitarbeiterinnen und Mitarbeiter in Bildungs- und Kultureinrichtungen der Region. Im Jahr 1937 wurde die AOK aufgelöst.[20] Fast der gesamte Führungsstab der AOK sowie viele ihrer Mitglieder fielen dem stalinistischen Terror Ende der 1930er Jahre zum Opfer. Andrej Evdomikov wurde 1938 verhaftet und in die Verbannung geschickt, wo er drei Jahre später verstarb. Veniamin Lebedev wurde am 21. März 1939 in Archangel'sk

---

15 Bei der ČK, ursprünglich VČK (Vserossijskaja črezvyčajnaja komissija po bor'be s kontrrevoluciej i sabotažem – Allrussische Außerordentliche Kommission für den Kampf gegen Konterrevolution und Sabotage) handelte es sich um die nach der Oktoberrevolution gegründete politische Polizei, die dem Rat der Volkskommissare untergeordnet war und als Vorläufer aller kommunistischen Geheimdienste gilt. Nach der Gründung der Sowjetunion wurde die politische Polizei dem Innenministerium unterstellt und die ČK 1922 in GPU (Gosudarstvennoe političeskoe upravlenie – Staatliche politische Verwaltung) umbenannt, dann 1923 in OGPU (Ob'edinënnoe gosudarstvennoe političeskoe upravlenie – Vereinigte staatliche politische Verwaltung); ab 1934 und der Gründung des NKVD (Narodnij komissariat vnutrennich del – Volkskommissariat für Innere Angelegenheiten), in das die politische Polizei eingegliedert war, setzte sich die Bezeichnung des Ministeriums NKVD durch. Ab 1954 operierte der KGB (Komitet gosudarstvennoj bezopasnosti – Komitee für Staatssicherheit) als sowjetischer In- und Auslandsgeheimdienst.
16 Dojkov: Archangel'skie Teni, S. 133.
17 Ebd., S. 137.
18 Mitgliedsausweis der heimatkundlichen Gesellschaft in Archangel'sk von Pavel Vitkov, NASMZ, f. 2, op. 2, d. 162–3.
19 Dojkov: Archangel'skie Teni, S. 139.
20 Ebd., S. 139.

erschossen.[21] Als einfaches Mitglied der Heimatkundegesellschaft und als Student der pädagogischen Hochschule konnte Pavel Vitkov der Verurteilung durch die Außerordentlichen Gerichte des sowjetischen Geheimdienstes, NKVD, entgehen. Jedenfalls ist weder in seinen Aufzeichnungen noch in der Forschungsliteratur ein Verweis darauf zu finden, dass er als Mitglied der AOK in den Jahren des so genannten Großen Terrors Repressionen ausgesetzt war. Vitkov verblieb in Archangel'sk und wurde 1943 als Direktor an die weiterführende Schule Nr. 6 in Archangel'sk berufen.

1.2 Die Rettung der Solovecker Architekturdenkmäler in den frühen 1920er Jahren

Einer der weitreichendsten Beschlüsse des Rates der Volkskommissare direkt nach der Oktoberrevolution war das Dekret über die Trennung von Kirche und Staat vom 23. Januar 1918. Neben dem Besitz der orthodoxen Kirche in Form von Gotteshäusern und deren Inventar verstaatlichten die Bol'ševiki den Landbesitz der Kirchen und Klöster. Im russischen Norden wurde dieser Prozess durch den Bürgerkrieg und die Militärintervention der Mittelmächte im Februar 1918 unterbrochen und erst im Frühjahr 1920 wieder aufgenommen.[22] Als eines der ersten Objekte des russischen Nordens wurde das Solovecker Kloster im Mai 1920 in die Verwaltung des Exekutivkomitees des Gouvernement Archangel'sk übergeben.[23] Das Kloster wurde geschlossen und noch im Mai 1920 richteten sich zwei unterschiedliche Organisationen auf dem Solovecker Archipel ein. Auf der Grundlage der Klosterwirtschaft entstand die Sovchose Solovki (Upravlenie sovetskogo chozjajstva na Soloveckich ostrovach), die hauptsächlich von den auf den Inseln verbliebenen Mönchen bewirtschaftet wurde.[24] Daneben wurde am 25. Mai 1920 ein Arbeitslager für Bürgerkriegsgefangene (Lager prinuditel'nych rabot dlja zaključenija voennoplennych Graždanskoj vojny, osuždennych na prinuditel'nye raboty) auf den Solovki eingerichtet, das gemeinsam mit ähnlichen

---

21 Ebd., S. 140.
22 TATJANA MEL'NIK: »Soloveckie ostrova« o požare 1923 goda. In: *Al'manach Soloveckoe more* 2 (2003). Abgerufen unter URL: http://www.solovki.info/?action=archive&id=271, letzter Zugriff: 05.05.2023.
23 Ebd.
24 Im Sommer 1920 arbeiteten 566 Menschen in der Sovchose der Solovki. Aus einem anderen Bericht aus demselben Jahr wird deutlich, dass noch etwa 430 Mönche das Kloster bewohnten. Siehe JURIJ BRODSKIJ: Solovki. Dvadcat' let Osobogo Naznačenija, 2. überarbeitete Auflage, Moskva 2008, S. 39, 41.

Lagern in Archangel'sk und Cholmogoryj unter der Ägide der regionalen ČK in Archangel'sk fungierte.[25] Die Existenz zweier Institutionen auf den Inseln unter der Leitung des Volkskommissariats für Landwirtschaft und der sowjetischen Geheimpolizei, die 1921 als GPU (Gosudarstvennoe Političeskoe Upravlenie) neu gegründet und im Sommer 1923 in die Vereinigte Staatliche Politische Verwaltung (Ob"edinennoe Gosudarstvennoe Političeskoe Upravlenie, OGPU) überführt wurde, und die Anwesenheit der verbliebenen Mönche des ehemaligen Solovecker Klosters erschwerten eine einheitliche und ›geordnete‹ Verwaltung der Solovki.

Von Beginn an wurde zudem das Ministerium für Aufklärung, das sich mit dem Denkmalschutz und dem Museumswesen auseinandersetzte, auf den Inseln aktiv. Das Hauptaugenmerk des Ministeriums und seiner Mitarbeiterinnen und Mitarbeiter richtete sich auf die Solovecker Klosterarchitektur, deren wissenschaftlicher Untersuchung man durch den Verstaatlichungsprozess nun erwartungsvoll entgegensah. Die Einrichtung der Sovchose und die Gründung des Arbeitslagers konterkarierten diese Pläne allerdings zunächst. Als Beauftragter der Petrograder Abteilung für den Schutz und die Registrierung von Denkmälern besuchte der Museologe und spätere Solovecker Gefangene Boris Molas 1921 die Solovki.[26] Sein Bericht an den zentralen Museumsfonds (Glavmuzej) über die historischen Schätze des Solovecker Museums ebnete schließlich den Weg dafür, dass die Preobraženskij-Kathedrale, als Hauptkirche des Solovecker Kreml', die große Sakristei und das Refektorium des Klosters im selben Jahr den Denkmalstatus erhielten und fortan von der Abteilung für Museumsangelegenheiten und den Denkmalschutz des Ministeriums für Aufklärung verwaltet wurden.[27]

Im Kontext des Russischen Bürgerkrieges, der Militärintervention der Alliierten im russischen Norden und der repressiven Politik der Bol'ševiki gegenüber der orthodoxen Kirche kam es zwischen 1918 und 1923 zum Abtransport erheblicher Teile des Solovecker Klosterschatzes in Form von Gold, Silber, Edelsteinen,

---

25 Ebd., S. 39. – Diese Lager, die sich zu Beginn der 1920er Jahre vor allem in der Region Archangel'sk befanden, wurden später als Nördliche Lager zur Besonderen Verwendung bezeichnet (Severnije Lagerja Osobogo Naznačenija – S. L. O. N.) und existierten von 1920 bis 1923. Entgegen ihrer eigentlichen Bezeichnung als Arbeitslager gingen sie aufgrund ihrer harschen Haftbedingungen und der dort gefangen gehaltenen politischen Gegner als Isolationsgefängnisse oder Politisolatoren in die Forschung ein. Siehe dazu beispielsweise MICHAEL JAKOBSON: Origins of the Gulag. The Soviet prison camp system, 1917–1934, Lexington/Kentucky 1993.
26 ANTONINA SOŠINA: Repressirovannaja nauka. Učenye v zaključenii na Solovkach, in: *Al'manach Soloveckoe more* 10 (2011), S. 128–140, hier S. 133 f.
27 BUROV/CHERNOVOL: Soloveckij monastyr'. Iz archiva architektora-restavratora P. D. Baranovskij, tom I, Moskva 2000, S. 8.

Kirchenornat und kirchlichen Zeremonialobjekten.[28] Zur Begutachtung der Ausfuhren wurden Experten des sowjetischen Museumsfonds eingebunden, die die meisten Gegenstände in Museen in Moskau und Petersburg überführten.[29] Die Mitarbeiterinnen und Mitarbeiter der Abteilung für Museumsangelegenheiten beobachteten die chaotischen Vorgänge auf den Inseln, in die neben der sowjetischen Geheimpolizei auch die Gouvernementsregierung aus Archangel'sk eingebunden war, mit wachsender Sorge. Im Zusammenhang mit dem Bericht von Molas hatte die Petrograder Abteilung der Glavnauka[30] Nachforschungen über die illegale Abfuhr kostbarer Wertgegenstände durch die Archangel'sker Geheimpolizei im Sommer 1920 angestellt.[31]

Als Mitglied der Abteilung für Museumsangelegenheiten war der Moskauer Architekt und Restaurator Pëtr Baranovskij bereits im Mai 1920 das erste Mal auf den Solovecker Archipel gefahren, um sich vor Ort mit der Architektur des Solovecker Kreml' vertraut zu machen. Als Vertreter einer Expertenkommission des sowjetischen Museumsfonds, die die angesprochenen Begutachtungen von Kunstgegenständen des Klosters vornehmen sollte, fuhr Baranovskij gemeinsam mit Nikolaj Pomerancev, einem der späteren Restaurateure des Solovecker Klosters, im September 1922 erneut auf die Inseln.[32] Während seines Aufenthaltes auf den Solovki knüpfte Baranovskij an seinen kurzen Besuch im Mai desselben Jahres an, bei dem er einige wenige Skizzen von den Solovecker Klostergebäuden angefertigt hatte. Seinem persönlichen Nachlass kann entnommen werden, dass Baranovskij für den Schutz und die Restaurierung des Solovecker Klosterensembles eine Musealisierung der Denkmäler vorschwebte. Über die Einrichtung eines Museums für altrussische Kultur innerhalb der Klostermauern erhoffte sich

---

28 Ein erheblicher Teil des Klosterschatzes war 1920 vom regionalen Komitee zur Hilfe für die Hungernden (Gubkomol) nach Archangel'sk abtransportiert worden. Siehe ANTONINA SOŠINA: Muzej Soloveckogo obščestva kraevedenija (1925–1937). In: *Al'manach Soloveckoe more* 3 (2004). Abgerufen unter URL: http://www.solovki.info/?action=archive&id=228, letzter Zugriff: 05.05.2023. – Weitere Transporte in den Jahren danach gingen mehrheitlich nach Moskau in den Museumsfonds (Glavmuzej) oder in das Lager anderer großer Moskauer Museen, wie beispielsweise der Rüstungskammer des Moskauer Kreml' oder das Historische Museum. In welcher Anzahl Solovecker Kunstgegenstände ins westliche Ausland verkauft wurden, ist unbekannt.
29 JURIJ M. KRITSKIJ: Iz istorii Sovchoza »Solovki« (maj 1920 – avgust 1923). In: NASMZ, Metodičeskij otdel'. Spravki dlja ėkskursovodov, o. J.
30 Glavnoe upravlenie naučnymi, naučno-chudožestvennymi muzejnymi učreždenijami (Hauptverwaltung der wissenschaftlichen, wissenschaftlich-künstlerischen und museologischen Einrichtungen). Die Glavnauka war die wissenschaftliche Verwaltungsabteilung des Volkskommissariats für Bildung.
31 SOŠINA: Repressirovannaja nauka, S. 134.
32 BUROV/CHERNOVOL: Soloveckij monastyr', S. 10.

Baranovskij sowohl die Architekturdenkmäler des Solovecker Klosters und dessen Interieur zu schützen als auch das Archiv und die Klosterbibliothek auf den Inseln erhalten zu können.³³ Seine Bewertung des Solovecker Klosterensembles als Denkmal mit »allrussischer« und damit unionsweiter Bedeutung wurde von der Abteilung für Museumsangelegenheiten übernommen und überführte die Solovki und ihre Denkmäler damit de facto bereits 1922 in den Aufgabenbereich zentraler Ministerien.³⁴ Doch die rasanten Ereignisse des Frühjahrs und Sommers 1923 arbeiteten gegen Baranovskijs Plan. Im Sommer 1923 wurde die Solovecker Sovchose geschlossen und die Solovki gingen vom Volkskommissariat für Landwirtschaft (Narkomzem) vollständig in die Verwaltung der sowjetischen Geheimpolizei über.³⁵ Aufgrund der anwachsenden Gefangenenzahlen in den Nördlichen Lagern und im Hinblick auf eine verbesserte Verwaltung der Lager hatte das Exekutivkomitee des Gouvernements in Archangel'sk durch die Absendung einer Spezialkommission bereits im Vorfeld feststellen lassen, dass sich die Solovki aufgrund ihrer vorhandenen Unterbringungs- und etablierten Arbeitsmöglichkeiten für die Einrichtung eines Lagers für etwa 3.000 bis 12.000 Gefangene eignen würden.³⁶ Zusammen mit der Entscheidung, dass die Solovki in die Verwaltung der Geheimpolizei übergegangen waren, erreichte das Glavmuzej und damit auch Baranovskij die Nachricht eines verheerenden Brandes im Solovecker Kloster, der in der Nacht vom 25. auf den 26. Mai ausgebrochen war. Dieser hatte nach Augenzeugenberichten drei Tage die Klostergebäude heimgesucht. Etwa zwei Drittel der Klosterarchitektur waren durch die Flammen zerstört oder erheblich beschädigt worden.³⁷ Das Bild, das sich den Abgesandten der Gouvernementsregierung aus Archangel'sk und dem Organisationspersonal der Nördlichen Lager Anfang Juni bot, als sie mit den ersten 400 männlichen und 300 weiblichen Gefangenen die Hauptinsel erreichten, war erschreckend. So beschrieb ein Čekist namens Zorin seine Ankunft auf den Inseln folgendermaßen:

> Beim Eintritt in den Kreml' erblickten wir ein trauriges Bild: Uns umgab eine Leere, die mit einem durchdringenden Schrei einer durch die Luft wirbelnden Möwe [erfüllt wurde], die ihr

---

33 Dokument 2: Entwurf eines Textes von Baranovskij an den für die Solovki zuständigen Abgesandten der Abteilung für Museen und den Denkmalschutz I. T. Adamson vom 19. Mai 1922. In: BUROV/CHERNOVOL: Soloveckij monastyr', S. 26.
34 Dokument 1: Begründung zur Nationalisierung des Solovecker Klosters. In: ebd., S. 25.
35 Ebd., S. 10.
36 Protokol Nr. 43 der Sitzung des Präsidiums des Exekutivkomitees des Archangel'sker Gouvernements (Archgubispolkom) vom 8. März 1923. In: BRODSKIJ: Solovki, S. 49.
37 MEL'NIK: »Soloveckie ostrova« o požare 1923 goda.

verbranntes Nest bedauerte. Von rechts, links, von vorn und von hinten blickten uns abgebrannte Gebäude mit von den Fenstern aufsteigenden schwarzen Zungen kläglich an. Bögen des hängenden Dacheisens knackten schwingend im Wind. Es fühlte sich unheimlich an.[38]

Der Bericht Zorins machte zudem ausführliche Angaben zu den Zerstörungen, die das Feuer an den historischen Klostergebäuden verursacht hatte. Während die Preobraženskij-Kathedrale zum Teil von den Flammen verwüstet worden war, waren insbesondere die Himmelfahrtskirche (Uspenskaja cerkov') als auch das Refektorium des Klosters vom Brand betroffen. Beinahe gänzlich ausgebrannt waren die laut Zorins Angaben Bibliothek des Klosters sowie die Rüstungskammer des Uspenskij-Festungsturmes.[39]

Die alarmierenden Nachrichten von den Verwüstungen des Brandes und der drohenden Zusammenziehung aller Nördlichen Lager auf dem Solovecker Archipel veranlassten Baranovskij, seine Pläne zum Schutz und zur Restaurierung der Solovecker Architekturdenkmäler unter Hochdruck voranzutreiben. Auf einer Präsidiumssitzung der Abteilung für Museen und Denkmalschutz des Volkskommissariats für Aufklärung am 16. Juni 1923 unterstrich er die Notwendigkeit, dem sowjetischen Geheimdienst einen Vertrag über die denkmalgerechte Nutzung der Klostergebäude vorzulegen.[40] Daraufhin schickte das Ministerium für Aufklärung im Juni 1923 zwei Architekturstudenten und Schützlinge Baranovskijs auf die Solovki, um eine wissenschaftliche Einschätzung der Schäden an den Solovecker Klostergebäuden vorzunehmen. Das technische Büro der Lagerverwaltung hatte zu diesem Zeitpunkt – in erster Linie aufgrund der Notwendigkeit zur Unterbringung der Gefangenen – an der Himmelfahrtskirche und am Refektorium des Kreml' bereits mit rudimentären Instandhaltungsarbeiten begonnen.[41]

Die Ursache des Brandes konnte nie aufgeklärt werden. Bereits direkt nach dem Feuer wurden »fanatische Mönche« des Solovecker Klosters für den Brand

---

38 ZORIN: Soloveckij požar 1923 goda. In: *Soloveckie Ostrova* 7 (1926), S. 39–51, hier S. 40.
39 So waren die Himmelfahrtskirche und das Refektorium des Klosters laut einem Kommissionsbericht zu 80 Prozent zerstört worden, ebenso wie weite Teile des bewohnbaren Teils des Klosters. Da weder über das Klosterarchiv noch über die Bibliothek gesicherte Daten über deren Inventar vorlagen, konnte der Schaden in diesem Zusammenhang nur grob geschätzt werden. Insgesamt wurde der Schaden durch den Brand auf 70.562 Rubel und 28 Kopeken festgelegt. Siehe ebd., S. 47.
40 Ausschnitt des Protokolls der Sitzung des Präsidiums der Abteilung für die Museen und den Denkmalschutz vom 16. Juni 1923. In: BUROV/CHERNOVOL: Soloveckij monastyr', S. 28.
41 Brief A. A. Karpovs und V. V. Kratjuks an Pëtr Baranovskij vom 3. Juli 1923. In: ebd., S. 44–46, hier S. 45 f.

verantwortlich gemacht, die das Kloster vor den »Häretikern« der neuen Sowjetmacht hätten retten wollen.⁴² In diesem Zusammenhang kam es bereits im Juni 1923 zur Verhaftung einiger Mönche.⁴³ Auch in den kommenden Jahrzehnten der sowjetischen Herrschaft wurde dieses Narrativ konstant wachgehalten. Seit der Perestroika wiederum halten sich hartnäckige Gerüchte darüber, dass das Feuer von der sowjetischen Geheimpolizei absichtlich, aus Ignoranz oder Unvermögen gelegt worden sei.⁴⁴ Festzuhalten bleibt, dass der Brand, der den Wohntrakt des Klosters erheblich in Mitleidenschaft gezogen hatte, für die Verwaltung der Nördlichen Lager ein immenses Problem darstellte. Im Frühjahr 1923 warteten bereits zahlreiche Gefangene der Nördlichen Lager in Kem' auf ihre Überfahrt auf die Solovki. Noch vor Einbruch des Winters musste in den Brandruinen des Solovecker Klosters Platz für die Unterbringung von 5.000 Gefangenen geschaffen werden.⁴⁵ Nach der Verstaatlichung des Klosters und seines Besitzes waren keinerlei erforderliche Brandschutzmaßnahmen getroffen worden; ein Problem, das auch in den folgenden Jahren nicht ausreichend behoben werden und sowohl im Juni 1932 als auch im Juli 1973 zu erneuten Bränden im Solovecker Kreml' führen sollte.⁴⁶

Während ihres etwa dreiwöchigen Aufenthaltes im Juli 1923 gelang es den Architekturstudenten Karpov und Kratjuk, die Preobraženskij-Kathedrale und die zerstörte Himmelfahrtskirche zu vermessen und notwendiges fotografisches Material und Skizzen für eine Restaurierung anzufertigen.⁴⁷ In ihren Briefen an Baranovskij dokumentierten sie ihre Arbeit und machten diesen auf die andauernde unkontrollierte Ausfuhr wertvoller Kunstgegenstände des Klosters aufmerksam. Um diese Vorgänge zu überwachen und eine vertragliche Übereinkunft mit der Lagerleitung hinsichtlich der Nutzung und der Restaurierung der Solovecker Architekturdenkmäler zu erreichen, fuhr Baranovskij im Rahmen einer Expertenkommission im

---

42 MEL'NIK: »Soloveckie ostrova« o požare 1923 goda.
43 ZORIN: Soloveckij požar 1923 goda, S. 44.
44 Für die absichtliche Brandlegung durch den sowjetischen Geheimdienst optiert auch Karl Schlögel. Siehe SCHLÖGEL: Das sowjetische Jahrhundert, S. 680.
45 ZORIN: Soloveckij požar 1923 goda, S. 47.
46 Über das Feuer im Juni 1932, das im dritten Rang der Preobraženskij-Kathedrale ausgebrochen war, ist vergleichsweise wenig bekannt. Obgleich bereits in den 1920er Jahren ein Depot für Löschwerkzeug eingerichtet wurde, das in einem Raum der Heiligen Pforte des Klosters untergebracht war, ist dieses lange Zeit nicht ordnungsgemäß genutzt worden. Siehe dazu V. N. PETROV: Informacija po social'no-ekonomičeskomu razvitiju poselka Solovki v 1959–1982gg. In: NASMZ, Metodičeskij otdel', Spravki dlja ėkskursovodov, Solovki 1982; siehe auch ANTONINA SOŠINA: Materialy k istorii lagerja i tjur'my na Solovkach 1923–1939 gg. In: *Al'manach Soloveckoe more* 9 (2010), S. 122–134, hier S. 128, 134. – Zum Feuer im Jahr 1973 siehe S. 360.
47 BUROV/CHERNOVOL: Soloveckij monastyr', S. 12.

August 1923 erneut auf den Archipel. Mit einem offiziellen Mandat der Abteilung für Museumsangelegenheiten ausgestattet, erarbeitete Baranovskij einen Vertrag mit der Verwaltung der Nördlichen Lager des Innenministeriums, der Maßnahmen zum Erhalt und zum Schutz des Solovecker Klosterensembles festhielt und die Voraussetzungen zur Nutzung der Klostergebäude durch den sowjetischen Geheimdienst festlegte.

Der Vertrag, der am 22. August 1923 Gültigkeit erlangte, sah vor, dass der Hauptteil der Gebäude des ehemaligen Solovecker Klosters innerhalb und außerhalb der Kreml'mauern an die Verwaltung der Nördlichen Lager der GPU übergeben werden sollte – allerdings nicht ohne strikte Auflagen über deren Nutzung zu vereinbaren. Der Großteil der Gebäude behielt seinen Denkmalstatus und verblieb damit de facto zumindest unter der Kontrolle der Abteilung für Museumsangelegenheiten und damit des Ministeriums für Aufklärung.[48] Die Preobraženskij-Kathedrale und deren Vorbau, die Verkündigungskirche (Blagoveščenskaja cerkov'), die Kapelle des Heiligen Lazarus und die Voskresenskaja-Kirche auf der Nebeninsel Anzer sowie einige kleinere Kapellen außerhalb der Kreml'mauern verblieben samt ihrem Inventar sogar gänzlich im Verwaltungs- und Nutzungsbereich der Abteilung für Museumsangelegenheiten.[49] Eine Inbetriebnahme dieser Gebäude zu wirtschaftlichen Zwecken wurde ausgeschlossen. Darüber hinaus verpflichtete sich die Verwaltung der Nördlichen Lager zur Instandsetzung aller vom Brand zerstörten Gebäude. In diesem Zusammenhang entwarf Baranovskij einen ausführlichen Maßnahmenplan zum Wiederaufbau und zur Restaurierung der Klosterarchitektur, indem er die Schäden der einzelnen Gebäude auflistete, die Dringlichkeit und die damit verbundene Reihenfolge der Arbeiten in vier Kategorien unterteilte.[50]

---

48 Dokument 9: Erste Variante des Vertrags zwischen der Abteilung für Museen und den Denkmalschutz des Ministeriums für Aufklärung und der Verwaltung der Nördlichen Lager der GPU vom 22. August 1923. In: BUROV/CHERNOVOL: Soloveckij monastyr', S. 29–31, hier S. 29 f.

49 Zu den Kapellen und Kirchen außerhalb der Kreml'mauern gehörten unter anderen die Filippovskij-Kapelle, nördlich der Klostermauern am Anfang des Weges zum Sekirnaja Gora, die Kirche des Heiligen Onufrij auf dem Solovecker Klosterfriedhof und die Pečerskaja-Kapelle nördlich des Klosters. Nachdem die Klosterkirche noch bis Anfang der 1930er Jahre zu unregelmäßigen Gottesdiensten genutzt werden durfte, wurde der Klosterfriedhof in den 1930er Jahren von der sowjetischen Geheimpolizei verwüstet und die Kirche stark beschädigt. Während des Krieges sorgte die Ausbildungsabteilung der Nordflotte für den endgültigen Abriss der Kirche des Heiligen Onufrij und die Verarbeitung der Pečerskaja-Kapelle zu Kleinholz. Zu Ersterer siehe VLADMIR BUROV: Archeologičeskoe issledovanie ruin cerkvy Onufrija Velikogo XIX v. na starom monastyrskom kladbišče Soloveckogo monastyrja. In: *Almanach Soloveckoe more* 9 (2010), S. 82–93.

50 Dokument 10: Begutachtung über die Renovierung und den Schutz der Gebäude des Solovecker Klosters nach dem Feuer im Jahr 1923, vorgenommen von P. D. Baranovskij. In: BUROV/

Neben dem Neubau von Steingebäuden wurde der Abriss derselben auf dem Kreml'gelände vertraglich verboten. Lediglich die Kirchen und Gebäude ohne Denkmalwert sowie das Inventar, das keine »museale Bedeutung« besaß, wurden gänzlich und ohne Zusatzbestimmungen an die GPU abgetreten.[51] Laut Beschluss des Präsidiums des Exekutivkomitees in Archangel'sk vom 21. Juli 1923 sollten diese Kirchen vollständig liquidiert bzw. zur Unterbringung der Gefangenen umfunktioniert werden. Das Interieur, exklusive der Glocken, wurde über den sowjetischen Geheimdienst in die Hände der Verwaltung der Nördlichen Lager übergeben.[52] Alle Wertgegenstände des Solovecker Klosters mit musealer Bedeutung hingegen sollten laut Vertrag bis zur vollständigen Instandsetzung der Preobraženskij-Kathedrale in der großen Sakristei des Klosters sicher aufbewahrt werden.[53] In Punkt VI des Vertrages ließ sich die Abteilung für Museumsangelegenheiten schließlich sogar das Recht zusichern, die Gebäude des ehemaligen Solovecker Klosters im Falle der Schließung des Solovecker Lagers zu übernehmen.[54]

Auch in Bezug auf den Schutz der Solovecker Natur stellte die Abteilung für Museumsangelegenheiten 1923 erste Überlegungen an. Auf einer Präsidiumssitzung der Abteilung des Volkskommissariats für Aufklärung vom 26. Juni 1923 wurde der Entwurf einer Umwandlung der Solovki in eine Naturschutzzone, in ein so genanntes *zapovednik,* durch den Sekretär der Allrussischen Gesellschaft für den Naturschutz (Vserossijskoe obščestvo ochrany prirody – VOOP), Nikolaj Pod''japol'skij, diskutiert. Dem Wissenschaftler und Naturschützer Pod''japol'skij war 1919 die Einrichtung eines der ersten Biosphärenreservate in der Region Astrachan am Wolgadelta gelungen. Im Zusammenhang mit der Solovecker Natur warb er während der Präsidiumssitzung für die Aufnahme eines zusätzlichen Punktes in den von Baranovskij initiierten Vertrag mit der GPU. Dadurch sollte die Einrichtung des *zapovednik* vorangetrieben, der Schutz der Solovecker Natur und der Erhalt der von den Mönchen übernommenen wissenschaftlichen Einrichtung zur Züchtung von Pelztieren und Hirschen sichergestellt werden.[55] Obgleich sich der Entwurf Pod''japol'skijs letztendlich nicht in dem von Baranovskij aufgesetzten Vertragswerk wiederfand, konnte seine Idee

---

CHERNOVOL: Soloveckij monastyr', S. 32–33.
51 Dokument 9. In: ebd., S. 31.
52 Fragment des Protokolls Nr. 67 der Sitzung des Präsidiums des Archgubispolkom (Exekutivkomitee des Gouvernements Archangel'sk) vom 21. Juli 1923. In: BRODSKIJ: Solovki, S. 49.
53 Dokument 9. In: BUROV/CHERNOVOL: Soloveckij monastyr', S. 30.
54 Ebd.
55 Dokument 7: Abschrift des Protokolls der Präsidiumssitzung der Abteilung für Museen und den Denkmalschutz des Volkskommissariats für Aufklärung vom 29. Juli 1923. In: ebd., S. 28.

zur Umwandlung großer Landstriche der Solovecker Natur in ein geschütztes Naturreservat nur einige Jahre später durch die Arbeit der Solovecker Heimatkundegesellschaft realisiert werden.

1.3 Zwischenfazit: Die Regelung der Koexistenz zwischen Lager und Denkmalschutz

Die Bedeutung des Vertrages zwischen der Abteilung für Museumsangelegenheiten und der sowjetischen Geheimpolizei vom August 1923 hinsichtlich der Instandsetzung und des Schutzes großer Teile des Solovecker Klosterensembles ist nicht hoch genug einzuschätzen. Ohne die Hartnäckigkeit Baranovskijs, die er sowohl gegenüber der Abteilung für Museumsangelegenheiten als auch im Hinblick auf den sowjetischen Geheimdienst vertrat, wäre eine vertragliche Verpflichtung der GPU zur Instandsetzung und zur Nutzung der Solovecker Klostergebäude vermutlich nie zustande gekommen. Erstaunlich ist die Tatsache, dass die sowjetische Geheimpolizei den Richtlinien Baranovskijs zur Nutzung der Solovecker Architektur zustimmte, und das zu einem Zeitpunkt, als die GPU alles daransetzte, die Gebäude schnellstmöglich für die Unterbringung von Tausenden von Gefangenen instand zu setzen. Ebenso überraschend mutet darüber hinaus die Tatsache an, dass den Mitarbeiterinnen und Mitarbeitern der Abteilung für Museumsangelegenheiten und dem Museum des Gouvernements Archangel'sk über ein spezielles von der GPU ausgefertigtes Visum der freie Zutritt zu allen vom Ministerium für Aufklärung verwalteten Gebäuden gewährt werden sollte.[56]

Inwieweit sich die Lagerleitung in den 1920er Jahren an die im Vertrag festgelegten Punkte gebunden sah, ist nur schwer nachzuvollziehen. Das schnelle Anwachsen der Solovecker Gefangenenzahlen, die daraus folgende notwendig gewordene Unterbringung der Gefangenen sowie die sich ab den späten 1920er Jahren radikalisierende Politik der Lagerverwaltung USLON (Upravlenie Soveckogo lagerja osobogo naznačenija) sprechen in erster Linie für eine rein utilitaristische und gegen eine von Denkmalschutzrichtlinien geprägte Nutzung der Klostergebäude. Nach dem Abzug der Geheimpolizei von den Inseln Ende der 1930er Jahre lagen viele Klostergebäude in Ruinen oder waren für die Unterbringung der Gefangenen oder die Nutzung zu anderen Zwecken erheblich umgebaut

---

56 Punkt 6 bzw. Punkt 7 des Vertrages zwischen der Abteilung für Museumsangelegenheiten des Ministeriums für Aufklärung und der Verwaltung der Nördlichen Lager der GPU vom 22. August 1923. In: BUROV/CHERNOVOL: Soloveckij monastyr', S. 31.

worden. Für die frühen Jahre des Lagers offenbart ein konkreter Blick auf die Arbeit der Heimatkundegesellschaft des Solovecker Lagers, deren Verflechtung mit der wissenschaftlichen Welt außerhalb des Lagers sowie deren Verhältnis zur Lagerleitung allerdings, dass einige der von Baranovskij gesetzten Richtlinien nicht nur weiterhin Bestand haben konnten, sondern darüber hinaus weiterentwickelt wurden und in konkrete Forschungsarbeiten zur Architektur des Solovecker Klosters mündeten.

1.4 Erforschen und Bewahren: Die Tätigkeit der Solovecker Gesellschaft für Heimatkunde in den 1920er und 1930er Jahren

Die Idee, im Rahmen des Lagers eine Gesellschaft für Heimatkunde zu errichten, ist anders als es zuweilen in der Forschung dargestellt wird, nicht ursächlich auf die Strafjustiz des jungen sowjetischen Parteistaats zurückzuführen. Vielmehr legten die politischen Bedingungen der Periode der Neuen Ökonomischen Politik und die frühsowjetische Strafvollzugspraxis die notwendigen Grundlagen für diese Entwicklung und können als Auslöser für die Entstehung einer lagereigenen wissenschaftlichen Gesellschaft gewertet werden. Im Rahmen der ›Besserungsarbeitspolitik‹ und einer im europäischen Vergleich progressiven Strafjustiz suchten die Bol'ševiki ihre Gefangenen idealtypisch über den Arbeitsprozess und das Leben im Kollektiv umzuerziehen.[57] In diesem Zusammenhang sollte sich der Umerziehungsgedanke neben harter körperlicher Arbeit ebenso durch eine aktive und kulturell geprägte Freizeitgestaltung ausdrücken. Gleichwohl konnte auch die kulturelle Infrastruktur des Solovecker Zwangsarbeitslagers in den 1920er Jahren nicht darüber hinwegtäuschen, dass sie in einem unfreien Umfeld funktionierte und die Lagerverwaltung in weit höherem Maße für ihre ausbeuterische und teilweise sadistische Vorgehensweise gegenüber Gefangenen traurige Berühmtheit erlangte.

Die Gründung der Solovecker Heimatkundegesellschaft ging auf wissenschaftliche Traditionen zurück, die noch aus der Zeit vor der bolschewistischen Machtübernahme stammten. Die einzigartige Solovecker Natur, die im unmittelbaren Zusammenhang mit der religiösen und spirituellen Bedeutung des Archipels

---

57 Siehe hierzu die Studie zur Lagerpresse der SLON und zum Belbaltlag von Felicitas Fischer von Weikersthal, die den Übergang von der auf ›Umerziehung‹ gründenden Besserungsarbeitspolitik hin zu der auf ›Umschmiedung‹ basierenden stalinistischen Strafpolitik innerhalb des Gulag-Systems deutlich macht. Siehe: FELICITAS FISCHER VON WEIKERSTHAL: Die inhaftierte Presse. Das Pressewesen sowjetischer Zwangsarbeitslager 1923–1937, Wiesbaden 2011.

stand, machten die Solovki spätestens ab der Mitte des 19. Jahrhunderts national bedeutsam. Einige Wissenschaftler beschäftigten sich bereits zu dieser Zeit mit den natürlichen und historischen Besonderheiten der Inselgruppe. Das bezeugen zahlreiche geologische, ethnografische und archäologische Forschungsexpeditionen, die in der zweiten Hälfte des 19. Jahrhunderts bedeutende Wissenschaftler auf den Archipel führten.[58] Auch die Tradition einer eigenständigen wissenschaftlichen Forschungseinrichtung auf dem Archipel war bereits im 19. Jahrhundert gelegt worden. 1882 gründete der Zoologe und Professor der Universität St. Petersburg, Nikolaj Vagner, eine biologische Forschungsstation auf den Inseln, die bis 1899 auf dem Archipel existierte.[59] Dabei handelte es sich um die erste stationäre Einrichtung zur Erforschung der Flora und Fauna des Weißen Meeres, die grundlegende biologische Forschungen zu den Solovki anstellte.[60] Auch die Solovecker Architektur, der Solovecker Klosterschatz und das Klosterarchiv der Solovki waren schon weitaus früher als 1920 in den wissenschaftlichen Fokus geraten. Noch 1916 war der Historiker Boris Grekov auf Initiative der Akademie der Wissenschaften auf die Solovki gefahren, um in der Bibliothek und im Archiv des Klosters zu arbeiten. In den darauffolgenden zwei Jahren konnte auch er die Ausfuhr eines Teils des Klosterarchivs über seinen damaligen Lehrort Perm' in Archive in Moskau und Petrograd sicherstellen.[61]

Die Archangel'sker Gesellschaft für Heimatkunde, in der sich Pavel Vitkov seit Sommer 1924 engagierte, unterhielt einige Unterabteilungen in der Region, darunter Abteilungen in Mezen', in Šenkursk, in Onega und Cholmogoryj.[62] Die bedeutendste unter ihnen war die Solovecker Abteilung für Heimatkunde (Soloveckoe otdelenie Archangel'skogo Obščestva Kraevedenie – SOAOK), die

---

58 In diesem Zusammenhang ist beispielsweise der Aufenthalt des Geologen und Mineralogen Aleksandr Aleksandrovič Inostrancev zwischen 1869 und 1871 auf dem Archipel zu nennen, der sich in einer ausführlichen kartographischen Arbeit des Küstenstriches der Inselgruppe manifestierte, in der er sich mit der Tektonik der Solovki auseinandersetzte. Siehe Soloveckie Ostrova v Rossijskoj Istoriografii 18–20 vv. In: Pomor Encyclopedia. Tom 1: Istorija Archangel'skogo Severa, Archangel'sk 2011, S. 380–381, hier S. 380.
59 Soloveckaja Biologičeskaja Stancija. In: Pomor Encyclopedia, S. 378.
60 Der Direktor der Biologischen Station der Solovecker Eremiten, wie die Bezeichnung der Biologischen Forschungsstation zunächst lautete, Nikolaj Vagner, gab in dieser Zeit einen Forschungsband über wirbellose Lebewesen der Solovecker Bucht heraus, der sowohl auf Russisch als auch auf Deutsch erscheinen konnte. Siehe ebd.
61 Soloveckie Ostrova v Rossijskoj Istoriografii 18–20 vv., S. 381.
62 M. A. SMIRNOVA: Dejatel'nost' naučnych kraevedčeskich obščestv na Evropejskom Severe Rossii v 1920–1930e gody, S. 23–28, hier S. 25. Abgerufen unter URL: http://cyberleninka.ru/article/n/deyatelnost-nauchnyh-kraevedcheskih-obschestv-na-eropeyskom-severe-rossii-v-1920-1930-e-gody, letzter Zugriff: 05.05.2023.

ab 1926 als eigenständige heimatkundliche Gesellschaft (Soloveckoe obščestvo kraevedenija – SOK)[63] agierte. Sie wurde innerhalb des Solovecker Lagers zur Besonderen Verwendung (Soloveckij lager' osobogo naznačenija – SLON) eingerichtet, das auf Grundlage des Beschlusses der Volkskommissare vom 13. Oktober 1923 gegründet worden war.[64]

Die Solovecker Gesellschaft für Heimatkunde war die einzige wissenschaftliche Arbeitsgemeinschaft innerhalb eines Lagerverbundes, in der Gefangene gemeinsam mit ihren Bewachern arbeiteten und forschten. In keinem anderen sowjetischen Lager hat es eine ähnliche wissenschaftliche und kulturelle Infrastruktur gegeben. Anfragen ehemaliger Solovecker Gefangener, die Ende der 1920er Jahre eine zweite Haftzeit an einem anderen Lagerort der Sowjetunion ableisten mussten und darauf drängten, ähnliche Strukturen wie auf den Solovki einzurichten, wurden abgelehnt.[65] Lediglich auf den Solovki konnte ein »kulturelles Dorf« aus wissenschaftlichen Einrichtungen, einer einzigartigen Lagerpresse und zusätzlichen kulturellen und erzieherischen Angeboten entstehen, das dem Haft- und Arbeitsregime des ersten sowjetischen Zwangsarbeitslagers eine »Alternativkultur« entgegensetzte.[66]

Die Arbeit der SOK fußte also auf Wissenschaftstraditionen, die durch die Solovecker Mönche des Klosters vor Ort und in den universitären Einrichtungen der Hauptstädte des Landes vor der Oktoberrevolution gelegt worden waren; Grundlagen, die der Solovecker Lagerintelligenz bekannt waren und mit der Übernahme der klösterlichen Infrastruktur durch die sowjetische Geheimpolizei in Teilen auf den Inseln verblieben.

---

63 Zur Vereinfachung verwende ich im Folgenden die Abkürzung SOK.
64 Fragment des Protokolls Nr. 15 der Sitzung des Rates der Volkskommissare der SSSR vom 13. Oktober 1923. In: BRODSKIJ: Solovki, S. 50. – Von 1923 bis 1937 waren die Solovki in unterschiedlichen Lagerverbänden organisiert. Von 1937 und 1939 wurde das Lager in ein Gefängnis reorganisiert. Insgesamt kam es in dieser Periode zu sechs Umbenennungen der Hafteinrichtung. Aus diesem Grund wird in der Forschung sowohl vom Solovecker Lager (Singular) als auch von den Solovecker Lagern (Plural) gesprochen. Siehe hierzu: FISCHER VON WEIKERSTHAL: Die »inhaftierte« Presse, S. 47, 516. In der vorliegenden Arbeit verwende ich beide Begriffe synonym.
65 SMIRNOVA: Dejatel'nost' naučnych kraevedčeskich obščestv, S. 26.
66 Andrea Gullotta begreift die außergewöhnlichen wissenschaftlichen und kulturerzieherischen Aktivitäten im Rahmen des Solovecker Lagers als »cultural village«, in dem Gefangene über Veröffentlichungen und kulturelle Aktivitäten eine Alternativkultur gepflegt hätten, die sich gegen die Brutalität des Lagerregimes zur Wehr gesetzt habe. Siehe: ANDREA GULLOTTA: The »Cultural Village« of the Solovki Prison Camp. A Case of Alternative Culture. In: Studies in Slavic Cultures, Bd. IX (Oktober 2012), S. 9–25. Ausführlich: ANDREA GULLOTTA: Intellectual Life and Literature at Solovki 1923–1930: The Paris of the Northern Concentration Camps. Cambridge 2018.

Legt man diese Traditionen zugrunde, überrascht es nicht, dass der offiziellen Gründung des Solovecker Ablegers der Archangel'sker Heimatkundegesellschaft im Januar 1925 die Initiative einer Gruppe von Gefangenen vorausging. Bereits im Mai 1924 hatten sich einige Gefangene zur Erforschung der Flora und Fauna der Insel zusammengeschlossen, bevor die Lagerleitung am 30. Juli desselben Jahres eine Kommission zur Erforschung der Natur der Solovecker Inseln einrichtete.[67] Auf der Plenarsitzung der Solovecker Abteilung der Archangel'sker Gesellschaft für Heimatkunde im Dezember 1924 wurde der damalige stellvertretende Lagerkommandant Eichmans zum Leiter der Gesellschaft bestimmt.[68] Im Januar 1925 wurde die SOK vom Zentralen Büro für Heimatkunde unter der Russischen Akademie der Wissenschaften offiziell anerkannt.[69] In seinem Gratulationsschreiben vom Februar 1925 wünschte der Vorsitzende des Zentralen Büros für Heimatkunde in Leningrad, Sergej Ol'denburg, der SOK und ihren Mitarbeitern »Erfolg in der Erforschung der interessanten und wenig bekannten Peripherie – den wilden Solovecker Inseln«.[70]

Die Organisationsabteilung der Heimatkundegesellschaft der Solovki setzte sich 1924 aus zehn Angehörigen der Lagerleitung und des militärischen Stabs des sowjetischen Geheimdienstes zusammen.[71] Obgleich die Gouvernementsverwaltung in Archangel'sk die Aufnahme von Gefangenen in den Organisationsstab der SOK eigentlich strikt ablehnte,[72] wurde mit Aleksandr Filimonov, dem Leiter des neu gegründeten Solovecker Museums, ein Gefangener in die Organisationsabteilung aufgenommen.[73] Die wissenschaftliche Leitung der heimatkundlichen Gesellschaft übernahmen 1925 Aleksandr Filimonov und der Leiter des Biologischen Gartens, Mitrofan Nekrasov.[74] Eine ebenso bedeutende Rolle

---

67 Brief der SOAOK an das Zentrale Büro der *kraevedenie* der Akademie der Wissenschaften und an die Heimatkundegesellschaft in Archangel'sk über die Gründung der Solovecker Abteilung für Heimatkunde. GAAO, f. 270, op. 1, d. 22, l. 4.
68 Soloveckoe Obščestvo Kraevedenija: Otčet Soloveckogo otdelenija Archangel'skogo Obščestva Kraevedenija za 1924–1926 gody, Solovki 1927, S. 12.
69 SMIRNOVA: Dejatel'nost' naučnych kraevedčeskich obščestv, S. 26.
70 A. SEREBRJAKOV: Istoričeskij očerk. Kraevedčeskoj raboty na Solovkach, Soloveckoe otdelenie Archangel'skogo obščestva kraevedenija SOAOK. Materialy, Vypusk I., Solovki 1926, S. 3–8, hier S. 5.
71 Brief der Solovecker Gesellschaft für Heimatkunde an die Abteilung für Heimatkunde in Archangel'sk, Ende 1924. GAAO, f. 270, op. 1, d. 14, l. 1.
72 Brief des Exekutivkomitees des Gouvernements Archangel'sk an die Archangel'sker Gesellschaft für Heimatkunde, 01. 12. 1924. GAAO, f. 270, op. 1, d. 22, l. 15.
73 Brief der Solovecker Gesellschaft für Heimatkunde an die Abteilung für Heimatkunde in Archangel'sk, Ende 1924. GAAO, f. 270, op. 1, d. 14, l. 1.
74 SOŠINA: Materialy k istorii lagerja i tjur'my, S. 124.

wurde dem wissenschaftlichen Sekretär der SOK, dem Gefangenen Pavel Petrjaev zuteil. Zusätzlich zu seinem Engagement in der Gesellschaft und im Museum arbeitete er bis zu seiner Haftentlassung 1927 als Redakteur der wöchentlichen Lagerzeitung *Novye Solovki*. Neben Eichmans und weiteren Čekisten des Lagers, die die Organisationsabteilung der Gesellschaft dominierten, setzte sich die Solovecker Heimatkundegesellschaft in ihrer Mehrheit aus Gefangenen zusammen: in erster Linie aus Mitgliedern der *intelligencija*, die aufgrund unterschiedlicher ›Vergehen‹ zur Haft auf den Solovki verurteilt worden waren. Im Frühjahr des Jahres 1925 wurde die wissenschaftliche Arbeit von zehn ›hauptamtlichen‹ Mitarbeitern verrichtet, die in ihrer Arbeit an den verschiedenen Orten der Inseln von weiteren 40 Mitarbeitern unterstützt wurden, die wie sie aus dem Kreis der Gefangenen stammten.[75]

Die wissenschaftliche Ausrichtung der Solovecker Heimatkundegesellschaft orientierte sich einerseits an der Politik der Lagerleitung, der USLON. Deren Überlegungen konzentrierten sich zunehmend darauf, die von der SOK generierten wissenschaftlichen Grundlagen für eine optimale wirtschaftliche Ausbeutung der Solovki und der Gefangenen einzusetzen. Andererseits wurde die Arbeit der heimatkundlichen Gesellschaft stark durch die Gefangenen und deren wissenschaftliche Expertise bestimmt. In der unmittelbaren Gründungsperiode der Solovecker Heimatkundegesellschaft lag der Fokus der Gesellschaft zunächst auf der forstwirtschaftlichen, geologischen, botanischen und zoologischen Erschließung des Archipels.[76] Insgesamt gehörten vier größere Bereiche des Lagers zum administrativen Bereich der Heimatkundegesellschaft des Lagers. So konzentrierte sich ihre Arbeit auf das Solovecker Museum, den Biologischen Garten, das wiedereröffnete Biologische Laboratorium sowie auf den Kreis der Freunde der Natur- und Heimatkunde.[77] Dieser war auf Wunsch der Gefangenen gegründet worden und unternahm die so genannte kulturelle ›Erziehungsarbeit‹ der Gesellschaft innerhalb und außerhalb des Lagers. Verantwortet wurde die Kulturerziehung des Lagers allerdings von der so genannten Kulturaufklärungsabteilung (kul'turno-prosvetitel'nyj otdel'), die dem Narkompros, also dem Volkskommissariat für Bildung unterstand.[78]

---

75 Brief der SOAOK an das Zentrale Büro der *kraevedenie* der Akademie der Wissenschaften und an die Heimatkundegesellschaft in Archangel'sk über die Gründung der Solovecker Abteilung für Heimatkunde. GAAO, f. 270, op. 1, d. 22, l. 4.
76 Nauka v Solovkach. In: *Novye Solovki* 13 (29. März 1925), S. 2.
77 Otčet Soloveckogo otdelenija Archangel'skogo Obščestva Kraevedenija za 1924–1926 gody. Solovki 1927, S. 13.
78 FISCHER VON WEIKERSTHAL: Die inhaftierte Presse, S. 153 f. Ferner gehörten der wissenschaftlichen Infrastruktur des Lagers zu unterschiedlichen Zeiten eine Industrie- und Handelsabteilung, ein Chemielabor, eine meteorologische Station, eine kriminologische Abteilung

1.4.1 Das Solovecker Lagermuseum – Denkmalpflege und erste Versuche der Musealisierung

Das Museum war die größte Forschungseinrichtung des Lagers und wurde – ebenso wie der Biologische Garten der Inseln – von Gefangenen geleitet.[79] Innerhalb des Museums wurden eine naturhistorische, eine historisch-archäologische und eine Wirtschaftsabteilung eingerichtet, die sich wiederum in verschiedene Unterabteilungen aufgliederten.[80] Die historisch-archäologische Abteilung beschäftigte sich in erster Linie mit dem Schutz und der Erforschung des materiellen Erbes des ehemaligen Solovecker Klosters. Darunter fielen Untersuchungen zur Klosterarchitektur, zu den Solovecker Ikonen,[81] den Zeremonialobjekten des Klosters oder den wertvollen Handschriften der Solovecker Bibliothek, die nach Angaben der SOK im Umfang von 1.126 Einzelstücken erhalten geblieben waren.[82] Eine wichtige Aufgabe der historisch-archäologischen Abteilung des Museums, die ihren Arbeitsplatz im Altarzimmer der Verkündigungskirche hatte, stellte die Registrierung und Untersuchung der Architekturdenkmäler und des Inventars der zahlreichen Kapellen und Kirchen auf der Haupt- und auf den Nebeninseln dar. 1925 und 1926 bereisten die Mitarbeiter des Museums alle auf dem Archipel befindlichen Denkmäler und registrierten mehr als 12.000 Exponate, die im Museumsfonds des Lagers bzw. aufgrund von Platzmangel in den Baudenkmälern vor Ort aufbewahrt wurden.[83] Die 500 bedeutendsten künstlerischen Artefakte des Museums wurden in der Verkündigungskirche aufbewahrt.[84] Sowohl die Preobraženskij-Kathedrale als auch die Blagoveščenskaja-Kirche des Solovecker

---

und ein Büro für Fragen der Landwirtschaft an, siehe: Otčet Soloveckogo otdelenija Archangel'skogo Obščestva Kraevedenija, S. 35–40; sowie Brief der SOAOK an das Zentrale Büro des *kraevedenie* der Akademie der Wissenschaften und an die Heimatkundegesellschaft in Archangel'sk über die Gründung der Solovecker Abteilung für Heimatkunde. GAAO, f. 270, op. 1, d. 22, l. 4.

79 Bis etwa 1927 leitete Aleksandr Filimonov das Solovecker Museums. 1927 wurde er durch Nikolaj Vinogradov abgelöst. Dieser kam durch eine Amnesie im Jahr 1928 wieder auf freien Fuß, bevor er im Jahr 1938 erneut festgenommen und erschossen wurde.
80 Otčet Soloveckogo otdelenija Archangel'skogo Obščestva Kraevedenija, S. 15–27.
81 V. P. NIKOL'SKIJ: Obozrenie otdela christianskich drevnostej Muzeja S. O. K. Otdel I – Ikony. Soloveckoe obščestvo kraevedenija, Materialy, Bd. 11, Solovki 1927; siehe dazu auch: V. P. NIKOL'SKIJ: Ikonografičeskoe sobranie Solovedkogo muzeja. In: *Soloveckie Ostrova* 2–3 (1926), S. 145–149.
82 SOŠINA: Muzej Soloveckogo obščestva kraevedenija.
83 Ebd.
84 A. IVANOV: Pamjatniki Soloveckoj drevnosti do XVII veka. In: *Soloveckie Ostrova* 2–3 (1926), S. 129–133, hier S. 131.

Kreml' waren durch den Vertrag zwischen der Lagerverwaltung und der Abteilung für Museumsangelegenheiten des Ministeriums für Aufklärung als Architekturdenkmäler mit »höchstem archäologisch-historischen« Wert in der Nutzung des Museums verblieben.[85] Die im Vertrag zwischen Baranovskij und der Lagerleitung angeregten Schutzbestimmungen wurden vom Museum sogar noch weitergeführt. Im September 1925 stufte die Solovecker Heimatkundegesellschaft die Preobraženskij-Kathedrale als »museales Schutzgebiet« ein.[86] Damit sollte die Kirche nicht nur museal genutzt, sondern gleichzeitig als gesamte architektonische Anlage geschützt werden. Diese Entwicklung wurde nicht zuletzt auch dadurch beeinflusst, dass der Brand vom Mai 1923 die Preobraženskij-Kathedrale zwar beschädigt hatte, aber die kostbare Ikonostase erhalten geblieben war.[87] Neben einer Dauerausstellung der historisch-archäologischen Abteilung im Hauptschiff der Kathedrale eröffnete die SOK im Altarraum der Kirche eine Ausstellung zur Ikonenkunst des ehemaligen Klosters.[88] Im Einklang mit der frühen sowjetischen Kulturpolitik fungierte das Solovecker Museum offiziell als ›antireligiöses‹ Museum, das es als sein Ziel verstand, die Sammlung und Aufbewahrung der »schnell vergessenen und schnell verschwindenden Denkmäler des Altertums« zu gewährleisten.[89]

Neben der Preobraženskij-Kathedrale und der Blagoveščenskaja-Kirche stuften die Mitarbeiter der heimatkundlichen Gesellschaft zudem die Himmelfahrtskirche aus dem 16. Jahrhundert, die Festungsmauern des Kreml' und die aus dem 18. Jahrhundert stammende Auferstehungskirche auf der Nebeninsel Anzer als besonders schützenswert ein.[90] Letztere gehörte ebenfalls zu den Denkmälern, die laut Vertrag 1923 samt ihrem Inventar gänzlich im Verwaltungs- und Nutzungsbereich der Abteilung für Museumsangelegenheiten verbleiben sollten. Doch die Vorstellungen der heimatkundlichen Gesellschaft und ihrer Mitarbeiter über den Schutz und die Nutzung der architektonischen Denkmäler der Inseln wurden schon bald von der brutalen Realität der repressiven Politik des sowjetischen Zwangsarbeitslagers erschüttert. Die Belegung von unter Denkmalschutz stehenden Gebäuden zu »unterschiedlichem wirtschaftlichen Nutzen«, wie es

---

85 Otčet Soloveckogo otdelenija Archangel'skogo Obščestva Kraevedenija, S. 23.
86 So wird die Kirche nicht als *muzej-zapovednik*, sondern als *muzejnyj zapovednik* bezeichnet. Siehe IVANOV: Pamjatniki Soloveckoj drevnosti, S. 129. Siehe darüber hinaus: A. SEREBRJAKOV: Istoričeskij očerk. Kraevedčeskoj raboty na Solovkach, in: *Soloveckie Ostrova* 2–3 (1926), S. 103–108, hier S. 107.
87 SOŠINA: Muzej Soloveckogo obščestva kraevedenija.
88 Ebd.
89 Ebd.
90 IVANOV: Pamjatniki Soloveckoj drevnosti, S. 129.

im Bericht des Museums euphemistisch hieß,[91] gehörte zum Leidwesen der Mitarbeiter der SOK von Beginn an zum Lageralltag. Durch die Verschärfung des Lagerregimes wurde es der Leitung des Museums zunehmend unmöglich gemacht, den Schutz der von Baranovskij benannten Gebäude durchzusetzen.

Die Auferstehungskirche auf der Nebeninsel Anzer war mit der Übernahme der Inseln durch den Geheimdienst zum Teil der sechsten Abteilung des Lagers gemacht worden, in die alle kranken und schwachen Gefangenen überstellt wurden. Als in der zweiten Hälfte der 1920er Jahre eine verheerende Typhusepidemie das Lager heimsuchte, wurden die Kirche und die dazugehörige Einsiedelei als Quarantänezone genutzt. Die in der Holzkirche aufbewahrten Reliquien des Heiligen Lazarus waren bereits im Rahmen der großangelegten Sammlungsaktion des Solovecker Heimatmuseums 1925 und 1926 gesichert und in den Bestand des Solovecker Museums überführt worden. Die Kapelle des Heiligen German im Innern des Kreml' konnte ebenfalls nicht vor ihrer Verwüstung bewahrt werden. War es Baranovskij noch gelungen, die Kapelle und damit die dort aufbewahrten Gebeine des Heiligen German, einem der drei Gründer des Solovecker Klosters, in die Verwaltung der Abteilung für Museumsangelegenheiten zu bringen, wurde die Kapelle von der Lagerverwaltung von Beginn an als Lebensmittellager genutzt;[92] nicht zuletzt auch deshalb, weil die Kapelle als eines der wenigen Gebäude der Kreml'anlage gänzlich vom Feuer verschont geblieben war. Am 21. und 22. September 1925 öffnete die Lagerleitung die Gräber der drei in die Preobraženskij-Kathedrale überführten Klostergründer (German, Zosima und Savvat'ievo), um sie im Zuge einer antireligiösen Propagandakampagne den Lagerinsassen vorzuführen.[93] Trotz der ideologischen Zweckentfremdung der Gebeine gelangten die Reliquien im Anschluss in den Besitz des Museums, bevor sie mit der Schließung des Gefängnisses 1939 an das zentrale antireligiöse Museum in Moskau übergeben wurden.[94]

Wie hartnäckig und zum Teil unerschütterlich die Anstrengungen der Mitarbeiter des Museums in den 1920er Jahren in Bezug auf den Schutz und die Erforschung der Solovecker Architekturdenkmäler gleichwohl blieben, zeigt das Beispiel der Andreevskij-Kirche, die, nur wenige Kilometer von der großen

---

91 Otčet Soloveckogo otdelenija Archangel'skogo Obščestva Kraevedenija, S. 24.
92 Vladimir Burov: Cerkov prepodobnogo Germana Soloveckogo XIX v.: istorija i archeologija. In: *Al'manach Soloveckoe more* 4 (2005). Abgerufen unter URL: http://www.solovki.info/?action=archive&id=278, letzter Zugriff: 05.05.2023.
93 Die Gräberöffnungen wurden von der OGPU fotografisch dokumentiert und sind unter dem Titel *Über die Öffnung der so genannten unverweslichen Reliquien* erhalten geblieben. Siehe: Brodskij: Solovki, S. 220.
94 Burov: Cerkov prepodobnogo Germana Soloveckogo XIX v.

Hauptinsel entfernt, auf der großen Sajackij-Insel liegt. Besonders in Bezug auf die Einrichtung eines architektonisch-ökologischen Schutzgebietes *(zapovednik)* legte die heimatkundliche Gesellschaft an dieser Kirche wichtige Grundlagen. In einer Publikation der SOK von 1927 erschien eine umfangreiche wissenschaftliche Studie über das nordrussische Architekturdenkmal aus dem 17. Jahrhundert vom Solovecker Gefangenen Nikolaj Vinogradov.[95] Darin beschrieb er detailliert die architektonische Beschaffenheit der Kirche und kontextualisierte deren Bau historisch. Darüber hinaus arbeitete er deren Interieur wissenschaftlich auf.[96] Um den Erhalt einer der ältesten nordrussischen Holzkirchen sicherzustellen, wurde die Andreevskij-Kirche analog zur Preobraženskij-Kathedrale des Kreml' von der SOK zum Schutzgebiet erklärt. Das Holzarchitekturensemble der großen ›Haseninsel‹, wie sie im Volksmund noch heute genannt wird, stand und steht in einem natürlichen Zusammenhang mit der herausragenden Flora der Insel sowie mit den auf der Insel beheimateten prähistorischen Steinlabyrinthen. Diese waren ebenfalls von Vinogradov in zwei ähnlich detaillierten Studien untersucht worden.[97] Bis auf den heutigen Tag gelten die archäologischen Studien Vinogradovs, der von 1927 bis 1928 der Leiter des Solovecker Museums war, als wichtige wissenschaftliche Bausteine zur Erforschung der archäologischen Denkmäler der Solovki.[98] Die seiner Studie zur Andreevskij-Kirche zugrunde liegende, wenn auch noch nicht gänzlich ausformulierte Idee, die architektonischen, archäologischen und natürlichen Denkmäler der Zajackij-Insel in einer gemeinsamen Schutzzone zu musealisieren, war für die 1920er Jahre neu. Das erste Museum, das eine solche Ausrichtung verfolgte und architektonische *und* archäologische Denkmäler mit der sie umgebenen Natur museal zusammenfasste, sollte 1974 schließlich das historisch-architektonische Museum und Naturschutzgebiet Solovki sein.

Interessant ist Vinogradovs Denkmalverständnis, das in seiner Studie zur Andreevskij-Kirche zum Ausdruck kommt und sich an das frühe bolschewistische Kulturerbekonzept anlehnte. Bemerkenswert ist zudem, welche Hoffnungen

---

95 NIKOLAJ VINOGRADOV: Obozrenie christianskich drevnostej muzeja S.O.K. Otdel II, Zapovednik B. Zajackogo ostrova (derevjannaja Andreevskaja cerkov'), Soloveckoe Obščestvo Kraevedenija, Materialy, Vypusk XIII, Solovki 1927.
96 Ebd.
97 NIKOLAJ VINOGRADOV: Soloveckie labirinty. Ich proizchoždenie i mesto v rjadu odnorodnych doistoričeskich pamjatnikov, Soloveckoe Obščestvo Kraevedenija, Materialy, Vypusk IV, Solovki 1927; sowie NIKOLAJ VINOGRADOV: Novye labirinty Soloveckogo archipelaga. Labirint B. Zajackogo ostrova, Soloveckoe Obščestvo Kraevedenija, Materialy, Vypusk XII, Solovki 1927.
98 ANDREA GULLOTTA: Culture as Resistance. The Case of the Solovki Prison Camp and of its inmates, S. 1–12, hier S. 3. Abgerufen unter URL: http://eprints.gla.ac.uk/108323/1/108323.pdf, letzter Zugriff: 05.05.2023.

Vinogradov und mit ihm große Teile der inhaftierten Mitarbeiter der SOK noch 1926/1927 in Bezug auf den Schutz der architektonischen und historisch-kulturellen Denkmäler der Inseln hegten. In einem repressiven Umfeld, in dem die zur Kirche gehörende Andreevskij-Einsiedelei als Strafisolator für weibliche Gefangene genutzt wurde und das Lagerleben zunehmend von der rücksichtslosen wirtschaftlichen Ausbeutung des Archipels und seiner Gefangenen geprägt war, kämpften Vinogradov und seine Mitarbeiter argumentativ um den Schutz und den Erhalt der kleinen Holzkirche.

> Natürlich strömt das Volk vorwärts, dem hellen und fröhlichen Neuen entgegen. Es ist klar, dass [dabei] alles alte, alles verhasste, mit dem schwere und bedrückende Erinnerungen verbunden sind, betont wird. Aber nicht der alte Trägerrock, nicht die alte Kirche, nicht die verblichenen Muster und nicht die alte Ikone sind daran schuld. Nicht ihretwegen hat [das Volk] schlecht gelebt. Die Volkskunst nämlich ist nicht staatlich, sondern national, ganz so wie die Volkssprache, die sowohl von [Ivan] Groznij, als auch von Puškin oder Lenin gebraucht wurde. [...] Wen beispielsweise stört ein altes, baufälliges Kirchlein? Es schweigt still. Die Glocke wurde aus ihm entfernt. Es wäre ein offenes Verbrechen gegenüber der Zukunft, wenn auch nur ein Korn vom Kornfeld des volkstümlichen Schaffens, das über Jahrhunderte auferstanden und aufgrund seiner bleibenden Schönheit wertvoll ist, verloren ginge.[99]

Analog zu Lenins Theorie der zwei Kulturen begriff Vinogradov die baulichen Hinterlassenschaften der russischen Orthodoxie als volkseigenes und damit schützenswertes Kulturerbe. Auch wenn er sein Denkmalverständnis 1927 weniger explizit formulierte, als es 1960 sein Kollege Nikolaj Voronin tun sollte, ist bereits aus Vinogradovs Veröffentlichung der Versuch herauszulesen, den ästhetisch-künstlerischen Charakter der Kirchenarchitektur von der religiösen Bedeutung des Gebäudes zu trennen. Vinogradovs Appell zum Erhalt der Kirche unterstreicht darüber hinaus die Diskrepanz, die zwischen seinem Anliegen und der politischen Situation existierte, in der die Denkmalschutzlisten in Bezug auf die Kirchenarchitektur immer weiter schrumpften und Kirchengebäude flächendeckend abgerissen wurden.

Obgleich die Andreevskij-Kirche erhalten bleiben konnte, wurde ihr Interieur durch die fahrlässige Nutzung zu Lagerzeiten und in den darauffolgenden Jahren unter der sowjetischen Nordflotte fast vollkommen zerstört.[100] Die von Pëtr Baranovskij 1923 aufgenommenen Fotografien, seine Skizzen und Ausmessungen

---

99 VINOGRADOV: Obozrenie christianskich drevnostej, S. 7 f.
100 VLADIMIR SKOPIN/VLADIMIR SOŠIN/ALEKSEJ ŽDANOV: Pamjatnik architektury XII v. – Andreevskaja cerkov na Bol'šom Zajackom ostrove. In: *Al'manach Soloveckoe more* 4

der Außenfassaden sowie die detaillierten Beschreibungen des Innenraumes durch Vinogradov sollten für die in den 1980er Jahren großangelegten Restaurierungsarbeiten der Andreevskij-Kirche eine wichtige Grundlage bilden.[101]

Dmitrij Lichačëv hat Nikolaj Vinogradov in seinen Erinnerungen einen entscheidenden Anteil an der Rettung von Kirchenschätzen und intellektueller Gefangener zugesprochen, die er durch die Anstellung im Museum vor harter physischer Arbeit bewahrte.[102] Als Sekretär der Abteilung für Ethnografie der Imperialen Geografischen Gesellschaft kam Vinogradov 1926 auf die Solovki. 1927 wurde er Leiter des Solovecker Museums und arbeitete zwischen 1928 und 1932 zusätzlich als wissenschaftlicher Sekretär der SOK. Die Anzahl seiner wissenschaftlichen Publikationen in dieser Zeit war enorm. Während seiner Haftzeit veröffentlichte Vinogradov vier eigene Studien, war an der Redaktion von weiteren 23 Erscheinungen beteiligt und schrieb 30 Artikel, die in den Lagerzeitungen gedruckt wurden.[103] Nach seiner Freilassung Mitte der 1930er Jahre wurde er 1938 erneut verhaftet und in Petrozavodsk hingerichtet.[104]

1.4.2 Das Solovecker *zapovednik* – Naturschutz im Lager

Die zweite wichtige Aufgabe der heimatkundlichen Gesellschaft der Solovki konzentrierte sich auf den Schutz und die Erforschung der Solovecker Natur. Analog zur Einrichtung architektonischer Schutzzonen diskutierten die Wissenschaftler der Solovecker Gesellschaft für Heimatkunde von Beginn über die Ausweisung von Naturschutzgebieten auf dem Archipel. Während sich die Gründung zusammenhängender architektonischer Schutzgebiete erst in der poststalinistischen Periode durchsetzen sollte, reichten erste Naturschutzzonen, die zur Protektion von ausgewählten Ökosystemen eingerichtet wurden, bis ins 19. Jahrhundert zurück. Ursprünglich waren diese auf dem privaten Land von Adligen entstanden, die in diesen Gebieten die wirtschaftliche Nutzung aussetzten und wissenschaftliche Untersuchungen vornahmen.[105] Unverletzliche Naturschutzgebiete,

---

(2005). Abgerufen unter URL: http://www.solovki.info/?action=archive&id=277, letzter Zugriff: 05.05.2023.
101 Ebd.
102 DIMITRI LICHATSCHOW: Hunger und Terror. Mein Leben zwischen Oktoberrevolution und Perestroika, Ostfildern vor Stuttgart 1997, S. 117 f.
103 SOŠINA: Muzej Soloveckogo obščestva kraevedenija.
104 BRODSKIJ: Solovki, S. 287.
105 A. GORJAŠKO: Istorija Rossijskich zapovednikov. In: *Biologija* 40 (2000). Abgerufen unter URL: http://bio.1september.ru/view_article.php?ID=200004001, letzter Zugriff: 05.05.2023.

die so genannten *zapovedniki,* die ausschließlich für die wissenschaftliche und vornehmlich ökologische Forschung genutzt wurden, konnten allerdings erst zu Beginn des 20. Jahrhunderts unter der Ägide der Imperialen Akademie der Wissenschaften und der Russischen Geografischen Gesellschaft gegründet werden.[106] Das erste staatliche *zapovednik* entstand noch vor der Oktoberrevolution Anfang des Jahres 1917 am Bajkal-See. Zu diesem Zeitpunkt entwickelte sich zudem ein staatliches System für ›besonders schützenswerte Naturzonen‹, das sich ganz im Sinne der in Amerika oder Kanada bereits existierenden Nationalparks der Protektion großflächiger Naturzonen widmete.[107]

Die sowjetischen *zapovedniki* waren als natürliche Schutzzonen konzipiert worden, die unter der Ägide von Wissenschaftlerinnen und Wissenschaftlern die Bewahrung und die langjährige Forschung an »unberührten und intakten ökologischen Gemeinschaften« sicherstellen sollten.[108] Dieser Nutzung lag die Idee zugrunde, die dort erzielten Ergebnisse ›gesunder‹ ökologischer Systeme mit Forschungsdaten aus ›degradierten‹ Systemen, also mit den Gemeinschaften zu vergleichen, die ursprünglich die gleichen natürlichen Voraussetzungen gehabt hatten, aber der ökonomischen Nutzung ausgesetzt worden waren. Über diesen Vergleichsprozess erhofften sich Forscherinnen und Forscher wissenschaftliche Handlungsanweisungen zur geeigneten wirtschaftlichen Nutzung bestimmter Ökosysteme ausgeben zu können.[109] Im Rahmen der Gründung der Allrussischen Gesellschaft zum Naturschutz (VOOP) 1924 und eines weltweit einzigartigen behördenübergreifenden staatlichen Komitees für den Naturschutz, dem weitreichende Befugnisse in Bezug auf die Überwachung von Regierungsentscheidungen zugeschrieben wurden, verbreitete sich das Netz der *zapovedniki* vor allem in den 1930er Jahren sehr schnell.[110]

Im Hinblick auf die einzigartige und teilweise unberührte Natur der Solovecker Inseln und auf die im Lager vorhandene Expertise von Geologen, Biologen, Zoologen und Botanikern, die in der SOK arbeiteten, wurden bereits einige Monate nach der Gründung des Biologischen Gartens der Inseln im März 1925 erste Pläne zur Einrichtung eines Naturschutzgebietes diskutiert.[111] Das angedachte Schutzgebiet,

---

106 Hierbei greife ich auf die Definition des *zapovednik* als Naturschutzgebiet zurück, wie sie Douglas Weiner in seiner Studie zum sowjetischen Naturschutz vorgenommen hat. Siehe WEINER: A Little Corner of Freedom, S. 450.
107 N. P. DANILINA: Rol' zapovednikov v sisteme rossijskich osobo ochranjaemych prirodnych territorij: istorija i sovremennost'. In: *Rossija v okružajuščem mire* 2010, S. 121–145.
108 WEINER: A Little Corner of Freedom, S. 36 f.
109 Ebd., S. 37.
110 Ebd., S. 38.
111 Bericht der SOAOK an die Gesellschaft für Heimatkunde in Archangel'sk vom 24. November 1925. GAAO, f. 270, op. 1, d. 46, l. 1–7, hier l. 5.

das etwas weniger als ein Viertel der gesamten Fläche des Archipels umfasste, sollte unter der Leitung des Biologischen Gartens der heimatkundlichen Gesellschaft stehen.[112] Es erstreckte sich über den nordöstlichen Teil der Solovecker Hauptinsel, hatte ein Ausmaß von ca. 68 Quadratkilometern und wurde im Mai 1925 auf Befehl der Lagerverwaltung eingerichtet.[113] Auf das Territorium, das sich hauptsächlich über die nordöstlich bis südöstlich gelegene Halbinsel der Solovecker Hauptinsel hinzog, fiel eine reichhaltige Vegetation, die sich durch dichten Waldwuchs und Moorlandschaften auszeichnete. Hauptpfeiler des *zapovednik* war zudem die durch die Halbinsel abgetrennte so genannte tiefe Bucht. Auf dem Territorium des *zapovednik* wurden die Jagd, das Abholzen von Bäumen oder das Sammeln von Vogeleiern verboten.[114] Analog zur Einrichtung architektonischer Schutzzonen agierte die SOK durch die Gründung eines wissenschaftlichen Naturschutzgebietes auf den Solovki eng am wissenschaftlichen Forschungsstand der damaligen Zeit. Erst mit dem Beginn des 20. Jahrhunderts war es zur faktischen Begründung der Ökologie als wissenschaftlicher Forschungsrichtung gekommen; eine Entwicklung, die in Russland ursächlich mit der Gründung von Naturschutzzonen zusammenhing.[115] In den 1920er Jahren gehörte das Solovecker *zapovednik,* neben einer Schutzzone im heutigen Velikij Ustjug, zu einem der ersten Naturschutzgebiete des russischen Nordens und der Russischen Sowjetrepublik überhaupt,[116] mit dem entscheidenden Unterschied, dass es im Rahmen eines Lagerverbundes gegründet worden war.

Darüber hinaus betrieb die Solovecker Gesellschaft für Heimatkunde bereits ab 1926 erste Untersuchungen zur Einrichtung von medizinischen Kurorten im russischen Norden.[117] Obgleich derlei Untersuchungen lediglich theoretischen Charakter besaßen und während der Existenzperiode des Lagers an eine solche Nutzung der Inseln nicht zu denken war, fanden die Ideen prominente Fürsprecher und sollten im Zuge der Diskussion über die touristische Nutzung des Archipels in den 1960er Jahren wieder aufgegriffen werden. Maksim Gor'kij, der 1929 in einer breitangelegten Propagandareise den Archipel besuchte und seine Begeisterung für das »Projekt Solovki« literarisch verarbeitete,[118] setzte sich in den 1930er Jahren

---

112 Entwurf einer Karte zum Solovecker *zapovednik* vom November 1925, das ebenso wie die SOAOK als Teil der Archangel'sker Gesellschaft für Heimatkunde fungieren sollte. GAAO, f. 270, op. 1, d. 46, l. 6, 6a, 7.
113 SOŠINA: Muzej Soloveckogo obščestva kraevedenija.
114 Ebd.
115 DANILINA: Rol' zapovednikov, S. 123.
116 SMIRNOVA: Dejatel'nost' naučnych kraevedčeskich obščestv, S. 26.
117 Ebd., S. 23.
118 MAXIM GORKI: Durch die Union der Sowjets. Tagebuchnotizen und Skizzen, Gesammelte Werke in Einzelbänden, Band 15, Berlin/Weimar 1970.

offensiv für die Umwandlung der Inseln in einen Kurort ein. Noch im Jahr 1933, als die Heimatkundliche Gesellschaft ihre Arbeit bereits weitgehend einstellen musste und die kulturelle Erziehungsarbeit der SLON zugunsten ökonomischer und repressiver Maximen stalinistischen Strafpolitik abgeschafft worden war, schrieb Gor'kij über die Solovki:

> In Zukunft wird der Arzt nicht mehr alle an das südliche Meer und in den Weinstock schicken, sondern in diese Natur, in diese Umgebung [...]. Dann werden die Solovki zur besten Gesundheitsinsel des gesamten russischen Nordens werden.[119]

Hinter der Einrichtung des Solovecker *zapovednik* stand der Biologische Garten der Heimatkundegesellschaft des Lagers. Dieser war im Frühjahr 1924 gegründet worden und befand sich auf dem Gelände der abgelegenen Filipov-Einsiedelei auf der Hauptinsel, rund 2,5 Kilometer vom Solovecker Kreml' entfernt. Unter der Leitung des Zoologen und Gefangenen Mitrofan Nekrasov wurden im Biologischen Garten und in der Sergievskij-Klause auf der großen Muksal'ma-Insel Nutz- und Pelztiere gezüchtet. Neben Rentieren, dem kanadischen Rot- und dem Polarfuchs, Wasservögeln, Raub- und Singvögeln sowie besonderen Fischarten konnte die SOK eine erhebliche Anzahl an Kaninchen und erste Erfolge in der Nachzucht von Zobeln aufweisen.[120] 1927 wurde der Biologische Garten schrittweise in ein biologisches Forschungslaboratorium umgewandelt, das unter der Akademie der Wissenschaften bis einschließlich 1937 arbeitete und unter anderem Forschungen zur biologischen Beschaffenheit der Gewässer auf den Inseln betrieb.[121] Das Forschungslaboratorium knüpfte dabei an Untersuchungen der Biologischen Forschungsstation an, wie sie bereits Ende des 19. Jahrhunderts auf den Solovki existiert hatte.

1.4.3 Außenwirkung und wissenschaftliche Bedeutung der Solovecker Heimatkundegesellschaft

Zwischen 1925 und 1927/1928 hatte die heimatkundliche Gesellschaft der Solovki durch ihre institutionelle Integration in die Strukturen der *kraevedenie*-Bewegung

---

119 Zitat Gor'kijs 1933. In: Über die Organisation eines Touristenzentrums auf den Solovecker Inseln. Entscheidung des Ministerrates vom 15.04.1969. GAAO, f. 5859, op. 2, d. 1316, l. 94–101, hier l. 95.
120 Siehe dazu vor allem die Erinnerungen Nikonovs, in BRODSKIJ: Solovki, S. 309f. sowie den Brief der SOAOK an das Zentrale Büro des *kraevedenie* der Akademie der Wissenschaften und an die Heimatkundegesellschaft in Archangel'sk über die Gründung der Solovecker Abteilung für Heimatkunde. GAAO, f. 270, op. 1, d. 22, l. 4.
121 Erinnerungen E. Šibanovs. In: BRODSKIJ: Solovki, S. 306f.

eine erhebliche Außenwirkung. Die Solovki waren trotz ihrer geografischen Lage vom wissenschaftlichen Leben auf dem Festland keineswegs abgeschnitten. Die Eröffnung des Biologischen Gartens und des Solovecker Museums 1925 wurden von geladenen Gästen feierlich begangen.[122] Zur Jahresfeier beider Einrichtungen verschickte die Solovecker Heimatkundegesellschaft erneut Einladungen an Vertreter der Heimatkundegesellschaft aus Archangel'sk.[123] Aus den Akten der Solovecker Gesellschaft für Heimatkunde geht ferner hervor, dass die SOK in einem regen Austausch mit unionsweiten Wissenschaftseinrichtungen stand. 1926 befand sich die Solovecker *kraevedenie*-Organisation im Schriftverkehr mit 138 Organisationen und Einzelpersonen, unter denen sogar ausländische Wissenschaftler waren.[124] Die Arbeitsberichte und die wissenschaftlichen Veröffentlichungen der Solovecker Heimatkundegesellschaft gingen bis zur Neugründung der SOK als eigenständige Filiale per Post nach Archangel'sk.[125] Selbst individuelle Anfragen von Wissenschaftlern wurden von den Mitarbeitern der SOK beantwortet.[126] Bei öffentlichen Veranstaltungen traten OGPU-Vertreter der Solovecker Heimatkundegesellschaft in Erscheinung. Im Rahmen der zweiten Sitzung von Heimatkundlern im Juli 1925 in Archangel'sk informierten OGPU-Abgesandte das interessierte Publikum über die Erschließung der Solovki, ihre natürlichen, biologischen und historischen Besonderheiten.[127] Eine die Sitzung begleitende Ausstellung zeigte Exponate zum wirtschaftlichen und industriellen Leben auf den Inseln.[128] Die historisch-archäologische Abteilung des Solovecker Museums betätigte sich darüber hinaus an der bereits angesprochenen kulturerzieherischen Arbeit des Solovecker Museums. Zweimal im Monat wurden Lesungen zu verschiedenen Themen durchgeführt und Gefangene, Soldaten der örtlichen Garnison, Schülerinnen und Schüler der Inselschule oder vereinzelte Schiffsbesatzungen, die sich

---

122 BRODSKIJ: Solovki, S. 304.
123 Brief der SOAOK an die AOK vom 6. Januar 1926. GAAO, f. 270, op. 1, d. 46, l. 11.
124 SOŠINA: Muzej Soloveckogo obščestva kraevedenija; siehe dazu auch: SMIRNOVA: Dejatel'nost' naučnych kraevedčeskich obščestv, S. 26.
125 Absage Evdokimovs bezüglich der Feierlichkeiten im Biologischen Garten der Inseln und Bitte um einen Bericht über die Feierlichkeiten für die neuste Ausgabe des Bulletins der AOK sowie um den Austausch von Forschungsarbeiten zum *kraevedenie*. GAAO, f. 270, op. 1, d. 46, l. 9.
126 Antwortbrief der SOAOK an Professor Savič aus Perm' vom 1. März 1926, GAAO, f. 270, op. 1, d. 80, l. 7. – Der Professor hatte sich zunächst an die AOK gewandt, um Archivmaterialien des Solovecker Klosters aus dem 16.–17. Jahrhundert für seine Arbeit an einer Monografie zum Frondienst im Solovecker Kloster zu erhalten. Die Versendung kostbarer Handschriften wird von den Mitarbeitern der SOAOK zwar verneint, allerdings wurde ihm angeboten, notwendige Abschriften für ihn vorzunehmen.
127 SMIRNOVA: Dejatel'nost' naučnych kraevedčeskich obščestv, S. 26.
128 SEREBRJAKOV: Istoričeskij očerk. Kraevedčeskoj raboty na Solovkach, S. 6.

am Hafen der Hauptinsel aufhielten, wurden zu Exkursionen auf den Archipel eingeladen. Allein in den ersten zwei Jahren des Lagers zählte das Museum laut eigenen Angaben 16.500 Besucherinnen und Besucher.[129] Darunter befanden sich nicht zuletzt auch Besuchergruppen, die über das karelische Festland die Überfahrt auf die Inseln machten. Selbst noch zur Eröffnung des Weißmeer-Ostsee-Kanals 1934 lud die karelische Tourismusagentur zu einer organisierten Tour auf den Inselkomplex und zur Besichtigung des »Umerziehungslagers« ein.[130]

Wie bereits angesprochen, schlugen sich die Forschungsergebnisse der SOK in zahlreichen Artikeln nieder, die hauptsächlich zwischen 1925 und 1927 in den lagereigenen Publikationsorganen des monatlich erscheinenden Journals *SLON,* bzw. ab 1925 *Soloveckie Ostrova,* und in der wöchentlichen Zeitung *Novye Solovki* erschienen. Das Monatsjournal *Soloveckie Ostrova* wurde auch auf das Festland geliefert und war an einigen Kiosken in den großen Städten des Landes erhältlich. Ein Abonnement dieser Zeitung, die im März und April 1930 in der höchsten Auflage von 3.000 Exemplaren erschien, war ebenfalls möglich.[131]

Mit Erlangung der Selbständigkeit als heimatkundliche Gesellschaft wurde der Solovecker Heimatkundegesellschaft ein eigenes Publikationsorgan, die *Materialy SOK (Materialy Soloveckogo Obščestva kraevedenija)* zugeteilt.[132] Insgesamt erschienen dort zwischen 1927 und 1929 23 Studien zur Biologie, Geologie, Archäologie und zur Geschichte der Inseln. Die Veröffentlichungen, die sich darüber hinaus auch psychologischen und anthropologischen Fragestellungen widmeten, wurden in einer Auflagenzahl von jeweils 150 bzw. 250 Exemplaren gedruckt und an wissenschaftliche Einrichtungen und Bibliotheken der Russischen Sowjetrepublik verkauft.[133] In der poststalinistischen Sowjetunion waren die Ausgaben in den zentralen Bibliotheken des Landes frei zugänglich.[134] Noch Jahrzehnte nach

---

129 Sošina: Muzej Soloveckogo obščestva kraevedenija.
130 Nick Baron: Production and Terror. The Operation of the Karelian Gulag 1933–1939, in: *Cahiers du Monde russe* 43 (Januar–März 2002) 1, S. 139–180, hier S. 152.
131 Gullotta: Culture as Resistance, S. 4. – Zu den Auflagenzahlen siehe Fischer von Weikersthal: Die »inhaftierte« Presse, S. 524–527.
132 Fischer von Weikersthal, S. 419, Fn. 372.
133 Die Ausgabe Nr. VI der *Materialy SOK* über das Solovecker Klostergefängnis in den Jahrhunderten der Zarenherrschaft (A. P. Ivanov: Soloveckaja monastyrskaja tjur'ma. Kratkij istoriko-revoljucionnyj očerk, Solovki 1927) war allerdings in einer Auflagenzahl von 1.000 Exemplaren erschienen. Siehe Fischer von Weikersthal: Die »inhaftierte« Presse, S. 194, Fn. 81.
134 Der Großteil der auch heute noch verfügbaren Exemplare der *Materialy SOK* befindet sich im Bestand der Russischen Nationalbibliothek in St. Petersburg und der regionalen wissenschaftlichen Bibliothek in Archangel'sk. In den 1960er Jahren waren die Ausgaben in den

der Schließung des Solovecker Gefängnisses 1939 gehörten die Publikationen der SOK zum wissenschaftlichen Forschungsstand, an dem sich Wissenschaftlerinnen und Wissenschaftler unterschiedlicher Fachbereiche abzuarbeiten hatten.[135]

1.4.4 Der ›Große Terror‹ und das Ende der Solovecker Heimatkundegesellschaft

Die Lageradministration versuchte sich die Forschungen der Heimatkundlichen Gesellschaft der Solovki von Beginn an zu Nutze zu machen. Inwieweit also beeinflussten die wissenschaftlichen Untersuchungen der inhaftierten Akademiker den sowjetischen Geheimdienst bei seiner Ausbeutung der Inseln? Viele der Erkenntnisse zur Forstwirtschaft, zu den geologischen Eigenschaften der Inseln oder zu den Besonderheiten der Fischzucht- bzw. des Fischfangs konnten von Beginn an in der täglichen Zwangsarbeit auf dem Archipel direkt umgesetzt werden. Die überwiegende Mehrheit der Gefangenen wurde in erster Linie zu Zwangsarbeiten in der Holzverarbeitung, beim Torfstechen oder zur Arbeit in der Ziegelbrennerei des Lagers herangezogen. Durch das Inkrafttreten des Ersten Fünfjahrplans im April 1929 brach sich die starke Dominanz wirtschaftlicher Fragestellungen, die zunehmend im Rahmen des sowjetischen Zwangsarbeitslagersystems diskutiert wurden, schließlich gänzlich Bahn. Aufgrund der im ersten Fünfjahrplan festgelegten radikalen Unterwerfung des Landes und seiner Bewohnerinnen und Bewohner unter die Politik der forcierten Industrialisierung und Zwangskollektivierung wurden alle politischen und gesellschaftlichen Bereiche des Landes grundlegend verändert. Absolute Priorität besaß fortan die industrielle und militärische Stärkung des sowjetischen Staates. Dieser wirtschaftspolitische Kurswechsel hatte auch Auswirkungen auf die sowjetische Strafpolitik. Die Ambivalenz innerhalb des russischen Justizvollzugssystems während der NÖP-Jahre wich der Eindeutigkeit ökonomischer Anforderungen, welche die

---

Bibliotheken der Akademie der Wissenschaften in St. Petersburg und Moskau zugänglich. Siehe »Milaja dobrovol'naja zatvornica«. Pis'ma D. S. Lichačëva k S. V. Vereš. In: *Naše nasledie* 79–80 (2006), S. 89–97. Abgerufen unter URL: http://www.nasledie-rus.ru/podshivka/7910.php, letzter Zugriff: 05.05.2023.

135 Obgleich Georgij Frumenkov, Historiker der Universität in Archangel'sk und offizieller Vorgesetzter Vitkovs, als Vorsitzender der dortigen VOOPIiK-Abteilung in seinem Buch zur Geschichte des Solovecker Klostergefängnisses des 18. und 19. Jahrhunderts abwertend über die bereits geleistete Arbeit der SOAOK urteilte, beweist seine Studie, die 1965 erschien, dass sowohl die *Materialy SOK* als auch Ausgaben des Journals *Soloveckie Ostrova* in den Universitätsbibliotheken des Landes ohne Beschränkung zugänglich waren. Siehe GEORGIJ FRUMENKOV: Uzniki Soloveckogo monastyrja. Archangel'sk 1965.

stalinistische Revolution an das Justizsystem stellte. Gefangenenarbeit wurde zu einer ökonomischen Ressource deklariert und Repression zu einem Instrument, um die Gegnerinnen und Gegner der unpopulären Politik aus dem Verkehr zu ziehen.[136] Auch die *kraevedenie*-Organisationen wurden zunehmend mit ökonomischen Fragestellungen konfrontiert. Zentrale Institutionen wie der Oberste Rat für die Nationale Wirtschaft wiesen die lokalen Heimatkundegesellschaften an, ihre Arbeit für industrielle Zwecke einzusetzen.[137] Die heimatkundliche Gesellschaft in Archangel'sk, als übergeordnete Organisation der SOK, wies hingegen von Beginn an eine ökonomische Ausrichtung auf.[138] In diesem Zusammenhang war 1924 ein ökonomisches Institut in Archangel'sk entstanden, das sich mit den wissenschaftlichen Grundlagen der Industrialisierung und der wirtschaftlichen Nutzung der gesamten Region beschäftigte.[139]

Die rein wissenschaftliche und kulturelle Ausrichtung der heimatkundlichen Gesellschaft des Solovecker Lagers und die Abschaffung der kulturerzieherischen Strafpolitik führten Anfang der 1930er Jahre zur Schließung der Solovecker *kraevedenie*-Gesellschaft. Nachdem im Mai bzw. im Oktober 1930 die Tageszeitung *Novye Solovki* sowie das Monatsjournal *Soloveckie Ostrova* eingestellt worden waren,[140] kam es Anfang der 1930er Jahre zur Auflösung der Heimatkundegesellschaft.[141] Damit ereignete sich die Schließung der SOK bereits einige Jahre vor 1937, als durch den Beschluss des Sowjets der Volkskommissare mit dem euphemistischen Titel *Über die Reorganisation der heimatkundlichen Arbeit im Zentrum*

---

136 Siehe PETER H. SOLOMON: Soviet criminal justice under Stalin. Cambridge 1996, S. 209, und grundlegend zur sowjetischen Justiz im Stalinismus und insbesondere zur Rolle der sowjetischen Staatsanwaltschaft: IMMO REBITSCHEK: Die disziplinierte Diktatur. Stalinismus und Justiz in der sowjetischen Provinz, 1938 bis 1956, Köln u. a. 2018.
137 JAMES T. ANDREWS: Local Science and Public Enlightenment. Iaroslav Naturalists and the Soviet State 1917–31, in: DONALD J. RALEIGH (Hrsg.): Provincial Landscapes. Local Dimensions of Soviet Power 1917–1953, S. 105–124, hier S. 118.
138 MARINA A. SMIRNOVA: Vlijanie kraevedčeskogo dviženija na razvitie Russkogo Severa v 1917–1927, S. 20–25, hier S. 22. Abgerufen unter URL: https://cyberleninka.ru/article/v/vliyanie-kraevedcheskogo-dvizheniya-na-razvitie-russkogo-severa-v-1917-1937-godah, letzter Zugriff: 05.05.2023.
139 Ebd., S. 23.
140 Die Auflösung der Zeitschrift *Novye Solovki* ging einher mit der Gründung einer neuen Lagerzeitung unter dem Titel *Perekovka (Umschmiedung)*, die den Geist der neuen stalinistischen Strafpolitik einfing. So ersetzte der Begriff *perekovka* den Terminus *perevospitanie* (dt.: Umerziehung). Siehe FISCHER VON WEIKERSTHAL: Die inhaftierte Presse, S. 186, 430.
141 Das genaue Datum der Schließung der Solovecker Heimatkundegesellschaft sowie der ihr zugrunde liegende Befehl der Verwaltung der Solovecker Lager sind nicht überliefert. Sowohl in der Sekundärliteratur als auch in Ego-Dokumenten wird die Schließung der SOK auf Anfang der 1930er Jahre datiert.

und in den Regionen am 10. Juli auch alle bestehenden *kraevedenie*-Organisationen auf dem Festland geschlossen wurden.[142]

Auf den Solovki konnte neben dem biologischen Forschungslaboratorium zunächst lediglich das Solovecker Museum weiterexistieren. Dieses verantwortete 1934 seine letzte große wissenschaftliche Studie zur Denkmallandschaft der Solovki. In kürzester Zeit registrierten der Chemiker Aleksandr Evnevič und der Heimatkundler Pantelejmon Kazarinov 274 historische, kulturelle und künstlerische Denkmäler der Inseln und versahen ihre Arbeit mit wichtigen Beschreibungen und architektonischen Skizzen. Nicht zuletzt aufgrund der Tatsache, dass ein Teil der von ihnen untersuchten Denkmäler heute nicht mehr existiert, ist die Arbeit Evnevičs und Kazarinovs nicht hoch genug einzuschätzen.[143]

Als sich der so genannte Große Terror auch in Archangel'sk Bahn brach, wurde 1937 schließlich auch das Solovecker Lagermuseum geschlossen. Dieser Vorgang stand im Zusammenhang mit der ›Reorganisation‹ der SLON in ein Hochsicherheitsgefängnis (Solovecker Gefängnis zur Besonderen Verwendung – Soloveckaja t'urma osobogo naznačenija – STON) unter der Hauptverwaltung des Geheimdienstes des Innenministeriums. Bereits ab 1931 hatte das Solovecker Lager große Veränderungen durchlaufen, als die Mehrheit der Gefangenen bis 1933 auf das Festland und zu großen Teilen in das ›Besserungsarbeitslager‹ (Ispravitel'no-trudovoj lager' – ITL) zum Bau des Weißmeerkanals überführt worden waren.[144] Im Zusammenhang mit dem NKVD-Befehl 00447 verurteilte die Leningrader Troika, die seit der Errichtung des Gefängnisses für die Gefangenen des Solovecker-ITL zuständig war, im Oktober 1937 1.116 Solovecker Gefangene zum Tode.[145] Die verurteilten Gefangenen wurden daraufhin im Oktober und November 1937 von Mitarbeitern des NKVD auf dem karelischen Festland nahe des Dorfes Sandormoch erschossen.[146] Weitere Todesurteile erfolgten am 10. und 25. November 1937, in deren Folge weitere 509 Solovecker Gefangene in Leningrad hingerichtet wurden. Am 14. Februar 1938 unterzeichnete die Leningrader Troika schließlich den letzten Todesbefehl für 200 Solovecker Gefangene, die direkt auf den Inseln erschossen wurden.[147] Fast die gesamte Solovecker Lagerintelligenz war Mitte Februar 1938 nicht mehr am Leben.

---

142 Smirnova: Dejatel'nost' naučnych kraevedčeskich obščestv, S. 27.
143 Sošina: Muzej Soloveckogo obščestva kraevedenija.
144 Nick Baron: Conflict and complicity: The expansion of the Karelian Gulag, 1923–1933. In: *Cahiers du monde russe* 43 (2002) 1, S. 139–180, hier Fn. 96.
145 Ebd., S. 170.
146 Sošina: Repressirovannaja nauka, S. 139.
147 Baron: Production and terror, S. 170 f.

1.5 Zwischenfazit: Symbiose von Denkmal- und Naturschutz im Lager

In ihrer vergleichsweise kurzen Schaffensperiode konnte die heimatkundliche Gesellschaft des Solovecker Lagers bedeutende wissenschaftliche Standards in der Erforschung der Solovecker Inseln und in Bezug auf den Denkmal- und den Naturschutz des Archipels setzen. In ihrem Unterfangen, sowohl die Denkmäler als auch die Flora und Fauna der Inseln wissenschaftlich zu kategorisieren und zu schützen, nahmen viele der zu Lagerhaft verurteilten Wissenschaftler ihre beruflichen Tätigkeiten im Rahmen der SOAOK/SOK, wenn auch unfreiwillig, wieder auf. Das von ihnen eingebrachte Wissen führte ferner dazu, dass im Rahmen der Heimatkundegesellschaft des Solovecker Lagers das *zapovednik*-Konzept auf konkrete Territorien und Architekturdenkmäler übertragen und wissenschaftlich implementiert wurde. Das von Vinogradov vertretene Denkmalverständnis in Bezug auf die religiösen Architekturdenkmäler des Archipels spiegelte deutlich die frühen Überlegungen zum kulturellen Erbe des Landes wider. Diese Vorgänge zeugen davon, wie nah sich die Entwicklungen auf den Solovki am Forschungsstand der damaligen Zeit bewegten. Die bereits zu Lagerzeiten praktizierte interdisziplinäre Verknüpfung von Denkmalschutz und Ökologie sollte langfristig dazu führen, dass das Solovecker Museum 1974 mit einem so genannten landschaftlichen Profil neu gegründet wurde. Während der Perestroika startete der Sowjetische Kulturfonds ein Programm, das den Schutz des Kultur- und Naturerbes explizit zusammendachte und schließlich als Grundlage zur Aufnahme der Solovki in die UNESCO-Weltkulturerbeliste gesehen werden kann.[148]

Angetrieben wurde die Arbeit der Solovecker Gefangenen besonders zu Anfang von der Hoffnung, dass sich das Solovecker Lager als temporäre Einrichtung erweisen werde und somit eine rational und wissenschaftlich geleitete Schutzpolitik der Denkmäler und der Solovecker Natur möglich werden könne. Aus diesem Grund versuchten die Mitarbeiter der SOK, die Solovecker Kultur- und Naturschätze vor der Zerstörung durch die Kader der zumeist ungebildeten Geheimdienstmitarbeiter zu schützen und sie somit für die nachfolgenden Generationen zu bewahren.

Der von Pëtr Baranovskij 1923 erarbeitete Vertrag zwischen der Solovecker Lagerverwaltung und der Abteilung für Museumsangelegenheiten des Ministeriums für Aufklärung erwies sich – unter Berücksichtigung der schwierigen Quellenlage – für die Lagerperiode als brüchig, aber teilweise tragfähig. Sowohl die Preobraženskij-Kathedrale als auch die Blagoveščenskaja-Kirche wurden nicht zu wirtschaftlichen

---

148 GEERING: Building a Common Past, S. 279 f.

Zwecken genutzt. Selbst in den 1930er Jahren sah sich der sowjetische Geheimdienst in Bezug auf diese Gebäude offensichtlich an die Anweisungen der Abteilung für Museumsangelegenheiten gebunden. Die Umwandlung der Preobraženskij-Kathedrale in ein architektonisch-museales Schutzgebiet zeugt einerseits von einer gewissen Bereitschaft der Lagerverwaltung, die besondere Nutzung der Kirche auch in den folgenden Jahren trotz wachsender Gefangenenzahlen aufrechtzuerhalten. Andererseits kann diese Entwicklung ebenso als Ausdruck der Geistesgegenwärtigkeit und intellektuellen Überlegenheit der Lagerintelligenz gewertet werden, die sich über ihre wissenschaftliche Arbeit in den stillen Widerstand gegenüber ihren Bewachern begab, die oftmals nicht mal des Lesens und Schreibens mächtig waren.[149] Wie viele Solovecker Architekturdenkmäler, Kunstwerke und Zeremonialobjekte des ehemaligen Klosters durch die Anstrengungen der Abteilung für Museumsangelegenheiten und die Solovecker Heimatkundegesellschaft gerettet werden konnten, ist nicht nachvollziehbar; nicht zuletzt weil durch die außenpolitischen Ereignisse des Jahres 1939 die Solovki in den Verwaltungsbereich der sowjetischen Nordflotte wechselten und es zu einer direkten Nachnutzung der Solovecker Lagerinfrastruktur kam. Gleichzeitig können keine gesicherten Aussagen über die Schäden getätigt werden, die von den letzten Gefangenen und den Gefängniswärtern auf Befehl der Gefängnisleitung an den architektonischen Anlagen der Solovki verursacht wurden. Dass eine solche ›Säuberung‹ stattfand, belegen die Berichte der Ausbildungsabteilung der sowjetischen Nordflotte.[150]

Schließlich bleibt zu ergänzen, dass es während der gesamten Lagerperiode im Vergleich zu den Jahren danach nur zu wenigen Neubauten auf den Inseln kam. Das größte Gebäude, dessen Bau noch 1938 vom NKVD in Auftrag gegeben wurde, war ein neues Gefängnisgebäude, das auf dem Gelände der im 16. Jahrhundert gegründeten Ziegelei errichtet wurde. Der in Rekordzeit bis 1939 fertiggestellte Bau, der von Gefangenen sowohl geplant als auch errichtet worden war, konnte aufgrund der Evakuierung des Lagers und der Übernahme der Inseln durch die sowjetische Marine letztlich nie als Inhaftierungsort genutzt werden. In den zweigeschossigen Steinbau zog zunächst eine Sektion der Ausbildungsabteilung ein, bevor das Gebäude in den kommenden Jahren lediglich als Lager genutzt wurde und langsam verfiel.

---

149 GULLOTTA: The »Cultural Village« of the Solovki Prison Camp, S. 11.
150 So wird beispielsweise berichtet, dass die administrativen Schaltstellen der Solovecker Hafteinrichtung, also die Quartiere und Büros des Verwaltungsstabes des sowjetischen Geheimdienstes, verwüstet hinterlassen worden waren. Siehe den Bericht des Kriegskommissars der weiterführenden Schule der Ausbildungsabteilung der Nordflotte, Alekseev, an den Leiter der politischen Verwaltung der Nordflotte, Brigadekommissar Kornienko, vom 27. Dezember 1939. In: Staatliches Archiv der Kriegsflotte (Rossijskij Gosudarstvennyj archiv voenno-morskogo flota (RGAVMF), f. R-983, op. 2, d. 2, ll. 104–107, hier l. 106.

1.6 Die sowjetische Nordflotte und die Solovecker Denkmäler 1939–1957

Nachdem die Solovki vor allem in der zweiten Hälfte der 1930er Jahre weitestgehend aus dem Blickfeld der sowjetischen Propaganda geraten waren, änderte sich diese Situation im Laufe des Jahres 1939. Aufgrund der drohenden kriegerischen Auseinandersetzung mit Finnland im Herbst 1939 wurde auf Grundlage der Direktive der Baltischen Rotbannerflotte (Krasnoznamennyj Baltijskij Flot) vom 20. November 1939 die weiterführende Schule der Ausbildungsabteilung der Baltischen Flotte der Roten Armee auf die Solovecker Inseln verlegt und das Solovecker Gefängnis zur Besonderen Verwendung geschlossen.[151] Dank der strategisch günstigen Lage des Archipels inmitten des Weißen Meeres, unweit der sowjetisch-finnischen Grenze, war der Archipel frühzeitig in den Fokus der sowjetischen Kriegsmarine gerückt. Eine zunächst angedachte Einrichtung einer marinen Kriegsbasis auf dem Archipel wurde durch den Bericht einer Untersuchungskommission der Marine verhindert, die den Solovecker Archipel als untauglich für diesen Zweck einstufte.[152] Die Verlegung der Ausbildungsabteilung aus Oranienbaum erschien der Kriegsmarine hingegen eine vertretbare Alternative zu sein. Trotz der vermeintlich sicheren Lage des Archipels im Kriegsfall und der angedachten Nachnutzung der Klostergebäude stellte die Übernahme des Archipels für die sowjetische Kriegsmarine allerdings in keiner Weise einen Glücksfall dar. Neben der maroden und unzureichenden Infrastruktur der Inseln war die Verbindung mit dem Festland auf wenige Monate zwischen Mai und Oktober beschränkt. Eine gesicherte Postverbindung musste ebenso erst eingerichtet werden wie eine zivile Infrastruktur.[153]

---

151 Geheimbefehl des Kommandeurs der Ausbildungsabteilung der Baltischen Flotte der Roten Armee, Kapitän Ležava und des Kriegskommissars der Ausbildungsabteilung der Baltischen Flotte der Roten Armee an den Leiter und den Kriegskommissar der weiterführenden Schule der Ausbildungsabteilung der Baltischen Flotte der Roten Armee, Oberst-Kommissar Petruchin vom 21. November 1939, RGAVMF R-983, op. 1, d. 14, l. 79.
152 OL'GA BOČKAREVA: Materialy k istorii Soloveckich lagerej i tjur'my 1920–1939. Solovki 2014, Fn. 136.
153 Die Postverbindung der Inseln mit dem Festland wurde zu Beginn gleichzeitig dadurch eingeschränkt, dass die Ausbildungsabteilung der Nordflotte zunächst über kein Transportmittel (Schiff/Flugzeug) für den Empfang und das Versenden von Post verfügte. Siehe den Bericht des Leiters der weiterführenden Schule Kapitän Dianov und den Leiter der Bauabteilung der weiterführenden Schule, Kapitän Ingman an den Verwaltungsleiter des Volkskommissariats der Kriegsflotte und den Leiter der 4. Abteilung der Nordflotte vom 29.03.1940. RGAVMF, f. R-983, op. 1, d. 28, l. 117.

Die im Solovecker Gefängnis verbliebenen Gefangenen sollten, wie es aus dem Geheimbefehl des NKVD der UdSSR vom 2. November 1939 zur Schließung des STON hervorgeht, in die Gefängnisse der Städte Vladimir und Orjol überführt werden. Die übrigen Gefangenen des Archipels wurden auf andere Lager des Gulag-Systems verteilt.[154] Die Jahre des so genannten Großen Terrors hatten allerdings bereits für eine Dezimierung der Solovecker Gefangenen gesorgt. Im Herbst 1939 mussten also lediglich die verbliebenen 1.440 Gefangenen, die auf den Solovki in Einzelhaft saßen, und weitere 685, die als Lagerinsassen geführt wurden, aufs Festland überführt werden.[155]

Die Übergabe der Inseln und ihrer baulichen Infrastruktur wurde von einer dafür eingesetzten speziellen Regierungskommission überwacht. Am 22. November meldete Kapitän Korobov – ein Mitglied der Bauabteilung der Baltischen Flotte, der einer Abordnung angehörte, die die Gebäude für die Übernahme durch die Schule vorbereiten sollte –, dass die für die Übergabe eingesetzte Regierungskommission ihre Arbeit beendet habe.[156] Abzüglich des Vorbereitungsstabs, der bereits am 28. November auf den Inseln eintraf, vermeldete der Leiter der weiterführenden Schule der Ausbildungsabteilung der Baltischen Flotte, Kapitän Dianov, am 28. Dezember 1939 die erfolgreiche Verlegung der Ausbildungsabteilung auf den Solovecker Archipel.[157] Als der militärische Leitungsstab und mit ihm die ersten Kadetten der Ausbildungsabteilung am Archipel anlegten, waren alle Gefangenen des STON bereits verlegt worden.[158]

Neben dem Kommando- und Offiziersstab der Ausbildungsabteilung der Nordflotte, die mit ihren Familien fortan auf dem Archipel wohnen sollten, mussten 1939 1.610 Schüler der Ausbildungsabteilung untergebracht werden.[159] Dem

---

154 Aus dem Geheimbefehl des NKVD der SSSR vom 2. November 1939 Über die Schließung des Gefängnisses auf der Insel Solovki. In: BRODSKIJ: Solovki, S. 514.
155 BRODSKIJ: Solovki, S. 526, Fn. 151.
156 Bericht einer Dienstreise auf die Solovki durch den Helfer des Leiters der Bauabteilung Kapitän Korobov an den Leiter der weiterführenden Schule der Ausbildungsabteilung der Baltischen Flotte der Roten Armee, Kapitän Dianov vom 28. November 1939. RGAVMF, f. R-983, op. 1, d. 14, ll. 83–84.
157 Brief des Leiters der weiterführenden Schule der Ausbildungsabteilung der Baltischen Flotte der Roten Armee, Kapitän Dianov an den Kriegssowjet der Nordflotte vom 28. 12. 1939. RGAVMF, f. R-983, op. 1, d. 13, l. 26.
158 BRODSKIJ: Solovki, S. 518.
159 Darunter befanden sich 1.500 junge Kadetten, die im Herbst 1939 rekrutiert worden waren, und 110 Spezialisten der Schule junger Luftfahrtspezialisten (ŠMAS – Škola mladsich aviaspecialistov). Siehe den Bericht des Leiters der weiterführenden Schule der Ausbildungsabteilung der Baltischen Flotte der Roten Armee, Kapitän Dianov an den Leiter der Verwaltung der Hochschulen der Nordlotte vom 28. 01. 1940 (Eingangsstempel). RGAVMF, f. R-983, op. 1, d. 28, l. 34–35.

schloss sich ein nicht unerheblicher Verwaltungsstab der Ausbildungsabteilung, bestehend aus Lehrpersonal, medizinischem Fachpersonal und administrativen Fachkräften, an. Zusätzlich wurde eine nicht näher bezifferte Anzahl von Personen des Wachpersonals des Solovecker Gefängnisses in den Dienst der Nordflotte übernommen.[160] Schließlich beherbergten die Solovki eine örtliche Marinegarnison der Roten Armee, die einen lokalen Schützenzug befehligte. Weitere Schützenzüge wurden auf dem Festland in den Städten Kem' und Belomorsk stationiert.[161] Die Schulung der Kadetten in der Ausbildungsabteilung der Kriegsflotte fand in 18 Spezialdisziplinen statt und deckte die gesamte Bandbreite mariner Berufsfelder ab. Neben Ausbildungsberufen im Bereich der Artillerie, im Zusammenhang mit dem militärischen Nachrichtenwesen und elektromechanischen Ausbildungsberufen wurden die jungen Kadetten auch für die höhere Laufbahn und für Aufgaben im Kommando- und Leitungsstab der Marine geschult.[162] Darüber hinaus kommandierte die Leitung der Verwaltung der Hochschulen der Nordflotte in den ersten Jahren 110 Kadetten der Schule junger Luftfahrtspezialisten (Škola mladšich aviaspecialistov – ŠMAS) auf die Solovki, um dort eine Bauausbildung zu erhalten.[163] Überhaupt schien die Bauausbildung ein integraler Bestandteil der Ausbildung aller Kadetten der unterschiedlichen Fachrichtungen zu sein und sie konnte in den baufälligen Anlagen des ehemaligen Solovecker Klosters bestens umgesetzt werden.

Grundsätzlich waren alle Gebäude und Anlagen sowie nicht bewegbaren Gegenstände mit dem Schließungsbefehl des Solovecker Gefängnisses an die sowjetische Kriegsmarine übergegangen. So beinhaltete der von Berija unterzeichnete Befehl des sowjetischen Innenministeriums vom 2. November 1939 folgenden Passus:

> Alle materiellen Wertgegenstände, Gebäude und Anlagen, die Elektrostation, die Hauswirtschaft, alle unvollendeten Bauten, Flugzeuge, Schiffe, die Radiostation, der Lastkahn usw. werden an das Volkskommissariat der Kriegsflotte übergeben. [...] Der Transfer aller Gefangenen, die Verlegung des Personals des Gefängnisses und der Abtransport aller materieller Wertgegenstände soll bis zum 15. Dezember 1939 abgeschlossen sein.[164]

---

160 Pavel Florenskij/Vasilij Florenskij: Počta Solovkov posle lagerja. Vojna, in: *Al'manach Soloveckoe more* 10 (2011), S. 141–146, hier S. 143.
161 Brief des Leiters der 4. Abteilung des Stabes der Nordflotte, Kapitän Dmitriev an die Leitung der Nordflotte vom 19. Januar 1940. RGAVMF, f. R-983, op. 1, d. 28, l. 27.
162 RGAVMF, f. R-983, op. 1, d. 28, l. 34–35.
163 Ebd.
164 Brodskij: Solovki, S. 514.

Ob der Abschnitt aus dem Schließungsbefehl Lavrentij Berijas in Bezug auf die beweglichen »materiellen Wertgegenstände« absichtlich ungenau gehalten wurde, kann nur vermutet werden. Fakt ist, dass die Gefängnisverwaltung der Solovki sowie das Ministerium für Aufklärung die schwammige Anweisung über den »Abtransport aller materieller Wertgegenstände« in Bezug auf noch vorhandene Kunstgegenstände des ehemaligen Solovecker Museums relativ frei interpretierten. So vermerkte der Kriegskommissar der weiterführenden Schule der Ausbildungsabteilung der Nordflotte Alekseev an den Leiter der Politischen Verwaltung der Nordflotte, Brigadekommissar Kornienko, in seinem Bericht vom 27. Dezember 1939 Folgendes:

> Der Kreml' besitzt Reste eines Heimatkundemuseums, das geplündert wurde. Den Großteil der Literatur aus dem Museum und der Bibliothek hat die kriegspolitische Abteilung. [...] Meiner Meinung nach sollte die Inselbibliothek durch das zukünftige DKF [dom krasnogo flota – Haus der Roten Flotte][165] verwahrt werden und die Bücher, die einen historischen Wert besitzen, im Museum verbleiben. Im Moment werden sie im Museum verwahrt.[166]

Interessant scheint nicht nur die Beobachtung Alekseevs, dass das Heimatkundemuseum geplündert zurückgelassen worden war. Vielmehr ist der Umstand überraschend, dass sich trotz zweier Brände in den Jahren 1923 und 1932, der endgültigen Schließung des Museums im Jahr 1937 und erneuter Abfuhren von Wertgegenständen von den Inseln im Sommer 1939 auch Ende 1939 noch Handschriften und Bücher mit historischem Wert auf den Solovki befanden und das Museum in seinen Überresten noch existierte. Durch die dramatische Verschlechterung der diplomatischen Beziehungen zu Finnland im Sommer 1939 und nachdem in Moskau die ersten Informationen zur Schließung des Solovecker Gefängnisses durchgesickert waren, hatte sich die Abteilung für Museumsangelegenheiten an das bis dato in ihrer Verwaltung stehende Museum auf den Solovki besonnen, denn faktisch besaß das von Baranovskij entworfene Vertragswerk vom Sommer 1923, in dem sich die Abteilung für Museumsangelegenheiten das Recht zusichern ließ, die Gebäude und deren Inventar im Falle der Schließung des Solovecker Lagers zu übernehmen, noch Gültigkeit.[167] Da allerdings das Verteidigungsministerium bereits die Übernahme der Inseln vorbereitete, schickte die Abteilung für Museumsangelegenheiten im August

---

165 So genannte Häuser der Roten Flotte wurden an verschiedenen Marinestützpunkten errichtet und wurden in erster Linie zum Propaganda-, Kultur- und Freizeitprogramm der Matrosen und ihrer Familien genutzt.
166 RGAVMF, f. R-983, op. 2, d. 2, ll. 104–107, hier l. 106.
167 Dokument 9. In: BUROV/CHERNOVOL: Soloveckij monastyr', S. 30.

1939 mit F. Seleznev und M. Kuznecov zwei Vertreter auf die Inseln, in deren Obhut die NKVD-Mitarbeiter 700 museale Exponate übergaben, darunter die Reliquien der drei Klostergründer, 63 Ikonen aus dem 16.–17. Jahrhundert und 70 handgeschriebene Bücher.[168] Bis zur Übernahme der Inseln durch die Nordflotte soll es zudem zu weiteren Ausfuhren von wertvollem Inventar des Solovecker Museums gekommen sein,[169] deren Verbleib allerdings unbekannt blieb.[170]

Mit Blick auf die Kunstgegenstände des Solovecker Lagermuseums illustrieren die Vorgänge zwischen Sommer und November, Dezember 1939 zweierlei: Einerseits deutet die Vorgehensweise der beteiligten sowjetischen Ministerien darauf hin, dass keine einheitlichen Absprachen darüber existierten, was im Zuge der Schließung des Solovecker Gefängnisses mit den verbliebenen Wertgegenständen des ehemaligen Klosters passieren sollte. Während der Befehl Berijas offenließ, welche »materiellen Wertgegenstände« des ehemaligen Lagers an die Marine übergeben bzw. zusammen mit allen Gefangenen von den Solovki abtransportiert werden sollten, nutzte das Ministerium für Aufklärung die Chance, im Sommer 1939 die Reste des Solovecker Klosterschatzes zu sichern und ihn zu großen Teilen in den zentralen Museumsfonds nach Moskau zu überführen. Für den Umgang der Nordflotte mit den auf den Inseln verbliebenen Kunstgegenständen, Handschriften, Büchern, Ikonen, Zeremonialobjekten und der Solovecker Klosterarchitektur existierten wiederum nur vage Vorgaben. Zwar zeigte sich die Nordflotte bestrebt, die Bücher »mit historischem Wert« sicher zu verwahren. Das Grundproblem schien allerdings darin zu bestehen, dass den Matrosen die notwendige Expertise fehlte, den historischen Wert der Kunst und der Architektur erkennen zu können, da ihnen keine notwendigen wissenschaftlichen Einschätzungen und Berichte der Heimatkundegesellschaft des Lagers hinterlassen worden waren, die den Umgang mit dem Solovecker Kulturerbe angeleitet hätten.[171]

Andererseits scheint es doch bemerkenswert, dass sich unter den besonderen Voraussetzungen der 1930er Jahre sowie unter unmittelbarer Kriegsgefahr alle beteiligten Ministerien und Institutionen darüber einig zeigten, die historisch als wertvoll erachteten Gegenstände des ›antireligiösen‹ Lagermuseums zu schützen und auch in Zukunft sicher zu verwahren. Auch wenn die Aktenlage keine endgültige Klärung der Frage zulässt, ob es nach den Ausfuhren der wertvollsten Exponate

---

168 SOŠINA: Muzej Soloveckogo obščestva kraevedenija.
169 Ebd.
170 Entwurf eines Briefes von Pëtr Baranovskij an den Leiter der Abteilung für Denkmalschutz Babenkov, Sommer 1944. In: BUROV/CHERNOVOL: Soloveckij monastyr', S. 39.
171 Brief des Oberstaatsanwalts der Kriegsmarine, Gavrilov, an den Leiter der Abteilung für Denkmalschutz, Babenkov vom 7. Juni 1944. In: BUROV/CHERNOVOL: Soloveckij monastyr', S. 37 f.

des Solovecker Lagermuseums durch die Abteilung für Museumsangelegenheiten zu weiteren Plünderungen durch NKVD-Offizielle kam, erhärtet die Tatsache, dass der Großteil der Exponate noch 1939 in den Mauern der Blagoveščenskaja-Kirche und der Preobraženskij-Kathedrale verwahrt wurde, die Vermutung, dass sich der NKVD bis zuletzt zumindest einigen Richtlinien des Ministeriums für Aufklärung zum Schutz und zum Erhalt des Solovecker Klosterschatzes verpflichtet sah. Mit Verweis auf die Solovecker Lager- und spätere Gefängnisleitung, die in Bezug auf die Ausbeutung menschlicher Arbeitskraft und die unmenschlichen Haft- und Lebensbedingungen auf den Solovki eigene Negativmaßstäbe setzte, muss diese Erkenntnis zumindest überraschen.

Ein deutlich anderes Bild eröffnete sich den Matrosen mit Blick auf die Solovecker Architekturdenkmäler. Vor allem die ersten Berichte des ›Organisationskomitees‹ der Nordflotte vom November und Dezember 1939 vermitteln ein plastisches Bild über den Zustand der Kreml'architektur und der Infrastruktur nach dem Abtransport der Gefangenen und weiter Teile des NKVD-Verwaltungsstabes.[172] Die zu administrativen und Wohnzwecken genutzte Klosterinfrastruktur war vom sowjetischen Geheimdienst in einem heruntergekommenen und ungeordneten Zustand an die sowjetische Nordflotte übergeben worden. Hinzu kam die Schwierigkeit, dass an die Unterbringung von militärischen und zivilen Angestellten der Roten Armee andere Maßstäbe angelegt werden mussten als an die Unterbringung von Gefangenen. Die von den Matrosen nach ihrer Ankunft vorgefundenen Klostergebäude waren aufgrund ihrer 16-jährigen Nutzung zu Inhaftierungszwecken zum überwiegenden Teil nicht bewohnbar. Im Bericht der Bauabteilung der Nordflotte vom November 1939 wurden die Gefängnistrakte im Kreml' aufgrund ihres Zuschnitts, ihres baufälligen Zustands und der fehlenden Heizkörper für die zivile Nutzung als »unbenutzbar« eingestuft.[173] In die zivilen Baracken außerhalb des Kreml', die Platz für etwa 120 Personen aufwiesen und in erster Linie durch das administrative Personal der Lager- bzw. Gefängnisverwaltung bewohnt worden waren, konnte zunächst zumindest ein Teil der Familien des Kommandostabes untergebracht werden. Darüber hinaus musste die Leitung der Ausbildungsabteilung die angemessene Unterbringung von weiblichen Angestellten der Ausbildungsabteilung, wie beispielsweise der Krankenschwestern des zukünftigen Lazaretts, sicherstellen, die in Einzelzimmern wohnen sollten.[174] Die übrigen Holzhäuser der Hauptinsel waren in der Regel zweigeschossig und

---

172 Noch im Dezember 1939 hielten sich einige Abgeordnete des NKVD auf den Inseln auf. Siehe RGAVMF, f. R-983, op. 2, d. 2, ll. 104–107, hier l. 105.
173 RGAVMF, f. R-983, op. 1, d. 14, ll. 83–84.
174 RGAVMF, f. R-983, op. 2, d. 2, ll. 104–107, hier l. 105.

ebenfalls in einem schlechten Zustand. Während die meisten zivilen Bauten über Elektrizität verfügten, erfolgte die Wasserversorgung über Brunnen. Die fehlenden Aufnahmekapazitäten und die Baufälligkeit der meisten Klostergebäude führten dazu, dass viele Angehörige der Ausbildungsabteilung in den ersten Monaten nicht adäquat untergebracht werden konnten.[175]

Andere Bereiche der Lagerinfrastruktur konnten hingegen ohne Umbauten für die Nutzung der Ausbildungsabteilung umfunktioniert werden. Dazu gehörten zum Beispiel Teile der sanitären und elektronischen Anlagen des Gefängnisses, die Banja, die Wäscherei und die Bäckerei im Innern des Kreml' sowie das Lazarett des Gefängnisses, das über 100 Betten und eine vollständige Ausrüstung an ärztlichen Instrumenten und Notfallmedikamenten verfügte.[176] Auch die durch den NKVD eingerichteten Kommunikationsleitstellen, wie die Telefon- und Radiostation der Insel, konnten von der Marine ohne Probleme weiter genutzt werden.

Neben dem ehemaligen Lagermuseum übernahm die sowjetische Kriegsflotte auch andere ›Überbleibsel‹ der Solovecker Heimatkundegesellschaft. Der Nutztierbestand des Gefängnisses, der bei der Übergabe immerhin aus 300 Kühen und Rindern, 200 Schweinen, und 150 Pferden bestand, umfasste zudem etliche Zuchtvögel, die aus den Relikten des Biologischen Gartens der SOK stammten.[177] Auch in Bezug auf die Denkmalpflege schien die Ausbildungsabteilung jedenfalls in den ersten Jahren an die Traditionen der Solovecker Heimatkundegesellschaft anknüpfen zu wollen. Im bereits zitierten Bericht vom Dezember 1939 kündigte Kriegskommissar Alekseev demnach die Gründung einer »Gesellschaft für den Schutz von alten Denkmälern« an.[178] Da die Akten der sowjetischen Kriegsmarine für die Zeit nach dem Überfall Nazi-Deutschlands auf die Sowjetunion im Juni 1941 bis heute gesperrt sind, können keine gesicherten Rückschlüsse darüber gezogen werden, ob eine solche Gesellschaft im Rahmen der Ausbildungsabteilung tatsächlich eingerichtet wurde und ob diese über die Kriegsjahre hinaus funktionierte. Die wenigen Hinweise aus der Nachkriegszeit sprechen allerdings eher dagegen. In den Akten der 1950er Jahre findet sich jedenfalls kein Verweis auf die Existenz einer solchen Organisation. Vielmehr schienen sich die auf den Inseln verbliebenen Teile der Klosterbibliothek und des Klosterschatzes 1940 in einem sehr schlechten Zustand zu befinden. Private Anstrengungen zur Rettung und Restaurierung wertvoller Bücher und Ikonen wurden vom marinen Leitungsstab schon

---

175 Ebd.
176 RGAVMF, f. R-983, op. 1, d. 14, ll. 83–84.
177 Ebd.
178 RGAVMF, f. R-983, op. 2, d. 2, ll. 104–107, hier l. 106.

bald wieder im Keim erstickt.[179] Gegen die Einrichtung einer solchen Gesellschaft spricht außerdem die Tatsache, dass das Museum der Solovki, um dessen Erhalt sich die SOK bis zuletzt bemühte, 1944 bereits nicht mehr existierte.[180] Zudem hatte 1951 der Zustand der Klosterarchitektur »katastrophale« Züge erreicht und viele der Gebäude standen vor dem vollständigen Verfall, wie der Architekt Vadim Kibirev zu diesem Zeitpunkt beunruhigt an Igor' Grabar' kommunizierte.[181]

Politisch, infrastrukturell und demografisch hatte die Verwaltung der Inselgruppe durch die sowjetische Marine allerdings große Veränderungen zur Folge. So entstand ein kommunales Leben auf dem Archipel. Im ›Kriegsstädtchen‹ außerhalb der Kreml'mauern auf der Hauptinsel des Archipels siedelten sich Angehörige der Ausbildungsabteilung, der ab 1942 auf die Inseln verlegten Jungkadettenschule (Škola Jung), der Garnison und einer entstehenden dörflichen Wirtschafts- und Dienstleistungsinfrastruktur an.[182] Zudem entstanden erste politische Strukturen auf der Insel. Im Februar 1940 regte der Kriegskommissar der weiterführenden Schule der Ausbildungsabteilung Alekseev beim Leiter der politischen Verwaltung der Nordflotte an, ein lokales Parteikomitee auf den Inseln einzurichten.[183] Neben dem Aufbau ziviler und mariner Parteistrukturen stellte er die Gründung eines Gewerkschaftsorgans, eines Gesundheitsamtes, die Einrichtung einer polizeilichen Behörde und den Aufbau einer Poststelle in

---

179 So berichtet es jedenfalls der Oberstleutnant der Marine V. Monachov, der nach eigenen Angaben 1940 auf die Inseln kam und im Sommer 1940 eine Ausstellung zur Solovecker Ikonenmalerei umsetzen konnte, die bereits kurz nach seiner Abreise wieder geschlossen wurde. Siehe die Leserbriefe zum Artikel *Soloveckie mečtanija* von Jurij Kazakok vom 11. September 1966. In: *Literaturnaja Gazeta*, 8. Oktober 1966. Abgedruckt in: Federal'noe gosudarstevennoe učreždenie kul'tury Soloveckij gosudarstvennyj istoriko-architekturnyj i prirodnyj muzejzapovednik: K 40-letiju sozdanija Soloveckogo muzeja-zapovednika. Soloveckij muzej-zapovednik v zerkale pressy, 1960–2007. Solovki 2007, S.12 f.

180 Brief des Oberstaatsanwalts der Kriegsmarine, Gavrilov, an den Leiter der Abteilung für Denkmalschutz, Babenkov vom 7. Juni 1944. In: BUROV/CHERNOVOL: Soloveckij monastyr', S. 29–31, hier S. 37.

181 Brief von V. M. Kibirov an I. Ė. Grabar' vom 15. November 1951. In: BUROV/CHERNOVOL: Soloveckij monastyr', S. 40.

182 Wie viele Menschen zur Zeit des Zweiten Weltkriegs die Inseln bewohnten, ist nicht belegbar. Gesichert scheint hingegen die Annahme, dass die Bevölkerung der Solovki zu Zeiten des Zweiten Weltkrieges mit einigen tausend Menschen ihren Höchststand erreichte. Siehe dazu PËTR LEONOV: Poselok Soloveckij. Kratkaja spravka po istorii, architekture, toponimike, in: *Al'manach Soloveckoe more* 4 (2005). Abgerufen unter URL: http://solovki.info/?action=archive&id=303, letzter Zugriff: 05. 05. 2023.

183 Bericht des Kriegskommissars der weiterführenden Schule der Ausbildungabteilung der Nordflotte Alekseev an den Leiter der politischen Verwaltung der Nordflotte Brigadekommissar Kornienko vom 25. 02. 1940. RGAVMF, f. R-983, op. 1, d. 4, ll. 6–13, hier l. 12 f.

Aussicht.[184] Im August 1943 wurden die Solovecker Inseln aus dem administrativen Zuständigkeitsbereich der Region Kem' der Karelisch-Finnischen Autonomen Sowjetischen Sozialistischen Republik (ASSR) ausgelöst und abermals in den Verwaltungs- und Jurisdiktionsbereich der Region Archangel'sk überführt. Auf Befehl des Präsidiums des Obersten Rates der Russischen Sowjetrepublik vom 12. Februar 1944 konnte schließlich der Solovecker Inselsowjet, die erste staatliche Vertretung auf den Inseln gegründet werden.[185] Die Ausbildungsabteilung verblieb offiziell bis 1957 auf den Inseln, bevor sie schrittweise abgezogen wurde und nur einige wenige Matrosen auf den Inseln verblieben.[186] Die letzten Vertreter der sowjetischen Nordflotte sollten im Herbst 1991 den Archipel verlassen, weshalb die Solovki bis zu diesem Jahr offiziell als militärisches Sperrgebiet galten.[187]

1.6.1 Die Solovecker *Škola Jung* 1942–1945

Die aus der Baufälligkeit der Klostergebäude resultierende Unbewohnbarkeit eines Großteils der Solovecker Architektur führte in den ersten Jahren nach der Übernahme der Inseln durch die sowjetische Marine zu erheblichen Bauunternehmungen. Diese Entwicklung war nicht zuletzt der Tatsache geschuldet, dass sowohl die zivile als auch die militärische Bevölkerung der Inseln während der Kriegsjahre ständig anstieg. Am 25. Mai 1942 wurde durch einen Erlass des Volkskommissariats der Kriegsflotte mit der bereits erwähnten *Škola Jung* eine Jungkadettenschule auf den Inseln eingerichtet. Damit bestand die Ausbildungsabteilung der Nordflotte aus insgesamt fünf verschiedenen Schulen. Die *Škola Jung* war eine spezielle Jungkadettenschule, deren Bezeichnung, so wird vermutet, aus dem Niederländischen stammte und zur Zeit Peters I. in den russischen Sprachgebrauch übertragen worden war. Im Gegensatz zur Ausbildungsabteilung der Nordflotte, deren Kadetten bereits das Erwachsenenalter erreicht hatten, waren die Marineschüler der *Škola Jung* 15 und 16 Jahre alt. Innerhalb der sowjetischen Marine existierten einige Schulen dieser Bezeichnung, von denen die überwiegende Mehrheit allerdings der Handelsmarine angehörte. Die sowjetische Kriegsmarine wiederum unterhielt nur zwei Jungkadettenschulen; die erste wurde 1940 in Valaam gegründet und die zweite im Mai 1942 auf den Solovki.[188] Vor der erneu-

---

184 Ebd.
185 Pomor Encyclopedia, S. 384.
186 L. V. Litvinov: Istoričeskaja spravka po škole Jung VMF [Voenno-morskogo flota], Solovki 1974–1980. NASMZ, Metodičeskij otdel', Spravki dlja ėkskursovodov, Solovki o. J.
187 Pëtr Dejsan: Služili vse otlično. In: *Soloveckij Vestnik* 4 (Februar 1991), S. 1.
188 Soloveckaja Škola Jung. In: *Al'manach Soloveckoe more* 5 (2006), S. 48–60, hier S. 59 f.

ten Verlegung der Schule im Oktober des Jahres 1945 nach Kronstadt und ihrer schrittweisen Auflösung in den Jahren nach dem Krieg verließen drei Jahrgänge von Jungkadetten die Solovecker *Škola Jung* mit einem Examen, mit dem sie zur praktischen Ausbildung in einer der Flotten der Kriegsmarine berechtigt waren. Obgleich die offizielle Aufnahme in die Jungkadettenschulen eine Empfehlung örtlicher Komsomol-Verbände voraussetzte, wurden auch einige Kriegswaisen bzw. Straßenkinder, so genannte *bezprizorniki,* in die Obhut der Schulen übergeben.[189]

Die Unterbringung der Jungkadetten erfolgte zu kleinen Teilen im Kreml', hauptsächlich aber in der ehemaligen Einsiedelei Savvat'ievo, die sich etwa 14 Kilometer vom Kloster im Nordwesten der Hauptinsel befand. An diesem Ort, an dem die Klostergründer Savvatij und German 1429 sechs Jahre als Eremiten gelebt haben sollen, wurde Mitte des 19. Jahrhunderts eine Kirche erbaut, die der Heiligen Gottesmutter geweiht war. Einige Jahre später wurde der Kirche ein zwei Etagen umfassender Steinbau zur Einrichtung von Mönchsklausen hinzugefügt. Hier waren in den ersten Jahren des Solovecker Lagers die politischen Gefangenen untergebracht worden. Im Mai 1942 trafen die Jungkadetten des ersten Jahrgangs und mit ihnen das Lehrpersonal auf halbverfallene Gebäude, die sich weder für die Unterbringung von Menschen noch für den Unterricht eigneten. Bis November 1942 renovierten die Matrosen notdürftig die große Mönchsklause zur Unterbringung des Lehrpersonals und richteten darüber hinaus einen Unterrichtsflügel und eine Banja ein. In einem ehemaligen Hotel, das sich in der unmittelbaren Nachbarschaft der Mönchsklause befand und im 19. Jahrhundert zur Unterbringung von Pilgern genutzt worden war, wurden eine Wäscherei und ein Klub aufgebaut.[190] Für die Versorgung mit Nahrungsmitteln und Medikamenten sorgten eine Kantine und eine Sanitätsstelle. Um ihre eigene Unterbringung zu gewährleisten, errichteten die Jungkadetten in den ersten beiden Jahren zehn eingeschossige Holzhütten, in denen jeweils um die 50 Kadetten lebten.[191] Wie kläglich und entbehrungsreich die Unterbringung in den ungeheizten und spärlich eingerichteten Blockhütten war und wie notdürftig der Unterricht der Jungkadetten in der verfallenen Mönchsklause aussah, kann den Berichten ehemaliger Jungkadetten entnommen werden.[192]

---

189 IVAN DUDROV: Kak sozdavalas' Soloveckaja Škola Jung. Vospominanija jungi pervogo nabora, in: *Al'manach Soloveckoe more* 11 (2012), S. 39–49, hier S. 39. Abgerufen unter URL: http://solovki.info/pics/2012_Dudorov.pdf, letzter Zugriff: 05.05.2023.
190 Soloveckaja Škola Jung, S. 49.
191 Ebd., S. 53.
192 Siehe beispielsweise die Erinnerungen von IVAN DUDROV: Kak sozdavalas' Soloveckaja Škola Jung, S. 39.

Auch in unmittelbarer Nachbarschaft zum Kreml' kam es zu baulichen Veränderungen. Betroffen war der ehemalige Solovecker Klosterfriedhof, der für den Bau eines Kindergartens für die Familien des Gefängnispersonals in den letzten Monaten der Solovecker Hafteinrichtung eingeebnet und damit verwüstet worden war.[193] Die sowjetische Nordflotte setzte die Bauarbeiten fort und ließ die auf dem Klosterfriedhof gelegene Kirche des Heiligen Onufrij abreißen.

Noch 1939 stellte die Bauabteilung der Nordflotte zudem ein zweigeschossiges Schulgebäude fertig. Bereits ab 1860 hatte es eine kleine Schule auf der Hauptinsel des Archipels gegeben, die von Kloster betrieben worden war und einigen Jungen eine rudimentäre Ausbildung ermöglicht hatte, die als zivile Angestellte im Kloster gearbeitet hatten. Diese Tradition wurde mit der Errichtung der Solovecker Sovchose aufgegriffen, als auf den Solovki im November 1920 eine eingliedrige Mittelschule für die Kinder der Arbeiterinnen und Arbeiter eröffnet wurde.[194] Mit Einrichtung des Solovecker Lagers wurde 1924 eine Schule für die Kinder der Lageradministration unter dem Namen ›Polarstern‹ gegründet. Bis 1934 wurden hier, mit kurzzeitigen Unterbrechungen aufgrund der niedrigen Zahl an Schülerinnen und Schülern, Kinder und Jugendliche durch Lehrpersonal unterrichtet, das sich aus dem Kreis der Gefangenen rekrutierte.[195] Am 3. November 1944 wurde die Solovecker Mittelschule durch einen Beschluss des Exekutivkomitees Archangel'sk in eine weiterführende Schule mit einem achtgliedrigen Klassensystem mit jeweils 17 Schülerinnen und Schülern umgewandelt.[196] 1957 wies die Lehrerverwaltung in Archangel'sk den Solovki einen neuen Direktor zu: Pavel Vitkov.

1.7 Zwischenfazit

Die Idee die Solovecker Architekturdenkmäler in ihrer historischen und natürlichen Umgebung zu schützen, war von der heimatkundlichen Gesellschaft des Solovecker Lagers bereits in den 1920er Jahren entwickelt und zum Teil sogar umgesetzt worden. Die inhaftierten Wissenschaftler der 1920er und 1930er Jahre knüpften an bereits bestehende Forschungen zum Solovecker Archipel an und übertrugen das marxistisch-leninistische Kulturverständnis auf die Solovecker Denkmäler. Bei ihrer Arbeit profitierten sie von der kulturellen Infrastruktur

---

193 BRODSKIJ: Solovki, S. 512.
194 Soloveckoj škole–70 let. In: *SM Vestnik* 67 (September 2009) 3, S. 2.
195 Ebd.
196 Ebd.

des Lagers und seiner Verbindung mit der wissenschaftlichen Welt auf dem Festland. Aufgrund der nationalen Bedeutung des Solovecker Klosters wurden diese Diskussionen von Beginn an nicht nur in Archangel'sk, sondern auch in den zentralen Organen in Moskau geführt. Die nationale Anteilnahme am Schicksal der Solovki und das persönliche Engagement Pëtr Baranovskijs führten dazu, dass trotz der Übernahme der Inseln durch die sowjetische Geheimpolizei Regelungen zum Schutz des architektonischen und künstlerischen Erbes vertraglich festgehalten werden konnten. Während der Raubbau an der Natur des Archipels und an den Gefangenen des Lagers eine neue Ebene von Skrupellosigkeit erreichte, war die Bautätigkeit zur Zeit des SLON relativ gering. Das Solovecker Kloster, das in erster Linie der Unterbringung der Gefangenen und zu unterschiedlichen Zeiten der Lagerverwaltung diente, war dennoch nur notdürftig instand gehalten worden. Trotzdem schienen sich der sowjetische Geheimdienst und die Lagerleitung vor Ort nicht gänzlich ignorant gegenüber den Vorstellungen der Abteilung für Museumsangelegenheiten zum Schutz des Solovecker Kulturerbes zu verhalten. Die frühe Denkmalschutzpolitik der Solovki stand somit in unmittelbarem Zusammenhang mit der frühsowjetischen Strafpolitik und wurde erst durch den Stalinismus und die damit zusammenhängende Radikalisierung des Haftregimes schrittweise beendet. Gleichzeitig hatte die im ersten Hauptteil diskutierte Neubewertung des Kulturerbekonzeptes im Zuge des Zweiten Weltkrieges, als der Denkmalschutz und die Denkmalpflege als Beitrag zum Kampf gegen den ›kulturlosen‹ feindlichen Aggressor aufgefasst wurden, keine Auswirkungen auf den Solovecker Denkmalschutz. Im Gegenteil: In den Jahren unter der Ägide der sowjetischen Nordflotte beschleunigte sich der Verfall der Solovecker Klosterarchitektur: zum einen weil die Klostergebäude keiner fachgerechten Restaurierung zugeführt wurden und zum anderen weil sich die Jahrzehnte des Raubbaus an der Solovecker Architektur und der Natur des Archipels nun Bahn brachen. Darüber hinaus schienen die vertraglichen Vereinbarungen der 1920er Jahre, die einen behutsamen Umgang bzw. die Instandhaltung der Solovecker Klosterarchitektur festlegten, keine Gültigkeit mehr zu besitzen. Ferner kam es durch die Nordflotte und den Aufbau eines zivilen Lebens auf den Inseln zu einer erhöhten Bautätigkeit, in deren Zuge einige der ehemals zur Klosterinfrastruktur gehörenden Anlagen für immer verschwanden.

Es konnte gezeigt werden, dass einige bedeutende Akteure der russischen Denkmalschutzbewegung der 1960er Jahre bereits in den 1920er Jahren als Denkmalpfleger und *kraevedy* im russischen Norden in Erscheinung traten. Pëtr Baranovskijs Einsatz für die Solovecker Architekturdenkmäler in den 1920er Jahren umreißt nur einen Teil seines unermüdlichen Kampfes für den Schutz und den Erhalt des kulturellen Erbes. Trotz Lagerhaft konnte er in den 1960er Jahren nahtlos an seine

Karriere als bedeutender Architekt und Denkmalpfleger in der Russischen Sowjetrepublik anknüpfen. Die Erfahrungen der 1920er und 1930er Jahre waren auch für Pavel Vitkov und sein weiteres Engagement im Denkmalschutz prägend. Seine Mitarbeit in den Gesellschaften für Heimatkunde in Petrograd und Archangel'sk und sein besonderes Interesse an der Kulturlandschaft des ›Russischen Nordens‹ ließen ihn nicht nur früh in Kontakt mit den Denkmälern des Solovecker Archipels kommen, sondern außerdem in ein wissenschaftliches Umfeld eintauchen, dessen Protagonisten aus den Reihen der zarischen *intelligencija* stammten und die stalinistischen Säuberungen der späten 1930er Jahre nicht überlebten.

2. Vom militärischen Sperrgebiet zum »touristischen Mekka« der späten 1960er Jahre – Pavel Vitkov als *kraeved* des Nordens

Pavel Vitkov wurde Anfang Oktober 1957 von der regionalen Abteilung des Ministeriums für Bildung in Archangel'sk zum Direktor der weiterführenden Schule auf den Solovki ernannt und trat seinen Posten auf den Inseln am 25. Oktober 1957 an.[197] Die Chronik der Solovecker Schule beschreibt seinen Amtsantritt als Beginn einer Zeit, in der die Schule eine »aktive Rolle« im Solovecker Denkmalschutz und bei der Errichtung des Botanischen Gartens der Inseln spielte.[198] In den Erinnerungen damaliger Bewohnerinnen und Bewohner des Archipels und in den Veröffentlichungen zur Geschichte des Solovecker Museums wird von der Zeit ›vor‹ und ›nach‹ Vitkovs Ankunft auf den Solovki gesprochen.[199] Sowohl zeitlich als auch personell konzentrierte sich der Solovecker Neubeginn in den 1960er Jahren auf die Person Pavel Vitkov. Umso erstaunlicher wiegt die Tatsache, dass Vitkovs lebenslanges Wirken für die Solovki bisher nur geringen wissenschaftlichen Nachhall gefunden hat.[200]

Bei seiner Ankunft auf den Inseln musste Pavel Vitkov der Anblick des Solovecker Klosters zutiefst erschüttert haben. Die heruntergekommenen Klostergebäude, die Solovecker Wildnis und die unbefriedigende Wohn- und Arbeitsinfrastruktur auf der Hauptinsel zeichneten ein trauriges Bild vom Archipel mit seiner

---

197 Abschrift aus der Anordnung Nr. 76 über die Berufung Pavel Vitkovs als Direktor der Solovecker Schule vom 5. 10. 1957. NASMZ, f. 2, op. 2, d. 162–4.
198 Soloveckoj škole–70 let, S. 2.
199 Siehe beispielsweise die Erinnerungen von LIDIJA MEL'NICKAJA: Davnjaja pesnja v našej sud'be. Čast' 1, in: *Al'manach Soloveckoe more,* Nr. 1 (2002). Abgerufen unter URL: http://www.solovki.info/?action=archive&id=45, letzter Zugriff: 05. 05. 2023.
200 Die bisher einzige Ausnahme ist ein kurzer Artikel zum Wirken Vitkovs, der vom Solovecker Museums selber herausgebracht wurde. Siehe dazu: SOŠINA: Kak vse načinalos'.

Abb. 3   Die Solovecker Klosteranlage ca. 1967

einst so herrschaftlichen und bedeutenden Festung im Weißen Meer. Während seiner Zeit auf den Inseln bis 1962 sowie darüber hinaus in seiner Funktion als stellvertretender Vorsitzender der VOOPIiK-Abteilung in Archangel'sk setzte sich Vitkov aktiv für den Schutz der Solovecker Denkmäler und der Solovecker Natur ein. Seine Geschichte ist ein herausragendes Beispiel für das wirkungsvolle Engagement eines Einzelkämpfers im russischen Denkmalschutz der 1960er Jahre. Die Anfänge von Vitkovs ›Solovki-Kampagne‹ reichten bis ans Ende der 1950er Jahre zurück und fanden ihren Höhepunkt in der Gründung des Solovecker Museums 1967, als diesem zumindest auf dem Papier die Denkmalpflege, der Naturschutz und die Musealisierung der Architekturdenkmäler übertragen wurde. Die Analyse der Vitkov'schen ›Solovki-Kampagne‹ von 1957 bis 1967 will in Anlehnung an den zweiten Hauptteil des Buches die Entwicklungen sichtbar machen, die sich innerhalb des russischen Denkmalschutzes im Laufe der 1960er Jahre auf regionaler Ebene vollzogen. Dabei soll nachgewiesen werden, wie stark der russische Denkmalschutz auf lokaler Ebene verankert war, der sich am Schicksal konkreter Denkmäler manifestierte. Darüber hinaus konnten der Denkmalschutz und die Denkmalpflege in den russischen Regionen aufgrund ihrer Nähe zur *kraevedenie*-Bewegung besonderen Aktivismus erzeugen. Wie beförderte Vitkov den Solovecker Archipel und mit ihm sein Kultur- und Naturerbe aus der erzwungenen Vergessenheit zurück auf die mentale Landkarte der Russischen Sowjetrepublik? Und wie machte sich Pavel Vitkov die fehlenden staatlichen Regulierungen im Denkmalschutz für sein Vorhaben, die Solovecker Denkmäler vor dem Verfall zu bewahren, zu Nutze? Welche Themen und Argumentationsmuster wurden dabei erstmalig oder wiederholt in den Diskurs eingeführt? Welche geografische und politische Reichweite konnte seine Initiative entwickeln, und wie änderte sich diese durch die Fortsetzung seiner Tätigkeiten im Rahmen der VOOPIiK? Welche Antworten können wir durch Pavel Vitkov also über das Profil lokaler *kraevedy* und Denkmalschützerinnen und Denkmalschützer der 1960er Jahre erhalten?

Im Hinblick auf Vitkovs offizielle Funktion als stellvertretender Leiter der VOOPIiK-Gesellschaft in Archangel'sk ab 1966 soll folgend aufgedeckt werden, wie die konkrete ›gesellschaftliche‹ Partizipation im regionalen Denkmalschutz im Rahmen der VOOPIiK tatsächlich aussah. Mit welchen Möglichkeiten bzw. Restriktionen war die Mitarbeit Vitkovs in der Denkmalschutzgesellschaft in den 1960er Jahren verbunden, und welche Rolle spielte der Ableger der VOOPIiK in Archangel'sk innerhalb der regionalen Kulturpolitik?

Trotz der eingangs dargelegten Spezifik des Solovecker Kulturerbes, das durch die besondere Verbindung von historischer Denkmalinfrastruktur und schützenswerter Naturlandschaft und seiner Nutzungsgeschichte charakterisiert war und einen Vergleich mit anderen russischen Klosteranlagen erheblich erschwerte, fügt sich die Initiative Vitkovs exemplarisch in den in den ersten beiden Hauptkapiteln der Arbeit dargestellten Denkmalschutzdiskurs ein, denn gerade aufgrund der nationalen Bedeutung der Solovki reflektierten die Entwicklungen auf den Solovki einen Trend, der landesweit wiederzufinden war. Das Echo der sich formierenden Denkmalschutzbewegung war auf den Solovki nicht nur zu hören. Die Diskussionen um den Erhalt und die Zukunft der Solovki und ihrer Denkmäler formten diese Entwicklung vielmehr aktiv mit und beförderten die Inseln aus der erzwungenen Vergessenheit in den 1960er Jahren in den Fokus der russischen Denkmalschutzbewegung.

2.1 Die Wiederbelebung des Denkmalschutzes: Pavel Vitkov auf den Solovki 1957–1962

Der Blick auf den archivierten Bestand der Korrespondenz Vitkovs und auf seine Veröffentlichungen offenbart, das Vitkov sich bereits früh der Rettung des Solovecker Kultur- und Naturschutzerbes verschrieben hatte.[201] Chrono-

---

201 Als Quellengrundlage dient das Privatarchiv Pavel Vitkovs, das von seiner Tochter 2007 an das Solovecker Museum übergeben wurde.

logisch lässt sich die erste Phase seines ›Solovki-Projektes‹ für die Zeit seiner Tätigkeit als Direktor der Schule der Inseln zwischen 1957 und 1962 bestimmen. Diese Periode war gekennzeichnet durch mutige Vorstöße Vitkovs in Richtung zentraler Parteiinstitutionen, um diese über die Zustände auf den Inseln zu informieren. In dieser ersten Phase ging es Vitkov nicht ausschließlich darum, Instandhaltungsarbeiten an den Solovecker Architekturdenkmälern zu erreichen. Fragen nach einer umfassenden wirtschaftlichen und infrastrukturellen Erneuerung der Solovki spielten eine ebenso bedeutende Rolle. Die nicht vorhandene Inselwirtschaft hatte die auf der Hauptinsel verbliebenen Menschen nach dem Abzug des größten Arbeitgebers, der Ausbildungsabteilung, zu Selbstversorgern gemacht. Die Trostlosigkeit der Solovecker Natur und der Architekturdenkmäler schienen die Zukunftsperspektive der Inselbewohnerinnen und Inselbewohner widerzuspiegeln.

Vitkov nutzte seine Zeit auf den Inseln für eigenständige Forschungsarbeiten zur Geschichte, zur Biologie und Zoologie des Archipels, die ihren Niederschlag in ersten Zeitungsartikeln fanden. Die Verwüstung des Archipels und die vernachlässigende Behandlung des Solovecker Kulturerbes hatten in der Periode unter der sowjetischen Nordflotte dramatische Züge angenommen. Notwendige Restaurierungsarbeiten an den Kirchen und Anlagen des Klosters waren versäumt worden, und die ehemals bewirtschaftete Solovecker Natur befand sich größtenteils in einem unkultivierten Zustand. Sowohl der Nutztier- als auch der durch die Heimatkundegesellschaft gezüchtete und zum Teil angesiedelte Wildtierbestand waren in den kargen Kriegsmonaten nahezu gänzlich ausgerottet worden. Vitkovs größtes Vorhaben bestand daher zunächst in der Herauslösung der Solovki aus dem Hoheits- und Verwaltungsbereich der sowjetischen Marine und damit dem sowjetischen Verteidigungsministerium. Dieses Ziel verfolgte er über eine Doppelstrategie. Einerseits schrieb er Beschwerdebriefe an die verantwortlichen Ministerien auf regionaler und republikanischer Ebene. Andererseits verstand Vitkov es frühzeitig, Kontakt zu Vertreterinnen und Vertretern der nationalen *intelligencija* aufzunehmen, um ihren Einfluss für sein Vorhaben zu nutzen und in ihren Reihen Unterstützerinnen und Unterstützer für sein Vorhaben zu gewinnen. Hierbei knüpfte er auf der einen Seite an bereits bestehende Netzwerke seiner langjährigen Tätigkeit in der *kraevedenie*-Bewegung an. Auf der anderen Seite appellierte er über zahlreiche Briefe an Schriftsteller, Naturschützer und Wissenschaftler mit nationaler Reputation, sein Vorhaben zu unterstützen. Über diesen Umweg verlieh Vitkov seinen Forderungen nicht nur größeren Nachdruck. Vielmehr konnte er sich die politischen Kontakte und Verbindungen der *intelligencija* zu den Redaktionen regionaler und überregionaler Printmedien zu Nutze machen, um Artikel über die Zustände auf den Solovki zu veröffentlichen.

Ein erstes prominentes Mitglied seines Kreises aus Unterstützerinnen und Unterstützern war der sowjetische Dichter Osip Kolyčev. Kolyčev verantwortete im Sommer 1958 nicht nur die Übergabe eines Artikels Vitkovs über die notwendige Stärkung des Solovecker Rotwilds und den Aufbau einer Fabrik zur Weiterverarbeitung von Wasserpflanzen an die Zeitschrift *Ochota i ochotniče chozjajstvo (Jagd und Jagdwirtschaft)*. Weitaus bedeutender war seine persönliche Beziehung zum Präsidiumsmitglied des Zentralkomitees der Sowjetunion Nuritdin Muchitdinov. In seinem Namen wandte sich Kolyčev 1958 an das Zentralkomitee mit der Bitte, den »unzumutbaren Fakten über die Zerstörung der historischen Denkmäler, der Kunst und der Architektur« auf den Solovki Aufmerksamkeit zu schenken.[202]

Neben Kolyčev setzte sich Vitkov von Beginn an mit der Akademie der Wissenschaften in Verbindung. Diese übergab seine Korrespondenz zunächst an den Wissenschaftlich-Methodischen Rat für den Schutz von Kulturdenkmälern, der 1948 unter dem Präsidium der Akademie für die Belange des Denkmalschutzes gegründet worden war. Die Solovki, so die erste Einschätzung der Akademie, könnten in erster Linie als Geschichtsdenkmal wissenschaftliches Interesse wecken.[203]

Nachdem es Pavel Vitkov Anfang 1959 gelungen war, einen Artikel mit dem Titel *Izpol'zovat' bogatstva Soloveckich ostrovov (Die Nutzung der Schätze der Solovecker Inseln)* der Redaktion der überregionalen Zeitung *Sovetskaja Rossija* zu übergeben,[204] wagte er im April 1959 erstmalig einen direkten Appell an Moskau. In seinem Brief an das sowjetische Verteidigungsministerium vom 10. April 1959, der durch seine Offenheit und Wortwahl die politischen und literarischen Maßgaben des ›kulturellen Tauwetters‹ widerspiegelte, ging er mit der Verwaltung der Solovki durch die sowjetische Kriegsmarine hart ins Gericht. Bildlich schilderte Vitkov den langsamen Verfall des Solovecker Natur- und Kulturerbes und thematisierte offen die Verantwortung der sowjetischen Kriegsmarine an diesem Umstand:

> Die jahrhundertealte architektonisch-historische und biologische Oase des Nordens befindet sich heute im Zustand des vollkommenen Ruins und des Verfalls. Die Wälder verfaulen, das Grünland versumpft, die Gemüsegärten und Parkanlagen sind verwahrlost. […] Viele Gebäude

---

202 Brief Osip Kolyčevs an Pavel Vitkov vom 03.08.1958. NASMZ, f. 2, op. 2, d. 162–3.
203 Brief der Akademie der Wissenschaften an Pavel Vitkov vom 2. Januar 1959. NASMZ, f. 2, op. 2, d. 162–3.
204 P. VITKOV: Izpol'zovat' bogatstva Soloveckich ostrovov. In: *Sovetskaja Rossija*, 16. Mai 1959, S. 2.

und Bauwerke haben kein Dach und keine Außenwände mehr und verfallen. [...] Bei aller Hochachtung gegenüber unserer Sowjetischen Armee muss trotzdem deutlich gesagt werden, dass sich das Militär in seiner 20-jährigen Verwaltung der Solovki nicht nur als schlechter Hausherr erwiesen hat, sondern gleichzeitig ein barbarisches Verhältnis zu den historischen und biologischen Schätzen der Inseln zugelassen hat. Sie haben diesen außergewöhnlichen Archipel an den Rand der Verwahrlosung und Vernachlässigung gebracht.[205]

Neben der sowjetischen Kriegsmarine seien, so der Vorwurf Vitkovs, ebenso das Gebietsexekutivkomitee und auf lokaler Ebene die Parteivertretung auf den Inseln vollkommen untätig geblieben.[206] Selbst im Kontext des ›Tauwetters‹ muss dieser Brief ob seiner expliziten Kritik am Verteidigungsministerium in Moskau für Aufsehen gesorgt haben. Während sich die Kritik an Einzelpersonen regionaler Parteivertretungen zu einer gängigen und erlaubten Praxis in der poststalinistischen Sowjetunion entwickelte, kamen Angriffe auf zentrale Ministerien – noch dazu auf das Verteidigungsministerium – einem Generalangriff auf das politische Fundament der Sowjetunion gleich. Eine Reaktion aus Archangel'sk auf den Brief Vitkovs erfolgte prompt. Im Sommer 1959 sandte die politische Führung in Archangel'sk eine Abordnung auf die Solovki, die aus Offiziellen der verschiedenen regionalen Ministerien bestand.[207] Neben dem Vorsitzenden des Gebietsexekutivkomitees aus Archangel'sk befand sich unter ihnen auch Ivan Voronov. Voronov leitete zwischen 1957 und 1961 den Sowjet für Volkswirtschaft in Archangel'sk, bevor er ab 1962 stellvertretender Vorsitzender des Ministerrats der Russischen Sowjetrepublik war. Ab 1965 sollte er an die Spitze des Ministeriums für Holzwirtschaft des Landes aufsteigen. Doch die von der Kommission versprochene umfassende Lösung des »Solovecker Probleme«[208] blieb aus; ein Umstand, an den Ivan Voronov fünf Jahre später in einem Schreiben von Pavel Vitkov freundlich erinnert werden sollte.[209]

Nachdem die Besichtigung des Archipels im Sommer 1959 nicht in den erhofften Maßnahmenplan für die Solovki mündete und auch eine erneute emotionale Debatte der Probleme vor dem Inselsowjet folgenlos blieb,[210] wandte sich Vitkov

---

205 Brief P. Vitkovs an das sowjetische Verteidigungsministerium vom 10.04.1959. GARF, F. A639, op. 1, d. 22, l. 12–13.
206 Ebd.
207 Brief P. Vitkovs an Ivan Emel'janovič Voronov vom 30.06.1964. NASMZ, f. 2, op. 2, d. 162–3.
208 Der Begriff »Solovecker Probleme« stammt von Pavel Vitkov, der diesen in seiner Korrespondenz mit dem sowjetischen Schriftsteller Jurij Kazakov vom Herbst 1966 nutzte. Siehe NASMZ, f. 2, op. 2, d. 162–3.
209 Brief P. Vitkovs an Ivan Emel'janovič Voronov vom 30.06.1964. NASMZ, f. 2, op. 2, d. 162–3.
210 Protokoll des Inselsowjets vom 29.05.1959. GAAO, f. 5715, op. 1, d. 33, ll. 16–21.

im Winter 1959 erneut an Moskau. Dieses Mal richtete er sein Anschreiben direkt an das Zentralkomitee. Sein Brief, der am 22. Dezember 1959 Moskau erreichte, ließ keinen Zweifel daran, dass Vitkov die Rettung der Solovecker Natur und ihrer Kulturschätze als nationale Aufgabe begriff, die nicht in Archangel'sk, sondern in Moskau entschieden werden müsse. Die Solovki seien ein »einmaliger Ort« der Sowjetunion, der am Rande des Ruins stehe. Neben dem schlechten Zustand der Inseln in Bezug auf ihr Kultur- und Naturerbe bemängelte Vitkov die nicht vorhandene wirtschaftliche Infrastruktur und die Perspektivlosigkeit der Bewohner der Solovki:

> Hier leben ungefähr 1.000 Menschen, die von den Truppen und Kolonien übriggeblieben sind. [...] Jeder hat seine Kühe, Ziegen, Schafe und Hühner. Sie gehen angeln und auf die Jagd. [...] Sie leben ohne jegliche wirtschaftliche Perspektive. Der kleine Truppenteil der Marine [...] geht keiner wirtschaftlichen Tätigkeit nach und lebt durch den Import von Produkten. All das verursacht eine große Angst das Schicksal der Solovki betreffend – diese kulturelle, historische und biologische Basis vor dem Polarkreis.[211]

Pavel Vitkov fügte seinem Schreiben einen Maßnahmenplan hinzu, der ganz im Sinne seines Anliegens sowohl infrastrukturelle Reformen als auch Direktiven zur Rettung der Solovecker Natur und ihrer Denkmäler umfasste. Besonders deutlich kam in seinen Ausführungen der Umstand zum Tragen, dass Vitkov den Denkmal- und den Naturschutz auf den Solovki von Beginn an zusammendachte. Sein Plan umfasste zudem Ideen für die wirtschaftliche Nutzbarmachung des natürlichen und kulturellen Erbes der Inseln. An diesem Punkt rekurrierte Vitkov fast zwangsläufig immer wieder auf die wissenschaftliche und wirtschaftliche ›prosperierende‹ Vergangenheit des Archipels zu Lagerzeiten. Thematisch knüpfte Vitkov an die Forschungen der Solovecker Heimatkundegesellschaft an, indem er die Einrichtung eines staatlichen Naturschutzgebietes *(zapovednik)* und einen behutsamen Umgang mit der Flora und Fauna der Inseln anmahnte. Gleichzeitig aber schlug Vitkov auf Grundlage der mikrobiologischen Forschungen der ehemaligen Biologischen Station den Aufbau einer Fabrik zum Abbau und zur Weiterverarbeitung von Wasserpflanzen vor. Diesem Vorschlag Vitkovs zur Entwicklung einer Inselwirtschaft sollte das regionale Ministerium für Volkswirtschaft tatsächlich relativ zügig Folge leisten: 1961 wurde ein solcher Betrieb auf dem Archipel eröffnet. Mit seinen Ausführungen zur Anzucht der in den Kriegsjahren stark dezimierten Fisch-, Vogel- und Rotwildpopulation beschwor

---

211 Brief Pavel Vitkovs an das ZK der KPdSU vom Dezember 1959. NASMZ, f. 2, op. 2, d. 162–3.

Vitkov ebenso die Bilder der Solovecker Lagerwirtschaft herauf wie durch seine obligatorische Zitation des Besuchs Gor'kijs aus dem Jahr 1929.

> A. M. Gor'kij, der diesen Ort im Jahr 1929 besuchte, hat in seinem Werk »Solovki« begeistert von der ihresgleichen suchenden Schönheit der Inseln und ihrer reichen Wirtschaft berichtet. Nach Augenzeugenberichten Gor'kijs hatten die Solovki in dieser Zeit eine entwickelte Vieh- und Landwirtschaft und haben Butter, Käse und Schweine an das Festland geliefert.[212]

Wie lebendig die Erinnerung an die ›prosperierenden‹ Lagerzeiten der Solovki zu Beginn der 1960er Jahre nicht nur in der Politik, sondern auch in der Bevölkerung gewesen sein musste, zeigt ein Brief eines Bürgers aus Archangel'sk an Pavel Vitkov. M. Rechačëvs Ausführungen machen deutlich, dass auch seine Ideen zur wissenschaftlichen und wirtschaftlichen Neuerschließung der Solovki auf den Traditionen der Solovecker Heimatkundegesellschaft fußten. In seinem Schreiben vom Januar 1961, das sich auf einen von Vitkovs zahlreichen Artikeln in der Regionalzeitung der Region, der *Pravda Severa,* berief, schrieb er:

> Pavel Vasil'evič, im Jahr 1925 gab es auf den Solovki einen Biologischen Garten. Dort wurden Arbeiten mit Vögeln [...] und mit anderen Tieren [...] durchgeführt. Was wird dort heute gemacht, oder ist alles in dieser Richtung abgestorben? Denken Sie nur, vielleicht macht es Sinn sich dieser Frage wieder anzunehmen. [Auf den Solovki] gibt es die vielfältigsten Möglichkeiten für die Vögel- und Tierzucht sowie für die wissenschaftliche Arbeit auf dieser Basis.[213]

Die von Vitkov angestrebten Maßnahmen zur Restaurierung und Instandhaltung der Solovecker Architekturdenkmäler knüpften ebenfalls an die Arbeit der Heimatkundegesellschaft des Solovecker Lagers an. Im gleichen Brief schlug Rechačëv Vitkov die Einrichtung eines Museumsschutzgebietes *(muzej-zapovednik)* vor, wie es 1961 an Orten mit einem ähnlichen architektonischen Profil bereits praktiziert wurde.[214] Im Hinblick auf die schlechte Situation vieler *zapovedniki* im Land und die Aufhebung vieler natürlicher Schutzzonen gegen Ende der 1950er Jahre formulierte Vitkov gegenüber dem Zentralkomitee in seinem Brief einen neutraleren Vorschlag. So empfahl er lediglich »prophylaktische Maßnahmen zur Verhinderung des vollständigen Verfalls«.[215] Erst in seinen späteren Korrespondenzen sollte Vitkov den Gedanken einer Musealisierung der architektonischen Denkmäler

---

212 Ebd.
213 Brief von M. Rechačev an Pavel Vitkov vom 7. Januar 1961. NASMZ, f. 2, op. 2, d. 162–3.
214 Siehe Verweis auf die Gründung der ersten *muzei-zapovedniki*, S. 115.
215 Brief Pavel Vitkovs an das ZK der KPdSU vom Dezember 1959. NASMZ, f. 2, op. 2, d. 162–3.

artikulieren. Andererseits knüpfte er bereits 1959 alle notwendigen Sanierungs- und Restaurierungsmaßnahmen der Solovecker Denkmäler an eine zukünftige touristische Nutzung der Region und seiner Kultur- und Architekturdenkmäler.[216]

Vehement forderte Vitkov von Moskau, das Gebietsexekutivkomitee in Archangel'sk in die Pflicht zu nehmen, den Denkmalschutz und die Denkmalpflege in der Region zu organisieren. Um den Druck auf die Regionalregierung in Archangel'sk zu erhöhen, schloss er seinem Brief an das Zentralkomitee im Januar 1960 einen ausführlichen Artikel in der *Pravda Severa* mit dem Titel *Warum werden die Solovecker Inseln vergessen?* an.[217] Sein Artikel, der im Wesentlichen die Punkte seines Briefes an das Zentralkomitee wiederholte, brachte die Solovki nun auch gesellschaftlich auf die mentale Landkarte der Russischen Sowjetrepublik zurück. In einem Abschnitt des Artikels, in dem Vitkov für die Einrichtung eines Internats auf den Inseln warb – ein weiterer Punkt seines umfassenden Maßnahmenplans –, appellierte er an die Politikerinnen und Politiker ebenso wie an und seine Mitbürgerinnen und Mitbürger:

> Die Meinung, dass die Solovki »abgeschieden von der Welt« seien und sich nicht für die Einrichtung eines Internats eignen würden, ist unbegründet: die Überfahrt mit dem Schiff aus Kem' dauert 2,5 – 3 Stunden. Die regelmäßigen Schiffsverbindungen aus Archangel'sk brauchen 16 Stunden. Es ist notwendig, dass man sich ernsthaft mit den Solovki auseinandersetzt!deren[218]

Seine gebündelte Offensive aus Beschwerden an zentrale Stellen und seine publizistische Tätigkeit forderten eine politische Antwort aus Moskau und Archangel'sk heraus. Am 28. Januar 1960 erließ das Gebietsexekutivkomitee in Archangel'sk auf Druck von Moskau einen Beschluss, der sich explizit auf die in der *Pravda Severa* publizierten Artikel Vitkovs und auf seinen Brief an das Zentralkomitee bezog. Die Genossinnen und Genossen aus Archangel'sk versprachen im Juli 1960, eine Spezialkommission auf die Inseln zu schicken, bestehend aus Vertreterinnen und Vertretern der Ministerien für Landwirtschaft, Kultur, Bildung, Industrie-, Holz-, Fisch- und Waldwirtschaft.[219] Entsprechende Vorschläge zur Nutzung der Solovki sollten dem Gebietsexekutivkomitee bis 1. Juli 1961 vorgelegt werden.[220]

---

216 Ebd.
217 P. V. Vitkov: Počemu zabyty Soloveckie ostrova. In: *Pravda Severa*, 7. Januar 1960.
218 Ebd.
219 Entscheidung des Gebietsexekutivkomitees Archangel'sk vom 28. Januar 1960. GAAO, f. 2603, d. 5296, l. 33.
220 Ein entsprechender Verweis auf die Entscheidung des Gebietsexekutivkomitees wurde in direkter Bezugnahme auf den Artikel Vitkovs vom 7. Januar, am 6. Februar 1960 in der *Pravda Severa* veröffentlicht. Siehe: Počemu zabyty Soloveckie ostrova?

Der häufig bemühten ›umfassenden Lösung‹ der Solovecker Probleme schien also nichts mehr im Wege zu stehen.

2.1.1 Vitkov und die Akademie der Wissenschaften

Zeitgleich zu Vitkovs Bemühungen, die Aufmerksamkeit der politischen Elite für das »Problem Solovki« zu gewinnen, begab sich Vitkov in ernsthafte Verhandlungen mit der Akademie der Wissenschaften. Ende der 1950er Jahre und damit einige Jahre vor dem Beginn der kulturellen Rückbesinnung auf die vorsowjetische Vergangenheit gestaltete es sich für Pavel Vitkov noch schwierig, Verbündete für sein Anliegen unter der wissenschaftlichen und kulturellen Elite des Landes zu finden. Seiner Verwunderung und seinem Unmut über die fehlende Unterstützung, vor allem aus den Reihen der kulturellen *intelligencija,* machte Vitkov in einem Schreiben an den Rektor der Moskauer Universität Luft:

> Unsere vornehmen Künstler und Schriftsteller fahren nach Europa und schauen sich alte Ruinen an, um diese zu erforschen. Aber sie wollen oder können ihre Stimme nicht zum Schutz ihrer eigenen historisch-architektonischen Denkmäler erheben, die sich gerade in Ruinen verwandeln.[221]

Diese Diskrepanz im Verhalten der russischen *intelligencija,* die von Vitkov bereits im Jahr 1960 beklagt wurde, führte damals noch zu keinem Umdenken unter sowjetischen Vertreterinnen und Vertretern in Wissenschaft und Kunst; nicht zuletzt deshalb, weil die politischen Rahmenbedingungen zur Unterstützung seines Anliegens noch nicht bereitet waren. Gleiches beobachtete auch Vitkov, der seinem Brief an das Zentralkomitee vom Dezember 1959 Überlegungen zur kulturellen *intelligencija* des Landes anfügte:

> Im Sommer 1959 waren einige Beschäftigte kultureller Einrichtungen aus Moskau, Leningrad und Archangel'sk hier: Künstler, Architekten, Biologen und darunter auch ein Vertreter des Ministeriums für Kultur der RSFSR. Sie alle waren bezaubert von der einzigartigen Schönheit der Solovecker Natur und erregten sich über die Misswirtschaft auf den Inseln. Aber außer »verzaubert« zu sein und sich zu »erregen«, ist aus diesem Besuch nichts gefolgt. Die Solovki müssen gerettet werden, dringend und unverzüglich, ansonsten werden viele Schätze unwiederbringlich verloren sein![222]

---

221 Soloveckij muzej-zapovednik v zerkale pressy, 1960–2007. Solovki 2007, S. 3.
222 Brief Pavel Vitkovs an das ZK der KPSS vom Dezember 1959, NASMZ, f. 2, op. 2, d. 162–3.

Trotz der Tatsache, dass Vitkovs Korrespondenz mit dem Rektor der Moskauer Staatlichen Universität nicht in einer von Vitkov angedachten »überuniversitären wissenschaftlichen Station« auf den Inseln resultierte, hatte Vitkov erreicht, dass die »Solovecker Probleme« sowohl die politische Spitzen als auch die intellektuelle Elite des Landes erreicht hatten. Das »Eis scheint gebrochen zu sein«, korrespondierte die Moskauer Architektin Nadežda Agaleckaja und spätere Mitarbeiterin der Hauptverwaltung für den Denkmalschutz des Ministeriums für Kultur der Russischen Sowjetrepublik im Februar 1960 an Vitkov.[223] Und tatsächlich: Im März 1960 übergab der Vorsitzende der Akademie der Wissenschaften, Aleksandr Nesmejanov, die gesammelte Korrespondenz Vitkovs zu den Solovki an den Ministerrat der Russischen Sowjetrepublik. Sein Schreiben enthielt die Zusicherung, dass die Akademie die Initiative Vitkovs in vollem Umfang unterstütze und es als »notwendig erachte, den Schutz der kulturellen und historischen Schätze eines der interessantesten Orte der Heimat zu gewährleisten«.[224] Dieser Schritt zeigte schließlich auch in Moskau Wirkung: Am 30. August 1960 erließ der Ministerrat den Beschluss *Über die weitere Verbesserung des Schutzes von Kulturdenkmälern in der RSFSR*.[225] Neben allgemeinen Bestimmungen zu bedeutenden Denkmalkomplexen der Russischen Sowjetrepublik beinhaltete der Beschluss die Festlegung, die wertvollsten Denkmäler des Landes der musealen Nutzung zuzuführen. Im Anhang des Papiers wurden sowohl die architektonischen als auch die archäologischen Denkmäler des Archipels in die staatliche Denkmalschutzliste aufgenommen. Insgesamt betraf das 114 Objekte. In einem explizit auf die Solovki bezogenen Zusatzpapier vom 26. September 1960 löste der Ministerrat alle architektonischen und archäologischen Denkmäler aus dem Hoheitsbereich der Nordflotte heraus und übergab diese an das Gebietsexekutivkomitee in Archangel'sk und damit an die dortige Kulturverwaltung.[226] Da der Ministerrat die Wirtschafts- und Kommunalgebäude der Solovki allerdings in die Verantwortung des Sowjets für Volkswirtschaft übertrug, konnten erneut keine klaren Zuständigkeiten erreicht werden. Aus einem ›Hausherren‹ auf den Solovki waren nunmehr drei geworden, was die Sachlage erheblich verkomplizierte, nicht zuletzt deshalb, weil alle beteiligten Unternehmen unterschiedliche

---

223 Brief der Architektin M. A. Agaleckaja an Pavel Vitkov vom 17. 02. 1960. NASMZ, f. 2, op. 2, d. 162–3.
224 Brief Aleksandr Nesmejanovs an den Ministerrat vom 10. 03. 1960. GARF, F. A639, op. 1, d. 22, l. 14.
225 Beschluss des Minsterrats der RSFSR vom 30. August 1960 zur »weiteren Verbesserung des Schutzes von Kulturdenkmälern in der RSFSR«, S. 138–142.
226 Der Sonderbeschluss zu den Solovki ist nachzulesen auf der Museumsseite. Abgerufen unter URL: http://www.solovky.ru/ru/o-muzee/istoriya-muzeya, letzter Zugriff: 05. 05. 2023.

Ziele mit der Entwicklung des Archipels verbanden. Das Zusatzpapier des Ministerratsbeschlusses verfügte ferner die Erarbeitung einer vollständigen Denkmaldokumentation bis zum 1. November 1960, die mit Beschreibungen zu weiteren Gebäuden angereichert werden sollte, die bislang nicht in die Denkmalschutzliste aufgenommen worden waren. Insgesamt wurde das Gebietsexekutivkomitee in Archangel'sk dazu verpflichtet, die Denkmäler der Solovki zwischen 1961 und 1965 für eine museale Präsentation vorzubereiten.[227]

Die Entscheidung des Ministerrates bedeutete einen Teilerfolg für Vitkov. Die Aufnahme der architektonischen und archäologischen Denkmäler in die staatliche Denkmalschutzliste garantierte erste Restaurierungsarbeiten, während die Musealisierung der Denkmäler ihren langfristigen Erhalt und eine fortdauernde Denkmalpflege in Aussicht stellte. Nun galt es, die zuständigen regionalstaatlichen Stellen an ihre Pflichten zur Umsetzung des Beschlusses zu erinnern.

2.1.2 Vitkov als Vordenker der Verankerung des *kraevedenie* im Schulunterricht

Als Vitkov im Oktober 1957 seinen Posten als Direktor der weiterführenden Schule auf dem Archipel antrat, wurde das *kraevedenie* als Forschungs- und Unterrichtsfeld intensiv diskutiert. Die zuständigen Ministerien für Volksbildung und Aufklärung verstanden schnell, dass die Bildungsarbeit in russischen Schulen, die als einen ihrer Pfeiler die ›Polytechnisierung‹, also den theoretischen und praktischen Unterricht in den Hauptzweigen der Produktion vertraten, anhand des *kraevedenie* weniger abstrakt, viel verständlicher und »näher am Leben« der Jugendlichen gestaltet werden konnte.[228] Diesem Grundsatz folgend sollte sich der Unterricht am konkreten Objekt manifestieren. In Archangel'sk gehörten 1958 Schülerinnen und Schüler zu den größten Besucherengruppen im Heimatkundemuseum der Stadt.[229] Und neben Exkursionen in örtliche Museen, Kolchosen, Fabriken oder in die Natur manifestierte sich der heimatkundliche Ansatz im Zusammentragen von kleinen geologischen, biologischen und heimatkundlichen Sammlungen, die in den jeweiligen Schulen ausgestellt wurden.

Als *kraeved* der ersten Stunde verfolgte Vitkov in der Solovecker Schule eine ähnliche Herangehensweise. 1959 erreichte Vitkov die Übergabe des Botanischen Gartens (im allgemeinen Sprachgebrauch ›Ackerhügel‹, Chutor Gorka) an die

---

227　Ebd.
228　B. Bišnevskij: Ljubit' i znat' rodnoj kraj. In: *Literaturnaja Gazeta*, 30. Juli 1955, S. 2.
229　Arbeitsbericht des Heimatkundemuseums in Archangel'sk aus dem Jahr 1958. GARF, f. 10010, op. 5, d. 112, ll. 1–28, hier l. 22.

Schule.²³⁰ Der Botanische Garten der Solovki war Mitte des 19. Jahrhunderts aus der damaligen Makarievskaja-Einsiedelei entstanden. Auf dem Gelände wurde eine Datscha für den damaligen Archimandriten errichtet, der hier seine Sommermonate verbrachte. Ursprünglich war von den Mönchen auf dem Chutor Gorka zunächst ein Gemüse- und Apothekergarten angelegt worden, bevor sie zu Beginn des 20. Jahrhunderts auch Zierpflanzen heranzogen. Anknüpfend an die Traditionen des Klosters diente der Garten während der Periode des Solovecker Lagers als Rückzugsort der Lagerleitung. In dieser Zeit lag die Bewirtschaftung des Gartens in den Händen der Heimatkundegesellschaft, die hier mit verschiedenen botanischen Arten experimentierte. In den zwanzig Jahren unter der sowjetischen Nordflotte wurde der Garten der Natur überlassen und verwilderte vollkommen. Erst mit Vitkovs Amtsantritt gelang es den Schülerinnen und Schülern der zehnten Klassen unter der Anleitung der Biologielehrerin der Schule, Maria Andreeva, den Garten schrittweise aus seinem verwilderten Zustand zu befreien.²³¹ Durch Vitkovs Artikel über den Botanischen Garten in der Zeitschrift *Priroda* von 1961²³² beteiligten sich in den folgenden Jahren Mitarbeiterinnen und Mitarbeiter des Biologischen Gartens in Kirov und Komsomolzinnen und Komsomolzen der Region während ihrer Ferien unentgeltlich an der Arbeit im Garten.²³³ Erst in den 1970er Jahren sollte der Chutor Gorka schließlich von der Mittelschule an das Solovecker Museums übertragen werden, nachdem Ende 1971 ein Artikel über den verwahrlosten Zustand des Gartens die Politikerinnen und Politiker in Archangel'sk zum Handeln gezwungen hatte.²³⁴ Ebenso wie der Botanische Garten der Inseln fiel auch die Sammlung des Heimatmuseums der Schule, das von Pavel Vitkov gegründet worden war und dessen Umfang über die Jahre erheblich anwuchs, 1967 an das Solovecker Museum.²³⁵

---

230 Ausschnitt aus dem Protokoll des Inselsowjets vom 17.02.1959. GAAO, f. 5715, op. 1, d. 33, l. 7.
231 Soloveckoj škole–70 let, S. 14.
232 PAVEL VITKOV: Botaničeskij Sad Belomorja. In: *Priroda,* Nr. 6 (1961), S. 91 f.
233 Schreiben der Sekretärin des Biologischen Gartens in Kirov an das Exkursionsbüro des Sowjets für Tourismus in Archangel'sk. NASMZ, f. 2, op. 2, d. 162–3.
234 Der Artikel trug den Titel *Sochranit' sad na Solovkach* und wurde am 15. Dezember 1971 in der Zeitschrift *Sel'skaja Žizn'* veröffentlicht. Nachdem zuerst Geografiestudentinnen und Geografiestudenten des Pädagogischen Instituts für den Erhalt des Gartens in den Sommermonaten eingesetzt werden sollten und ein Eintrittsgeld in Höhe von 10 Kopeken für den Besuch des Gartens erhoben wurde, fiel der Garten durch die Neugründung des Museums 1974 an Selbiges. Siehe dazu die Reaktion des Ispolkom in Archangel'sk auf den Artikel aus der Zeitschrift *Sel'skaja Žizn'* vom 16. März 1972. GAAO, f. 5859, op. 2, d. 1687, ll. 8–10.
235 Ličnyj archiv Vitkova P. V. peredan na chranenie v muzej. In: *SM Vestnik* Nr. 7 (August 2007), S. 4.

2.2 Pavel Vitkov und die Entstehung der VOOPIiK 1962 bis Mai 1966

Im Juli 1962 wurde Pavel Vitkov von der Abteilung für Volksbildung in Archangel'sk an das Institut für Lehrerfortbildung in Archangel'sk versetzt und beendete damit seine Arbeit als Direktor an der Solovecker Mittelschule.[236] In den Jahren zwischen 1962 und 1965 schränkte Vitkov seine Publikationstätigkeit und Korrespondenz in Bezug auf die Solovki erheblich ein. Die Bearbeitungsfrist, die der Ministerrat in seinem Beschluss von 1960 dem Gebietsexekutivkomitee in Archangel'sk für die Ausarbeitung eines Maßnahmenplans und die Musealisierung der Denkmäler ausgesprochen hatte, versetzte Vitkov zunächst in eine abwartende Haltung. Gleichzeitig schien seine Zurückhaltung nicht zuletzt dem Fakt geschuldet zu sein, dass die Briefe Vitkovs an das Verteidigungsministerium und das Zentralkomitee in den Reihen des Gebietsexekutivkomitees zu einer Diskussion über einen Parteiausschluss Pavel Vitkovs geführt hatten.[237] Nach seiner Pensionierung 1963 hätte ein Parteiausschluss Vitkovs zweifelsohne zudem den erzwungenen Abbruch seiner heimatkundlichen Aktivitäten zur Folge gehabt und damit sein Ausscheiden aus der Denkmalschutzbewegung. In Bezug darauf, warum sich die regionale Parteivertretung letztendlich gegen diesen Schritt entschied, kann nur gemutmaßt werden. Einerseits mochte es an Vitkovs aktiver Mitarbeit im Komsomol-Verband der Stadt gelegen haben, die ihm sein Parteibuch sicherte.[238] Andererseits hatte sich Vitkov zu diesem Zeitpunkt bereits eine bedeutende Reputation innerhalb der nationalen Kulturszene verschaffen können. Darüber hinaus schien sich die Stimmung im ganzen Land zugunsten einer Reform der Denkmalschutzpolitik langsam zu wandeln. Die Denkmalschutzbewegung gewann nun zunehmend auch in hochrangigen Politikerkreisen Unterstützerinnen und Unterstützer. Ein Ausschluss Vitkovs aus der Partei hätte angesichts seiner Kritik an der Untätigkeit des Gebietsexekutivkomitees sicherlich ein hilfloses Signal nach Moskau gesendet.

Trotz erheblicher Schwierigkeiten verstärkte Vitkov mit seiner Abreise von den Inseln sein Engagement für den Denkmalschutz im russischen Norden abseits der Solovki. Direkt nach seiner Ankunft in Archangel'sk 1962 übernahm er das Amt des Vorsitzenden der Gesellschaft für Heimatkunde in der Stadt. Die Entwicklungen

---

236 Briefe der Abteilung für Volksbildung in Archangel'sk an Pavel Vitkov vom 7. Juli 1962. NASMZ, f. 2, op. 2, d. 162–3.
237 Brief von Pavel Vitkov an Jurij Kazakov vom 15. November 1966. NASMZ, f.f. 2, op. 2, d. 162–3.
238 Ein Verweis auf seine Mitgliedschaft im Komsomol während der alliierten Intervention im russischen Norden von 1918 bis 1920 erhält man aus dem Brief von Pavel Vitkov an Jurij Kazakov vom 05. 12. 1966. NASMZ, f. 2, op. 2, d. 162–3.

in Moskau verfolgte Vitkov gespannt. Durch seine Kontakte in die Hauptstadt war es ihm vergönnt, aktiv an der Einrichtung der zentralen Denkmalschutzgesellschaft VOOPIiK teilzunehmen. Als einer der wenigen Vertreter regionaler Kultureinrichtungen wurde er in das Organisationskomitee der VOOPIiK berufen.[239] Seinen Dienst versah er neben führenden Vertretern der Kulturszene der RSFSR, wie Pavel Korin, Dmitrij Lichačëv oder Pëtr Baranovskij.[240] Seine Teilhabe an der Gründung der VOOPIiK in Moskau befähigte Vitkov in den Jahren 1965 und 1966, in Archangel'sk einen regionalen Ableger der VOOPIiK zu gründen und sich institutionell an die Spitze der Denkmalschutzbewegung der Region zu setzen. Im Dezember 1965, nur einige Monate nach der formalen Gründung der VOOPIiK in Moskau, fand die Gründungskonferenz der Denkmalschutzorganisation in Archangel'sk statt. Am 21. Mai wurde die Einrichtung der Filiale vom Exekutivkomitee bestätigt ebenso wie die Besetzung des Präsidiums der VOOPIiK in Archangel'sk. Zum Vorsitzenden bestimmte die Versammlung Georgij Frumenkov, Professor für Geschichte an der Staatlichen Universität Archangel'sk, der ab 1962 ebenfalls als Rektor des Pädagogischen Institutes der Stadt fungierte. Frumenkov hatte in erster Linie seine Publikation von 1965 über die »Opfer des Solovecker Klosters« vom 16. bis 19. Jahrhundert zu einigem Ansehen in der regionalen Wissenschaftswelt verholfen.[241] Politisch galt Frumenkov als loyal. Bereits zu Lebzeiten wurde er mit zahlreichen Auszeichnungen bedacht, 1984 beispielsweise mit der Ehrenbürgerschaft der Stadt Archangel'sk. Seine Linientreue und sein marxistisch-leninistisches Geschichtsverständnis machten ihn zu einem geeigneten Vorgesetzten für den umtriebigen, jedoch unangepassten Pavel Vitkov. Dieser übernahm seinen Stellvertreterposten. Sekretär der Gesellschaft wurde der Leiter der wissenschaftlichen Restaurierungswerkstatt der Region, Valentin Lapin.[242] Doch analog zur Führungsebene in Moskau, deren Amtsgeschäfte

---

239 Neben Vitkov waren lediglich drei weitere Vertreter regionaler Kultureinrichtungen in das Organisationskomitee der VOOPIiK berufen worden: ein Vertreter des Institutes für Sprache und Literatur in Petrozavodsk, ein Vertreter der Kulturverwaltung des Gebietsexekutivkomitees in Novgorod und der Direktor des Boris und Gleb Heimatkundemuseums in der Region Jaroslavl'. Die übrigen 60 Mitglieder des Organisationskomitees setzten sich aus Vertretern kultureller Einrichtungen in Moskau und Leningrad zusammen, sowie aus namhaften Mitgliedern der kulturellen *intelligencija*.
240 Beschluss des Ministerrats der RSFSR vom 23. Juli 1965 Über die Organisation der Allrussischen Freiwilligen Gesellschaft für den Schutz von Geschichts- und Kulturdenkmälern. In: Ochrana pamjatnikov istorii i kul'tury, S. 144–149.
241 GEORGIJ FRUMENKOV: Uzniki Soloveckogo Monastyrja. Polit. ssylka v Soloveckij Monastyr', Archangel'sk 1965, 4. überab. Auflage 1979.
242 Anordnung des Exekutivkomitees in Archangel'sk Nr. 435-R vom 21. Mai 1966. NASMZ, f. 2, op. 2, d. 163–4.

Vladimir Ivanov, der stellvertretende Vorsitzende, versah, wurde auch die Archangel'sker Filiale de facto von Pavel Vitkov geleitet. Georgij Frumenkovs Position beschränkte sich auf repräsentative Funktionen auf politischer Ebene.

Die Arbeit in der VOOPIiK-Abteilung in Archangel'sk gestaltete sich wie andernorts zu Beginn zäh. Immer wieder wurde der Ausbau der VOOPIiK auf lokaler Ebene durch die Ignoranz lokaler Offizieller erschwert. Oftmals erschöpfte sich die Arbeit der VOOPIiK auf der untersten Ebene in der formalen Gründung einer Unterabteilung der Gesellschaft oder in der Übertragung von denkmalschützerischen Aufgaben an ein Mitglied der städtischen oder dörflichen Parteivertretung.[243] Die primären Aufgaben Vitkovs und seiner Mitstreiterinnen und Mitstreiter lagen daher zunächst in der Bekanntmachung der Arbeit und der Funktion der VOOPIiK sowie in der Etablierung eines stabilen Netzwerkes an lokalen Zweigstellen. Neben den üblichen Startschwierigkeiten, die bei der Bereitstellung materieller und finanzieller Mittel auftraten, kämpften Vitkov und seine Mitstreiterinnen und Mitstreiter vielerorts gegen die Mühlen der sowjetischen Bürokratie und das Desinteresse lokaler Parteivertretungen an. Voller Mitgefühl richtete der stellvertretende Vorsitzende der VOOPIiK, Vladimir Ivanov, in seinem Schreiben vom 7. März 1967 folgende Worte an Vitkov:

> Lieber Pavel Vasil'evič! Sie haben natürlich Recht mit Ihren Bemerkungen zu der Tätigkeit der regionalen Abteilungen unserer Gesellschaft. Gäbe es im Stab des Sowjets [Zentralen Sowjets] nicht Mitglieder, die die Aufgaben der Gesellschaft und die Arbeitsmethoden in vollem Verständnis und mit voller Seele ausfüllen würden, so wäre der Sowjet in vollem Maße arbeitsunfähig. Ich weiß, dass es nicht leicht ist, persönlich alle Abteilungen der Gesellschaft zu bereisen und den Totgeborenen eine Seele einzuhauchen [*vdochnut' dušu v mërtvoroždennych*]. Aber wenn sich die Mitglieder des regionalen Sowjets dazu bereit erklären würden, wären die Ergebnisse sicherlich positiv.[244]

Gleichzeitig unterstrich Ivanov die Bedeutung der Aktivität in den niedrigen Organisationseinheiten, die er als Garant für den Erfolg der Gesellschaft ins Feld führte.[245] Die starke personelle Abhängigkeit der VOOPIiK-Aktivistinnen und Aktivisten von Verbündeten in den regionalen und lokalen Parteivertretungen erschwerte die Einrichtung von lokalen Ablegern der Gesellschaft in den Gebieten,

---

243 Brief von Pavel Grigor'evič Zašichin an Pavel Vitkov aus dem Dorf Krasnoborsk in der Region Archangel'sk. GAAO, f. 2614, op. 1, d. 35, l. 94.
244 Brief Vladimir Ivanovs an Pavel Vitkov vom 7. März 1967. GARF, f. A639, op. 1, d. 22, ll. 29–30, hier l. 29.
245 Ebd.

in denen sich keine Initiativgruppen gebildet hatten. Erst als auch lokale Parteivertretungen abseits der Gebietshauptstadt den Denkmalschutz als gesellschaftliche Pflichtaufgabe verstanden, vergrößerte sich der regionale Ableger rasant. In den 1970er und 1980er Jahren verpflichtete die Massenorganisation immer mehr Arbeitskollektive als Mitglieder der Organisation. In der eher spärlich besiedelten Region Archangel'sk wies die VOOPIiK im Jahr 1976 25 lokale Abteilungen, 78.000 individuelle und 569.000 kollektive Mitglieder auf.[246]

2.3 Die Entwicklung der Solovki vom ›touristischen Neuland‹ zum »touristischen Mekka«

Im Juni 1965, rund zwei Monate vor dem Ende des Ultimatums des Ministerrates gegenüber dem Gebietsexekutivkomitee in Bezug auf die Musealisierung der Denkmäler der Solovki, brachte schließlich ein Impuls von außen Bewegung in die Lösung der ›Solovecker Probleme‹. Auslöser hierfür war ein Artikel in der unionsweiten Tageszeitung *Izvestija*. Der Bericht von einem Besuch auf den Solovki mit dem Titel *Oazis u poljarnogo kruga (Eine Oase am Polarkreis)* lieferte eine bildliche Beschreibung des Zustands der Solovecker Natur und der Verwahrlosung des historischen Klosterensembles. In Bezug auf die vom Verfall bedrohten Architekturdenkmäler sahen die Autoren die Verantwortlichkeit bei der Kulturverwaltung in Archangel'sk:

> Wer ist an der Verwahrlosung schuld, die das Venedig des Nordens durchmacht? Wenn man die höheren Ebenen betrachtet, so ist es das Gebietsexekutivkomitee in Archangel'sk und seine Kulturverwaltung, die von M. I. Nogovicyna geleitet wird. Weder sie noch der stellvertretende Vorsitzende des Komitees, V. A. Puzanov, haben den in der ganzen Sowjetunion berühmten Archipel bis heute besucht. »Extra für sie haben wir zwei Alben mit Ansichten der Solovki zusammengestellt«, erzählt der Direktor der wissenschaftlichen Restaurierungswerkstatt aus Archangel'sk«, Valentin Alekseevič Lapin stolz. »Schauen Sie nur, welch zu Grunde gehende Schätze! Doch ein wesentlicher Umschwung ist noch nicht erfolgt«.[247]

Neben der expliziten Kritik an der regionalen Kulturverwaltung philosophierten die Autoren des Artikels zum ersten Mal über eine zukünftige touristische

---

246 Statistik über die Anzahl der regionalen Abteilungen, die Primärorganisationen und die Mitglieder der Allrussischen Gesellschaft für den Schutz von Geschichts- und Kulturdenkmälern. GAAO, f. 2614, op. 1, d. 187, ll. 97–98, hier l. 97.
247 Oazis u poljarnogo kruga. In: *Izvestija*, 24.06.1965.

Nutzung des Archipels; eine Idee, die trotz jährlich wachsender Besucherzahlen 1965 noch in den Kinderschuhen steckte.

Die ersten Ausflüglerinnen und Ausflügler aus der Region hatten sich bereits Ende der 1950er Jahre auf die Überfahrt zu den Solovki begeben. Die frühen Besuche erfolgten auf persönliche Einladung Vitkovs, da die restriktiven Zugangsbeschränkungen für einen Besuch des militärischen Sperrgebietes erst im Sommer 1960 allmählich gelockert wurden. Üblicherweise empfing Vitkov die Reisegruppen an der Anlegestelle, führte sie durch die Ruinen des Klosters und hielt Vorträge zur Geschichte der Solovki. Die Wirksamkeit dieser Öffentlichkeitsarbeit vor Ort äußerte sich mitunter in Reiseberichten, die in den regionalen Presseorganen publiziert wurden. Eine Gruppe von Komsomolzinnen und Komsomolzen aus Archangel'sk, die im Sommer 1959 die Solovki besuchten, taten ihre Erlebnisse sowie ihre Bestürzung über den Zustand der Architekturdenkmäler beispielsweise im *Severnyj rabočij (Nördlicher Arbeiter)* kund.[248] Durch die im Beschluss des Ministerrates vom August 1960 vorgenommene Teilauslösung der Inseln aus dem Zuständigkeitsbereich der sowjetischen Marine öffnete sich der Archipel nun verstärkt Richtung Festland und damit auch überregionalen Touristinnen und Touristen. In den folgenden Jahren erhöhten sich die Besucherzahlen stetig, angetrieben durch die Publikationstätigkeit Vitkovs und regionaler sowie überregionaler Korrespondenten. Neben wissenschaftlich interessiertem Publikum, wie Studierendengruppen aus Moskau,[249] machten sich verstärkt auch Besucherinnen und Besucher individuell auf den Weg zum Archipel. In den frühen 1960er Jahren beschränkte sich die Solovki-Tour zumeist auf einen eintägigen Ausflug. In der Regel bestiegen die Ausflüglerinnen und Ausflügler samstags ein Schiff in Archangel'sk und erreichten die Solovki in den Morgenstunden des Folgetages. Nach einer Besichtigung der Klosteranlage, einem Vortrag im Klub der Inseln und einem Mittagessen in der Kantine des Fischereikombinats machten sie sich wieder auf den Heimweg.[250] Ebenso verhielt es sich mit den Touristinnen und Touristen, die mit dem Zug ins karelische Kem' reisten und von dort die etwa dreistündige Überfahrt auf die Inseln antraten. Ab 1965 wurden regelmäßige Verbindungen auf Ausflugsschiffen zwischen Archangel'sk und den Solovki eingerichtet, die Übernachtungen unter Deck und damit einen mehrtägigen Aufenthalt möglich

---

248 A. LARIONOV: Na Soloveckich ostrovach. In: *Severnyj rabočij*, Nr. 75, 1959. NASMZ, f. 2, op. 2, d. 162–1.

249 Dankesbrief von Studenten des Moskauer Architekturinstitutes (MARCHI) an Pavel Vitkov, vermutlich 1963 oder 1964. NASMZ, f. 2, op. 2, d. 162–3.

250 Erläuterndes Schreiben zum Wirtschafts- und Finanzplan des regionalen Sowjets für Tourismus in Archangel'sk für das Jahr 1967. GARF, f. 5970, op. 1, d. 8, l. 25.

machten.²⁵¹ Ebenso war es ab 1964 möglich, mit dem Flugzeug aus Archangel'sk die Inseln zu erreichen,²⁵² obgleich der Bau der Landebahn auf den Inseln erst zur Saison des Jahres 1969 vollständig abgeschlossen wurde.²⁵³

Ab 1965 erreichten immer mehr Gäste die abgelegene Inselgruppe. Die politische Führung in Archangel'sk rechnete für 1965 mit rund 20.000 Besucherinnen und Besuchern.²⁵⁴ Auf Initiative des Sowjets für Tourismus und Exkursionen in Archangel'sk wurde 1964, als die Besucherzahlen in der Saison das erste Mal auf über 10.000 Menschen hinaufschnellten, eine erste so genannte *turbaza* (touristisches Zentrum) auf den Solovki eröffnet. Offiziell sollte diese auf etwa 200 Gäste ausgerichtet sein. Aufgrund der maroden Bausubstanz des Gebäudes mussten die ersten Besucherinnen und Besucher allerdings in Zelten untergebracht werden. Weder das touristische Zentrum noch das 1967 eingerichtete Exkursionsbüro verfügten anfänglich über genügend Personal oder eine angemessene technische Ausstattung, um eine ansprechende Unterbringung der Gäste zu gewährleisten.²⁵⁵ Im April 1965 beschloss der Rat für Tourismus und Exkursionen in Archangel'sk im Kontext einer »breiten Propaganda« und des Ausbaus regionaler touristischer Routen die Herausgabe eines Plakats zur Bewerbung des Solovecker Archipels.²⁵⁶ Der bereits zitierte Artikel der *Izvestija* vom Juni 1965 thematisierte verschiedene Ideen zur touristischen Nutzung der Solovki. Neben der Umwandlung der Inseln in ein natürliches Schutzgebiet *(zapovednik)* und in ein »einzigartiges touristisches Mekka« wurde die Gründung eines Heilbades auf dem Archipel diskutiert.²⁵⁷ Etwas mehr als dreißig Jahre nach dem Besuch Gor'kijs auf den

---

251 Brief der Leiterin der Kulturverwaltung M. Nogovicyna an den Minister für Kultur der RSFSR Aleksej Ivanovič Popov von 1965. GAAO, f. 5859, op. 2, d. 1155, ll. 36–37.
252 ANATOLIJ KURATOV: Na Soloveckich ostrovach v 1964 godu. In: *Al'manach Soloveckoe more*, Nr. 2 (2003). Abgerufen unter URL: http://solovki.info/?action=archive&id=177, letzter Zugriff: 05.05.2023.
253 Brief des regionalen Sowjets der Gewerkschaften an die Kulturverwaltung in Archangel'sk mit Vorschlägen zur weiteren Nutzung der Solovecker Inseln. GAAO, f. 5859, op. 2, d. 1316, ll. 113–115, hier l. 114.
254 Brief des Vorsitzenden des Gebietsexekutivkomitees in Archangel'sk, K. Kostrov an den Ministerrat vom 3. August 1965 ›Über die Maßnahmen zum Aufbau der Wirtschafts-, Kommunal- und Wohngebäude, deren Umgebung und den Aufbau der Denkmäler auf den Solovecker Inseln‹. GAAO, f. 2603, op. 1, d. 6663, ll. 40–41, hier l. 41.
255 Die *turbaza* verfügte 1967 über keine Waschmaschine und beschäftigte über die Sommermonate zwei Wäscherinnen und zwei Reinigungskräfte sowie einen Heizer. Siehe den Wirtschafts- und Finanzplan der Solovecker Touristenbasis des regionalen Sowjets für Tourismus in Archangel'sk für das Jahr 1965. GAAO, f. 5957, op. 1, d. 1, l. 1–11, hier l. 2.
256 Protokoll des Plenums des regionalen Sowjets für Tourismus vom 10. April 1965. GAAO, f. 9520, op. 1, d. 806, ll. 67–72, hier l. 71.
257 Oazis u poljarnogo kruga.

Solovki griffen die Reporter seinen Gedanken zur Umwandlung des Archipels in eine »Gesundheitsinsel« also erneut auf.[258] Auch Vitkov unterstützte diesen Gedanken und bewarb im Februar 1966 die Einrichtung eines Sanatoriums, eines Sport- und Wellnesszentrums auf den Solovki zur »vollwertigen [...] Kur und Regeneration von Werktätigen«.[259] Die Solovecker Natur und deren touristische Nutzung in Form von Erholungsreisen *(otdych)* spielten in Vitkovs Konzeption zum Solovecker Archipel eine zentrale Rolle. Bereits 1963 hatte sich auch das Exekutivkomitee in Archangel'sk eingehender mit dem Naturschutz der Inseln auseinandergesetzt. 1963 war in der regionalen Führungselite der Vorschlag diskutiert worden, auf den Inseln ein Naturschutzgebiet zu etablieren, das die Jagd zur Vergrößerung der Bestände von Enten und Rotwild untersagen sollte.[260] Diese Diskussion und die Erhebung der Insel Anzer, der zweitgrößten Insel des Archipels, zum komplexen Naturschutzgebiet *(zakaznik)* im Jahr 1966 knüpften an die Bemühungen der Solovecker Gesellschaft für Heimatkunde aus den 1920er Jahren an.[261]

Mitte der 1960er Jahre waren die Solovki und die Diskussion über ihre touristische Nutzung zur »Mode« geworden.[262] Die diskutierten Ideen zur Nutzung der Denkmäler reichten von der Einrichtung einer Teestube in der ehemaligen Datscha des Solovecker Archimandriten im Botanischen Garten bis zum Umbau eines der Festungstürme des Solovecker Klosters in ein altertümliches Café.[263] So unterschiedlich die Vorschläge auch waren, alle hatten sie eines gemeinsam: Sie basierten auf der Instandsetzung und der Restaurierung des Solovecker Klosterkomplexes. Die Festungsanlage war sowohl das historisch-kulturelle als auch das touristische Herzstück des Archipels. Jegliche touristische Nutzung und Musealisierung des Archipels waren daher untrennbar mit der Instandsetzung der Solovecker Baudenkmäler verbunden.

Unter dem Druck, den der Artikel in der *Izvestija* über die Regionsgrenzen ausgelöst hatte, verabschiedete das Gebietsexekutivkomitee am 24. Juli 1965 einen umfangreichen Beschluss zur Zukunft der Solovecker Inseln. Unter dem Einfluss der steigenden Touristenzahlen veranlasste das Komitee in Archangel'sk,

---

258 Siehe hierzu das Zitat Gor'kijs zur Umwandlung der Solovki in eine Gesundheitsinsel, S. 282.
259 PAVEL VITKOV: Solovkam – Molodežnoe šefstvo. In: *Pravda Severa*, 6. Februar 1966, S. 1.
260 Beschluss des Exekutivkomitees in Archangel'sk vom 30. November 1963, GAAO, f. 2063, op. 1, d. 6809, l. 24.
261 Bericht zur Entscheidung des Oblispolkom vom 21. Januar 1966, 30. November 1963. GAAO, f. 2063, op. 1, d. 6809, l. 19.
262 JURIJ KAZAKOV: Sloveckie mečtanija. In: *Literaturnaja Gazeta*, 13. September 1966.
263 A. BEREZIN/S. VVEDENSKIJ: Esli by ruki priložiť. In: *Pravda Severa*, 22. Juli 1965; A. EDOVIN: Put' k gorizontu. In: *Pravda Severa*, 15. Juli 1966. NASMZ, f. 22, op. 2, d. 162–1.

die Gebäude und Anlagen »mit volkswirtschaftlicher Bedeutung« in Ordnung zu bringen und die Renovierungsarbeiten am Kreml' mithilfe des Ministeriums für Kultur voranzutreiben.[264] In seinem Schreiben an den Ministerrat der RSFSR vom 3. August 1965 forderte der Vorsitzende des Gebietsexekutivkomitees Kostrov den Ministerrat auf, das Ministerium für Kultur dazu zu verpflichten, bis Anfang 1966 einen Entwurf für die Restaurierungsarbeiten zu erarbeiten und Archangel'sk für das Jahr 1966 zusätzliche finanzielle Mittel in Höhe von 100.000 Rubel zur Verfügung zu stellen.[265] Für den infrastrukturellen Ausbau, in erster Linie den Straßenbau, setzte die Regionalregierung 30.000 Rubel für das laufende Jahr und weitere 150.000 Rubel für das Jahr 1966 an. Als grundlegende Forderung an den Ministerrat erachtete die regionale Führung die Übergabe sämtlicher Gebäude und Anlagen der Inseln an das Gebietsexekutivkomitee. Durch die Schaffung klarer ministerialer Zuständigkeiten erhoffte sich die zentrale Gebietsverwaltung einerseits eine Erleichterung der Arbeitsabläufe. Andererseits verfolgte die regionale Kulturverwaltung eine Stärkung ihrer Verhandlungsposition gegenüber den verbliebenen Truppenteilen der Marine. Diese belegten auch Mitte der 1960er Jahre noch denkmalgeschützte Gebäude und weigerten sich, die neuen Pacht- und Denkmalschutzbestimmungen einzuhalten.[266]

2.4 Zwischenfazit: 1965 als Wendejahr für die Solovki?

Der Beschluss des Gebietsexekutivkomitees vom 24. Juli 1965 und der Brief Kostrovs an den Ministerrat vom 3. August desselben Jahres hatten die Richtung vorgegeben, in die der Archipel künftig steuern sollte: Die Solovki sollten zu einem der touristischen Zentren im russischen Norden ausgebaut werden. Zwangsläufig musste diese Entscheidung daher auf eine umfassende Instandsetzung und Musealisierung der architektonischen und archäologischen Denkmäler

---

264 Brief des Vorsitzenden des Gebietsexekutivkomitees in Archangel'sk, K. Kostrov an den Ministerrat vom 3. August 1965, GAAO, f. 2603, op. 1, d. 6663, ll. 40 f.
265 Ebd., l. 41.
266 Ein kleiner Truppenteil hielt sich Mitte der 1960er Jahre beispielsweise in der Vosnesenskij-Einsiedelei auf, die sich auf dem so genannten Sekirka, einer Anhöhe etwa 11 Kilometer vom Kreml' entfernt, befand. Hier wurde in der zweiten Hälfte des 19. Jahrhunderts eine steinerne Kapelle erbaut, die zu Lagerzeiten als berüchtigter Strafisolator diente. 1965 und 1966 forderte die Leiterin der Kulturverwaltung in Archangel'sk den dort untergebrachten Truppenteil mehrfach auf, sich an die Pachtvereinbarungen zu halten und sich um die Instandsetzung der Kapelle und des angeschlossenen Wohnhauses zu kümmern. GAAO, f. 5859, op. 2, d. 1155, ll. 22, 23, 26.

und auf den Schutz der Solovecker Natur hinauslaufen. Obgleich der Beschluss die Musealisierung des Archipels nur skizzierte, war Pavel Vitkov seinem Ziel mit fast zehnjähriger Verspätung einen großen Schritt nähergekommen. Glücklich machte er sich daran, den Mitgliedern des Rodina-Klubs in Moskau Ende August von der Entscheidung des Gebietsexekutivkomitees einige Tage zuvor zu berichten:

> Ich freue mich Ihnen mitteilen zu können, dass der jahrelang währende Kampf zur Rettung der historischen und biologischen Schätze des Solovecker Archipels mit einem Sieg geendet hat. Vor nicht allzu langer Zeit hat es eine sehr gute Entscheidung des Gebietsexekutivkomitees in Archangel'sk gegeben [...]. Natürlich ist es von der Entscheidung bis zur Umsetzung ein weiter Weg, doch sobald diese Entscheidung breit publiziert wird, können unsere Offiziellen sie nicht mehr zurücknehmen.[267]

Entscheidend wog für Vitkov also die Tatsache, dass sich die regionale Regierung zu einer öffentlichen Reaktion durchgerungen hatte, versetzte ihn die Entscheidung doch in eine sichere Verhandlungsposition gegenüber dem Gebietsexekutivkomitee. Gestärkt wurde Vitkovs Position zusätzlich durch die Entwicklungen am Jahresende 1965. Durch die Gründung der VOOPIiK-Zentrale in Moskau und der regionalen Abteilung in Archangel'sk war es Vitkov nun möglich, in zukünftige Verhandlungen mit den regionalen Politikerinnen und Politikern nicht als Privatperson, sondern als stellvertretender Leiter der landesweit anerkannten Denkmalschutzorganisation einzutreten. Seine neue Position verlieh seinen Aufrufen und Beschwerden nicht nur mehr Gewicht. Vielmehr war er nun in der Lage, seine Solovki-Kampagne zu einer der Hauptaufgaben der Abteilung in Archangel'sk zu erheben. Einer systematischen, wissenschaftlichen Erforschung und Musealisierung der Denkmäler des ›Russischen Nordens‹ stand nun nichts mehr im Wege.

Sowohl für Moskau als auch für die Solovki ist das Jahr 1965 als Wendejahr im russischen Denkmalschutz zu werten. Gestützt durch den neuen denkmalfreundlichen politischen Kurs in Moskau und die Gründung der VOOPIiK, die propagierte Begeisterung für die russische Geschichte und die Etablierung eines neuen Freizeitverständnisses[268] wuchsen die Touristenzahlen an Orten altrussischer Denkmalkomplexe stetig an. Trotz eines mangelhaften Transportsystems, fehlender oder karger Unterbringungen und oftmals nicht vorhandener pädagogischer Anleitung berichteten selbst ausländische Abhandlungen von jugendlichen

---

267 Brief von Pavel Vitkov an den Rodina Klub in Moskau vom 30. 08. 1965. NASMZ, f. 2, op. 2, d. 162–3.
268 NOACK: Coping with the Tourist, S. 289 f.

Individualtouristinnen und Individualtouristen aus Moskau und Leningrad, die mit Kameras ausgerüstet in allen Teilen Nordrusslands gesichtet wurden, um nach der »verlorenen russischen Seele« zu fahnden.[269]

2.5 Die Konferenz *Kulturdenkmäler des Russischen Nordens* im Juli 1966 in Archangel'sk

Nur wenige Monate nach der offiziellen Arbeitsaufnahme der VOOPIiK in Archangel'sk fand in der Stadt an der Severnjaja Dvina im Juli 1966 eine wissenschaftliche Konferenz unter dem Titel *Pamjatniki kul'tury Russkogo Severa (Kulturdenkmäler des Russischen Nordens)* statt. Die interdisziplinär angelegte Konferenz, die hauptsächlich vom Ministerium für Kultur und der Kulturverwaltung in Archangel'sk ausgerichtet wurde, zog zwischen 7. und 12. Juli 1966 alle namhaften Befürworterinnen und Befürworter des Denkmalschutzes nach Archangel'sk.[270]

Mit der Gründung der VOOPIiK war eine grundlegende Neustrukturierung des staatlichen Denkmalschutzsystems einhergegangen. Die wissenschaftliche und damit die methodische Annäherung an den Denkmalschutz und die Denkmalpflege fanden allerdings in unterschiedlichen Instituten statt, die entweder direkt dem Ministerium für Kultur unterstellt waren oder zur Akademie der Wissenschaften gehörten. Erst durch die langsame Entwicklung theoretischer und methodischer Grundlagen und der beginnenden Typologisierung von Denkmälern begann das Ministerium für Kultur mit der systematischen Dezentralisierung und Organisation bestimmter Themenbereiche.[271] Der Wissenschaftlich-Methodische Sowjet für den Schutz von Kulturdenkmälern, einer der Mitausrichter der Konferenz, war bereits 1948 unter dem Präsidium der Akademie der Wissenschaften eingerichtet worden. Er bündelte die fachliche Expertise von 32 Vertreterinnen und Vertreter verschiedener Disziplinen. Neben der fachwissenschaftlichen Beratung von politischen Gremien wurde der Sowjet ab 1971 auch zu Ausbildungszwecken herangezogen. Durch die Gründung des wissenschaftlichen Forschungsinstitutes für Museologie und den Schutz von historischen und kulturellen Denkmälern (NII kul'tury) 1966 verlor der Sowjet allerdings zunehmend an Bedeutung. Fortan sollten die wissenschaftlichen Impulse zur Erforschung der Geschichte und der Methodik des Denkmalschutzes und der Denkmalpflege neben der Akademie der Wissenschaften

---

269 HANEY: The Revival of Interest in the Russian Past in the Soviet Union, S. 3.
270 Ausrichtende Institute waren der wissenschaftliche-methodische Sowjet für den Schutz von Kulturdenkmäler, das Institut für Kunstgeschichte und der Architektenverband der RSFSR.
271 PANKRATOVA: Ochrana pamjatnikov istorii i kul'tury, S. 41.

vom NII kul'tury ausgehen.²⁷² Innerhalb des Instituts für Kunstgeschichte und des Schutzes für Architekturdenkmäler der Akademie der Wissenschaften unter dem Ministerium für Kultur der UdSSR entstand 1967 ein spezieller Sektor mit dem Ziel, wissenschaftliche Referenzwerke enzyklopädischen Charakters zu allen Geschichts-, Architektur- und Archäologiedenkmälern in der Sowjetunion zusammenzustellen (Svod Pamjatnikov istorii i kul'tury narodov SSSR – Svod). Obwohl keiner der Bände bis zum Zusammenbruch der Sowjetunion fertiggestellt werden konnte, führte die *Svod* das erste einheitliche Dokumentationssystem für das historisch-kulturelle Erbe der Sowjetunion ein und ist in der Forschung neben dem Gesetz zum Schutz des kulturellen Erbes von 1976 als wichtigste Initiative zur Zentralisierung des Denkmalschutzes interpretiert worden.²⁷³

Die wissenschaftlichen Restaurierungswerkstätten verrichteten die Denkmalpflege vor Ort und standen in regem Austausch mit anderen methodischen und praktischen Zentren des Ministeriums für Kultur sowie den fachspezifischen Instituten der Akademie der Wissenschaften.²⁷⁴ Trotz des Ausbaus des Denkmalschutzsystems und einer angestrebten Verwissenschaftlichung der Denkmalpflege im Laufe der 1970er und 1980er Jahre sollte das sowjetische Denkmalschutzsystem an einer flächendeckenden Einrichtung wissenschaftlicher Zentren und damit an der Ausbildung und Bereitstellung von Spezialistinnen und Spezialisten für die theoretische und praktische Denkmalpflege dauerhaft kranken. Für peripher gelegene Restaurierungswerkstätten und regionale Denkmalpflegerinnen und Denkmalpfleger, die einen eingeschränkten Zugang zu Informationen sowie zur materiellen und technischen Ausstattung hatten, stellten wissenschaftliche Konferenzen daher wichtige Anlaufpunkte dar.

Die Konferenz *Kulturdenkmäler des Russischen Nordens* war die erste große wissenschaftliche Konferenz dieser Art, bei der es zu einem Transfer von wissenschaftlicher Expertise in die Regionen kam. Im Gegensatz zu den Konferenzen der 1970er und 1980er Jahre trug die erste Tagung in Archangel'sk allerdings eine starke politische Stoßrichtung. Die in der Presse des Landes verbreiteten Berichte über die in Ruinen liegenden jahrhundertealten Architekturdenkmäler des ›Russischen Nordens‹ hatten Denkmalpflegerinnen und Denkmalpfleger aus der gesamten Russischen Sowjetrepublik empört. Wie bereits gezeigt, waren insbesondere der russische Norden und seine einzigartige Holzarchitektur zum

---

272 Naučno-issledovatel'skij institut muzeevedenija i ochrane pamjatnikov istorii i kul'tury, nach 1969: Naučno-issledovatel'skij institut kul'tury s sochraneniem v strukture otdelov muzeevedenija i ochrany pamjatnikov: Siehe Pankratova: Ochrana pamjatnikov istorii i kul'tury, S. 28.
273 GEERING: Building a Common Past, S. 128.
274 Ebd.

Flaggschiff der nationalen Denkmalschutzbewegung geworden. In dieser Hinsicht folgten das Thema und der Ausrichtungsort der Konferenz dem landesweiten Trend der kulturellen Wiederentdeckung des ›Russischen Nordens‹ und seiner Architekturdenkmäler. Darüber hinaus sprach ein weiterer Punkt für die Ausrichtung der Konferenz in Archangel'sk. 1964 war auf Beschluss des Exekutivkomitees in Archangel'sk der Bau des ersten Freilichtmuseums nordrussischer Holzbaukunst für ein Gebiet beschlossen worden, das sich etwa 20 Kilometer außerhalb der Stadt befand. Auf zunächst ca. 60 Hektar versammelten Architektinnen und Architekten in den folgenden Jahren ein breites Ensemble von Architekturdenkmälern nordrussischer Holzbaukunst des 17.–19. Jahrhunderts, die in einer aufwendigen Prozedur aus der gesamten Region auf das Gelände des architektonischen Schutzgebietes gebracht und dort wieder aufgebaut wurden.[275] Das Museum, das den Namen *Malye Karely* (Kleinkarelien) trug[276] und das Prestigeprojekt des Leiters der wissenschaftlichen Restaurierungswerkstatt und Sekretärs der VOOPIiK in Archangel'sk Valentin Lapin war, wurde für Besucherinnen und Besucher schließlich im Jahre 1973 feierlich eröffnet.[277]

Das Gebietsexekutivkomitee erhoffte sich von der Konferenz die notwenige positive mediale Aufmerksamkeit. Sowohl die Einrichtung des Museums in Archangel'sk als auch die Entscheidung in Bezug auf die Instandsetzung der Architekturdenkmäler der Solovki vom August des Vorjahres eigneten sich hervorragend, um der schlechten Presse mit konkreten politischen Antworten begegnen zu können. Bereits in seinem Eröffnungsvortrag hob der stellvertretende Leiter der regionalen Parteivertretung daher auf diese Entwicklungen ab und nutzte die Konferenz, um das Image der Regionalregierung in Bezug auf den Denkmalschutz aufzupolieren. Aufgrund des großen Zuspruchs zur Konferenz und des landesweiten Medieninteresses liebäugten die Politikerinnen und Politiker zudem mit einer zusätzlichen Finanzspritze aus Moskau für ihr Anliegen.

Mehr als 400 Abgesandte verschiedener kultureller Einrichtungen aus allen Landesteilen der Russischen Sowjetrepublik sowie Gäste aus den drei baltischen Republiken, aus Georgien und der Ukraine versammelten sich am 7. Juli 1966 im Vortragssaal des Kunstmuseums der Stadt.[278] Unter ihnen war auch Pavel Vitkov,

---

275 Neben originalen Wiederaufbauten von Gebäuden gab es auf dem Gelände ebenfalls detailgetreue Rekonstruktionen von bedeutenden nordrussischen Architekturdenkmälern. Heute erstreckt sich das Freilichtmuseum auf fast 140 Hektar.
276 Der Name des Museums bezog sich auf die angrenzenden Dörfer, die die Namen *Bolšie Karely* (Großkarelien), und *Malye Karely* (Kleinkarelien) trugen. Siehe dazu auch: POPOV: Novye Kiži. In: *Literaturnaja Gazeta,* 7. Juli 1966, S. 4.
277 JU. ŠNITNIKOV: Malye Karely. Prigorod i filial. In: *Pravda Severa,* 9. April 1974, S. 4.
278 I. GRUŠECKIJ: Pamjatniki Russkogo Severa. In: *Severnyj Komsomolec,* 10. Juli 1966, S. 2.

den wie alle Teilnehmerinnen und Teilnehmer der Konferenz ein umfangreiches Programm erwartete, das thematisch in drei Sektionen unterteilt war: Architektur, Volkskunst und Ethnografie. Insgesamt wurden 25 politische und wissenschaftliche Vorträge gehalten, die im Anschluss an die Konferenz in einem Moskauer Verlag veröffentlicht wurden.[279] Die Konferenz, die mit einem gemeinsamen Aufruf an die Werktätigen der Region Archangel'sk zum Schutz der historischen und architektonischen Denkmäler schließen sollte, ließ verschiedene ausgewiesene Experten für die nordrussische Kultur, Kunst und Architektur zu Wort kommen. Unter ihnen waren Redner wie der berühmte Restaurator Nikolaj Pomerancev[280] oder der Literaturwissenschaftler Dmitrij Lichačëv. Beide verband eine besondere Beziehung zu den Solovki. Gemeinsam mit Pëtr Baranovskij hatte Pomerancev 1923 die Ausfuhr bedeutender Kunstgegenstände aus dem Solovecker Kloster in den Museumsfond verantwortet.[281]

Dmitrij Lichačëv wiederum war von 1928 bis 1931 Häftling des Solovecker Lagers gewesen. Als Lichačëv am 9. Juli 1966 das Podium der Konferenz betrat und einen Vortrag über die wissenschaftliche Erforschung des Solovecker Denkmalkomplexes hielt, waren ihm sowohl die mediale Aufmerksamkeit als auch das Interesse des Publikums gewiss. Trotz seiner unumstrittenen fachlichen Expertise zu diesem Thema war sich Lichačëv bewusst über die Wirkung, die sein Vortrag in Archangel'sk auslösen sollte. Seinen Erinnerungen an die Konferenz lässt sich Folgendes entnehmen:

> Bei meinem Vortrag war der Saal voll: Ich war der einzige Vortragende, der die Solovecker Haft überlebt hatte. Sie kamen, um den alten Solovčanin [den alten Einwohner der Solovki] zu betrachten. Mein Vortrag trug den Titel »Aufgaben zur Erforschung des historisch-kulturellen Komplexes der Solovki«. Ein Vortrag, der für Historiker des Russischen Mittelalters nicht uninteressant sein mochte. A. A. Zimin [sowjetischer Mittelalterhistoriker] saß in der ersten Reihe am Mittelgang, breitete demonstrativ eine Zeitung aus, streckte sie in den Gang und vertiefte sich in seine Lektüre. Das war ein ungebührliches Verhalten, vor allem deswegen, da einige Menschen gekommen waren, um einen Solovecker Gefangenen zu begrüßen.[282]

---

279 Tezisy dokladov i soobšenij k naučnoj konferencii v g. Archangel'ske »Pamjatniki kul'tury Russkogo Severa«. Moskva 1966.
280 Nikolaj Nikolajevič Pomerancev war ein Fachmann für die Restaurierung nordrussischer Architekturdenkmäler. Sein Interesse an dieser besonderen Art von Architektur erwachte nicht zuletzt durch seine Zeit in der Verbannung in Vel'sk, die er 1934 antreten musste, als er wie einige andere Mitarbeitenden der zentralen wissenschaftlichen Restaurierungswerkstatt in Moskau verurteilt worden war.
281 Siehe S. 263.
282 Institut Russkoj Literatury, Meždunarodnyj Blagotvoritel'nyj Fond imeni D. S. Lichačëva: D. S. Lichačëv. Vospominanija, Razdum'ja, Raboty raznych let, St. Petersburg 2006, S. 345.

Ob das offen zur Schau gestellte Desinteresse des Historikers Aleksandr Zimin am Vortrag Lichačëvs eine Demonstration der in den Augen Zimins fehlenden Expertise Lichačëvs war, ist für den hier diskutierten Zusammenhang nicht von Bedeutung. Vielmehr ist die ›Doppelrolle‹ Lichačëvs interessant, der in Archangel'sk als bedeutender russischer Literaturwissenschaftler *und* als ehemaliger Gefangener des Solovecker Lagers auftrat und auch in beiden Funktionen vom Publikum so wahrgenommen wurde.

Inhaltlich setzte sich Lichačëv in seinem Beitrag mit einer umfassenden, interdisziplinären Erforschung und Musealisierung des Solovecker Archipels auseinander. Offen trat er dafür ein, an die geleistete Forschung des Solovecker Klosters und der lagereigenen Heimatkundegesellschaft anzuknüpfen. Seiner Meinung nach trügen die Inseln das Potenzial in sich, zu »einem der wichtigsten Zentren zur Erforschung der Alten Rus', zu einem der größten Tourismuszentren und zu einem Zentrum der patriotischen Erziehung für Jugendliche zu werden«.[283] Neben einer interdisziplinären Erforschung der vielfältigen Denkmalstruktur des Archipels betonte Lichačëv die Notwendigkeit von Restaurierungsarbeiten an den Architekturdenkmälern, die parallel zum Aufbau eines Museums auf den Inseln betrieben werden müssten. Explizit rekurrierte Lichačëv dabei auf aktuelle Entwicklungen im wissenschaftlichen Denkmalschutzdiskurs der Zeit, in dessen Rahmen die Restaurierung historischer Architekturensemble einherging mit einer gleichzeitigen Musealisierung der Denkmäler. Die Neustrukturierung des staatlichen Denkmalschutzsystems war eine Reaktion auf diese Entwicklung, indem das NII kul'tury neben Aufgaben zur wissenschaftlichen Erforschung des Denkmalschutzes auch museologische Aufgaben in sich vereinte.

Die Solovki nahmen einen herausragenden Stellenwert im Konferenzprogramm ein. So streiften nicht nur die Vorträge immer wieder den Denkmalkomplex auf den Inseln. Für den letzten Tag der Konferenz war zudem eine Exkursion auf die Inseln vorgesehen, die den Höhepunkt der Tagung darstellte. Für viele Teilnehmende war es der erste Besuch des Archipels und seiner Denkmäler überhaupt. Wie untrennbar die gesamte Konferenz auch medial mit den Entwicklungen auf den Solovki verknüpft wurde, zeigt der Tagungsbericht der Zeitschrift *Sovetskaja Ėtnografija*. Die ausführliche Rezension der Konferenz in Archangel'sk zierten ausnahmslos Aufnahmen der architektonischen Denkmäler des Solovecker Kreml'.[284]

---

283 DMITRIJ LICHAČËV: Zadači izučenija Soloveckogo istoriko-kul'turnogo kompleksa. In: Tezisy dokladov i soobščenij k naučnoj konferencii v g. Archangel'ske »Pamjatniki kul'tury Russkogo Severa«. Moskva 1966, S. 25–28, hier S. 28.
284 A. A. LEBEDEVA: Naučnaja konferencija »Pamjatniki kul'tury Russkogo Severa«. In: *Sovetskaja Ėtnografija* Nr. 6 (1966), S. 117–122.

Die Exkursionsteilnehmerinnen und Exkursionsteilnehmer erreichten die Solovecker Hauptinsel am Morgen des 10. Juli. Zur Abordnung aus Archangel'sk gehörten unter anderen Pavel Vitkov, Dmitrij Lichačëv und der sowjetische Schriftsteller Jurij Kazakov. Das Programm, das die Teilnehmenden auf den Solovki erwartete, war dicht gefüllt. Pavel Vitkov begrüßte die Gäste auf den Inseln und gab eine kurze Einführung in die Geschichte der Solovki, ihre geologischen, biologischen und kulturellen Besonderheiten. Unter der Leitung des Vorsitzenden des Inselsowjets, Aleksej Taranov, besichtigten die Gäste aus Archangel'sk im Anschluss das 1961 eingerichtete Kombinat für den Abbau für Wasserpflanzen, das neben dem Fischereikombinat der einzige Wirtschaftsbetrieb der Inseln war.[285] Im Anschluss fuhren die Besucherinnen und Besucher mit Bussen zum *Sekirnaja Gora* (Axtberg) und zum Botanischen Garten der Inseln. Der Höhepunkt des Tagesausflugs war die anschließende mehrstündige Führung durch den Solovecker Klosterkomplex, die von einem der verantwortlichen Architekten für den Wiederaufbau des Solovecker Kreml', Aleksej Vorob'ëv, geleitet wurde. Erst am späten Nachmittag bestiegen die Besucherinnen und Besucher schließlich das Schiff Richtung Archangel'sk.

Dmitrij Lichačëv verblieb allein auf den Solovki. Für ihn war es der erste Besuch auf dem Archipel seit seiner Haftzeit im Solovecker Lager. Bereits im Vorfeld hatte er daher mit Svetlana Vereš, der späteren ersten Direktorin des Solovecker Museums, seinen anschließenden Aufenthalt geplant.[286] In den kommenden drei Tagen erkundete Lichačëv den Archipel und alle Orte, mit denen er in erster Linie schmerzliche Erinnerungen verband. Allerorts stieß er auf Reste des Lagerlebens, wie er in seinen Erinnerungen an den Besuch von 1966 bekannte:

> Die Spuren des STON[287] waren ungleich schlimmer als die Spuren des SLON:[288] So gab es Gitter selbst an den Fenstern von Gebäuden, die zu Zeiten des SLON als ›ungeeignet‹ für die Unterbringung eigestuft worden waren. [...] Auch an den Gebäuden des [ehemaligen] Lazaretts waren Gitter sichtbar. [...] In einem Ruderboot fuhr ich auf die Große Zajackij-Insel, auf der ich während meiner Haftzeit auf den Solovki nie gewesen war, und auf der sich der schlimme

---

285 Z. ŠADCHAN: Ostrova Soloveckie. In: *Pravda Severa*, 12.07.1966, NASMZ, f. 2, op. 2, d. 162–1.
286 SVETLANA VEREŠ: Na puti k Solovkam (prodolženie). In: *Al'manach Soloveckoe more,* Nr. 5 (2006), abgerufen unter URL: http://www.solovki.info/?action=archive&id=353, letzter Zugriff: 05.05.2023.
287 Soloveckaja T'jurma Osobogo Naznačenija – STON (Solovecker Gefängnis zur Besonderen Verwendung) bestand von November 1936 bis November 1939.
288 Soloveckaja Lagerja Osobogo Naznačenija – SLON (Solovecker Lager zur Besonderen Verwendung) bestand von 1923 bis 1931, dann erneut 1932/1933.

Frauenkarzer befunden hatte. Zu Fuß ging ich nach Muksal'ma, wo ich die Baracken sah, in denen die so genannten »nummerierten Kinder« – Kinder von »Volksfeinden« gehaust hatten [...]. Mit einer Gruppe von Museumsmitarbeitern war ich auf [der Insel] Anzer, wo fast alle Denkmäler schrecklichen Zerstörungen anheimgefallen waren. Besonders bedauernswert empfand ich den Zustand der [...] Troickij-Einsiedelei. Mit Erstaunen nahm ich die Bleistiftinschriften an den Wänden wahr. Hier wollten Menschen für sich wenigstens eine Art von Andenken hinterlassen ... Das Gleiche habe ich auf dem Sekirka gesehen.[289]

Während sich die Teilnehmenden der Konferenz – jedenfalls offiziell – vorrangig für die Restaurierung und Musealisierung der historischen Klosterarchitektur interessierten, wird aus den Erinnerungen Lichačëvs deutlich, dass er als ehemaliger Gefangener des Solovecker Lagers zumindest in Bezug auf die Solovki ein viel breiteres Denkmalverständnis vertrat. Sein Verweis auf die Bleistiftinschriften ehemaliger Gefangener in der Troickij-Einsiedelei und auf dem Sekirka (*Sekirnaja Gora,* Axtberg) machen die unterschiedlichen Erinnerungsschichten sichtbar, die im Sommer 1966 noch allerorts aufzufinden waren. Lichačëv erinnerte sich an seine Mitgefangenen und an deren Wunsch, ihre Geschichte auf den Solovki zu hinterlassen und sich damit in die Erinnerung an die Geschichte der Solovki ›einzuschreiben‹. Svetlana Vereš hielt in ihren Memoiren im Zusammenhang mit dem Besuch Lichačëvs fest, dass dieser ihr »ausführlich« sein Leben in den Festungsmauern zu Zeiten des Lagers geschildert habe. Vieles habe sie aufgeschrieben, und obgleich diese Informationen nicht ihren Weg in die Texte ihrer ersten Rundgangkonzeptionen fanden, so habe sie doch in privaten Gesprächen oft davon erzählt.[290] Die Parteivertretung der Inseln schien die ›Spurensuche‹ Lichačëvs zumindest nicht zu stören. Das Auto, mit dem Vereš Lichačëv an weiter entfernt gelegene Orte der Hauptinsel transportierte, war ihr vom Inselsowjet zur Verfügung gestellt worden.[291]

Die Auswirkungen der Konferenz gestalteten sich für die involvierten Akteure höchst unterschiedlich. Für das Gebietsexekutivkomitee bedeutete die Konferenz nicht die erhoffte positive Resonanz, die sich die Politikerinnen und Politiker aus Archangel'sk davon versprochen hatten. Schuld daran waren weder der Zuspruch seitens der Öffentlichkeit und der Medien noch der allseits gelobte wissenschaftliche Inhalt der Tagung. Vielmehr waren es die Denkmäler selber, die ob ihres kläglichen Zustands unter den Besucherinnen und Besuchern

---

289 Institut Russkoj Literatury, Meždunarodnyj Blagotvoritel'nyj Fond imeni D. S. Lichačëva: D. S. Lichačëv, S. 346.
290 Vereš: Na puti k Solovkam (prodolženie).
291 Ebd.

Bestürzung und Empörung hervorriefen. Der Besuch auf den Solovki hielt den Gästen deutlich vor Augen, wie dringend die Restaurierung der Denkmäler geworden war und wie wenig die sowjetischen Politikerinnen und Politiker bis dato zur Rettung des Solovecker Kulturerbes beigetragen hatten. Selbst der ideologisch umsichtig eingeflochtene Besuch eines Denkmals zur sowjetischen Geschichte auf der Insel Mud'jug handelte dem Gebietsexekutivkomitee in Archangel'sk ausschließlich Kritik ein.[292] So zitierte die wichtigste Zeitung der Region einen der Teilnehmer, der mit Blick auf den Zustand des Denkmals von einer »Schande« gesprochen habe, dass »eines der bedeutendsten Denkmäler der historisch-revolutionären Ehre« bislang nicht in einen ordnungsmäßigen Zustand gebracht worden sei.[293]

Nur zwei Monate später fanden die Erfahrungen der Solovki-Reise vom Juli 1966 ihren literarischen Widerhall und sollten in einer öffentlichen Anklage gegen das Gebietsexekutivkomitee in der *Literaturnaja Gazeta* resultieren. Lediglich in einem Punkt zeigte sich die Konferenz aus Sicht der regionalen Politikerinnen und Politiker erfolgreich: Die mediale Öffentlichkeit garantierte der regionalen Parteispitze eine bessere Verhandlungsposition gegenüber Moskau in der Frage der Finanzierung der kostspieligen Restaurierungsarbeiten.[294]

Für Pavel Vitkov bedeuteten die Ausrichtung der Konferenz und der Besuch der Inseln durch ein ausgewiesenes Expertengremium einen weiteren Erfolg seiner Kampagne zur Rettung des Solovecker Kulturerbes. Doch gerade aufgrund seiner negativen Erfahrungen mit dem Gebietsexekutivkomitee und den bürokratischen Mechanismen regionaler Kulturpolitik verließ Pavel Vitkov auch in den kommenden Monaten nicht die Skepsis gegenüber der tatsächlichen Umsetzung der großspurig angekündigten Maßnahmen zur Restaurierung und Musealisierung der Solovecker Denkmäler.

---

292 Die Insel Mud'jug befindet sich nahe der Flussmündung der Severnjaja Dvina. Hier wurde im August 1919 von den Entente-Mächten ein Kriegsgefangenenlager eingerichtet, in dem vermutlich zwischen 100 und 300 Bol'ševiki zu Tode kamen. Neben dem etwa 25 Meter hohen Obelisken, der 1958 auf der Insel als Denkmal eingeweiht wurde, waren 1966 an diesem Ort zudem Überreste des Lagers zu sehen. Ein Revolutionsmuseum, das bereits 1934 an diesem Ort eröffnet wurde, zwischenzeitlich aber geschlossen wurde, konnte schließlich 1973 neu eröffnet werden.
293 GRUŠECKIJ: Pamjatniki Russkogo Severa, S. 2.
294 Einen Bericht über die Konferenz schickte die Parteispitze in Archangel'sk sowohl an das Ministerium für Kultur der UdSSR, der RSFSR sowie unter anderem an den Sowjet für den Schutz von Kulturdenkmälern der UdSSR. Siehe: GAAO, f. 5859, op. 2, d. 1184, l. 133.

2.6 Von den »Solovecker Träumereien« zu Vitkovs Tatsachenpolitik

Die Nachwirkungen der Konferenz und insbesondere der Exkursion auf die Solovki holten die Verantwortlichen schneller ein als gedacht. Am 13. September 1966 veröffentlichte die *Literaturnaja Gazeta* einen Artikel des sowjetischen Schriftstellers Jurij Kazakovs unter dem Titel *Soloveckie mečtanija (Die Solovecker Träumereien)*. In diesem Text, der in der Zeitung an prominenter Stelle abgedruckt war, zeichnete Kazakov ein abschreckendes und doch zugleich realistisches Bild des Solovecker Archipels und seiner architektonischen Denkmäler:

> Alles war wie nach dem Krieg, wie nach einer Invasion der Marsmännchen – Tod, Leere, überall [...,] schreckliche Spuren der Verwüstung und der Zerstörung. Genauso ist es auf den Solovki [...,] in den Holzhäusern und einigen Kirchen ist der Putz abgeschlagen, die Tapeten lösen sich, und die Fensterbretter sind zerbrochen. [...] Wie viele Jahrhunderte glomm hier das Leben. [...] Und nun? Steht am Ende der Tod?[295]

Sein Artikel war nicht nur eine traurige Reisereportage. Vielmehr glich Kazakovs Artikel einem Generalangriff auf die beteiligten Akteure auf regionaler Ebene und einer Abrechnung mit der bisherigen Politik in Bezug auf die Solovki. Explizit bezog sich Kazakov, der zu den Teilnehmenden der Konferenz im Juli gehört hatte, auf die Rede Vladimir Puzanovs, dem stellvertretenden Vorsitzenden des regionalen Exekutivkomitees. Dessen Bericht über den »behutsamen« Umgang der regionalen Kulturverwaltung mit den Denkmälern der Region stellte er seinen und anderen in der Presse kursierenden Zustandsbeschreibungen über die Architekturdenkmäler auf den Solovki gegenüber.

> Doch was hat es mit dem »behutsamen Umgang« auf sich, über den V. A. Puzanov geredet hat? Und wo sind die »berühmten Traditionen«? Das Solovecker Kloster versetzt einen tatsächlich in Erstaunen, aber nicht durch seine »Majestät und Schönheit«, wie Puzanov beteuert, sondern durch den entsetzlichen Zustand, in den es gebracht wurde. In den letzten zwei Jahren wurde dort nichts getan, wenn man einmal von den Dächern zweier Festungstürme absieht.[296]

Ebenso explizit kritisierte Kazakov die Arbeit der wissenschaftlichen Restaurierungswerkstatt unter ihrem Leiter Valentin Lapin sowie die Parteivertretung

---

295 Jurij Kazakov: Soloveckie Mečtanija. In: *Literaturnaja Gazeta*, 13. 09. 1966.
296 Ebd.

auf den Inseln. Dem Vorsitzenden des Inselsowjets, Taranov, sprach Kazakov jeglichen Enthusiasmus für die Inseln ab und bezeichnete ihn als schlechten Hausherrn, unter dessen zehnjähriger Ägide es zu »keinerlei Verbesserungen« auf dem Archipel gekommen sei. Selbst die sowjetischen Medien kamen in Kazakovs Artikel nicht ungeschoren davon. Seiner Meinung nach zitierten die zahlreichen Reportagen lediglich wiederkehrende Phrasen über die Schönheit der Solovecker Natur, während die Ansichtskarten vom Kreml' ausschließlich die schön inszenierte Fassade der Architekturdenkmäler abbildeten. Im Allgemeinen verzichtete die Presse auf die Darstellung der auf den Solovki vorherrschenden »Garstigkeiten« *(bezoprazie),* so Kazakov.[297] Seine bildhafte Beschreibung der Situation auf den Inseln und sein Angriff auf die regionalen Akteure des Solovecker Denkmalschutzes riefen ein breites öffentliches Echo hervor. Etliche Leserbriefe erreichten die Redaktion der *Literaturnaja Gazeta,* von denen nur eine Handvoll ausgewählter und zensierter Zuschriften veröffentlicht wurde. Darunter befanden sich Reaktionen von Dmitrij Lichačëv und die eines Matrosen der Nordflotte, der sich kämpferisch bereiterklärte, »zusammen mit anderen die Perle des Nordens zu retten«.[298]

Von politischer Seite ließ eine Reaktion nicht lange auf sich warten. Im Oktober 1966 veröffentlichte die *Literaturnaja Gazeta* eine offizielle Stellungnahme des Ministeriums für Kultur, das es für nötig erachtete, auf den breitdiskutierten Artikel Kazakovs in der landesweiten Presse zu reagieren. Im Schreiben des stellvertretenden Kulturministers Vladimir Kočetkov unterstrich das Ministerium die Dringlichkeit des ›Solovecker Problems‹ und betonte die jahrzehntelange Fehlnutzung des Archipels:

> Den Denkmälern ist aufgrund von langfristiger fahrlässiger Inbetriebnahme unter wirtschaftlichen Zielen großer Schaden zugefügt worden. Sie müssen intensiven Arbeiten unterzogen werden, um sie wieder in den rechten Zustand zu bringen.[299]

Die von Kočetkov angesprochene »langfristige fahrlässige Inbetriebnahme« der Denkmäler war eine euphemistische Formulierung in Anbetracht der Nutzungsgeschichte der Klostergebäude seit der Revolution. Der Brief Kočetkovs kündigte zukünftige Initiativen zentral- und regionalstaatlicher Stellen an, die

---

297 Ebd.
298 Ebd.
299 Brief des stellvertretenden Kulturministers Vladimir Kočetkov an die Redaktion der *Literaturnaja Gazeta* zu den Vorwürfen des Artikels durch Jurij Kazakov. GARF, F. A259, op. 45, d. 6647, ll. 32–33, hier l. 32.

auf Grundlage von Vorschlägen der VOOPIiK entsprechende Maßnahmen zur Errichtung eines Museums, zur Durchführung von Restaurierungsmaßnahmen im großen Stil und Maßnahmen zur Aufnahme von Touristinnen und Touristen und deren Versorgung prüften.[300]

Auf den Solovki und in Archangel'sk hatte der Artikel ob des persönlichen Angriffs Kazakovs auf zentrale Figuren der regionalen und lokalen Parteivertretungen und der Denkmalpflege große Empörung hervorgerufen. Lediglich Pavel Vitkov zeigte sich erfreut über das mediale Echo und die Resonanz, die der Artikel in der sowjetischen Bevölkerung hervorrief. In einem persönlichen Schreiben dankte er dem Schriftsteller für seinen »großartigen« Artikel, obgleich er Valentin Lapin und den Vorsitzenden des Solovecker Inselsowjets, Taranov, aufgrund ihres eingeschränkten Handlungsspielraumes von Kazakovs scharfer Kritik ausnahm.[301] Der Briefwechsel, der sich zwischen Vitkov und Kazakov in den kommenden Monaten entspann, lässt im Vergleich mit den übrigen Korrespondenzen Vitkovs einen sehr persönlichen Blick auf die Rolle Vitkovs in seiner fast zehnjährigen Kampagne zur Rettung der Solovki und ihrer Denkmäler zu. So wird aus Vitkovs Briefen deutlich, wie weit er sich durch die hartnäckige Verfolgung seines Anliegens von den regionalen Akteuren auf politischer und gesellschaftlicher Ebene entfernt hatte. Sein Verhältnis zur regionalen Parteivertretung war durch die Briefe an das sowjetische Verteidigungsministerium und das Zentralkomitee der KPdSU 1959 nachhaltig gestört worden. Nur mit Mühe habe er sich damals gegen den Parteiausschluss und die Anschuldigungen der Politiker aus Archangel'sk wehren können, die ihn als »Solovecker Mönch« beschimpft hatten.[302] Seine frühe politische Isolation auf regionaler Ebene machte Vitkov zu einem Alleingänger. Darüber hinaus begründete sich in dieser Phase sowohl Vitkovs tiefes Misstrauen gegenüber den Parteivertreterinnen und Parteivertretern in Archangel'sk als auch gegenüber der intellektuellen Elite der Region. Letzterer sprach er auf Rückfrage Kazakovs jegliche Wirkungsmacht in Hinblick auf die regionale Kulturpolitik ab:

> Es braucht »Mut« und ... einen weiten Horizont, aber meiner Meinung nach haben unsere Schriftsteller weder Mut noch diesen Horizont. Vielleicht irre ich mich, aber von den derzeitigen Schriftstellern unterstütze ich keinen.[303]

---

300   Ebd.
301   Brief von Pavel Vitkov an Jurij Kazakov vom 15.09.1966. NASMZ, f. 2, op. 2, d. 162–3.
302   Ebd.
303   Brief von Pavel Vitkov an Jurij Kazakov vom 12.01.1967. NASMZ, f. 2, op. 2, d. 162–3.

Einerseits brachte ihn seine politische Isolation dazu, sich an Vertreterinnen und Vertreter der nationalen *intelligencija* zu wenden, um bei ihnen die Unterstützung zu suchen, die er in seiner Heimatregion vermisste. Andererseits äußerte Vitkov seine Enttäuschung ob der lähmenden bürokratischen Strukturen. Im Winter 1966, als selbst Kazakov seinen »Pessimismus« in Hinblick auf die Solovki nicht länger teilte und das starke Interesse der sowjetischen Bevölkerung und zentraler Presseorgane als Garanten für eine endgültige Lösung der ›Solovecker Probleme‹ betrachtete,[304] hielt Pavel Vitkov konsequent an seiner bewährten Vorgehensweise fest. So übermittelte er Jurij Kazakov seine Korrespondenz und seine gesamten Veröffentlichungen zur ›Causa Solovki‹ mit der Bitte, in der VOOPIiK-Zentrale in Moskau persönlich für eine »endgültige Entscheidung des Solovecker Problems« vorzusprechen.[305] Obgleich er die Gründe für sein tiefes Misstrauen gegenüber der regionalen Parteivertretung, eine weitreichende Entscheidung hinsichtlich der Solovki herbeizuführen, nicht explizit begründete, lieferte er Kazakov in seinen Briefen einen Einblick in das tief zerrüttete Verhältnis zwischen ihm und der politischen Führung in Archangel'sk.

> Gründe, warum ich der Archangel'sker Regierung nicht glauben kann, gibt es viele. Aber das ist eine lange Geschichte. Ich sage nur so viel, als dass sie mich nicht als Freund des alten Nordens, sondern als ihren Feind betrachten [später geändert in: Ich sage nur so viel, als dass sie mich nicht als größten [*čut' li ne*] Freund des alten Nordens betrachten]. Neben den Solovki habe ich nämlich die Regierung der Region auch mit anderen, nicht weniger großen und drängenden Problemen des Nordens gestört [...].[306]

In seiner offiziellen Funktion als stellvertretender Vorsitzender der VOOPIiK-Abteilung in Archangel'sk war Vitkov unmittelbar nach dem Erscheinen des Artikels von Kazakov nicht untätig geblieben. Bereits Ende September hatte er einen eindringlichen fünfseitigen Appell an das Gebietsexekutivkomitee verfasst, in dem er vor allem die touristische Nutzung des Archipels im Hinblick auf den Zustand der Denkmäler und die »schwierige Geschichte« der Solovki problematisierte.[307] Nur zwei Tage später schickte Vitkov einen Maßnahmenplan zusammen mit allen gesammelten Unterlagen zu den Solovki an den Zentralen Sowjet der

---

304 Brief von Jurij Kazakov an Pavel Vitkov vom 19. 10. 1966. NASMZ, f. 2, op. 2, d. 162–3.
305 Briefe Pavel Vitkovs an Jurij Kazakov vom 05. 12. 1966 und 12. 01. 1966. NASMZ, f. 2, op. 2, d. 162–3.
306 Brief Pavel Vitkovs an Jurij Kazakov vom 05. 12. 1966.
307 Brief Pavel Vitkovs an das Gebietsexekutivkomitee in Archangel'sk vom 30. September 1966. GARF, f. A639, op. 1, d. 22, ll. 7–11.

VOOPIiK nach Moskau.[308] Auf Grundlage dieser Materialien trat der Zentrale Sowjet am 27. Oktober 1966 in Moskau zusammen, um über die Restaurierung und Musealisierung der Solovki und ihrer Denkmäler zu beraten und dem Ministerrat eine fundierte Grundlage für seine Entscheidung zu liefern. Das am 11. November kommunizierte Ergebnisprotokoll *Über die Verbesserung des Zustands und der Nutzung der Geschichts- und Architekturdenkmäler des Solovecker Archipels* orientierte sich zu sehr großen Teilen an den Vorschlägen Vitkovs. Auf Grundlage der historischen, kulturellen und architektonischen Denkmäler der Solovki beschloss der Zentrale Sowjet, die Einrichtung eines staatlichen historisch-architektonischen Museumsreservates *(muzej-zapovednik)* sowie eine systematische Intensivierung der Restaurierungsarbeiten an den Denkmälern zu empfehlen.[309] Trotz der eindringlichen Versicherung des Zentralen Sowjets in Moskau an Pavel Vitkov, dass »nicht alle Entscheidungen im Laufe des Winters 1966 entschieden werden können«, setzte Vitkov seinen Druck auf die Ministerien eigenständig fort. Zu groß war seine Angst, die Appelle der VOOPIiK könnten in Archangel'sk erneut »in der Amtsstube verrotten«.[310] Im Oktober 1966 konkretisierte er daher seine Idee von einer Integration weiter Teile der Solovecker Naturlandschaft in die Strukturen des Naturschutzgebietes in Kandalakša, einer Stadt im südwestlichen Teil der Region Murmansk. Zu diesem Zeitpunkt war das Projekt bereits so weit gereift, dass Pavel Vitkov und die dortige *zapovednik*-Leitung sich rüsteten, geeignete Vorschläge an die VOOPIiK, die VOOP und das Gebietsexekutivkomitee zu schicken und eine Lancierung des Themas in der Presse vorzubereiten.[311] Doch dazu sollte es schließlich nicht kommen. Die Entscheidung des Ministerrats der RSFSR und des Ministeriums für Kultur zu den Solovki folgte schließlich im Januar 1967, fast zehn Jahre nachdem sich Vitkov mit seinem Anliegen das erste Mal an den Ministerrat gewandt hatte und nach vier Jahren öffentlicher Diskussion in den Zeitungen des Landes. Durch den Erlass des Ministerrates vom 10. Januar 1967 wurde auf der Grundlage der Denkmallandschaft der Solovki das historisch-architektonische Museum und *zapovednik* ›Solovki‹ als Filiale des Heimatmuseums in Archangel'sk eingerichtet.[312]

---

308 Brief Pavel Vitkovs an Vladimir Ivanov vom 2. Oktober 1966. GARF, f. A639, op. 1, d. 22, l. 20.
309 Ergebnisprotokoll der Sitzung des Zentralen Sowjets der VOOPIiK vom 27. 10. 1966 an Pavel Vitkov vom 11. 11. 1966. GARF, f. A639, op. 1, d. 22, ll. 21–22, hier l. 21.
310 Brief Pavel Vitkovs an Jurij Kazakov vom 05. 12. 1966. NASMZ, f. 2, op. 2, d. 162–3.
311 Brief von Boris Vladimirovič Kester an Pavel Vitkov vom 6. 10. 1966. NASMZ, f. 2, op. 2, d. 162–3.
312 Beschluss Nr. 69 des Ministeriums für Kultur der RSFSR vom 10. Januar 1967 Über die Gründung des historisch-architektonischen muzej-zapovednik Solovki als Filiale des

2.7 Zwischenfazit

Die Kampagne Vitkovs zur Rettung der Solovecker Natur- und Kulturdenkmäler zeigt, welche Wirkmacht eine individuelle Initiative im Denkmalschutz auf regionaler Ebene entfalten konnte. So gelang es Pavel Vitkov, eine langfristige und erfolgreiche Strategie zur politischen und gesellschaftlichen Wahrnehmung der Solovki zu entwickeln. Begünstigt wurde sein Anliegen durch die nationale Bedeutung der Solovki. Zwar waren die Inseln für eine längere Zeit aus der sowjetischen Öffentlichkeit verschwunden, in Vergessenheit waren sie jedoch nie ganz geraten. Geschickt machte sich Vitkov die Schwächen der sowjetischen Verwaltung und die fehlenden staatlichen Strukturen im Denkmalschutz zu eigen und nutzte die Möglichkeiten, die ihm das ›kulturelle Tauwetter‹ bot. Sein Vordringen über die politischen Kanäle auf regionaler und zentralstaatlicher Ebene paarte er mit einer umfassenden Medienkampagne. Durch seine Fundamentalkritik, die er in seinem Schreiben an das sowjetische Verteidigungsministerium 1959 an einem der zentralen Ministerien des Landes übte, überschritt er allerdings deutlich die auch in den ausgehenden 1950er Jahren gültige Kritiktoleranz. Während dieser Vorstoß ihn fast seine Parteimitgliedschaft kostete, verspielte sich Vitkov mit seinem Brief an das Zentralkomitee jeglichen Rückhalt in der regionalen Parteivertretung. Fortan agierte er weitestgehend isoliert von der regionalen Parteielite, mit nur wenigen Verbündeten auf regionaler Ebene. Mit seinem energischen Einsatz für die Rettung der Denkmäler des ›Russischen Nordens‹ schien Pavel Vitkov ohnehin nicht nur zeitlich aus dem Rahmen zu fallen. Emily Johnson hat in Bezug auf junge *kraevedy* in Leningrad, die in ihrer Freizeit archäologische Funde katalogisierten, verfallene Denkmäler dokumentierten oder sich dem Naturschutz in ihrer Heimatregion verschrieben hatten, festgestellt, dass sich diese immer weiter vom standardisierten ideologischen Normenkanon der Sowjetunion entfernt hätten.[313] Pavel Vitkov wiederum gehörte der ersten Generation sowjetischer Heimatkundlerinnen und Heimatkundler an, deren frühe wissenschaftliche Prägung noch maßgeblich durch die letzten Vertreter der zarischen *intelligencija* erfolgt war. Douglas Weiner hat in diesem Zusammenhang für die etwa gleichaltrigen Vertreterinnen und Vertreter der russischen Naturschutzbewegung die Vermutung geäußert, dass sich deren Normenkanon nicht ausschließlich auf autoritären Machtstrukturen, sondern auch auf ›alten‹ Werten der russischen *intelligencija,* wie gegenseitiger Abhängigkeit,

---

Heimatkundemuseums in Archangel'sk. GARF, f. A259, op. 45, d. 6647, l. 14.
313 EMILY D. JOHNSON: How St. Petersburg learned to study itself. The Russian Idea of Kraevedenie, University Park 2006, S. 177 ff.

Hilfe und Pflichtbewusstsein, gegründet habe.[314] Dieses generationelle Merkmal ist in Ansätzen auch bei Vitkov erkennbar, zumal seine Einstellungen durch seine kurze Studienzeit in Petrograd und sein Engagement in der *kraevedenie*-Bewegung der 1920er Jahre nach eigenen Angaben nachhaltig beeinflusst wurden. Aufgrund seiner uneindeutigen Rolle als staatlicher *und* zugleich gesellschaftlicher Akteur ist die Historisierung und Beurteilung Pavel Vitkovs in Bezug auf seine Stellung zur Staatsmacht nur wenig zielführend. Der fehlende regionalpolitische Rückhalt und Vitkovs tief zerrüttetes Vertrauen in die regionalen Entscheidungsträger geben lediglich Auskunft über sein Verhältnis zur regionalen Parteivertretung sowie über seine aus der Praxis herrührende Erfahrung mit einer lähmenden sowjetischen Bürokratie. Aussagen über eine etwaige ablehnende oder gar oppositionelle Haltung gegenüber dem sowjetischen Staatsapparat als solchem ermöglichen uns diese Anhaltspunkte nicht. Im Gegenteil: Vitkovs immerwährendes Plädoyer für die Entscheidung der ›Solovecker Probleme‹ durch zentrale Ministerien in Moskau sowie sein unerschütterliches Vertrauen in die Aufgabe und Funktion der VOOPIiK zeichnen ein gegenteiliges Bild. Seine Isolation in der Provinz brachte ihn vielmehr zwangsläufig dazu, sich seine Allianzen in Moskau zu suchen und ein stabiles Netzwerk an Unterstützerinnen und Unterstützer für sein Vorhaben aufzubauen. Während sich Vitkov auf regionaler Ebene mit seinem Anliegen nicht verstanden fühlte, konnte er in Moskau an einen Diskurs anknüpfen, der in Archangel'sk noch gar nicht geführt wurde.

Alexei Yurchak hat den Vertreterinnen und Vertretern der letzten sowjetischen Generation die Fähigkeit attestiert, sie hätten sich problemlos sowohl innerhalb als auch außerhalb verschiedener zeitlicher, politischer und sozialer Kontexte in einem Staat zurechtgefunden, in dem die Ideologie, staatliche Symbole und Rituale ihre Bedeutungshoheit verloren hätten. Die von ihm als ›*vnye*-Sein‹ beschriebene soziale Praxis hätte es Bürgerinnen und Bürgern der späten Sowjetunion ermöglicht, sich außerhalb des autoritären Diskurses zu begreifen, ihn gleichzeitig allerdings performativ zu stützen.[315] Pavel Vitkov konstituierte sich nicht außerhalb des autoritären Diskurses, sondern nahm diesen mit einer klaren reformpolitischen Agenda an bzw. machte ihn sich zu eigen. Nicht nur aufgrund seines Alters kann Pavel Vitkov daher nicht als Vertreter der ›letzten sowjetischen Generation‹ gelten. Als Angehöriger einer lokalen Bildungselite vertrat er vielmehr das reformorientierte *obščestvennost'*-Konzept der *intelligencija* der ›Tauwetterperiode‹. Seine konfrontative Stellung gegenüber der politischen Führung in Archangel'sk machte ihn dabei auf zentraler Ebene keineswegs zum Außenseiter.

---

314 Weiner: A Little Corner of Freedom, S. 268.
315 Yurchak: Everything Was Forever, S. 127–131.

Vielmehr bekam er in Moskau die Möglichkeit, den Denkmalschutzdiskurs und die Gründung der VOOPIiK mitzugestalten. Sein in der Hauptstadt erreichtes Renommee als nationaler Denkmalschützer führte dazu, dass er nach dem Machtwechsel im Politbüro für die sowjetischen Politikerinnen und Politiker auf lokalpolitischer Ebene unumgänglich bei der Besetzung des VOOPIiK-Büros in Archangel'sk wurde.

Trotz des zerrütteten Verhältnisses zur Parteispitze in Archangel'sk bot die VOOPIiK Vitkov die Möglichkeit der aktiven Teilhabe und Gestaltung der regionalen Kulturpolitik. Seine über Jahre herangereiften Vorschläge zum Schutz und zur Musealisierung der Solovecker Inseln konnten größtenteils in die Empfehlung des Zentralen Sowjets der Organisation und damit in die endgültige Entscheidung des Ministerrates von 1967 einfließen. Gleichwohl veränderten weder der Beschluss von 1967 noch die Gründung der VOOPIiK grundlegende Praktiken und Verfahrensweisen in der regionalen Kulturverwaltung.

Bei der Gründung und beim Aufbau des Solovecker Museums spielte Vitkov keine zentrale Rolle mehr – nicht zuletzt aufgrund der sich ändernden Dynamik in der regionalen Kulturpolitik. Außerdem schienen die dauerhafte staatliche Fürsorge für die Solovecker Denkmäler, deren Musealisierung und touristische Nutzung nun gesichert zu sein, und Vitkov hatte sein Ziel erreicht. Doch auch in den verbleibenden Jahren als stellvertretender Vorsitzender der VOOPIiK in Archangel'sk hielt Vitkov in Anbetracht einer Kulturverwaltung, die nie aus eigener Initiative, sondern lediglich in Reaktion auf angemahnte Missstände operierte, an seiner bewährten Vorgehensweise fest.

3. Die Musealisierung der Solovecker Denkmäler – Das Solovecker Museum

Die umfassende Neustrukturierung des russischen Denkmalschutzsystems nach der Gründung der VOOPIiK institutionalisierte nun, was auf praktischer Ebene schon lange gehandhabt wurde: Der Denkmalschutz und die Musealisierung von Denkmälern wurden untrennbar zusammengedacht. Das 1966 eingerichtete wissenschaftliche Forschungsinstitut für Museologie und Denkmalschutz war der deutlichste Ausweis dieser Entwicklung. Hatten bereits die ersten *muzei-zapovedniki* Ende der 1950er Jahre die anspruchsvolle Doppelaufgabe von aufwendigen Restaurierungsaufgaben und der wissenschaftlichen Musealisierung der Denkmäler übernommen, mahnte der Beschluss des Ministerrates von 1960 eben diese Herangehensweise für die ›wertvollsten‹ Denkmalkomplexe der Russischen Sowjetrepublik an. Legt man diese Entscheidung des Ministerrates und die darauffolgende Aufnahme von 114 der Solovecker Objekte in die staatliche Denkmalschutzliste zugrunde, so war der Weg zur Einrichtung des Solovecker Museums bereits 1960 vorgezeichnet. Wie im vorangegangenen Kapitel deutlich geworden ist, brauchte es allerdings weitere sieben Jahre und den vehementen Einsatz Pavel Vitkovs, um in den sowjetischen Amtsstuben eine veränderte Einstellung zu Fragen des Schutzes von Denkmälern zu bewirken, so dass der Ministerrat und das Ministerium für Kultur am 10. Januar 1967 die Gründung des Solovecker Museums beschlossen.[316]

Handlungsleitend für die sowjetische Museologie, die sich ähnlich wie auch in vielen westeuropäischen Ländern erst in den 1970er und 1980er Jahren vollständig ausformen sollte, war der Marxismus-Leninismus. Der Beschluss des Zentralkomitees der Kommunistischen Partei der Sowjetunion vom 12. Mai 1964 *Über die Steigerung der Rolle der Museen in der kommunistischen Erziehung der Werktätigen* legte fest, dass in jedem sowjetischen Museum Abteilungen zur Erforschung der sowjetischen Geschichte von der Oktoberrevolution bis zur Gegenwart eingerichtet werden sollten.[317] Als eines der wichtigsten Ziele eines sowjetischen Museums machte das Zentralkomitee die Erziehungsarbeit des Museums aus, die besonders in den ländlichen Gebieten ihre Wirkung verbreiten sollte.[318] Das zentrale Vermittlungsanliegen sowjetischer Museen lag demnach, unabhängig von ihrer fachlichen Ausrichtung, in der Vermittlung des marxistisch-leninistischen Geschichtsbildes. Museen sollten »effiziente didaktische Propagandainstrumente für kommunistische Ideen, die kommunistische Wahrnehmung der Welt und die kommunistische Erziehung« sein.[319]

Nachdem 1962 noch 45 Museen geschlossen worden waren, wurde das Museumswesen ab 1964 neu strukturiert. In der zweiten Hälfte der 1960er Jahre wurden neue Museen häufig zunächst als Filialen bereits bestehender Museen gegründet. Ähnlich wie im Fall des Solovecker Museums hatte das politische und finanzielle Gründe. Zum einen war die Gründung von Museumsfilialen anders als die eigenständiger Museumsinstitutionen ohne die Zustimmung des Zentralkomitees der jeweiligen Republik möglich. Zum anderen wurde das Museumsbudget auf seine Filialen aufgeteilt, was eine erhebliche Reduzierung der Kosten

---

316 GARF, f. A259, op. 45, d. 6647, l. 14.
317 Beschluss des ZK der KKPdSU vom 12. Mai 1964 Über die Steigerung der Rolle der Museen in der kommunistischen Erziehung der Werktätigen. In: Sbornik dokumentov po muzejnomu delu 1964–1984, Moskva 1987, S. 7 f.
318 Ebd., S. 7 f.
319 P. I. GALKINA U. A.: Bazele Muzeologiei Sovietice [Basics of Soviet Museology]. Bucharest 1957, S.3, zitiert in: PABLO ALONSO GONZÁLEZA: Communism and cultural heritage: the quest for continuity. In: *International Journal of Heritage Studies* (May 2016), S. 1–11, hier S. 8.

zur Folge hatte.[320] Während sich die kommunistische Erziehungsarbeit in historischen und heimatkundlichen Museen relativ problemlos auf das sowjetische Fortschrittsnarrativ festlegen ließ, war das bei Mehrspartenmuseen, insbesondere bei jenen, die mit Naturschutzgebieten verbunden waren, deutlich schwieriger.[321] Für die Arbeit der *muzei-zapovedniki* existierten bis in die 1970er Jahre so gut wie keine wissenschaftlichen Grundlagen oder Handlungsanweisungen.[322] Vielmehr führte die Abwesenheit von wissenschaftlicher Grundlagenforschung und praktischer Anleitung vor allem in der Anfangszeit dazu, dass sich die *muzei-zapovedniki* zunehmend zu eigenen interdisziplinären Forschungseinrichtungen entwickelten.

Die staatliche Politik und die Praxis des Museumsausbaus in der Sowjetunion in der zweiten Hälfte des 20. Jahrhunderts sind bis heute ein Forschungsdesiderat. Die wenigen wissenschaftlichen Arbeiten zur Geschichte des Museumswesens in der Sowjetunion stammen vom wissenschaftlichen Forschungsinstitut für Museologie und Denkmalschutz (NII kul'tury) selbst.[323] Neuere Forschungen weisen den Charakter umfänglicher Überblicksdarstellungen auf und geben nur einen eingeschränkten Einblick in die konkrete Praxis von Museumsgründungen und die Musealisierung von Denkmälern.[324] Dieses Forschungsdesiderat aufgreifend, soll im folgenden Kapitel die Museumsgründung auf den Solovki nachvollzogen werden, um exemplarisch auszuleuchten, welche Personen, Traditionen und politischen Richtlinien den Musealisierungs- und Aneignungsprozess der Solovecker Denkmäler bestimmten. Aufgrund des vielfältigen Profils des Solovecker *muzej-zapovednik* orientiere ich mich dabei strukturell an

---

320 E. A. POPRAVKO: Istorija muzejnogo dela v Rossii. In: Muzeevedenie. Abgerufen unter URL: https://sci-book.com/rossii-turizm/723-popravko-istoriya-muzeynogo-dela-31943.html, letzter Zugriff: 05.05.2023.

321 V. I. ZLATOUSTOVA: Gosudarstvennaja politika v oblasti muzejnogo dela 1945–1985. In: Muzej i vlast': Gosudarstvennaja politika v oblasti muzejnogo dela XVIII–XX vv., Moskau 1991, S. 226–298, hier S. 264.

322 Ebd.

323 Hierbei ist in das u. a. das Werk *Muzej i Vlast'* zu nennen, das 1991 vom Forschungsinstitut für Museologie und Denkmalschutz herausgegeben wurde. Siehe Muzej i Vlast': Gosudarstvennaja politika v oblasti muzejnogo dela (XVIII–XX vv.), Moskva 1991; aktueller siehe MARIJA E. KAULEN U. A.: Muzejnoe delo Rossii. Tret'e izdanie, izpravlennoe i dopolnennoe, Moskva ³2010, hier besonders Kapitel V: Muzei v epochu socializma, S. 145–174.

324 Siehe beispielsweise MARIJA E. KAULEN U. A.: Muzejnoe delo Rossii. Moskva ³2010. Eine Ausnahme ist die Arbeit von Anne Hasselmann, die sich mit den Ursprüngen der Ausstellungen zum ›Großen Vaterländischen Krieg‹ in der Sowjetunion zwischen 1941 und 1956 auseinandersetzt und ein soziales Profil der Mitarbeitenden, der so genannten *muzejščiki* liefert. Siehe ANNE HASSELMANN: Wie der Krieg ins Museum kam. Akteure der Erinnerung in Moskau, Minsk und Tscheljabinsk, 1941–1956, Bielefeld 2022.

den fünf Kernaufgaben moderner Museen, wie sie sich in der zeitgenössischen Museologie darstellen: dem Sammeln, dem Bewahren, dem Erforschen, Ausstellen und Vermitteln.[325] Welche Zielstellungen nationaler und regionaler Entscheidungsträger bestimmten den Solovecker Musealisierungsprozess? Welche Rolle spielte die kulturelle Erschließung der Solovki für den Tourismus und damit die sozioökonomische Entwicklung der Inselgruppe? Und welche Vorstellungen und Erwartungen ›gesellschaftlicher‹ Akteure offenbarten sich im Solovecker *heritage*-Diskurs?

Sowohl für die Gründung und die wissenschaftliche Arbeit des Museums als auch für die Restaurierung und die Musealisierung der Architekturdenkmäler der Solovki existierte kein umfassender ›Generalplan‹. Als Grundvoraussetzung zur Musealisierung und touristischen Nutzung der Solovecker Denkmäler galt lediglich die Restaurierung der maroden Klosterinfrastruktur. Welche ideologischen Zielstellungen verbanden die staatlichen Akteure mit der Denkmalpflege? Und inwieweit unterschieden sich diese von den Zielen der involvierten Expertinnen und Experten?

In Bezug auf das Solovecker Museums, das gleichzeitig als Primärorganisation der VOOPIiK auf den Inseln fungierte, wird nach der politischen Kommunikation und den Aushandlungsprozessen zwischen dem Museum und der Kulturverwaltung in Archangel'sk als den beiden zentralen Akteuren des Solovecker Denkmalschutzes gefragt. Welche Rückschlüsse lassen sich anhand der Solovki zum Kräfteverhältnis in der regionalen Kulturverwaltung der 1960er Jahre ziehen? Wie realisierte sich die Dezentralisierungspolitik der Chruščëv- und Brežnev-Ära durch die Gründung komplexer Mehrspartenmuseen in den russischen Regionen, und welche Freiräume wurden dem Museum in der ideologischen Erziehungsarbeit gewährt? Anknüpfend an die eingangs aufgestellte These, dass das zentrale Vermittlungsanliegen sowjetischer Museen das marxistisch-leninistische Geschichtsbild war, soll abschließend der Blick auf die Interpretation der Solovecker Geschichte und damit auf die historische Kontextualisierung und Musealisierung der Solovecker Architekturdenkmäler gelegt werden. Dabei soll sowohl die offizielle Solovecker Historiografie analysiert werden als auch die Solovecker ›Gegengeschichte‹, wie sie sich Ende der 1960er Jahre im Solovecker Museum manifestierte und die Regionalregierung in Archangel'sk zur Korrektur des historischen Narrativs und zum stärkeren Zugriff auf die Arbeit des Museums zwang.

---

325 Siehe dazu Markus Walz (Hrsg.): Handbuch Museum. Geschichte, Aufgaben, Perspektiven, Darmstadt 2016, S. 202.

3.1 Museumsgründung im Alleingang – Svetlana Vereš und der Aufbau des Solovecker Museums 1965–1968

Der Beschluss des Ministerrates vom August 1960, der 114 Solovecker Denkmäler unter staatlichen Denkmalschutz stellte, legte gleichzeitig die Weichen für die Einrichtung einer Museumsinstitution auf den Inseln. Im Zuge der touristischen Öffnung des Archipels ab 1961 war der regionalen Kulturverwaltung ein breiter zeitlicher Puffer für die Organisation des Museums und für die Vorbereitung eines entsprechenden Beschlusses eingeräumt worden. Trotzdem trafen die steigenden Touristenzahlen die Solovki weitestgehend unvorbereitet.

Als Folge der politischen und touristischen Wahrnehmung der Solovki und ihrer Denkmäler bedeutete das Jahr 1965 auch in Bezug auf den Museumsgründungsprozess einen Wendepunkt. Der rasante Anstieg von Touristinnen und Touristen aus der Region sowie aus der gesamten Sowjetunion machte sowohl die Betreuung der Gäste als auch die Restaurierung und Musealisierung der architektonischen Denkmäler des Archipels notwendig. Um eine erste geordnete Reglementierung des Umgangs mit den Architekturdenkmälern im Kreml' zu erreichen, stellte die regionale Kulturverwaltung zunächst einen ›Wächter‹ *(storož)* ab, ohne dessen Erlaubnis sich niemand innerhalb der Festungsmauern aufhalten durfte.[326] Die ersten politischen Grundlagen für die konkreten Vorbereitungen zur Gründung eines Museums legte schließlich der Beschluss des Gebietsexekutivkomitees vom 24. Juli 1965, der auf Druck des anklagenden Artikels der *Izvestija* vom Juni 1965 und einer daraus resultierenden Rüge aus Moskau in aller Eile gefasst worden war. Die zentralen Aufgaben auf den Inseln, die von den Ministerien in der Restaurierung der Architekturdenkmäler, ihrer Musealisierung sowie in der kulturell-erzieherischen Anleitung der Touristinnen und Touristen ausgemacht wurden, sollten fortan von einer zentralen Institution überwacht und wissenschaftlich betreut werden. Die Grundlage für das Museumsprofil der Solovki legte das Architekturensemble des Solovecker Kreml'. Aus diesem Grund wurde von Beginn an die Einrichtung eines *muzej-zapovednik,* einer historischen Museumslandschaft in Betracht gezogen. Nicht nur die Architekturdenkmäler, sondern auch ihre künstlerische und natürliche Umgebung sollten so besser geschützt werden können.[327] Dieses Ansinnen drückte sich schließlich explizit in der Entscheidung

---

326 Brief der Leiterin der Kulturverwaltung Nogovicyna an die Wächterin des Solovecker Kreml', Genossin Tarasova vom 30. Januar 1965. GAAO, f. 5859, op. 2, d. 1155, l. 2.
327 N. A. Nikišin: Istoriko-kul'turnye i prirodnye muzej-zapovedniki: problemy i perspektivy. In: NII kul'tury Muzeevedenie. Iz istorii ochrany i ispol'zovanija kul'turnogo nasledija RSFSR, Moskva 1987, S. 64–78, hier S. 66.

des Ministerrates von 1973 aus, als das Gebietsexekutivkomitee in Archangel'sk die Grenzen der Schutzzone der Architekturdenkmäler des Solovecker Kloster auf eine Fläche von 130,5 Hektar festlegte.[328] In den 1970er und 1980er Jahren wies das Solovecker *muzej-zapovednik* das moderne Profil eines Mehrspartenmuseums auf. Neben den Architekturdenkmälern rückten nun sowohl die archäologischen Denkmäler des Archipels als auch die natürlichen Besonderheiten der Inselgruppe stärker in den Fokus.

1965 existierten gleichwohl weder ein konkreter Maßnahmenplan für die Museumsgründung noch ein zentralpolitischer Beschluss für den Aufbau einer solchen Institution. Trotzdem mussten notwendige Vorbereitungen für die Einrichtung eines Museums getroffen werden. Angesichts knapper finanzieller Ressourcen und einer dünnen Personaldecke an ausgebildeten Mitarbeiterinnen und Mitarbeitern im musealen Bereich, die in der Lage gewesen wären, ein solch umfassendes museales Profil bedienen zu können, gestaltete sich dieses Unternehmen in der sowjetischen Provinz als schwierig.

Als die Leiterin der Kulturverwaltung in Archangel'sk Maria Nogovicyna während ihres ersten Aufenthaltes auf den Inseln im Juli 1965 auf die engagierte und gut ausgebildete Besucherbegleiterin Svetlana Vereš traf, zögerte sie nicht lang. Spontan wurde Vereš, die eine Absolventin des renommierten Repin-Institutes in St. Petersburg war, von der Kulturverwaltung mit den Vorbereitungen zur Gründung des Solovecker Museums betraut.[329]

Svetlana Vereš war im Herbst 1964 als Mitarbeiterin der regionalen Bibliothek in Onega auf die Solovki gekommen, um sich an der Inventur des Solovecker Bibliotheksbestandes zu beteiligen. Als sie den Engpass an geschultem Personal in der Betreuung der Touristinnen und Touristen wahrnahm, heuerte sie beim Inselsowjet als Guide an.[330] Bereits in der unmittelbaren Nachkriegszeit hatte Vereš, deren Vater als Arzt im Krankenhaus der marinen Ausbildungsabteilung gearbeitet hatte, einige Jahre auf den Solovki gelebt. Ihre Bereitschaft, sich erneut auf den Inseln niederzulassen, in Kombination mit ihrer fachlichen Expertise machten sie zur perfekten Kandidatin für die eigens geschaffene Stelle, die sie im Juli 1965 antrat.

---

328 Entwurf zur Entscheidung des Gebietsexekutivkomitees vom 26. April Über die Grenzen der Schutzzone der Architekturdenkmäler des Solovecker Klosters. GARF, f. 5859, op. 2, d. 1687, l. 51.
329 Bericht über eine Dienstreise des Inspektors für Museen und den Schutz historischer und kultureller Denkmäler des Gebietsexekutivkomitees, V. F. Šeremet'evskij Anfang 1966. GAAO, f. 5859, op. 2, d. 1155, ll. 32–35, hier l. 34.
330 V. S. Vereš: Četyre soloveckich goda. In: *Naše Nasledie,* Nr. 79–80 (2006), S. 88–92, hier S. 88.

Da konkrete Handlungsanweisungen aus Archangel'sk fehlten, wurden Svetlana Vereš in der praktischen Ausgestaltung ihrer Arbeit große Freiräume zugesprochen. Welche Bedeutung die Kulturverwaltung ihrer Arbeit beimaß, ist an ihrem Gehalt abzulesen, das weit über dem durchschnittlichen Verdienst im Kultursektor lag.[331] Hält man sich nur diesen Punkt vor Augen, so wird deutlich, dass den ›Solovecker Problemen‹ ab Sommer 1965 eine deutlich höhere Gewichtung auf regionaler Ebene eingeräumt wurde als noch zuvor. Darüber hinaus schien sich die Bezahlung von Vereš auch an ihrem umfassenden Stellenprofil zu orientieren, das alle Aufgabenbereiche des zukünftigen Solovecker *muzej-zapovednik* abdecken sollte. Dazu gehörten Sammlungs- und Forschungsarbeiten zur Geschichte des Archipels und seiner Denkmäler, die konkrete Ausstellungsarbeit und die Erfüllung des erzieherischen Mandats der zukünftigen Museumsinstitution.

3.2 Das Solovecker Museum als verlängerter Arm der VOOPIiK – Regulierte Mitsprache im dezentralisierten Kulturbetrieb der Region

Eine der ersten Maßnahmen von Svetlana Vereš war die Suche nach geeigneten Gebäuden für das Museum. Das bedeutete konkret, Räumlichkeiten für die Einrichtung von Ausstellungsräumen, zur Lagerung einer museologischen Sammlung und für die Arbeit und Unterbringung zukünftiger Mitarbeiterinnen und Mitarbeiter des Museums zu befreien und diese den notwendigen Sanierungsarbeiten zuzuführen. In enger Absprache mit dem Leiter des Inselsowjets, Aleksej Taranov, und der regionalen Kulturverwaltung konnte man sich schnell auf Gebäude im Innern des Kreml' einigen. Durch die Auswahl der Verkündigungskirche und

---

331   In ihren eigenen Erinnerungen spricht Vereš von einem durchschnittlichen Monatseinkommen von ca. 700 Rubel, siehe SVETLANA VEREŠ: Na puti k Solovkam (okončanie). In: *Al'manach Soloveckoe more*, Nr. 6 (2007), abgerufen unter URL: http://www.solovki.info/?action=archive&id=399, letzter Zugriff: 05.05.2023. – Die Gehälter im Kulturbetrieb der Zeit fanden sich im unteren Drittel des Gehaltssektors wieder. Selbst für Direktoren von Forschungseinrichtungen und renommierte Wissenschaftler kann ein monatliches Spitzeneinkommen von ca. 600–1000 Rubel angenommen werden. Das durchschnittliche Mindesteinkommen lag wiederum bei ca. 60 Rubel im Monat, siehe HANS DIETER SEIBEL: Problemlage und Schichtungssystem in der Sowjetunion. In: *Kölner Zeitschrift für Soziologie und Sozialpsychologie* 2 (1976), S. 212–238, hier S. 222. Besonders deutlich wird schließlich die Diskrepanz, wenn man das Gehalt der Museumsdirektorin der Solovki aus dem Jahr 1969 zum Vergleich ansetzt, das mit 130 Rubel im Monat verzeichnet wurde, siehe Statistik der Leiterin der Kulturverwaltung in Archangel'sk über die Anzahl und die Besoldung der Mitarbeiter des Solovecker Museums im Jahr 1969. GAAO, f. 5859, op. 2, d. 1316, l. 60.

der zweiten Etage des sich anschließenden Nastojatel'skij Korpus knüpfte man bewusst an ›alte‹ Museumstraditionen an.[332] Bereits im Solovecker Lagermuseum war die Verkündigungskirche für die Aufbewahrung und museale Präsentation von Kunstgegenständen genutzt worden. Für die notwendigen Restaurierungs- und Renovierungsarbeiten galt es, neben der wissenschaftlichen Restaurierungswerkstatt, die Arbeiter des auf den Inseln tätigen Renovierungs- und Baukontors anzuleiten.[333] 1965, also noch vor der offiziellen Gründung der VOOPIiK und der Einrichtung der regionalen Denkmalschutzinspektion im Jahr danach, verteilte sich der Solovecker Denkmalschutz bzw. die Denkmalpflege auf verschiedene Akteure. Neben der Kulturverwaltung in Archangel'sk und der politischen Vertretung auf den Inseln, die sich gemeinsam mit der Organisation der Denkmalpflege befassten, war seit 1961/1962 die wissenschaftliche Restaurierungswerkstatt aus Archangel'sk unter der fachlichen Anleitung von Architektinnen und Architekten des Allrussischen Wissenschaftlichen Restaurierungskombinates des Ministeriums für Kultur der Sowjetunion (Vserossijskij proizvodstvennyj naučno-restavracionnyj kombinat – VPNRK) mit der Ausarbeitung konkreter Restaurierungsarbeiten betraut worden. Ab 1966 wurden die Überwachung der Restaurierungsarbeiten und die Entscheidung über notwendige Kurskorrekturen auf die regionale Denkmalschutzinspektion ausgelagert, die als Teil der Kulturverwaltung in Archangel'sk agierte. Die Solovecker Architekturdenkmäler, die sich Anfang der 1960er Jahre noch im Zuständigkeitsbereich verschiedener regionaler und zentraler Ministerien befunden hatten, gelangten im Zuge der Museumsorganisation nicht nur gänzlich in den Verwaltungsbereich der Kulturverwaltung, und damit der Regionalregierung, sondern belasteten auch fortan dessen Haushalt.

Die Dezentralisierungspolitik im Kultursektor kann insgesamt als Folge der Zergliederung des zentralisierten Staatsapparates nach dem Tod Stalins gesehen werden. Obgleich bereits der Beschluss zum russischen Denkmalschutz von 1948

---

332 Bericht über eine Dienstreise des Inspektors für Museen und den Schutz historischer und kultureller Denkmäler des Gebietsexekutivkomitees, V. F. Šeremet'evskij Anfang 1966. GAAO, f. 5859, op. 2, d. 1155, ll. 32–35, hier l. 34.

333 Das Renovierungs- und Baukontor, das sowohl mit dem infrastrukturellen Ausbau der Inseln als auch mit Arbeiten an den Kreml'gebäuden betraut war und dem Ministerium für Bauwesen unterstand, agierte institutionell und materiell in Konkurrenz zur wissenschaftlichen Restaurierungswerkstatt. Zahlreiche Beschwerden an die Kulturverwaltung in Archangel'sk belegen das schwierige Verhältnis zwischen beiden Organisationen auf den Inseln. Siehe beispielsweise: Beschwerde des leitenden Architekten der wissenschaftlichen Restaurierungswerkstatt an die Kulturverwaltung in Archangel'sk über das ungesetzliche Verhalten des Leiters des Renovierungs- und Baukontors, Genosse Smirnov vom 22. 11. 1965. GAAO, f. 5859, op. 2, d. 1155, l. 19.

dafür gesorgt hatte, dass Denkmäler analog zu Museen in solche mit unionsweiter *(obščesojuznoe)*, republikanischer *(republikanskoe)* und in Denkmäler mit regionaler Bedeutung *(mestnoe značenije)* unterschieden worden waren, wurde unter Chruščëv jede sowjetische Republik dazu ermächtigt, eigenständig über den Schutz und die Pflege ihres historischen und kulturellen Erbes zu entscheiden.[334] Zwar wurde die Finanzierung der Restaurierungsarbeiten an bedeutenden Architekturdenkmälern weiterhin zu großen Teilen durch zentrale Gelder des Ministeriums für Kultur und der VOOPIiK geleistet, allerdings übertrug man die Hauptlast der Denkmalpflege den Kulturverwaltungen der Regionen; selbst dann, wenn Denkmäler das Label »Denkmal mit unionsweiter Bedeutung« trugen, wie die Solovecker Denkmäler durch den Beschluss des Ministerrates von 1960. Durch die kontinuierliche Verlagerung von Zuständigkeiten auf die republikanischen Ministerien und die Entkopplung ›regionaler‹ Entscheidungsprozesse von der Zentrale in Moskau erhoffte sich die sowjetische Führung eine erhebliche Reduzierung des überbordenden sowjetischen Bürokratieapparats und damit Einsparungen von Transaktionskosten.[335] Die Dezentralisierung von Entscheidungsprozessen unter Chruščëv hatte zur Folge, dass regionale Parteiführer für ihr Handeln nun verstärkt zur Verantwortung gezogen wurden und sie sich zunehmend der Kritik der Parteibasis ausgesetzt sahen.[336] Brežnev vertraute zwar auf die Einbeziehung des Politbüros und damit auf eine ›kollektive Führung‹ bei politischen Entscheidungsprozessen. Allerdings gewährte er den regionalen Parteikadern in den russischen Provinzen sukzessive mehr Spielraum und Entscheidungsgewalt in der Durchsetzung und Ausgestaltung ihres politischen Machtanspruches.[337] Da allerdings die existierenden Verwaltungsstrukturen durch die experimentelle Politik seines Vorgängers, der »Kontrolle der Partei

---

334 IGOR DEMCHENKO: Decentralized Past. Heritage Politics in Post-Stalin Central Asia, in: *Future Anterior* 8 (Sommer 2011) 1, S. 64–80, hier S. 65, 67.
335 YORAM GORLIZKI: Too Much Trust. Regional Party Leaders and Local Political Networks under Brezhnev, in: *Slavic Review* 69 (Herbst 2010) 3, S. 676–700, hier S. 699.
336 JÖRG GANZENMÜLLER: Chruščëvs Wiederherstellung der Parteidiktatur. Entstalinisierung und regionale Herrschaftspraxis in der Sowjetunion, in: *Jahrbuch für historische Kommunismusforschung* 2023, S. 61–74, hier S. 66.
337 GORLIZKI.: Too Much Trust, S. 678 f.; auch Susanne Schattenberg und Maike Lehmann sprechen davon, dass »Brežnevs Versprechen, den Menschen zu vertrauen, nicht in jedem einen potenziellen ›Volksfeind‹ zu sehen«, als eine »Kulturrevolution« bewertet werden müsse, »die die Unschuldsvermutung wiederherstellte«. Siehe SUSANNE SCHATTENBERG/ MAIKE LEHMANN: Stabilität und Stagnation unter Brežnev. *bpb Informationen zur politischen Bildung, Sowjetunion II – 1953–1991*. Abgerufen unter URL: https://www.bpb.de/shop/zeitschriften/izpb/sowjetunion-ii-323/192779/stabilitaet-und-stagnation-unter-breschnew/, letzter Zugriff: 05.05.2023.

von unten«,³³⁸ diskreditiert worden waren, kam es in der Brežnev-Ära zu einem beträchtlichen Ausbau informeller Netzwerke. Die politische Verwaltung, die nun in erster Linie auf dem ›Vertrauen in die Kader‹ aufbaute, forcierte autoritäre Entscheidungen führender regionaler Politikerinnen und Politiker. Diese orientierten sich in erster Linie an ungeschriebenen Normen und Gesetzlichkeiten.³³⁹ Dieses Herrschaftsprinzip, das einherging mit Nepotismus, Korruption und einer enormen Kaderstabilität,³⁴⁰ ließ sich auch in der Region Archangel'sk wiederfinden. Mit Boris Popov löste im März 1967 der zweite Sekretär des litauischen Zentralkomitees seinen Vorgänger Konstantin Novikov an der Spitze des Gebietsexekutivkomitees in Archangel'sk ab. Popov sollte bis 1983 im Amt bleiben und erst im Alter von 74 Jahren sein Amt niederlegen. Ähnlich lange Amtszeiten konnten die Leiterinnen und Leiter der Kulturverwaltung verzeichnen. Maria Nogovicyna bekleidete ihren Posten von 1960 bis 1973. Ihr Nachfolger Dmitrij Kozko war ebenso wie seine Stellvertreterin, Valentina Filippova, jahrzehntelang im Amt.

Die beabsichtigte Verschlankung des bürokratischen Apparats und eine gezieltere Handhabung politischer Entscheidungsprozesse konnte durch die Politik der Kaderstabilität allerdings nicht erreicht werden. Im Gegenteil konkurrierten regionale Behörden und Institutionen aus Wirtschaft und Kultur fortan um Aufträge bei der Regionalregierung. Nicht selten mussten Sonderorganisationen eingesetzt oder spezielle Kampagnen gestartet werden, um politische Maßnahmen tatsächlich umsetzten zu können.³⁴¹ Diese Fehlstellungen resultierten nicht zuletzt aus dem Anwachsen der Schattenwirtschaft und den Wirtschaftsreformen des ehemaligen Gosplan-Leiters und seit 1965 neuen Ministerpräsidenten Aleksej Kosygin, der die für Betriebe bislang gültigen dreißig (!) Plankennziffern durch neun weitere ergänzt hatte. Ohne den marktwirtschaftlichen Anreiz des Wettbewerbs der Betriebe untereinander waren sowohl die Betriebsleitungen als auch deren übergeordnete Instanzen in erster Linie eher an einer stetigen Steigerung der Planungskennziffern interessiert als am volkswirtschaftlichen Nutzen ihrer Handlungen.³⁴²

---

338 GANZENMÜLLER: Chruščëvs Wiederherstellung der Parteidiktatur, S. 73.
339 GORLIZKI.: Too Much Trust, S. 680.
340 Siehe dazu unter anderen: GANZENMÜLLER: Chruščëvs Wiederherstellung der Parteidiktatur, S. 74.
341 PETER KIRKOW: Russia's provinces: authoritarian transformation versus local autonomy. Basingstoke 2000, S. 34.
342 Die Hauptkennziffern maßen die Bruttoproduktion und damit das Gesamterzeugnis eines Betriebes. Nicht berücksichtigt wurde damit die Qualität der Produkte oder der geleistete Aufwand. Siehe ROLAND GÖTZ: Stabile Stagnation. Die Ökonomie der Brežnev- und der Putin-Periode. In: *Osteuropa* 5 (2016), S. 51–80, hier S. 57.

Ganz im Rahmen des Brežnev'schen Gesellschaftsvertrags[343] garantierte die sowjetische Verfassung von 1977 trotz der weitreichenden Befugnisse der regionalen Parteivorsitzenden sogar den Parteieinheiten auf lokaler Ebene – jedenfalls formal – weitaus mehr Partizipationsmöglichkeiten als jemals zuvor. So legte Artikel 48 der sowjetischen Verfassung das Recht auf politische Partizipation fest. Artikel 49 formulierte das Recht, Vorschläge für die Verbesserung der politischen Arbeit sowie Kritik an staatlichen Institutionen und Organisationen einzureichen. Artikel 58 sicherte den Bürgerinnen und Bürger wiederum zu, gegen sowjetische Offizielle, staatliche Institutionen und Organisationen Beschwerde führen zu dürfen und bei Gesetzesverstößen vor Gericht Einspruch zu erheben.[344] Gleichzeitig aber erweiterte die Verfassung von 1977, welche die so genannte Stalin-Verfassung von 1936 ablöste, die Kompetenzen des Präsidiums des Obersten Sowjets und stellte auch sonst keine Abkehr von anderen Grundmaximen des sowjetischen Sozialismus und der Verteilung von Macht und Privilegien dar.[345] Vielmehr verbarg sich hinter der Doktrin des »entwickelten Sozialismus«, wie sie in den Dokumenten des XXV. Parteitages 1976 festgehalten und in der sowjetischen Verfassung von 1977 kodifiziert wurde, eine ambivalente Mischung aus konservativen und progressiven Ansätzen für den Prozess »der rationalen, wissenschaftlich geplanten und effizienten Entwicklung zum Kommunismus«.[346]

---

343 James R. Millar hat die wirtschaftliche, politische und gesellschaftliche Stabilität der Brežnev-Ära als sowjetischen Gesellschaftsvertrag bezeichnet, als »Little Deal«, in Anlehnung an den von Vera Dunham eingeführten »Big Deal«: Dunham versuchte mit diesem Begriff zu erklären, dass die soziale Ordnung der Sowjetunion der 1930er Jahre nicht nur durch den Terror zusammengehalten worden sei, sondern aufgrund eines stillschweigenden Vertrags zwischen der stalinistischen Führung und der sowjetischen Mittelschicht, die auf Grundlage des Versprechens von finanzieller Sicherheit den politischen Kurs gestützt habe. James R. Millar übertrug dieses Konzept auf die Brežnev-Zeit, in der die führenden Eliten informelle Netzwerke bzw. die Schattenwirtschaft toleriert und so die finanzielle Stabilität der sowjetischen Mittelschicht und den sozialen Frieden gesichert hätten. Siehe dazu: VERA S. DUNHAM: In Stalin's Time. Middleclass Values in Soviet Fiction, Durham 1990; MILLAR: The Little Deal. Für einen knappen Überblick dieser Konzepte im Kontext der sowjetischen Konsumwirtschaft siehe OLGA GUROVA: Ideology of Consumption in Soviet Union: From Asceticism to the Legitimating of Consumer Goods. In: *The Anthropology of East European Review* 24 (2006) 2, S. 91–98, hier S. 96 f. – Mittlerweile ist das Konzept des »Little Deal« für die Brežnev-Periode auch auf weitere – den wirtschaftlichen Sektor übergreifende – Phänomene der gesellschaftlichen und sozialen Ordnung übertragen worden. Siehe dazu beispielsweise: YURCHAK: Everything Was Forever.
344 ROBERT SHARLET: Soviet Constitutional Crisis. From De-Stalinization to Disintegration, Armonk New York 1992, S. 31.
345 Siehe SCHATTENBERG: Breschnew, S. 416.
346 MARK SANDLE: Brezhnev and Developed Socialism. The Ideology of *Zastoi*? In: EDWIN BACON/MARK SANDLE (Hrsg.): Brezhnev Reconsidered. New York 2002, S. 165–187, hier S. 170.

Abb. 4 Plakate zur Bewerbung der sowjetischen Verfassung Ende der 1970er Jahre auf den Solovki. Das Plakat trägt den Ausspruch Brežnevs: »Die neue Verfassung der UdSSR wird, ohne Zweifel, den gemeinsamen Erfahrungsschatz des Weltsozialismus bereichern«.

Gleichwohl versuchte sich die Sowjetunion mit der Verfassung von 1977 bewusst nicht länger ausschließlich als proletarischer Staat zu präsentieren, sondern als ›Staat für alle‹. Bereits während des Entstehungsprozesses der Verfassungsschrift unterstrich die Regierung, welche Bedeutung die Mobilisierung der ›öffentlichen Meinung‹ für die Politik Brežnevs gewonnen hatte. Nicht ohne Verwunderung konstatierte selbst die ausländische Presse, dass die viermonatige »Volksdiskussion« über den Verfassungstext, die innerhalb der Parteizentralen auf regionaler und lokaler Ebene sowie in den Zeitungen des Landes geführt wurde, »zu vielen kleinen Korrekturen verhalf, die auf die Ernsthaftigkeit des Verfassungsgebers schließen lassen«.[347]

Die durch Chruščëv eingeleitete Dezentralisierung kulturpolitischer Entscheidungen manifestierte sich im Solovecker Denkmalschutz nur durch die minimal

---

347 Sowjet-Union. Neuer Mensch. In: *Der Spiegel* 73 (1977). Abgerufen unter URL: https://www.spiegel.de/politik/neuer-mensch-a-96b9b18c-0002-0001-0000-000040831672?context=issue, letzter Zugriff: 05.05.2023.

gewachsene politische Verantwortung lokaler Sowjets. So existierte eine eigenständige Kommission für bauliche und infrastrukturelle Maßnahmen, für Restaurierungen und die Kommunalwirtschaft, die vom Solovecker Inselsowjet, der 1971 in den Solovecker Dorfsowjet umbenannt werden sollte,[348] eingerichtet wurde. Offiziell befasste sich diese Kommission ebenfalls mit Fragen des Denkmalschutzes und der Nutzung der Solovecker Architekturdenkmäler.[349] Ihre Bedeutung in Bezug auf Diskussionen und Entscheidungsprozesse war allerdings marginal. Der konkrete Einfluss des Solovecker Museums auf die Planungen der Restaurierungsarbeiten und die Denkmalpflege war gleichfalls sehr gering. Bis Anfang 1975 wurde das Museum von der regionalen Kulturverwaltung nicht einmal mit den notwenigen Materialien für eine technische Dokumentation der Restaurierungsarbeiten versorgt.[350] Daneben hatte das Museum auch zunächst keinerlei Kontrolle über den Ablauf und die Qualität der konservatorischen Arbeiten an den Solovecker Kreml'gebäuden, wie der zweite Direktor des Solovecker Museums, Varakin, im August 1968 in seinem Brief an die Kulturverwaltung kritisierte.[351] Dieser Tatsache gegenüber stand der Gründungserlass des Solovecker Museums, das als Filiale des Heimatkundemuseums in Archangel'sk vom Ministerrat offiziell mit der »Erfassung, Untersuchung, dem Schutz, und der Sichtbarmachung aller Solovecker Denkmäler« betraut worden war.[352] De facto blieb eine konsequente Übertragung aller Befugnisse über den Denkmalschutz und die Denkmalpflege in eine Hand aus. Das Museum, das spätestens ab 1968 offiziell als Primärorganisation der VOOPIiK agierte,[353] übernahm neben der Repräsentation und der ›Popularisierung‹ des Denkmalschutzes unter der Bevölkerung und den Touristinnen und

---

348 N. S. Nĕo/A. N. Medvedev: 50 let poselku. In: *Soloveckij Vestnik* 2 (Februar 1994), S. 2.
349 Vortragstext des Leiters der Abteilung für den Denkmalschutz- und die Denkmalpflege des Solovecker Museums, Ju. V. Burmakov zur Gesetzgebung der Sowjetunion zum Schutz und zur Nutzung von Denkmälern der Geschichte und der Kultur von 1986. NASMZ, f. 2, op. 1, d. 521, ll. 1–14, hier l. 12 f.
350 Brief der Leiterin des Solovecker Museums an die stellvertretende Leiterin der Kulturverwaltung in Archangel'sk, Filippova vom 19. Dezember 1974. GAAO, f. 5859, op. 2, d. 1921, l. 93.
351 Beschluss der Kulturverwaltung vom 6. August 1968. GAAO, f. 5859, op. 2, d. 1343, ll. 121, 122, 124, hier l. 124.
352 Entwurf des Ministeriums für Kultur für die Museumsgründung. GARF, f. A259, op. 45, l. 4–11, hier l. 5.
353 Beurteilung der Primärorganisation der VOOPIiK, des staatlichen, historisch-architektonischen und *zapovednik* in Bezug auf die Erfolge der Denkmalsschau für historische Denkmäler der sowjetischen Periode vom 28.02.1978. GAAO, f. 2614, op. 1, d. 133, l. 75. – Im Arbeitsbericht der Vorsitzenden der Solovecker Abteilung der VOOPIiK und Leiterin des Solovecker Museums Ljudmila Vasil'evna Lopatkina von 1971 wird das Gründungsjahr mit dem Jahr 1967 angegeben. Siehe Arbeitsplan der Solovecker Abteilung der regionalen Abteilung der VOOPIiK für das Jahr 1971, GAAO, f. 2614, op. 1, d. 28, ll. 3–4, hier l. 3.

Touristen die Musealisierung der Denkmäler. Im Jahr 1971 kommunizierte die Leiterin des Solovecker Museums Ljudmila Lopatkina an die regionale VOOPIiK-Zentrale in Archangel'sk das Ziel, im laufenden Jahr die Anzahl der individuellen Mitglieder auf 500 und die der kollektiven auf 6 aufzustocken. Neue Mitglieder hoffte Lopatkina über die »Agitationsarbeit«, wie beispielsweise über Lesungen, eine Fotoausstellung sowie über die Einrichtung eines Kreises für Heimatkunde in der Schule der Inseln gewinnen zu können.[354]

Sowohl von der regionalen Abteilung der VOOPIiK als auch von der Kulturverwaltung in Archangel'sk wurden dem Museum darüber hinaus Aufgaben der Denkmalschutzinspektion übertragen, die in der Überwachung der Pachtvereinbarungen und im Brandschutz lagen. Doch auch in diesen Bereichen unterlagen alle Verstöße und Maßnahmen der Ahndung und Zustimmung letztlich der Kulturverwaltung in Archangel'sk, was die Arbeitsprozesse erheblich lähmte.

3.3 Die Restaurierung der Solovecker Kreml'anlage – Strukturprobleme und ungeklärte Zuständigkeiten

Die Hauptarchitektin des allrussischen wissenschaftlichen Restaurierungskombinats des Ministeriums für Kultur, die sich seit 1961 für die Projektierung und die Durchführung der Restaurierungsarbeiten des Kreml'komplexes verantwortlich zeigte, war Olga Savickaja. Ihrer wissenschaftlichen Grundlagenarbeit zwischen 1961 und 1968 war es zu verdanken, dass die Restaurierungswerkstatt im Jahr 1968 mit größeren konservatorischen Arbeiten an den Solovecker Kreml'gebäuden beginnen konnte.[355]

Die Denkmalpflege auf den Solovki war von Beginn an mit zahlreichen Problemen behaftet, die sich teilweise bis zum Ende der Sowjetunion nicht lösen ließen. Eines der Hauptprobleme lag im Interessenskonflikt zwischen dem Ministerium für Kultur, der regionalen Kulturverwaltung und dem Sowjet für Tourismus und Exkursionen auf der einen und der wissenschaftlichen Restaurierungswerkstatt auf der anderen Seite. Während es den Mitarbeitenden der Restaurierungswerkstatt darum ging, die historische Architektur behutsam vor dem vollständigen Ruin zu bewahren, war die Kulturverwaltung an schnellen Lösungen zur touristischen und damit wirtschaftlichen Nutzbarmachung der ehemaligen Klostergebäude interessiert. Ihr dringlichstes Anliegen in der zweiten Hälfte der 1960er Jahre

---

354 Arbeitsplan der Solovecker Abteilung der regionalen Abteilung der VOOPIiK für das Jahr 1971. GAAO, f. 2614, op. 1, d. 28, ll. 3–4.
355 O. D. SAVICKAJA: Issledovanie trapeznoj Soloveckogo monastyrja. In: *Restavracija i issledovanija pamjatnikov kul'tury* 1 (1975), S. 168–176, hier S. 168.

war die Einrichtung einer Herberge *(turbaza)* in den Gebäuden des Kreml', die sowohl die Unterbringung als auch die Versorgung der Touristinnen und Touristen sicherstellen sollte. Wie eng die Gründung des Museums, die Restaurierung der Solovecker Denkmäler und die infrastrukturelle Erneuerung des Archipels an seine touristische Nutzung gebunden waren und welchen Stellenwert man dem touristischen Ausbau der Inseln beimaß, zeigt der Maßnahmenplan des stellvertretenden Ministers für Kultur der Russischen Sowjetrepublik, V. M. Striganov, für die Kulturabteilung des Gosplan vom Frühjahr 1969 zur Umwandlung des Solovecker Archipels »in ein Touristenzentrum und einen Kurort«.[356] Darin forderte Striganov neben der Einrichtung einer eigenständigen Abteilung innerhalb der Regionalverwaltung »mit weiträumigen Befugnissen« für die touristische Nutzung der Inseln auch die Gründung eines speziellen Baukombinats zur Durchführung aller Arten von Bauarbeiten an den Denkmälern »in kürzester Zeit«.[357] Bereits im Januar 1966 hatte das Ministerium für Kultur vorgegeben, dass das ehemalige Refektorium und einige Wohn- und Wirtschaftsgebäude des nordöstlichen Flügels des Solovecker Klosters (Namestničeskij, Ruchljadnij und Kvasovarenyj Korpus) zunächst als Unterbringung des Zentrums für Touristinnen und Touristen dienen sollten, bis sich geeignete Gebäude gefunden hätten.[358] Zusammen mit dem Zentralen Sowjet für Tourismus und Exkursionen, der die Herberge leiten sollte, wurden daraufhin eiligst Beschlüsse zum Aufbau einer solchen Einrichtung mit zunächst 200 und später 400–500 Plätzen gefasst. Hinzu gesellten sich Planungen zum Umbau der Einsiedelei Savvat'evo nordwestlich des Kreml' in ein Erholungsheim.[359] Eine zeitweilige Schließung des Archipels im Sommer 1967, wie sie unter anderem von Pavel Vitkov vorgeschlagen worden war, um zunächst die grundlegenden konservatorischen Arbeiten an den Kreml'gebäuden voranzubringen, lehnte die Kulturverwaltung ab.[360] Als Reaktion auf die Kritik über den Zustand der Kreml'architektur und die Versorgung der Gäste in einem Bericht der *Sovetskaja Kul'tura* vom August 1967 sicherte die Leiterin der Kulturverwaltung in Archangel'sk, Nogovicyna, der Redaktion lediglich eine »verhältnismäßige« Einschränkung der Zahlen von Touristinnen und Touristen

---

356 Maßnahmenprogramm des Ministeriums für Kultur an die Kulturabteilung des Gosplan der RSFSR vom April/Mai 1969, GAAO, d. 5859, op. 2, d. 1316, ll. 40–43.
357 Ebd., ll. 40 f.
358 Brief des Ministeriums für Kultur an das Gebietsexekutivkomitee in Archangel'sk vom 4. Januar 1966. GAAO, f. 2063, op. 1, d. 6935, ll. 2 f.
359 Brief des Vorsitzenden des Exekutivkomitees in Archangel'sk K. Kostrov an den Zentralen Sowjet der Gewerkschaften vom 9. Februar 1966. GAAO, f. 2063, op. 1, d. 6935, l. 4.
360 Brief Pavel Vitkovs an das Gebietsexektivkomitee in Archangel'sk vom 30. September 1966. In: GARF, f. A639, op. 1, d. 22, ll. 7–11.

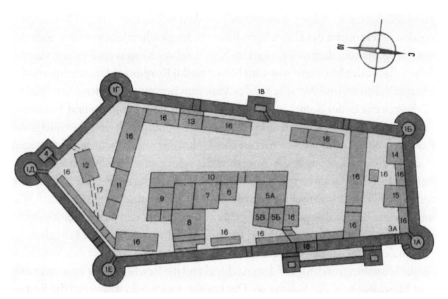

Abb. 5 Schematische Darstellung der Solovecker Klosteranlage, darunter 5: Refektorium des Klosters, 5V: Himmelfahrtskirche (Uspenskaja cerkov'), 8: Troickij-Sobor, 9: Kathedrale der Verklärung des Herrn (Preobraženskij Sobor), 13: Verkündigungskirche (Blagoveščenskaja cerkov'), 16: Wohn- und Dienstgebäude (XVI-XX Jh.), u. a. der Nastojatel'skij Korpus des Museums auf der rechten Seite der Verkündigungskirche und der Novobratskij Korpus auf der gegenüberliegenden Seite in unmittelbarer Nähe zum Festungsturm 1 E (Archangel'skaja Bašnja)

zu.[361] Da aber selbst dies nicht geschah, drängten auch in den folgenden Jahren zwischen Mai und September tausende Besucherinnen und Besucher auf den Archipel. Zu groß schien bereits 1967 der Druck auf die Kulturverwaltung zu sein, die Restaurierungsarbeiten durch die touristische Vermarktung der Inselgruppe zu finanzieren. Infolge dieser Politik blieben während der zweiten Hälfte der 1960er bis zum Beginn der 1970er Jahre sowohl die Restaurierungsarbeiten als auch die Versorgung der Touristinnen und Touristen weit hinter den Erfordernissen zurück.

Konkret wurden zwischen 1962 und 1967 lediglich erste konservatorische Arbeiten an der Kreml'architektur durchgeführt. Die Arbeiten erstreckten sich dabei vor allem auf die Türme der Westseite des Festungsringes und den Svjatitel'skij Korpus (Nr. 16, links, an Nr. 11 – Kirche des Hl. Philippus angrenzend), der für die Einrichtung des Museums behelfsmäßig angepasst wurde. Erst im Sommer 1968 begann die wissenschaftliche Restaurierungswerkstatt mit Arbeiten an der

---

361 Brief Nogovicynas an die Redaktion der *Sovetskaja Kul'tura* vom 28. 11. 1967. GAAO, f. 2063, d. 204, ll. 128 f.

Himmelfahrtkirche (Uspenskaja cerkov') aus dem 16. Jahrhundert und dem angrenzenden Refektorium des ehemaligen Klosters. Im gleichen Jahr konnten auch die seit 1965 geplanten Restaurierungen im Nastojatel'skij Korpus zur Erweiterung der Arbeitsfläche des Museums sowie im Novobratskij Korpus zur Unterbringung der Mitarbeiterinnen und Mitarbeiter des Museums begonnen werden.[362]

Spätestens in der Sommersaison 1966 war den Politikerinnen und Politikern in Archangel'sk und Moskau aufgegangen, wie umfangreich und kostspielig die Restaurierung der Solovecker Architekturdenkmäler werden würde. Überstiegen doch zu diesem Zeitpunkt die Ausgaben der wissenschaftlichen Restaurierungswerkstatt für die Arbeiten an Denkmälern der Region das zweite Jahr in Folge die vom Ministerium für Kultur und von der VOOPIiK bereitgestellten Gelder.[363] Wie unmittelbar die Geldvergabe für die gesamte Region mit den Restaurierungsarbeiten auf den Solovki zusammenhing, machen die Jahre 1967 und 1968 deutlich. In diesem Zeitraum wurden die bereitgestellten Gelder im Vergleich zu den Vorjahren für die Museumsgründung auf dem Archipel und die Beschlüsse zur Restaurierung und Musealisierung der Solovecker Denkmäler verdoppelt, weswegen die Restaurierungswerkstatt für eine kurze Zeit wieder kostendeckend arbeiten konnte.[364] Insgesamt wurden im Zeitraum zwischen 1962 und 1968 217.000 Rubel, also etwas weniger als ein Drittel des gesamten Kapitals der wissenschaftlichen Restaurierungswerkstatt in Archangel'sk, für die Arbeit auf den Solovki aufgewendet.[365] Für das Jahr 1969 überstiegen die Kosten der Restaurierungswerkstatt wieder deutlich die Zuwendungen des Ministeriums, nachdem man sich in der größten Zweigstelle auf den Inseln großangelegten und kostspieligen Restaurierungsarbeiten zugewandt hatte.[366] Auf diese finanzielle Diskrepanz hatte die Kulturverwaltung bereits Anfang des Jahres hingewiesen, als sie für die Solovecker Abteilung mit einem Jahresbudget von 80.000 Rubel plante, gleichzeitig aber anmahnte, dass sich die zu

---

362 Bericht der stellvertretenden Vorsitzenden der Kulturverwaltung V. Filippova über die Restaurierungsarbeiten am Solovecker Kreml'. GAAO, f. 5859, op. 2, d. 1316, ll. 85–87, hier l. 85.
363 Bericht der Leiterin der Kulturverwaltung in Archangel'sk, Nogovicyna, über die Arbeit der speziellen wissenschaftlichen Restaurierungswerkstatt. GAAO, f. 5859, op. 2, 1316, ll. 82–84, hier l. 83.
364 Hatte die Restaurierungswerkstatt in den Jahren zwischen 1963 und 1966 über ein jährliches Budget von 80.000 bis 90.000 Rubel verfügt, war die finanzielle Ausstattung der Werkstatt im Jahr 1967 auf 181.000 und 1968 auf 190.000 Rubel aufgestockt worden. Siehe ebd.
365 Bericht der stellvertretenden Vorsitzenden der Kulturverwaltung V. Filippova über die Restaurierungsarbeiten des Solovecker Kreml'. GAAO, f. 5859, op. 2, d. 1316, ll. 85–87, hier l. 85.
366 Am 1. September, also zum Ende der touristischen, aber noch vor Ende der Bausaison überstiegen die Kosten der wissenschaftlichen Restaurierungswerkstatt in Archangel'sk das ministerielle Budget von 184.000 Rubel bereits um 8.600 Rubel. Siehe GAAO, f. 5859, op. 2, 1316, ll. 82–84, hier l. 83.

erwartenden Kosten für die Restaurierungsarbeiten auf 145.000 Rubel belaufen würden. Aus diesem Grund bat die stellvertretende Vorsitzende der Kulturverwaltung Filippova um die Erhöhung der Mittel für die Solovecker Restaurierungswerkstatt auf 150.000–200.000 Rubel pro Jahr.[367] Am 24. September 1969 stockte die Kulturverwaltung die Finanzierung der regionalen Restaurierungswerkstatt für das kommende Jahr auf 300.000–350.000 Rubel auf und kündigte einen weiteren Anstieg der Mittel auf 500.000–600.000 Rubel für die Folgejahre an.[368] Und tatsächlich wuchs das Budget für die Arbeiten an den Architekturdenkmälern der Solovki stetig an: über 123.000 Rubel im Jahr 1975 hin zu 316.000 Rubel im Jahr 1980.[369] Trotz wachsender Zuwendungen gestaltete sich die Finanzierung der Restaurierungsarbeiten in der späten Sowjetunion und weit darüber hinaus als fortwährend unzureichend. Bis zum Jahr 1991 waren für die Restaurierungsarbeiten an den Solovecker Kreml'gebäuden, abzüglich der inflationären Steigerung, insgesamt 8,5 Millionen Rubel investiert worden; eine Tatsache, die von der Direktorin des Museums Ljudmila Lopatkina in einem Interview im August 1992 unterstrichen wurde. Im Angesicht maroder Klostergebäude und einer unübersichtlichen Anzahl an Denkmalschutzakteuren auf den Inseln versuchte Lopatkina mit ihrer Aussage einerseits der sowjetischen Propaganda entgegenzutreten, die stets die horrenden Summen betont hatte, die in die Restaurierung der Solovecker Denkmäler geflossen seien. Andererseits wehrte sich die Direktorin gegen Angriffe aus der gleichen Richtung, die behaupteten, das Museum habe die Gelder verschleudert.[370]

Wie bereits im vorangegangenen Kapitel deutlich geworden ist, entbehrten die großangelegten Projekte zur touristischen Nutzung der Solovki vor allem in den Gründungsjahren des Solovecker Museums jeder realistischen Grundlage, sowohl im Hinblick auf ihre Realisierbarkeit als auch auf deren Finanzierung. Aus diesem Grund bemängelte die Kulturverwaltung in Archangel'sk

---

367 GAAO, f. 5859, op. 2, d. 1316, ll. 85–87, hier l. 87.
368 GAAO, f. 5859, op. 2, 1316, ll. 82–84, hier l. 84.
369 Bericht des Exekutivkomitees Archangel'sk an den stellvertretenden Vorsitzenden des Ministerrates der RSFSR V. I. Kočemasov vom 29. 08. 1981 »Über die Erfüllung des Beschlusses des Ministerrates der RSFSR vom 12. Dezember 1974 und die Vorschläge für zusätzliche Maßnahmen zur Restaurierung und Nutzung der Geschichts- und Kulturdenkmäler, die Verbesserung der kulturellen Alltagsverpflegung der Touristinnen und Touristen und der Bevölkerung der Solovki«. GARF, f. A259, op. 46, d. 4624, ll. 8 – 12, hier l. 9.
370 Pëtr Leonov: Vozrožat' Solovki dolžny vse. In: *Soloveckij Vestnik,* Nr. 15/16 (August 1992), S. 4. – Die Kosten für die Restaurierungsarbeiten am Solovecker Kreml' für das Jahr 1990 beliefen sich auf 550.000 Rubel. Unter den zu restaurierenden Gebäuden befand sich beispielsweise das Refektorium, an dem bereits seit 1974 Restaurierungsarbeiten vorgenommen worden waren. Siehe den Wirtschaftsplan der Archangel'sker Restaurierungswerkstatt für das Jahr 1990, GAAO, f. 5859, op. 2, d. 3425, ll. 72–74.

bereits Ende Januar 1967, nur wenige Tage nach der offiziellen Gründung des Solovecker Museums als Filiale des Heimatkundemuseums in Archangel'sk, die Unselbständigkeit des Museums und die daraus resultierende unzureichende finanzielle Ausstattung. Die Kulturverwaltung befürwortete daher die Überführung des Museums in selbständige Strukturen und kommunizierte einen entsprechenden ersten Entwurf hierzu an das Ministerium für Kultur.[371] Zunächst stießen derlei Vorschläge aus der nördlichen Provinz in Moskau allerdings auf taube Ohren. Die Neugründung des Museums als eigenständige Einrichtung innerhalb des republikanischen Museumsnetzwerkes sollte weitere sieben Jahre auf sich warten lassen.

Neben dem Tourismus, in dem das Gebietsexekutivkomitee ebenso wie das Ministerium für Kultur und die VOOPIiK die Chance sahen, die stetig steigenden Kosten der Restaurierungsarbeiten finanziell abzumildern,[372] verpachtete die Kulturverwaltung schon vor Beginn der Restaurierungsarbeiten Kreml'gebäude an Unternehmungen, die sich auf den Inseln angesiedelt hatten. Da umfassende infrastrukturelle Baumaßnahmen im Dorf der Hauptinsel erst ab Mitte der 1970er Jahre durchgeführt wurden und sich die wenigen Wohngebäude zumeist in einem beklagenswerten Zustand befanden, war der Einzug in Gebäude des Solovecker Kreml' für die Unternehmen notwendig. Allerdings verfügte der Kreml' ebenso wenig wie die gesamte Hauptinsel bis Ende der 1960er Jahre über eine Kanalisation, und die schlechte Wasserversorgung machte sich sowohl im Dorf als auch innerhalb der Kreml'mauern bemerkbar.[373] Doch der Vorteil, den die Nutzung der Kreml'gebäude bot, lag auf der Hand. Neben der erhofften zeitnahen Renovierung der gepachteten Gebäude hielten sich die Pächter innerhalb der Kreml'mauern näher am touristischen Geschehen und damit an der bedeutendsten Einnahmequelle der Inseln auf. 1967 zog eine Abteilung des regionalen Wasserpflanzenkombinats in die dritte Etage des Blogovešenskij Korpus ein und ein Geschäft für Industriewaren belegte zunächst das Refektorium

---

371 Bericht der Kulturverwaltung über die Restaurierungsarbeiten vom 20. Januar 1967, GAAO, f. 5859, op. 2, d. 1316, ll. 23–25. – Auch andere Museen verlangten bereits in den 1960er Jahren neue Verwaltungsstrukturen, die allerdings erst in den 1970er bzw. den 1980er Jahren umgesetzt werden sollten, als die sowjetische Regierung einige museale Komplexe zusammenfasste bzw. neue Museumseinrichtungen gründete. Siehe dazu auch ZLATOUSTOVA: Gosudarstvennaja politika v oblasti muzejnogo dela, S. 256 f.
372 So bat der stellvertretende Vorsitzende der VOOPIiK in Moskau, Vladimir Ivanov, Pavel Vitkov darum, von den Touristinnen und Touristen regelmäßig Spenden für die Restaurierung der Denkmäler einzuwerben. GARF, f. A639, op. 1, d. 22, l. 29 f.
373 Bericht der sanitären und epidemiologischen Station Archangel'sk an das Gebietsexekutivkomitee vom 1. November 1967. GAAO, f. 2063, op. 1, d. 6935, ll. 55–57.

und später sogar einen Teil der Himmelfahrtskirche.[374] Die Nutzung der historischen Kreml'gebäude durch Unternehmen hatte regelmäßige Verstöße gegen die Pachtvereinbarungen zur Folge. Doch auch in dieser Frage, die von Beginn an zu den Kernaufgaben des Museums gehörte, fehlte dem Museum die notwendige Autorität, um sich gegen die Vertragsverletzungen der Mieter wehren zu können. In einem umständlichen Kommunikationsverfahren musste sich das Museum zunächst mit seiner Beschwerde an die Kulturverwaltung in Archangel'sk wenden, die dann wiederum in einen Briefwechsel mit den Pächtern trat, um diese über ihr Fehlverhalten zu informieren.[375] Die Aufkündigung von Pachtverträgen, um die Gebäude für notwendige Restaurierungsarbeiten zu befreien, gestaltete sich ebenfalls schwierig. Auch hier waren sowohl die wissenschaftliche Restaurierungswerkstatt als auch das Museum auf die Intervention der Kulturverwaltung angewiesen, was die Arbeiten an den betreffenden Gebäudekomplexen erheblich verlangsamte.[376]

Fundamentale Probleme ergaben sich außerdem durch die nicht eingehaltenen Brandschutzrichtlinien in den Gebäuden des Kreml'. Bereits im Oktober 1968 hatte der damalige Leiter des Solovecker Museums, Nikolaj Varakin, auf Verletzungen der Brandschutzbestimmungen durch die Denkmalspächter hingewiesen.[377] Im gleichen Jahr beklagte er sich beim Vorsitzenden des Inselsowjets darüber, dass sich auf dem Gelände des Kreml' vier unterschiedliche Lager mit entzündlichen Materialien befänden, die es auf ein Lager zu reduzieren gelte.[378] Im Januar 1970 kassierte das Museum schließlich eine Rüge der staatlichen Feuerwache, die die Maßnahmen des Museums zum Brandschutz bemängelte, eine Aufstockung des technischen Personals des Museums forderte und sich für ein grundsätzliches

---

374 Siehe dazu Brief der Leiterin der Kulturverwaltung Nogovicyna an den Direktor des Archangel'sker Wasserpflanzenkombinats vom 24. 01. 1967. GAAO, f. 2063, op. 2, d. 1264, l. 7; Brief der stellvertretenden Leiterin der Kulturverwaltung, Filippova, an das Oblrybolovpotrebsojuz vom 18. 06. 1974. GARF, f. 5859, op. 2, d. 1921, l. 125.

375 Bericht des Leiters des Solovecker Museums, Varakin, an die Leiterin der Kulturverwaltung Nogovicyna vom 21. 10. 1968 über die Verletzung der Denkmalschutz- und Pachtbestimmungen einiger Organisationen auf dem Solovecker Archipel. GAAO, f. 5859, f. 2, d. 1351, l. 37, bzw. l. 39; Beschwerde Varakins über den Verfall der Holzarchitektur der Einsiedelei Isakovo, die an das Wasserpflanzenkombinat zur Pacht übergeben wurde.

376 Brief des leitenden Architekten des wissenschaftlichen Restaurierungskombinats, L. David, an die stellvertretende Leiterin der Kulturabteilung Filippova vom 30. 01. 1974. GAAO, f. 5859, op. 2, d. 1921, l. 191.

377 Beschwerde Varakins an Nogovicyna über die Verletzung der Brandschutzbestimmungen durch die Pächter des Solovecker Kreml' vom 20. 10. 1968. GAAO, f. 5859, op. 2, d. 1351, l. 40.

378 Brief Varakins an den Leiter des Inselsowjets Taranov 1968. GAAO, f. 5859, op. 2, d. 1351, l. 42.

Verbot von touristischen Führungen durch die Baustellen des Kreml' aussprach.[379] Als drei Jahre später in der Nacht des 16. Juli 1973 der Weiße Turm auf der Südseite des Festungsringes durch eine weggeworfene Zigarette vollkommen ausbrannte, wurden die Mängel des Solovecker Brandschutzes gänzlich offenbar. Neben der unzureichenden Wasserversorgung im Kreml' und fehlendem Benzin im Löschfahrzeug behinderte die Löscharbeiten zusätzlich, dass das einzige Löschfahrzeug der Inseln nicht durch die Pforte der Kreml'mauern passte.[380] Erst nach dem Brand, der die Restaurierungsarbeiten weit zurückwarf und die Kosten erneut in die Höhe schraubte, beschloss das Exekutivkomitee in Archangel'sk einen Maßnahmenplan zur Verbesserung des Brandschutzes an den Architekturdenkmälern des ehemaligen Solovecker Klosters;[381] Pläne, die auch vor Beginn der touristischen Saison 1974 noch nicht gänzlich umgesetzt waren, als der Vorsitzende des Dorfsowjets um die Einrichtung einer professionellen Feuerwache auf den Inseln bat.[382]

Durch die Gründung des selbständigen › historisch-architektonischen und landschaftlichen *muzej-zepovednik* Solovki 1974 wurde dem Museum sukzessive mehr Verantwortung im Denkmalschutz der Inseln zugestanden. Die mit der Neustrukturierung zusammenhängende bessere finanzielle Ausstattung des Museums führte dazu, dass dem Museum die Mehrzahl aller Geschichts- und Architekturdenkmäler der sechs Inseln aus dem Haushalt der Kulturverwaltung in Archangel'sk mit einem Bilanzwert von 5.199.537 Rubel überschrieben wurde.[383] Hinzu kamen Gebäude und die Infrastruktur, die bis 1974 nicht einmal im Haushalt der Kulturverwaltung geführt worden waren, wie beispielsweise das Kanalsystem der Inseln oder die Holzkirche des Heiligen Andreas aus dem frühen 18. Jahrhundert, die auf der Großen Zajackij-Insel steht.[384] Bis 1981 umschloss das Wirkungsfeld des

---

379 Beschluss der Kulturverwaltung vom 20. Februar 1970 über die schlechten Brandschutzvorkehrungen an den Solovecker Denkmälern. GAAO, f. 5859, op. 2, d. 1520, ll. 25 f.

380 Brief des Vorsitzenden der Untersuchungsabteilung der Flugsicherung und des Oberstleutnants der Miliz P. Slepkov an die Leiterin der Kulturabteilung M. I. Nogovicyna vom 1. 08. 1973. GAAO, f. 5859, op. 2, d. 1687, l. 78, bzw. Protokoll zum Feuer, GAAO, f. 5859, op. 2, d. 1687, ll. 58–60.

381 Entwurf eines Beschlusses des Gebietsexekutivkomitees vom Spätsommer 1973 ›Über die Maßnahmen für die Gewährleistung des Brandschutzes der historisch-architektonischen Denkmäler des Solovecker Klosters‹. GAAO, f. 5859, op. 2, d. 1687, ll. 80–82.

382 Brief des Vorsitzenden des Dorfsowjets, Čebotarev an die Kulturverwaltung vom 4. April 1974. GAAO, f. 5859, op. 2, d. 1921, l. 111.

383 Urkunde zur Feststellung des Bilanzwertes der Architekturdenkmäler der Solovecker Inseln und ihre Übergabe in den Haushalt des Solovecker Museums vom 18. 02. 1976. GAAO, f. 5859, op. 2, d. 2010, ll. 47 f.

384 Maßnahmenplan zur Erfüllung des Beschlusses des Gebietsexekutivkomitees vom 13. Februar 1975 Über die Maßnahmen zum Schutz und zur Nutzung der Geschichts- und Kulturdenkmäler und der Naturlandschaft der Solovecker Inseln sowie der Anordnung des Ministeriums für

Museums 30.000 Hektar Fläche, darunter 2.978 Quadratmeter Wohnfläche, und umfasste 174 historische, kulturelle und archäologische Denkmäler.[385] Anfang der 1980er Jahre mieteten sieben verschiedene Unternehmen die Kreml'gebäude, die an das Museum zusätzliche Pachteinnahmen von 12.000 Rubel im Jahr bezahlten.[386] Darüber hinaus erwarb das Museum das Recht, an das staatliche Wirtschaftsgericht (gosarbitraž) Beschwerden über Pachtverletzungen weiterzureichen; eine Vorgehensweise, die dem Museum nach eigenen Angaben durch Schiedssprüche – die zugunsten des Museums entschieden wurden – allein in den Jahren 1985/1986 mehr als 200.000 Rubel einbrachte.[387] Allerdings fehlten dem Museum bis zum Ende der Sowjetunion die Rechte und Möglichkeiten eines staatlichen Organs im Denkmalschutz,[388] denn auch nach 1974 agierte das Museum nicht als zentrale Denkmalschutzorganisation auf den Inseln. Die Vergabe von Bau- und Restaurierungsaufträgen und die Entscheidungen zu Fragen des Wiederaufbaus sowie zur »rationalen Nutzung« der Denkmäler wurden weiterhin von der Kulturverwaltung in Archangel'sk oder den beteiligten Ministerien getroffen.[389] Diese Praxis resultierte in einer steigenden Anzahl an unterschiedlichen Ministerien, Behörden und Organisationen, die im Laufe der 1970er und 1980er Jahre an den Planungen und der Ausführung der Arbeiten auf den Solovki beteiligt waren. Unkoordinierte Arbeitsschritte führten zu ständigen Abstimmungs- und Kompetenzstreitigkeiten, bei denen ein Ministerium das andere für die unerfüllten Arbeitspläne und Probleme verantwortlich machte. Anfang 1984 sah sich der Ministerrat genötigt, sich erneut den Problemen auf dem Solovecker Archipel

---

Kultur der RSFSR vom 27.01.1975 zur selben Frage. GAAO, f. 5859, op. 2, d. 1914, ll. 136–143, hier l. 137.
385 Brief des Leiters der Abteilung für Kultur, Kunst und Druckerzeugnisse des Ministeriums für Kultur an den Ministerrat vom 4. Juni 1984. GARF, f. 259, d. 48, ll. 55 f., hier l. 55.
386 Bericht des Exekutivkomitees aus Archangel'sk an den stellvertretenden Vorsitzenden des Ministerrates, Kočemasov, V. I. ›Über die Erfüllung der Anordnung des Ministerrates der RSFSR vom 12. Dezember 1974 und der Vorschläge zur Restaurierung und Nutzung der Denkmäler der Geschichte und der Kultur, zur Verbesserung der kulturellen und alltäglichen Verpflegung der Touristen und der Bevölkerung der Solovki‹ vom 28.09.1981. GARF, f. A259, op. 46, d. 4624, ll. 8–12, hier l. 8.
387 Vortragstext des Leiters der Abteilung für den Denkmalschutz- und die Denkmalpflege des Solovecker Museums Ju. V. Burmakov zur Gesetzgebung der Sowjetunion zum Schutz und zur Nutzung von Geschichts- und Kulturdenkmälern von 1986. NASMZ, f. 2, op. 1, d. 521, ll. 1–14, hier l. 13.
388 E. ŠATKOVSKAJA: Nužna svoja restavracionnaja masterskaja. In: *Soloveckij Vestnik* 10 (August 1990), S. 4.
389 Brief des Vorsitzenden des Archangel'sker Exekutivkomitees an die stellvertretende Vorsitzende des Ministerrates Čecharina vom 7. September 1983. GARF, f. 259, op. 48, d. 6936, ll. 98–100, hier l. 99.

anzunehmen, und verabschiedete einen Beschluss, der das Gebietsexekutivkomitee in Archangel'sk zum alleinigen Auftraggeber für denkmalpflegerische und kommunalwirtschaftliche Belange bestimmte. Die Planungen für die notwendigen Bau- und Restaurierungsmaßnahmen sollten nun durch das Leningrader Institut für Stadtplanung des Gosstroj der RSFSR (Lengiprogor) überwacht werden.[390] Wie groß und unübersichtlich der bürokratische Überbau im Solovecker Denkmalschutz zu dieser Zeit geworden war, offenbarte ein Beschwerdebrief vom Herbst 1984, den Dmitrij Lichačëv und zwei Gleichgesinnte, der Dorfprosaist Vasilij Belov und der sowjetische Astronaut Vitalij Sevast'janov, an den Ministerrat der russischen Sowjetrepublik schickten.[391] In ihrem Schreiben listeten die Autoren die seit Jahrzehnten ungelösten ›Solovecker Probleme‹ auf, für die sie in erster Linie die regionale Parteispitze in Archangel'sk verantwortlich machten. Weder gebe es einen einheitlichen Plan zur Durchführung der Restaurierungs- und Wiederaufbaumaßnahmen des Archipels, noch sei auch nur eines der Solovecker Architekturdenkmäler vollständig restauriert worden, so die Verfasser. Zudem unternehme die regionale Kulturverwaltung nichts, um einen Großteil der Architekturdenkmäler vor dem vollständigen Verfall zu retten. Der Solovecker Restaurierungsabteilung fehle es an qualifizierten Mitarbeiterinnen und Mitarbeitern und den notwendigen Materialien.[392] Besonders negativ falle ins Gewicht, dass die Zuständigkeit für die Planungs- und Baumaßnahmen auf insgesamt zwanzig verschiedene Behörden und Organisationen verteilt worden sei, so die Autoren.[393] Als Lösungsvorschlag fügten Lichačëv, Belov und Sevast'janov ihrem Brief einen Maßnahmenplan an, der die Umwandlung der Solovki in ein kulturelles, ökologisches und ökonomisches Experimentierfeld vorsah.

Getragen wurde der Plan zur Umgestaltung der Solovki vom Konzept Lichačëvs der *Ėkologija Kul'tury,* das er mit Blick auf Novgorod und die Solovki entwickelt hatte und 1979 zum ersten Mal im Literaturjournal *Moskva* diskutierte.[394]

---

390 Verweis auf die Festlegungen des Beschlusses des Ministerrates ›Über zusätzliche Maßnahmen zum Schutz und zur Nutzung der historischen und kulturellen Denkmäler und der Naturlandschaft der Solovecker Inseln im Gebiet Archangel'sk‹ vom 20. Juli 1984 im Brief des republikanischen Sowjets für Tourismus und Exkursionen an den Ministerrat vom 11. September 1986. GARF, f. 259, op. 48, d. 6936, ll. 8, hier l. 8.

391 Beschwerdebrief Belovs, Sevast'janovs und Lichačëvs an den Ministerrat von 1984. GARF, f. A259, op. 48, d. 6936, ll. 17–23.

392 Ebd., l. 17.

393 Ebd., l. 19.

394 DMITRIJ LICHAČËV: Ėkologija Kul'tury. In: *Moskva* 7 (1979), S. 173–179. Abgerufen unter URL: https://www.lihachev.ru/pic/site/files/fulltext/0342_Proshloe_budusemu_1985/002_II_001_Ekologija_Kuljturi.pdf, letzter Zugriff: 18.06.2023. Erweiterte Artikel fanden sich ein Jahr später in der zweiten Ausgabe des Almanachs der VOOPIiK *Pamjatniki Otečestva*

Zusammengenommen ging es Lichačëv dabei um die Entwicklung eines ganzheitlichen Konzeptes des Zusammendenkens des kulturellen und ökologischen Erbes, getragen von der grundlegenden Vorstellung von einer Einheit zwischen Natur und menschlichem Handeln. Das Konzept der *Ekologija Kul'tury* liest sich als Weiterentwicklung verschiedener Topoi Lichačëvs, die er in den Jahrzehnten zuvor bereits erfolgreich in den Denkmalschutzdiskurs eingebracht hatte. So war Lichačëvs Konzept stark beeinflusst von seiner Überzeugung für das *kraevedenie* und einer patriotischen Bindung der Bevölkerung an das kulturelle Erbe des Landes. Zusätzlich spiegelte sein Konzept die Errungenschaften der sowjetischen Kulturerbedebatte in Bezug auf die Idee des *zapovednik* wider, indem Lichačëv den Schutz des kulturellen Erbes in ihrer natürlichen, historischen, kulturellen und ökonomischen Umgebung propagierte.[395]

In ihrem Brief an den Ministerrat forderten Lichačëv, Belov und Sevast'janov die Herauslösung der Solovki aus dem administrativen Zuständigkeitsbereich des Gebietsexekutivkomitees in Archangel'sk und die Unterstellung des Archipels unter die direkte Verwaltung des Ministerrates, da das Gebietsexekutivkomitee über Jahrzehnte bewiesen habe, dass es die »Bedeutung und Möglichkeiten der Solovki« nicht verstehe und nicht in der Lage sei, sich mit den Problemen des Archipels zu befassen.[396] Zur Lösung der ›Solovecker Probleme‹ entwarfen die Autoren die Gründung eines ›gesellschaftlichen Sowjets‹ auf den Solovki, der mit hochrangigen Politikerinnen und Politikern und gesellschaftlichen Akteuren besetzt sein solle. Für die anfallenden Arbeiten schlugen sie die freiwillige Einbeziehung von »Enthusiasten« in den infrastrukturellen Ausbau der Inseln vor. Interessierte sollten vom neu geschaffenen Sowjet zum Leben auf den Inseln eingeladen und zur Mitarbeit in einer auf den klösterlichen Traditionen beruhenden selbstversorgenden Wirtschaft und zu einem regen kulturellen Leben verpflichtet werden.[397] Die Botschaft Lichačëvs, Belovs und Sevast'janovs war deutlich: Das Vertrauen in die regionalen politischen Entscheidungsstellen, tiefgreifende Veränderungen auf dem Archipel herbeizuführen, war erschöpft. Vielmehr sollten die Solovecker Belange durch ein gemeinschaftliches Organ bestehend aus ›gesellschaftlichen‹ und politischen Akteuren gelenkt werden. Die Argumentation von

---

und 1982 in der Zeitschrift *Znanie-Sila*. Siehe DMITRIJ LICHAČËV: Ėkologija Kul'tury. In: *Pamjatniki Otečestva* 2 (1980), S. 10–16. Abgerufen unter URL: http://almanac.voopik.ru/pdf/1980_2_10–16.pdf, letzter Zugriff: 18.06.2023 und DMITRIJ LICHAČËV: Ėkologija Kul'tury. In: *Znanie-Sila* 6 (1982), S. 22–24. Abgerufen unter URL: https://www.lihachev.ru/pic/site/files/fulltext/0506_Ekologija_kuljturi_1982.pdf, letzter Zugriff: 18.06.2023.

395 Siehe auch GEERING: Building a Common Past, S. 177 f.
396 Beschwerdebrief Belovs, Sevast'janovs und Lichačëvs, l. 23.
397 Ebd., l. 22.

Lichačëv und seinen Kollegen und ihre Forderungen nach einem gesellschaftlichen Sowjet müssen im Kontext der 1980er Jahre und den darauffolgenden Reformen der Perestroika gelesen werden. Gleichwohl ähnelten ihre Zielvorstellungen den Diskussionen, die Mitte der 1960er Jahre zur Gründung der VOOPIiK geführt worden waren. An der grundlegenden Forderung nach einem zentralen Gremium zur Lenkung des Solovecker Denkmalschutzes hatte sich ebenso wenig geändert wie am Wunsch nach gesellschaftlicher Teilhabe an der Denkmalpflege.

Als unmittelbare Reaktion auf den Beschwerdebrief wurde dem Museum 1986 schließlich das Auftragsrecht für Restaurierungsarbeiten auf dem Archipel zugesprochen.[398] Obgleich diese Maßnahme ein Ausweis des neuen politischen Reformkurses unter Michail Gorbačëv war, verschleierte auch dieser Schritt lediglich die Tatsache, dass das Museum weiterhin der Befehlsempfänger aus Archangel'sk und Moskau blieb. Den Forderungen Lichačëvs, Belovs und Sevast'janovs nach politischer Teilhabe am ›Projekt Solovki‹ wurde ebenso wenig entsprochen wie dem Wunsch nach der Auslösung der Solovki aus dem Zuständigkeitsbereich des Gebietsexekutivkomitees in Archangel'sk. Bis zum Zusammenbruch der Sowjetunion krankten der Solovecker Denkmalschutz und die wirtschaftliche und infrastrukturelle Entwicklung der Inseln an den benannten Problemen. Auch der letzte sowjetische Generalplan *Solovki* aus dem Jahr 1987 konnten die verkrusteten Hierarchien und Zuständigkeiten nicht aufbrechen.[399]

3.4 Zwischenfazit

Trotz der Dezentralisierung der Kulturpolitik in der Chruščëv- und frühen Brežnev-Ära und der daraus resultierenden Übertragung des Solovecker Denkmalschutzes an die Kulturverwaltung in Archangel'sk wurden eine Operationalisierung des Denkmalschutzes und damit die Lösung der ›Solovecker Probleme‹ versäumt, denn obwohl das Solovecker Museum als Primärorganisation der VOOPIiK formal mit dem Ziel gegründet worden war, den Denkmalschutz auf den Solovki zu koordinieren, wurden dem Museum bis zum Ende der Sowjetunion nicht die notwendigen Befugnisse übertragen, um als gewichtiger Akteur auf konkrete Entscheidungen der Denkmalpflege einzuwirken. Die VOOPIiK-Abteilung

---

398 Soloveckij muzej-zapovednik 1967–2012. Materialien zur Ausstellung zum 45-jährigen Bestehen des Museums. NASMZ, Solovki 2012.
399 Beschluss des Ministerrates zur sozialen und ökonomischen Entwicklung, der Stärkung der Arbeiten zum Schutz und zur Nutzung der Geschichts- und Kulturdenkmäler und der Natur der Solovecker Inseln der Region Archangel'sk vom 20. Mai 1987. GARF, f. 259, op. 49, d. 558, ll. 1–4.

in Archangel'sk verlor ihren direkten Einfluss auf Denkmalschutzentscheidungen und fungierte in den folgenden Jahren vor allem als Propagandakanal der staatlichen Denkmalschutzpolitik.

Das politische Mandat zur Auftragserteilung und Lenkung der Restaurierungsarbeiten auf dem Solovecker Archipel verblieb in Archangel'sk, was die Koordinierung der Denkmalpflege erheblich erschwerte und verlangsamte. Die Zielstellung der Kulturverwaltung, die in der touristischen Nutzung der Inseln begründet lag, stand besonders zu Beginn einer geordneten und zielführenden Denkmalpflege entgegen. Im Laufe der Jahre traten im Solovecker Denkmalschutz einige der grundlegenden Probleme der späten Sowjetunion zu Tage. Die Klientelpolitik der Brežnev-Ära, die in der Region Archangel'sk wie andernorts mit einer hohen Kaderstabilität und einer überbordenden Bürokratisierung einherging, hatte zur Folge, dass sich die Akteure des Solovecker Denkmalschutzes multiplizierten und eine Bündelung finanzieller und personeller Ressourcen in einer Hand ausblieb. Gänzlich offenbar wurde die klientelgeleitete Denkmalschutzpolitik der Kulturverwaltung und der beteiligten Ministerien durch eine erneute Intervention durch Teile der kulturellen und technischen *intelligencija* Mitte der 1980er Jahre. Obwohl das Museum im den folgenden Jahren das Auftragsrecht für die Restaurierungsarbeiten auf dem Archipel zugesprochen bekam, blieben eine Umstrukturierung und die geforderte Einbeziehung gesellschaftlicher Akteure in den Solovecker Denkmalschutz aus. Folglich konnten die bereits von Pavel Vitkov so häufig beschworenen ›Solovecker Probleme‹ auch in den restlichen Jahren nicht behoben werden, weshalb sich die Arbeit des Museums in erster Linie auf die Verwaltung des denkmalpflegerischen Status quo konzentrierte.

3.5 Die Solovecker Sammlung – Auf der Suche nach dem verlorenen Klosterschatz

Wie der Gründungserlass des Solovecker Museums festlegte, lag die Hauptaufgabe des Museums in der Musealisierung des Klosters und seiner Architekturdenkmäler. Dazu gehörte unter anderem der (Wieder-)Aufbau einer Museumssammlung. Zu diesem Zweck übergab die Solovecker Schule ihre durch Pavel Vitkov aufgebaute Sammlung an das Museum. Zusätzlich bemühte sich das Museum um die Rückführung von Teilen der kulturellen und künstlerischen Artefakte des ehemaligen Solovecker Klostermuseums, die in den 1920er und 1930er Jahren an unterschiedliche Museen des gesamten Landes übergeben worden waren. Im Rahmen dieses Auftrags reiste Svetlana Vereš im November

1965 nach Moskau, um in den Museen der Hauptstadt nach der ehemaligen Sammlung des Solovecker Klosters zu fahnden. Ihre Suche führte sie zunächst in das Historische Museum in Moskau und seine institutionellen Ableger. In der Filiale Kolomenskoe, die von Pëtr Baranovskij gegründet worden war, waren durch seinen Einsatz 1923 etliche Reliquien und Kunstgegenstände des Solovecker Klosters gelangt. Zusätzlich trat Vereš in Verhandlungen mit den Museen des Moskauer Kreml'. Hierhin waren in den 1920er und 1930er Jahren über 500 und damit der Großteil aller historisch-künstlerischen Objekte des ehemaligen Solovecker Klosters übergeben worden.[400] Bis Dezember 1965 wurden entsprechende Inventarlisten der Kreml'museen und des Historischen Museums in Moskau, die für eine Rückführung auf die Solovki ausgewählt worden waren, an das Ministerium für Kultur gesendet.[401]

Bei den Exponaten handelte es sich allerdings nicht um die wertvollsten Gegenstände Solovecker Provenienz. Die nicht vorhandenen Sicherheitsvorkehrungen und die mangelhaft instand gesetzten Räumlichkeiten des Solovecker Kreml' verhinderten zunächst eine Ausstellung besonders anfälliger und wertvoller Exponate. In erster Linie enthielten die Listen daher Artefakte, die nicht Teile der Moskauer Ausstellungen waren, sondern vielmehr in den Sammlungen der großen Museen aufbewahrt wurden.[402] Im Jahr 1968 hatte die Solovecker Sammlung einen Umfang von 723 Exponaten,[403] unter denen sich lediglich 80 als besonders wertvoll eingestufte Ausstellungsstücke befanden.[404] Dass die Solovecker Sammlung bereits 1970 über mehr als 2.000 Ausstellungsstücke verfügte,[405] ist in erster Linie den Bemühungen der Mitarbeiterinnen und Mitarbeitern zu verdanken, die in allen Landesteilen auf die Suche nach ›alten‹ und ›neuen‹ Ausstellungsstücken gingen.

Die Bemühungen von Svetlana Vereš und der regionalen Kulturverwaltung in den 1960er Jahren offenbarten, wie unzureichend die Abfuhren und der Verbleib von vielen wertvollen Exponaten der Solovki in den 1920er und 1930er Jahren

---

400 Liste der Gegenstände der historisch-künstlerischen Sammlung des ehemaligen Solovecker Kloster, die an das staatliche historisch-architektonische und landschaftliche *muzej-zapovednik* auf den Solovki übergeben werden, 1975. GAAO, f. 5859, op. 2, d. 1914, ll. 67–102, hier l. 102.
401 Vereš: Na puti k Solovkam (prodolženie).
402 Ebd.
403 Soloveckij muzej-zapovednik za 15 let (1967–1982). Osnovnye cifrovye pokazateli. In: XV let Soloveckogo gosudarstvennogo istoriko-architekturnogo i prirodnogo muzeja-zapovednika. Kratkaja spravka i predloženija po TĖP jubilejnoj vystavki s 3 po 8 janvarja 1982 g. 26 nojabrja 1981g. NASMZ, Medodičeskij otdel', S. 1–10, hier S. 5.
404 Tamara Sinjagovskaja: O fondach SGIAPMZ. In: *Soloveckij Vestnik* 24 (Dezember 1991), S. 2.
405 Soloveckij muzej-zapovednik za 15 let (1967–1982), S. 5.

dokumentiert worden waren. Selbst Sammlungen kleinster Regionalmuseen oder Haushalte von Privatsammlern verfügten über Stücke aus dem ehemaligen Klostermuseum, dem Klosterarchiv oder der Klosterbibliothek. Aus diesem Grund versuchte das Solovecker Museum über Ankaufkommissionen bis in die 1980er Jahre hinein neben neuen Exponaten, die auf zahlreichen Exkursionen in die Provinzen aufgestöbert wurden, auch viele ›verloren gegangene‹ Exponate in die Museumssammlung zu überführen.[406] Im Frühjahr 1966 verhandelte die Kulturverwaltung beispielsweise mit Aleksandr Patokin, dem Leiter eines kleinen Internats auf der Insel Jagry, die am Südufer des Weißen Meeres im Gebiet Severodvinsk in der Region Archangel'sk liegt. Ebenso wie Pavel Vitkov war auch Aleksandr Patokin leidenschaftlicher *kraeved* und Lehrer und hatte 1961 in seiner Schule ein kleines Heimatkundemuseum gegründet. Er konnte durch eine langjährige Intervention beim Vorsitzenden des Stadtexekutivkomitees 1970 die Gründung eines städtischen Heimatkundemuseums erreichen. 133 Objekte der damaligen Sammlung des Severodvinsker Museums entstammten der Privatsammlung Patokins, die er in zahlreichen Expeditionen durch die Region Archangel'sk zusammengetragen hatte.[407] Darunter befanden sich auch einige Schriftstücke, Lithografien und Ikonen des Solovecker Klosters. Seinen Aussagen zufolge hatte er diese Stücke bei seinen Forschungen in zwei kleinen Dörfern in der Region Cholmogoryj, im Gebiet Archangel'sk entdeckt.[408] Bereits im Vorfeld der Solovecker Museumsgründung bat der Inspektor der Kulturverwaltung in Archangel'sk, Šeremet'evskij, Patokin um die Übergabe dieser Stücke an die Solovecker Museumsinstitution. Darüber hinaus äußerte Šeremet'evskij den Wunsch, Patokin möge seine Expertise in Bezug auf die Museumseinrichtung in Severodvinsk in einer Art ›Erfahrungsbericht‹ für die Kulturverwaltung zur Verfügung stellen.[409]

Das Beispiel Aleksandr Patokins macht die fehlende museologische Expertise in den russischen Regionen deutlich und zeigt, dass die Erfahrungen und Kenntnisse altgedienter Heimatschützer systematisch genutzt wurden, um diese Lücke zu schließen. Sowjetische Wissenschaftler hatten bereits kurz nach dem

---

406 Siehe Angabe über die Materialien des wissenschaftlichen Fonds des Museums vom 25. Juli 1985. GAAO, f. 5859, op. 2, d. 2931, ll. 41–42.
407 Die Informationen zur Biografie Aleksandr Ivanovič Patokins und zu seiner Rolle bei der Gründung des Museums wurden mir freundlicherweise von der wissenschaftlichen Mitarbeiterin des heimatkundlichen Museums in Severodvinsk Natal'ja Fedorova zur Verfügung gestellt.
408 Brief von Aleksandr Patokin an die Leiterin der Kulturverwaltung, Nogovicyna von 1966. GAAO, f. 5859, op. 2, d. 665, ll. 13–14 ob.
409 Brief des Inspektors der Kulturverwaltung für Museen und den Denkmalschutz Šeremet'evskij an Aleksandr Ivanovič Patokin vom 30. 05. 1966. GAAO, f. 5859, op. 2, d. 665, l. 11.

Krieg, im Zuge der Gründung des ICOM (International Council of Museums) 1946, dringend benötigte Grundlagenforschung auf dem Gebiet der Museologie betont.[410] 1957 trat eine Vereinigung aus professionellen sowjetischen Museumsmitarbeiterinnen und Museumsmitarbeitern als nationales Komitee der ICOM bei und konnte in den kommenden Jahren von den Kontakten zu internationalen Museen und deren Museumspraktiken profitierten.[411] Zeitgleich wurde allerdings der einzige Lehrstuhl für Museologie an der Moskauer Universität geschlossen; und das, obwohl durch die Rehabilitierungen der Chruščëv-Ära einige erfahrene Fackräfte der Museologie und der Denkmalpflege in den Kultursektor zurückkehrt waren. Erst in den 1980er Jahren sollten erneut Lehrstühle zur Museumskunde eingerichtet werden.[412] Die fehlenden museologischen Grundlagen suchte das Ministerium für Kultur über das Wissenschaftliche Forschungsinstitut für das Museumswesen und den Denkmalschutz (NII kul'tury) zu schließen. Gleichzeitig gab es in der Sowjetunion bereits im Jahr 1965 über 368 selbständige Museen (ohne Filialen), von denen 233 ein heimatkundliches Profil aufwiesen.[413] In Ermangelung an universitären Ausbildungsmöglichkeiten verlagerte sich die museologische Forschung in den 1970er Jahren zunehmend auf die Museumseinrichtungen selbst und wurde von diesen entscheidend vorangetrieben. Ähnlich wie in Bezug auf den Denkmalschutz standen auch hier jene Museumsinstitutionen besonders im Fokus, die über ein breites und interdisziplinäres Museumsprofil verfügten, wie das beispielsweise bei den *muzei-zapovedniki* der Fall war.

Ideologisch suchte man die fehlenden museologischen Grundlagen durch den sperrigen philosophischen Überbau des Marxismus-Leninismus aufzufangen. Der Sammelband zu Grundlagen der sowjetischen Museologie *Osnovy sovetskogo muzeevedenija*, den das NII muzeevedenija 1955 veröffentlicht hatte, machte unter anderem die Bedeutung der Sammlungsarbeit in sowjetischen Museen deutlich. Im Gegensatz zur Sammlungsarbeit in kapitalistischen Ländern liege diese darin, die Objekte neben ihrer wissenschaftlichen, historischen oder künstlerischen Bedeutung in Bezug auf ihre Eignung zur Darstellung der »glorreichen historischen Vergangenheit und der prosperierenden Gegenwart der Sowjetunion« auszuwählen. Idealtypisch sollte der ideologische Deutungsgehalt

---

410 Siehe Friedrich Waidacher: Handbuch der allgemeinen Museologie (Mimundus 3, Wissenschaftliche Reihe des Österreichischen TheaterMuseums, hrsg. von Oskar Pausch). Köln u. a. 1993, S. 137.
411 Im Handbuch zur russischen Museologie wird dieser Schritt für die sowjetischen Museen als »Fenster zur Welt« beschrieben. Siehe: Muzejnoe delo Rossii, S. 161.
412 Zlatoustova: Gosudarstvennaja politika v oblasti muzejnogo dela 1945–1985, S. 277 f.
413 Ebd., S. 266.

der Sammlungsstücke für die Sammlungsleiterinnen und Sammlungsleiter also ebenso bedeutsam sein wie das wissenschaftliche Interesse am Gegenstand selber.[414] Diese Richtlinie fand auch politisch ihren Niederschlag, nämlich im Beschluss des Ministerrates der Sowjetunion *Über den Museumsfonds* vom 2. Juni 1965. Darin verpflichtete der Ministerrat alle Ministerien, Komitees und Einrichtungen sowie die Ministerräte der Sowjetrepubliken, sämtlichen Museen Gegenstände und Modelle aus der Produktion zu Ausstellungszwecken zu überlassen, welche »die Entwicklung der Wissenschaft, den technischen Fortschritt und die Errungenschaften des kommunistischen Aufbaus« veranschaulichten.[415] Diese politische Maßgabe zeigte sehr schnell Wirkung. Bereits 1967, zum 50. Jahrestag der Oktoberrevolution, verfügten die Museen in der Russischen Sowjetrepublik insgesamt über ca. eine Million Ausstellungsstücke, von denen etwa 50 Prozent der sowjetischen Periode entstammten. Bis 1984 bestanden etwa 40 Prozent des gesamten Sammlungsbestandes in der Sowjetunion aus Exponaten der sowjetischen Epoche, und das bei einem deutlichen Anstieg von Museen insgesamt.[416] Auch das Solovecker Museum hatte sich grundsätzlich an dieser Maßgabe zu orientieren, obgleich die Aufstockung der Sammlung zur sowjetischen Periode in den 1960er Jahren zunächst eine untergeordnete Rollte spielte. Das lag in erster Linie daran, dass die sowjetische Geschichte der Solovki erst im Zusammenhang mit der politischen Aufwertung der Rolle der Sowjetunion im Zweiten Weltkrieg in den 1970er Jahren für das Museum Bedeutung erlangen sollte. Um den Sammlungsbestand zu erhöhen und Sachgüter der Region im Sinne eines Heimatmuseums zu erhalten, führte das Museum über die Jahre eine große Anzahl an historisch-ethnografischen und archäologischen Exkursionen in die Region Archangel'sk und nach Karelien durch. In diesem Zusammenhang wurden Abstecher sowohl zu kleineren Museen als auch in kleine Dörfer gemacht, um auf die Suche nach geeigneten Sammlungs- und Ausstellungsstücken zu gehen.[417] Problematisch war in den Anfangsjahren vor allem, dass das Solovecker Museum mit erheblichen technischen Problemen bei der Konservierung und Aufbewahrung der Sammlungsstücke zu kämpfen hatte. Im Laufe der Vorbereitungen zur ersten musealen Präsentation des Museums konnten auf Initiative von Svetlana Vereš ausrangierte Vitrinen der Leningrader Eremitage auf die Solovki gebracht

---

414 V. K. Gardanov/N. N. Plavil'ščikova: Sobiratel'skaja rabota muzeev. In: Osnovy sovetskogo muzeevedenija. Moskva 1955, S. 39–50, hier S. 47 ff.
415 Beschluss des Ministerrates der SSSR »Über den Museumsfonds der Sowjetunion« vom 2. Juni 1965 (Kurzform). In: Sbornik dokumentov po muzejnomu delu, S. 8 f., hier S. 8.
416 Zlatoustova: Gosudarstvennaja politika v oblasti muzejnogo dela, S. 280 f.
417 Soloveckij gosudarstvennyj muzej-zapovednik 1967–2007. Materialy k istorii sozdanija i dejatel'nosti muzeja-zapovednika, S. 38–50.

werden.[418] Darüber hinaus ließ sich Vereš nach eigenen Aussagen in zahlreichen technischen Praktika in unterschiedlichen Abteilungen des Historischen Museums in Moskau von Spezialistinnen und Spezialisten in die wichtigsten Sammlungs- und Konservierungstechniken einweisen.[419] Erste restauratorische Arbeiten an den Sammlungsobjekten selbst sollten im Solovecker Museum allerdings erst ab Mitte der 1970er Jahre durchgeführt werden.[420]

3.6 Wissenschaftliche Grundlagenforschung und Forschungsexpeditionen

Neben der Sammlungsarbeit stellte sich den Mitarbeiterinnen und Mitarbeitern des Solovecker Museums ebenso die Frage nach wissenschaftlicher Grundlagenforschung zum historischen Ort, zur Kultur sowie zur Kunst und Architektur der Inselgruppe. Das bereits erwähnte erste sowjetische Kompendium zur Museumskunde von 1955 formulierte grundlegende methodische Ansatzpunkte und fungierte über Jahrzehnte als wichtige wissenschaftliche und praktische Anleitung besonders für regionale Museen ohne geschultes Personal oder Anschluss an universitäre Forschungseinrichtungen.[421] Das Standardwerk legte die wissenschaftliche Forschung als Basis jeglicher Museumsarbeit fest, die nach den Methoden der jeweils im Museum vertretenen Fachdisziplinen zu erfolgen habe.[422]

Mit Inbetriebnahme des historisch-architektonischen Museumsschutzgebiets ›Solovki‹ zum 1. März 1967 startete das Solovecker Museum mit acht Mitarbeiterinnen und Mitarbeitern.[423] Bis 1977 war das Museum auf 28 festangestellte Mitarbeitende gewachsen. Zu diesem Zeitpunkt verfügte das Museum neben einer Verwaltungs- und Wirtschaftsabteilung über eine Abteilung für Architektur

---

418 SVETLANA VEREŠ: Na puti k Solovkam (okončanie). In: *Al'manach Soloveckoe more* 6 (2007), abgerufen unter URL: http://www.solovki.info/?action=archive&id=399, letzter Zugriff: 05.05.2023.
419 VEREŠ: Na puti k Solovkam (prodolženie).
420 SINJAGOVSKAJA: O fondach SGIAPMZ, S. 2.
421 È. V. ERMAKOVA/E. A. POPRAVKO: Muzejnoe delo na dal'nem vostoke v period destalinizacii (1953–1964gg.). Abgerufen unter URL: https://cyberleninka.ru/article/n/muzeynoe-delo-na-dalnem-vostoke-v-period-destalinizatsii-1953-1964-gg, letzter Zugriff: 05.05.2023.
422 Siehe WAIDACHER: Handbuch der allgemeinen Museologie, S. 138.
423 Siehe Entscheidung des Exekutivkomitees Archangel'sk über die Organisation eines architektonischen *muzej-zapovednik* auf der Grundlage der Denkmäler der Solovki. GAAO, f. 5859, op. 2, d. 1316, l. 20.

und Restaurierungen, über ein Archiv, eine Bibliothek, eine wissenschaftliche Abteilung für die Arbeit an Ausstellungen und über eine Abteilung für den Naturschutz.[424] In den ersten Jahren des Museums existierte die wissenschaftliche Ausdifferenzierung in museale Bereiche allerdings lediglich auf dem Papier. So erledigten die Mitarbeiterinnen und Mitarbeiter des Museums in den ersten Jahren eine Vielzahl an unterschiedlichen Aufgaben. Neben anfallenden Arbeiten auf dem Gelände, wie dem Einsammeln von Müll und dem Winterdienst im Kreml', erlernten sie gemeinsam spezielle Restaurations- und Konservierungstechniken oder beteiligten sich an kleineren denkmalpflegerischen Arbeiten an den Gebäuden.[425]

In ihrer museumspädagogischen Arbeit wurden die wissenschaftlichen Fachkräfte des Museums von Beginn an durch eine hohe Zahl an Saisonarbeiterinnen und Saisonmitarbeitern unterstützt. Dabei handelte es sich vorrangig um Studierende, die für die Sommermonate vom Museum angestellt wurden, um die stetig wachsende Nachfrage an Exkursionen zu befriedigen.[426] In den 1970er und 1980er Jahren entwickelten sich die bereits angesprochenen Expeditionen zu einer wichtigen und tragfähigen Forschungsgrundlage des Museums. Neben dem Ankauf neuer Exponate fungierten die Expeditionen als Forschungsreisen, bei denen die Mitarbeiterinnen und Mitarbeiter des Museums in Eigenregie oder in Zusammenarbeit mit wissenschaftlichen Instituten architektonische bzw. kulturhistorische, archäologische oder botanische Untersuchungen und Dokumentationen auf dem Archipel und in den angrenzenden Regionen vornahmen. Geografisch orientierte sich das Museum dabei an der ehemaligen Einflusssphäre des Solovecker Klosters. In diesem Zusammenhang gelang es den Mitarbeiterinnen und Mitarbeitern des Solovecker Museums, einen Großteil der Architekturdenkmäler der Region zu dokumentieren.[427]

In den Jahren des Museumsaufbaus kam die wissenschaftliche Grundlagenforschung zunächst Svetlana Vereš zu. Im Zuge des stetigen Anstiegs der Zahl an Touristinnen und Touristen forderte die Kulturverwaltung bereits im Winter 1965 eine erste Rundgangskonzeption bei Vereš an.[428] Um sich Informationen und die notwendige Expertise zu Geschichte und Architektur der Solovki zu verschaffen, korrespondierte Vereš mit Wissenschaftlern verschiedenster Fachbereiche. Ähnlich

---

424 Siehe die Mitarbeiterliste des staatlichen Solovecker historisch-architektonischen *zapovednik* 1977. GAAO, f. 5859, op. 2, d. 2130, l. 1.
425 Rasskazyvajut solovčane, byvšije rabotniki muzeja. In: *Soloveckij Vestnik* 24 (Dezember 1991), S. 4.
426 Eine Praxis, die sich bis auf den heutigen Tag gehalten hat.
427 Soloveckij gosudarstvennyj muzej-zapovednik 1967–2007, S. 38–50.
428 Vereš: Na puti k Solovkam (prodolženie).

wie Vitkov einige Jahre zuvor gelang es ihr, ein breites Netzwerk an Wissenschaftlern und Anhängern der kulturellen *intelligencija* für ihre Arbeit zu interessieren, die ihr fortan mit fundiertem Rat zur Seite stehen sollten.

Zu einem ihrer renommiertesten Unterstützer entwickelte sich – nicht aus Zufall– Dmitrij Lichačëv. Bereits im Winter 1965 hatte Vereš schriftlich Kontakt zu ihm aufgenommen und ihn um nützliche Literaturhinweise zur Erforschung des Archipels gebeten. Von 1965 bis 1968, also bis zu Vereš Abschied von den Solovki, unterhielten beide eine unregelmäßige Korrespondenz. In seinen Briefen verwies Lichačëv Svetlana Vereš auf befreundete Wissenschaftler und die publizierten Forschungsarbeiten der Solovecker Heimatkundegesellschaft.[429] In ihren vier Jahren auf den Solovki konnte Svetlana Vereš erheblichen Einfluss auf die Verwissenschaftlichung der Arbeit des Solovecker Museums nehmen. Diese Entwicklung offenbart beispielsweise das Wachstum des Bestandes an wissenschaftlicher Fachliteratur in der Bibliothek des Museums. Verfügte die Bibliothek zum Zeitpunkt der Gründung des Museums über lediglich 25 Bände, die wahrscheinlich aus dem Bestand der Schulbibliothek übergeben worden waren, waren es zum Zeitpunkt der Verabschiedung Verešs von den Solovki bereits 919 Bücher.[430]

Während ihrer Zeit auf den Solovki absolvierte Vereš zahlreiche Dienstreisen nach Moskau und Leningrad, bei denen sie sich mit der einschlägigen Forschungsliteratur vertraut machte und neben Lichačëv weitere Expertinnen und Experten zu unterschiedlichen Aspekten der Solovecker Kultur und Geschichte persönlich kennenlernte. Nach eigenen Angaben unterhielt sie Kontakte zum Archäologen Aleksandr Formozov, dem Wissenschaftler Andrej Robinson und, auf Vermittlung Lichačëvs, mit dem Vorreiter des Denkmalschutzes in der russischen Sowjetrepublik Nikolaj Voronin.[431] Voronin war es auch, der ihr im Sommer 1967 die Publikation ihres ersten wissenschaftlichen Artikels zu den Solovki in der renommierten Fachzeitschrift *Istorija SSSR* ermöglichte. Mehr noch: Für den Artikel Vereš', der als erster Beitrag in der neuen Rubrik der Zeitschrift *Pamjatniki Otečestvennoj Istorii (Denkmäler der Vaterländischen Geschichte)* erschien, schrieb Voronin sogar das Vorwort. Im Prolog zur neuen Reihe der Zeitschrift, die Voronin mit dem Verweis auf die neu gegründete VOOPIiK einleitete, verwies er auf den Zweck des neuen Zeitschriftenteils. Die Rubrik solle in erster Linie dazu dienen, wissenschaftliche Aufsätze zu Denkmälern zu publizieren, die in jüngster Zeit wiederentdeckt worden waren bzw. bis dato

---

429 »Milaja dobrovol'naja zatvornica«.
430 Soloveckij muzej-zapovednik za 15 let (1967–1982), S. 5.
431 Vereš: Na puti k Solovkam (prodolženie).

unbekannt geblieben und daher der Vergessenheit anheimgefallen waren.[432] In diesem Zusammenhang war es nicht verwunderlich, dass die Wahl der Herausgeber für ihren ersten Artikel auf die Solovki fiel. Neben dem neu entflammten Interesse an der Inselgruppe war das Solovecker Museum erst einige Monate zuvor offiziell gegründet worden.

In ihrem Artikel gab Vereš einen präzisen Einblick in die Geschichte des Archipels, der Architekturdenkmäler und in die natürlichen Besonderheiten der Inselgruppe. Im Beitrag, der mit Ansichten des Klosters, Fotografien der Preobražénskij-Kirche und einem der Festungstürme bebildert war, unterstrich Vereš ganz im Sinne Lichačëvs die wissenschaftliche Bedeutung der Inseln und die dringliche Aufgabe des Museums, die Solovki umfassend und ganzheitlich zu erforschen.[433] Um dieser Aufgabe gerecht zu werden, plädierte Vereš für die Einrichtung eines beratenden wissenschaftlichen Sowjets für das Museum;[434] eine Forderung, die weder im Ministerium für Kultur noch in der Kulturverwaltung in Archangel'sk Beachtung fand. Lediglich für die Ausstellungsarbeit des Museums griff die regionale Kulturverwaltung regelmäßig auf einen wissenschaftlichen ›Beraterstab‹ zurück. Dieser hatte allerdings weniger die Aufgabe, den Mitarbeiterinnen und Mitarbeitern des Museums mit wissenschaftlicher Expertise unterstützend zur Seite zu stehen. In erster Linie waren die von der Kulturverwaltung ausgewählten Fachkräfte für die Zensur der Ausstellungstexte verantwortlich.

3.7 Die Interpretation der Solovecker Vergangenheit – Ausstellungsarbeit und ideologisches Erziehungsprogramm

Obwohl die Mitarbeiterinnen und Mitarbeiter des Museums die umfassenden Arbeiten rund um die Ausstellungen des Museums, von der Konzeption bis hin zur gestalterischen Umsetzung, weitestgehend autonom leisteten, mussten alle Drehbücher vor Ausstellungseröffnung an externe Gutachterinnen und Gutachter übergeben werden. Diese prüften die Inhalte und vor allem die Begleittexte der geplanten Ausstellung und schickten ihre Kommentare an das Museum und die Kulturverwaltung in Archangel'sk zurück. Bei den Gutachterinnen und Gutachtern handelte es sich zumeist um wissenschaftliche Mitarbeiterinnen und

---

432 N. N. Voronin: Pamjatniki otečestvennoj istorii. Vstupitel'noe slovo, in: *Istorija SSSR* 3 (Mai/Juni 1967), S. 205.
433 Svetlana Vereš: Solovki. In: *Istorija SSSR* 3 (Mai/Juni 1967), S. 206–211.
434 Ebd., S. 211.

Mitarbeiter aus dem Bereich der Museologie, wie beispielsweise vom NII kul'tury sowie aus anderen Museen des Landes. Im Fall des Solovecker Museums kamen Angehörige unterschiedlicher Universitäten hinzu, die sich durch entsprechende Publikationen zur Geschichte der Solovki ausgezeichnet hatten. Von nicht zu unterschätzender Bedeutung war deren politische Linientreue, bestand ihre Aufgabe doch in erster Linie darin, die Texte und die Gesamtkonzeption der Ausstellung an der politischen Leitlinie des Marxismus-Leninismus zu messen und wenn nötig zu zensieren. Besonders vorsichtig beurteilten die Gutachterinnen und Gutachter daher die historischen Ausstellungen des Solovecker Museums, die sowohl im Hinblick auf ihre Gesamtkonzeption als auch bezüglich der Inhalte und der verwendeten Terminologie unter die Lupe genommen wurden.[435] So kritisierten die Gutachterinnen und Gutachter die vorgenommenen historischen Periodisierungen und spitzten etwa die Begrifflichkeiten der religiösen Vergangenheit des Klosters im Sinne der atheistischen Propaganda zu. Mitarbeiterinnen und Mitarbeiter anderer Museen mahnten Fehler in der museologischen Praxis und Methodik an, wie beispielsweise fehlende Bildunterschriften sowie wünschenswerte Illustrationen von Ausstellungsteilen.[436] Trotz wissenschaftlichem ›Beraterstab‹ oblag die endgültige Entscheidung über die Inhalte und die Konzeption von Ausstellungen des Solovecker Museums wie so oft der regionalen Kulturverwaltung in Archangel'sk.[437] Zusätzlich zur externen wissenschaftlichen Prüfungsebene

---

435 Als Beispiel für die Gutachtertätigkeit externer Expertinnen und Experten siehe die Gutachten zur Ausstellung des Solovecker Museums mit dem Titel *Die Geschichte des Solovecker Klosters vom 15. bis 20. Jahrhundert*. Die Gutachten zur Ausstellung stammten von der leitenden wissenschaftlichen Mitarbeiterin für Museologie des NII kul'tury, vom ehemaligen Leiter des Heimatkundemuseums in Archangel'sk und dem Nachfolger Georgij Frumenkovs als Leiter der Historischen Fakultät und dem Pädagogischen Institut der Universität Archangel'sk, dem Archäologen Anatolij Aleksandrovič Kuratov sowie der wissenschaftlichen Mitarbeiterin des *zapovednik* im damaligen Zagorsk, Rešcikova, die gleichzeitig als Zuständige eines Regionalverbundes für die Museen im Russischen Norden fungierte. Siehe NASMZ, f. 2, op. 1, d. 18, ll. 35–40.

436 In Bezug auf die Ausstellung von 1981 kritisierte die leitende wissenschaftliche Mitarbeiterin für Museologie des NII kul'tury Kasparinskaja beispielsweise die Festlegung der Periode des Imperialismus auf das Ende der 1890er Jahre, obgleich das Material der Ausstellung die Festsetzung dieser Periode auf den Anfang des 18. Jahrhunderts begründe. Zudem wies sie auf die zu unterscheidenden Begrifflichkeiten hin: Zur Beschreibung der Zeitspanne des Kapitalismus und des Feudalismus sei der Terminus »Epoche« anzuwenden, während es sich beim Imperialismus als einem »integralen Bestandteil« des Kapitalismus um eine »Periode« handele. Siehe das Gutachten zur thematischen Struktur der Ausstellung des Solovecker Museums zum Thema »Geschichte des Solovecker Klosters vom 15. bis 20. Jahrhundert« der leitenden wissenschaftlichen Mitarbeiterin des NII kul'tury S. Kasparinskaja. NASMZ, f. 2, op. 1, d. 18, ll. 36 f., hier l. 37.

437 Für die als Beispiel herangezogene Ausstellung *Die Geschichte des Solovecker Klosters vom 15. bis 20. Jahrhundert* erfolgte die Freigabe der Ausstellung durch den Leiter der Kulturverwaltung

bekleidete ab 1976 mit Jurij Kritskij ein Parteimitglied den Posten des leitenden wissenschaftlichen Mitarbeiters des Museums. Diesen sollte er mit einer kurzen Unterbrechung 1980 und 1981 bis 1993 innehaben.[438] Neben seinem Engagement in der Parteizentrale der Inseln, dem Solovecker Dorfsowjet, war er als promovierter Historiker in erster Linie für die inhaltliche Gestaltung historischer Ausstellungen und das ideologische Schulungsprogramm der Mitarbeiterinnen und Mitarbeiter des Museums zuständig.[439]

Ideologisch fußte die Ausstellungsarbeit sowjetischer Museen grundsätzlich auf der marxistisch-leninistischen Erkenntnistheorie. Verkürzt dargestellt besagt diese, dass außerhalb jedes Menschen eine *objektive Realität* existiert, die unabhängig von den sozialen und ökonomischen Lebensverhältnissen des Menschen ist. Diese gilt es in einem komplizierten Erkenntnisprozess über die *Praxis* zu erfassen, indem aus der Praxis entnommene Empfindungen, Wahrnehmungen sowie Begriffe oder Theorien im Bewusstsein widergespiegelt werden sollen, um die eine, *objektive Realität* zu erzeugen.[440] Nur über die Praxis, das hieß nach marxistisch-leninistischem Verständnis anhand der sozialen und damit determinierten Rolle des Menschen in seiner vom Produktionsprozess bestimmten Gesellschaftsordnung, könne festgestellt werden, »inwieweit Abbilder des menschlichen Bewusstseins mit Gegenständen und Zusammenhängen der objektiven Realität übereinstimmen«.[441]

> Von der lebendigen Anschauung zum abstrakten Denken *und von ihr zur Praxis* – das ist der dialektische Weg zur Erkenntnis der *Wahrheit,* zur Erkenntnis der objektiven Realität [Anm. im Original].[442]

Dmitrij Kozko auf Grundlage der Expertengutachten am 22. Januar 1981.
438 Soloveckij gosudarstvennyj muzej-zapovednik 1967–2007, S. 33.
439 Zu den von Kritskij gehaltenen Lesungen im Museum gehörte beispielsweise ein Vortrag *Die KPSS über die Aufgaben der ideologisch-erzieherischen Arbeit* von 1986.
440 Abbildtheorie (auch Widerspiegelungstheorie). In: Das Philosophische Wörterbuch. Band 1, hrsg. von GEORG KLAUS und MANFRED BUHR, Berlin 1970, S. 32 ff.
441 In dieser Hinsicht versuchten sich Marx und Engels sowie später Lenin von der Erkenntnistheorie des subjektiven Idealismus (Kant) abzusetzen, die besagt, dass die Erkenntnis in erster Linie ein bewusstseinsimmanenter Vorgang sei. Siehe ALFRED KOSING: Die Entwicklung der marxistischen Erkenntnistheorie durch W. I. Lenin. In: Lenin und die marxistische Philosophie in unserer Zeit (Deutsche Zeitschrift für Philosophie, Sonderheft). Berlin 1970, S. 164–183, hier S. 173 f.
442 P. I. GALKINA/I. P. IVANICKIJ: Muzej i ego specifika. In: *Osnovy sovetskogo muzeevedenija,* S. 10–38, hier S. 24, zitiert nach V. I. LENIN: Filosofskie tetradi. Moskva 1947, S. 146 f.

An diesem grundlegenden Theorem des Marxismus-Leninismus, das Lenin in verschiedenen Arbeiten entwickelt hatte,[443] leitete die sowjetische Museologie ihre zweigliedrige Aufgabe ab: Die Erschließung der musealen Exponate sollte sowohl über einen affektiven als auch über einen rationalen Zugang realisiert werden, denn am Ende sollte jede Museumsbesucherin und jeder Museumsbesucher ihr bzw. sein »persönliches oder [...] kollektives Schicksal mit künstlerischen [sowie kulturellen] Objektivationen in Beziehung setzen« können.[444] Die Maßgabe, dass Objekte die ›Objektivität‹, ja schließlich die ›Wahrheit‹ abbilden sollten, bedeutete in ihrer idealtypischen marxistisch-leninistischen Form, dass den Objekten einer sowjetischen Ausstellung ein aktiver Status zugeordnet wurde. Sie bildeten die Wirklichkeit ab und mussten – so die Theorie – damit automatisch die Geschichte des Historischen Materialismus erzählen.[445] Dieser idealtypischen Sichtweise zufolge, die das Museum als Ort der totalen Objektivität kennzeichnete und dem Museum eine wichtige Ordnungsfunktion zuschrieb, kam den Kuratorinnen und Kuratoren sowie den *ėkskurzovody* eine eher zweitrangige Rolle im Museumsbetrieb zu. Die Realität der Wahrnehmung und Nutzung der sowjetischen Museen durch die Besucherinnen und Besucher wich allerdings wie so häufig von der Theorie ab, vor allem dann, wenn es sich – wie im Fall der Solovki – nicht um ein Museum handelte, in dem vorrangig anhand von Exponaten der sowjetischen Epoche die Entwicklung der sowjetischen Moderne erzählt werden konnte. Um das »kontrollierte und wiedererkennende Sehen« einzuüben,[446] das heißt das sowjetische Narrativ der Ausstellung zu erkennen, bedurfte es der Einordnung des Gesehenen. Dies konnte sowohl durch den Ausstellungskontext, das heißt durch die konkrete wissenschaftliche Forschung geschehen, als auch durch die konkrete Arbeit des *ėkskursovod* erfolgen – also über das pädagogische Begleitprogramm des Museums.

3.7.1 Die ersten Ausstellungen des Solovecker Museums

Noch Ende der 1960er Jahre konnte das Solovecker Museum seine ersten beiden Ausstellungen eröffnen. Analog zum Museumsprofil und der Besonderheit des

---

443 Siehe in erster Linie Lenin, Vladimir I.: Materialismus und Empiriokritizismus. Kritische Bemerkungen über eine reaktionäre Philosophie, Moskau 1947.
444 BERND LINDNER: Soziodemographie des Museumspublikums. In: MARKUS WALZ: Handbuch Museum, S. 323–328, hier, S. 323.
445 Dieser Gedanke entstammt Roland Cvetkovskijs Keynote-Speech *Gesellschaft in der Totale. Überlegungen zu einer sowjetischen Museumskultur*, die er anlässlich des Workshops *Historische Museumsanalyse. Die Museen der ehemaligen Sowjetunion* am 3. Juli 2017 in Basel hielt.
446 Ebd.

Archipels thematisierten die Ausstellungen die Natur der Inseln und die Geschichte des Solovecker Klosters.[447] Insgesamt gestaltete sich die Ausstellungsarbeit des Museums in den ersten Jahren schwierig. So verfügte das Museum bis zum Jahr 1969 lediglich über acht und danach über elf festangestellte Mitarbeiterinnen und Mitarbeiter, die Ausstellungen erarbeiteten, Führungen gaben, die Sammlungsbestände aktualisierten und restaurierten und sich gleichzeitig wissenschaftlich betätigten. Zudem konnte das Museum aufgrund der baufälligen Kreml'architektur nur einen winzigen Teil der Kreml'gebäude, nämlich 80 Quadratmeter, überhaupt als Ausstellungsfläche nutzen. Weitere 20 Quadratmeter dienten dem Museum zur Unterbringung seiner Sammlung, und wiederum 20 Quadratmeter verblieben den Mitarbeiterinnen und Mitarbeitern des Museums als Arbeitsfläche.[448] Kontinuierlich, das heißt abhängig von den Instandsetzungsarbeiten an den Gebäuden des Solovecker Kreml', vergrößerte sich die Arbeitsfläche des Museums: über etwa 430 Quadratmeter im Jahr 1970 bis hin zu 2.721 Quadratmetern im Jahr 1979, darunter etwa 1.660 Quadratmeter reine Ausstellungsfläche.[449]

Die ersten beiden Ausstellungen des Museums, die im Jahr 1969 eröffnet wurden, waren dementsprechend klein und einfach in ihrer Gestaltung. Beide wurden im Nastojatel'skij Korpus gezeigt und gemeinsam mit dem Heimatmuseum in Archangel'sk erarbeitet. Das Herzstück der historischen Ausstellung von 1969, die den reduzierten Titel *Die Geschichte des Solovecker Klosters* trug, war ein originalgetreues Modell des Solovecker Klosters aus der ersten Hälfte des 17. Jahrhunderts. P. V. Ljubimskij, ein Künstler des Theaters in Severodvinsk, hatte das Modell in großer Detailtreue, unter Zuhilfenahme eines breiten Quellenkorpus und der Expertise der wissenschaftlichen Restaurierungswerkstatt in Moskau über eine Zeit von vier Jahren angefertigt.[450] Das Modell mit einem Durchmesser von 2 mal 4 Metern, das bis heute in den Räumlichkeiten des Museums zu bestaunen ist, bestimmte die Komposition der ersten historischen Ausstellung des Museums. Insgesamt verfügte die Ausstellung nur über sehr wenige Exponate, wie ein Besucher aus dem Jahr 1968 in seinem Tagebuch vermerkte: »Am Ende [der Führung] wurde für uns das Museum geöffnet. Dabei handelt es sich um einen einzigen Raum mit den Überresten von klösterlichem Mobiliar. Doch

---

447 Die erste Ausstellung des Museums trug den Titel *Geschichte des Solovecker Klosters* und wurde 1969 mit zwei Fotografieausstellungen unter dem Titel *Solovki* ergänzt. Die zweite Ausstellung von 1969 trug den ebenso reduzierten Titel *Die Natur der Solovecker Inseln*. NASMZ, f. 2, op. 1.
448 Soloveckij muzej-zapovednik za 15 let (1967–1982), S. 5.
449 Ebd.
450 Ju. Polyganov: Unikal'naja rabota chudožnika. In: *Pravda Severa,* 12. September 1969, S. 4.

ehrlich gesagt, war von den Überresten kaum etwas vorhanden...«.[451] Nicht über ausführliche Begleittexte, sondern über Bebilderungen und wenige Exponate suchte die Ausstellung den Besucherinnen und Besuchern die Geschichte der Solovki näherzubringen. Im gleichen Duktus operierte auch die Ausstellung zur Natur der Solovecker Inseln, die ebenfalls 1969 eröffnet wurde. Die Ausstellung operierte auf 30 Quadratmetern und bestand aus 15 Ausstellungsteilen, die die Wälder, die Seenlandschaft, den Botanischen Garten der Inseln und die Charakteristika des Weißen Meeres thematisierten.[452]

Beide Ausstellungen fungierten als komplementäre Teile zu den geführten Rundgängen durch den Solovecker Kreml' bzw. zu den Exkursionen auf dem Archipel. Üblicherweise endeten beispielsweise die Führungen durch den Kreml' mit dem Besuch der Ausstellungen. Durch die Gründung des Museums und die Aufnahme der Touren über den Archipel und seine Denkmäler in das Exkursionsprogramm des regionalen Sowjets für Tourismus vergrößerte sich die Zahl an Touristinnen und Touristen um ein Vielfaches. Bereits 1967 war der Solovecker Archipel mit zwei unterschiedlichen Routen (Archangel'sk – Solovecker Kreml' bzw. Archangel'sk – Chutor Gor'ka) prominent im Exkursionsprogramm des regionalen Sowjets für Exkursionen vertreten. Jeweils 50 Gruppen à 100 Personen, die ihre Reise über ein Gewerkschaftsticket gebucht hatten, begaben sich in diesem Jahr in die Hände der Solovecker *ėkskursovody*.[453] Grundsätzlich war der Besuch des Solovecker Kreml' nur geführt möglich, weshalb angenommen werden kann, dass fast alle der über 8.000 Touristinnen und Touristen der Saison 1967 von Mitarbeitenden des Museums an die Geschichte und die Denkmäler des Archipels herangeführt wurden. In der Saison 1973 bot das Museum insgesamt 457 Führungen an, darunter 154 für Wochenendausflügler, die nur für eine Übernachtung auf den Inseln bzw. auf den Ausflugsschiffen weilten, sowie 27 Führungen und Exkursionen für die Inselbewohnerinnen und Inselbewohner.[454]

---

451 Eintrag vom 14. August 1968 aus dem Tagebuch von Jurij Fedorovič Charpalev und Tatjana Bogdanova Charpaleva über ihre Reise nach Karelien und die Solovki im Juli und August 1968. Abgerufen unter URL: http://natalyushko.livejournal.com/704148.html, letzter Zugriff: 05.05.2023.
452 Ausstellung *Die Natur der Solovecker Inseln* 1969. Auszug aus der Anordnung Nr. 77 vom 21.05.1969 auf Grundlage der Entscheidung des wissenschaftlich methodischen Rates vom 21.05.1969. Der Direktor des Heimatkundemuseums der Region Archangel'sk, Ju. Prokop'ev. NASMZ, f. 2, op. 1, d. 11, ll. 1–2.
453 Exkursions- und Finanzplan des Archangel'sker regionalen Sowjets für Tourismus aus dem Jahr 1967. GAAO, f. 5970, op. 1, d. 8, ll. 20–23, hier l. 22.
454 Arbeitsbericht des Solovecker Museums für das Jahr 1973. GAAO, f. 5859, op. 2, d. 1853, ll. 22–36, hier l. 30.

Abb. 6   Eine Führung der Besucherbegleiterin Natal'ja Tvërdochlebova durch den Solovecker Kreml' 1979

Insgesamt zählten 1974 Führungen zu Themen der Natur und der vorsowjetischen Geschichte zu den beliebtesten Angeboten in der Region Archangel'sk, wie ein Blick auf das Angebot des regionalen Sowjets für Tourismus und Exkursionen der Gewerkschaften zeigt. Danach folgten themenübergreifende Führungen sowie Angebote, die Exkursionen zu architektonischen und künstlerischen Phänomenen im Programm hatten. Erst dahinter rangierten Rundgänge zur revolutionären Geschichte und zur Wirtschaft der Region.[455] Der Tourist des Jahres 1974 im Gebiet Archangel'sk war Städterin bzw. Städter und kam vor allem aus der Region des jeweiligen Museums oder der betreffenden Sehenswürdigkeit. Die wenigen Dorfbewohnerinnen und Dorfbewohner, die das touristische Angebot ihrer Region wahrnahmen, interessierten sich in erster Linie für historische und themenübergreifende Führungen sowie für Rundgänge zur Architekturgeschichte.[456] Ausländische Besucherinnen und Besucher konnten bis zum Ende der Sowjetunion weder auf den Solovki noch in weiten Teilen des Gebiets Archangel'sk gesichtet werden. Noch im August 1983 verweigerte der KGB einer Gruppe von finnischen

---

455 Informationen über die Arbeit des Archangel'sker Büros für Reisen und Exkursionen für das Jahr 1974. GARF f. R9520, op. 1, d. 2042, ll. 12–13, hier l. 12.
456 Ebd.

Staatsbürgern den Besuch des Freilichtmuseums *Malye Karely* bei Archangel'sk mit der Begründung, sowohl das Museum als auch die Stadt Archangel'sk und das gesamte Gebiet seien für ausländische Gäste gesperrt.[457] Erst unter Gorbačev im Jahr 1985 sollte die Region langsam für ausländische Besucherinnen und Besucher geöffnet werden. Um die Einnahmen durch den Tourismus anzukurbeln, bat das Exekutivkomitee in Archangel'sk den KGB im Dezember 1989 schließlich auch um die Öffnung der Solovecker Inseln für ausländische Gäste.[458] Obgleich ein Besuch des Solovecker Archipels, der bis zum endgültigen Abzug der sowjetischen Marine im Herbst 1991 als militärisches Sperrgebiet galt, auch für sowjetische Bürgerinnen und Bürger nur über die Ausfertigung eines entsprechenden Passierscheins möglich war,[459] wurde die Ausstellung desselben von den Tourismusagenturen übernommen und hatte für Bürgerinnen und Bürger der Sowjetunion lediglich formalen Charakter.

Neben Ausstellungen und Führungen bot das Museum Vorträge zu verschiedensten historischen und politischen Themen an, die in erster Linie der Schulung der Inselbewohner dienten. 1973 verzeichnete das »wissenschaftliche Erziehungsprogramm« des Museums 29 Vorträge, die von rund 1.200 Menschen besucht wurden. Neben Vorträgen zur Architektur- und Kunstgeschichte des Solovecker Klosters versuchten die Mitarbeiterinnen und Mitarbeiter des Museums verschiedene Facetten der Solovecker Geschichte abzudecken, wie beispielsweise erstmals die Geschichte der Ausbildungsabteilung und der Solovki während des Zweiten Weltkrieges.[460]

3.7.2 Die sowjetische Interpretation der Solovecker Vergangenheit – Die Rundgänge der 1960er Jahre

Als wichtige Grundlage für die Rundgangskonzeptionen über den Solovecker Archipel in den 1960er Jahren erwies sich der erste umfassende Reiseführer zu den Solovki, der 1968 vom Geografen und Historiker Gustav Boguslavskij publiziert

---

457 Brief des stellvertretenden Leiters der Verwaltung des KGB in Archangel'sk G. A. Karkavcev an den stellvertretenden Vorsitzenden des Exekutivkomitees des Archangel'sker Sowjet der Volksdeputierten Genosse E. M. Galašev vom 12.08.1983. GAAO, f. 2063, op. 2, d. 4730, l. 95.
458 Brief des stellvertretenden Vorsitzenden des Ispolkom an das Ministerium für Innere Angelegenheiten der RSFSR vom 29.12.1989. GAAO, f. 2063, op. 2, d. 5983, ll. 6–8.
459 Dieser konnte vom Inselsowjet beziehungsweise von der Kulturverwaltung in Archangel'sk ausgestellt werden. Siehe Erlaubnis zur Überfahrt auf die Solovki und zum dortigen Aufenthalt vom 23. Juli 1976. Privatarchiv Igor' Mitin, Kopie im Besitz der Autorin.
460 Arbeitsbericht des Solovecker Museums für das Jahr 1973. GAAO, f. 5859, op. 2, d. 1853, ll. 22–36, hier l. 34.

wurde.⁴⁶¹ Hierbei handelte es sich um eine leicht gekürzte Fassung seiner wissenschaftlichen Publikation mit dem Titel *Ostrova Soloveckie (Die Solovecker Inseln)*. Es war die erste umfassende wissenschaftliche Studie zum Solovecker Archipel überhaupt, die in der späten Sowjetunion in dreifacher Auflage mit ständig wachsendem Bildmaterial erscheinen konnte.⁴⁶² Der Reiseführer wiederum, der unter dem fast identischen Titel *Soloveckie Ostrova* veröffentlicht wurde, richtete sich ausdrücklich an ein breiteres Publikum und versuchte, sich literarisch dem Untersuchungsgegenstand zu nähern. In diesem Zusammenhang konzentrierte er sich in erster Linie auf die künstlerische Darstellung der Solovecker Architekturdenkmäler und der Solovecker Natur und weniger auf die Solovecker Klostergeschichte. Unterfüttert wurde die Lektüre durch zahlreiche Fotografien.⁴⁶³ Die abgedruckten Landschaftspanoramen und Ansichten der Bauwerke der Inseln transportierten ein geschöntes Bild von der maroden und unsanierten historischen Architektur und Infrastruktur der Inseln. Während sich der Reiseführer den Solovki über ein erstes einleitendes Kapitel näherte, in dem sich der Autor hauptsächlich mit der Topografie der Inseln, den geografischen und natürlichen Begebenheiten beschäftigte, waren die Kapitel 2 und 3 der Geschichte der Inseln und den architektonischen Denkmälern des Solovecker Kreml' gewidmet. In einem letzten Kapitel wurden insgesamt sieben verschiedene so genannte touristische Marschrouten über die Inseln vorgestellt, die verschiedene Sehenswürdigkeiten in einen Exkursionszusammenhang stellten und praktische Anweisungen zur Erschließung der Inseln gaben.

Im zweiten Kapitel des Reiseführers, das die Geschichte der Solovki thematisierte, wartete die Leserin bzw. der Leser vergeblich auf eine umfassende Darstellung der historischen Ereignisse auf dem Archipel. Die Informationen, die der Leserin bzw. dem Leser über die Geschichte des Klosters oder das mönchische Leben auf den Inseln geboten wurden, waren spärlich gesät. Seinen Parforceritt durch die Jahrhunderte unterlegte Boguslavskij stattdessen mit zahlreichen Zitaten berühmter Solovecker Persönlichkeiten. Innerhalb seiner Rahmenerzählungen zu den Solovecker Architekturdenkmälern und der Natur der Inselgruppe trat das Kloster vielmehr als feste Gegebenheit auf, die eine weitere Beschäftigung nicht notwendig machte. Gleichwohl hatte die Abwesenheit der Solovecker Klostergeschichte in der Erzählung Boguslavskijs auch zur Folge, dass

---

461 Dem Reiseführer Boguslavskijs war eine kleine Broschüre unter dem Titel *Solovki* vorausgegangen, die vom Leiter der wissenschaftlichen Restaurierungswerkstatt Valentin Lapin bereits 1967 zusammengestellt worden war. Siehe PAVEL VITKOV: Putevoditeli po Solovkam. In: *Pravda Severa,* 28. April 1967, hier: GARF, f. 639, op. 1, d. 22, l. 44.
462 G. A. BOGUSLAVSKIJ: Ostrova Soloveckie. Očerki, Archangel'sk 1966. Es folgten weitere Auflagen 1971 und 1978.
463 BOGUSLAVSKIJ: Soloveckie Ostrova. Putevoditel', Moskva 1968.

abfällige Kommentare über die religiöse Geschichte der Solovki ebenso fehlten.[464] Seine wenigen Verweise auf die Zeit bis zum Ende des 17. Jahrhundert orientierten sich an der sowjetischen Geschichtspolitik. Offiziell galten die letzten zwei Jahrhunderte zarischer Herrschaft als die ›dunkelsten‹ Jahrhunderte der russischen Geschichte. Der sowjetischen Lesart folgend verorteten die Bol'ševiki in dieser Zeit die Entwicklung des Kapitalismus und die des Klassenkampfes, der zum Niedergang der russischen Kultur beigetragen habe. Obgleich die kulturelle Renaissance der 1960er Jahre dieses ideologische Dogma aufweichen konnte und zunehmend auch kulturelle Errungenschaften der ›näheren‹ Vergangenheit in ein nationales Fortschrittsnarrativ eingebunden wurden,[465] gehörten die beiden Jahrhunderte vor der Oktoberrevolution zu den umstrittensten Epochen der russischen Geschichte. Die Agenten des kulturellen Fortschritts waren in Boguslavskijs Geschichte daher keineswegs die Mönche, sondern die »tausenden namenlosen Arbeiter« der Solovki, deren »jahrhundertewährende Arbeit« als »Lobgesang auf die Arbeit« und die »herausragende Begabung und die erstaunliche Meisterleistung des Volkes« gewertet werden sollte.[466]

Die Geschichte des Archipels im 20. Jahrhundert spielte in Boguslavskijs Reiseführer eine noch marginalere Rolle. Auf 3 von insgesamt 29 Seiten zum geschichtlichen Überblick handelte Boguslavskij die Intervention der Alliierten im russischen Norden im Zuge des Ersten Weltkrieges, die Geschichte des Solovecker Lagers zur Besonderen Verwendung und den Zweiten Weltkrieg ab.[467]

Mit Blick auf die eingeschränkte Repräsentation der Geschichte des Mönchtums und des Solovecker Klosters ist die Tabuisierung der repressiven sowjetischen Zeitgeschichte noch weniger überraschend. Insgesamt entwickelte die moderne Museologie erst in den 1960er und 1970er Jahren neue Ansätze hin zur Konzentration auf die Besucherin bzw. den Besucher und auf die museale Darstellung zeitgeschichtlicher Themen.[468] Im Gegensatz zur Sowjetunion wurde die

---

464 EKATERINA KALEMENEVA: Narrativy o Soloveckich ostrovach vo vtoroj polovine XX veka: mnogogrannost' pamjati i bor'ba za pamjat'. Unveröffentlichtes Manuskript im Besitz der Autorin.
465 ANDREW JENKS: Palekh and the Forging of a Russian Nation in the Brezhnev Era. In: *Cahiers du monde russe* 44 (2003) 4, S. 629–656, hier S. 646 f.
466 BOGUSLAVSKIJ: Soloveckie Ostrova, S. 57.
467 Ebd., S. 55 ff.
468 Siehe dazu beispielsweise die Kontroverse um das Historische Museum in Frankfurt am Main im Jahr 1972. Hier brach man mit der rein kunstgeschichtlichen Objektpräsentation und formulierte den Anspruch, ein Museum für eine demokratische Gesellschaft zu schaffen, in dem die Kunstwerke »nicht isoliert voneinander dargeboten werden, sondern [...] in Beziehung zueinander und zu den politischen Ereignissen und gesellschaftlichen Veränderungen gesetzt werden [müssen], deren Begleiterscheinungen und Zeugnisse sie sind«.

unter anderem in Westdeutschland Ende der 1960er Jahre losgetretene Debatte allerdings von einer starken Demokratisierung des Museumswesens insgesamt begleitet. Bereits 1960 hatte sich die 11. Generalkonferenz der UNESCO mit Strategien befasst, um Museen für ein breiteres Publikum zugänglich zu machen. Die deutsche UNESCO-Kommission steuerte 1964 in eine ähnliche Richtung, indem sie das aus dem 19. Jahrhundert herrührende Verständnis von Museen als »Kunsttempel« des Bildungsbürgertums aufbrach, um ein modernes Museumsverständnis, das des Museums als »Lernort für alle«, zu etablieren.[469]

Obwohl ähnliche Diskussionen in der Sowjetunion ausblieben, ist auch für die Sowjetunion im Hinblick auf die 1970er Jahre und die ideologische Aufwertung der eigenen Rolle im Zweiten Weltkrieg eine stärkere Konzentration auf zeitgeschichtliche Themen erkennbar. Dass Boguslavskij die Solovecker Zeitgeschichte ignorierte, stieß besonders im Hinblick auf die Geschichte des Solovecker Lagers bereits kurz nach der Publikation des Reiseführers im Jahr 1968 auf Kritik. Ansatzpunkt der Kritik war der Wunsch, den russischen Bürgerinnen und Bürgern ein fundiertes sowjetischen Gegennarrativ zu den in der Westliteratur erschienenen Berichten ehemaliger Solovecker Gefangener an die Hand zu geben. In dieser Hinsicht ist die Kritik Pavel Vitkovs am Reiseführer Boguslavskijs zu lesen, der eine Rezension des Buches für die *Pravda Severa* schrieb, die ihren Weg bis in die Akten der VOOPIiK-Zentrale in Moskau fand. So mahnte Vitkov die Umgehung der Geschichte der SLON als »vergeblich« an. Vielmehr müsse gerade zu dieser Frage dem »trüben Strom der Emigrantenliteratur« zu den Solovki im Ausland von sowjetischer Seite mit fundierter historischer Forschung entschlossen entgegengetreten werden.[470] Auf diese Entwicklungen und den dringenden ›Nachholbedarf‹ auf sowjetischer Seite hatte Pavel Vitkov bereits im Herbst 1966 das Gebietsexekutivkomitee in Archangel'sk hingewiesen. Vitkovs Intervention schien sich nicht zuletzt aus seinen Erfahrungen mit den Besucherinnen und Besuchern der Inseln zu speisen, denn begreift man den Besuch alter Klosterkomplexe

---

Siehe VINCENT DOLD/LOTTE THAA: Historisches Museum Frankfurt am Main (1972). In: MARIO SCHULZE/ANKE TE HEESEN/VINCENT DOLD (Hrsg.): Museumskrise und Ausstellungserfolg. Die Entwicklung der Geschichtsausstellung in den Siebzigern, Berlin 2015, S. 35–49, hier S. 36; siehe auch MARIO SCHULZE: Wie die Dinge sprechen lernten. Eine Geschichte des Museumsobjektes 1968–2000, Bielefeld 2017, besonders S. 16f.

469 LEONORE MAU: Das Museum ist kein Zirkus. Was soll geschehen, um die Kunstsammlungen attraktiver zu machen? In: *Die Zeit,* 6. März 1964; Siehe auch ANDREAS GRÜNEWALD STEIGER: Information – Wissen – Bildung: Das Museum als Lernort. In: MARKUS WALZ: Handbuch Museum. Geschichte, Aufgaben, Perspektiven, Darmstadt 2016, S. 278–281, hier S. 279.

470 PAVEL VITKOV: Putevoditeli po Solovkam, l. 44.

analog zur modernen *heritage*-Forschung als kulturellen Prozess, der der eigenen Selbstverortung und Festigung der nationalen Identität dient,[471] so schien die Sehnsucht nach einer versöhnenden Interpretation und In-Bezug-Setzung der Solovecker Vergangenheit mit der sowjetischen Gegenwart das touristische Erlebnis ›Solovki‹ mitzubestimmen. Eine ähnliche Funktion attestierte der Philosoph Hermann Lübbe auch der Denkmalpflege, indem er sie als »kompensatorischen Konservierungsakt« beschrieb. Über die Denkmalpflege versichere sich das Individuum seines Standortes und über den Zusammenhang zwischen Geschichte, Gegenwart und der Gemeinschaft.[472] Svetlana Vereš brachte diesen Gedanken 1967 folgendermaßen auf den Punkt: »Die Begeisterung für das Alte – ist lediglich ein Wunsch, die Geschichte seines Volkes zu verstehen, sich selber zu erkennen, die Sehnsucht seine Verbindung mit dem Heimatland zu begreifen. Denn das Heimatland existiert ja nicht erst seit einhundert Jahren.«[473] Dieser Wunsch, durch die Besichtigung der historischen Klosteranlage und des Archipels nicht nur eine romantische Sehnsucht nach einer vorsowjetischen Vergangenheit zu befriedigen, sondern vielmehr die Vergangenheit mit der Gegenwart über revolutionäre – und im Fall der Solovki schmerzhafte – Einschnitte hinweg in Verbindung zu setzen und sie eventuell gar mit ihr zu versöhnen, schien die Besucherinnen und Besucher des Archipels zu bewegen.[474]

Doch trotz Vitkovs Appell, die Geschichte der SLON in ein sinnhaftes sowjetisches Narrativ einzubetten, stand dieser sowohl in Archangel'sk als auch in Moskau mit seiner Forderung allein da. Die Geschichte der Solovecker Lager zur Besonderen Verwendung war ein kalkulierter *blank spot* in der Geschichte des Archipels. Die kulturelle Retrospektive der 1960er Jahre hatte den Blick in die ferne vorsowjetische Vergangenheit gelenkt, weit weg von den stalinistischen Verbrechen, wie sie durch die Offenbarungen des XX. Parteitags der KPdSU 1956 diskutiert worden waren.[475]

Wie Polly Jones feststellen konnte, ist für die zweite Hälfte der 1960er Jahre eine graduelle und vorsichtige Teilrehabilitierung der Stalin-Ära im öffentlichen

---

471 LAURAJANE SMITH: Uses of Heritage. New York 2006, S. 48–53.
472 Siehe dazu SPEITKAMP: Die Verwaltung der Geschichte, S. 14.
473 Iz ljubvi k iskusstvu. In: *Izvestija*, 4. August 1967.
474 Für eine ausführliche Analyse zum Geschichtstourismus in der RSFSR in den 1960er und 1970er Jahren und im Speziellen zum touristischen Erlebnis ›Solovki‹ siehe KATHARINA SCHWINDE: Reisen in alte Zeiten? Der ›historisch-kulturelle Tourismus‹ in der Russischen Sowjetrepublik der 1960er Jahre, in: ANGELA SCHWARZ/DANIELA MYSLIWIETZ-FLEISS (Hrsg.): Reisen in die Vergangenheit. Geschichtstourismus im 19. und 20. Jahrhundert, Köln u. a. 2019.
475 POLLY JONES: Myth, Memory and Trauma. Rethinking the Stalinist Past in the Soviet Union, 1953–1970, New Haven/London 2013, S. 212 f.

Diskurs bemerkbar, auch wenn die Frage des Personenkults bis zum Ende des Jahrzehnts kontrovers diskutiert wurde.[476] Der XXIII. Parteitag der KPdSU 1967 unterstrich nach innerparteilichen Debatten erneut die Kernelemente der Entstalinisierung, wie sie vom XX. Parteitag 1956 beschlossen worden waren. Erst ein Gedenkartikel der *Pravda* anlässlich des 90. Geburtstags Stalins im Dezember 1969 machte die Ambivalenz deutlich, mit der die Verbrechen der Stalin-Zeit gegen seine »Errungenschaften« im Krieg, während der Industrialisierung und Kollektivierung des Landes abgewogen wurden.[477] Als »großer Theoretiker und Organisator« schrieben ihm die Mitglieder des Politbüros, durch deren Hände mehrere Entwürfe des Artikels gegangen waren, wichtige Siege im Kampf gegen innere Feinde, wie beispielsweise gegen Trotzkisten und »bourgeoise Nationalisten« zu. Die »theoretischen und politischen Fehler« Stalins bezogen sich in erster Linie auf Altbekanntes, wie auf den Personenkult und den damit zusammenhängenden radikalen Staatsumbau sowie auf die Repressionen der 1930er und 1940er Jahre.[478] Dennoch kam es durch den Artikel, der innerparteilich und unter der Bevölkerung eine neuerliche Debatte über die Entstalinisierung auslöste, nicht zu einer umfänglichen Rehabilitierung Stalins. Vielmehr optierte die sowjetische Führung unter Brežnev in den folgenden Jahren dafür, die Errungenschaften der Stalin-Zeit feierlich zu begehen und sie in die Nationalgeschichtsschreibung der Sowjetunion, eines konsolidierten und international anerkannten Staates zu integrieren, anstatt sich mit den Repressionen der Epoche auseinanderzusetzen. Obwohl die Grenze zwischen erlaubter und verbotener Auseinandersetzung mit der Geschichte des Stalinismus bis zur Perestroika schwammig blieb, verlagerte sich die Diskussion über die stalinistischen Verbrechen gegen Ende der 1960er Jahre fast vollständig in den *samizdat* und damit in den Untergrund.[479]

In diesem Zusammenhang ist es nicht verwunderlich, dass für die Solovki weder ein wissenschaftliches Konzept noch einheitliche, schriftlich fixierte Anweisungen für die museale Darstellung der Jahre zwischen 1923 und 1939 existierten. Vielmehr gab die Kulturverwaltung in Archangel'sk eine strikte Geheimanordnung heraus, jegliche freie, nicht sanktionierten Äußerungen zum Lageralltag und den Gefangenen zu unterlassen.[480] Einzig auf die kulturellen und wissen-

---

476 Ebd., S. 213.
477 Ebd., S. 248 f.
478 K 90-letiju so dnja roždenija I. V. Stalina. In: *Pravda*, 21. Dezember 1969, S. 2.
479 JONES: Myth, Memory and Trauma, S. 256 f.
480 Obgleich mir ein solches Dokument während meiner Recherche nicht in die Hände gefallen ist, stützte ich mich hier auf die Äußerung des Leiters des Solovecker Museums zwischen 1968 und Mitte 1969 Nikolaj Pavlovič Varakin, der in seinem Bericht über unzulässige Führungen im Solovecker Kloster auf eine solche Anweisung hinweist, die sowohl von der stellvertretenden

schaftlichen Errungenschaften der Solovecker Heimatkundegesellschaft und den Besuch Gor'kijs im Jahr 1929, der literarischen Widerhall gefunden hatte, durfte hingewiesen werden. Wie Boguslavskij in seiner Reiselektüre umgingen die Politikerinnen und Politiker in Archangel'sk das Thema und begegneten den vorgebrachten Argumenten Vitkovs und dem westlichen Presseecho mit Ignoranz und Unsicherheit. Erst ein Skandal im Jahr 1969 führte dazu, dass sie ihre Darstellung der Solovecker Vergangenheit überdenken sollten.

3.7.3 Zwischenfazit

Das Solovecker *muzej-zapovednik,* das als Mehrspartenmuseum fungierte, wies bereits in den 1960er Jahren alle Kernelemente eines modernen Museums auf. Auch wenn die unterschiedlichen Arbeitsbereiche des Museums in den 1960er Jahren lediglich rudimentär ausgebildet waren, musste sich das Solovecker Museum in den 1970er und 1980er Jahren nicht hinter den Entwicklungen in anderen europäischen Museen verstecken. Im Laufe der Jahre entwickelte sich das Museum zu einem wichtigen Forschungszentrum der Region. Da die Solovki im öffentlichen Denkmalschutzdiskurs der 1960er Jahre eine zentrale Rolle eingenommen hatten, überrascht es nicht, dass die kulturelle *intelligencija* des Landes an der Museumsorganisation regen Anteil nahm. Langfristig sicherte die historisch-kulturelle und politische Bedeutung der Solovecker Klosteranlage die Finanzierung der Museumsinstitution. Gleichwohl waren die Anfangsjahre durch ein erhebliches Vakuum an museologischen Grundlagen und Erfahrungen in der musealen Praxis gekennzeichnet. Die modernsten Museen des Landes befanden sich weiterhin in Moskau und Leningrad. Für lokale Museen, die in der Verwaltung der regionalen Kulturverwaltungen standen, wog die Tatsache, ohne den Anschluss an wissenschaftliche Forschungseinrichtungen und wichtige Universitäten zu sein, schwer. Neben dem Gründungserlass des Ministerrates und des Ministeriums für Kultur existierte keinerlei ›Masterplan‹ für den Aufbau des Solovecker Museums. Wie bereits im vorangegangenen Kapitel aufgezeigt wurde, knüpfte man in der Peripherie daher methodisch und personell an die Traditionen der *kraevedenie* der 1920er und 1930er Jahre an. Wie auch andernorts wurde der Museumsaufbau auf

---

Vorsitzenden der Kulturverwaltung Filippova als auch vom Ministerium für Kultur kategorisch ausgesprochen worden sein soll. In erster Linie aber moniert Varakin die Weitergabe von Fakten über das Solovecker Museum ohne die Einbeziehung historischer Quellen, wie sie in den ersten theoretischen Schriften zur Exkursionspädagogik vom NII kul'tury verboten worden war. Siehe den Bericht des ehemaligen Leiters des Solovecker Museums Nikolaj Varakin an die Leiterin der Kulturverwaltung M. Nogovicyna (undatiert, vermutlich aber im September 1969), GAAO, f. 5859, op. 2, d. 1529, ll. 25–26, hier l. 25.

den Solovki durch Akademikerinnen und Akademiker getragen, die neben ihrer Ausbildung und Expertise ein hohes Maß an Belastungs- und Anpassungsfähigkeit mitbringen mussten. Sowohl die Sammlungs- als auch die Ausstellungs- und Forschungsarbeit der Mitarbeitenden des Museums profitierte von der nationalen Bedeutung der Inselgruppe und den daraus entstandenen Kontakten zur russischen *intelligencija*. Für die Mitarbeiterinnen und Mitarbeiter des Solovecker Museums der 1960er Jahre bedeutete der Engpass an politischer und methodischer Anleitung zudem ein gewisses Maß an Autonomie, das ihnen abseits von historischen Fragestellungen seitens der Kulturverwaltung zugestanden wurde.

Die sowjetische Vergangenheit der Solovecker Inselgruppe spielte für den Aufbau des Museums eine entscheidende Rolle. So mussten die Mitarbeiterinnen und Mitarbeiter des Museums in den ersten Jahren die zum Teil unkontrollierten Ausfuhren des Solovecker Klosterschatzes zu Beginn der 1920er Jahre umständlich nachvollziehen und in den zentralen Museen und in der Region auf die Suche nach den Kunstgegenständen und Artefakten Solovecker Provenienz gehen. Die wissenschaftliche Forschung des Museums orientierte sich eng an den Arbeiten der heimatkundlichen Gesellschaft des Solovecker Lagers und mit Dmitrij Lichačëv spielte einer der bekanntesten Gefangenen der Solovecker Lager eine bedeutende Rolle in der Museumsorganisation. Trotz dieser Kontinuität versäumte es die regionale Kulturverwaltung, dem vorhandenen Wissen um die sowjetisch-repressive Vergangenheit des Archipels eine eigene Interpretation der Zeitgeschichte entgegenzusetzen. In diesem Zusammenhang kann die kulturelle Retrospektive in der Sowjetunion der 1960er Jahre als Ausdruck eines verunsicherten Staates gewertet werden, der sich nach den Offenbarungen des XX. Parteitags auf der Suche nach einer integrativen Nationalgeschichtsschreibung befand. Noch hatte die sowjetische Führung das systemstabilisierende Potenzial der Identifikationsfunktion des Zweiten Weltkrieges nicht gänzlich erfasst und rang um einen geeigneten Umgang mit der stalinistischen Vergangenheit. Dessen ungeachtet begann die sowjetische Führung bereits kurz nach der Absetzung Chruščëvs an einer ›versöhnlichen‹ Erinnerung an den Stalinismus und die Person Stalins zu arbeiten. Wenngleich die Brežnev-Ära die Konflikte im Umgang mit dem Stalinismus nicht löste und sich die Auseinandersetzung mit den Verbrechen der Stalin-Ära in den Untergrund verlagerte, konnte sich in den 1970er Jahren ein Narrativ stabilisieren, das sich in erster Linie auf die Errungenschaften Stalins im Zweiten Weltkrieg und bei der Industrialisierung des Landes bezog.[481]

---

481   Siehe dazu JONES: Myth, Memory and Trauma, S. 239.

3.8 Der Kampf um die Deutungshoheit auf den Solovki Ende der 1960er und Anfang der 1970er Jahre

Eine wesentliche Neuausrichtung der Darstellung der religiös-vorsowjetischen und repressiv-sowjetischen Solovecker Vergangenheit erfuhr das Museum mit dem Jahrzehntwechsel 1969/1970. Ausgelöst wurde die ›Neujustierung‹ durch den einzigen schriftlich überlieferten Skandal im Museum im Sommer bzw. Herbst 1969. Gegenstand des Anstoßes waren unerlaubte Führungen, die von Museumsmitarbeitern in der Saison 1969 auf den Inseln durchgeführt worden waren. Im Vordergrund standen drei Personen: der wissenschaftliche Mitarbeiter Aleksandr Osipovič, der erste Sammlungsleiter des Museums Evgenij Abramov und Jurij Čebanjuk, eine Saisonkraft des Museums.

Evgenij Abramov und Aleksandr Osipovič waren 1968 als wissenschaftliche Mitarbeiter im Museum angestellt worden. Sie hatten gemeinsam an der Universität in Leningrad Geschichte studiert. Aufgrund einer ihnen nachgesagten Nähe zur illegalen und oppositionellen studentischen Organisation, zum Allrussischen sozial-christlichen Verband zur Befreiung des Volkes (Vserossijskij social-christianskij sojuz osvoboždenija naroda – VSCHSON)[482], wurden beide kurz vor ihrem Abschluss der Universität verwiesen. Ihr Weg führte sie in die Heimatregion Osipovičs und in der Folge auf die Solovki, wo sie ihren Dienst als wissenschaftliche Mitarbeiter des Museums aufnahmen. In Archangel'sk schien man über ihre ›politische‹ Vergangenheit großzügig hinwegzusehen, nicht zuletzt deshalb, weil ihnen die Mitgliedschaft in der betreffenden studentischen Organisation auch nachträglich nicht nachgewiesen werden konnte. Zudem wurden dringend ausgebildete Mitarbeiterinnen und Mitarbeiter für das Solovecker Museum gesucht, die bereit waren, für kargen Lohn zu arbeiten und das entbehrungsreiche Leben auf den Inseln in Kauf zu nehmen. Das Monatsgehalt einer wissenschaftlichen Mitarbeiterin bzw. eines wissenschaftlichen Mitarbeiters des Solovecker Museums lag im Jahr 1969 bei 75 Rubel, mit einer möglichen Jahresprämie von weiteren 15 Rubel.[483] Der Lohn der zumeist studentischen Saisonkräfte auf den Inseln wurde niedriger angesetzt; sie verdienten 50 Rubel im Monat. Damit war das Gehalt der Solovecker Saisonkräfte deutlich geringer als das Durchschnittsgehalt für *ekskursovody* in der Sowjetunion, das im selben Jahr zwischen 70 und

---

482 Der Allrussische sozial-christliche Verband zur Befreiung des Volkes (VSCHSON) war eine in Leningrad gegründete antikommnistische und antikapitalistische geheime Vereinigung, die von 1964 bis 1967 existierte, als sie vom KGB aufgelöst wurde.
483 Statistik der Leiterin der Kulturverwaltung in Archangel'sk über die Anzahl und die Besoldung der Mitarbeiter des Solovecker Museums im Jahr 1969. GAAO, f. 5859, op. 2, d. 1316, l. 60.

80 Rubel im Monat lag.[484] Nicht ohne Grund berichteten Solovki-Touristinnen und Touristen dieser Jahre daher in ihren Erinnerungen von »mageren« und »dreckigen« Studenten in langen Mänteln und zerlumpten Stiefeln, die Besuchergruppen durch den Kreml' führten.[485] Gleichwohl war die Arbeit als *ėkskursovod* unter jungen Menschen der Region sehr beliebt – oftmals in besonderer Weise für jene, die ihre universitäre Ausbildung nicht abgeschlossen hatten. 1978 arbeiteten im Regionalbüro für Reisen und Exkursionen in Archangel'sk insgesamt 113 *ėkskursovody*, von denen 97 nicht älter als 40 Jahre alt waren, 35 von ihnen hatten das 25. Lebensjahr noch nicht vollendet. Nur 14 Exkursionsleiterinnen und Exkursionsleiter besaßen eine abgeschlossene Hochschulausbildung. 21 der 113 Besucherbegleiterinnen und Besucherbegleiter hatten die universitäre Ausbildung abgebrochen, die anderen hatten nie eine Hochschule besucht.[486] Die institutionelle Vernetzung der Museen mit den staatlichen Tourismusorganisationen steckte in den 1960er Jahren noch in den Kinderschuhen und anders als in den 1970er und 1980er Jahren, als sich das Berufsfeld des *ėkskursovod* im Zusammenhang mit der Entwicklung des Massentourismus etablierte, existierten in den 1960er Jahren keine methodisch tragfähigen Vorstellungen zur Rolle und zum Arbeitsfeld eines touristischen Guides. Erst ab dem Ende der 1960er Jahre gelangten zunehmend Berichte in die Zeitungen des Landes, die den Beruf des *ėkskursovod* portraitierten und auf dessen komplexes Arbeitsfeld aufmerksam machten.[487] Ein vom Informationszentrum des Ministeriums für Kultur herausgegebenes Buch mit dem Titel *Die Museologie und das Museumswesen in der UdSSR und im Ausland* unterstrich 1977 das vielfältige Anforderungsprofil einer Exkursionsleiterin bzw. eines Exkursionsleiters. Neben der fachlichen und sprachlichen Ausbildung sollte ein *ėkskursovod* über organisatorisches Geschick, pädagogische und psychologische Expertise im Umgang mit Menschen verfügen. Er oder sie sei also »Spezialist, Organisator, Pädagoge und Psychologe zugleich«.[488]

---

484 Instruktion des Ministeriums für Finanzen und des Ministeriums für Kultur zur Bezahlung von Guides und Organisatoren von Exkursionen. GAAO, f. 5859, op. 2, d. 1230, ll. 16–18.
485 Eintrag vom 14.08.1968 aus dem Tagebuch von Jurij Charpalev und Tatjana Charpaleva. Abgerufen unter URL: http://natalyushko.livejournal.com/704148.html, letzter Zugriff: 05.05.2023. – Siehe dazu auch die Erinnerungen von Lidija Mel'nickaja: Davnjaja pesnja v našej sud'be. Čast' 2, in: *Al'manach Soloveckoe more* 1 (2002). Abgerufen unter URL: http://www.solovki.info/?action=archive&id=46, letzter Zugriff: 05.05.2023.
486 Informationen über die Guides des Archangel'sker Büros für Reisen und Exkursionen vom 1. Januar 1978. GARF, f. R9520, op. 1, d. 2525, l. 6.
487 Siehe dazu beispielsweise: Služat' vam ėkskursovodam. In: *Pravda Severa*, 5. April 1973, S. 3; Ja rabotaju gidom. In: *Literaturnaja Gazeta*, 06.08.1969, S. 12.
488 Informacionnyj centr po problemam kul'tury i iskusstva (Hrsg.): Muzeevedenie i ochrana pamjatnikov. Muzeevedenie i muzejnoe delo v SSSR i za rubežom. Naučnyj referativnyj

Gleichzeitig besaß die russische und auch sowjetische *ėkskursovedenie* eine längere Tradition. Als zu Beginn der 1920er Jahre die sowjetischen Museen den ›Massen‹ zugänglich gemacht werden sollten, bildeten gleich zwei Institute in Moskau und Petrograd bis zum Beginn der 1930er Jahre eine Vielzahl an zukünftigen sowjetischen *ėkskurzovody* aus.[489]

Jurij Čebanjuk, der dritte ›Unruhestifter‹ des Museums, hatte sein Studium erfolgreich abgeschlossen. Anders als bei Osipovič und Abramov war man in Archangel'sk nicht gewillt, über seine politische Vergangenheit hinwegzusehen. Das aktive Komsomol-Mitglied Čebanjuk stammte aus der Ukraine und war als Journalist durch die Vermittlung des ebenfalls ukrainischstämmigen Chefredakteurs des *Severnyj Komsomolec*, Vladimir Dobkin, 1964 als Redakteur für das regionale Zeitungsorgan des Komsomol nach Archangel'sk gekommen. Obgleich sich Čebanjuk nie als ›Andersdenkender‹ verstand, pflegte er seine Meinung offen zu äußern und lehnte zeitlebens den Beitritt in den Journalistenverband ab.[490] Aus Kritik am sowjetischen Einmarsch in die ČSSR 1968 veröffentlichte Jurij Čebanjuk im gleichen Jahr Gedichte der Dissidentin und Menschenrechtsaktivistin Natal'ja Gorbanevskaja, von Osip Mandel'štam und Anna Achmatova im *Severnyj Komsomolec*.[491] Diese Überschreitung seiner journalistischen Befugnisse kostete ihn seinen Posten und machte ihn in den folgenden Jahren von Gelegenheitsarbeiten abhängig. Eine davon war die Arbeit im Solovecker Museum, wo er im Sommer 1968 begann, Führungen zu leiten. Sein Gehalt besserte er über einige Zusatzstunden in der Mittelschule der Inseln auf, wo er Russisch und russische Literatur unterrichtete.[492]

Neben rein pragmatischen Gründen übten die Solovki sowohl auf Abramov und Osipovič als auch auf Čebanjuk eine besondere Anziehungskraft aus. Alle drei pflegten eine enge Verbindung zur kleinen Dissidentenszene in Archangel'sk, die sich in erster Linie um den russischen ›Andersdenkenden‹ Sergej Kuz'mič Pirogov formierte. Sergej Pirogov hatte ebenso wie Abramov und Osipovič in Leningrad zunächst Geschichte und dann Wirtschaft studiert. Überzeugt von

---

sbornik, vypusk 2, Moskva 1977, S. 5.
489 L. I. SIZINCEVA: Muzej i otečestvennye tradicii ėkskursionizma v pervoj treti XX v. In: *Voprosy muzeologii* 2 (2012) 6. Abgerufen unter URL: https://cyberleninka.ru/article/v/muzei-i-otechestvennye-traditsii-ekskursionizma-v-pervoy-treti-hh-v, letzter Zugriff: 05.05.2023, siehe auch HASSELMANN: Wie der Krieg ins Museum kam, ab S. 287.
490 LIDIJA MEL'NICKAJA: Skažut' spasibo i etoj sud'be. 08.11.2005. Abgerufen unter URL: http://myarh.ru/news/misc/2005/09/08/27829/Skazhut_spasibo__i_ehtojj_sudbe/, letzter Zugriff: 04.12.2018.
491 DMITRIJ KOZLOV: »Chronika«: četyre kopii dlja Archangel'ska. Abgerufen unter URL: https://polit.ru/article/2013/09/22/arkhangelsk/, letzter Zugriff: 05.05.2023; siehe auch MEL'NICKAJA: Skažut' spasibo i etoj sud'be.
492 MEL'NICKAJA: Davnjaja pesnja v našej sud'be. Čast' 2.

dem Gedanken, den Sozialismus nach jugoslawischem Vorbild reformieren zu können, versammelte er 1957 in Archangel'sk einen Kreis von Gleichgesinnten um sich, die sich unregelmäßig in der Stadt und im Umland von Archangel'sk trafen, um über sowjetische Politik und Kultur zu diskutieren.[493] Dieser Zirkel *(kompanija)*[494] und der Umstand, dass der KGB bei einer Durchsuchung seiner Wohnung dissidentische Literatur fand, hatten eine Haftstrafe für Pirogov zur Folge. Anhand des berüchtigten § 58–10 des sowjetischen Strafgesetzbuches wurde er wegen »antisowjetischer Agitation und Propaganda« zu acht Jahren Haft verurteilt, die er in einer der berüchtigten Lagerabteilungen für politische Gefangene in der Mordwinischen ASSR absaß. Seine Hafterfahrung, die ihn nach eigenen Angaben nachhaltig beeinflusste,[495] hatte eine Politisierung Pirogovs zur Folge. Nach seiner Freilassung im Jahr 1965 und der für die Dissidentenszene als Initialereignis verstandenen Verurteilung der Schriftsteller Andrej Sinjavskij und Julij Daniėl' intensivierte Pirogov wie viele andere *šestidesjatniki*[496] seine politische Tätigkeit. Er vervielfältigte Untergrundzeitschriften, wie die *Chronik der laufenden Ereignisse* oder das Bulletin *Gesellschaftliche Probleme* und brachte diese unter Gleichgesinnten in Umlauf. 1973 wurde er wegen der »Verbreitung von Falschaussagen zur Verleumdung der sowjetischen Ordnung« ($ 190–1 Strafgesetzbuch RSFSR) erneut verurteilt. Ein Jahr nach seiner Freilassung emigrierte Pirogov 1976 schließlich in die Bundesrepublik Deutschland, nach München, wo er im Jahr 2006 verstarb.[497]

---

493 DMITRIJ KOZLOV: Sud'ba S. K. Pirogova (1931–2006). »Slučajnosti« v soznanii biografičeskogo narrativa, unveröffentlichtes Manuskript, im Besitz der Autorin.

494 Die so genannten *kompanii* der Sowjetunion der 1950er und 1960er Jahre glichen Debattierklubs, die sich an ein Publikum richteten, das über die Mitglieder der *kompanii* hinausging. Die *kompanii* waren eine »alternative Form von Öffentlichkeit«, die sich in erster Linie an Universitäten, Instituten und im Komsomol formierte und die ab der Mitte der 1960er Jahre an Bedeutung verloren. Siehe dazu: JULIANE FÜRST: Friends in Private, Friends in Public. The Phenomenon of the *Kompaniia* among Soviet Youth in the 1950s and 1960s, in: LEWIS SIEGELBAUM (Hrsg.): Borders of Socialism. Private Spheres of Soviet Russia, New York 2006, S. 229–249; MANUELA PUTZ: »Auf dem Weg nach vorne. Polithäftlinge sind wir«. Politische Gefangenschaft, transnationale Netzwerke und Identitätskonstruktionen Andersdenkender in der Sowjetunion der 1960er bis 1980er Jahre, in: FELICITAS FISCHER VON WEIKERSTHAL/KAROLINE THAIDIGSMANN (Hrsg.): (Hi-) Stories of the Gulag. Fiction and Reality, Heidelberg 2016, S. 101–132, hier S. 111.

495 Siehe MANUELA PUTZ: Auf dem Weg nach vorne, S. 111, Fn. 44.

496 Damit ist die Eigenbezeichnung junger Sowjetbürger aus vorrangig intellektuellen Milieus gemeint, die sich als Neurepressierte nach dem Tode Stalins als *Tauwetter-Generation* oder als *šestidesjatniki* (Sechziger) bezeichneten.

497 DMITRIJ KOZLOV: »Chronika«.

Sergej Pirogovs Zirkel in Archangel'sk und die personelle und geografische Nähe zur Dissidentenszene in Leningrad machten sich in den 1960er Jahren in der nördlichen Provinzhauptstadt bemerkbar. 1968, in dem Jahr, als Abramov, Osipovič und Čebanjuk auf den Solovki ihren Dienst antraten und einige Monate vor dem Einmarsch der sowjetischen Truppen in die ČSSR, besuchte der russische Liedermachers Vladimir Vysockij Archangel'sk. Im März 1968 gab er seine einzigen Konzerte in der nördlichen Provinzhauptstadt überhaupt. Darunter waren auch ein vom Komsomol organisiertes und umjubeltes Konzert im Forstwirtschaftlichen Institut der Universität sowie drei Konzerte am 13. und 14. März im Haus der Offiziere.[498] Die sowjetische Intervention in der Tschechoslowakei politisierte die kleine Szene ›Andersdenkender‹ in Archangel'sk zunehmend. Mitte 1968 intensivierte Aleksandr Osipovič seine Kontakte in die Dissidentenszene nach Leningrad und Moskau.[499] Und manches Mal fungierte das Solovecker Museum als Treffpunkt der *inakomysljaščie*[500] (Andersdenkende, Andersgesinnte) der Region. In einer alternativen Atmosphäre diskutierten die Mitarbeiterinnen und Mitarbeiter und ihre Gäste über Politik und Literatur.[501] Das eklatante Missverhältnis zwischen der offiziellen Interpretation der Solovecker Vergangenheit und den historischen Ereignissen auf dem Solovecker Archipel forderte Abramov, Osipovič und Čebanjuk täglich heraus. Ihren Unmut gegenüber der sowjetischen Politik und dem marxistisch-leninistischen Geschichtsverständnis taten sie in der Saison 1969 nun auch das erste Mal in ihren Führungen kund und überschritten mit ihrer Kritik den vom Museum tolerierten Rahmen der Darstellung der historischen Ereignisse.

Legt man die schriftliche und damit die offizielle Rundgangskonzeption von Aleksandr Osipovič aus dem Jahr 1969 zugrunde, kommt man der »Gegengeschichte«,[502] wie sie in der Saison 1969 an viele Besucherinnen und Besucher der

---

498 JURIJ KUZNECOV: Vysockij v Archangel'skoj Oblasti. Abgerufen unter URL: http://otblesk.com/vysotsky/i-arhang.htm, letzter Zugriff: 05.05.2023.
499 Diese konnte er auch über offizielle Dienstreisen verstetigen. Eine dieser Dienstreisen hatte ihn beispielsweise im Februar 1969 erneut nach Leningrad geführt. Siehe Bericht des ehemaligen Leiters des Solovecker Museums Nikolaj Pavlovič Varakin an die Leiterin der Kulturverwaltung M. Nogovicyna vermutlich im Sommer/Herbst 1969, GAAO, f. 5859, op. 2, d. 1529, ll. 25–26, hier l. 26.
500 Bei dem russischen Begriff für Andersdenkende, Andersgesinnte handelt es um die Selbstbezeichnung sowjetischer Dissidenten.
501 Interview mit Antonina Sošina vom 29.07.2003. In: Rodnoj Archiv Soloveckogo gosudarstvennogo istoriko-architekturnogo i prirodnogo muzeja-zapovednika.
502 Bei dem Begriff der *Gegengeschichte* bzw. *auch GegenGeschichte, Gegen-Geschichte* beziehe ich mich auf einen durch Michel Foucault geprägten Terminus, wie ihn dieser u.a. zur Beschreibung der Geschichte des ›Rassenkampfes‹ aus Sicht der Opfer verwendete und wie ihn Zuzanna

Inseln kommuniziert wurde, nicht näher. Dennoch soll die Analyse des Rundgangstextes dazu dienen, das offiziell sanktionierte historische Narrativ der ›doppelt belasteten Geschichte‹ der Solovki zu illustrieren, um die Kritik an den Rundgängen der Saison 1969 einordnen und kontextualisieren zu können.

Laut Rundgangstext führte Aleksandr Osipovič die Teilnehmerinnen und Teilnehmer seiner Exkursionen an zehn verschiedene Stationen, an denen die Besucherinnen und Besucher mit unterschiedlichen Aspekten der Solovecker Geschichte vertraut gemacht werden sollten.[503] Nach der Begrüßung an der Heiligen Pforte des Klosters durchliefen die Touristinnen und Touristen eine Route, die über das ehemalige Refektorium zur Himmelfahrtskirche, in die Preobraženskij-Kathedrale bis hinauf zur Galerie der Festung führte. Ähnlich wie Boguslavskij orientierte Osipovič den Inhalt seines Rundgangs an den Solovecker Architekturdenkmälern und an berühmten Persönlichkeiten, die in der Solovecker Klostergeschichte eine bedeutende Rolle gespielt hatten. Der Text und seine Verweise auf die Klostergeschichte zeugen vom wissenschaftlichen Atheismus der Zeit, in dessen Zusammenhang der sowjetische Staat der Maxime folgte, den militanten Atheismus der Vergangenheit in ein Konglomerat aus positiven, marxistisch-leninistischen Werten und Praktiken umzuformen.[504] Die fehlgeschlagene antireligiöse Kampagne Ende der 1950er bzw. Anfang der 1960er Jahre hatte auf politischer und wissenschaftlicher Ebene zu der Erkenntnis geführt, dass die antireligiöse Politik der Vergangenheit nicht die gewünschten Ergebnisse produziert hatte. Aus diesem Grund konzentrierte sich die spätsowjetische Religionspolitik unter der Leitung junger, ausgebildeter Expertinnen und Experten hin zu einer wissenschaftlichen Auseinandersetzung mit Religion und Religiosität, wie es bereits die Beschlüsse von 1954 angemahnt hatten.[505] Kern der atheistischen Relisgionspolitik sollte fortan die wissenschaftliche

---

Bogumił zur Konstruktion der Erinnerung an den Gulag auf den Solovki gebraucht. Siehe hierzu: MICHEL FOUCAULT: In Verteidigung der Gesellschaft. Vorlesungen am Collège de France (1975–76), Frankfurt am Main 2001, besonders S. 88–92; ZUZANNA BOGUMIŁ: Kresti i kamni: Soloveckie simboli v konstruirovanii pamjati o GULAGe. In: *Neprikosnovennyj zapas* 3 (2010). Abgerufen unter URL: https://magazines.gorky.media/nz/2010/3/kresty-i-kamni-soloveczkie-simvoly-v-konstruirovanii-pamyati-o-gulage.html, letzter Zugriff: 05.05.2023.

503   ALEKSANDR OSIPOVIČ: Die Geschichte des Solovecker Klosters. Eine überblicksartige historisch-architektonische Exkursion durch den Solovecker Kreml'. NASMZ, f. 2, op. 1, d. 480 (1969), ll. 98–120.

504   SMOLKIN-ROTHROCK: »A Sacred Space is Never Empty«, S. 13.

505   Das waren zum einen der Beschluss des ZK der KPSS vom 7. Juli 1954 »Über die groben Mängel in der wissenschaftlichen atheistischen Propaganda und die Maßnahmen diese zu verbessern« sowie der Beschluss des ZK der KPSS vom 10. November 1954 »Über die Fehler der Durchführung der wissenschaftlichen atheistischen Propaganda innerhalb der Bevölkerung«. Siehe dazu: SANAMI TAKAHASHI: Religion as an Object of Science in Atheistic

Auseinandersetzung, also nicht der Angriff auf religiöse Organisationen und Gläubige sein, sondern eine Mischform aus Religionsstudien *(religiovedenie)* und einer »positiven« atheistischen Propaganda.[506] Museen, in denen Religionsgeschichte verhandelt wurde, beteiligten sich in besonderem Maße an der wissenschaftlichen Feldforschung sowie an der atheistischen Erziehung der Bevölkerung. Das Staatliche Museum für Religionsgeschichte in Leningrad führte in den 1960er Jahren verschiedene soziologische Studien zu Familienstrukturen und Ausbildungsniveaus, zu kulturellen Praktiken sowie zu atheistischen und religiöse Aktivitäten durch, um Aufschluss darüber zu bekommen, warum sich der wissenschaftliche Atheismus vor allem in ländlichen Regionen nicht durchsetzen konnte. Neben der Anleitung von regionalen Museen in der atheistischen Erziehungsarbeit begaben sich die Mitarbeiterinnen und Mitarbeiter des Museums auf zahlreiche Vortragsreisen.[507] Doch zur tiefverwurzelten Volksfrömmigkeit, die sich vor allem in religiösen Praktiken und Riten äußerte und selbst auf Parteiebene verbreitet war, konnte der wissenschaftliche Atheismus kein überzeugendes Gegennarrativ liefern.[508] Vielmehr gelangte man bereits Mitte der 1960er Jahre zu dem Schluss, dass die beständige Religiosität der Bevölkerung ein Vakuum schließe, das durch eine ideologische Desillusionierung bzw. durch eine »Gleichgültigkeit« in Bezug auf die sowjetischen Werte entstanden sei.[509] Als Reaktion verstärkte der sowjetische Staat ab 1971 die atheistische Propaganda, obgleich sich die konstatierte »Gleichgültigkeit« bereits in Parteikadern und selbst unter den Verfechtern des wissenschaftlichen Atheismus manifestiert hatte.[510] Obgleich Osipovič den üblichen Verweis auf den immensen Reichtum des Solovecker Klosters nicht aussparte – ein Bild, das auch in den folgenden Jahren vom Museum immer wieder reproduziert wurde –, konstatierte er direkt zu Beginn seines Exkursionstextes, dass sowohl die wirtschaftliche als auch die missionarische Tätigkeit des Klosters wichtige Grundlagen zur Urbarmachung des russischen Nordens gelegt hätten. Zudem sei die wirtschaftliche Kolonisation mit einer kulturellen Tätigkeit einhergegangen, die dem Kloster

---

Society: The Function of the Historical Museum of Religion and Atheism in Late Socialist Russia. In: TETSUO MOCHIZUKI/SHIHO MAEDA (Hrsg.): India, Russia, China: Comparative Studies on Eurasian Culture and Society. Sapporo 2012, S. 11–19, hier S. 15. Zu den jungen atheistischen Kadern der frühen Brežnev-Zeit, deren Sichtweisen sich ursächlich aus den Erfahrungen der Kirchenkampagnen der späten 1950er und frühen 1960er Jahren entwickelten, siehe SMOLKIN-ROTHROCK: »A Sacred Space is Never Empty«, S. 135.
506 TAKAHASHI: Religion as an Object of Science, S. 18.
507 Ebd., S. 16 ff.
508 SMOLKIN-ROTHROCK: »A Sacred Space is Never Empty«, S. 227 ff.
509 Ebd., S. 230.
510 Ebd., S. 230 ff.

500 Jahre nach seiner Gründung eine große Bibliothek, ein Skriptorium und eine Ikonenwerkstatt beschert hätten.[511] Den Klostererbauer und den im Nachhinein kanonisierten Klostervorsteher Filipp (Fedor Kolyčev) portraitierte Osipovič als »mutigen Menschen«, der viel für das Kloster getan habe.[512] Die ansonsten eher sparsamen Verweise auf die Solovecker Heiligen zeugen vom dauerhaften Unbehagen des sowjetischen Staates im Umgang mit orthodoxen Heiligen, vor allem im (möglicherweise nicht so großen) Unterschied zum pseudoreligiösen sowjetischen Heldenkult. So war jeder Guide des Museums dazu angehalten, »Legenden« über Heilige zu zerstreuen und den Besucherinnen und Besuchern die sozialistische Historiografie der feudalen Vergangenheit näherzubringen.[513]

Der ›Klosteraufstand‹ der Jahre 1668 bis 1678, in dessen Zuge sich die Solovecker Mönche einer jahrelangen Belagerung des Klosters durch zarische Truppen erwehrten, bot sich Osipovič als weitaus unverfänglicheres Thema an. Obgleich das Solovecker Kloster durch die Rebellion gegen die Kirchreformen Nikons zum Zentrum der Altgläubigkeit aufgestiegen war, widmete sich das Museum lediglich dem militärischen Aspekt dieser Episode. Unter dem gleichen Gesichtspunkt wurden die Einbeziehung des Solovecker Klosters in die militärischen Handlungen des Krimkriegs und die Intervention der Alliierten im Norden Russlands im Zuge des Ersten Weltkrieges abgehandelt. Die Festungsgalerie, in der einige Waffen, Kanonen und Schießscharten zu bewundern waren, eignete sich hervorragend, um die kriegerische Geschichte des Solovecker Klosters sowie dessen Funktion als Festungsanlage im Weißen Meer zu illustrieren. Im Zuge des Zweiten Weltkriegs und des durch Stalin forcierten sowjetischen Patriotismus waren zunehmend historische Kriege und militärische Auseinandersetzungen der russischen Geschichte in eine heroische Verteidigungsgeschichte des russischen Volkes eingeschrieben worden.[514]

Abseits der militärhistorischen Vergangenheit und der Erläuterungen zur Solovecker Klosterarchitektur stellte die Geschichte des Solovecker Klostergefängnisses das zentrale Element des Rundgangs von Osipovič dar. Thematisch navigierte das Museum mit der Fokussierung auf die Geschichte des Solovecker Klostergefängnisses durch sehr stürmische Gewässer. Einerseits eignete sich die Geschichte von Haft und Verbannung geradezu exemplarisch, um die nach

---

511 OSIPOVIČ: Die Geschichte des Solovecker Klosters, l. 99 f.
512 Ebd., l. 111.
513 Besonders in den 1970er und 1980er Jahren sollte die atheistische Propaganda weiter intensiviert werden. Davon zeugt beispielsweise ein Strategiepapier der methodischen Abteilung des Solovecker Museums für Besucherbegleiterinnen und Besucherbegleiter von 1983 mit dem Titel *Soloveckie svjatye: Legenda i dejstvitel'nost*. Informacionnaja spravka dlja ėkskursovodov, Solovki 1983. In: NASMZ, Metodičeskij otdel'.
514 MADDOX: Saving Stalin's Imperial City, S. 49.

leninistisch-marxistischer Lesart repressive Politik der zarischen Herrschaft des 18. und 19. Jahrhunderts zu unterstreichen. Andererseits aber rief die Verhandlung der Solovki als Haft- und Verbannungsort zwangsläufig das Wissen der Besucherinnen und Besucher um das Solovecker Lager der 1920er und 1930er Jahre wach. Um den verbrecherischen Charakter der alten Ordnung in den vom sowjetischen Standpunkt aus gesehenen ›dunkelsten‹ Jahrhunderten der zarischen Herrschaft bemühen zu können, gingen das Museum und damit die Kulturverwaltung in Archangel'sk ein hohes Risiko ein, denn nicht nur in Bezug auf die Gefangenenzahlen bekam das sowjetische Narrativ der Solovecker Geschichte deutliche Risse. Während im Solovecker Klostergefängnis während seiner langen Existenz um die 300 Menschen inhaftiert waren, durchliefen das Solovecker Lager zur Besonderen Verwendung in 16 Jahren mehr als 50.000 Gefangene.[515] Dieses Zahlenverhältnis, das nicht nur Aleksandr Osipovič und seinen Kollegen bekannt war, musste unter den Besucherinnen und Besuchern der Solovki zumindest Verwunderung darüber auslösen, dass die Geschichte des sowjetischen ›Umerziehungslagers‹ in der Repräsentation der Solovecker Geschichte keinerlei Rolle spielte.

Unverfänglicher als die Thematisierung statistischer Daten erschien die Konzentration auf die Biografien einiger ausgewählter, berühmter Solovecker Gefangener des 18. und 19. Jahrhunderts.[516] Über den biografischen Zugang konnte zum einen die komplexe Geschichte des Solovecker Haft- und Verbannungsortes in wenigen Minuten anschaulich gestaltet werden, indem die Touristinnen und Touristen an einigen Erinnerungsplaketten zu bekannten Gefangenen vorbeigeführt wurden. Zum anderen minimierte das Museum damit die Gefahr, dass mögliche Fragen nach konkreten Haftbedingungen vor Ort gestellt und Kontinuitätslinien von Repression und Haft ins 20. Jahrhundert gezogen werden konnten. In diesem Zusammenhang versuchte man die Touristinnen und Touristen ebenso von den materiellen Überresten der sowjetischen Lagerperiode, von vergitterten

---

515 Siehe dazu die zitierten Aussagen von Jurij Čebanjuk in: SANAMI TAKAHASHI: Church or Museum? S. 513.

516 Einer der wohl bekanntesten Solovecker Gefangenen des zarischen Klostergefängnisses war der letzte Ataman der legendären Zaporožer Kosaken Petr Ivanovič Kal'ničevskij. Er kam 1776 als Gefangener auf die Solovki und wurde 1801 mit 110 Jahren von Alexander I. amnestiert. Danach lebte er aufgrund seiner angeschlagenen Gesundheit noch ein weiteres Jahr als Mönch im Solovecker Kloster, bevor er am 31. Oktober 1803 auf den Inseln starb. Siehe dazu ROY ROBSON: Solovki. The Story of Russia Told Through Its Most Remarkable Islands, New Haven/London 2004, S. 143 ff; sowie SHUBIN: Monastery Prisons, S. 96 ff. – Während seiner Zeit auf den Solovki hatte Pavel Vitkov Informationen zur Geschichte des Ataman zusammengetragen. Seine Recherche resultierte in einem Zeitungsartikel in der Zeitung *Černomorska Komuna* aus Odessa mit dem Titel *Sud'ba poslednego atamana Zaporožskoj Seči* vom 18. Oktober 1962. Siehe NASMZ, f. 2. op. 2, d. 162–3.

Fenstern, einigen Baracken, Resten der Eisenbahnlinie und von Wandinschriften fernzuhalten, wie sie Ende der 1960er Jahre innerhalb des Kreml' und in der Solovecker Natur noch deutlich sichtbar waren.[517] Auch Osipovič wählte laut Rundgangskonzeption den biografischen Zugang zum Thema, auch wenn die vorsichtig gewählten Formulierungen Osipovičs zum Solovecker Klostergefängnis der Zarenzeit zu impliziten Verknüpfungen mit der Geschichte des sowjetischen Zwangsarbeitslagers der Inseln durchaus herausforderten.[518]

Wie häufig die historische Assoziationskette und gedankliche Verbindungslinie zwischen den Solovki als Ort der zarischen *und* sowjetischen Repression von den Teilnehmerinnen Teilnehmern der Exkursionen tatsächlich hergestellt wurde, zeigt die Tatsache, dass jeder *ėkskursovod* über einen vorgefertigten Antwortkatalog verfügte, der vorgab, wie auf Fragen nach dem Solovecker Lager zur Besonderen Verwendung zu antworten war. Chronologisch beendete Aleksandr Osipovič seinen Rundgang mit dem Verweis auf die Einrichtung der Solovecker Sovchose im Jahr 1921. Doch der erste Punkt seines Antwortkatalogs widmete sich bereits möglichen Nachfragen zur Geschichte des Solovecker Lagers. Die normierte Antwort aller Guides des Museums Ende der 1960er Jahre zu diesem Thema konzentrierte sich auf eine äußerst knappe Angabe über den Existenzzeitraum des Lagers und die kulturellen und wissenschaftlichen Einrichtungen und Errungenschaften der SLON. Neben der Heimatkundegesellschaft, den Theatern und dem Orchester des Lagers wurden zudem der Besuch Gor'kijs und seine literarische Verarbeitung dieses Aufenthalts thematisiert.[519] Die Geschichte der Solovecker Ausbildungsabteilung sowie den Einsatz einiger Solovecker Jungkadetten in der Nordflotte der sowjetischen Armee im Zweiten Weltkrieg handelte Osipovič in zwei Sätzen ab.[520]

Obwohl die offizielle Vorgehensweise vorsah, dass der Exkursionsleitfaden im Vorfeld vom Leiter des Heimatkundemuseums in Archangel'sk geprüft und genehmigt werden musste, blieb die konkrete Ausgestaltung der Führungen dem Museum und seinen Mitarbeiterinnen und Mitarbeitern selbst überlassen. Sowohl die geografische Lage des Museums als auch das ideologische und methodische Vakuum in Bezug auf die Ausgestaltung der wissenschaftlichen Erziehungsarbeit

---

517 Ebenso verhielt es sich mit dem Stern, der bis 1989 auf der Preobraženskij-Kathedrale sichtbar über den Besucherinnen Besucher prangte und in den 1930er Jahren montiert worden war. Zu den Spuren siehe Interview der Verfasserin mit Jurij Brodskij in in Ėlektrostal' am 13.05.2013; KALEMENEVA: Narrativy o Soloveckich ostrovach.
518 So ließ beispielsweise sein Verweis auf die begrenzte Zeit seines Rundgangs, die es nicht gestatte, über eine »derart reiche Gefängnisgeschichte der Solovki« Auskunft zu geben, genügend Interpretationsspielraum. Siehe OSIPOVIČ: Die Geschichte des Solovecker Klosters, l. 120.
519 Ebd.
520 Ebd.

eröffneten den Mitarbeiterinnen und Mitarbeitern der 1960er Jahre Freiräume, die Geschichte der Solovki abseits vorgefertigter Exkursionsschemata und Antwortkataloge zu erzählen. Nicht zu unterschätzen scheint zudem der Einfluss der ›Tauwettergeneration‹ gewesen zu sein, jener ›Andersdenkender‹, die wie Sergej Pirogov ihre Haftzeit Ende der 1950er und Anfang der 1960er Jahre in den Politlagern verbüßten. In einer heterogenen Lagergesellschaft, die sich von jener des stalinistischen Zwangsarbeitslagers maßgeblich unterschied, veränderte das Zusammentreffen mit Kriegsgefangenen und Kriminellen das Bild der Polithäftlinge auf die sowjetische Politik. Dort konnten sie einen offenen und nahezu unzensierten Diskurs über das stalinistische Erbe führen.[521] Diese Erfahrungen gaben *šestidesjatniki* wie Pirogov an die junge Generation weiter, für die sich die Auseinandersetzung mit dem Stalinismus in den folgenden Jahren zum Hauptpfeiler sowjetischer Dissidenz entwickeln sollte.

Entscheidend für die von Abramov, Osipovič und Čebanuk vertretene ›Gegengeschichte‹ des Solovecker Klosters und des historischen Ortes waren unter anderem Zeitzeugenberichte ehemaliger Solovecker Gefangener, die sie sich über persönliche Briefkontakte erschlossen.[522] Zudem soll es Ende der 1960er Jahre, neben dem bereits geschilderten Aufenthalt von Dmitrij Lichačëv, zu Besuchen weiterer ehemaliger Solovecker Lagerhäftlinge bzw. ihrer Angehörigen gekommen sein.[523]

Evgenij Abramov wiederum entwickelte eine Expertise für die religiöse Geschichte des Klosters, das Altkirchenslawisch und die Architektur der Inseln. Zeitzeugenberichten zufolge verstand er es wie kein anderer, die Baudenkmäler der Inseln »zum Sprechen zu bringen« und die Besonderheiten der Geschichte anhand der Klosterarchitektur zu illustrieren.[524] Darüber hinaus verehrte Abramov die Person und das Werk Pavel Florenskijs, der als Geistlicher Gefangener des Solovecker Gefängnisses war und im Jahr 1937 auf dem Festland bei Sandomoch hingerichtet wurde.[525]

---

521 PUTZ: Auf dem Weg nach vorne, S. 112.
522 Laut Angabe der Witwe Jurij Čebanjuks, Lidija Mel'nickaja, unterhielt beispielsweise Evgenij Abramov einen Schriftverkehr zur prominenten politischen Gefangenen Ekaterina L'vovna Olickaja. Siehe MEL'NICKAJA: Davnjaja pesnja v našej sud'be. Čast' 1.
523 Siehe dazu das Interview mit Antonina Sošina vom 29.07.2003. In: *Rodnoj Archiv Soloveckogo muzeja*; TAKAHASHI: Church or Museum? S. 512.
524 NIKOLAJ ŠILOV: »Svoim idet vse čeredom«. In: *Gazeta Kiži* 10 (nojabr' 2006), abgerufen unter URL: http://kizhi.karelia.ru/info/about/newspaper/29/690.html, letzter Zugriff: 05.05.2023.
525 MEL'NICKAJA: Davnjaja pesnja v našej sud'be. Čast' 1.

Die Beschwerden über die Rundgänge von Evgenij Abramov und Aleksandr Osipovič, die im Sommer und Herbst 1969 die Kulturverwaltung in Archangel'sk erreichten, berührten allerdings keineswegs ausschließlich die ideologischen Überschreitungen der Mitarbeiter in Bezug auf die sowjetische Lagerperiode der Inseln. In gleichem Maße zeigte sich die Kulturverwaltung über ihre Auslassungen zur religiösen Geschichte der Inseln und ihre zynischen Kommentare zur Kulturpolitik der Regionalregierung verärgert.

Im September 1969 meldete der ehemalige Direktor des Solovecker Museums, Nikolaj Varakin, der erst einige Monate zuvor von der neuen Leiterin Ljudmila Lopatkina abgelöst worden war, die Vorgänge auf den Inseln an die Kulturverwaltung in Archangel'sk. Sein Bericht an die Leiterin der Kulturverwaltung Maria Nogovicyna offenbart die tiefe Kluft, die zwischen dem jungen Personal des Museums und den älteren Mitarbeiterinnen und Mitarbeitern des Kulturbetriebs, zu denen Nikolaj Varakin gehörte, herrschte. In seinem Brief wies Varakin den Nachlässigkeiten Osipovičs, Abramovs und Čebanjuks hinsichtlich ihrer Arbeitsorganisation und Arbeitsdisziplin den gleichen Stellenwert zu wie den ideologischen Verfehlungen derselben in ihren Führungen. So empörte sich Varakin darüber, dass Aleksandr Osipovič und Evgenij Abramov »trotz mehrfacher Aufforderungen mit großer Verspätung zur Arbeit gekommen« seien und sich ebenso wie Jurij Čebanjuk keine Aufenthaltsgenehmigung durch die örtliche Miliz hätten ausstellen lassen. Aleksandr Osipovič habe darüber hinaus weder einen Bericht über seine Führungen der Saison 1968 abgeliefert noch einen schriftlichen Nachweis über seine Dienstreisen verfasst.[526] In ihren Führungen hielten sich Osipovič und Abramov zudem nicht an die ausgearbeiteten und geprüften Exkursionstexte. Vielmehr »schmälerten« sie in ihren Rundgängen die Rolle der Mönche in der Ausbeutung der bäuerlichen Arbeiterschaft und der Pilger *(dopuskajut priniženije poli ėkspluatacii monachami trudy krest'jan i bogomol'cev)*. Außerdem »glorifizierten« sie die Einstellungen der Mönche gegenüber den Pilgern *(voechvalenije otnošenija monarchov k bogomol'cim)*, indem sie den Touristinnen und Touristen erzählten, dass Pilger im ehemaligen Kloster von den Mönchen Brot und eine freie Unterkunft gestellt bekommen hätten. In Bezug auf die Geschichte des Solovecker Lagers würden beide sowohl über den Alltag und das Leben im Lager als auch über die Fluchten von Gefangenen berichten.[527]

---

526 Siehe den Bericht des ehemaligen Leiters des Solovecker Museums Nikolaj Varakin an die Leiterin der Kulturverwaltung M. Nogovicyna (undatiert, vermutlich aber im September 1969), GAAO, f. 5859, op. 2, d. 1529, ll. 25 f.
527 Ebd., l. 25.

In dem darauffolgenden Schreiben des stellvertretenden Vorsitzenden der regionalen Kulturverwaltung, N. Malinin, an die neue Leiterin des Solovecker Museums rügte dieser die »unzulässigen« Bemerkungen einiger Museumsmitarbeiter, die diese in Besucherführungen am 16. und 17. August 1969 geäußert hätten. Dabei bezog er sich weder auf den Brief von Nikolaj Varakin, noch nannte er die Querulanten mit Namen. Vielmehr stützte er sich auf Berichte einiger Besucherinnen und Besucher aus Archangel'sk, die an den genannten Tagen an einer Führung durch den Solovecker Kreml' teilgenommen und ihren Unmut an die Kulturverwaltung kommuniziert hatten. Inhaltlich verwies Malinin auf andere Punkte, als Varakin das in seinem Brief getan hatte. Laut Bericht der Touristinnen und Touristen aus Archangel'sk hätten die *ėkskursovody* des Museums die Restaurierungsarbeiten zynisch bewertet und den Zustand der Solovecker Denkmäler zur Existenzzeit des Klosters mit der baulichen Verfassung der historischen Gebäude im Jahr 1969 verglichen, was die ›Bemühungen‹ der regionalen Kulturverwaltung in keinem guten Licht erscheinen lasse.[528]

Die empfindliche Reaktion der Kulturverwaltung auf die Kritik der Museumsmitarbeiter an den schleppend voranschreitenden Restaurierungsarbeiten war aufs Engste mit den ›ideologischen‹ Verfehlungen Osipovičs und Abramovs verknüpft, offenbarten doch die Gästebücher des Museums, dass der touristische Blick auf die beeindruckende Klosterarchitektur die Besucherinnen und Besucher dazu veranlasste, die Geschichte des Solovecker Klosters positiv zu bewerten, während der sowjetischen Gegenwart die negative Bilanz von baulichem Verfall und schleppenden Restaurierungsarbeiten anhaftete.[529] Malinin bescheinigte der Kritik an den staatlichen Restaurierungsarbeiten in den Führungen des Museums daher einen »schädlichen politischen Charakter«. Aus diesem Grund würden die Führungen des Museums ihren »historisch-kognitiven Wert« vollkommen einbüßen, so Malinin. Obwohl die Texte für die Rundgänge vom Leiter des Heimatkundemuseums in Archangel'sk ausgearbeitet und überprüft worden wären, hätten sich die *ėkskursovody* in ihren Führungen nicht nach deren Wortlaut gerichtet. Aus diesem Grund verpflichtete die Kulturverwaltung die Direktorin Lopatkina, die Exkursionen persönlich und ohne Vorwarnung zu überprüfen, »um die Exkursionen auf einem hohen ideologisch-politischen und wissenschaftlichem Niveau« durchzuführen.[530]

---

528 Brief des stellvertretenden Leiters der Kulturverwaltung in Archangel'sk, N. Malinin, an die Direktorin des Solovecker Museums Ljudmila Lopatkina ohne Datum, vermutlich aber Herbst 1969. GAAO, f. 5859, op. 2, d. 1529, l. 27.
529 Takahashi: Church or Museum? S. 513.
530 Brief des stellvertretenden Leiters der Kulturverwaltung in Archangel'sk, N. Malinin, an die Direktorin des Solovecker Museums Ljudmila Lopatkina ohne Datum, vermutlich aber Herbst

Abb. 7 Rundgang durch den Kreml' mit der Besucherbegleiterin L. A. Sadovskaja und einer Gruppe von Touristinnen und Touristen, 1973. Der zum Teil ruinöse Zustand der Klosterarchitektur ist gut zu erkennen.

Die Vorfälle des Sommers 1969 hatten personelle und finanzielle Folgen für das Museum und seine Mitarbeiterinnen und Mitarbeiter. Darüber hinaus führten die Ereignisse auch thematisch zu einer Kurskorrektur in Bezug auf die museale Darstellung der sowjetischen Geschichte des Archipels. Und schließlich erhöhte sich mit dem Beginn der 1970er Jahre der staatliche Zugriff auf das Museum und seine Mitarbeitenden. Die von der Kulturverwaltung angemahnte Überwachung der Mitarbeiterinnen und Mitarbeiter des Museums durch Ljudmila Lopatkina ging in Bezug auf die in den Akten der Kulturverwaltung aufzufindenden Berichte nicht über einfache Aufgaben- bzw. Personenprofile hinaus. Vielmehr ist zu vermuten, dass die Kulturverwaltung diese Aufgabe inoffiziell der regionalen Stelle des sowjetischen Geheimdienstes, KGB, übergab. Dieser suchte in Zusammenarbeit mit Mitarbeitenden des regionalen Sowjets für religiöse Angelegenheiten

1969. GAAO, f. 5859, op. 2, d. 1529, l. 27.

das Museum in den 1970er und 1980er Jahren wiederholt unangekündigt auf. Mitarbeiterinnen und Mitarbeiter beider Institutionen nahmen inkognito an den Führungen des Museums teil oder beschlagnahmten Materialien aus den Museumsgebäuden.[531] Darüber hinaus begann der sowjetische Geheimdienst mit dem Beginn der 1970er Jahre damit, die materiellen Überreste des Solovecker Lagers sukzessive zu zerstören.[532]

Für einige Mitarbeiterinnen und Mitarbeiter des Museums hatte der Skandal des Jahres 1969 erhebliche finanzielle Folgen. So verloren Ljudmila Lopatkina und mit ihr ausgewählte wissenschaftliche Angestellte des Museums 1969 und 1970 ihren Anspruch auf die üblichen Bonuszahlungen durch die Kulturverwaltung. Während der ehemalige Leiter der Solovecker Filiale, Varakin, von der Kulturverwaltung im Januar 1969 noch mit 30 Rubel Prämie für die »Arbeitserfolge« des Vorjahres bedacht wurde,[533] ging Ljudmila Lopatkina für die kommenden beiden Jahre leer aus.[534] Lediglich das technische Personal der Solovecker Filiale wurde mit Prämienzahlungen bedacht. Im Hinblick auf die ohnehin sehr niedrigen Arbeitsentgelte der Mitarbeiterinnen und Mitarbeiter des Solovecker Museums fungierte das Aussetzen der eingeplanten Bonuszahlungen als Disziplinierungsmaßnahme. Erst 1971 sollten Ljudmila Lopatkina und mit ihr die übrigen Angestellten des Museums für ihren Einsatz während der touristischen Saison und als »Ansporn« für ihre Arbeit wieder mit Bonuszahlungen von insgesamt 900 Rubel belohnt werden.[535]

Für die drei Delinquenten des Museums hatte der Skandal der Saison 1969 persönliche Folgen. Aleksandr Osipovič, den die Kulturverwaltung als heimlichen Drahtzieher der Aktionen im Sommer 1969 ausgemacht hatte, wurde vom Leiter des Heimatkundemuseums in Archangel'sk Anfang 1970 zu einem persönlichen Gespräch zitiert. Gleichzeitig verhandelte die Kulturverwaltung bereits im September bzw. im Oktober 1969 hinter verschlossenen Türen über seine sofortige Entlassung.[536] Nach seiner Freistellung aus dem Museumsdienst fand er kurzzeitig

---

531 Siehe dazu das Interview mit Antonina Sošina vom 29.07.2003 beziehungsweise das Interview der Autorin mit Jurij Brodskij in Èlektrostal' am 13.05.2013.
532 Interview der Autorin mit Jurij Brodskij in Èlektrostal' am 13.05.2013.
533 Beschluss der Kulturverwaltung vom 10. Januar 1969 über die Bonuszahlungen an Museumsmitarbeiter im Gebiet. GAAO, f. 5859, op. 2, d. 1436, l. 5.
534 Beschluss der Kulturverwaltung vom 3. März 1971 über die Belohnung der Museumsmitarbeiter für die Arbeitserfolge im Jahr 1970. GAAO, f. 5859, op. 2, d. 1623, ll. 21–22.
535 Beschluss der Kulturverwaltung über Bonuszahlungen an die Solovecker Filiale für die Erfolge des dritten Quartals, November 1971. GAAO, f. 5859, op. 2, d. 1623, l. 155.
536 Anmerkung der Kulturverwaltung in Archangel'sk über das Gespräch Osipovičs mit dem Leiter des Heimatkundemuseums in Archangel'sk am 26.09.1969 und seine mögliche Entlassung am 16.10.1969. GAAO, f. 5859, op. 2, d. 1529, l. 26 n. ob. (Rückseite)

Anstellung als Schachlehrer an einer Sportschule in Archangel'sk, doch die Überwachung durch den örtlichen KGB, die sich im Zuge der Festnahme und Verurteilung Sergej Pirogovs intensivierte, zwangen Aleksandr Osipovič und seine Familie im Jahr 1973 zur Emigration in die USA.[537] Evgenij Abramov verließ 1970 ebenfalls unfreiwillig das Museum und zog zurück nach Leningrad. Nachdem Jurij Čebanjuk seine Anstellung auf den Solovki verloren hatte, fand er zunächst Unterschlupf beim Zeitungsorgan der Nördlichen Flussschifffahrtsgesellschaft *Rečnik Severa*, bevor er erneut auf Aushilfstätigkeiten angewiesen war. Im Zuge der Verurteilung Pirogovs 1973 und einer Wohnungsdurchsuchung bei Jurij Čebanjuk wurde er mit seiner Familie auf Anweisung der örtlichen Parteivertretung in eine der entlegensten Regionen des Gebiets ›versetzt‹. Nach seiner Rückkehr aus der Verbannung fand er in keiner Zeitungsredaktion der Region eine Anstellung. Erst Anfang der 1990er Jahre konnte er in die Redaktion des *Severnyj Komsomolec* zurückkehren. 1994 verstarb Jurij Čebanjuk.[538]

Auch inhaltlich blieb der Skandal des Jahres 1969 nicht folgenlos. Nicht nur das Museum und seine wissenschaftliche und administrative Leitung in Archangel'sk, sondern auch die Kulturverwaltung hatten das Konfliktpotenzial erkannt, das durch die Aussparung der Geschichte des Klosters im 19. und 20. Jahrhundert in den Ausstellungen und Führungen des Museums entstanden war. 1970 wurde die Ausstellung zur Geschichte des Solovecker Klosters um einen zusätzlichen Ausstellungsteil ergänzt, der die Ereignisse eben dieser historischen Periode thematisierte und der Besucherin bzw. dem Besucher ein sowjetisches Interpretationsmodell anbot.[539] Der Rundgang durch den Kreml', der 1971 von der Direktorin Ljudmila Lopatkina angeboten wurde und in wesentlichen Zügen Ausschnitte des Rundgangs von Osipovič enthielt, legte den Fokus nun auf die Geschichte der Solovecker Klosterarchitektur. Dabei entfernte sich Lopatkina sowohl vom biografischen Zugang zur Klostergeschichte, wie ihn Osipovič gewählt hatte, als auch von der Fokussierung auf die Geschichte des Klostergefängnisses.[540] Insgesamt war die museale Repräsentation der Solovki in den 1970er Jahren einem starken Wandel unterworfen. Analog zum unionsweiten Trend stieg ab Mitte der 1970er Jahre die Bedeutung des ›Großen Vaterländischen Krieges‹ und damit der Geschichte der Ausbildungsabteilung und der Kadettenschule der sowjetischen Marine an. Am 16. März 1972 beschloss die Solovecker Parteivertretung

---

537 KOZLOV: »Chronika«.
538 Ebd.
539 Soloveckij gosudarstvennyj muzej-zapovednik 1967–2007, S. 51.
540 L. V. LOPATKINA: Geschichte und Architektur des Solovecker Klosters, 1971. NASMZ, f. 2, op. 1., d. 480, l. 1–26.

die Errichtung eines Obelisken zur Erinnerung an die Gefallenen Kadetten der Solovecker Ausbildungsabteilung und der *Škola Jung*.[541] Der Gedenkstein wurde zum 30. Jahrestag der Gründung der Jungkadettenschulen der sowjetischen Kriegsflotte, am 30. Juli 1972, auf dem Gelände des Solovecker Dorfes, nur einige hundert Meter von der westlichen Festungsmauer des Kreml', errichtet. Noch Mitte der 1960er Jahren waren ähnliche Vorstöße zur Erinnerung an die Geschichte der Ausbildungsabteilung und der *Škola Jung* von der Kulturverwaltung ignoriert worden;[542] so wie beispielsweise die Beschwerde eines Militärarztes aus Moskau, der bereits 1964 die Kulturabteilung aufgefordert hatte, den Touristinnen und Touristen die »historische Wahrheit« der Kriegsepoche näherzubringen, anstatt die sowjetische Marine aufgrund des ruinösen Zustands der Solovecker Denkmäler als »Barbaren« zu diffamieren.[543] War in den 1960er Jahren der sowjetischen Marine noch die Schuld an der Verwahrlosung der Solovecker Denkmallandschaft zugeschrieben worden, um das Engagement der regionalen Kulturverwaltung in Bezug auf den Denkmalschutz und die Denkmalpflege zu unterstreichen, etablierte sich die Erziehung der Besucherinnen und Besucher anhand der Geschichte der Ausbildungsabteilung und der *Škola Jung* in den 1970er Jahren zu einem der Hauptpfeiler der Museumsarbeit. 1973 eröffnete das Museum die erste Dauerausstellung zur Geschichte der Solovecker *Škola Jung,* die ebenso wie die anderen Ausstellungen des Museums im Nastojatel'skij Korpus gezeigt wurde.[544] Im gleichen Jahr fanden die Dreharbeiten des Films *Junga Severnogo flota* des Maksim-Gor'kij-Filmstudios für Kinder und Jugendfilme auf den Inseln statt.[545] Der Film thematisierte die strenge und dennoch wohlmeinende Ausbildung der Jungkadetten auf den Inseln sowie deren heldenhaften Einsatz im Kampf gegen die deutsche Marine. Ein Jahr später erschien das gefeierte Jugendbuch *Malčiki s bantikami* des beliebten russischen Schriftstellers Valentin Pikul', welches das im Film portraitierte Narrativ unterstrich und die heldenhafte Überhöhung der Jungkadetten und des historischen Ortes fortsetzte.[546] Ebenso wie der Film schrieb

---

541 Beschluss des Exekutivkomitees des Solovecker Dorfsowjets vom 16. März 1972. GAAO, f. 5859, op. 2, d. 1687, l. 7.
542 Brief des Kommandanten der Kriegsflotte auf den Solovki Baturov an die Leiterin der Kulturverwaltung in Archangel'sk Nogovicyna aus dem Jahr 1965. GAAO, f. 5859, op. 2, d. 1155, ll. 28 f.
543 Brief des Militärarztes G. Kuližnikov vom 24. Juli 1965 an die Kulturverwaltung in Archangel'sk. GAAO, f. 5859, op. 2, d. 1155, ll. 81–83.
544 Die Ausstellung trug den Titel *Die Solovecker Škola Jung.* Siehe: Soloveckij gosudarstvennyj muzej-zapovednik 1967–2007, S. 52.
545 Ausstellung zum 45-jährigen Bestehen des Museums, Solovki 2012.
546 VALENTIN PIKUL': Malčiki s bantikami. Leningrad 1974.

sich das Buch in die Erinnerungspolitik des sowjetischen Staates ein, der in den 1970er und 1980er Jahren einen pompösen Kriegskult in Form von Gedenkfeiern und Gedenkarchitektur ausformte.[547] Die Feierlichkeiten zum 35. Jahrestag der Gründung der Jungkadettenschulen fünf Jahre später waren bereits in das landesweite Netzwerk der ›Denkmalschauen‹ eingebettet, die von der VOOPIiK veranstaltet und breit beworben wurden. Die Denkmalsbegehungen an den betreffenden Orten wurden in der Regel von einem umfangreichen Rahmenprogramm begleitet. Dazu gehörten Konzerte, Vorträge oder Gesprächsformate, bei denen Zeitzeugen und Veteranen den zumeist jugendlichen Zuhörerinnen und Zuhörern über ihre Erlebnisse im so genannten Großen Vaterländischen Krieg berichteten.[548] Auch das 35-jährige Jubiläum der Gründung der Jungkadettenschulen auf den Inseln im Sommer 1977, das vom Museum organisiert wurde, wurde von Zeitzeugengesprächen zwischen Veteranen der Škola Jung und Schülerinnen und Schüler der Solovecker Schule begleitet. Die ehemalige Einsiedelei Savvat'evo, die während des Krieges als karge Unterbringung für die Jungkadetten gedient hatte, wurde im gleichen Jahr für Begehungen vorbereitet.[549] 1983 eröffnete das Museum schließlich eine neue Ausstellung zur Ausbildungsabteilung und zur Škola Jung, die auf 60 Quadratmetern die zeitgenössische historische Forschung zum ›Großen Vaterländischen Krieg‹ widerspiegelte. Erst 1989 musste diese aufgrund der Baufälligkeit des Nastojatel'skij Korpus abmontiert werden.[550]

3.9 Zwischenfazit

Im Gegensatz zu den Museen in nichtsozialistischen Ländern war das zentrale Vermittlungsanliegen eines sowjetischen Museums das sowjetische Fortschrittsnarrativ. Jegliche Museumsarbeit, selbst jene eines Museums mit archäologischem Profil, hatte sich an der ideologischen Leitlinie des Marxismus-Leninismus zu orientieren. Die Musealisierung der Solovecker Denkmäler diente in diesem

---

547 BEATE FIESELER/JÖRG GANZENMÜLLER: Einführung. In: DIES. (Hrsg.): Kriegsbilder. Mediale Repräsentationen des ›Großen Vaterländischen Krieges‹ (Veröffentlichungen zur Kultur und Geschichte im östlichen Europa, hrsg. von DETLEF BRANDES U. A., 35), Essen 2010, S. 7–11, hier S. 8.
548 Idet Vserossijskij Smotr Pamjatnikov Istorii i Kul'tury. In: *Pravda Severa*, 14. Juli 1972, S. 3.
549 Bericht des Vorsitzenden der Kulturverwaltung D. Kozko über die Erfolge der Primärorganisation der VOOPIiK des staatlichen historisch-architektonischen und landschaftlichen Museums Solovki bei der Museumsschau zu den Denkmälern der sowjetischen Gesellschaft vom 28.02.1978. GAAO, f. 2614, op. 1, d. 133, l. 75.
550 Siehe Soloveckij gosudarstvennyj muzej-zapovednik 1967–2007, S. 52.

Zusammenhang dem Anliegen, die Denkmäler, ihren historischen Entstehungszusammenhang *und* deren Restaurierung in den sowjetischen Modernediskurs einzubetten.

Auf den Solovki bestand die Schwierigkeit darin, dass die Musealisierung der Solovecker Denkmäler sowohl die vorsowjetisch-religiöse als auch die sowjetisch-repressive Vergangenheit des Archipels berührte und damit genau die Teile der Geschichte ansprach, die in der sowjetischen Historiografie nur in ausgewählter Form thematisiert werden durften. Gleichzeitig erschwerte die doppelte Nutzungsgeschichte der Klosterarchitektur von vornherein die erzieherische Aufgabe und widersprach im Kern der eindeutigen, strukturierten und in die Zukunft weisenden Ordnungsfunktion eines jeden sowjetischen Museums.[551]

Die eklatante Diskrepanz zwischen der offiziellen Geschichtsschreibung zu den Solovki und den historischen Ereignissen und materiellen Überresten auf dem Archipel kulminierte schließlich im Skandal des Jahres 1969. Während der offizielle Exkursionstext von Aleksandr Osipovič den Leitlinien des wissenschaftlichen Atheismus folgte – und ähnlich wie die Literatur der 1960er Jahre, wenn überhaupt, nur implizit Verweise auf die Verbrechen des Stalinismus einstreute –, entwickelten er und seine beiden Mitstreiter Evgenij Abramov und Jurij Čebanjuk Ende der 1960er Jahre eine ›Gegengeschichte‹ zur offiziellen Solovecker Historiografie. Peter Hallama und Stephan Stach haben den Begriff der ›Gegengeschichte‹ in ihrer 2015 veröffentlichten Studie zum Holocaust im ostmitteleuropäischen Dissens als »Infragestellung einer dominanten Wahrnehmung, einer allgemein anerkannten ›Wahrheit‹« geprägt. In ihrer Lesart testet die ›Gegengeschichte‹ »die Grenzen des Sagbaren und Zeigbaren [und] benennt, was von anderen beschwiegen oder tabuisiert wird«.[552] Ähnlich argumentiert auch Zuzanna Bogumił, die den Begriff in Referenz auf Michel Foucault für den Diskurs zum Solovecker Zwangsarbeitslager in der Sowjetunion geprägt hat.[553] In ihrer Lesart ist die ›Gegengeschichte‹ des Gulag als Gegenmodell zum herrschenden Diskurs zu verstehen, der durch ein alternatives Narrativ einer kleinen marginalisierten und mitunter kriminalisierten Gruppe herausgefordert wird. Die ›Gegengeschichte‹ knüpft dabei an keine Kontinuität oder eine Genealogie der Erinnerung an, wie sie in offiziellen Quellen zu finden wäre. Vielmehr erschaffe sie eine neue Form der Erinnerung, der es darum gehe, das freizulegen,

---

551 Keynote von Roland Cvetkovskijs, 3. Juli 2017 in Basel.
552 PETER HALLAMA/STEPHAN STACH: Einleitung. Gegengeschichte – Zweiter Weltkrieg und Holocaust im ostmitteleuropäischen Dissens, in: PETER HALLAMA/STEPHAN STACH (Hrsg.): Gegengeschichte. Zweiter Weltkrieg und Holocaust im ostmitteleuropäischen Dissens (Schriftenreihe der Societas Jablonoviana, 3). Leipzig 2015. S. 9–28, hier S. 15.
553 BOGUMIŁ: Kresti i kamni.

was »sorgfältig, bewusst und böswillig verschleiert und entstellt war«.[554] Zuzanna Bogumił legt in ihrer Studie den Beginn des »aufbrechenden Diskurses« der Erinnerung an den Gulag auf das Ende der 1980er Jahre fest. Folglich identifiziert sie als Autorinnen und Autoren der Solovecker ›Gegengeschichte‹ in erster Linie die Menschenrechtsgesellschaft Memorial und die russisch-orthodoxe Kirche. Ihrer Meinung nach habe die Solovecker ›Gegengeschichte‹ in den Jahren vor der Perestroika und der Entstehung des historischen Diskurses zur Gulag-Vergangenheit aufgrund fehlender historischer Quellen einen eher mythischen bzw. eschatologischen Charakter besessen.[555] Tatsächlich konnte die durch Abramov, Osipovič und Čebanjuk im Jahr 1969 artikulierte ›Gegengeschichte‹ keine neue und von einer breiten Schicht der Bevölkerung getragene Form der Erinnerung an den Gulag begründen, wie es die Demonstrationen und Diskussionen der Perestroika-Jahre bewirkten. Gleichwohl fungierte der ›Gegenentwurf‹ Osipovičs, Abramovs und Čebanjuks als Mittel der »Delegitimation der sowjetischen Herrschaft und seiner historischen Deutungshoheit«.[556] Darüber hinaus fußte die Solovecker ›Gegengeschichte‹ bereits Ende der 1960er Jahre sowohl auf mündlichen als auch auf schriftlichen Überlieferungen. Durch den Besuch der Inseln durch ehemalige Gefangene der Solovecker Lager bzw. ihrer Angehörigen sammelten die Mitarbeiterinnen und Mitarbeiter des Museums Informationen zur Lagergeschichte und traten mit den betreffenden Personen in Briefkontakt.[557] Und Dmitrij Lichačëv hatte – wie bereits gezeigt – bei seinem ersten Besuch auf den Solovki nach seiner Haftzeit, im Sommer 1966, der ersten Direktorin des Museums Svetlana Vereš ausführlich Auskunft über die Topografie des Lagers gegeben.[558] Noch dazu waren den Mitarbeiterinnen und Mitarbeitern des Museums die Veröffentlichungen der Solovecker Heimatkundegesellschaft jederzeit frei zugänglich. Dass das Museum von Beginn an die wenigen historischen Überreste und Ego-Dokumente aus der Zeit des Lagers sammelte, macht schließlich die erste Ausstellung zum Solovecker Zwangsarbeitslager deutlich, die am 6. Juni 1989 nach nur wenigen Monaten Bearbeitungszeit in den Räumen des Solovecker Museums eröffnet wurde.[559]

---

554   Ebd., S. 90.
555   Ebd.
556   So argumentieren auch Peter Hallama und Stephan Stach in Bezug auf die Zielstellungen der ostmitteleuropäischen Dissidenten. Siehe HALLAMA/STACH: Einleitung. Gegengeschichte, S. 19.
557   KALEMENEVA: Narrativy o Soloveckich ostrovach vo vtoroj polovine XX veka.
558   Siehe dazu S. 331.
559   Zur Geschichte und zum Entstehungsprozess der Ausstellung siehe: HAVERKAMP, KATHARINA: Gedenken als Herausforderung – Zur Geschichte der ersten GULag-Ausstellung der Sowjetunion.

Neben den politischen Rahmenbedingungen liegt der größte Unterschied zur Solovecker ›Gegengeschichte‹ der Perestroika-Jahre in der Tatsache begründet, dass der geschichtliche Gegenentwurf des Jahres 1969 über die sowjetisch-repressive Vergangenheit des Archipels hinausgriff. Die Erzählung, die von den jungen Mitarbeitern 1969 an die Besucherinnen und Besucher der Solovki überliefert wurde, richtete sich gegen die atheistische Interpretation der Klostergeschichte und übte gleichzeitig Kritik an den Maßnahmen der Kulturverwaltung zum Schutz der Solovecker Architekturdenkmäler. Da das Museum nur marginal an den Entscheidungen zum Schutz der architektonischen Denkmäler beteiligt war und sich der Denkmalschutz damit zunehmend zu einer rein staatlichen Angelegenheit entwickelte, bedeutete die Kritik an den Restaurierungsarbeiten eine Kritik sowohl an der regionalen Parteivertretung als auch am staatlichen Verständnis vom sowjetischen Denkmalschutz und von der Denkmalpflege. Die empfindliche Reaktion der Kulturverwaltung auf die Kritik an den Solovecker Restaurierungsarbeiten legt darüber hinaus die Vermutung nahe, dass die Politikerinnen und Politiker in Archangel'sk die Gefahr einer möglichen Verunglimpfung des sowjetischen Staates aufgrund des schlechten Zustands der Architekturdenkmäler neben einer gleichzeitigen positiven Bewertung der klösterlichen Vergangenheit durch die Besucherinnen und Besucher als durchaus realistisch einschätzten, denn historische Architekturdenkmäler sollten von Gästen nicht nur als Objekte russischer Kultur bewundert und vom Museumspersonal zur Verbreitung antireligiöser Propaganda genutzt werden. Mit Blick auf ihren baulichen Zustand und ihre Restaurierungshistorie sollten Architekturdenkmäler als Beispiele sowjetischer Zivilisation gelesen werden und bestenfalls die Identifikation der Gäste mit dem kommunistischen Staat stärken.[560]

In der ›Gegengeschichte‹ des Solovecker Museums von 1969 vermischten sich also Kritik und ›Gegengeschichten‹, wie sie Ende der 1980er Jahre von unterschiedlichen in der Sowjetunion marginalisierten Gruppen aufgegriffen und in voneinander getrennte Diskurse überführt werden sollten. Im Gegensatz zu den Jahren der späten Perestroika schien Ende der 1960er Jahre die Lagervergangenheit die Solovecker ›Gegengeschichte‹ noch nicht zu dominieren. Inwieweit die von Brežnev verfolgte Politik ausgewählte ›Leistungen‹ Stalins beim Aufbau des Landes zu würdigen und die Verlagerung des fortgesetzten Entstalinisierungsdiskurses in den Untergrund damit zusammenhängen, kann – mit Verweis auf den engen Kontakt der drei Museumsmitarbeiter zu der Gruppe ›Andersdenkender‹

In: JULIA LANDAU/IRINA SCHERBAKOWA (Hrsg.): Gulag. Texte und Dokumente 1929–1956. Göttingen 2014, S. 180–189.
560 DONOVAN: Chronicles in Stone, S. 59–61.

in Archangel'sk – angenommen werden.⁵⁶¹ Die unerlaubten Führungen der Solovecker Museumsmitarbeiter in der Saison 1969 schienen allerdings zu gleichen Teilen von einer Opposition gegen das vorherrschende Geschichtsbild, der zunehmenden innenpolitischen Kriminalisierung politisch ›Andersdenkender‹ sowie von einer bewussten Provokation der sowjetischen Offiziellen in Archangel'sk motiviert zu sein.

Während die regionale Parteizentrale auf den Skandal mit Repressionen und Disziplinierungsmaßnahmen gegen die betreffenden Personen reagierte und die Kontrolle und den Zugriff auf die Arbeit des Solovecker Museums, auf seine Mitarbeiterinnen und Mitarbeiter und die vermittelten Inhalte mithilfe des sowjetischen Geheimdienstes verschärfte, veränderte sich in den folgenden Jahren auch inhaltlich die Ausrichtung des Solovecker Museums. Einerseits hatte die Kulturverwaltung das inhaltliche und ideologische Vakuum wahrgenommen, das die weitgehende Aussparung des 18. und 19. Jahrhunderts sowie der jüngsten Zeitgeschichte an einem sensiblen historischen Ort wie den Solovki auslösen konnte. Andererseits drängte in den 1970er Jahren die Vergangenheit der Inselgruppe zu Zeiten des Zweiten Weltkrieges in den Vordergrund des Solovecker Narrativs.

4. Auf den Baustellen des Kommunismus? Die studentische Restaurierungs- und Baubrigade *Solovki* in den 1960er und 1970er Jahren

Durch die Museumsgründungen der 1960er Jahre und die Musealisierung historischer Architekturensembles wurde die Restaurierung, Musealisierung und Nutzung der historischen Denkmallandschaft in staatliche Hände übertragen und den Museumseinrichtungen und ihren Mitarbeiterinnen und Mitarbeitern lediglich kontrolliert Einfluss auf denkmalschützerische Entscheidungen gewährt. Die politische Entscheidungsgewalt im Denkmalschutz lag – wie es im vorangegangenen Kapitel deutlich geworden ist – hauptsächlich bei den regionalen Kulturverwaltungen. Ebenso hatte sich der Einfluss der *kraevedy* durch die Gründung und den Ausbau der VOOPIiK und der Museumsinstitutionen auf regionaler Ebene erheblich verringert. Wie aber sah das gesellschaftliche Engagement in der lokalen Denkmalpflege aus, von der in den 1960er Jahren durch die Gründung

---

561 Susanne Schattenberg wendet sich gegen die in der Forschung vorherrschende Meinung, dass es unter Brežnev zu einer Restalinisierung gekommen sei. Ihrer Meinung nach sei Brežnev der bereits unter Chruščëv begonnenen Teilrehabilitierung Stalins treu geblieben, indem er auf positive Verdienste Stalins beim Aufbau des Landes verwiesen habe, ihn aber für den ›Großen Terror‹ und »Fehlentscheidungen im Zweiten Weltkrieg« verantwortlich gemacht habe. Siehe SCHATTENBERG: Breschnew, S. 419–423.

von Initiativgruppen der entscheidende Impuls der Denkmalschutzbewegung ausgegangen war? Im Zusammenhang mit der beginnenden Professionalisierung der Denkmalpflege in den 1970er Jahren nähert sich dieses Kapitel den studentischen Bau- und Restaurierungsbrigaden als Teil der studentischen Baubrigadenbewegung des sowjetischen Komsomol. 1967 gründete sich an der Moskauer Universität die erste studentische Bau- und Restaurierungsbrigade überhaupt, unter dem Namen Solovki-67. In den kommenden Jahrzehnten fuhren die Studierenden jährlich auf den Archipel, um bei den Restaurierungsarbeiten an den Solovecker Baudenkmälern zu helfen. Die Solovecker Restaurierungsbrigade, die ab 1968 als Jugendbrigade der VOOPIiK fungierte, rückt abschließend die Jugendarbeit der Denkmalschutzgesellschaft abermals in den Fokus der Untersuchung. Im Gegensatz zum Rodina-Klub, dessen unautorisierte Initiative im Moskauer Denkmalschutz und in der Denkmalpflege von der VOOPIiK schnell eingehegt wurde, ließ sich die praktische und ideologische Dimension der Arbeit der VOOPIiK über die studentischen Bau- und Restaurierungsbrigaden erfolgreich auf die junge Generation übertragen. Sowohl ihre Entstehungsgeschichte als auch ihre Entwicklung und ihr Fortbestehen bis weit über den Zusammenbruch der Sowjetunion hinaus zeichnen das Bild einer engagierten und nachhaltigen Basisaktivität in der Solovecker Denkmalpflege. In diesem Zusammenhang wird in dem Kapitel danach gefragt, inwieweit die studentischen Bau- und Restaurierungsbrigaden über die 1960er Jahre hinaus als systemstabilisierende Faktoren für die Arbeit mit Jugendlichen in der VOOPIiK und für die sowjetische Jugendpolitik insgesamt wirkten. Welche Impulse gingen schließlich von der Arbeit der Restaurierungsbrigaden für den russischen Denkmalschutz aus?

Die sowjetische Jugend war einer der zentralen Anker für die politische und ideologische Selbstvergewisserung der Kommunistischen Partei. Ideologisch verkörperten die Jugendlichen sowohl den Blick in die kommunistische Zukunft als auch eine Huldigung an den revolutionären Geist der frühen Jahre.[562] Allerdings waren die Probleme, die der sowjetischen Jugendpolitik bereits seit dem Spätstalinismus anhafteten, während der Entstalinisierung nicht verschwunden, im Gegenteil: Die Jugendkriminalität, das bekannte Phänomen des *chuliganstvo*, hatte sich durch den massiven Bevölkerungsaustausch zwischen Stadt und Land in der Chruščëv-Zeit sogar noch verschärft. Obgleich der Oberste Gerichtshof der UdSSR am 26. Juni 1966 ein Gesetz zur »Verstärkung der Verantwortung

---

562 JULIANE FÜRST: The arrival of spring? Changes and continuities in Soviet youth culture and policy between Stalin and Khrushchev, in: JONES, POLLY (Hrsg.): The Dilemmas of De-Stalinization. Negotiating cultural and social change in the Krushchev era. New York 2007, S. 135–153, hier S. 136.

für den Hooliganismus« verabschiedete, das in erster Linie die Rechte der Miliz erweiterte und schnelle, messbare Erfolge erzielen konnte,⁵⁶³ verschärfte sich in den 1970er Jahren beispielsweise das Problem des Alkoholismus sichtbar – auch unter Jugendlichen.⁵⁶⁴

Neben der Herausforderung, die von modebewussten und westlich orientierten ›Abweichlern‹ der 1960er Jahre, den so genannten *stiljagi*, ausging, blieben in erster Linie die sowjetischen Studentinnen und Studenten und damit die Universitäten potenzielle Unruheherde für politische und ideologische Kritik.⁵⁶⁵ Im Zuge der Entstalinisierung verschwommen die Grenzen zwischen der politisch geförderten und sanktionierten Tätigkeit von Jugendlichen, dem politisch-ideologischen Ungehorsam bis hin zur Kritik.⁵⁶⁶ Während der Komsomol einerseits Initiative und Basisaktivität als hohe Werte sowjetischer Jugendpolitik propagierte, musste andererseits die politische und ideologische Kontrolle der Aktivitäten gewährleistet sein. Auch in der Brežnev-Zeit änderte sich an diesem Grunddilemma nichts, vielmehr erhöhte sich der ideologische Druck auf die Jugendlichen durch den Konsum westlicher Kulturgüter und die zunehmende Öffnung der Sowjetunion in den ›kapitalistischen Westen‹.⁵⁶⁷ Um die ideologischen Widersprüche so gering wie möglich zu halten, fanden die Jugendlichen der späten Sowjetunion ihren eigenen Weg der Auseinandersetzung und Aneignung von Elementen der sowjetischen und westlichen Jugendkultur.⁵⁶⁸

Seit jeher begriff die Kommunistische Partei der Sowjetunion die Umerziehung über den Arbeitsprozess als zentrales Element im Umgang mit politischen Abweichlerinnen und Abweichlern. Besonders unter Jugendlichen hoffte die sowjetische Führung über eine intensive ideologische Umerziehung und die aktive Beteiligung am sozialistischen Arbeitsprozess auf die Wiedererweckung des jugendlichen ›revolutionären Geistes‹.⁵⁶⁹ In dieser Hinsicht lag der Fokus der Jugendpolitik Chruščëvs ab 1956 in erster Linie auf Arbeitskampagnen, in denen der praktische und der ideologische Aspekt der Umerziehung miteinander

---

563 Ob usilenii otvetstvennosti za chuliganstvo. In: V. A. KOZLOV: Massovye bezporjadki v SSSR pri Chruščëve i Brežneve, 1953 – načalo 1980-ch gg. Novosibirsk 1999, S. 401 f.
564 Siehe beispielsweise den Artikel von Vladimir G. Treml, der dort einige Maßnahmen der 1970 gestarteten Antialkoholismuskampagne auflistet, der sich die Brežnev-Administration in den 1970er Jahren verstärkt widmete und die sich in erster Linie gegen den Konsum von Selbstgebranntem *(samagon)* richtete. Siehe TREML: Alcohol in the USSR, S. 161–177.
565 Siehe FÜRST: The arrival of spring? S. 136.
566 Ebd., S. 139 f., 148.
567 SERGEI I. ZHUK: Rock and Roll in the Rocket City. The West, Identity, and Ideology in Soviet Dniepropetrovsk, 1960–1985, Washington 2010, S. 312 ff.
568 Ebd., S. 312.
569 Siehe FÜRST: The arrival of spring? S. 153, Fn. 73.

verwoben waren und die daher, folgt man Juliane Fürst, keine Abkehr von der stalinistischen Jugendpolitik bedeuteten.[570] Die sowjetischen Baubrigaden, die ab der zweiten Hälfte der 1950er Jahre auch außerhalb von Betrieben in Schulen und vor allem in höheren Bildungseinrichtungen entstanden, sind als direktes Ergebnis dieser Politik zu werten.

Die Geschichte der sowjetischen studentischen Baubrigaden ist ein vollkommen unterbelichtetes Phänomen. Selbst in der russischsprachigen Forschung ist die Geschichte der studentischen Baubrigadenbewegung nur am Rande in den Fokus geraten, und dann in erster Linie aus dem Blickwinkel von Zeitzeuginnen und Zeitzeugen.[571] In der westlichen Forschungslandschaft dient die Auseinandersetzung mit der offiziellen sowjetischen Jugendpolitik der späten Sowjetunion oftmals lediglich als Rahmen und Kontext für eine sich stetig erweiternde Forschung zu Phänomenen alternativer sowjetischer Jugendsubkulturen.[572] Als grundlegend für die in diesem Kapitel aufgeworfenen Fragen ist das Werk von David L. Ruffley herangezogen worden, der sich an einem generationellen Portrait der jungen Spezialistinnen und Spezialisten in der Brežnev-Ära versucht hat.[573] Juliane Fürst hat in einem Artikel über die Jugendpolitik der Chruščëv-Ära einerseits deutlich gemacht, welche enormen Erwartungen und

---

570　Ebd., S. 150.
571　Siehe dazu die einzige Überblicksdarstellung zur Geschichte der sowjetischen Baubrigaden, die von einem hochdekorierten und renommierten ehemaligen Mitglied des Zentralen Sowjets der Baubrigadenbewegung stammt. Sein Verdienst besteht in erster Linie darin, wichtige sowjetische Überblicksdarstellungen und statistische Daten zusammengeführt zu haben. Siehe: V. A. Pristupko: Studenčeskie otrjady. Istoričeskij opyt 1959–1990 godov, Moskva 2008. Darüber hinaus eine unveröffentlichte Dissertation von Andrej Chovrin, siehe Andrej Jur'evič Chovrin: Studenčeskie otrjady kak sub'ekt realizacii gosudarstvennoj molodežnoj politiki. Sociologo-upravlenčeskij analiz, Dissertacija Moskva 2003. Einen guten Überblick über die Arbeit des Komsomol der Tauwetter-Periode in der Region Archangel'sk bietet die Dissertation von Dmitrij Kozlov: Komsomol i samoidentifikacija molodeži v uslovijach «ottepeli» 1950–1960-ch gg. (na materialy Evropejskogo Severa SSSR), Dissertacija Archangel'sk 2013.
572　Obgleich die meisten neueren Studien eine starke binäre Trennung zwischen ›offizieller‹ und den ›inoffizieller‹ sowjetischer Jugendkultur nicht vornehmen, konzentriert sich deren Erkenntnisinteresse doch in erster Linie darauf, unangepasste Jugendliche sichtbar zu machen und deren Handlungsspielräume in Bezug auf die sowjetische Jugendpolitik auszuloten. Siehe dazu beispielsweise die Studie von Zhuk: Rock and Roll in the Rocket City. Darüber hinaus ist ein neuer Sammelband von Juliane Fürst und Josie McLellan interessant, dessen Titel bereits die Intention des Buches sichtbar macht: Juliane Fürst/Josie McLellan (Hrsg.): Dropping out of Socialism. The creation of alternative spheres in the Soviet bloc, New York/London 2017.
573　David L. Ruffley: Children of Victory. Young Specialists and the Evolution of Soviet Society, Westport, Connecticut, London 2003.

Hoffnungen die sowjetische Führung in die Jugend des Landes legte und welche Spielräume sich die Jugendlichen andererseits nach 1945 erarbeiteten.[574] Für die späte Sowjetunion dient das Werk von Alexei Yurchak als wichtige Orientierung. Es stützt sich empirisch in erster Linie auf Selbstzeugnisse von Komsomolzinnen und Komsomolzen und rekonstruiert deren Lebenswelten, indem es aufzeigt, wie sich die Angehörigen der letzten sowjetischen Generation ritualisierte und formelhafte Diskurse individuell und ›eigensinnig‹ aneigneten.[575] Andere alltagsgeschichtliche Studien zur »letzten sowjetische Generation«[576] versuchen über Ego-Dokumente und mittels Oral-History-Aufschlüsse über das Selbstverständnis der späten Sowjetjugend zu erlangen.[577] Der Freizeitmobilität und der damit zusammenhängenden Identitätskonstruktion der sowjetischen Jugend über Reisen ins sozialistische und nichtsozialistische Ausland ist darüber hinaus in Arbeiten zum sowjetischen In- und Auslandstourismus Aufmerksamkeit geschenkt worden.[578] Insgesamt hat sich die internationale Forschung zu Jugendorganisationen in Diktaturen mittlerweile davon losgesagt, Jugendorganisationen als »einförmige Indoktrinationsmaschinen« zu begreifen, und es wird vielmehr verstärkt dafür plädiert, sie als »vielschichtige Räume der intergenerationellen Sozialisation« neu zu denken.[579] Durch dieses Prisma soll im Folgenden das Phänomen der studentischen Bau- und Restaurierungsbrigaden betrachtet werden, das in keinem der genannten Werke gesonderte Beachtung gefunden hat; und das, obwohl viele tausende Studierende jedes Jahr ihre

---

574 JULIANE FÜRST: Stalin's Last Generation. Soviet Post-War Youth and The Emergence of Mature Socialism, New York 2010; DIES.: The arrival of spring? Changes and continuities in Soviet youth culture and policy between Stalin and Khrushchev, in: POLLY JONES (Hrsg.): The Dilemmas of De-Stalinization. Negotiating cultural and social change in the Krushchev era, New York 2007. – Einige interessante Anknüpfungspunkte bietet der Aufsatz von Ingo Grabowsky zum sowjetischen Schlager. Siehe: IGOR GRABOWSKY: »Er richtet sich an die janz Scharfen.« Der sowjetische Schlager in den 1960er und frühen 1970er Jahren, in: BELGE/ DEUERLEIN (Hrsg.): Goldenes Zeitalter der Stagnation? Perspektiven auf die sowjetische Ordnung der Brežnev-Ära, Tübingen 2014, S. 133–153.
575 YURCHAK: Everything Was Forever.
576 Siehe den Untertitel des Buches von YURCHAK: Everything Was Forever Until It Was No More. The Last Soviet Generation.
577 DONALD J. RALEIGH: Soviet Baby Boomers. An Oral History of Russia's Cold War Generation, Oxford/New York 2012.
578 Siehe dazu in erster Linie die Studien von ANNE GORSUCH: All This Is Your World. Soviet Tourism at Home and Abroad after Stalin, New York 2011 sowie das Buch von DIANE P. KOENKER: Club Red.
579 MISCHA HONECK: Jugendorganisationen. Version 1.0, in: Docupedia-Zeitgeschichte, 22.10.2018. Abgerufen unter URL: https://docupedia.de/zg/Honeck_jugendorganisationen_v1_de_2018, letzter Zugriff: 05.05.2023.

Semesterferien auf Baustellen in der Sowjetunion verbrachten. Waren es in der zweiten Hälfte der 1960er Jahre noch um die 40.000 Studierende, so stieg die Zahl der jugendlichen Bauarbeiterinnen und Bauarbeiter in den 1980er Jahren auf über 800.000 an.[580] Blickt man in die Forschungen zur DDR-Geschichte, so stößt man auf ein Überblickswerk zur Brigadenbewegung, dessen Fokus sich allerdings auf die betriebseigenen Baubrigaden richtet, die Studierende vollkommen ausklammert und das Phänomen in erster Linie als Faktor der ostdeutschen Volkswirtschaft bewertet.[581]

Im Angesicht dieser fragmentarischen Forschungslandschaft orientiert sich dieses Kapitel in erster Linie an Archivdokumenten und damit an offiziellen Quellen, die es nicht möglich machen, die »relative Stimmlosigkeit junger Menschen in den Archiven« aufzubrechen.[582] Unter Zuhilfenahme einiger publizierter Ego-Dokumente und durch den Rückgriff auf das Privatarchiv eines Solovecker Brigadiers[583] können hier also nur erste Rückschlüsse auf den konkreten Alltag der Restaurierungsbrigade ›Solovki‹ und auf das Selbstverständnis der Denkmalpflegerinnen und Denkmalpfleger gezogen werden.

4.1 Organisationsgeschichte der Restaurierungs- und Baubrigade ›Solovki 67‹ im Kontext der studentischen Baubrigadenbewegung der 1960er Jahre

In einem dünnen Überblicksband über die Geschichte des sowjetischen Komsomol, der 1988 in der DDR erschien, beschreibt der Autor Aleksej Ševelev den Komsomol der 1920er und 1930er Jahre als Organisation, in der »zahlreiche Arbeitsinitiativen an der Basis ›ganz unten‹, ohne Druck von ›oben‹ entstanden und verbreitet« worden seien.[584] Dieser Periode, die Ševelev vollkommen unkritisch mit Blick auf die stalinistische Repressionspolitik als Zeit des jugendlichen Aufbruchs und der »Intensität der Ideen« glorifizierte, stellte er die Brežnev-Ära und im Besonderen die 1970er Jahren gegenüber, als der Komsomol »nicht mehr von wichtigen Taten gekennzeichnet war« und sich die Stimmen der Mitglieder lediglich den bereits gefassten Beschlüssen angeschlossen hätten.[585] Ševelev, dessen

---

580 Siehe Pristupko, S. 152.
581 Siehe dazu die Dissertation von Thomas Reichel: »Sozialistisch arbeiten, lernen und leben«. Die Brigadebewegung in der DDR (1959–1989), Köln u. a. 2011.
582 Honeck: Jugendorganisationen.
583 Privatarchiv Igor' Mitin.
584 Alexej Schewelew: Der sowjetische Komsomol. Moskau 1988, S. 23.
585 Ebd., S. 45.

Broschüre den Geist der Reformen von Glasnost' und Perestroika widerspiegelt, begreift die Brežnev-Zeit als Phase der Stagnation, die den Komsomolzinnen und Komsomolzen ihre Eigeninitiative und ihren Schwung genommen habe. Ganz unabhängig von Ševelevs Motiv, die Reformpolitik der Gorbačëv-Ära politisch zu legitimieren, konterkariert die Entstehungsgeschichte der studentischen Restaurierungsbrigaden in der zweiten Hälfte der 1960er Jahre die Beurteilung Ševelevs in Bezug auf den Komsomol, denn deren Gründungsgeschichte kann auf eine Initiative zurückverfolgt werden, die von Studierenden, Lehrkräften und Teilen des Komsomol-Verbandes der Moskauer Hochschule ausging und damit – bemüht man Ševelevs Argumentation – tatsächlich ›von unten‹ kam.

Die erste Bau- und Restaurierungsbrigade der Sowjetunion gründete sich 1967 am Lehrstuhl für Elektronik und Strahlenphysik am Physikalischen Institut der Moskauer Universität.[586] Dass sich die Studierenden eben an diesem Institut zusammenfanden, um als Laiendenkmalpflegerinnen und Laiendenkmalpfleger zu jenen im Verfall begriffenen Architekturdenkmälern des russischen Nordens zu reisen, hatte zwei Gründe. Zum einen fand die Idee von Beginn an die Unterstützung des Rektors der Moskauer Universität, des Mathematikers Grigorij Petrovskij. Bereits in den Jahren zuvor hatte er sich als prominenter Befürworter des Jugendklubs Rodina einen Namen gemacht. Zum anderen konnten die Moskauer Universität, deren Komsomol-Verband und im Besonderen die Physikalische Fakultät auf eine traditionsreiche Organisationsgeschichte studentischer Baubrigaden zurückblicken.

Der Beginn des Einsatzes von studentischen Arbeitskräften in der sowjetischen Volkswirtschaft kann bis weit in die 1920er Jahre zurückdatiert werden. Komsomol- und Jugendbrigaden arbeiteten damals in den Schwerpunktbetrieben großer Städte, in Landwirtschaftsbetrieben auf dem Land, wurden als ›Stoßarbeiter‹ in den Fernen Osten delegiert und beteiligten sich an den ersten *voskresniki* zur »unentgeltlichen Arbeit für die sowjetische Gesellschaft«.[587] Im Zusammenhang mit den landwirtschaftlichen Reformen der Chruščëv-Ära und der Erschließung von 30 Millionen Hektar Getreideland im Südosten der Sowjetunion reisten tausende Komsomolzinnen und Komsomolzen nach Kasachstan und arbeiteten in der Landwirtschaft.[588] In den 1950er Jahren fanden sich an russischen und ukrainischen Universitäten die ersten Studenten, die in verschiedenen regionalen Bauprojekten eingesetzt wurden. 1958 formierte sich im Betriebswerk des Verschiebebahnhofs

---

586 Itogovyj otčet o podgotovke restavracionnogo studenčeskogo stroitel'nogo otrjada fizičeskogo fakul'teta MGU »Solovki-76« k letnim rabotam 1976-go goda. [Bericht über die Vorbereitung der studentischen Restaurierungs- und Baubrigade der Physikalischen Fakultät der MGU »Solovki-76« für die Sommersaison 1976], Privatarchiv Igor' Mitin.
587 SCHEWELEW: Der sowjetische Komsomol, S. 42.
588 Ebd.

in Moskau die erste ›Brigade der kommunistischen Arbeit‹ bestehend aus jungen Arbeitern, eine neue Form der sozialistischen Arbeitskollektive der 1930er Jahre.[589] Als »Grundzelle der sozialistischen Gesellschaft« sollten die Brigaden und sozialistischen Arbeitskollektive der 1950er Jahre »produktions-, kollektiv- und persönlichkeitsfördernde Aufgaben lösen«.[590]

Nur wenige Monate später gründete sich an der Physikalischen Fakultät der Moskauer Universität die erste offizielle studentische Baubrigade.[591] Die zugrunde liegende politische Idee für eine studentischen Baubrigadenbewegung wurde im Februar 1959 auf dem IV. Plenum des Zentralkomitees des Komsomol der Sowjetunion formuliert, als die Notwendigkeit zur Einrichtung von studentischen Baubrigaden festgestellt wurde. Das Büro des Komsomol der Physikalischen Fakultät der Moskauer Universität wurde mit der Vorbereitung und Ausbildung von Studierenden betraut, die im Sommer 1959 in einer Personenstärke von 339 Studentinnen und Studenten zur Arbeit auf 20 verschiedene Baustellen in Nordkasachstan aufbrachen.[592] Zur ersten unionsweiten Sitzung der studentischen Baubrigaden kam es allerdings erst im Dezember 1966. Im Januar 1967 erfolgte dann die Gründung des Zentralen Stabs der studentischen Baubrigaden unter dem Zentralkomitee des Komsomol und dessen Pendant auf Republiks-, Gebiets- und Regionsebene. Strukturell waren die Baubrigaden bei den Komsomol-Verbänden der Bildungseinrichtungen angesiedelt. Diese hatten für die auf die Arbeit in den Brigaden ausgerichtete Ausbildung der Studierenden während des Semesters zu sorgen und arbeiteten eng mit den Gewerkschaften zusammen, auf deren Baustellen die studentischen Arbeiterinnen und Arbeiter eingesetzt wurden.[593] Zu Hochzeiten ab Mitte der 1970er Jahre stand der Zentrale Stab der studentischen Baubrigaden mit mehr als 50 verschiedenen sowjetischen Ministerien und Behörden im Austausch. Besonders gefragt waren spezialisierte Baubrigaden, in denen die Studierenden aufgrund ihrer universitären Ausbildung beispielsweise in der Transportindustrie oder der Energiewirtschaft eingesetzt werden konnten.[594] Die Restaurierungsbrigaden stießen in genau diese Lücke vor, da für den Einsatz auf den Großbaustellen russischer Baudenkmäler nur wenige Fachkräfte gefunden werden konnten. Wie häufig Studierende dringend

---

589 REICHEL: »Sozialistisch arbeiten, lernen und leben«, S. 53, Fn. 2.
590 GÜNTER ERBE: Arbeiterklasse und Intelligenz in der DDR. Soziale Annäherung von Produktionsarbeiterschaft und wissenschaftlich-technischer Intelligenz im Industriebetrieb, Opladen 1982, S. 183.
591 PRISTUPKO: Studenčeskie otrjady, S. 39–41.
592 Ebd., S. 41 f.
593 Ebd., S. 48.
594 Ebd., S. 79.

benötigte Facharbeiterinnen und Facharbeiter ersetzten bzw. in spezialisierten Branchen aushalfen, kann aus den offiziellen Statistiken zumindest in Ansätzen abgeleitet werden: 1973 hatte sich die Anzahl der Studierenden, die in den so genannten spezialisierten Baubrigaden arbeiteten, im Vergleich zum Jahr 1970 verdoppelt.[595] Für den russischen Denkmalschutz, der durch akuten Fachkräftemangel gebeutelt war, stellten die studentischen Restaurierungsbrigaden wichtige personelle Ressourcen dar.

Neben der politischen und institutionellen Ebnung des Wegs zur Gründung einer studentischen Denkmalpflegebewegung durch die Einrichtung des Zentralen Stabs der studentischen Baubrigaden 1967 erwies sich das Jahr auch darüber hinaus als geeignet, um eine studentische Denkmalschutzinitiative aus der Taufe zu heben. Wie bereits ausführlich dargelegt worden ist, befanden sich die Diskussionen über den Verfall bedeutender russischer Baudenkmäler, im Besonderen im Norden des Landes, auf dem Höhepunkt. Erst wenige Monate zuvor war der in der Moskauer Kunst- und Kulturszene breitdiskutierte Artikel Jurij Kazakovs über die Solovecker Denkmäler erschienen und die Solovki hatten sich im ganzen Land zu einem ›Sehnsuchtsort‹ russischer Denkmalpflegerinnen und Denkmalpfleger entwickelt.

Entscheidenden Anteil an der Gründung der ersten studentischen Restaurierungsbrigade an der Physikalischen Fakultät der Moskauer Universität hatten das Komitee des Komsomol der Physikalischen Fakultät und der Jugendklub Rodina. Da die offizielle Anerkennung der Restaurierungsbrigaden durch das Ministerium für Kultur erst im April 1969 erfolgte, orientierte sich die Brigade Solovki-67 zwar strukturell an anderen spezialisierten Baubrigaden der Universität, eine finanzielle Unterstützung durch zentrale oder regionale Ministerien war allerdings zunächst nur schwierig zu erwirken. Um Geld für die Reisekosten der ersten studentischen Laiendenkmalpflegerinnen und Laiendenkmalpfleger zu sammeln, organisierte der Rodina-Klub daher im Frühsommer 1967 einen Abend zur altrussischen Kultur an der Moskauer Universität.[596] Unter den Gästen, den Mitinitiatorinnen und Mitinitiatoren des Kulturabends waren unter anderem der Mitarbeiter des Museums für altrussische Kunst Andrej Rublëv und der Schriftsteller Oleg Volkov.[597] Oleg Volkov, der sich in den folgenden Jahren lautstark für den Denkmal- und zunehmend auch für den Naturschutz einsetzen sollte, war mit einer kurzen

---

595 V. BARINOV/A. SEMENČENKO: Studenčeskie stroitel'nye otrjady kak forma vtoričnoj zanjatosti. In: Ministerstvo vysšego I srednego special'nogo obrazovanija SSSR/Naučnotechničeskij sovet Sekcija narodonaselenija (Hrsg.): Demografičeskie aspekty zanjatosti, Moskva 1975, S. 94–102, hier S. 99.
596 Edem na Solovki. In: *Moskovskij Universitet* 1967. GARF, f. A259, op. 45, d. 6647, l. 2.
597 Ebd.

Unterbrechung von 1928 bis 1936 auf den Solovki inhaftiert gewesen. Gemeinsam mit seiner Frau gehörte er zu den ersten Unterstützerinnen und Unterstützern der studentischen Baubrigade ›Solovki‹.[598] Glaubt man der Moskauer Universitätszeitung, so war der Andrang zur ersten Fahrt auf die Solovki groß, obgleich nur etwa 50 Studierende zu den Inseln aufbrechen durften.[599] Der Sekretär des Komsomol-Komitees an der Physikalischen Fakultät, Vsevolod Tvërdislov, wurde zum Leiter der studentischen Restaurierungsbrigade ernannt. Als Mitglied der ersten Baubrigade der MGU im Sommer 1959 und Promotionsstudent der Physikalischen Fakultät wurde er mit der Gründung und Zusammensetzung der Brigade betraut.[600] Neben der Kommissarin der Brigade, Nataša Jeremjan, bestand die Brigade aus studentischen Mitgliedern des Rodina-Klubs, die sich denkmalpflegerische Fertigkeiten durch ihre selbstorganisierten Einsätze an Moskauer Denkmälern erarbeitet hatten, sowie aus Studierenden unterschiedlicher Moskauer Institute, die in erster Linie aufgrund ihrer handwerklichen Eignung für die Fahrt auf den Archipel ausgesucht wurden. So verfügte beispielsweise das Moskauer Architekturinstitut bereits seit 1959 über hinreichend Erfahrung bezüglich des Einsatzes von Studierenden auf Großbaustellen des Landes, die dort im Rahmen ihres Curriculums ihre praktische Ausbildung erhielten.[601] Angesichts der personell schlecht ausgestatteten Restaurierungswerkstatt in Archangel'sk, für die Pavel Vitkov im gleichen Jahr beim Zentralen Sowjet der VOOPIiK sechs ausgebildete Fachleute anforderte,[602] begleitete die Studierenden zudem einen pensionierten Maurer.[603] Aufgrund des studentischen Enthusiasmus für das Projekt und der noch fehlenden staatlichen Anerkennung zeigten sich die Studentinnen und Studenten 1967 sogar bereit, auf ihren Lohn zu verzichten und lediglich für die Übernahme der Reise- und Verpflegungskosten auf den Inseln zu arbeiten.[604] Erst in letzter

---

598 So wird in einem studentischen Erlebnisbericht über die ersten Jahre der Restaurierungsbrigaden berichtet und die Frau von Oleg Volkov als eine der Initiatorinnen der studentischen Baubrigade »Solovki« bezeichnet. Siehe den Erfahrungsbericht von Studentinnen und Studenten über die Baubrigaden der MGU zwischen 1967 und 1969. GARF, f. A639, op. 1, d. 268, l. 18–33, hier l. 19.
599 Edem na Solovki.
600 E. BRUSKOVA: U samogo Belogo morja. In: *Komsomol'skaja Pravda*, 24. August 1967. Abgerufen unter URL: http://www.phys.msu.ru/rus/about/sovphys/ISSUES-2010/03%2880%29-2010/9886/, letzter Zugriff: 05.05.2023.
601 N. NESTURCH/N. ŽURUN: Studenty na strojkach. In: *Architektura SSSR* 3 (1959), S. 57–59.
602 Brief Vitkovs an den Zentralen Sowjet der VOOPIiK vom 28.09.1967. GARF, f. A639, op. 1, d. 48, l. 68.
603 BRUSKOVA: U samogo Belogo morja.
604 Brief des stellvertretenden Leiters des Zentralen Sowjets der VOOPIiK Vitkov an den Leiter der Regionalabteilung in Archangel'sk Frumenkov aus dem Jahr 1966. GARF, f. A639, op. 1,

Sekunde und auf Druck der Moskauer Ministerien stellte die Kulturverwaltung in Archangel'sk die Bezahlung der Brigade sicher.[605]

Die Besoldung der Studierenden orientierte sich am Durchschnittsgehalt der Mitarbeiterinnen und Mitarbeiter der unionsweiten Restaurierungswerkstätten, das im Jahr 1968 bei 350 Rubel im Monat lag und damit höher war als in anderen Baubrigaden und Wirtschaftszweigen zu dieser Zeit.[606] Da die Studierenden im Sommer häufig länger arbeiteten, erwirtschafteten sie in den 30 bis 40 Tagen ihres Einsatzes oftmals einen Lohn, der über dem regulären monatlichen Durchschnittsgehalt lag. Dieser Umstand, der als Produktionserfolg propagandistisch beworben wurde, machte die Arbeit in den Sommerferien für viele Studierende zusätzlich attraktiver. Zur ›Produktionssteigerung‹ konkurrierten die verschiedenen regionalen Führungsstäbe zudem im Rahmen von sozialistischen Wettbewerben. So wurde kollektiv die Ehrung als »beste Studentenbrigade« ausgelobt und die Auszeichnung des »Bestarbeiters« einer Unionsbrigade vergeben.[607] Hinzu kamen Sportveranstaltungen, bei denen die Studierendenbrigaden in unterschiedlichen handwerklichen Disziplinen gegeneinander antraten.[608]

Aufgrund der fehlenden staatlichen Anerkennung und ihres experimentellen Charakters agierte die Restaurierungsbrigade Solovki-67 zunächst außerhalb des sozialistischen Wettbewerbs. Weder das kleine und erst wenige Monate zuvor eingerichtete Museum noch die mangelhaft ausgestattete Abteilung der regionalen Restaurierungswerkstatt auf den Solovki waren auf die Ankunft der Studentinnen und Studenten im Sommer 1967 vorbereitet. Hinzu trat die Schwierigkeit, dass lediglich ein Drittel der Studierenden unter Aufsicht der Mitarbeiter der Restaurierungswerkstatt mit konkreten denkmalpflegerischen Arbeiten an den Solovecker Baudenkmälern betraut werden konnte. Die Mehrzahl der studentischen Bauarbeiterinnen und Bauarbeiter verbrachte ihren Aufenthalt mit Aufräum- und Vorbereitungsarbeiten. So säuberten sie das Territorium des Kreml' von Unrat und Schutt, ebneten Zufahrtswege für Baugeräte und errichteten hölzerne Baugerüste.[609] Hinzu kamen Baumfäll- und Rodungsarbeiten in den Solovecker Wäldern sowie grundlegende Instandsetzungsarbeiten an der Solovecker Infrastruktur. Trotz erheblicher Probleme in der Ausführung der Arbeiten, die in der

---

d. 22, l. 46.
605 Edem na Solovki.
606 Erfahrungsbericht von Studentinnen und Studenten über die Baubrigaden der MGU zwischen 1967 und 1969. GARF, f. A639, op. 1, d. 268, l. 18–33, hier l. 23.
607 PRISTUPKO: Studenčeskie otrjady, S. 115.
608 Stroitel'naja Ėstafeta. In: *Smena* Nr. 19 (Oktober 1968), S. 2 f.
609 Erfahrungsbericht von Studentinnen und Studenten über die Baubrigaden der MGU zwischen 1967 und 1969. GARF, f. A639, op. 1, d. 268, ll. 18–33, hier l. 20.

Unterversorgung mit geeigneten Werkzeugen und Baumaterialien sowie in der fachgerechten Anleitung der jungen Arbeiterinnen und Arbeiter begründet lagen, sorgte die Restaurierungsbrigade Solovki-67 unionsweit für Aufmerksamkeit. Dem Engagement der Studierenden folgend, wandten sich in den Folgejahren sogar Privatpersonen an die VOOPIiK in der Hoffnung, Mitglieder der Restaurierungsbrigade des kommenden Jahres zu werden.[610] Und auch die politischen Schaltstellen, allen voran das Ministerium für Kultur, der Komsomol und die VOOPIiK hatten das Potenzial erkannt, welches die Restaurierungsbrigaden für die Mobilisierung von Jugendlichen in der Denkmalpflege bereithielten.

4.2 Die Restaurierungsbrigaden der VOOPIiK der späten 1960er Jahre

Bereits im Beschluss des Ministerrates über den Denkmalschutz von 1960 war die breite Einbeziehung der Jugend gefordert worden.[611] Analog zu anderen sowjetischen Massenorganisationen hatte sich die VOOPIiK im Besonderen der Arbeit mit der sowjetischen Jugend verschrieben. Dieser Zielstellung stand allerdings das personelle Profil der VOOPIiK gegenüber, das sich in den 1960er Jahren mehrheitlich aus alternden männlichen Heimatkundlern, den *kraevedy* der ersten sowjetischen Generation und Kulturschaffenden nationaler Gesinnung zusammensetzte. Um der Verjüngung der VOOPIiK und der praktischen und ideologischen Einbeziehung der jungen Generation in den Denkmalschutz näherzukommen, gründeten sich in allen regionalen Abteilungen der VOOPIiK zum Ende der 1960er Jahre Sektionen für die Arbeit mit Jugendlichen. Selbst die kleine Jugendabteilung der VOOPIiK in Kotlas im Bezirk Archangel'sk verzeichnete 1969 bereits 5 Primärorganisationen, bestehend aus 110 Komsomolzinnen und Komsomolzen bzw. Pionierinnen und Pionieren der Schulen der Stadt. Für die kommenden Jahre gab die Sektion für die Arbeit mit Jugendlichen das Ziel aus, 1.000 kollektive Mitglieder für die Gesellschaft zu verpflichten.[612] Zusätzlich zur gesondert ausgelobten Arbeit der Jugendabteilungen hielt die VOOPIiK-Zentrale auch alle übrigen thematischen Sektionen

---

610 Davon zeugt beispielsweise eine Anfrage eines Mannes aus Kiew, der sich bei der VOOPIiK nach der Möglichkeit der Teilnahme an einer Solovecker Restaurierungsbrigade erkundigte und einen abschlägigen Bescheid erhielt. Siehe GARF, f. A639, op. 1, d. 111, l. 1.
611 Beschluss des Ministeriums für Kultur vom 30. August 1960. In: Ochrana pamjatnikov istorii i kul'tury. Sbornik dokumentov, Moskva 1973, S. 139.
612 Bericht über die Arbeit der Sektion für die Arbeit mit Jugendlichen der VOOPIiK-Abteilung in Kotlas. GAAO, f. 2614, op. 1, d. 31, ll. 117–119.

zur Einbeziehung der sowjetischen Jugend in ihre Arbeit an.[613] Eine der ersten Fernsehansprachen der VOOPIiK-Abteilung in Archangel'sk im August 1968 widmete sich ausschließlich dem Ausbau und der Arbeit der neu gegründeten Jugendabteilung der Zweigstelle des Bezirkes.[614] Auf kleinster Ebene fungierte die Jugendabteilung der VOOPIiK als thematisches und organisationales Bindeglied zwischen den Gebiets-, Stadt- und Dorfsowjets, den Komsomol-Verbänden und Ausbildungseinrichtungen. Durch die erfolgreich durchgeführte Implementierung von Prinzipien des *kraevedenie* in den Unterricht besetzte die VOOPIiK in den Schulen ein bereits geebnetes Themenfeld, dessen erzieherisches Potenzial sie für ihre Zwecke nutzen konnte. An den Universitäten und höheren Bildungseinrichtungen wiederum eigneten sich die studentischen Bau- und Restaurierungsbrigaden als feste Organisationseinheiten hervorragend, um die kulturelle und ideologische Erziehung junger sowjetischer Bürgerinnen und Bürger an Baudenkmälern mit dem Arbeitsprozess zu verbinden. Darüber hinaus standen die Aktivitätsfelder der Studierendenbrigaden ganz im Einklang mit den volkswirtschaftlichen und erzieherischen Zielen der Sowjetunion, wie sie auf dem XXIV. Parteitag der KPdSU 1971 in Bezug auf den Fünfjahrplan der sowjetischen Volkswirtschaft festgelegt wurden: Über die Arbeit der Studierendenbrigaden sollten die »beschleunigte Inbetriebnahme von Bauobjekten des häuslichen, sozialen und kulturellen Lebens« gesichert und die »Verstärkung der erzieherischen, gesellschaftspolitischen und sportlichen Arbeit unter der studentischen und lernenden Jugend in den Kollektiven der Bauorganisationen« gewährleistet werden.[615]

1968 integrierte die VOOPIiK die neu entstandenen studentischen Restaurierungsbrigaden (RSSO – Restavracionnye studenčeskie stroitel'nye otrjady) in ihre Jugendabteilungen und bereitete die Gründung eines Zentralen Stabs der Restaurierungsbrigaden vor. Die studentischen Teilnehmerinnen und Teilnehmer der Restaurierungsbrigaden wurden fortan sowohl als Mitglieder des Komsomol als auch als Mitglieder der VOOPIiK geführt.[616] 1969 wurde das Hauptquartier der studentischen Restaurierungsbrigaden unter dem Moskauer Stadtkomitee des Komsomol gegründet.[617] Um die Anzahl an studentischen

---

613 Schreiben der Arbeitsgruppe des Organisationskomitees der VOOPIiK an Pavel Vitkov. GARF, f. A 639, op. 1, d. 22, l. 5 f.
614 Fernsehansprache der VOOPIiK-Abteilung in Archangel'sk, ausgestrahlt im Regionalfernsehen laut Aktenvermerk am 25. August 1968. GAAO, f. 2614, op. 1, d. 31, ll. 72–74.
615 PRISTUPKO: Studenčeskie otrjady, S. 116.
616 Diese Praxis, die der VOOPIiK enorme Mitgliederzuwächse bescherte, ist für andere sowjetische Massenorganisationen ebenfalls zu beobachten.
617 BELIAKOVA/KLJUEVA: Grasroot initiatives, S. 10.

Restaurierungsbrigaden zu steigern, warb die VOOPIiK-Zentrale Ende 1967 bei verschiedenen Bildungseinrichtungen und Behörden in Moskau um die Gründung derselben und um die Aufnahme praktischer Grundlagen der Denkmalpflege in den Lehrplan.[618] In den kommenden Jahren wuchs die Anzahl der Restaurierungsbrigaden an Instituten, die aus eigenen Mitteln die praktische Ausbildung der Studentinnen und Studenten sicherstellen konnten. Neben dem Moskauer Architekturinstitut betraute man 1982 beispielsweise eine Restaurierungsbrigade des Kiewer Instituts für Ingenieur- und Bauwesen mit der Ausarbeitung eines Entwurfes zur Restaurierung des Gostinij Dvor in Podol'.[619] Gleichzeitig entwickelte sich die Bewegung der studentischen Restaurierungsbrigaden nie zu einem studentischen Massenphänomen. An den Moskauer Universitäten wiesen eine oder höchstens zwei Baubrigaden ein denkmalpflegerisches Profil auf.[620]

Die Mitglieder der Solovecker Brigade erhielten ihre praktische Ausbildung hauptsächlich in der Moskauer Restaurierungswerkstatt *Kruticy*, die sich durch den Rodina-Klub und den Architekten Pëtr Baranovskij zu einer Ausbildungsstätte junger Denkmalpflegerinnen und Denkmalpfleger etabliert hatte.[621] 1968 verzeichnete die VOOPIiK sieben Restaurierungsbrigaden,[622] die beispielsweise an den Denkmälern in Kiži, der Kij-Insel am Weißen Meer, in Jaroslavl' und in Šadrinsk, einer Stadt im Gebiet Kurgansk, eingesetzt wurden.[623] Grundvoraussetzung war die Anbindung der Studierenden an die Arbeit einer Restaurierungswerkstatt oder eines Baukombinats vor Ort, die gemeinsam mit den zuständigen Architektinnen und Architekten die praktische Anleitung der Jugendlichen übernahmen. Darüber hinaus war die Bereitschaft der regionalen Kulturverwaltungen

---

618 Serienbrief des Zentralen Sowjets der VOOPIiK an verschiedene Ministerien und Bildungseinrichtungen (darunter u. a. das Ministerium für Kultur, die Akademie der Künste, das Moskauer Architekturinstitut oder das Institut für Archäologie) vom Dezember 1967. GARF, f. A639, op. 1, d. 65, ll. 7–31.
619 PRISTUPKO: Studenčeskie otrjady, S. 78.
620 Siehe dazu BELIAKOVA/KLJUEVA: Grassroots initiatives, S. 15. An der Moskauer Staatlichen Universität existierten Ende der 1960er Jahre zwei Restaurierungsbrigaden. Die Restaurierungsbrigade der Physikalischen Fakultät arbeitete am Solovecker Kloster. Die Restaurierungsbrigade der Historischen Fakultät war auf dem ehemaligen Anwesen des russischen Diplomaten und Dramatikers Aleksandr Griboedovs in der Region Smolensk aktiv. Siehe GARF, f. A639, op. 1, d. 187, ll. 16–18.
621 Siehe dazu S. 226.
622 Erfahrungsbericht von Studentinnen und Studenten über die Baubrigaden der MGU zwischen 1967 und 1969. GARF, f. A639, op. 1, d. 268, ll. 18–33, hier l. 20.
623 Siehe die Absprachen zwischen den örtlichen wissenschaftlichen Restaurierungswerkstätten und den Baubrigaden zur Durchführung von Restaurierungsarbeiten 1969. GARF, f. A639, op. 1, d. 270, ll. 2–20.

zwingend, die Arbeit der Baubrigaden zu finanzieren, für die Unterkunft und Verpflegung der Studierenden zu sorgen und die Arbeit ideologisch anzuleiten. Mit allen beteiligten Partnerinnen und Partnern wurden im Vorfeld Kooperations- bzw. Arbeitsverträge geschlossen, in denen die wichtigsten Zuständigkeiten festgelegt wurden.

Gestärkt durch die Erfahrungen des Sommers 1967, reiste der Leiter der Restaurierungsbrigade ›Solovki‹, Vsevolod Tvërdislov, mit der VOOPIiK-Verantwortlichen für die Jugendarbeit Anfang des Jahres 1968 nach Archangel'sk, um die Kooperationsverträge für die kommende Sommersaison zu verhandeln. Mit dem Renovierungs- und Baukombinat der Region legte man fest, diesem in der kommenden Saison 50 studentische Arbeiterinnen und Arbeiter zur Verfügung zu stellen. 15 weitere Studierende sollten für die Restaurierungswerkstatt der Insel arbeiten und damit mit konkreten denkmalpflegerischen Aufgaben betraut werden. Anders als das Baukontor verband der Leiter der Restaurierungswerkstatt, Valentin Lapin, mit der Übernahme der Studierenden konkrete Forderungen an die zuständigen Ministerien. So sollte das Ministerium für Kultur die Versorgung mit speziellen Steinquadern sicherstellen. Die Bezahlung der studentischen Denkmalpflegerinnen und Denkmalpfleger sollte extern und damit nicht durch die Mittel der Restaurierungswerkstatt erfolgen.[624] Ende März 1968 wies das Ministerium für Kultur das Gebietsexekutivkomitee in Archangel'sk daher an, die Versorgung der Restaurierungswerkstatt mit Baumaterialien zu organisieren, um die Arbeit der Restaurierungsbrigade im Sommer nicht zu gefährden. Die schlechte Versorgung im vorangegangenen Jahr sei, so das Ministerium, lediglich durch die falsche Verteilung der Gelder durch das Gebietsexekutivkomitee zustande gekommen, die es im laufenden Jahr nicht zu wiederholen gelte.[625] Über das offizielle Presseorgan des Ministeriums, die *Sovetskaja Kul'tura*, erhöhten die Moskauer Verantwortlichen nur einige Wochen später den Druck auf die Kulturverwaltung in Archangel'sk. In ihrem Bericht über die erste Restaurierungsbrigade der Sowjetunion kritisierte die Zeitung die Regionalregierung im russischen Norden, »die patriotische Initiative« der Moskauer Studierenden zu behindern, da die Versorgung mit notwendigen Baumaterialien nicht funktioniere. Unter der Überschrift *Der Ziegel des Anstoßes* unterstrichen die Autoren den Nutzen der Restaurierungsbrigaden für die Denkmalpflege und betonten, dass mit der Hilfe von Studierenden »viele Denkmäler

---

624 Bericht der Zuständigen für die Arbeit mit Jugendlichen des Zentralen Sowjet der VOOPIiK, G. Terent'eva und des Leiters der Restaurierungs- und Bauabteilung der MGU, V. Tvërdislov vom 22. 02. 1968. GARF, f. A639, op. 1, d. 187, ll. 7–8, hier l. 8.
625 Brief des stellvertretenden Ministers für Kultur V. Striganov an das Gebietsexekutivkomitee in Archangel'sk vom 21. März 1968. GAAO, f. 2063, op. 2, d. 354, l. 1.

der vaterländischen Geschichte [...] gerettet werden könnten«.[626] Trotz Kritik sicherte das Gebietsexekutivkomitee erst Mitte Juli 1968, wenige Tage vor der Anreise der Studierenden auf den Archipel im Weißen Meer, die Bezahlung der Fahrtkosten der Restaurierungsbrigade Solovki-68 zu.[627]

In den kommenden Jahren konnten sukzessive mehr Studierende für die Arbeit an den Denkmälern eingesetzt werden, obgleich die Ausstattung der Brigade und der Restaurierungswerkstatt durchgehend schlecht blieb.[628] Im Jahr 1971 halfen bereits 30 Moskauer Studierende bei den Instandhaltungsarbeiten am ehemaligen Refektorium des Klosters.[629] Dank der sehr guten praktischen Ausbildung durch die Mitarbeiterinnen und Mitarbeiter der Restaurierungswerkstatt und des Museumsmitarbeiters Aleksandr Sošin, der sich ab 1973 hauptamtlich als Denkmalpfleger betätigte, entwickelten die Studierenden in kürzester Zeit eine hohe handwerkliche und fachliche Expertise. Nicht zuletzt aus diesem Grund war die personelle Kontinuität innerhalb der Restaurierungsbrigade ›Solovki‹ sehr hoch. Viele Mitglieder fuhren häufig mehrere Jahre in Folge auf die Inseln und übernahmen dann nach ihrem Studium Funktionen in der Ausbildung und Anleitung neuer Studierender.

Die guten Erfahrungen mit den Studierenden der Moskauer Universität und die guten Kontakte des Museums führten in den kommenden Jahrzehnten dazu, dass sich auch an anderen Instituten spezialisierte Brigaden gründeten, die im Sommer auf die Solovki fuhren. Während die Studierendenbrigade *Biarmy*, eine Gruppe von Studentinnen und Studenten der Pädagogik der Universität aus Archangel'sk, seit Ende der 1970er Jahre als Guides für das Museum eingesetzt wurde, unterstützten das Museum ab Mitte der 1980er Jahre zusätzlich Studierende der Historischen Fakultät der Moskauer Universität bei der Betreuung der Touristinnen und Touristen auf dem Archipel.[630] In den späten 1970er Jahren nahm eine studentische Umweltbrigade ihre Arbeit auf den Inseln auf. Die Studierenden des Biologischen Institutes der Moskauer Universität gingen während

---

626 Kirpič Pretknovenija. In: *Sovetskaja Kul'tura*, 18. April 1968. GAAO, f. 2614, op. 1, d. 28, l. 31.
627 Entscheidung des Gebietsexekutivkomitees in Archangel'sk vom 22. Juli 1968. GAAO, f. 2063, op. 2, d. 354, l. 64.
628 Noch 1987 berichtete der regionale Stab der Baubrigaden in Archangel'sk nach Moskau, dass die Brigade ›Solovki‹ durch fehlende Baumaterialien und Werkzeuge in der Ausführung ihrer Arbeiten behindert worden sei. RGASPI, f. M-17, op. 8, d. 471, ll. 4–11, hier l. 7.
629 Meldung über die Verteilung der Gelder nach den Vorgaben des Zentralen Sowjets der VOOPIiK für die Restaurierung von Denkmälern im Gebiet Archangel'sk. GARF, A639, op. 1, d. 325, l. 74.
630 Moskovskij Universitet i Solovki. Interv'ju s N. S. Borisovym i N. N. Čerenkovoj, in: *Al'manach Soloveckoe more* 4 (2005). Abgerufen unter URL: http://www.solovki.info/?action=archive&id=309, letzter Zugriff: 05.05.2023.

der Sommermonate auf ›grüne Patrouillen‹, entnahmen Wasserproben und machten die Touristinnen und Touristen auf den sorgsamen Umgang mit der Solovecker Natur aufmerksam. Diese Entwicklung entsprach sowohl dem Zeitgeist als auch dem einzigartigen Profil der Inseln und dem Museum, das 1974 als erstes *muzej-zapovednik* mit einem historisch-architektonischen und landschaftlichen *(prirodnyj)* Profil neu gegründet worden war. 1975 betonte der regionale Kulturminister Kozko daher für das Solovecker Museum die Notwendigkeit, eine breite Forschung und Propaganda zu Fragen des Naturschutzes zu betreiben.[631] Analog zu den Entwicklungen in anderen Ländern war auch in der Sowjetunion ab den 1970er Jahren eine stärkere Konzentration auf den Naturschutz sichtbar. Obgleich der Großteil der wirtschaftlichen Großprojekte der 1970er Jahre diesem Engagement widersprach und zur Kontamination von unberührten Landstrichen beitrug,[632] griffen nunmehr auch die russischen Tageszeitungen das Thema Naturschutz vermehrt auf.[633]

4.3 Das Ausbildungsprogramm der ›Kämpfer‹ der Solovecker Restaurierungsbrigade

Mitte der 1970er Jahre, als die Restaurierungsbrigaden bereits fest in der studentischen Baubrigadenbewegung verankert waren, verfügte die studentische Restaurierungsbrigade ›Solovki‹ über ein elaboriertes Ausbildungsprogramm. Aufgrund der besonderen Fertigkeiten, die die Arbeit in einer spezialisierten Baubrigade verlangte, begann die Organisations- und Vorbereitungsphase der Studentinnen und Studenten der Solovecker Brigade im Gegensatz zu anderen Baubrigaden nicht im Frühjahr eines Jahres, sondern bereits im Oktober des Vorjahres. Zwischen März und Mai 1976 wurden die Anwärter auf die Fahrt zu den Solovki viermal in der Woche jeweils drei bis dreieinhalb Stunden in der wissenschaftlichen Restaurierungswerkstatt *Kruticy* unter fachlicher Anleitung ausgebildet: Dort versuchten sie sich an der Restaurierung historischer Fundamente oder erprobten ihre

---

631 Siehe Bericht über das staatliche historisch-architektonische *muzej-zapovednik* Solovki zwischen 1974 und 1975. GAAO, f. 5859, op. 2, d. 1914, ll. 47–49, hier l. 48.
632 Siehe dazu beispielsweise den Aufsatz von Stefan Guth über die Atomstadt Ševšenko oder die Studie zur Baikal-Amur-Magistrale von Johannes Grützmacher. GUTH: Stadt der Wissenschaftlich-Technischen Revolution; JOHANNES GRÜTZMACHER: Die Baikal-Amur-Magistrale. Vom stalinistischen Lager zum Mobilisierungsprojekt unter Brežnev, München 2012.
633 So wie beispielsweise in der *Pravda Severa*, der Regionalzeitung aus Archangel'sk, die in den 1970er und 1980er Jahren vor allem die Luftverschmutzung in der Stadt wiederholt thematisierte.

praktischen Fähigkeiten beim Ziehen von Ziegelmauern.[634] In ihrem Abschlussbericht zur Vorbereitungsphase der Restaurierungs- und Baubrigade Solovki-76 herrschte im ›Führungsstab‹ der Brigade Einigkeit darüber, dass die praktische Vorbereitung der Studierenden am effektivsten sei, denn es sei »besser, einmal etwas zu tun, als einhundertmal zu hören, wie es geht«.[635] Trotz dieses Wunsches der Studierenden nahm die theoretische Ausbildung der Denkmalpflegerinnen und Denkmalpfleger – und das noch vor der ideologisch-politischen Erziehungsarbeit der Studierenden – den größten Raum in der Vorbereitungsphase ein. Insgesamt gliederte sich die Vorbereitungs- und Ausbildungsphase der Studentinnen und Studenten 1976 in drei Ausbildungsperioden: Die erste Phase dauerte von Oktober bis Dezember, die zweite von Februar bis März und die dritte von März bis Juni. Die Studierenden besuchten zwischen Oktober und Juni 1975/1976 19 Vorlesungen, beispielsweise zur Geschichte der Restaurierungsbrigaden, zu Grundfragen der Architektur, zur altrussischen Baukunst und zur Geschichte der Solovki. Darüber hinaus war die Teilnahme an mehreren Seminaren zur Arbeitssicherheit Pflicht. Hinzu kamen im Vorbereitungsjahr 1975/1976 neun Exkursionen mit der Moskauer Restaurierungsschule in bedeutende Städte entlang des ›Goldenen Ringes‹.[636] Neben der konkreten Restaurierungsarbeit am Objekt, durch die die Studierenden im Geiste des Patriotismus und der Arbeit erzogen werden sollten,[637] spielte die politisch-ideologische Arbeit in den Brigaden ebenfalls eine wichtige Rolle. Diese war sowohl nach innen als auch nach außen gerichtet. Jede Brigade verfügte über einen so genannten Kommissar, der sich der kommunistischen Erziehungsarbeit innerhalb der Brigade widmen sollte und die Inhalte der ›gesellschaftspolitischen‹ Arbeit der Brigade in der Bevölkerung kommunizierte. Neben der verpflichtenden Teilnahme an kommunistischen Arbeitseinsätzen der Baubrigaden in Moskau, den so genannten *voskresniki*, hatte die Brigade über ihre Vorbereitungen in den universitären Wandzeitungen zu berichten, um ihre Außenwirkung innerhalb der Universität zu steigern.[638] Ab 1971 gab der Zentrale

---

634 Bericht über die Vorbereitung der studentischen Restaurierungs- und Baubrigade der Physikalischen Fakultät der MGU »Solovki-76« für die Sommersaison 1976.
635 Ebd.
636 Ebd.
637 Brief des Zentralen Sowjet der VOOPIiK an verschiedenen Bildungseinrichtungen in Moskau vom Dezember 1967. GARF, f. A639, op. 1, d. 65, ll. 7–8, hier l. 7.
638 Dazu gehörten Diavorträge oder im Oktober 1975 die Vorführung eines Films, der den Arbeitseinsatz der Restaurierungsbrigade im Sommer 1975 auf den Solovki portraitierte. Siehe: Bericht über die Vorbereitung der studentischen Restaurierungs- und Baubrigade der Physikalischen Fakultät der MGU »Solovki-76« für die Sommersaison 1976; Restavracionnyj studenčeskij stroitel'nyj otrjad fizičeskogo fakul'teta MGU »Solovki-75«, Super 8-Filmdokument, 43:45 Minuten.

Stab der studentischen Baubrigaden für jedes Semester eine Direktive zur ›gesellschaftspolitischen‹ Tätigkeit der Brigaden heraus. Diese Vorgabe wurde von oben über die Komsomol-Verbände an die jeweiligen Brigaden weitergegeben, oftmals ohne deren Möglichkeiten und Bedingungen vor Ort Rechnung zu tragen.[639] Obwohl sich die politische Bildungsarbeit der Restaurierungsbrigade Solovki teilweise an Personen und Themen konkretisierte und damit persönlich erfahrbarer gestaltet wurde,[640] leisteten die häufig schwammigen politischen Vorgaben des Zentralen Stabs der Baubrigaden dem Formalismus und dem Bedeutungsverlust des politischen Rahmenprogramms unter den Studierenden Vorschub. Neben der Teilnahme an Versammlungen des Komsomol-Verbandes der Hochschule, Lehrstunden in marxistisch-leninistischer Philosophie und aktueller Politik, der Teilnahme an Solidaritätsveranstaltungen mit Komsomolverbänden anderer sowjetischer Republiken gehörten traditionell auch Stoßarbeitstage und sozialistische Festivals zum Erziehungsprogramm der studentischen Baubrigaden.[641] Darüber hinaus wurde von den Studierenden erwartet, auch nach außen, das heißt in die sowjetische ›Gesellschaft‹ hineinzuwirken. Der Kontakt sowohl mit der Moskauer Öffentlichkeit als auch mit der lokalen Bevölkerung an den Einsatzstellen spielte eine wichtige Rolle. So veranstalteten die jungen Restaurateurinnen und Restaurateure für das Moskauer Stadtpublikum beispielsweise wissenschaftliche oder kulturelle Veranstaltungen[642] oder nahmen an Fernsehübertragungen teil.[643] In den Einsatzregionen sollten die Studierenden als Sprachrohr der sowjetischen Jugendpolitik und als Mittler zwischen dem sowjetischen Staat und der Bevölkerung fungieren. Das traf in besonderer Weise auf abgelegene Regionen ohne Zugang zu höheren Bildungseinrichtungen zu. Idealtypisch sollten die Studierenden ihr theoretisches und praktisches Wissen sowie ihre politische Überzeugung an die örtliche Bevölkerung weitergeben. In den ersten Jahren bemühten sich die Solovecker ›Kämpfer‹ *(bojcy),* wie die Mitglieder einer studentischen Baubrigade

---

639 PRISTUPKO: Studenčeskie otrjady, S. 178.
640 So wies das Ausbildungsprogramm der Restaurierungsbrigade Solovki-76 beispielsweise zwei Veranstaltungen aus, bei dem sich die Studentinnen und Studenten ganz im Einklang mit der Geschichtspolitik der späten Sowjetunion mit zwei ehemaligen Studenten der Physikalischen Fakultät beschäftigten, die im Zweiten Weltkrieg gefallen waren. Siehe den Bericht über die Vorbereitung der studentischen Restaurierungs- und Baubrigade der Physikalischen Fakultät der MGU »Solovki-76« für die Sommersaison 1976.
641 PRISTUPKO: Studenčeskie otrjady, S. 178.
642 So wie beispielsweise der »Abend der Restaurateure«, eine Veranstaltung, die 1969 in der MGU von der studentischen Restaurierungsbrigade ›Solovki‹ veranstaltet wurde. RGASPI, M-17, op. 1, d. 168, l. 87 f., hier l. 87.
643 Siehe den Bericht über die Vorbereitung der studentischen Restaurierungs- und Baubrigade der Physikalischen Fakultät der MGU »Solovki-76«.

offiziell genannt wurden, tatsächlich um den Kontakt zu der einheimischen Bevölkerung der Inseln. Sie beteiligten sich am Ausbau der Infrastruktur, nahmen an Lesungen und Liederabenden im örtlichen Klub teil, besuchten die inseleigene Agarfabrik und machten die Einheimischen auf die architektonischen Besonderheiten des Solovecker Klosterensembles aufmerksam.[644] Als »Propagandisten der gesellschaftlichen Meinung zu historischen und kulturellen Denkmälern«[645] organisierten die Studierenden Konzerte im Klub der Inseln, zu denen explizit die Einwohnerinnen und Einwohner des Archipels eingeladen wurden.[646] Im Verlauf der 1970er Jahre, als sich die Arbeit der studentischen Denkmalpflegerinnen und Denkmalpfleger auf den Inseln etabliert hatte und dank der fortschreitenden Restaurierungsarbeiten die überwiegende Mehrheit der Studierenden zur Arbeit an den Denkmälern eingesetzt werden konnte, nahm die politisch-ideologische Arbeit in Bezug zur Inselbevölkerung ab. Laut der Aussage von Igor' Mitin – eines ehemaligen Mitglieds der Solovecker Restaurierungsbrigade, der als Student und Doktorand zwischen 1973 und 1982 als Laiendenkmalpfleger auf den Solovki arbeitete – wurde weder von studentischer Seite noch seitens der Zivilbevölkerung ein enger Kontakt miteinander gepflegt.[647] Der so genannte *Kommissar* der Brigade, der sich der ideologischen und gesellschaftspolitischen Arbeit der Brigade zu widmen hatte, habe sich zumindest während der zweiten Hälfte der 1970er Jahre lediglich auf die Ausrichtung von Konzertabenden und die Durchführung von Feierlichkeiten – etwa von Geburtstagen oder des »Tages des Restaurateurs« am 21. Juli – beschränkt. Einen »ideologischen Zwang« habe er daher zu keinem Zeitpunkt verspürt, so Mitin.[648] Als Akteure der lokalen Gedenk- und Erinnerungskultur traten die Studierenden auch öffentlich in Erscheinung. Neben der Teilnahme an

---

644 Erfahrungsbericht von Studentinnen und Studenten über die Baubrigaden der MGU zwischen 1967 und 1969. GARF, f. A639, op. 1, d. 268, hier l. 19.
645 Ebd., l. 21.
646 Siehe dazu die Fotoreportage des sowjetischen Fotografen Vsevolod Sergeevič Tarasevič über die Restaurierungsbrigade Solovki Ende der 1960er Jahre. Abgerufen unter URL: https://visualhistory.livejournal.com/1545228.html, letzter Zugriff: 05.05.2023. Die Interaktion mit der örtlichen Bevölkerung wurde auch bei Restaurierungsbrigaden an anderen Orten als Teil ihres Aufenthaltes beschrieben. So berichtete die Restaurierungsbrigade der Moskauer Hochschule für Physik und Ingenieurwesen in der Region Vologda, die an den Gebäuden des Kirillo-Belozerskij Klosters arbeitete, von sportlichen Wettbewerben mit lokalen Sportteams und einem Studenten, der mit der lokalen Presse interagiert und die Reaktionen der lokalen Bevölkerung dokumentiert habe. Siehe BELIAKOVA/KLJUEVA: Grassroots initiatives, S. 12.
647 Interview der Verfasserin mit Igor' Mitin an der Physikalischen Fakultät der Moskauer Staatlichen Universität am 5. Juni 2013 in Moskau.
648 E-Mail von Igor' Mitin an die Autorin vom 11. April 2017.

den Feierlichkeiten zu sowjetischen Gedenktagen beteiligten sich die Mitglieder der Studierendenbrigade im Rahmen des 40. Jahrestages zur Geschichte der Jungkadettenschule 1982 an der Denkmalsetzung des Obelisken. Für ihren Einsatz im Rahmen der Feierlichkeiten erhielten sie in diesem Jahr sogar die Auszeichnung als beste Brigade des Bezirks.[649]

Während sich die theoretische und praktische Ausbildung und Arbeit der studentischen Baubrigaden spezialisierten und inhaltlich stetig verbesserten, hatte die Bewegung auf politischer und ideologischer Ebene in den 1970er Jahren viel von ihrem anfänglichen Aufbruchsgeist verloren. Vielmehr war sie geprägt durch eine überbordende Bürokratie, alte Leitungskader und fehlende studentische Freiwillige für politische Leitungsposten. Waren die studentischen Baubrigaden als eine freiwillige Bewegung von Personen aus dem Inneren der Studierendenschaft und der Universitäten entstanden, war die Bewegung in den 1970er Jahren bereits gänzlich »unter der Organisation des Komsomol und einer durchdringenden Aufmerksamkeit der Parteiorgane, angefangen vom Zentralkomitee der KPdSU bis zu den Parteikomitees der Hochschulen«.[650] Der Formalismus der politischen Tätigkeit der Brigaden, die Arbeitspläne- und Berichte *pod kopirku* (unter Kohlepapier) schrieben, also absolut gleichförmige Berichte produzierten, verärgerte Studierende und Brigadenleiterinnen und Brigadenleiter zunehmend. Auf der jährlichen Hauptversammlung des Komsomol der Moskauer Universität im Jahr 1979 beschwerte sich der Leiter der studentischen Baubrigade in Cholmogoryj, einer Stadt in der Region Archangel'sk, Ponomarev darüber, wie stark die »konkrete« und »lebendige« Arbeit der Komsomolzinnen und Komsomolzen durch die gewaltige Anzahl an Berichten und Plänen kontrastiert werde, die jedes Jahr geschrieben werden müssten. »Papier, Papier und nochmals Papier!«, entrüstete sich Ponomarev. Und, so fragte er weiter: »Werden die Berichte, die wir dem Moskauer Stab abliefern, dort überhaupt gelesen?«[651] Wie deutlich die Diskrepanz zwischen der als ›konkret‹ und ›lebendig‹ propagierten praktischen Arbeit der Baubrigaden und der als sinnentleert beschriebenen politischen Arbeit tatsächlich wahrgenommen wurde, scheint auch die Tatsache zu unterstreichen, dass die Arbeitsberichte der Solovecker Restaurierungsbrigade nicht überliefert worden sind, sondern vermutlich nach dem Zusammenbruch der Sowjetunion verbrannt wurden.[652]

---

649 Bericht über die Arbeit der regionalen Baubrigade Archangel'sk aus dem Jahr 1982. RGASPI, FM-17, op. 7, d. 694, ll. 1–7, hier l. 2–3.
650 PRISTUPKO: Studenčeskije otrjady, S. 278.
651 46. Bericht- und Wahlkonferenz des Komsomol der MGU im Jahr 1979, vom 16. November 1979. CAGM, f. R-6083, op. 4, d. 77, ll. 24–30, hier l. 26.
652 Nachdem die Recherche zu den Arbeitsberichten der Brigade im Universitätsarchiv der Moskauer Universität, im Stadtarchiv und im Komsomolarchiv keinerlei Ergebnisse brachte,

Im weiteren Verlauf seiner Rede beklagte Ponomarev ein weiteres Problem der Bewegung: Nur wenige Studierende zeigten die Bereitschaft, leitende Positionen innerhalb der Brigade übernehmen zu wollen. Die Gründe hierfür sah er vor allem in der fehlenden Befähigung vieler Studierender, die Leitung einer Brigade zu übernehmen, da hierfür eine mehrjährige Aktivität im Komsomol, professionelle Erfahrung in der Brigadenarbeit, zwischenmenschliche und operative Fähigkeiten verlangt würden.[653] Was Ponomarev in diesem Zusammenhang nicht anzusprechen wagte, schien neben der überbordenden Bürokratisierung einer der Hauptgründe für die fehlenden Leitungskader in der Baubrigadenbewegung zu sein: Für viele Jugendliche der späten Sowjetunion bestand die ideologische Erziehungsarbeit aus sinnentleerten politischen Ritualen, deren Form es zwar zu reproduzieren galt, die aber gleichzeitig Raum für individuelle Aneignung ließen.[654]

Im Hinblick auf die von Ponomarev angesprochenen Kaderprobleme scheint die Bau- und Restaurierungsbrigade ›Solovki‹ eine Ausnahme innerhalb der spätsowjetischen Baubrigadenbewegung des Moskauer Komsomol darzustellen. Aufgrund der spezialisierten Ausbildung ihrer Mitglieder und der Attraktivität des Arbeitsortes hatte die Solovecker Restaurierungsbrigade nicht mit Nachwuchsproblemen für die Brigade und die politischen Leitungspositionen zu kämpfen. 1976 bestand etwa die Hälfte der 35 Studierenden (exklusive der leitenden Personen und des Arztes) der Restaurierungsbrigade Solovki-76 aus Studentinnen und Studenten, die bereits im Vorjahr auf die Inseln gefahren waren. Der Leitungsstab der Brigade setzte sich aus den sieben erfahrensten Denkmalpflegerinnen und Denkmalpflegern zusammen.[655] Während andere *bojcy* mitunter an umstrittenen Bauprojekten der Brežnev-Ära eingesetzt wurden und dadurch besonders in der Retrospektive negative Erfahrungen mit ihrer Zeit in der Baubrigadenbewegung assoziieren,[656] scheinen für die positive Erinnerung der Solovecker Denkmal-

---

berichtete mir ein Zeitzeuge und ehemaliges Mitglied der Restaurierungsbrigade »Solovki« über die Vernichtung der Akten Anfang der 1990er Jahre. Aus diesem Grund liegt mir lediglich ein Arbeitsbericht der Brigade aus den 1970er Jahren vor, der im Privatbesitz von Igor' Mitin verwahrt wurde.

653 46. Bericht- und Wahlkonferenz des Komsomol der MGU im Jahr 1979, vom 16. November 1979. CAGM, f. M-6083, op. 4, d. 77, ll. 24–30, hier l. 24.
654 YURCHAK: Everything was forever, S. 25 f., 27 ff.
655 Bericht über die Vorbereitung der studentischen Restaurierungs- und Baubrigade der Physikalischen Fakultät der MGU »Solovki-76« für die Sommersaison 1976. Diese Zahlen decken sich auch mit den Erfahrungen Igor' Mitins, der ebenfalls annimmt, dass etwa die Hälfte aller Studentinnen und Studenten der Brigade mehrere Jahre in Folge auf die Inseln gefahren sei. E-Mail von Igor' Mitin an die Autorin vom 11. April 2017.
656 Siehe hierzu das Beispiel von Evgenij Podolskyj, der 1969 Mitglied einer studentischen Baubrigade in Sibirien war, die in der Nähe der Baikal-Amur-Magistrale eingesetzt wurde und

pflegerinnen und Denkmalpfleger an ihre Zeit in der Restaurierungsbrigade in erster Linie vier Faktoren verantwortlich zu sein. Während erstens wirtschaftliche Großprojekte der Brežnev-Ära bereits unter Zeitgenossen kritisch diskutiert und spätestens im Zuge der Perestroika öffentlich verurteilt wurden, blieb der Einsatz für die Rettung historischer Architekturdenkmäler ein auch die Sowjetunion überdauerndes, ungebrochen positiv besetztes Thema mit politischer und gesellschaftlicher Relevanz. Dieses positive Handlungsmotiv, das sich als anschlussfähiger erwies als die ideologischen Dogmen sowjetischer Jugendpolitik, war zweitens eng verknüpft mit einer horizontalen Organisationsform, die junge und gut ausgebildete Fachkräfte mit gemeinsamen Werten und Zielen zusammenband, die sich oftmals von jenen offizieller Kollektive unterschieden.[657] Drittens unterschieden sich die jungen Denkmalpflegerinnen und Denkmalpfleger aufgrund ihrer zum Teil jahrelangen professionalisierten Ausbildung und überdurchschnittlichen Besoldung von anderen *bojcy* der Baubrigaden, was zur Ausbildung eines elitäres Selbstverständnis beitrug.[658] Und schließlich begünstigten viertens die Attraktivität des Einsatzortes, die Freizeitaktivitäten und die jahrelange Bindung an die Baustellen eine positive Erinnerung an die verlebten Sommer auf dem Archipel.

Die Partnerschaft zwischen der Physikalischen Fakultät der Moskauer Universität und dem Solovecker Museum und damit auch die Arbeit der jungen Restaurateurinnen und Restaurateure auf den Inseln überdauerten den Zusammenbruch der Sowjetunion und die Auflösung der Komsomol-Verbände. Obgleich die studentische Baubrigadenbewegung nach 1990 unter dem Namen Vsesojuznoj sluzhby dobrovol'nogo truda molodëzhi (Allrussischer Dienst der freiwilligen Jugendarbeit) kurzzeitig weitergeführt wurde – bevor sie in der Bedeutungslosigkeit verschwand –, ist es in erster Linie dem Engagement des Museumsmitarbeiters Aleksandr Sošin zu verdanken, dass die Moskauer Studentinnen und Studenten auch in den 1990er Jahren jedes Jahr auf die Solovki fuhren. Politisch wiederbelebt wurden die studentischen Baubrigaden Anfang der 2000er Jahre im Rahmen des patriotischen präsidialen Programms Vladimir Putins unter dem Titel *Die russische Jugend (1998–2000)*.[659] Bis 2011, als das Solovecker Kloster zum großen Bedauern der Physikalischen Fakultät der Moskauer Universität alle Arbeiten an den Solovecker Denkmälern an preisgünstige russische Bauunternehmen abtrat, fuhren jeden Sommer Moskauer Studierende

---

»nur wenig Positives« über die Erfahrung und den Bau der BAM zu berichten wusste. Siehe RALEIGH: Soviet Baby Boomers, S. 255.
657 RUFFLEY: Children of Victory, S. 129–131, 177.
658 BELIAKOVA/KLJUEVA: Grassroots initiatives, S. 12.
659 PRISTUPKO: Studenčeskije otrjady, S. 238.

Abb. 8　Mitglieder der Restaurierungsbrigade Solovki-85, August 1985

auf die Solovki. Ehemalige Physikstudenten der Moskauer Universität – wie etwa Igor' Mitin und seine *bojcy* aus den 1970er Jahren – treffen sich bis heute jährlich auf den Inseln.

Bei den studentischen Bau- und Restaurierungsbrigaden handelte es sich um spezialisierte Baubrigaden, die hauptsächlich gegründet worden waren, um den Arbeitskräftemangel an ausgebildeten Fachkräften in der Sowjetunion auszugleichen. Die hohe Mobilität der studentischen Baubrigaden und deren gezielter zeitweiliger Aufenthalt ermöglichten es, kurzfristige Projekte an unattraktiven Orten des Landes erfolgreich umzusetzen.[660] Auf diese Weise schwächten die Bau- und Restaurierungsbrigaden das personelle Defizit an ausgebildeten Fachkräften zumindest teilweise ab und stützten somit das defizitäre Wirtschaftssystem der

---

660　Chovrin: Studenčeskie otrjady kak sub'ekt realizacii gosudarstvennoj molodežnoj politiki.

Sowjetunion, auch wenn die Anzahl der studentischen Restaurierungsbrigaden in der Sowjetunion überschaubar blieb.

Im Gegensatz zu anderen Bau- und Wirtschaftsbranchen, deren Nachwuchspersonal an unterschiedlichen technischen Instituten des Landes ausgebildet wurde, war die universitäre Ausbildung von Denkmalpflegerinnen und Denkmalpflegern seit dem Spätstalinismus institutionell zurückgeschraubt bzw. zeitweilig ganz eingestellt worden. Somit blieb der Mangel an qualifiziertem Fachpersonal auch in der späten Sowjetunion ungebrochen. Für die Zentrale Wissenschaftliche Restaurierungswerkstatt in Moskau konstatierte die VOOPIiK 1977, dass dort »Architekten und Wissenschaftler« beschäftigt würden, die lediglich eine mittlere Schulbildung besaßen.[661] Und noch im September 1982 klagte die wissenschaftliche Restaurierungswerkstatt in Archangel'sk in ihrem Bericht über fehlendes ausgebildetes Personal und die schlechte Versorgung mit Baumaterialien.[662] Durch die studentischen Bau- und Restaurierungsbrigaden gelangte die wissenschaftliche denkmalpflegerische Ausbildung sozusagen durch die ›Hintertür‹ erneut an die Universitäten. Neben der theoretischen Ausbildungskomponente, die von den heimischen Universitäten abgedeckt und im Laufe der Jahre stetig verbessert und verstetigt wurde, schulten die wissenschaftlichen Restaurierungsstätten in Moskau und in den Regionen die Studierenden in der praktischen Arbeit. Folglich ist der Einfluss der studentischen Denkmalpflegerinnen und Denkmalpfleger auf die Professionalisierung der russischen Denkmalpflege nicht zu unterschätzen, auch wenn das vorliegende Material eine abschließende Beurteilung nicht erlaubt.

Die zumeist jahrelange praktische Arbeit auf den Großbaustellen in der Provinz hatte neben der wachsenden fachlichen Expertise eine hohe emotionale Bindung an die Arbeit und den Einsatzort zur Folge. Viele Studierende der Restaurierungsbrigade ›Solovki‹ kehrten viele Jahre in Folge auf die Inseln zurück. Diese personelle Kontinuität innerhalb der studentischen Restaurierungsbrigaden kann als wesentlicher Unterschied gegenüber anderen nicht spezialisierten studentischen Baubrigaden festgehalten werden, die nicht selten mit Personalproblemen zu kämpfen hatten.[663] Neben der anhaltenden positiven

---

661 »Über die Anordnung zur Prüfung der Kader der experimentellen wissenschaftlichen Restaurierungswerkstatt der Gesellschaft«, 16. Februar 1977. GARF, f. A639, op. 1, d. 518, l. 8.
662 Bericht der Kulturverwaltung über den Zustand der Restaurierungsobjekte auf den Solovki und den Zustand der Solovecker Restaurierungsabteilung vom 24. September 1982. GAAO, f. 5859, op. 2, d. 2679, l. 19–21.
663 Ähnliche Kontinuitäten konnte man auch in anderen studentischen Restaurierungsbrigaden beobachten, wie beispielsweise in der Restaurierungsbrigade, die ab 1968 regelmäßig nach Kiži

Resonanz, welche die studentischen Restaurateure ob ihrer Arbeit erfuhren, trugen ihre handwerkliche Spezialisierung und ihre praktische Teilhabe an der Denkmalpflege dazu bei, dass sich die *bojcy* der Solovecker Restaurierungsbrigade mit ihrer Arbeit – und damit letztlich mit ihrer gesellschaftlichen Aufgabe – identifizierten. Schenkt man den Erinnerungen ehemaliger Solovecker Brigadiere Glauben, so orientierte sich ihr Normengerüst weniger an den ideologischen Maßgaben der sowjetischen Jugendpolitik als vielmehr an universellen und nationalkulturellen Werten zum Erhalt des russischen Bauerbes. Deutlich wird dies schließlich auch in der Kontinuität der Restaurierungsbrigade über 1991 hinaus. So wirkte sich der Wegfall der politischen Erziehungsarbeit unbedeutend auf das Fortbestehen der Brigade aus. Vielmehr waren es die institutionellen und personellen Kontakte zwischen der Physikalischen Fakultät der Moskauer Universität und dem Solovecker Museum, die den Zusammenbruch der Sowjetunion überdauerten. Zudem genügte das elaborierte theoretische und praktische Ausbildungsniveau der studentischen Denkmalpflegerinnen und Denkmalpfleger den Anforderungen, die auch nach dem Zusammenbruch der Sowjetunion an die professionelle Denkmalpflege gestellt wurden. Die politische Wiederbelebung der studentischen Baubrigadenbewegung zur ersten Präsidentschaft Putins scheinen ferner dafür zu sprechen, dass die Bewegung problemlos mit anderen politischen Inhalten gefüllt werden konnte – vor allem mit jenen nationalistischer Prägung. Nicht das ideologische Fundament, sondern die theoretisch-praktische Arbeit und die Expertise der Studierenden, der Sommeraufenthalt an attraktiven Urlaubs- bzw. Erholungsorten und – im Fall der Solovki – die Teilhabe an einer partizipativen Denkmalpflege führten zur Identifikation der *bojcy* mit der Arbeit vor Ort und damit letztlich mit dem System der studentischen Restaurierungsbrigaden.

5. Zusammenfassung Teil III

Der Blick in den historischen Mikrokosmos ›Solovki‹ hat unterschiedliche staatliche und gesellschaftlichen Akteure des Solovecker Denkmalschutzes und der Denkmalpflege freigelegt und aufgezeigt, wie sich ihr Zusammenspiel miteinander und ihr Einfluss auf die Denkmalschutzpolitik und die Denkmalpflege im Laufe der wechselvollen und langen Geschichte des Solovecker Archipels im 20. Jahrhundert

---

fuhr, oder der studentischen Restaurierungsbrigade ›Vologda‹, der Moskauer Hochschule für Physik und Ingenieurwesen (MEPhi), die an den Gebäuden des Kirillo-Belozerskij Klosters arbeitete. Siehe BELIAKOVA/KLJUEVA: Grassroots initiatives, S. 12 f.

wandelten. Dabei sind die Verbindungslinien zwischen den Vorgängen auf den Solovki und den politischen und gesellschaftlichen Entwicklungen auf zentraler Ebene deutlich geworden, wie sie in den ersten beiden Teilen des Buches dargestellt worden sind. Pavel Vitkovs Agenda zur Rettung der Solovecker Kulturlandschaft ist ein anschauliches Beispiel dafür, welche Bedeutung die Wiederbelebung des *kraevedenie* und seiner Anhänger in den russischen Regionen für die Denkmalschutzbewegung hatte. Innerhalb der VOOPIiK entwickelten sich lokale *kraevedy* in den 1960er Jahren zu handelnden Akteuren in einer neuen und veränderten Denkmalpolitik, deren Neukonzeption sie selbst hervorgerufen hatten. Durch seine Funktion als stellvertretender Vorsitzender der VOOPIiK in Archangel'sk trat Vitkov in eine direkte Interaktion mit lokalstaatlichen Autoritäten und mit zentralstaatlichen Ebenen der russischen Kulturpolitik. Seine Einflusssphäre überschritt insofern die lokale Ebene, da es sich bei den Solovki um ein national bedeutendes Denkmalensemble handelte und er als Mitglied des Organisationskomitees der VOOPIiK in Moskau der regionalen Kulturverwaltung eindrücklich ihre Versäumnisse und ihre Rückständigkeit gegenüber der auf zentraler Ebene praktizierten Denkmalschutzpolitik vorhielt. Gleichzeitig war allerdings auch Vitkov auf die Organisation und Aufrechterhaltung informeller intellektueller Netzwerke angewiesen, um seinen Forderungen die notwendige Dringlichkeit zu verleihen.[664]

Im Rahmen der Museumsgründung auf den Solovki und der Dezentralisierung des Kulturbetriebes sank der Einfluss der VOOPIiK und der darin integrierten gesellschaftlichen Akteure auf den Solovecker Denkmalschutz. Fortan wurden alle Entscheidungen zur Denkmalschutzpolitik und Musealisierung der Solovki von der regionalen Kulturverwaltung getroffen. Dadurch offenbarten sich auf den Inseln die Schwierigkeiten der regionalen Kulturpolitik der späten Sowjetunion. Schwelende Kompetenzstreitigkeiten zwischen dem Museum und der Kulturverwaltung in Archangel'sk auf der einen Seite und zwischen der regionalen Kulturverwaltung, zentralen Ministerien und unterschiedlichen Behörden auf der anderen Seite führten zur Verfestigung von Praktiken, welche die Verwaltung des Museums und eine rationale Denkmalschutzpolitik erschwerten. Angesichts der maroden spätsowjetischen Wirtschaft, einer nur langsam voranschreitenden Professionalisierung der Denkmalpflege und unklarer Zuständigkeiten in der regionalen Kulturpolitik konnten die Solovecker Kreml'gebäude trotz studentischer Hilfe durch die Restaurierungsbrigaden bis 1991 in keinen nachhaltig soliden baulichen Zustand versetzt werden. Angesichts dieser Probleme wurde Mitte der 1980er

---

664 THOMAS LINDENBERGER: Die Diktatur der Grenzen. Zur Einleitung, in: THOMAS LINDENBERGER: Herrschaft und Eigen-Sinn in der Diktatur. Studien zur Gesellschaftsgeschichte der DDR, Köln u. a. 1999, S. 13–44, hier S. 31.

Jahre die Forderung nach einer gesellschaftlichen Teilhabe an denkmalschützerischen Entscheidungen erneut wachgerufen. In Analogie zu den frühen 1960er Jahren, als die Frage nach der Einbeziehung der *obščestvennost'* in den russischen Denkmalschutz zum Hauptdiskussionsobjekt avancierte, sahen 1984 Vertreter der kulturellen *intelligencija* in der Einberufung eines gesellschaftlichen Sowjets erneut die Antwort auf die ungelösten ›Solovecker Probleme‹. Doch trotz einer in den Folgejahren unter Michail Gorbačëv beginnenden Liberalisierung des öffentlichen Lebens und der Kulturpolitik scheiterte eine demokratische Teilhabe an kulturpolitischen Entscheidungen am Herrschaftsanspruch der Sowjetunion.

Aufgrund der sowjetisch-repressiven Vergangenheit der Inselgruppe produzierte die ›Erfindung‹ der Solovecker Geschichte, die durch den Prozess der Musealisierung der Solovecker Denkmäler angestoßen wurde, verschiedene miteinander in Konflikt stehende Deutungen der Solovecker Vergangenheit. Im Gegensatz zu anderen russischen Kulturerbestätten gerieten die Solovki Ende der 1960er Jahre daher in den Fokus sowjetischer ›Andersdenkender‹, die das kulturelle Erbe des Archipels unter anderem im Sinne einer kritischen Auseinandersetzung mit dem Stalinismus zu nutzen und zu deuten versuchten. Obwohl die ›Gegengeschichte‹ der Saison 1969 von der Kulturverwaltung und dem sowjetischen Geheimdienst erfolgreich eingedämmt werden konnte und die Kulturverwaltung notwendige Korrekturen in der Darstellung der Solovecker Zeitgeschichte unternahm, blieb die Diskrepanz zwischen der praktizierten sowjetischen Meistererzählung des Museums und der von Opfern überlieferten Geschichte von massenhaftem menschlichen Leiden und Sterben virulent.

Die von der sowjetisch-repressiven Vergangenheit der Solovki ausgehenden Dynamiken erschweren die Einordnung und Bewertung der Ergebnisse dieses Kapitels mit Bezug auf den Stalinismus und werfen stattdessen weitere Fragen auf. Die Analyse des frühen Solovecker Denkmalschutzes hat deutlich gemacht, dass die Kulturlandschaft des Solovecker Zwangsarbeitslagers und mit ihr die lagereigene Heimatkundegesellschaft als einzigartige Phänomene bewertet werden müssen. Inwieweit müssen demzufolge die frühen Überlegungen zum Schutz der Solovecker Kulturdenkmäler in erster Linie auf das besondere kulturerzieherische Profil des Solovecker Zwangsarbeitslager zurückgeführt werden? Und wie lässt sich erklären, dass der Zweite Weltkrieg und die damit verbundene patriotische Aufwertung von historischen Architekturdenkmälern auf den Solovki nicht wie im Rest der Sowjetunion in einer verstärkten denkmalpflegerischen Tätigkeit resultierten? Um die eingangs problematisierte ›Sonderrolle‹ der historischen Entwicklung der Solovki in ihren Einzelaspekten fundiert untersuchen zu können, fehlen noch weitere Mikrostudien, die in Bezug auf die vorliegende Arbeit als Vergleichswerke herangezogen werden können.

Schlussbetrachtung

Die Geschichte der russischen Denkmalschutzbewegung ist ein Phänomen der ›langen sowjetischen 1960er Jahre‹, als gesellschaftliche Initiative für und politische Partizipation am sozialistischen Projekt möglich wurden.

In dieser Arbeit ging es darum, anhand der Denkmalschutzbewegung in der Russischen Sowjetrepublik die Beschaffenheit der sowjetischen Moderne der 1960er Jahre auszuloten, die Stellung des sowjetischen Staates und seiner Institutionen zur Bevölkerung zu beschreiben und den Raum ›dazwischen‹ greifbarer werden zu lassen. Dabei ging es nicht zuletzt darum, dem Konstrukt der ›sozialistischen Gesellschaft‹ mit lebendigen Beispielen näherzukommen, wofür sich die Beschäftigung mit dem Denkmalschutz und der Denkmalpflege in der Russischen Sowjetrepublik in seinem Entstehungszusammenhang auf zentraler und auf regionaler Ebene als fruchtbar herausstellte. Gerade der Blick auf die sowjetischen 1960er Jahre – als Periode zwischen der Entstalinisierung, den Reformen unter Chruščëv und dem Eintritt in den ›Entwickelten Sozialismus‹ unter Brežnev – sollte helfen zu verstehen, wie der Staat und die Bevölkerung zusammenwirkten und ob gesellschaftliche Initiative im russischen Denkmalschutz und in der Denkmalpflege zumindest für eine kurze Zeit die politische Teilhabe am sozialistischen Projekt ermöglichten. Neben dem Blick auf die Akteure und ihrer Verortung in ihren jeweiligen sozialen Kontexten war es ein Anliegen dieser Studie, die Handlungsspielräume derselben an den Schnittstellen von Staat und Gesellschaft in unterschiedlichen zeitlichen und politischen Perioden auszuloten. **So ist die Geschichte der russischen Denkmalschutzbewegung der 1960er Jahre zuallererst eine Geschichte gesellschaftlicher Initiative.** Wie die vorliegende Studie nachweisen konnte, ging der Impuls zur Neukonzipierung des russischen Denkmalschutzsystems tatsächlich ›von unten‹ aus. Nicht sowjetische Offizielle, sondern die russische *intelligencija* und insbesondere lokale Denkmalschützerinnen und Denkmalschützer stimulierten die staatliche Neuordnung des russischen Denkmalschutzes und der Denkmalpflege. Während die öffentliche Kritik von Vertretern der *intelligencija* an der fehlenden staatlichen Fürsorge für das nationale Bauerbe im Laufe der 1960er Jahre zunehmend Unterstützerinnen und Unterstützer in den politischen Kreisen Moskaus fand, zwangen die Initiativgruppen lokaler Denkmalpflegerinnen und Denkmalpfleger, die sich spontan gründeten und unautorisiert in der Denkmalpflege aktiv wurden, den sowjetischen Staat zur Neuordnung und Zentralisierung des russischen Denkmalschutzes durch die Gründung der VOOPIiK. In dieser Phase, also vor der Implementierung staatlicher Strukturen zwischen etwa 1963 und 1965, entwickelte sich eine vom Staat losgelöste partizipatorische Praxis, die die Grundlage für die ernstzunehmenden Hoffnungen vieler Denkmalschützerinnen und Denkmalschützer auf eine zukünftige Teilhabe am Denkmalschutz und an der Denkmalpflege legte.

Wie sehr sich die Vorstellungen unter den Denkmalschützerinnen und Denkmalschützern in Bezug auf die Fortführung ihrer ›Graswurzelpolitik‹ und eine Beteiligung der oft gepriesenen *obščestvennost'* im russischen Denkmalschutz allerdings voneinander unterschieden, wurde im Zuge der Institutionalisierung und Zentralisierung des Denkmalschutzes und der Denkmalpflege sichtbar. Während die fehlenden staatlichen Strukturen und die vielerorts öffentlichen Proteste gegen den Abriss von Kirchen besonders auf lokaler Ebene Begehrlichkeiten zur aktiven Mitarbeit im Denkmalschutz geweckt hatten, verstanden Architektinnen und Architekten sowie die Mitarbeitenden der Stadtplanungsbüros den Denkmalschutz und die Denkmalpflege in erster Linie als Eliten- und Spezialistendiskurs. Die überwiegende Mehrheit des nationalen Flügels der *intelligencija* vertrat ein reformorientiertes Öffentlichkeitskonzept, das zwar die Mitsprache und Teilhabe der *intelligencija* an kulturpolitischen Entscheidungen einforderte, jedoch keineswegs auf einer demokratischen Legitimation der Denkmalschutzpolitik durch die Bevölkerung fußte. Für die sowjetische Führung kam eine private und damit schwer sanktionierbare Mitsprache der russischen Bevölkerung zu Fragen des Denkmalschutzes und der Denkmalpflege ohnehin zu keinem Zeitpunkt in Frage. Allerdings baute die VOOPIiK ihre staatlichen Strukturen in ihrer Gründungsphase zwischen 1965 und 1968/1969 zu erheblichen Teilen auf den institutionellen und personellen Ressourcen sowie dem Know-how der *kraevedy* auf und stärkte damit letztlich die Rolle der Heimatkundlerinnen und Heimatkundler in der regionalen Kulturpolitik.

Als Vorkämpfer einer Denkmalschutzpolitik, die bis Mitte des Jahrzehnts keineswegs der kulturpolitischen Stoßrichtung entsprach, war es *kraevedy* wie Pavel Vitkov durch die VOOPIiK nun möglich, ihr Engagement in staatliche Bahnen zu lenken und regionale Kulturpolitik mitzugestalten. Obwohl die ideologischen Verlautbarungen der sowjetischen Führung über die Einbeziehung gesellschaftlicher Kräfte in den Denkmalschutz aus Perspektive des sowjetischen Parteienstaats durchaus als ›Worthülsen‹ interpretiert werden können, die dahinter liegende autoritäre Machtstrukturen verschleiern sollten, brachten sie doch zumindest für die Anfangszeit die Realität der partizipatorischen Praxis im regionalen Denkmalschutz und in der Denkmalpflege auf den Punkt. An vielen Orten der russischen Sowjetrepublik stemmten sich lokale *kraevedy* gegen den Verfall und den Abriss historischer Architektur und forderten von den regionalen Politikerinnen und Politikern die staatliche Fürsorge für das kulturelle Erbe ihrer Region ein. Inwieweit die ideologischen Losungen zur Mitarbeit an der ›sozialistischen Demokratie‹ unter den Heimatkundlerinnen und Heimatkundlern tatsächlich verfingen, kann an dieser Stelle nicht endgültig beantwortet werden – nicht zuletzt aufgrund fehlender Selbstzeugnisse der Akteure. Der Blick auf die Person und das Wirken Pavel Vitkovs auf den Solovki hat allerdings den Eindruck eines selbstbewussten Regionalforschers vermittelt, der sich der Aufgabe verschrieb, die Kulturdenkmäler seiner Heimatregion für die nachkommenden Generationen zu erhalten, und der von seiner aktiven Rolle innerhalb des Denkmalschutzes trotz oder gerade aufgrund der politischen Widerstände in seiner Heimatregion überzeugt blieb. Seine *malaja rodina* und damit letztlich die sowjetische Moderne aktiv mitzugestalten, bedeutete für Vitkov aber nicht nur, sein Engagement und seine Expertise in den Dienst des Staates zu stellen. Als Vertreter einer selbstbewussten lokalen *intelligencija* sah er seine Rolle ebenso darin, auf regionaler Ebene als Sprachrohr für die in den Hauptstädten diskutierte neue Denkmalschutzpolitik zu fungieren und für politische und gesellschaftliche Unterstützung zu werben. Als Mitglied einer kulturellen Avantgarde, deren Selbstverständnis sich aus der Überzeugung ableitete, Reformen über Diskussionen aus dem Inneren des Systems anleiten zu können, personifizierte Pavel Vitkov das reformorientierte *obščestvennost'*-Konzept der russischen *intelligencija* der späten 1950er und frühen 1960er Jahre,[1] das im russischen Denkmalschutz bis in die späten 1960er Jahre nachwirken sollte. Die VOOPIiK bot Vitkov für seine Anliegen den geeigneten institutionellen Rahmen. Zwar bedeutete die staatliche Freiwilligenorganisation keine Umsetzung der Idee der kommunistischen Selbstverwaltung, in den Anfangsjahren funktionierte sie jedoch nicht nur als Diskussionsforum der nationalen *intelligencija*, sondern ebenso als wichtiges Kommunikations- und Ausgleichsorgan zwischen sowjetischen Kulturoffiziellen und der Bevölkerung einerseits und der Zentrale in Moskau und den Abteilungen auf regionaler und lokaler Ebene andererseits.

Das Jahr 1965 markiert sowohl auf zentraler als auch auf regionaler Ebene eine wichtige Zäsur in der Geschichte des russischen Denkmalschutzes. So bedeutete die Gründung der VOOPIiK in Moskau im Dezember 1965 den Höhepunkt eines sich wandelnden staatlichen Umgangs mit dem historisch-kulturellen Bauerbe des Landes, der mit dem Amtsantritt Brežnevs im Jahr zuvor bereits begonnen hatte und sich 1965 schließlich Bahn brach. In Archangel'sk starteten die Vorbereitungen zur Gründung einer Zweigstelle der VOOPIiK fast zeitgleich; die zunehmende Berichterstattung über den Verfall bedeutender Architekturdenkmäler sowie erste Überlegungen zur touristischen Nutzung der dortigen Denkmalkomplexe hatten einen unmittelbaren Einfluss auf ein Umdenken in der

---

1 Loewenstein: Obshchestvennost' as Key to Understanding Soviet Writers, S. 491.

regionalen Denkmalschutzpolitik. Während die Gründung der VOOPIiK für die Moskauer und Leningrader *intelligencija* insgesamt eine Enttäuschung darstellte, da die Leitungspositionen in der Zentrale nicht wie von ihnen gefordert mit Vertretern aus ihren Reihen besetzt wurden und der VOOPIiK ein eigenständiges Printorgan verwehrt blieb, lag die tägliche Arbeit in Moskau ebenso wie in den russischen Regionen in der Verantwortung des stellvertretenden Vorsitzenden und damit oftmals in den Händen verdienter Heimatkundler.

Trotz seiner fortwährenden Kritik an der Politik des regionalen Gebietsexekutivkomitees bekleidete auch Pavel Vitkov in Archangel'sk das Amt des stellvertretenden Vorsitzenden der VOOPIiK und konnte somit auch abseits seines Engagements für die Solovki den Denkmalschutz in seiner Heimatregion mitgestalten. Wie weit seine Gestaltungsmöglichkeiten tatsächlich reichten, zeigen die von Vitkov für die Solovki erarbeiteten Pläne zum Schutz der Natur und zur Restaurierung und Musealisierung der Solovecker Kulturlandschaft. Seine Vorschläge, die auf den umfassenden heimatkundlichen Forschungen der Solovecker Heimatkundegesellschaft der 1920er Jahre fußten, bildeten die Grundlage für die Entscheidungen des Russischen Ministerrats von 1960, 1967 und schließlich auch von 1974. Über die Wiederbelebung des *kraevedenie* und über Pavel Vitkov gelangte schließlich das intellektuelle Erbe der Solovecker Lager in Form der Solovecker Heimatkundegesellschaft zurück in die Amtsstuben der Kulturverwaltung in Archangel'sk.

Das Beispiel Vitkovs und die enge Verzahnung des regionalen Denkmalschutzes mit der *kraevedenie*-Bewegung weisen den russischen Denkmalschutz der 1960er Jahre **vorrangig als Aktionsfeld lokaler** *kraevedy* **aus, die über ihr Engagement im Denkmalschutz und in der Denkmalpflege eine konkrete Mitwirkung und Teilhabe an der regionalen Kulturpolitik einforderten.** Ihre Mitarbeit als »Funktionsträger im ›Grenzgebiet‹ «[2] zwischen Staat und Gesellschaft im Rahmen der VOOPIiK führte nicht nur zu einer symbolischen Aneignung ihrer Tätigkeiten innerhalb des sowjetischen Modernediskurses der 1960er Jahre,[3] sondern letztendlich auch zu einer verstärkten Integration der ›Graswurzelfunktionäre‹ in den sowjetischen Staat.

Mit der Entwicklung des russischen Museumswesens und der Gründung so genannter Mehrspartenmuseen, der *muzei-zapovedniki,* die als verlängerte Arme der VOOPIiK fungierten und unter direkter Kontrolle der regionalen

---

2   Siehe dazu LINDENBERGER: Die Diktatur der Grenzen, hier S. 34.
3   Siehe dazu beispielsweise TOM JÜRGENS: Sibirien ausstellen – Das Faktum zwischen Objekt und Idee. In: BIANKA PIETROW-ENNKER (Hrsg.): Kultur in der Geschichte Russlands. Räume, Medien, Identitäten, Lebenswelten, Göttingen 2007, S. 83–103, hier bes. ab S. 90.

Kulturverwaltungen standen, verlagerte sich das Kräfteverhältnis in der regionalen Kulturpolitik allmählich. Der Denkmalschutz und die Denkmalpflege national bedeutender Denkmalkomplexe wurden nun untrennbar mit deren Musealisierung und touristischer Nutzung zusammengedacht und direkt durch die regionalen Kulturverwaltungen verantwortet. Diese übertrugen den Museen wiederum nur geringe Handlungskompetenzen. Trotz eines bis zum Zusammenbruch der Sowjetunion nicht aufgefangenen Mangels an ausgebildeten Fachkräften kam es in der späten Sowjetunion zudem zu einer langsamen Professionalisierung der Denkmalpflege, die immer weniger Raum für Laiendenkmalpflegerinnen und Laiendenkmalpfleger bereithielt.

Neben dem internationalen Austausch von Expertinnen und Experten in den Bereichen Denmalpflege, Architektur und Politik im Internationalen Rat für Denkmalpflege (ICOMOS) hatten die studentischen Restaurierungsbrigaden einen nicht zu unterschätzenden Einfluss auf die theoretische und vor allem praktische Ausbildung von Denkmalpflegerinnen und Denkmalpflegern an russischen Universitäten. Die aus dem Innern der Moskauer Universität entstandene Bewegung, die schon bald in die Strukturen der studentischen Baubrigadenbewegung des Komsomol und in die VOOPIiK eingegliedert wurde, stimulierte die Aufnahme praktischer Grundlagen der Denkmalpflege in den Lehrplan russischer Universitäten, die mit wissenschaftlichen Restaurierungswerkstätten zusammenarbeiteten. Obgleich das Engagement der *bojcy* der Restaurierungsbrigaden in erster Linie von der engen Verbindung der Studierenden zu ihren Einsatzorten, ihren erlernten praktischen Fähigkeiten und einer konservativ-national orientierten Einstellung getragen wurde – und sich damit weniger an den ideologischen Leitlinien der sowjetischen Jugendpolitik orientierte –, überdauerte das studentische Engagement in der russischen Denkmalpflege auch die späte Sowjetunion. Auch über die 1970er und 1980er Jahre hinaus konnten die studentischen Restaurierungsbrigaden als stabilisierende Elemente der sowjetischen Jugendpolitik wirken.

Der Prager Frühling 1968 und die Demonstration einer kleinen Gruppe sowjetischer Intellektueller auf dem Roten Platz in Moskau gegen die militärische Intervention der Roten Armee in der Tschechoslowakei als das Initialereignis für die Spaltung der sowjetischen *intelligencija* wirkten sich als vielbeschworene ›konservative Wende‹ der Regierungszeit Brežnevs nicht unmittelbar und lediglich indirekt auf die Denkmalschutzpolitik aus. Abgesehen von den Solovki, die durch ihre einzigartige sowjetisch-repressive Vergangenheit in den Fokus ›Andersdenkender‹ gerieten, müssen die Folgen von 1968 eher in einen breiten Kontext gesetzt werden, da sie sich auf den gesamten sowjetischen Kultursektor auswirkten. In erster Linie deshalb, weil die Kulturbetriebe vielerorts als Zufluchtsorte für Dissidentinnen und Dissidenten fungierten, verstärkte der sowjetische Geheimdienst in den 1970er Jahren seinen Zugriff auf die kulturellen Einrichtungen der Sowjetunion. Die kulturelle Retrospektive und mit ihr das staatliche und gesellschaftliche Engagement für den Schutz und den Erhalt historischer Baudenkmäler befanden sich 1968/1969 jedoch auf ihrem Höhepunkt. Als bedeutendere Zäsur für den russischen Denkmalschutz ist das Jahr 1971 zu werten, als durch den Beschluss des Zentralkomitees vom 16. Juli 1971 *Über die Intensivierung der atheistischen Arbeit unter der Bevölkerung* die Rehabilitierung des orthodoxen Kulturerbes zurückgefahren wurde und sich die atheistische Erziehung der Jugendlichen intensivierte. In diesen Zusammenhang fällt auch die so genannte *Molodaja-Gvardija*-Affäre von 1969, die zur Entlassung des Chefredakteurs der nationalpatriotischen Zeitschrift führte und die Entfernung von Anhängern der nationalen *intelligencija* aus der Printpresse und die Einstellung von Rubriken zur Folge hatte, die sich am Rande auch mit dem spirituellen Erbe der russischen Orthodoxie auseinandersetzten. Für den Denkmalschutz hatte diese ›Neuausrichtung‹ ab 1971/1972 einerseits eine verstärkte ideologische Konzentration auf die Denkmäler der sowjetischen Epoche sowie auf jene zur Folge, die an bedeutende revolutionäre Vorkämpfer des späten Zarenreichs erinnerten. Andererseits legt das Beispiel des Rodina-Klubs die Vermutung nahe, dass mit der ›Kehrtwende‹ in der russischen Kulturpolitik zu Beginn der 1970er Jahre nicht nur dem nationalen Flügel der russischen *intelligencija* die politische Unterstützung entzogen werden sollte,[4] denn ebenso setzte sie den Begehrlichkeiten, die von der partizipatorischen Praxis im Denkmalschutz ausgegangen waren, ein Ende – und das insbesondere in Bezug auf die sowjetische Jugend. So hat der Fall des Rodina-Klubs exemplarisch deutlich gemacht, wie die zunächst begrüßte Graswurzelinitiative der Moskauer Studentinnen und Studenten aufgrund der selbständigen Arbeitsweise der Mitglieder, ihrer thematischen Ausrichtung und der Konkurrenz des Klubs zur VOOPIiK Anfang der 1970er Jahre eingedämmt wurde.

Bewertet man die Entwicklung des russischen Nationalismus in der Frühphase der Brežnev-Ära als gezielte politische Strategie der sowjetischen Führung, die Reformen der Chruščëv-Ära umzukehren und die liberalen Tendenzen innerhalb der russischen *intelligencija* einzudämmen, so hatte diese Politik zumindest mit Blick auf den Denkmalschutz und die Denkmalpflege nichtintendierte und weitreichende Folgen. Die Partizipationspraxis in der Denkmalpflege erscheint in dieser Sichtweise als liberaler ›Überrest‹ der Chruščëv-Ära, der durch die »hands-off-policy«[5] der sowjetischen Führung gegenüber nationalkulturellen Institutionen und der Forcierung nationaler Themen in Politik und Gesellschaft

---

4 Siehe dazu BRUDNY: Reinventing Russia, besonders S. 94–110.
5 DUNLOP: The Faces of Russian Nationalism, S. 60.

einen weiteren Aufschwung erhielt. Durch die Gründung der VOOPIiK ab 1965/1966 bis zum Ende des Jahrzehnts konnten die Aktivitäten der Denkmalschützerinnen und Denkmalschützer zwar in staatliche Bahnen gelenkt werden, das Selbstbewusstsein der regionalen *kraevedy* erhielt allerdings insofern erneut eine Aufwertung, als dass diese als Verfechterinnen und Verfechter einer neuen staatlichen Denkmalschutzpolitik nun oftmals auch gegen den politischen Widerstand der Gebietsexekutivkomitees agierten.

Die 1970er Jahre bescherten der VOOPIiK einen erheblichen Mitgliederzuwachs – das weitverzweigte institutionelle Netzwerk der Organisation reichte schnell bis in den Komsomol und auf die untersten Ebenen sowjetischer Bildungseinrichtungen und Betriebe. Einiges spricht dafür, den aus der politischen Situation Anfang der 1970er Jahre notwendig gewordenen Schwenk hin zur Fokussierung auf Denkmäler der sowjetischen Epoche als »kosmetischen Wandel« in der Denkmalschutzpolitik der VOOPIiK zu begreifen,[6] denn auch weiterhin floss die überwiegende Mehrheit der staatlichen Gelder in die Restaurierung und Musealisierung historischer Baudenkmäler aus der Zarenzeit, da diese die bedeutendere Rolle für den nationalen und internationalen Tourismus spielten. Dabei lag die denkmalfreundliche Politik der sowjetischen Führung keineswegs im wirtschaftlichen Mehrwert der touristischen Nutzung der Denkmalskomplexe begründet. Auf den Solovki beispielsweise stellten die aufwendigen Restaurierungs- und Instandsetzungsmaßnahmen ein finanzielles Verlustgeschäft dar. Viel bedeutender war das internationale Prestige, das zuvorderst die historischen Klosteranlagen im Ausland genossen und das auf ausländische Touristinnen und Touristen anziehend wirkte. Der internationale Austausch und die Einbindung der Sowjetunion in internationale Kulturbündnisse auf der Ebene der UNESCO und des ICOMOS werteten die russischen Kulturdenkmäler zusätzlich auf. Die finanzielle Teilhabe der russisch-orthodoxen Kirche an der Denkmalschutzpolitik nutzte die sowjetische Führung in dieser Hinsicht strategisch. Zum einen erlaubte der Staat der Kirche mit ihren regelmäßigen Geldspenden an die VOOPIiK, sich am Erhalt und an der Instandsetzung von Kirchen und Klöstern zu beteiligen. Zum anderen signalisierte die Mitwirkung der orthodoxen Kirche an den staatlichen Restaurierungsbemühungen dem Ausland, wie besonnen die atheistische Sowjetunion gewillt war, mit der Kirche und ihrem kulturellen Erbe umzugehen.

Abseits seines partizipatorischen Potenzials haben die Diskussionen zum russischen Denkmalschutz in den 1960er Jahren gezeigt, wie unterschiedlich die Vorstellungen der russischen Gesellschaft über ein Leben in der ›sowjetischen

---

6 Ebd., S. 76.

Moderne‹ waren. Gerade dort, wo es nicht nur theoretisch, sondern visuell um die Konkurrenz zwischen dem ›Alten‹ und dem ›Neuen‹ ging und die Lebenswelt(en) der sowjetischen Bürgerinnen und Bürger direkt betroffen waren, stellte sich die russische Bevölkerung vermehrt die Frage, wie ihre Zukunft baulich gestaltet werden sollte: sei es in der Stadtplanung im Rahmen der Wohnungsbaukampagnen, im Zusammenhang mit den Reformen der Landwirtschaft auf dem russischen Dorf oder hinsichtlich der Abrisse von Kirchenarchitektur im Rahmen der ›Kirchenreformen‹ der späten 1950er und frühen 1960er Jahre. Nicht alle Akteure verstanden den sowjetischen Zukunftsentwurf als ständigen Fortschrittsdiskurs, in dem es vorrangig um die Entledigung von baulichen ›Altlasten‹ aus der Zeit des Zarismus gehen sollte. Im Einklang zum politischen Kurs der Brežnev-Ära veränderte sich in den 1960er Jahren die ideologische Blickrichtung. Die Gegenwart und besonders die Vergangenheit gewannen verstärkt an Bedeutung, und der Einsatz für den Erhalt und den Schutz russischer Baudenkmäler entwickelte sich – nicht zuletzt durch den Einfluss internationaler Entwicklungen – von einem Beschäftigungsfeld für Fachpersonal und Einzelkämpferinnen und Einzelkämpfer zu einer politischen und gesellschaftlichen Pflichtaufgabe. Die Sorge um das nationale Kulturgut wurde nun zunehmend als unabdingbar für die Gestaltung der sowjetischen Gegenwart empfunden, nachdem sich die Denkmalschützerinnen und Denkmalschützer der späten 1950er und frühen 1960er Jahre noch gegen den Vorwurf einer rückwärtsgewandten und fortschrittsfeindlichen Einstellung hatten verteidigen müssen. Das Engagement im russischen Denkmalschutz als ablehnende Haltung gegenüber der sowjetischen Modernisierungspolitik zu werten, fasst folglich sowohl inhaltlich als auch zeitlich zu kurz. **Vielmehr avancierte die ideologische, kulturelle, ästhetische und pragmatische Verbindung der russischen Vergangenheit und ihrer baulichen Artefakte mit der sowjetischen Gegenwart zur zentralen kulturpolitischen Frage des Jahrzehnts.** Zwar verlor das sowjetische Fortschrittsnarrativ nicht seinen Fluchtpunkt in der kommunistischen Zukunft, allerdings wurde die Kulturerbepflege in ihrer vergangenheits- und gegenwartsbezogenen Dimension nun untrennbar mit dem Leben im sowjetischen Traum verknüpft.

Als grundlegend für diese Entwicklung galt die Neukonzeption eines tragfähigen Denkmalverständnisses durch die russische *intelligencija,* das sich an der bolschewistischen Denkmalsdefinition der 1920er Jahre orientierte, welche die religiöse Bedeutung von Baudenkmälern von ihrem kulturellen, künstlerischen und ästhetischen Wert trennte. Aufgrund des Einflusses des *kraevedenie* trug das russische Denkmalskonzept der 1960er Jahre zudem einen starken regionalen bzw. lokalpatriotischen Charakter und blieb schließlich flexibel, um es den politischen Gegebenheiten anzupassen. So unterstrichen russische Denkmalpflegerinnen und

Denkmalpfleger im Zuge der Aufwertung des Zweiten Weltkriegs zum ideologischen Bezugspunkt die Bemühungen des sowjetischen Staates und ihrer Berufskolleginnen und Berufskollegen beim Wiederaufbau nach dem Krieg und zogen in den 1970er Jahren verstärkt Denkmäler der sowjetischen Epoche in ihren Fokus. Auch das Vokabular der Denkmalschutzpolitik passte sich der jeweiligen politischen Stimmungslage an. Forderten Denkmalschützerinnen und Denkmalschützer im Kontext der Entstalinisierung noch die ›Rehabilitierung des kulturellen Erbes‹ beschworen russische Politikerinnen und Politiker Mitte der 1960er Jahre die Bedeutung des russischen Kulturerbes für die Gestaltung der sowjetischen Gegenwart. Im Kontext der wirtschaftlichen Großprojekte der Brežnev-Ära und einer verstärkten atheistischen Propaganda in den 1970er Jahren bemühten Denkmalschützerinnen und Denkmalschützer oftmals ein eher technisches Vokabular, um die fortdauernde Bedeutung religiöser Baudenkmäler für den Sozialismus zu unterstreichen.

Denis Kozlov hat darauf hingewiesen, wie schwierig es den Vertreterinnen und Vertretern der sowjetischen Retrospektive in der späten Sowjetunion gefallen sei, ihre wiedergefundenen historischen Ideale mit der sowjetischen Realität in Einklang zu bringen.[7] Aus einer retrospektiven Sicht, die den Zusammenbruch der Sowjetunion zum Fluchtpunkt macht, verfängt diese Sichtweise, da die sowjetische Staatskrise die Bevölkerung tatsächlich zu einer verstärkten Reflexion über ihre nationale(n) Identitäte(n) anregte. Im Hinblick auf die 1960er Jahre und die russische Denkmalschutzbewegung als der wichtigsten Ausprägung der kulturellen Retrospektive jener Zeit scheint diese Feststellung nur bedingt haltbar zu sein. An den meisten Orten mit historischen Klosterensembles, und damit mit religiöser Architektur, schien die Konstruktion einer tragfähigen sowjetischen Meistererzählung zur Historisierung der Denkmäler durch deren Restaurierung und Musealisierung durchaus zu gelingen. Neben der baulichen Instandsetzung der historischen Architekturdenkmäler achteten die sowjetischen Kulturpolitikerinnen und Kulturpolitiker im Besonderen darauf, die Denkmalpflege als sowjetisches Projekt zu bewerben. Auf diese Weise hofften sie, die Sorge zu bannen, dass Besucherinnen und Besucher der beeindruckenden Denkmallandschaften die Ästhetik der Architektur und deren historischen Entstehungszusammenhang positiver bewerteten könnten als eine sowjetische Gegenwart, in der die Denkmäler verfielen.

Auf den Solovki stellte sich die Frage nach der Versöhnung von Vergangenheit und Gegenwart allerdings mit besonderer Dringlichkeit und Härte. Die

---

7   DENIS KOZLOV: The Historical Turn in Late Soviet Culture: Retrospectivism, Factography, Doubt, 1953–91. In: *Kritika: Explorations in Russian and Eurasian History* 2 (Sommer 2001) 3, S. 577–600.

einzigartige Vergangenheit der Inseln als religiöser Wallfahrts- und Verbannungsort und als Symbol sowjetischer Repression machten den Archipel zu einem Ziel für ›Andersdenkende‹, die nach 1968 versuchten, die staatliche Deutungshoheit der Solovecker Vergangenheit herauszufordern. Im Gegensatz zu Pavel Vitkov, der das brüchige sowjetische Narrativ zur Solovecker Geschichte bei regionalen Offiziellen anmahnte und eine versöhnliche Interpretation der schmerzhaften Solovecker Vergangenheit in Bezug auf die sowjetische Gegenwart als Orientierung für die Besucherinnen und Besucher des Archipels einforderte, provozierten Aleksandr Osipovič, Evgenij Abramov und Jurij Čebanjuk durch ihre öffentlich artikulierte ›Gegengeschichte‹ den Eklat.

Für die Gäste des Archipels und die weiteren Mitarbeiterinnen und Mitarbeiter des Museums schien der tägliche ›Spagat‹ der Solovecker Museumsarbeit der 1960er, 1970er und 1980er Jahre, der sich in der Musealisierung der Architekturdenkmäler offenbarte und darin bestand, die problematischen Zäsuren und Brüche der Solovecker Vergangenheit zu kitten, allerdings durchaus zu funktionieren. Zieht man – wenn auch freilich offizielle – Berichte von Solovecker Touristinnen und Touristen und die Tatsache in Betracht, dass es in den folgenden Jahren zu keinem ähnlichen Vorfall im Solovecker Museum kam, drängt sich die Vermutung auf, dass die vom Museum praktizierte Harmonisierung bzw. die sinnhafte In-Bezug-Setzung der scheinbar unversöhnlichen Teile der Solovecker Geschichte für viele Touristinnen und Touristen durchaus einen bedeutenden Teil des touristischen Ereignisses ›Solovki‹ ausmachte und von ihnen entweder eingefordert bzw. zumindest akzeptiert wurde. Gleichwohl hielt die im Verborgenen praktizierte Aufarbeitung der stalinistischen Vergangenheit des Archipels durch einige Mitarbeiterinnen und Mitarbeiter des Solovecker Museums auch nach 1969 an und brach sich mit der Erosion des staatlichen Deutungsmonopols Ende der 1980er Jahre Bahn. Was folgte, war ein jahrzehntelanger Kampf um die Deutungshoheit der Solovecker Geschichte.

Epilog – Solovecker Entwicklung(en) und der Streit um die Deutungshoheit

In den Jahren der Perestroika bestimmte zunächst die vom Museum verfolgte Aufarbeitung der Solovecker Lagergeschichte das politische Klima der Region. In dieser Zeit wirkte das Solovecker Museum auf den Aufarbeitungsprozess der Geschichte des Gulag sowie auf die Institutionalisierung und die Ikonografie des Gedenkens an die Opfer politischer Repressionen in der Sowjetunion initiativ. Nachdem 1987 der Solovecker Archipel zu einer eigenständigen Region innerhalb des Gebiets Archangel'sk erhoben wurde, wählten die Mitglieder des Regionalsowjets die Direktorin des Solovecker Museums, Valentina Lopatkina, im März 1989 zunächst zu ihrer Vorsitzenden. Mit ihr zogen fünf weitere Mitarbeiterinnen und Mitarbeiter des Museums in den lokalen Sowjet ein und untermauerten nun auch politisch die Rolle, die das Museum auf den Inseln spielte. Nachdem das Museum 1987/1988 die Dreharbeiten zu einem der ersten Dokumentarfilme zur Gulag-Thematik überhaupt mit dem Titel *Vlast' Soloveckaja (Die Solovecker Macht)* der sowjetischen Regisseurin Marina Goldovskaja auf dem Archipel begleitet hatte,[8] eröffnete es am 6. Juni 1989 die erste historische Ausstellung zur Geschichte des Solovecker Lagers. Hierbei handelte es sich um die erste Gulag-Ausstellung in der Sowjetunion überhaupt, die die Bildsprache der Geschichte des Gulag begründete. Zwei Tage nach der Eröffnung der Ausstellung, die in den Jahren zwischen 1989 und 1991 einen enormen Besucherandrang auf dem Archipel auslöste und in der Sowjetunion auf Wanderschaft ging, beging das Museum gemeinsam mit Gruppen der Menschenrechtsgesellschaft Memorial aus Moskau, Leningrad, Petrozavodsk und Kiew die ersten Gedenktage für die Opfer des Solovecker Lagers.[9] An diesem Tag setzte das Museum einen Findling der Inseln als Denkmal für alle Opfer der Solovecker Lagerperiode. Auch hierbei handelte es sich um eine Premiere: Der Stein war das erste Denkmal, das den Opfern sowjetischer Repressionen gewidmet war. Einen zweiten Findling für alle Opfer der Sowjetunion enthüllte die Menschenrechtsgesellschaft ›Memorial‹ am 30. Oktober 1990 auf dem Lubjanka-Platz in Moskau gegenüber dem Gebäude des sowjetischen Geheimdienstes, an der Stelle, an der das gestürzte Denkmal des ersten sowjetischen Geheimdienstchefs Feliks Dzierżyński gestanden hatte. Im heutigen Russland ist der ›Solovki-Stein‹ zu einem Denkmal politischer Repression während der Sowjetära allgemein avanciert. Neben dem Lubjanka-Platz in Moskau zieren viele weitere Solovki-Findlinge die Städte ehemaliger Lagerorte des heutigen Russlands.[10] Der Solovecker Denkmalschutz trug den politischen Neuentwicklungen ebenfalls Rechnung: Auf Initiative des Museums wurde unter anderem eine ehemalige Lagerbaracke, die sich in unmittelbarer Nähe der Klostermauern befand, im März 1989 von der VOOPIiK als Baudenkmal des Solovecker

---

8 JOACHIM HÖSLER: Perestroika und Historie. Zur Erosion des sowjetischen Geschichtsbildes. In: HELMUT ALTRICHER (Hrsg.): GegenErinnerung. Geschichte als politisches Argument im Transformationsprozess Ost-, Ostmittel- und Südosteuropas, S. 1–25, S. 8.
9 Siehe KATHARINA HAVERKAMP: Gedenken als Herausforderung. Zur Geschichte der ersten Gulag-Ausstellung der Sowjetunion. In: LANDAU/SCHERBAKOWA (Hrsg.): GULAG. Texte und Dokumente 1929–1956, S. 180–189.
10 BOGUMIŁ: Kresty i kamni, S. 6.

Lagers der 1920er/1930er Jahre unter Denkmalschutz gestellt.[11] Nach dem Abzug der letzten Matrosen von der Inselgruppe im Jahr 1991 wurden die wenigen Baudenkmäler, die noch in der Verwaltung der Nordflotte verblieben waren, an das Solovecker Museum übergeben.

Doch mit dem Zerfall der Sowjetunion reifte sowohl in Moskau als auch in Archangel'sk die Entscheidung heran, die Solovki langfristig in den Verwaltungsbereich der russisch-orthodoxen Kirche zu übergeben. Die noch im Frühjahr 1990 kursierenden Ideen zur Umwandlung des Archipels in einen Nationalpark[12] wurden verworfen und am 25. Oktober 1990 gründete der Heilige Synod der russisch-orthodoxen Kirche das Solovecker Männerkloster. Nach fast 70 Jahren betraten im gleichen Monat die ersten fünf Mönche Solovecker Boden. Neben dem Klosterkomplex in Valaam in Karelien gehörten die Solovki aufgrund ihrer besonderen Verbindung von Orthodoxie und Natur zu den Hauptreferenzpunkten der religiösen Wiederbelebungsbewegung der russisch-orthodoxen Kirche Ende der 1980er Jahre.[13] 1992 wurden die Geschichts- und Baudenkmäler der Solovecker Inseln in die Weltkulturerbeliste der UNESCO aufgenommen. Im Sommer 1991 beschloss das Gebietsexekutivkomitee in Archangel'sk schließlich, den bedeutenden Teil der kirchlichen Denkmäler schrittweise an die russisch-orthodoxe Kirche zurückzugeben. Mit der Gründung des Solovecker Klosters konkurrierte das Museum fortan mit der russisch-orthodoxen Kirche um die Restaurierung und Musealisierung der Solovecker Baudenkmäler und damit um das Deutungsmonopol der Solovecker Geschichte. Zunächst schien die Zusammenarbeit beider Institutionen zu funktionieren und beide Stränge der historischen Solovki-Erfahrung, die religiöse und repressive Geschichte der Inselgruppe, bekamen in Bezug auf die Musealisierung des Archipels eine gleichberechtigte Rolle eingeräumt. Seit 2001 betreibt das Solovecker Museum eine eigene Abteilung zur Aufarbeitung der Geschichte des Solovecker Lagers. Auch in Bezug auf den Schutz und den Erhalt der historischen Denkmallandschaft bündelten die Akteure in einer wirtschaftlich schwierigen Zeit ihre Kräfte: In Zusammenarbeit mit der regionalen Restaurierungswerkstatt verantwortete das Solovecker Museum bis 1998 beispielsweise die Arbeiten an der Hauptkirche des Kreml', der Preobraženskij-Kathedrale sowie der Trojckij-Einsiedelei auf der Insel Anzer.

---

11 Siehe das Expertengutachten der Archangel'sker Abteilung der VOOPIiK vom 22.03.1989. GAAO, f. 2614, op. 1, d. 294, l. 5.
12 Siehe den Entwurf des staatlichen Komitees zum Naturschutz an den Ministerrat der UdSSR zur Umwandlung des Solovecker *muzej-zapovednik* in einem Nationalpark vom 14.05.1990. GAAO, f. 2063, op. 2, d. 5981, ll. 26–28.
13 GEERING: Building a Common Past, S. 283.

Unterstützung bekamen die professionellen Denkmalpflegerinnen und Denkmalpfleger auch weiterhin durch die Moskauer Studierenden, die wie gewohnt jeden Sommer auf die Inseln fuhren, um bei den Restaurierungs- und Instandhaltungsarbeiten am Kloster zu helfen.

Mit dem Regierungsantritt Vladimir Putins und einer nationalistischen Wende in der russischen Innen- und Außenpolitik, die die russisch-orthodoxe Kirche und den russischen Staat wieder eng zusammengeschweißt hat, bahnte sich ein Streit zwischen dem Museum und dem Kloster an. Nach der Ernennung des russischen Patriarchen Kirill im Jahr 2009, dessen Großvater, ein orthodoxer Geistlicher, als Gefangener im Solovecker Lager einsaß, setzte der russische Staat den jahrelangen Streitigkeiten auf den Solovki ein Ende. Die Leitung des Museums wurde 2012 dem Archimandriten des Klosters übertragen und die Zusammenführung als »einzigartiges Experiment der staatlich-kirchlichen Zusammenarbeit« gepriesen – eine Kooperation, die jedes Jahr durch Millionen Rubel aus dem Staatshaushalt bedient wird[14] und in der russischen Kulturpolitik insgesamt eine beunruhigende Konjunktur erlebt. Der Denkmalschutz, die Denkmalpflege sowie die Musealisierung der Solovecker Kulturlandschaft sind heute in fester Hand des Solovecker Männerklosters und damit in Verantwortung der Kirche. Das Deutungsmonopol der Solovecker Geschichte wird von der russisch-orthodoxen Kirche gehalten und befindet sich im Einklang mit der russischen Geschichtspolitik Putins. Die einseitige Fokussierung auf die sakrale Bedeutung der Inselgruppe und die Konstruktion einer Leidensgeschichte der orthodoxen Kirche und ihrer so genannten Neuheiligen hat die historische Aufarbeitung der repressiven Vergangenheit der Solovki, wie sie in der Perestroika vom Museum betrieben wurde, seit 2012 fast vollständig verdrängt. Im April 2018 entstand auf Verordnung Vladimir Putins eine Stiftung zum Schutz und zur Entwicklung des Solovecker Archipels und die Solovki wurden zur Chefsache erklärt.[15] Der Stiftungssitz ist in Moskau. Neben dem Patriachen der russisch-orthodoxen Kirche befinden sich mit Dmitrij Medvedev, dem Innenminister Vladimir Kolokol'cev, dem Finanzminister Anton Siluanov, dem Außenminister Sergej Šojgu und der Kulturministerin Ol'ga Ljubimova die wichtigsten Ministerinnen und Minister der Russischen Föderation in ihrem Führungsgremium.

---

14 ALEKSANDR SOLDATOV: Glamurnyj GULAG. V Soloveckom muzee, urpavljaemom RPC, uprasdnen otdel GULAGa. Čto teper' rasskazyvajut palomnikam i turistam pro ostrova smerti 1920–1930-ch? Abgerufen unter URL: https://www.novayagazeta.ru/articles/2016/07/15/69269-glamurnyy-gulag, letzter Zugriff: 05.05.2023.
15 Verordnung des Präsidenten der Russischen Föderation vom 6.04.2018, Nr. 145 ›Über die Gründung der Stiftung zum Schutz und zur Entwicklung des Solovecker Archipels‹. Abgerufen unter URL: https://fundsolovki.ru, letzter Zugriff 05.05.2023.

Anknüpfend an das 19. Jahrhundert haben sich die Solovki wieder als ein Pilgerzentrum etabliert. Die in Scharen anreisenden Pilgerinnen und Pilger verehren unter anderem die Reliquien eines so genannten Neuheiligen der russisch-orthodoxen Kirche, des Erzbischofs aus Voronež (Pëtr Svereva), die in der Trojckij-Kathedrale des Klosters aufbewahrt werden. Er war auf der Insel Anzer im so genannten Strafisolator des Solovecker Lagers ums Leben gekommen. Historikerinnen und Historiker bezweifeln die Echtheit seiner Gebeine, nicht zuletzt deshalb, weil auf der Insel Anzer nur Kollektivgräber entdeckt worden sind und notwendige Identifizierungen der Toten nicht vorgenommen wurden.[16] Diese und andere Beispiele verdeutlichen den geschichtspolitischen Kurs, den die russisch-orthodoxe Kirche auf den Solovki verfolgt. Die Geschichte der politischen Repressionen der 1920er und 1930er Jahre wird ›sakralisiert‹ und individualisiert, das heißt weitestgehend auf das Leiden und Sterben einiger Würdenträger und heutiger orthodoxer Märtyrer reduziert. Die historischen Forschungen zur Geschichte des Solovecker Lagers werden im Sinne einer jahrhundertelangen Leidensgeschichte der russischen Orthodoxie instrumentalisiert – die Solovecker ›Gegengeschichte‹, wie sie 1969 und dann prominent während der Perestroika vertreten wurde, wird nicht länger toleriert. Patriarch Kirill verfolgt seit 2014 die Idee, auf den Solovki »ein kirchlich-wissenschaftliches Zentrum zur Erforschung und Ehrung der russischen Neuheiligen, orthodoxen Geistlichen und gottesfürchtigen Laien, Opfern der Repressionen der Jahre 1920–1930« zu errichten.[17] Die Gulag-Abteilung des Solovecker Museums wurde 2016 aufgelöst, ihre Leiterin abgesetzt und von den Inseln vertrieben. Die historische ›Aufarbeitung‹ des Themas wurde dem Stellvertreter des Archimandriten anvertraut – deutliche Beweis dafür, mit welcher Vehemenz die orthodoxe Kirche ihr Deutungsmonopol auf den Solovki durchsetzt. Ende 2017 kündigte das Zentrum zum Kampf gegen Extremismus und Terrorismus des russischen Innenministeriums die Prüfung des neuen Buches des Historikers und Fotografen Jurij Brodskij an, der als Kokurator der ersten Gulag-Ausstellung von 1989 und Buchautor des Werkes zur Solovecker Lagergeschichte *Solovki: Dvadcat' let*

---

16 SOLDATOV: Glamurnyj GULAG.
17 Ein erstes Ergebnis ist das umfassende Kompendium *Erinnerungen der Solovecker Opfer* zwischen 1923 und 1939, das alle publizierten Erinnerungen und Memoiren bzw. wissenschaftliche Artikel zu Gefangenen des SLON/STON in bisher elf Bänden seit 2013 zusammenfasst und damit die umfassenste Dokumentation der Solovecker Gulag-Erinnerungsliteratur darstellt. Unter den portraitierten Gefangenen befinden sich sowohl Geistliche der orthodoxen Kirche als auch Intellektuelle und Politiker des Lagers, die Selbstzeugnisse hinterlassen haben. Siehe: Vospominanija Soloveckich Uznikov, 11 Bände, abgerufen unter: https://solovki-monastyr.ru/VSU/, letzter Zugriff: 05.05.2023.

Osobogo Naznačenija (Solovki: Zwanzig Jahre besondere Verwendung) einer der wenigen Kämpfer für die objektive Aufarbeitung der repressiven Geschichte der Solovki ist. Sein im Oktober 2017 veröffentlichtes Werk mit dem Titel *Solovki: Labirint Preobraženij (Solovki: Das Labyrinth der Verklärung)* thematisiert die jahrhundertealte Geschichte, Kultur und Natur der Solovki und spart dabei die Geschichte des Klosters als zarisches Gefängnis nicht aus. Sein Buch »verletze religiöse Gefühle«, so eine orthodoxe Aktivistengruppe, die die Prüfung zum Verbot des Buches vom russischen Innenministerium einforderte.[18]

Die einseitige geschichtskulturelle Entwicklung auf den Solovki geht mit einer wirtschaftlichen Monokultur einher, da sich der infrastrukturelle Ausbau der Inseln vollständig auf den Religions- und Erholungstourismus konzentriere, wie es die *Novaja Gazeta* bereits 2016 auf den Punkt brachte. Fast scheint es so, als wären die in den Zeitungen der 1960er Jahre kursierenden Ideen zum Ausbau der Solovki in ein »touristisches Mekka« oder die Idee Vitkovs zur Umwandlung des Archipels in ein Sanatorium und Kurzentrum realisiert worden. Die Einwohnerzahl ist auf unter 1.000 Menschen gesunken, von denen etwa die Hälfte im Kloster oder im Museum arbeitet. Außerhalb der Touristensaison von Mai bis September, in der zahlreiche Aushilfskräfte im Hotel- und Restaurantgewerbe, im Museum oder für eine der zahlreichen Tourismusagenturen arbeiten, wirkt der Archipel hingegen verwaist. Selbst den historischen Baudenkmälern wird ihr Charakter, Zeugen der vielschichtigen, diversen, mitunter widersprüchlichen und vor allem schmerzhaften Geschichte der Solovki zu sein, durch eine fragwürdige Denkmalpflegepraxis abgesprochen. Sukzessive sind alle gesellschaftlichen Kräfte aus der Solovecker Denkmalpflege verdrängt worden. Die Restaurierungs- und Instandhaltungsarbeiten an den Solovecker Baudenkmälern sind von der Kirche an große, externe Bauunternehmen ausgelagert worden, die jahrzehntelange Kooperation mit den studentischen Denkmalpflegerinnen und Denkmalpflegern aus Moskau existiert nicht mehr. Es fehlen Denkmalsplaketten, welche die Besucherin bzw. den Besucher darauf hinweisen, dass die Klosterkirchen neben ihrer unbestreitbaren sakralen Bedeutung eben auch Tatorte sind, an denen tausende Menschen ihr Leben verloren. Die riesigen grauen Steinquader der Solovecker Festungsmauer aus dem 16. Jahrhundert, die den Solovecker Kreml' umschließen und bereits aus der Ferne aus dem Weißen Meer aufragen, erstrahlen heute

---

18 Siehe NIKITA GIRIN: Perspektiva dlja zapreta est'. In: *Novaja Gazeta*, 22. 12. 2017, S. 3; sowie VERA VASILYEVA/ROBERT COALSON: Russian Historian Accused of ›Religious Hatred‹ Over Account of Solovki Gulag. 10. Februar 2018. Abgerufen unter URL: https://www.rferl.org/a/russia-solovki-historian-sees-bid-whitewash-complex-history/29032329.html, letzter Zugriff: 05. 05. 2023.

in einem sauberen Grau, nachdem ihre aus unterschiedlichen Flechten, Farben und Formen der Verwitterung bestehende Patina mit Hilfe von Chemikalien ›abgewaschen‹ wurde.[19]

---

19 Vasilyeva/Coalson: Russian Historian Accused of ›Religious Hatred‹ Over Account of Solovki Gulag.

Quellen und Literaturverzeichnis

Archivquellen

Gosudarstvennyj archiv Rossiskoj Federacii (GARF)
f. A-259 (Sovet Ministrov RSFSR – Sovmin RSFSR)
f. A-639 (Vserossijskoe Obščestvo Ochrany Pamjatnikov Istorii i Kul'tury – VOOOPIiK)
f. A-501 (Ministerstvo Kul'tury RSFSR)
f. R-9520 (Central'nyj Sovet po Turizmu i Ėkskursijam VCSPS)
f. 10010 (Naučno-Issledovatel'skij Institut Kul'tury Ministerstva Kul'tury RSFSR)

Central'nyj Archiv Goroda Moskvy (CAGM)
f. R-792 (Moskovskoe Gorodskoe Otdelenie Vserossijskogo Obščestva Ochrany Pamjatnikov Istorii i Kul'tury [MGO VOOPIiK])
f. R-6083 (Komitet VŽSM MGU im. M. V. Lomonosova)

Rossijskij gosudarstvennyj archiv social'no-političeskoj istorii (RGASPI)
f. M-17 (Dokumenty Central'nogo štaba studenčeskich otrjadov CK VLKSM)

Rossijskij gosudarstvennyj archiv novejšej istorii (RGANI)
f. 5 (Apparat ZK KPSS 1935–1991)

Rossijskij Gosudarstvennyj archiv voenno-morskogo flota (RGAVMF)
f. R-983 (Ob''edinennaja škola učebnogo otrjada Severnogo Flota)

Gosudarstvennyj archiv Archangel'skoj Oblasti (GAAO)
f. 270 (Severnoe kraevoe obščestvo kraevedenija)
f. 2063 (Archangel'skij oblispolkom [Archoblispolkom])
f. 2614 (Archangel'skoe oblastnoe otdelenie Vserossijskogo obščestva ochrany pamjatnikov istorii i kul'tury [VOOPIiK])
f. 5715 (Sovet Soloveckich ostrovov)
f. 5859 (Komitet po kul'tury Archangel'skoj oblasti)
f. 5970 (Archangel'skij oblastnoj sovet po turizmu i ėkskursijam Rossijskoj associacii social'nogo turizma)

Naučnyj archiv Soloveckogo Muzeja Zapovednika (NASMZ)
f. 2, op. 1, d. 480 (Teksty ėkskursii 1968–1975)
f. 2, op. 2, d. 162 (Ličnyj archiv P. V. Vitkova 1957–1972)
Soloveckij gosudarstvennyj muzej-zapovednik 1967–2007. Materialy k istorii sozdanija i dejatel'nosti muzeja-zapovednika. Solovki 2012.

Metodičeskij otdel' NASMZ/Informacionnye spravki dlja ėkskursovodov:
KRITSKIJ, JURIJ M.: Iz istorii Sovchosa «Solovki» (maj 1920 – avgust 1923). o. J.
LITVINOV, L. V.: Istoričeskaja spravka po škole Jung VMF [Voenno-morskogo flota], Solovki 1974–1980. Solovki o. J.
PETROV, V. N.: Informacija po social'no-ekonomičeskomu razvitiju poselka Solovki v 1959–1982gg. Solovki 1982.
SOLOVECKIE SVJATYE: Legenda i dejstvitel'nost'. Informacionnaja spravka dlja ėkskursovodov, Solovki 1983.
SOLOVECKIJ MUZEJ-ZAPOVEDNIK ZA 15 LET (1967–1982). Osnovnye cifrovye pokazateli. In: XV let Soloveckogo gosudarstvennogo istoriko-architekturnogo i prirodnogo muzeja-zapovednika. Kratkaja spravka i predloženija po TĖP jubilejnoj vystavki s 3 po 8 janvarja 1982 g. 26 nojabrja 1981g.
ZAPOROŽEC, I. S.: Istorija Učebnogo otrjada i Školy Jung. Materialy k odnoimennoj vystavke, Solovki 1982.

Rodnoj Archiv Soloveckogo gosudarstvennogo istoriko-architekturnogo i prirodnogo muzeja-zapovednika.
Interview mit Antonina Sošina, 29.07.2003.

Privatarchiv Jurij Arkad'evič Brodskij
Interview mit Jurij Brodskij in Ėlektrostal' am 13.05.2013.

Privatarchiv Igor' Mitin
Interview mit Igor' Mitin in Moskau am 5. Juni 2013.
O. A.: Itogovyj otčet o podgotovke restavracionnogo studenčeskogo stroitel'nogo otrjada fizičeskogo fakul'teta MGU »Solovki-76« k letnim rabotam 1976 goda.

Veröffentlichte Dokumentensammlungen

APPARAT ZK KPSS I KUL'TURA 1965–1972. Dokumenty, Moskva 2009.
BUROV, CF. V. A./CHERNOVOL, U. A.: Soloveckij monastyr'. Iz archiva architektora-restavratora P. D. Baranovskij, tom I, Moskva 2000.
CHARTA VON VENEDIG. In: ICOMOS – Hefte des Deutschen Nationalkomitees X, München 1992.
DOKUMENTY I MATERIALY po istori Kižskogo architekturnogo ansamlja (1946–1979), Petrozavodsk 2014.
FEDERAL'NOE GOSUDARSTEVENNOE UČREŽDENIE KUL'TURY SOLOVECKIJ GOSUDARSTVENNYJ ISTORIKO-ARCHITEKTURNYJ I PRIRODNYJ MUZEJ-ZAPOVEDNIK: K 40-letiju sozdanija Soloveckogo muzeja-zapovednika. Soloveckij muzej-zapovednik v zerkale pressy, 1960–2007. Solovki 2007.
INSTITUT SOCIOLOGII ROSSIJSKOJ AKADEMII NAUK: Rossijskaja Sociologija Šestidesjatych Godov v Vospominanijach i Dokumentach. Sankt Petersburg 1999.

INTERNATIONALE GRUNDSÄTZE UND RICHTLINIEN DER DENKMALPFLEGE (Monumenta 1, hrsg. von ICOMOS Deutschland, ICOMOS Luxemburg, ICOMOS Österreich, ICOMOS Schweiz), Stuttgart 2012.
KOROTKOV, A. V./MEL'ČIN, C. A./STEPANOV, A. S. (Hrsg.): Kremlevskij Samosud. Sekretnye dokumenty Politbjuro o pisatele A. Solženicyne, Sbornik dokumentov, Moskva 1994.
NII KUL'TURY MUZEEVEDENIE: Iz istorii ochrany i ispol'zovanija kul'turnogo nasledija RSFSR, Moskva 1987.
OCHRANA PAMJATNIKOV ISTORII I KUL'TURY: Sbornik dokumentov, Moskva 1973.
PROGRAMM DER KOMMUNISTISCHEN PARTEI DER SOWJETUNION beschlossen am XXII. Parteitag der KPdSU am 31. Oktober 1961. Moskau 1962.
RECHENSCHAFTSBERICHT DES ZENTRALKOMITEES DER KPdSU an den XXIV. Parteitag der Kommunistischen Partei der Sowjetunion, Berlin 1972.
SBORNIK DOKUMENTOV PO MUZEJNOMU DELU 1964–1984. Moskva 1987.
VOSPOMINANIJA SOLOVECKICH UZNIKOV. 11 Bände, Moskva 2013–2023.
TOMILINA, N. G. U. A. (Hrsg.): Apparat ZK KPSS i Kul'tura 1965–1972. Moskva 2009.
VERFASSUNG DER SOWJETUNION VON 1977. Abgerufen unter URL: https://www.verfassungen. net/su/verf77-i.htm, letzter Zugriff: 04.05.2023.
XXIV. PARTEITAG DER KOMMUNISTISCHEN PARTEI DER SOWJETUNION 30. März – 9. April 1971. Dokumente, Moskau 1971.
1.000 SCHLÜSSELDOKUMENTE ZUR RUSSISCHEN UND SOWJETISCHEN GESCHICHTE. Abgerufen unter URL: https://www.1000dokumente.de/index.html?c=1000_dokumente_ru&viewmode=0&l=de, letzter Zugriff: 05.05.2023.

Memoiren, Belletristik und zeitgenössische Fachliteratur

ABRAMOV, FËDOR: Ljudi kolchosnoj derevni v poslevoennoj proze. In: *Novyj Mir* 30 (April 1954) 4, S. 210–231.
BARANOVSKIJ, PËTR: Trudy, vospominanija sovremennikov. Moskva 1996.
BOGUSLAVSKIJ, G. A.: Ostrova Soloveckie. Očerki, Archangel'sk 1966.
CHAN-MAGUMEDOV, S.: O roli architektora v pereustrojstva byta. In: *Architektura SSSR* (Januar 1959), S. 45–47.
CHARPALEV, JURIJ FEDOROVIČ/CHARPALEVA, TATJANA BOGDANOVA: Tagebuch über ihre Reise nach Karelien und die Solovki im Juli und August 1968. Abgerufen unter URL: http://natalyushko.livejournal.com/704148.html, letzter Zugriff: 05.05.2023.
CHRUŠČËV, NIKITA: Za tesnuju svjaz' literatury i iskusstva s žizn'ju naroda. In: *Novyj Mir* 9 (September 1957), S. 3–22.
CHRUŠČËV, NIKITA: Rede auf der 13. Sitzung des Komsomol, in: *Ost-Probleme* Nr. 10, Heft 16/17 (1958), S. 547–555.
DAVYDOV, S. N.: Vosstanovlenie Architekturnych Pamjatnikov Novgoroda v 1945–1949 godach. In: *Praktika restavracionnych rabot* 1 (1950), S. 47–84.
DEMENT'EV, ANDREJ: O tradicijach i narodnosti. In: *Novyj Mir* 4 (April 1969), S. 215–235.

Demina, N./Ivanova, T.: Andrej Rublëv. Al'bum, 1966.
Demina, N.: Andrej Rublëv i chudožniki ego kruga. Moskva 1972.
Doroš, Efim: Dožd' popolam s solncem. Derevenskij dnevnik, Moskva 1973.
Ėrenburg, Il'ja: Ottepel'. Povest', in: *Snamja* 5 (1954), S. 14–87.
Galkina, P. I./Ivanickij, I. P.: Muzej i ego specifika. In: *Osnovy sovetskogo muzeevedenija*, Moskva 1955, S. 10–38.
Gardanov, V. K./Plavil'ščikova, N. N.: Sobiratel'skaja rabota muzeev. In: *Osnovy sovetskogo muzeevedenija*. Moskva 1955, S. 39–50.
Grabar', Igor' Emmanuilovič: Moja Žizn'. Avtomonografija, Moskva, Leningrad 1937.
Informacionnyj centr po problemam kul'tury i iskusstva (Hrsg.): Muzeevedenie i ochrana pamjatnikov. Muzeevedenie i muzejnoe delo v SSSR i za rubežom. Naučnyj referativnyj sbornik, vypusk 2, Moskva 1977.
Ivanov, A. P.: Soloveckaja monastyrskaja tjur'ma. Kratkij istoriko-revoljucionnyj očerk, Solovki 1927.
Ivanov, A.: Pamjatniki Soloveckoj drevnosti do XVII veka. In: *Soloveckie Ostrova* 2–3 (1926), S. 129–133.
Ivanov, V. N.: Sleduja zavetam Lenina. In: *Pamjatniki Otečestva*. Moskva 1972, S. 11–23.
Ivanov, V.: Učreditel'nyj kongress meždunarodnogo soveta JUNESKO po ochrane pamjatnikov i istoričeskich mest – IKOMOS. In: *Architektura SSSR* 10 (1965), S. 59.
Ivanov, Vladimir: Monuments and Society. Symposium on Monuments and Society, ICOMOS Leningrad 2.–8. September 1969, S. 11–19, hier S. 18. Abgerufen unter URL: https://www.icomos.org/publications/society1.pdf, letzter Zugriff: 05.05.2023.
Jašin, Aleksandr: Ryčagi. In: *Literaturnaja Moskva* 2 (Dezember 1956), S. 502–513. Abgerufen unter URL: http://www.lib.ru/PROZA/YASHIN/rychagi.txt, letzter Zugriff: 04.05.2023.
Kazakov, Jurij: Severnyj dnevnik. Moskva 1960.
Kočemasov, V. I.: God poiskov, god nadežd. In: *Istorija SSSR* 5 (1967), S. 197–203.
Kremlevskij dvorec c"ezdov. In: *Architektura SSSR* 12 (1961), S. 4–12.
Kušnir, I.: Nekotorye voprosy poslevoennoj zastrojki Novgoroda. In: *Architektura SSSR* (März 1958), S. 21–25.
Lavrov, V.: Pamjatniki architektury i gorod. In: *Architektura SSSR* 12 (1965), S. 12–15.
Lebedeva, A. A.: Naučnaja konferencija »Pamjatniki kul'tury Russkogo Severa«. In: *Sovetskaja Ėtnografija* Nr. 6 (1966), S. 117–122.
Lenin, V. I.: Filosofskie tetradi. Moskva 1947.
Lenin, Vladimir I.: Materialismus und Empiriokritizismus. Kritische Bemerkungen über eine reaktionäre Philosophie, Moskau 1947.
Lenin, W. I.: Entwurf einer Resolution über proletarische Kultur. In: Über Kunst und Literatur. Moskau/Berlin 1977.
Lenin, W. I.: Kritische Bemerkungen zur nationalen Frage. In: Über Kunst und Literatur. Moskau/Berlin 1977, S. 66–79.
Lenin, W. I.: Über proletarische Kultur. Moskau 1970.
Lichačëv, Dmitrij: Zadači izučenija Soloveckogo istoriko-kul'turnogo kompleksa. In: Tezisy dokladov i soobšenij k naučnoj konferencii v g. Archangel'ske »Pamjatniki kul'tury Russkogo Severa«. Moskva 1966, S. 25–28.

Lichačëv, Dmitrij: Čelovek v literature Drevnej Rusi. Moskva 1958.
Lichačëv, Dmitrij: Ėkologija Kuľtury. In: *Moskva* 7 (1979), S. 173–179. Abgerufen unter URL: https://www.lihachev.ru/pic/site/files/fulltext/0342_Proshloe_budusemu_1985/002_II_001_Ekologija_Kuljturi.pdf, letzter Zugriff: 18. 06. 2023.
Lichačëv, Dmitrij: Ėkologija Kuľtury. In: *Pamjatniki Otečestva* 2 (1980), S. 10–16. Abgerufen unter URL: http://almanac.voopik.ru/pdf/1980_2_10-16.pdf, letzter Zugriff: 18. 06. 2023.
Lichačëv, Dmitrij: Ėkologija Kuľtury. In: *Znanie-Sila* 6 (1982), S. 22–24. Abgerufen unter URL: https://www.lihachev.ru/pic/site/files/fulltext/0506_Ekologija_kuljturi_1982.pdf, letzter Zugriff: 18. 06. 2023.
Lichačëv, Dmitrij: Kuľtura Rusi. Epochy obrazovanija russkogo nacionaľnogo gosudarstva, konec XIV – načalo XVI vv., Leningrad 1967.
Lichačëv, Dmitrij: Pamjatniki kuľtury – Vsenarodnoe dostojanie. In: *Istorija SSSR* 3 (Mai–Juni 1961), S. 3–12.
Lichačëv, Dmitrij: Poetika drevnerusskoj literatury, Leningrad 1967.
Makovjetski, I.: Définition de la notion de »Monument Historique«. In: Colloque sur le monuments et la société/Symposium on Monuments and Society, Leningrad URSS, 2–8 septembre 1969. Abgerufen unter URL: http://www.icomos.org/en/about-icomos/committees/scientific-committees/list-and-goals-of-isc/157-articles-en-francais/ressources/publications/409-colloque-sur-les-monuments-et-la-societe--symposium-on-monuments-and-society, letzter Zugriff 05. 05. 2023.
Man'kovskij, B. S.: O povyšenii roli obščestvennych organizacij v stroiteľstve kommunizma. In: Ot socialističeskoj gosudarstvennosti k kommunističeskomu obščestvennomu samoupravleniju. Trudy naučnoj konferencii, provedennoj Moskovskim gorodskim komitetom KPSS, Institutom filosofii i Institutom gosudarstva i prava Akademii nauk SSSR v g. Moskve 7–8 ijulja 1960g., Moskva 1961, S. 90–129.
Nesturch, N./Žurun, N.: Studenty na strojkach. In: *Architektura SSSR* 3 (1959), S. 57–59.
Nikoľskij, V. P.: Ikonografičeskoe sobranie Solovedkogo muzeja. In: *Soloveckie Ostrova* 2–3 (1926), S. 145–149.
Nikoľskij, V. P.: Obozrenie otdela christianskich drevnostej Muzeja S. O. K. Otdel I – Ikony. Soloveckoe obščestvo kraevedenija, Materialy, Bd. 11, Solovki 1927.
O. A.: »O porjadke o rassmotrenija predložnija, zajavlenija i žalob graždan«. Vedomosti Verchovnogo Soveta SSSR 1968 (Nr. 17), Artikel 144.
O. A.: Nauka v Solovkach. In: *Novye Solovki* 13 (29. März 1925), S. 2.
O. A.: Obmen opytom restavracii pamjatnikov architektury. In: *Architektura SSSR* 8 (1962).
O. A.: Pamjatniki otečesvennoj istorii. Istoričeskij pamjatnik i sovremennoe zodčestvo, in: *Istorija SSSR* 2 (März–April 1968), S. 174–184.
O. A.: Rezension zu Jurij Begunov: Pamjatnik russkoj literatury XIII veka »Slovo o pogibeli russkoj zemli«. Moskva/Leningrad 1965, in: *Jahrbücher für Geschichte Osteuropas* 14 (1966), S. 588–590.
O. A.: Soloveckoe Obščestvo Kraevedenija: Otčet Soloveckogo otdelenija Archangeľskogo Obščestva Kraevedenija za 1924–1926 gody, Solovki 1927.
O. A.: Teoretičeskie osnovy formirovanija sovetskogo goroda. In: *Architektura SSSR* (Februar 1968), S. 3–6.

O. A.: Tezisy dokladov i soobšenij k naučnoj konferencii v g. Archangel'ske »Pamjatniki kul'tury Russkogo Severa«. Moskva 1966.

O. A.: V Moskovskom otdelenii Vserossijskogo Obščestvo ochrany pamjatnikov istorii i kul'tury. In: *Istorija SSSR* 1 (1969), S. 172–174.

O. A.: Zodčestva russkogo Severa XII–XIX vv./Architecture of the Russian North 12th–19th Centuries. Leningrad 1976.

OPOLOVNIKOV, A.: Muzej narodnogo zodčestva. In: *Architektura SSSR* 12 (1965), S. 22–28.

PETROV, L.: Istoriko-architekturnyj zapovednik imeni Andreja Rublëva. In: *Architektura SSSR* 9 (1960), S. 47–51.

PIKUL', VALENTIN: Malčiki s bantikami. Leningrad 1974.

POMERANTSEV, VLADIMIR: Ob iskrennosti v literature. In: *Novyj Mir* 12, S. 218–245.

SAVICKAJA, O. D.: Issledovanie trapeznoj Soloveckogo monastyrja. In: *Restavracija i issledovanija pamjatnikov kul'tury* 1 (1975), S. 168–176.

SAVIN, V.: Problemy i perspektivy socialističeskoj demokratii. In: *Novyj mir*, Nr. 5 (1969), S. 264–269.

SEREBRJAKOV, A.: Istoričeskij očerk. Kraevedčeskoj raboty na Solovkach, Soloveckoe otdelenie Archangel'skogo obščestva kraevedenija SOAOK. Materialy, Vypusk I., Solovki 1926.

SEREBRJAKOV, A.: Istoričeskij očerk. Kraevedčeskoj raboty na Solovkach, in: *Soloveckie Ostrova* 2 3 (1926), S. 103 108.

SOLOUCHIN, VLADIMIR: Briefe aus dem Russischen Museum. Nachdenkliche Betrachtungen eines sowjetischen Dichters, München/Salzburg 1972.

SOLOUCHIN, VLADIMIR: Černye doski. Zapiski načinajuščego kollekcionera, in: *Moskva* 1 (1969), S. 129–197.

SOLOUCHIN, VLADIMIR: Schwarze Ikonen. Ich entdecke das verborgene Russland, München/Salzburg 1978.

SOLOUCHIN, VLADIMIR: Vladimirskie proselki. In: *Novyj Mir* 9 (September 1957) S. 82–141.

TICHONOV, JU. A.: S"ezdy Vserossijskogo obšestva ochrany pamjatnikov istorii i kul'tury. In: *Voprosy istorii* 10 (1984), S. 13–28.

VEREŠ, SVETLANA: Solovki. In: *Istorija SSSR* 3 (Mai/Juni 1967), S. 206–211.

VINOGRADOV, NIKOLAJ: Novye labirinty Soloveckogo archipelaga. Labirint B. Zajackogo ostrova, Soloveckoe Obščestvo Kraevedenija, Materialy, Vypusk XII, Solovki 1927.

VINOGRADOV, NIKOLAJ: Obozrenie christianskich drevnostej muzeja S. O. K. Otdel II, Zapovednik B. Zajackogo ostrova (derevjannaja Andreevskaja cerkov'), Soloveckoe Obščestvo Kraevedenija, Materialy, Vypusk XIII, Solovki 1927.

VINOGRADOV, NIKOLAJ: Soloveckie labirinty. Ich proizchoždenie i mesto v rjadu odnorodnych doističeskich pamjatnikov, Soloveckoe Obščestvo Kraevedenija, Materialy, Vypusk IV, Solovki 1927.

VITKOV, PAVEL: Botaničeskij Sad Belomorja. In: *Priroda*, Nr. 6 (1961), S. 91–92.

VORONIN, N. N.: Pamjatniki otečestvennoj istorii. Vstupitel'noe slovo, in: *Istorija SSSR* 3 (Mai/Juni 1967), S. 205.

VORONIN, N. N.: Vladimir, Bogoljubogo, Suzdal', Jur'ev-Pol'skoj. Kniga-sputnik po drevnim gorodam Vladimirskoj zemli, Moskva 1967.

ZORIN: Soloveckij požar 1923 goda. In: *Soloveckie Ostrova* 7 (1926), S. 39–5.

Zeitungen und Zeitschriften mit zitierten Jahrgängen

Der Spiegel
1962, 1971, 1977

Die Zeit
1964

Izvestija
1965, 1967

Komsomol'skaja Pravda
1966, 1967

Literaturnaja Gazeta
1955, 1956, 1958, 1965, 1966, 1967, 1969

Pravda
1956, 1962, 1969

Pravda Severa
1960, 1965, 1966, 1967, 1969, 1972, 1973, 1974, 1976

Severnyj Komsomolec
1966, 1969

Smena
19 (Oktober 1968)
5 (März 1969)
19 (Oktober 1969)
23 (Dezember 1969)
18 (September 1971)

Sovetskaja Kul'tura
1965, 1966, 1968, 1979

The Times
1966

Sekundärliteratur

Aksiutin, Iurii: Popular Responses to Khrushchev. In: Taubman, William/Khrushchev, Sergej/Gleason, Abbott (Hrsg.): Nikita Khrushchev, New Haven/London 2000, S. 177–208.

Aksjučic-Lauškina, Varvara: Soloveckaja Škola Jung. In: *Al'manach Soloveckoe more* 5 (2006), S. 48–60.

Alexejewa, Ljudmila: The Thaw-Generation: Coming of Age in the Post-Stalin Era, Pittsburgh 1990.

Andrews, James T.: Local Science and Public Enlightenment. Iaroslav Naturalists and the Soviet State 1917–31, in: Raleigh, Donald J. (Hrsg.): Provincial Landscapes. Local Dimensions of Soviet Power 1917–1953, S. 105–124.

Assmann, Aleida: Geschichte im Gedächtnis. Von der individuellen Erfahrung zur öffentlichen Inszenierung, München 2007.

Attwood, Lynne: Gender and Housing in Soviet Russia. Private Life in a Public Space, Manchester/New York 2010.

Bacon, Edwin/Sandle, Mark (Hrsg.): Brezhnev Reconsidered. London/New York 2002.

Balina, Marina: A Prescribted Journey: Russian Travel Literature from the 1960s to the 1980s. In: *The Slavic and East European Journal* 38 (Sommer 1994) 2, S. 261–270.

Baller, E.: Communism and Cultural Heritage. Moscow 1984.

Barinov, V., Semenčenko, A.: Studenčeskie stroitel'nye otrjady kak forma vtoričnoj zanjatosti. In: Ministerstvo vysšego I srednego special'nogo obrazovanija SSSR/Naučno-techničeskij sovet Sekcija narodonaselenija (Hrsg.): Demografičeskie aspekty zanjatosti, Moskva 1975, S. 94–102.

Baron, Nick: Conflict and complicity: The expansion of the Karelian Gulag, 1923–1933. In: *Cahiers du monde russe* 43 (2002) 1, S. 139–180.

Baron, Nick: Production and Terror. The Operation of the Karelian Gulag 1933–1939, in: *Cahiers du Monde russe* 43 (Januar–März 2002) 1, S. 139–180.

Baškirov, D. L./Špakovskij, I. I.: Istorija literatury Drevnej Rusi. Elektronnyj učebno-metodičeskij kompleks, abgerufen unter URL: https://www.bsu.by/Cache/pdf/205253.pdf, letzter Zugriff: 05.06.2023.

Bayer, Waltraud: Die Beute der Oktoberrevolution: Über Zerstörung, Erhalt und Verkauf privater Kunstsammlungen in der Sowjetunion 1917–1938. In: *Archiv für Kulturgeschichte* 81 (1999) 2, S. 417–441.

Becker, Tobias: Rückkehr der Geschichte? Die »Nostalgie-Welle« in den 1970er und 1980er Jahren, In: Esposito, Fernando: Zeitenwandel. Transformation geschichtlicher Zeitlichkeit nach dem Boom, Göttingen 2017, S. 93–118.

Belge, Boris/Deuerlein, Martin (Hrsg.): Goldenes Zeitalter der Stagnation? Perspektiven auf die sowjetische Ordnung der Brežnev-Ära, Tübingen 2014.

Beyrau, Dietrich: Intelligenz und Dissens. Die russischen Bildungsschichten in der Sowjetunion 1917–1985, Göttingen 1993.

Beyrau, Dietrich: Russische Intelligenzija und Revolution. In: *Historische Zeitschrift* 252 (Juni 1991) 3, S. 559–586.

Bird, Thomas E.: New Interest in Old Russian Things: Literary Ferment, Religious Perspectives and National Self-Assertion, in: *Slavic Review* 32 (1973) 1, S. 17–28.

Bittner, Stephen V.: Remembering the Avant-Garde: Moscow Architects and the »Rehabilitation« of Constructivism 1961–64. In: *Kritika: Explorations in Russian and Eurasian History* 2 (2001) 3, S. 553–576.

Bittner, Stephen V.: The Many Lives of Khrushchev's Thaw. Experience and Memory in Moscow's Arbat, Ithaca/London 2008.

Bočkareva, Ol'ga: Materialy k istorii Soloveckich lagerej i tjur'my 1920–1939. Solovki 2014.

Bockman, Johanna/Bernstein, Michael A.: Scientific Community in a Divided World: Economists, Planning, and Research Priority during the Cold War. In: *Comparative Studies in Society and History* 50 (2008) 3, S. 581–613.

Bogumił, Zuzanna: Kresti i kamni: Soloveckie simboli v konstruirovanii pamjati o GULAGe. In: *Neprikosnovennyj zapas* 3 (2010). Abgerufen unter URL: https://magazines.gorky.media/nz/2010/3/kresty-i-kamni-soloveczkie-simvoly-v-konstruirovanii-pamyati-o-gulage.html, letzter Zugriff: 05.05.2023.

Bohn, Thomas M.: ›Closed Cities‹ versus ›Open Society‹? The Interaction of De-Stalinisation and Urbanisation, in: Thomas M. Bohn u. a. (Hrsg.): De-Stalinisation reconsidered. Persistence and Change in the Soviet Union, Frankfurt/New York 2014, S. 115–131.

Bohn, Thomas M.: Minsk – Musterstadt des Sozialismus. Stadtplanung und Urbanisierung in der Sowjetunion nach 1945, Köln u. a. 2004.

Bonwetsch, Bernd: Der Gulag und die Frage des Völkermordes. In: Baberowski, Jörg (Hrsg.): Moderne Zeiten? Krieg, Revolution und Gewalt im 20. Jahrhundert, Göttingen 2006, S. 111–144.

Boškovska, Nada/Strobel, Angelika/Ursprung, Daniel: Einleitung. In: dies. (Hrsg.) »Entwickelter Sozialismus« in Osteuropa. Arbeit, Konsum und Öffentlichkeit, Berlin 2016, S. 9–21.

Bourdeaux, Michael: Patriarch and Prophets. Persecution of the Russian Orthodox Church Today, London 1969.

Brandenberger, David: National Bolshevism. Stalinist Mass Culture and the Formation of Modern Russian National Identity, 1931–1956, Cambridge (MA)/London 2002.

Brodskij, Jurij: Soloveckie paradoksy. In: *Al'manach Soloveckoe more* Nr. 1 (2002). Abgerufen unter URL: http://www.solovki.info/?action=archive&id=42, letzter Zugriff: 05.05.2023.

Brodskij, Jurij: Solovki. Dvadcat' let Osobogo Naznačenija, 2. überarbeitete Auflage, Moskva 2008.

Brodskij, Jurij: Solovki. Labirint preobraženij, Moskva 2017.

Brudny, Yitzhak: Reinventing Russia. Russian Nationalism and the Soviet State 1953–1991, Cambridge (USA)/London 1998.

Brunnbauer, Ulf: »Die sozialistische Lebensweise«. Ideologie, Gesellschaft, Familie und Politik in Bulgarien (1944–1989), Köln u. a. 2007.

Burov, Vladimir: Cerkov prepodobnogo Germana Soloveckogo XIX v.: istorija i archeologija. In: *Al'manach Soloveckoe more* 4 (2005). Abgerufen unter URL: http://www.solovki.info/?action=archive&id=278, letzter Zugriff: 05.05.2023.

Burov, Vladmir: Archeologičeskoe issledovanie ruin cerkvy Onufrija Velikogo XIX v. na starom monastyrskom kladbišče Soloveckogo monastyrja. In: *Almanach Soloveckoe more* 9 (2010), S. 82–93.

Carrier, Martin/Roggenhofer, Johannes (Hrsg.): Wandel oder Niedergang. Die Rolle der Intellektuellen in der Wissensgesellschaft, Bielefeld 2007.

Chovrin, Andrej Jur'evič: Studenčeskie otrjady kak sub'ekt realizacii gosudarstvennoj molodežnoj politiki. Sociologo-upravlenčeskij analiz, Dissertacija Moskva 2003.

Chumachenko, Tatiana A.: Church and State in Soviet Russia. Russian Orthodoxy from World War II to the Khrushchev years, New York/London 2002.

Churchward, Lloyd Gordon: The Soviet intelligentsia: an essay on the social structure and roles of Soviet intellectuals during the 1960s. London 1973.

Clark, Katerina u. a. (Hrsg.): Soviet Culture and Power. A History in Documents, 1917–1953, New Haven/London 2007.

Colton, Timothy J.: Moscow. Governing the Socialist Metropolis, Cambridge MA/London 1995.

Condee, Nancy: Cultural Codes of the Thaw. In: Taubman, William/Khrushchev, Sergej/Gleason, Abbott (Hrsg.): Nikita Khrushchev. New Haven/London 2000, S. 160–176.

Corley, Felix: Religion in the Soviet Union. An Archival Reader, Hampshire, London 1996.

Coumel, Laurent: The Scientist, the Pedagogue and the Party Official. Interest Groups, Public Opinion and Decision-Making in 1958 educational Reform, in: Ilic, Melanie/Smith, Jeremy (Hrsg.): Khrushev in the Kremlin: State and Society, London 2009, S. 66–85.

Cvetkovskij, Roland: ›Gesellschaft in der Totale. Überlegungen zu einer sowjetischen Museumskultur‹. Keynote-Speech anlässlich des Workshops ›Historische Museumsanalyse. Die Museen der ehemaligen Sowjetunion‹, Universität Basel, 3. Juli 2017.

Danilina, N. P.: Rol' zapovednikov v sisteme rossijskich osobo ochranjaemych prirodnych territorij: istorija i sovremennost'. In: *Rossija v okružajuščem mire* 2010, S. 121–145.

Davis, Nathaniel: A Long Walk to Church. A Contemporary History of Russian Orthodoxy, San Francisco/Oxford 1995.

Davydov, Dmitrij: Das »fremde« Erbe. Grenzsicherungsanlagen der 1920er–1940er Jahre als Gegenstand des Denkmalschutzes in Russland, Dissertation Bonn 2014, S. 15. Abgerufen unter URL: https://bonndoc.ulb.uni-bonn.de/xmlui/handle/20.500.11811/6002, letzter Zugriff 18.06.2023.

Dejsan, Pëtr: Služili vse otlično. In: *Soloveckij Vestnik* 4 (Februar 1991), S. 1.

Demchenko, Igor: Decentralized Past. Heritage Politics in Post-Stalin Central Asia, in: *Future Anterior* 8 (Sommer 2011) 1, S. 64–80.

Dimitrov, Martin K.: Tracking Public Opinion under Authoritarianism. The Case of the Soviet Union during the Brezhnev Era, in: *Russian History* 41 (2014), S. 329–353.

Djagalov, Rossen: Guitar Poetry, Democratic Socialism, and the Limits of 1960s Internationalism. In: Gorsuch, Anne/Koenker, Diane (Hrsg.): The Socialist Sixties. Crossing Borders in the Second World, Bloomington Indiana 2013, S. 148–166.

Dobrenko, Evgeny/Tihanov, Galin (Hrsg.): Literary Theory and Criticism. The Soviet Age and Beyond, Pittsburgh 2011.

DOJKOV, JURIJ: Archangel'skie Teni. Po archivam FSB, Tom 1 (1908–1942), Archangel'sk 2008.
DOLD, VINCENT/THAA, LOTTE: Historisches Museum Frankfurt am Main (1972). In: SCHULZE, MARIO/TE HEESEN, ANKE/DOLD, VINCENT (Hrsg.): Museumskrise und Ausstellungserfolg. Die Entwicklung der Geschichtsausstellung in den Siebzigern, Berlin 2015, S. 35–49.
DONOVAN, VICTORIA: Chronicles in Stone. Preservation, Patriotism, and Identity in Northwest Russia, Ithaca/London 2019.
DONOVAN, VICTORIA: »How Well Do You Know Your Krai?« The Kraevedenie Revival and Patriotic Politics in Late Khrushchev-Era Russia, in: *Slavic Review* 74 (Herbst 2015) 3, S. 464–483.
DONOVAN, VICTORIA: The »Old New Russian Town«. Modernization and Architectural Preservation in Russia's Historic North West, 1961–1982, in: *Slavonica* 19 1 (2013), S. 18–35.
DUDROV, IVAN: Kak sozdavalas' Soloveckaja Škola Jung. Vospominanija jungi pervogo nabora, in: *Al'manach Soloveckoe more* 11 (2012), S. 39–49. Abgerufen unter URL: http://solovki.info/pics/2012_Dudorov.pdf, letzter Zugriff: 05.05.2023.
DUMANČIČ, MARKO: Men Out of Focus. The Soviet Masculinity Crisis in the Long Sixties, Toronto u. a. 2021.
DUNHAM, VERA S.: In Stalin's Time. Middleclass Values in Soviet Fiction, Durham 1990.
DUNLOP, JOHN B.: The Faces of Contemporary Russian Nationalism. Princeton 1983.
EDELMAN, ROBERT: Playing Catch-Up: Soviet Media and Soccer Hooliganism, 1965–75. In: GORSUCH, ANNE/KOENKER, DIANE (Hrsg.): The Socialist Sixties. Crossing Borders in the Second World, Bloomington Indiana 2013, S. 268–286.
EFIMOV, ALEXEI: Russian Intellectual Culture in Transition. The Future in the Past (Transanthropologische Texte 2, hrsg. von INA MARIA GREVERUS und GEORGE MARCUS), Hamburg/London 2003.
ELIE, MARC: Khrushchev's Gulag: The Soviet Penitentiary System after Stalin's Death, 1953–1964. In: KOZLOV, DENIS/GILBURD, ELEONORY (Hrsg.): The Thaw. Soviet Society and Culture during the 1950s and 1960s, Toronto 2013, S. 109–142.
ELLIS, JANE: The Russian Orthodox Church. A Contemporary History, Bloomington Indianapolis 1986.
ERBE, GÜNTER: Arbeiterklasse und Intelligenz in der DDR. Soziale Annäherung von Produktionsarbeiterschaft und wissenschaftlich-technischer Intelligenz im Industriebetrieb, Opladen 1982.
ERMAKOVA, È. V./POPRAVKO E. A.: Muzejnoe delo na dal'nem vostoke v period destalinizacii (1953–1964gg.). Abgerufen unter URL: https://cyberleninka.ru/article/n/muzeynoe-delo-na-dalnem-vostoke-v-period-destalinizatsii-1953-1964-gg, letzter Zugriff: 05.05.2023.
FAINBERG, DINA/KALINOVSKY, ARTEMY M.: Introduction: Stagnation and Its Discontents: The Creation of a Political and Historical Paradigm. In: DIES.: Reconsidering Stagnation in the Brezhnev Era, S. VII–XXII.
FALSER, MICHAEL S.: Zwischen Identität und Authentizität. Zur politischen Geschichte der Denkmalpflege in Deutschland, Dresden 2008.
FIESELER, BEATE/GANZENMÜLLER, JÖRG: Einführung. In: DIES. (Hrsg.): Kriegsbilder. Mediale Repräsentationen des ›Großen Vaterländischen Krieges‹ (Veröffentlichungen zur Kultur und Geschichte im östlichen Europa 35, hrsg. von DETLEF BRANDES U. A.), Essen 2010, S. 7–11.

Filippov, A.: Čelovek, kotoryj spas chram Vasilija Blažennogo. In: *Nekučnyj sad. Žurnal o pravoslavnoj žizni*, 5. November 2007. Abgerufen unter URL: http://www.nsad.ru/articles/chelovek-kotoryj-spas-hram-vasiliya-blazhennogo?print=1, letzter Zugriff: 05.06.2023.

Filtzer, Donald: Die Chruschtschow-Ära. Entstalinisierung und die Grenzen der Reform in der UdSSR, 1953–1964, Mainz 1995.

Filtzer, Donald: Standard of living versus quality of life. Struggling with the urban environment in Russia during the early years of post-war reconstruction, in: Fürst, Juliane (Hrsg.): Late Stalinist Russia. Society between reconstruction and reinvention. New York 2006, S. 81–102.

Firsova, O. L./Šestopalova, L. V.: Gosudarstvennaja sistema restavracii i ochrany pamjatnikov 1918–1991. In: Restavracija pamjatnikov istorii i iskusstva v Rossii v XIX–XX vekach. Istorija, problemy, Moskva 2008, S. 127–178.

Fischer von Weikersthal, Felicitas: Die inhaftierte Presse. Das Pressewesen sowjetischer Zwangsarbeitslager 1923–1937, Wiesbaden 2011.

Fitzpatrick, Sheila: Afterword. The Thaw in Retrospect, in: Kozlov, Denis/Gilburd, Eleonory (Hrsg.): The Thaw. Soviet Society and Culture during the 1950s and 1960s, Toronto u.a. 2013.

Fitzpatrick, Sheila: Conclusion. Late Stalinism in historical perspective, in: Fürst, Juliane (Hrsg.): Late Stalinist Russia. Society between Reconstruction and Reinvention, London 2006, S. 269–282.

Florenskij, Pavel/Florenskij, Vasilij: Počta Solovkov posle lagerja. Vojna, in: *Al'manach Soloveckoe more* 10 (2011), S. 141–146.

Fokin, Alexander: Kulturangelegenheiten auf den KPdSU-Parteitagen der 1960er und 1970er Jahre. In: Igor Narskij: Hochkultur für das Volk? Literatur, Kunst und Musik in der Sowjetunion aus kulturgeschichtlicher Perspektive, Oldenbourg 2018, S. 117–136.

Foucault, Michel: In Verteidigung der Gesellschaft. Vorlesungen am Collège de France (1975–76), Frankfurt am Main 2001.

Frumenkov, Georgij: Uzniki Soloveckogo Monastyrja. Polit. ssylka v Soloveckij Monastyr', Archangel'sk 1965, 4. überab. Auflage 1979.

Fulbrook, Mary: Ein ganz normales Leben. Alltag und Gesellschaft in der DDR, New Haven/London 2005.

Fürst, Juliane/McLellan, Josie (Hrsg.): Dropping out of Socialism. The creation of alternative spheres in the Soviet bloc, New York/London 2017.

Fürst, Juliane: Friends in Private, Friends in Public. The Phenomenon of the *Kompaniia* among Soviet Youth in the 1950s and 1960s, in: Siegelbaum, Lewis (Hrsg.): Borders of Socialism. Private Spheres of Soviet Russia, New York 2006, S. 229–249.

Fürst, Juliane: Stalin's Last Generation. Soviet Post-War Youth and The Emergence of Mature Socialism, New York 2010.

Fürst, Juliane: The arrival of spring? Changes and continuities in Soviet youth culture and policy between Stalin and Khrushchev, in: Jones, Polly (Hrsg.): The Dilemmas of De-Stalinization. Negotiating cultural and social change in the Krushchev era. New York 2007, S. 135–153.

Fürst, Juliane: The Importance of Being Stylish. Youth, Culture and Identity in Late Stalinism, in: Haumann, Heiko/Studer, Brigitte (Hrsg.): Stalinistische Subjekte. Individuum und System in der Sowjetunion und der Komintern, 1929–1953, Zürich 2006, S. 359–375.

Ganzenmüller, Jörg: Chruščëvs Wiederherstellung der Parteidiktatur. Entstalinisierung und regionale Herrschaftspraxis in der Sowjetunion, in: *Jahrbuch für historische Kommunismusforschung* 2023, S. 61–74.

Ganzenmüller, Jörg: Das belagerte Leningrad 1941–1944. Die Stadt in den Strategien von Angreifern und Verteidigern, Paderborn u. a. 2005.

Gestwa, Klaus: Die Stalinschen Großbauten des Kommunismus. Sowjetische Technik- und Umweltgeschichte, 1948–1967, München 2010.

Gorjaško, A.: Istorija Rossijskich zapovednikov. In: *Biologija* 40 (2000). Abgerufen unter URL: http://bio.1september.ru/view_article.php?ID=200004001, letzter Zugriff: 05.05.2023.

Gorki, Maxim: Durch die Union der Sowjets. Tagebuchnotizen und Skizzen, Gesammelte Werke in Einzelbänden, Band 15, Berlin/Weimar 1970.

Gorlizki, Yoram: Too Much Trust. Regional Party Leaders and Local Political Networks under Brezhnev, in: *Slavic Review* 69 (Herbst 2010) 3, S. 676–700.

Gorskij; A. A.: Problemy izučenija ›Slova o pogibeli Ruskyja zemli‹. K 750-letiju so vremeni napisanija, trudy otdela drevnerusskoj literatury, Bd. 43, St. Peterburg/Moskva 1990.

Gorsuch, Anne E./Koenker, Diane P. (Hrsg.): The Socialist Sixties. Crossing Borders in the Second World, Bloomington Indiana 2013.

Gorsuch, Anne E./Koenker, Diane P. (Hrsg.): Turizm. The Russian and the East European Tourist under Capitalism and Socialism, Ithaca/London 2006.

Gorsuch, Anne: All This Is Your World. Soviet Tourism at Home and Abroad after Stalin, New York 2011.

Götz, Roland: Stabile Stagnation. Die Ökonomie der Brežnev- und der Putin-Periode, in: *Osteuropa* 5 (2016), S. 51–80.

Grabowsky, Igor: »Er richtet sich an die janz Scharfen.« Der sowjetische Schlager in den 1960er und frühen 1970er Jahren, in: Belge, Boris/Deuerlein, Martin (Hrsg.): Goldenes Zeitalter der Stagnation? Perspektiven auf die sowjetische Ordnung der Brežnev-Ära, Tübingen 2014, S. 133–153.

Grishin, M.: The Law Protects Monuments. In: *Soviet Law and Government*. Translation from original Soviet sources 16 (1977) 2, S. 105–110.

Groys, Boris: The Other Gaze. Russian Unofficial Art's View of the Soviet World, in: Erjavec, Ales/Groys Boris (Hrsg.): Postmodernism and the Postsocialist Condition. Politicized Art Under Late Socialism, Berkeley 2003.

Grünewald Steiger, Andreas: Information – Wissen – Bildung: Das Museum als Lernort. In: Walz, Markus: Handbuch Museum. Geschichte, Aufgaben, Perspektiven, Darmstadt 2016, S. 278–281.

Grützmacher, Johannes: Die Baikal-Amur-Magistrale. Vom stalinistischen Lager zum Mobilisierungsprojekt unter Brežnev, München 2012.

Gudzij, N. K.: Istorija drevnej russkoj literatury. Učebnik dlja vysših učebnich zavedenij, Moskva ⁵1945.

Gullotta, Andrea: Culture as Resistance. The Case of the Solovki Prison Camp and of its inmates, S. 1–12, hier S. 3. Abgerufen unter URL: http://eprints.gla.ac.uk/108323/1/108323.pdf, letzter Zugriff: 05.05.2023.

Gullotta, Andrea: Intellectual Life and Literature at Solovki 1923–1930: The Paris of the Northern Concentration Camps. Cambridge 2018.

Gullotta, Andrea: The ›Cultural Village‹ of the Solovki Prison Camp. A Case of Alternative Culture, in: *Studies in Slavic Cultures*, Bd. IX (Oktober 2012), S. 9–25.

Gurova, Olga: Ideology of Consumption in Soviet Union: From Asceticism to the Legitimating of Consumer Goods. In: *The Anthropology of East European Review* 24 (2006) 2, S. 91–98.

Gurski, Andreas: Von der Avantgarde zur Gleichschaltung der Literatur (1917–1934). In: Städtke, Klaus (Hrsg.): Russische Literaturgeschichte, Stuttgart/Weimar ²2011, S. 290–320.

Gustafson, Thane: Reform in Soviet Politics. Lessons of recent policies on land and water, Cambridge u.a. 1981.

Guth, Stefan: Stadt der Wissenschaftlich-Technischen Revolution: Ševčenko, Kasachstan. In: Belge, Boris/Deuerlein, Martin (Hrsg.): Goldenes Zeitalter der Stagnation? Perspektiven auf die sowjetische Ordnung der Brežnev-Ära, Tübingen 2014, S. 97–130.

Haase, Horst u.a.: Die SED und das kulturelle Erbe. Orientierungen, Errungenschaften, Probleme, Berlin 1986.

Habermas, Jürgen: Faktizität und Geltung. Beiträge zur Diskurstheorie des Rechts und des demokratischen Rechtsstaats, Frankfurt am Main 1992.

Hallama, Peter/Stach, Stephan: Einleitung. Gegengeschichte – Zweiter Weltkrieg und Holocaust im ostmitteleuropäischen Dissenz, in: Hallama, Peter/Stach, Stephan (Hrsg.): Gegengeschichte. Zweiter Weltkrieg und Holocaust im ostmitteleuropäischen Dissenz (Schriftenreihe der Societas Jablonoviana, 3), Leipzig 2015. S. 9–28.

Haney, Jack V.: The Revival of Interest in the Russian Past in the Soviet Union. In: *Slavic Review* 32 (1973) 1, S. 1–16.

Hasselmann, Anne: Wie der Krieg ins Museum kam. Akteure der Erinnerung in Moskau, Minsk und Tscheljabinsk, 1941–1956, Bielefeld 2022.

Haverkamp, Katharina: Gedenken als Herausforderung – Zur Geschichte der ersten GULag-Ausstellung der Sowjetunion. In: Landau, Julia/ Scherbakowa, Irina (Hrsg.): Gulag. Texte und Dokumente 1929–1956, Göttingen 2014, S. 180–189.

Hildermeier, Manfred: Geschichte der Sowjetunion 1917–1991. Entstehung und Niedergang des ersten sozialistischen Staates, München 1998.

Hinsch, Luce: ICOMOS 1965–1980. Central Office of Historic Monuments in Norway, Oslo 1980.

Holubec, Stanislav/Borodziej, Włodzimierz/von Puttkamer, Joachim: Introduction. In: dies.: Mastery and Lost Illusions. Space and Time in the Modernization of Eastern and Central Europa (Europas Osten im 20. Jahrhundert, Schriften des Imre Kertész Kolleg Jena, 5), Oldenbourg 2014.

Honeck, Mischa: Jugendorganisationen. Version 1.0, in: Docupedia-Zeitgeschichte, 22.10.2018. Abgerufen unter URL: https://docupedia.de/zg/Honeck_jugendorganisationen_v1_de_2018, letzter Zugriff: 05.05.2023.

Hosking, Geoffrey: Rulers and Victims. The Russians in the Soviet Union, Cambridge MA/London 2006.
Hosking, Geoffrey: The Russian Peasant Rediscovered. ›Village Prose‹ of the 1960s, in: *Slavic Review* 32 (Dezember 1973) 4, S. 705–724
Hubel, Achim: Denkmalpflege. Geschichte, Themen, Aufgaben, Eine Einführung, 2. durchgesehene und aktualisierte Auflage, Stuttgart 2011.
Hughes, Olga: The Rediscovery of Old Russian Literature. In: *Russian Review* 38 (April 1979), S. 215–222.
Huhn, Ulrike: Glaube und Eigensinn. Volksfrömmigkeit zwischen orthodoxer Kirche und sowjetischem Staat 1941 bis 1960 (Forschungen zur Osteuropäischen Geschichte, 81), Wiesbaden 2014.
Husband, William, B.: »Godless Communists«. Atheism and Society in Soviet Russia 1917–1932, Illinois 2000.
Huxtable, Simon: Making News Soviet. Rethinking Journalistic Professionalism after Stalin, 1953–1970, in: *Contemporary European History* 27 (2018) 1, S. 59–84.
Huxtable, Simon: News from Moscow. Soviet journalism and the limits of postwar reform, Oxford 2022.
Huxtable, Simon: The Life and Death of Breznev's Thaw. Changing Values in Soviet Journalism after Khrushchev 1964–1968, in: Fainberg, Dina/Kalinovsky, Artemy M. (Hrsg.): Reconsidering Stagnation in the Brezhnev Era, New York/London 2016, S. 21–41.
Il'ina, Irina Nikolaevna: Obščestvennye organizacii Rossii v 1920-e gody. Moskva 2000.
Ilic, Melanie/Smith, Jeremy (Hrsg.): Soviet State and Society Under Nikita Khrushchev, New York 2009.
Institut Russkoj Literatury, Meždunarodnyj Blagotvoritel'nyj Fond imeni D. S. Lichačëva: D. S. Lichačëv. Vospominanija, Razdum'ja, Raboty raznych let, St. Petersburg 2006.
Iščerikov, P. F.: Zabytyj istoričeskij pamjatnik. In: *Krasnaja Baškirija*, 1. Juni 1946. Abgerufen unter URL: https://vk.com/album-319544_102015012, letzter Zugriff: 04.05.2023.
Jacobs, Adrianne K.: V. V. Pokhlëbkin and the search for culinary roots in late Soviet Russia. In: *Cahiers du monde russe* 54 (2013) 1–2, S. 165–186.
Jakobson, Michael: Origins of the Gulag. The Soviet prison camp system, 1917–1934, Lexington/Kentucky 1993.
Jakovleva, G. N.: Očerk V: Voprosy nasledija v Sovetskoj kul'tury 1940–1960-ch gg. Istoričeskoe somosoznanija i problemy nasledija v Sovetskoj kul'ture, in: Ščenkov, A. S. (Hrsg.): Pamjatniki architektury v Sovetskom Sojuze. Očerki istorii architekturnoj restavracii, Moskva 2004, S. 201–208.
Jenks, Andrew: Palekh and the Forging of a Russian Nation in the Brezhnev Era. In: *Cahiers du monde russe* 44 (2003) 4, S. 629–656.
John Garrard/Carol Garrard: Russian Orthodoxy Resurgent. Faith and Power in the New Russia, Princeton 2008.
Johnson, Emily D.: How St. Petersburg learned to study itself. The Russian Idea of Kraevedenie, University Park 2006.

Jones, Polly: Myth, Memory and Trauma. Rethinking the Stalinist Past in the Soviet Union, 1953–1970, New Haven/London 2013.

Jones, Polly: The Fire Burns On? The »Fiery Revolutionaries« Biographical Series and the Rethinking of Propaganda in the Brezhnev-Era, in: *Slavic Review* 74 (2015) 1, S. 32–56.

Jones, Polly: The Personal and the Political: Opposition to the Thaw and the Politics of Literary Identity in the 1950s and 1960s. In: Kozlov, Denis/Gilburd, Eleonory (Hrsg.): The Thaw. Soviet Society and Culture during the 1950s and 1960s, Toronto u. a. 2013, S. 231–265.

Julie Deschepper: Between Future and Eternity: a Soviet conception of heritage. In: *International Journal of Heritage Studies* 25, 5 (2019), S. 1–16. Abgerufen unter URL: Abgerufen unter URL: https://www.tandfonline.com/doi/full/10.1080/13527258.2018.1467949, letzter Zugriff: 05.05.2023.

Kalemeneva, Ekaterina: Narrativy o Soloveckich ostrovach vo vtoroj polovine XX veka: mnogogrannost' pamjati i bor'ba za pamjat'. Unveröffentlichtes Manuskript.

Kasakow, Evgeniy: Dissens und Untergrund. Das Wiederaufkommen der linken oppositionellen Gruppen in der späten Brežnev-Zeit, in: Belge, Boris/Deuerlein, Martin (Hrsg.): Goldenes Zeitalter der Stagnation? Perspektiven auf die sowjetische Ordnung der Brežnev-Ära, Tübingen 2014, S. 75–95.

Kaulen, Marija E. u. a.: Muzejnoe delo Rossii. Tret'e izdanie, izpravlennoe i dopolnennoe, Moskva 2010.

Kelly, Catriona/Shepherd, David (Hrsg.): Constructing Russian Culture in the Age of Revolution 1880–1940. New York 1998.

Kelly, Catriona: »Ispravljat'« li istoriju? Spory ob ochrane pamjatnikov v Leningrade 1960–1970-ch godov, in: *Neprikosnovennyj zapas*, Nr. 2 (2009), abgerufen unter: http://www.intelros.ru/readroom/nz/nz_64/3858-ispravljat-li-istoriju-spory-obokhrane.html, Zugriff am 30.05.2023.

Kelly, Catriona: From »counter-revolutionary monuments« to »national heritage«. The Preservation of Leningrad Churches 1964–1982, in: *Cahiers du Monde russe* 54 (2013) 1, S. 131–164.

Kelly, Catriona: Refining Russia. Advice Literature, Polite Culture, and Gender from Catherine to Yeltsin, Oxford/New York 2001.

Kelly, Catriona: Socialist Churches. Heritage Preservation and »Cultic Buildings« in Leningrad 1924–1940, in: *Slavic Review* 71 (Winter 2012) 4, S. 792–823.

Kelly, Catriona: St. Petersburg: shadows of the past. New Haven/London 2014.

Keune, Russell V.: The Private Sector in Historic Preservation. In: A Report by the US Historic Preservation Team of the US–USSR Joint Working Group on the Enhancement of the Urban Environment, May 25th – June 14th 1974, Washington D. C. 1975, S. 56–63.

Khodakovsky, Evgeny V./Meliukh, Ekaterina A.: Dmitrii Mileev and the Restoration of Wooden Architectural Monuments in Early Twentieth-Century Russia. In: *The Russian Review* 74 (April 2015), S. 247–271.

Kirkow, Peter: Russia's provinces: authoritarian transformation versus local autonomy. Basingstoke 2000.

Kochanek, Hildegard: Die russische-nationale Rechte von 1968 bis zum Ende der Sowjetunion. Stuttgart 1999.

Kocka, Jürgen: Eine durchherrschte Gesellschaft. In: Kälble, Hartmut/Kocka, Jürgen (Hrsg.): Sozialgeschichte der DDR. Stuttgart 1994, S. 547–553.

Koenker, Diane P.: Club Red. Vacation Travel and the Soviet Dream, Ithaca 2013.

Koenker, Diane P.: Whose Right to Rest? Contesting the Family Vacation in the Postwar Soviet Union, in: *Comparative Studies in Society and History* 51 (2009) 2, S. 401–425.

Kolář, Pavel: Der Poststalinismus. Ideologie und Utopie einer Epoche, Köln u. a. 2016.

Korth, Thomas: »Denkmalpflege«. Überlegungen zum hundertjährigen Bestehen eines Begriffs, in: *Deutsche Kunst und Denkmalpflege* 41 (1983), S. 2–9.

Koselleck, Reinhart: Zeitschichten. Studien zur Historik, Frankfurt am Main 2000.

Koshar, Rudy: From Monuments to Traces. Artifacts of German Memory, 1870–1990, Berkeley u. a. 2000.

Kosing, Alfred: Die Entwicklung der marxistischen Erkenntnistheorie durch W. I. Lenin. In: Lenin und die marxistische Philosophie in unserer Zeit (Deutsche Zeitschrift für Philosophie, Sonderheft). Berlin 1970, S. 164–183.

Kotkin, Stephen: Magnetic Mountain. Stalinism as a Civilization, Berkeley/Los Angeles 1997.

Kovalëv, I. V.: Voprosy ochrany pamjatnikov v epistoljarnom nasledii N. N. Voronina. In: *Archeografičeskij ežegodnik* za 1988 god, Moskva 1989, S. 261–267.

Kovtun, N. V.: ›Derevenskaja Proza‹ v zerkale utopii. Novosibirsk 2009.

Kozlov, Denis: The Historical Turn in Late Soviet Culture. In: *Kritika: Explorations in Russian and Eurasian History* 2 (2001) 3, S. 577–600.

Kozlov, Denis: The Readers of Novyi Mir. Coming to Terms with the Stalinist Past, Cambridge Mass./London 2013.

Kozlov, Dmitrij: »Chronika«: četyre kopii dlja Archangel'ska. Abgerufen unter URL: http://polit.ru/article/2013/09/22/arkhangelsk/, letzter Zugriff: 05. 05. 2023.

Kozlov, Dmitrij: Komsomol i samoidentifikacija molodeži v uslovijach ›ottepeli‹ 1950–1960-ch gg. (na materialy Evropejskogo Severa SSSR), Dissertacija Archangel'sk 2013.

Kozlov, Dmitrij: Sud'ba S. K. Pirogova (1931–2006). »Slučajnosti« v soznanii biografičeskogo narrativa, Unveröffentlichtes Manuskript.

Kozlov, V. A.: Massovye bezporjadki v SSSR pri Chruščëve i Brežneve, 1953 – načalo 1980-ch gg. Novosibirsk 1999.

Kropotkine, Anne: Les ambiguïtés du Dégel. Que faire du patrimoine culturel? In: *Cahiers du Monde Russe* 47 (2006) 1–2, S. 269–301.

Kul'činskaja, E. D.: Muzeefikacija nasledija. Inercija i proobrazy (1917–1921 gg.). In: Ščenkov, A. S. (Hrsg.): Pamjatniki Architektury v Sovetskom Sojuze. Očerki istorii architekturnoj restavracii, Moskva 2004, S. 14–21.

Kul'činskaja, E. D.: Ot muzeeifikacii k uničtoženiju nasledija. 1920-e-gody, in: Ščenkov, A. S. (Hrsg.): Pamjatniki Architektury v Sovetskom Sojuze. Očerki istorii architekturnoj restavracii, Moskva 2004, S. 21–33.

Kupriyanov, Pavel/Sadovnikova, Lyudmila: Historical Zaryadye as remembered by locals. Cultural meanings of city spaces, in: Baiburin, Albert/Kelly, Catriona/Vakhtin, Nikolai (Hrsg.): Russian Cultural Anthropology after the Collapse of Communism, Oxfordshire/New York 2012, S. 220–253.

Kuratov, Anatolij: Na Soloveckich ostrovach v 1964 godu. In: *Al'manach Soloveckoe more*, Nr. 2 (2003). Abgerufen unter URL: http://solovki.info/?action=archive&id=177, letzter Zugriff: 05.05.2023.

Kuznecov, Jurij: Vysockij v Archangel'skoj Oblasti. Abgerufen unter URL: http://otblesk.com/vysotsky/i-arhang.htm, letzter Zugriff: 05.05.2023.

Lehmann, Maike: When Everything Was Forever: An Introduction. In: *Slavic Review* 74 (Frühjahr 2015) 1, S. 1–8.

Leonov, Pëtr: Poselok Soloveckij. Kratkaja spravka po istorii, architekture, toponimike, in: *Al'manach Soloveckoe more* 4 (2005). Abgerufen unter URL: http://solovki.info/?action=archive&id=303, letzter Zugriff: 05.05.2023.

Leonov, Pëtr: Vozroždat' Solovki dolžny vse. In: *Soloveckij Vestnik* 15/16 (August 1992), S. 4.

Lichačëv, Dmitrij: Kraevedenie kak nauka i dejatel'nost'. In: Lichačëv, D. S.: Vospominanija, Razdum'ja, Raboty raznych let v III tomach. Tom vtoroj, Sankt Peterburg 2006.

Lichatschow, Dimitri: Hunger und Terror. Mein Leben zwischen Oktoberrevolution und Perestroika, Ostfildern vor Stuttgart 1997.

Lifšic, L. I.: Istorija zakonodatel'stva v oblasti ochrany i restavracii pamjatnikov kul'tury. In: Restavracija pamjatnikov istorii i istkusstva v Rossii v XIX–XX vekach. Istorija, Problemy, Moskva 2008, S. 79–126.

Lindenberger, Thomas (Hrsg.): Herrschaft und Eigensinn in der Diktatur: Studien zur Gesellschaftsgeschichte der DDR. Köln u. a. 1999.

Lindenberger, Thomas: The Fragmented Society: »Societal Activism« and Authority in GDR State Socialism. In: *Zeitgeschichte* 37 (2010) 1, S. 3–20.

Lindenberger, Thomas: Die Diktatur der Grenzen. Zur Einleitung, in: Lindenberger, Thomas: Herrschaft und Eigen-Sinn in der Diktatur. Studien zur Gesellschaftsgeschichte der DDR, Köln u. a. 1999, S. 13–44.

Lindner, Bernd: Soziodemographie des Museumspublikums. In: Walz, Markus: Handbuch Museum, S. 323–328.

Livcov, V. A.: Učastije Vserossijskogo Obščestva ochrany pamjatnikov istorii i kul'tury (VOOPIiK) v sochranenii kul'turnogo nasledija narodov Rossijskoj Federacii. In: 75 let Paktu Rericha. Materialy meždunarodnoj obščestvenno-naučnoj konferencii, Moskva 2010, S. 317–336.

Loader, Colin: Free Floating. The Intelligentsia in the Work of Alfred Weber and Karl Mannheim, in: *German Studies Review* 20 (Mai 1997) 2, S. 217–234.

Loewenstein, Karl: *Obshchestvennost'* as Key to Understanding Soviet Writers of the 1950s: *Moskovskii Literator*, October 1956–March 1957. In: *Journal of Contemporary History* 44 (2009) 3, S. 473–492.

Logan, William/Craith, Máiréd Nic /Kockel, Ullrich (Hrsg.): A Companion to Heritage Studies. Chichester/West Sussex 2016.

Lowrie, Donald A./Fletcher, William C.: Khrushchev's religious policy 1959–1964. In: Marshall, Richard H./Bird, Thomas E. (Hrsg.): Aspects of religion in the Soviet Union 1917–1967. Chicago 1971, S. 131–192.

Lübbe, Hermann: Zeit-Verhältnisse. Über die veränderte Gegenwart von Zukunft und Vergangenheit, in: *Deutsche Kunst und Denkmalpflege* 41 (1983), S. 763–775.

LUDWIG, ANDREAS: Heritage Studies and Socialism: Transnational Perspectives on Heritage in Eastern and Central Europa. 23.11.2016–25.11.2016 Gießen. Tagungsbericht abrufbar unter: URL: https://www.herder-institut.de/fileadmin/user_upload/pdf/Aktuelles/tagungen/Bericht_Workshop_Heritage_2016_Ludwig.pdf, letzter Zugriff: 06.06.2023.

LUEHRMANN, SONJA: Secularism Soviet Style. Teaching Atheism and Religion in a Volga Republic, Bloomington Indianapolis 2011.

LUKAS-KROHM, VIKTORIA: Denkmalschutz und Denkmalpflege von 1975 bis 2005 mit Schwerpunkt Bayern (Schriften aus der Fakultät Geistes- und Kulturwissenschaften der Otto-Friedrich-Universität Bamberg, 19), Bamberg 2014.

LYND, HILARY/LOYD, THOM: Histories of Color. Blackness and Africanness in the Soviet Union, in: *Slavic Review* 81, 2 (2022), S. 394–417.

MADDOX, STEPHEN: Stalin's Imperial City. Historic Preservation in Leningrad 1930–1950, Bloomington/Indianapolis 2015.

MADDOX, STEVEN: These Monuments Must Be Protected! The Stalinist Turn to the Past and Historic Preservation during the Blockade of Leningrad, in: *The Russian Review* 70 (Oktober 2011) 4, S. 608–626.

MALYGIN, ERNA: Literatur als Fach in der sowjetischen Schule der 1920er und 1930er Jahre. Zur Bildung eines literarischen Kanons, Bamberg 2012.

MARK, JAMES/BETTS, PAUL: Socialism Goes Global. The Soviet Union and Eastern Europe in the Age of Decolonization, Oxford 2022.

MATSUI, YASUHIRO (Hrsg.): *Obshchestvennost'* and Civic Agency in Late Imperial and Soviet Russia. Interface between State and Society, Basingstoke Hampshire/New York 2015.

MAYR, WALTER: Stille Tage am Polarkreis. In: *Spiegel* Special 01.10.2003 (3/2003). Abgerufen unter URL: https://magazin.spiegel.de/EpubDelivery/spiegel/pdf/28731592, letzter Zugriff: 05.05.2023.

MCMEEKIN, SEAN: History's Greatest Heist: The Looting of Russia by the Bolsheviks. New Haven 2009.

MEINER, HANS-RUDOLF/ STEINER, MARION: Einführung in das Tagungsthema. In: DIES. u. a. (Hrsg.): Denkmal – Erbe – Heritage: Begriffshorizonte am Beispiel der Industriekultur, Holzminden 2018, S. 16–35, hier S. 19.

MEISSNER, BORIS: Sowjetgesellschaft am Scheideweg. Beiträge zur Sozialstruktur der Sowjetunion, Köln 1985.

MEL'NICKAJA, LIDIJA: Davnjaja pesnja v našej sud'be. Čast' 1, in: *Al'manach Soloveckoe more*, Nr. 1 (2002). Abgerufen unter URL: http://www.solovki.info/?action=archive&id=45, letzter Zugriff: 05.05.2023.

MEL'NICKAJA, LIDIJA: Davnjaja pesnja v našej sud'be. Čast' 2, in: *Al'manach Soloveckoe more* 1 (2002). Abgerufen unter URL: http://www.solovki.info/?action=archive&id=46, letzter Zugriff: 05.05.2023.

MEL'NICKAJA, LIDIJA: Skažut' spasibo i etoj sud'be. 8.11.2005. Abgerufen unter URL: http://myarh.ru/news/misc/2005/09/08/27829/Skazhut_spasibo__i_ehtojj_sudbe/, letzter Zugriff: 04.12.2018.

Mel'nik, Tatjana: ›Soloveckie ostrova‹ o požare 1923 goda. In: *Al'manach Soloveckoe more* 2 (2003). Abgerufen unter URL: http://www.solovki.info/?action=archive&id=271, letzter Zugriff: 05.05.2023.

Merl, Stephan: Bauern unter Stalin. Die Formierung des sowjetischen Kolchossystems 1930–1941, Berlin 1990.

Merl, Stephan: Kapitel III: Entstalinisierung, Reformen und Wettlauf der Systeme 1953–1964. In: Handbuch der Geschichte Russlands. Band 5: 1945–1991, hrsg. von Stefan Plaggenborg, Stuttgart 2002, S. 175–318.

Metscher, Thomas: Logos und Wirklichkeit (Bremer Beiträge zur Literatur- und Ideengeschichte, 60). Frankfurt am Main 2010.

Mey, Alexandra: Russische Schriftsteller und Nationalismus 1986–1995. Vladimir Solouchin, Valentin Rasputin, Aleksandr Prochanov, Eduard Limonov (Dokumente und Analysen zur russischen und sowjetischen Kultur, 12/II, hrsg. von Karl Eiermacher und Klaus Waschik), Bochum/Freiburg 2004.

Millar, James R.: The Little Deal. Brezhnev's Contribution to Acquisitive Socialism, in: *Slavic Review* 44 (Winter 1985) 4, S. 694–706.

Mitrochin, Nikolaj: Russkaja Partija. Dviženije russkich nacionalistov v SSSR 1953–1986, Moskva 2003.

Mitrokhin, Nikolay: Die »Russische Partei«. Die Bewegung der russischen Nationalisten in der UdSSR 1953–1985, Stuttgart 2014.

Morton, Henry M.: Who gets what, when and how? Housing in the Soviet Union, in: *Soviet Studies* 32 (April 1980) 2, S. 235–259.

Mosiakin, Aleksandr: Antikvarnyj eksportnyj fond. In: *Naše nasledie* 3 (1991), S. 35–47.

Mrowczynski, Rafael: Im Netz der Hierarchien. Russlands sozialistische und postsozialistische Mittelschichten, Wiesbaden 2010.

Narskij, Igor: Hochkultur für das Volk? Literatur, Kunst und Musik in der Sowjetunion aus kulturgeschichtlicher Perspektive, Berlin/Boston 2018.

Néo, N. S./Medvedev, A. N.: 50 let poselku. In: *Soloveckij Vestnik* 2 (Februar 1994), S. 2.

Neuhauser, Rudolf: Changing attitudes in Soviet-Russian Studies of Kievan and Old Russian Literature. In: *Canadian Slavonic Papers* 8 (1966), S. 182–197.

Neutatz, Dietmar: Die Moskauer Metro. Von den ersten Plänen bis zur Großbaustelle des Kommunismus 1897–1935, Köln u.a. 2001.

Neutatz, Dietmar: Träume und Alpträume. Eine Geschichte Russlands im 20. Jahrhundert, München 2013.

Nigmatullina, I. V.: Staraja Ufa. Istoriko-kraevedčeskij očerk, Ufa 2007.

Nikišin, N. A.: Istoriko-kul'turnye i prirodnye muzej-zapovedniki: problemy i perspektivy. In: NII kul'tury Muzeevedenie. Iz istorii ochrany i ispol'zovanija kul'turnogo nasledija RSFSR, Moskva 1987, S. 64–78.

Noack, Christian: Coping with the Tourist. Planned and ›Wild‹ Mass Tourism on the Soviet Black Sea Coast, In: Anne E. Gorsuch/Diane P. Koenker (Hrsg.): Turizm. The Russian and the East European Tourist under Capitalism and Socialism, Ithaca/London 2006, S. 281–304.

Nove, Alec: Soviet Agriculture under Brezhnev. In: *Slavic Review* 29 (September 1970) 3, S. 379–410.

Nünning, Ansgar: ›Moving back and forward in time‹: Zur Gleichzeitigkeit verschiedener Zeitstrukturen, Zeiterfahrungen und Zeitkonzeptionen im englischen Roman der Gegenwart. In: Middeke, Martin (Hrsg.): Zeit und Roman. Zeiterfahrungen im historischen Wandel und ästhetischer Paradigmenwechsel vom sechzehnten Jahrhundert bis zur Postmoderne, Würzburg 2002, S. 395–411.

O. A.: »Milaja dobrovol'naja zatvornica«. Pis'ma D. S. Lichačëva k S. V. Vereš. In: *Naše nasledie* 79–80 (2006), S. 89–97. Abgerufen unter URL: http://www.nasledie-rus.ru/podshivka/7910.php, letzter Zugriff: 05. 05. 2023.

O. A.: Ličnyj archiv Vitkova P. V. peredan na chranenie v muzej. In: *SM Vestnik* 7 (August 2007), S. 4.

O. A.: Moskovskij Universitet i Solovki. Interv'ju s N. S. Borisovym i N. N. Čerenkovoj, in: *Al'manach Soloveckoe more* 4 (2005). Abgerufen unter URL: http://www.solovki.info/?action=archive&id=309, letzter Zugriff: 05. 05. 2023.

O. A.: Rasskazyvajut solovčane, byvšije rabotniki muzeja. In: *Soloveckij Vestnik* 24 (Dezember 1991), S. 4.

O. A.: Soloveckoj škole – 70 let. In: *SM Vestnik* 67 (September 2009) 3, S. 2.

Odenthal, Kerstin: Kulturgüterschutz. Entwicklung, Struktur und Dogmatik eines ebenenübergreifenden Normensystems, Tübingen 2005.

Pablo Alonso González: Communism and cultural heritage: the quest for continuity. In: *International Journal of Heritage Studies* (Mai 2016), S. 1–11.

Palmowski, Jan: Die Erfindung der sozialistischen Nation. Heimat und Politik im DDR-Alltag (Kommunismus und Gesellschaft, 4), Berlin 2016.

Parthé, Kathleen F.: Russia's dangerous texts. Politics between the lines, New Haven/London 2004.

Parthé, Kathleen: Images of Rural Transformation in Russian Village Prose. In: *Studies in Comparative Communism* 23 (Sommer 1990) 2, S. 161–175.

Parthé, Kathleen: Village Prose: Chauvinism, Nationalism, or Nostalgia? In: Graham, Sheelagh Duffin (Hrsg.): New Directions in Soviet literature, London 1992.

Pavlova, M. P.: Očerk VI: Sostojanie ochrany pamjatnikov architektury i organizacii restavracionnych rabot v 1940-e–1960-e gg. In: Ščenkov, A. S. (Hrsg.): Pamjatniki Architektury v Sovetskom Sojuze. Očerki istorii architekturnoj restavracii, Moskva 2004, S. 228–296.

Perret-Gentil, Yves: Der Kolchosbauer in der heutigen russischen Dorf-Literatur. In: *Osteuropa* 28 (1978) 9, S. 794–810.

Petelin, Viktor: Istorija Russkoj literatury. Vtoroj poloviny XX veka 1953–1993 gody, tom II, Moskva 2013.

Plaggenborg, Stefan: Experiment Moderne. Der sowjetische Weg, Frankfurt/New York 2006.

Plaggenborg, Stefan: Revolutionskultur. Menschenbilder und kulturelle Praxis in Sowjetrussland zwischen Oktoberrevolution und Stalinismus, Köln u. a. 1996.

Plaggenborg, Stefan: Sowjetische Geschichte in der Zeitgeschichte Europas, Version: 1.0, in: Docupedia-Zeitgeschichte, 30. 09. 2011. Abgerufen unter URL: http://docupedia.de/zg/plaggenborg_sowjetunion_zeitgeschichte_v1_de_2011, letzter Zugriff: 16. 06. 2023.

Poljakova, M. A.: ›Kul'turnoe nasledie‹: istoričeskaja dinamika ponjatija. In: *Observatorija kul'tury* 1 (2006), S. 60–63. Abgerufen unter URL: http://museolog.rsuh.ru/pdf/256_poly akova_observatoria_kultury_2006_60-64.pdf, letzter Zugriff: 16.06.2023.

Poljakova, M. A.: Iz istorii ochrany i propagandy kul'turnogo nasledija v pervye gody Sovetskoj vlasti. In: Ministerstvo kul'tury RSFSR/Akademija Nauk SSSR/Naučno-issledovatel'skij institut kul'tury (Hrsg.): Muzeevedenie. Iz istorii ochrany i ispol'zovanija kul'turnogo nasledija v RSFSR, Moskva 1987, S. 11–24.

Popravko, E. A.: Istorija muzejnogo dela v Rossii. In: Muzeevedenie. Abgerufen unter URL: https://sci-book.com/rossii-turizm/723-popravko-istoriya-muzeynogo-dela-31943.html, letzter Zugriff: 05.05.2023.

Pristupko, V. A.: Studenčeskie otrjady. Istoričeskij opyt 1959–1990 godov, Moskva 2008.

Protoierej Marčenko, Aleksij: Religioznaja politika Sovetskogo gosudarstva v gody pravlenija N. S. Chruščëva i ee vlijanie na cerkovnuju žizn' v SSR. Moskva 2010.

Putz, Manuela: »Auf dem Weg nach vorne. Polithäftlinge sind wir«. Politische Gefangenschaft, transnationale Netzwerke und Identitätskonstruktionen Andersdenkender in der Sowjetunion der 1960er bis 1980er Jahre, in: Fischer von Weikersthal, Felicitas/Thaidigsmann, Karoline (Hrsg.): (Hi-) Stories of the Gulag. Fiction and Reality, Heidelberg 2016, S. 101–132.

Qualls, Karl: From Ruins to Reconstruction. Urban Identity in Soviet Sevastopol after World War II, Ithaca/London 2009.

Qualls, Karl: Local-Outsider Negotiations in Postwar Sevastopol's Reconstruction, 1944–53. In: Raleigh, Donald J.: Provincial Landscapes. Local Dimensions of Power 1917–1953, Pittsburgh 2001, S. 276–277.

Raev, Ada: Parallelwelten. Offizielle und inoffizielle Kunst in der Brežnev-Ära, in: Belge, Boris/Deuerlein, Martin (Hrsg.): Goldenes Zeitalter der Stagnation? Perspektiven auf die sowjetische Ordnung der Brežnev-Ära, Tübingen 2014, S. 55–74.

Raleigh, Donald J.: Soviet Baby Boomers. An Oral History of Russia's Cold War Generation, Oxford/New York 2012.

Rebitschek, Immo: Die disziplinierte Diktatur. Stalinismus und Justiz in der sowjetischen Provinz, 1938 bis 1956, Köln u. a. 2018.

Reichel, Thomas: »Sozialistisch arbeiten, lernen und leben«. Die Brigadebewegung in der DDR (1959–1989), Köln u. a. 2011.

Reid, Susan E.: Masters of the Earth: Gender and Destalinisation in the Soviet Reformist Painting of the Khrushchev Thaw. In: *Gender & History* 11 (Juli 1999) 2, S. 276–312.

Révész, László: Marxisitsch-Leninistischer Demokratiebegriff. Neue Entwicklungstendenzen, in: *Studies in Soviet Thought* 8 (1968), S. 33–56.

Richmond, Yale: Cultural Exchange and the Cold War. Raising the Iron Curtain, Pennsylvania 2003.

Rittersporn, Gábor T./Rolf, Malte/Behrends, Jan C. (Hrsg.): Sphären von Öffentlichkeit in Gesellschaften sowjetischen Typs. Zwischen partei-staatlicher Selbstinszenierung und kirchlichen Gegenwelten, Frankfurt am Main u. a. 2002.

Robson, Roy: Solovki. The Story of Russia Told Through Its Most Remarkable Islands, New Haven/London 2004.

Ruble, Blair A.: >From khrushcheby to korobi<. In: Brumfield/William Craft und Ruble/Blair A. (Hrsg.): Russian Housing in the modern age. Design and Social History, Washington 1993.

Ruffley, David L.: Children of Victory. Young Specialists and the Evolution of Soviet Society, Westport, Connecticut/London 2003.

Rupprecht, Tobias: Soviet Internationalism after Stalin: Interaction and Exchange Between the USSR and Latin America During The Cold War. Cambridge 2015.

Rüthers, Monica: Moskau bauen von Lenin bis Chruščëv. Öffentliche Räume zwischen Utopie, Terror und Alltag, Köln u. a. 2007.

Rüthers, Monica: Mythos Arbat. Von der Vorstadt zur Flaniermeile, in: Rüthers, Monica/ Scheide, Carmen (Hrsg.): Moskau. Menschen, Mythen, Orte, Köln u. a. 2003, S. 39–49.

Rüthers, Monica: Stadtplanung, Kommunikation und Macht. Die Ulica Gor'kogo zwischen 1928 und 1953, in: Haumann, Heiko/Studer, Brigitte (Hrsg.): Stalinistische Subjekte. Individuum und System in der Sowjetunion und der Komintern 1929–1953, Zürich 2006, S. 321–343.

Sabrow, Martin (Hrsg.): Skandal und Diktatur. Formen öffentlicher Empörung im NS-Staat und in der DDR, Göttingen 2004.

Sabrow, Martin/Saupe, Achim: Historische Authentizität. Zur Kartierung eines Forschungsfeldes, in: dies. (Hrsg.): Historische Authentizität. Göttingen 2016.

Sabrow, Martin: Chronos als Forschrittsheld: Zeitvorstellungen und Zeitverständnis im kommunistischen Zukunftsdiskurs. In: Polianski, Igor J./Schwartz, Matthias (Hrsg.): Die Spur des Sputnik. Kulturhistorische Expeditionen ins kosmische Zeitalter, Frankfurt/New York 2009, S. 119–134.

Sandle, Mark: A Triumph of Ideological Hairdressing? Intellectual Life in the Brezhnev Era Reconsidered, in: Bacon, Edwin/Sandle, Mark (Hrsg.): Brezhnev Reconsidered. Basingstoke/New York 2002, S. 135–164.

Sandle, Mark: Brezhnev and Developed Socialism. The Ideology of *Zastoi*? In: Bacon, Edwin/ Sandle, Mark (Hrsg.): Brezhnev Reconsidered. New York 2002, S. 165–187.

Šatkovskaja, E.: Nužna svoja restavracionnaja masterskaja. In: *Soloveckij Vestnik* 10 (August 1990), S. 4.

Saupe, Achim: Authentizität. Version 3.0, in: Docupedia-Zeitgeschichte, 25.08.2015. Abgerufen unter URL: https://docupedia.de/zg/Saupe_authentizitaet_v3_de_2015, letzter Zugriff: 04.06.2023.

Ščenkov, A. S./Kul'činskaja, E. D./Rycarev, K. B.: Problemy ochrany i upravlenija restavraciej pamjatnikov architektury v konce 1920-ch – načale 1940-ch godov. In: Ščenkov, A. S.: Pamjatniki Architektury v Sovetskom Sojuze. Očerki istorii architekturnoj restavracii, Moskva 2004, S. 70–90.

Ščenkov, A. S.: Očerk V: Voprosy nasledija v Sovetskoj Kul'ture 1940–1960-ch gg. Istoričeskoe samosoznanie i problemy nasledija v sovetskoj kul'ture vo vremja Velikoj Otečestvennoj vojny, in: ders. (Hrsg.): Pamjatniki Architektury v Sovetskom Sojuze. Očerki istorii architekturnoj restavracii, Moskva 2004, S. 201–217.

ŠČENKOV, A. S.: Očerk V: Voprosy nasledija v Sovetskoj kul'tury 1940–1960-ch gg. Kul'turnoe nasledie v žiznii obščestva vtorogo poslevoennogo desjatiletija. In: DERS. (Hrsg.): Pamjatniki architektury v Sovetskom Sojuze. Očerki istorii architekturnoj restavracii, Moskva 2004, S. 218–225.

ŠČENKOV, A. S. (Hrsg.): Pamjatniki Architektury v Sovetskom Sojuze. Očerki istorii architekturnoj restavracii, Moskva 2004.

SCHATTENBERG, SUSANNE: Leonid Breschnew. Staatsmann und Schauspieler im Schatten Stalins, Eine Biographie, Köln u. a. 2017.

SCHATTENBERG, SUSANNE/LEHMANN, MAIKE: Stabilität und Stagnation unter Brežnev. *bpb Informationen zur politischen Bildung, Sowjetunion II – 1953–1991*. Abgerufen unter URL: https://www.bpb.de/shop/zeitschriften/izpb/sowjetunion-ii-323/192779/stabilitaet-und-stagnation-unter-breschnew/, letzter Zugriff: 05.05.2023.

SCHENK, FRITHJOF BENJAMIN: Aleksandr Nevskij. Heiliger – Fürst – Nationalheld. Eine Erinnerungsfigur im russischen kulturellen Gedächtnis 1263–2000, Köln u. a. 2004.

SCHEURMANN, INGRID: Konturen und Konjunkturen der Denkmalpflege. Zum Umgang mit baulichen Relikten der Vergangenheit, Köln u. a. 2018.

SCHEWELEW, ALEXEJ: Der sowjetische Komsomol. Moskau 1988.

SCHLÖGEL, KARL: Das sowjetische Jahrhundert. Archäologie einer untergegangenen Welt, München 2017.

SCHMIDT, ALBERT J.: Soviet Legislation for Protection of Architectural Monuments: Background. In: SCHMIDT, ALBERT J. (Hrsg.): The Impact of Perestroika on Soviet Law, Dordrecht u. a. 1990, S. 335–364.

SCHRÖDER, IRIS: Der Beton, die Stadt, die Kunst und die Welt. Der Streit um die Pariser UNESCO-Gebäude, in: *Zeithistorische Forschungen* (2010) 1, S. 7–29. Abgerufen unter URL: https://zeithistorische-forschungen.de/1-2010/4693, letzter Zugriff: 05.05.2023.

SCHULZE, MARIO: Wie die Dinge sprechen lernten. Eine Geschichte des Museumsobjektes 1968–2000, Bielefeld 2017.

SCHWINDE, KATHARINA: Reisen in alte Zeiten? Der ›historisch-kulturelle Tourismus‹ in der Russischen Sowjetrepublik der 1960er Jahre, in: SCHWARZ, ANGELA/MYSLIWIETZ-FLEISS, DANIELA (Hrsg.): Reisen in die Vergangenheit. Geschichtstourismus im 19. und 20. Jahrhundert, Köln u. a. 2019.

SEIBEL, HANS DIETER: Problemlage und Schichtungssystem in der Sowjetunion. In: *Kölner Zeitschrift für Soziologie und Sozialpsychologie* 2 (1976), S. 212–238.

SHARLET, ROBERT: Soviet Constitutional Crisis. From De-Stalinization to Disintegration, Armonk New York 1992.

SHKAROVSKII, MIKHAIL V.: The Russian Orthodox Church 1958–64. In: *Russian Studies in History* 50 (Winter 2011/2012) 3, S. 71–95.

SHKAROVSKIJ, MICHAIL: Die Russisch-Orthodoxe Kirche und antireligiöse Staatspolitik in der Sowjetunion (1943–1988). In: LEHMANN, HARTMUT/SCHJØRRING, JENS HOLGER (Hrsg.): Im Räderwerk des ›real existierenden Sozialismus‹. Kirchen in Ostmittel- und Osteuropa von Stalin bis Gorbatschow, Göttingen 2003, S. 14–30.

SHLAPENTOKH, VLADIMIR: Soviet Intellectuals and Political Power. The post-Stalin Era, London 1990.

Shubin, Daniel H.: Monastery Prisons. Wrocław ³2016.
Siegelbaum, Lewis H.: Modernity Unbound: The New Soviet City of the Sixties. In: Gorsuch, Anne/Koenker, Diane (Hrsg.): The Socialist Sixties. Crossing Borders in the Second World, Bloomington Indiana 2013, S. 66–83.
Šilov, Nikolaj: «Svoim idet vse čeredom». In: *Gazeta Kiži* 10 (nojabr' 2006), abgerufen unter URL: http://kizhi.karelia.ru/info/about/newspaper/29/690.html, letzter Zugriff: 05.05.2023.
Sinjagovskaja, Tamara: O fondach SGIAPMZ. In: *Soloveckij Vestnik* 24 (Dezember 1991), S. 2.
Șișcanu, Daniela: The Communist Party of the Soviet Union and the Russian Orthodox Church 1943–1964. In: *Danubius* 32 (2014), S. 293–305.
Sizinceva, L. I.: Muzej i otečestvennye tradicii ėkskursionizma v pervoj treti XX v. In: *Voprosy muzeologii* 2 (2012) 6. Abgerufen unter URL: https://cyberleninka.ru/article/v/muzei-i-ote chestvennye-traditsii-ekskursionizma-v-pervoy-treti-hh-v, letzter Zugriff: 05.05.2023.
Škarovskij, Michail: Angriff auf Religion und Kirche. Chruščev und die Russische Orthodoxe Kirche, in: *Osteuropa* 67 (2017) 9–10, S. 165–173.
Skopin, Vladimr/Sošin, Vladimir/Ždanov, Aleksej: Pamjatnik architektury XII v. – Andreevskaja cerkov na Bol'šom Zajackom ostrove. In: *Al'manach Soloveckoe more* 4 (2005). Abgerufen unter URL: http://www.solovki.info/?action=archive&id=277, letzter Zugriff: 05.05.2023.
Smirnova, M. A.: Dejatel'nost' naučnych kraevedčeskich obščestv na Evropejskom Severe Rossii v 1920–1930e gody, S. 23–28. Abgerufen unter URL: http://cyberleninka.ru/article/n/deya telnost-nauchnyh-kraevedcheskih-obschestv-na-eropeyskom-severe-rossii-v-1920-1930-e-gody, letzter Zugriff: 05.05.2023.
Smirnova, Marina A.: Vlijanie kraevedčeskogo dviženija na razvitie Russkogo Severa v 1917–1927, S. 20–25. Abgerufen unter URL: https://cyberleninka.ru/article/v/vliyanie-kraevedcheskogo-dvizheniya-na-razvitie-russkogo-severa-v-1917-1937-godah, letzter Zugriff: 05.05.2023.
Smith, Laurajane: Uses of Heritage. New York 2006.
Smith, Mark B.: Property of Communists. The Urban Housing Program from Stalin to Khrushchev, Illinois 2010.
Smith, S. A.: Contentious Heritage. The Preservation of Churches and Temples in Communist and Post-Communist Russia and China, in: Betts, Paul/Ross, Corey (Hrsg.): Heritage in the Modern World. Historical Preservation in Global Perspective (Past and Present 2015, 10), S. 178–213.
Smith, Susan: Cultural Heritage and the ›People's Property‹: Museums in Russia, 1914–21. In: Murray, Frame u. a. (Hrsg.): Russian Culture in War and Revolution, 1914–22: Popular Culture, the Arts, and Institutions (Russia's Great War and Revolution, hrsg. von Anthony Heywood u. a.) Band 1, Teilband 1. Bloomington Indiana 2014, S. 403–423.
Smolkin-Rothrock, Victoria: »A Sacred Space is never Empty«. Soviet Atheism 1954–1971, UC Berkeley Electronic Dissertation 2010, abgerufen unter URL: https://escholarship.org/uc/item/39q3d8tq, letzter Zugriff: 16.06.2023.
Smolkin-Rothrock, Victoria: The Ticket to the Soviet Soul: Science, Religion, and the Spiritual Crisis of Late Soviet Atheism. In: *The Russian Review* 73 (April 2013), S. 171–197.
Sofronov, N.: Nikolaj Nikolaevič Voronin. In: O krae rodnom. Sbornik, Jaroslavl' 1978, S. 49–58.

Solomon, Peter H.: Soviet criminal justice under Stalin. Cambridge 1996.
Solženizyn, Aleksandr: Der Archipel Gulag. 3 Bde, Frankfurt a. M. 2008
Sošina, Antonina: Kak vse načinalos'. In: *SM Vestnik* 3 (2002).
Sošina, Antonina: Materialy k istorii lagerja i tjur'my na Solovkach 1923–1939 gg. In: *Al'manach Soloveckoe more* 9 (2010),), S. 122–134.
Sošina, Antonina: Muzej Soloveckogo obščestva kraevedenija (1925–1937). In: *Al'manach Soloveckoe more* 3 (2004). Abgerufen unter URL: http://www.solovki.info/?action=archive &id=228, letzter Zugriff: 05.05.2023.
Sošina, Antonina: Repressirovannaja nauka. Učenye v zaključenii na Solovkach, in: *Al'manach Soloveckoe more* 10 (2011), S. 128–140.
Speitkamp, Winfried: Die Verwaltung der Geschichte. Denkmalpflege und Staat in Deutschland 1871–1933 (Kritische Studien zur Geschichtswissenschaft, 114), Göttingen 1996.
Starikowa, J.: Der soziologische Aspekt in der heutigen ›Dorfprosa‹. In: *Kunst und Literatur* 1 (1973), S. 43–65.
Stillman, Edmund (Hrsg.): Bitter Harvest. The Intellectual Revolt behind the Iron Curtain, New York 1959.
Stites, Richard: Iconoclastic Currents in the Russian Revolution. Destroying and Preserving the Past, in: Gleason, Abbott u. a. (Hrsg.): Bolshevik Culture. Bloomington, Indianapolis 1985, S. 1–24.
Stites, Richard: Russian Popular Culture. Entertainment and Society since 1900, Cambridge 1992.
Stone, Andrew B.: »Overcoming Peasant Backwardness«: The Krushchev Antireligious Campaign and the Rural Soviet Union. In: *Russian Review* 67 (April 2008) 2, S. 296–320.
Strelianyi, Anatolii: Khrushchev and the Countryside. In: Taubman, William u. a. (Hrsg.): Nikita Khrushchev. New Haven/London 2000, S. 113–137.
Takahashi, Sanami: Church or Museum? The Role of State Museums in Conserving Church Buildings, 1965–1985, in: *Journal of Church and State* 51 (2009) 3, S. 502–517.
Takahashi, Sanami: Religion as an Object of Science in Atheistic Society: The Function of the Historical Museum of Religion and Atheism in Late Socialist Russia. In: Mochizuki, Tetsuo/Maeda, Shiho (Hrsg.): India, Russia, China: Comparative Studies on Eurasian Culture and Society. Sapporo 2012, S. 11–19.
Taubman, William: Khrushchev. The Man and his Era, New York/London 2003.
Tompson, William J.: The Soviet Union under Brezhnev. New York 2003.
Treml, Vladimir G.: Alcohol in the USSR: A Fiscal Dilemma. In: *Soviet Studies* 27 (April 1975) 2, S. 161–177.
Tret'jakov, V./Orfinskij, V.: Russkij Sever. Etnografičeskie muzei ili nacional'nye parki? In: *Pamjatniki otečestva*. Illustrirovannyj al'manach Vserossijskogo Obščestva Ochrany Pamjatnikov istorii i kul'tury, Moskva 1980, Heft 2, S. 139–147.
Trubačeva, A.: Preobraženskaja cerkov'. Novyj podchod k vozmeščeniju utračennogo, in: *Moskovskoe nasledie* 18 (2012), S. 6–8.

Tsamutali, Aleksei Nikolaevich: Sergei Fedorovich Platonov (1860–1933): A Life for Russia. In: Thomas Sanders (Hrsg.): Historiography of Imperial Russia. The Profession and Writing of History in a Multinational State, London/New York 1999, S. 311–332.

Urban, Michael: The rebirth of politics in Russia. Cambridge 1997.

Vajl', Pëtr/Genis, Aleksandr: 60-e. Mir sovetskogo čeloveka, Moskva 1996.

Varga-Harris, Christine: Homemaking and the aesthetic and moral perimeters of the soviet home during the Khrushchev era. In: *Journal of Social History* 3 (2008), S. 561–589.

Vereš, S. V.: Četyre soloveckich goda. In: *Naše Nasledie*, Nr. 79–80 (2006), S. 88–92.

Vereš, Svetlana: Na puti k Solovkam (okončanie). In: *Al'manach Soloveckoe more*, Nr. 6 (2007), abgerufen unter URL: http://www.solovki.info/?action=archive&id=399, letzter Zugriff: 05.05.2023.

Vereš, Svetlana: Na puti k Solovkam (prodolženie). In: *Al'manach Soloveckoe more*, Nr. 5 (2006), abgerufen unter URL: http://www.solovki.info/?action=archive&id=353, letzter Zugriff: 05.05.2023.

Vorotynceva, Ksenija: Jurij Byčkov. »V drevnej architekture vyrasilis' lučšie kačestva russkogo naroda«, in: *Kultura 85*, 11. Juni 2014. Abgerufen unter URL: http://portal-kultura.ru/articles/best/46669-yuriy-bychkov-v-drevney-arkhitekture-vyrazilis-luchshie-kachestva-russ kogo-naroda/, letzter Zugriff: 05.05.2023.

Waidacher, Friedrich: Handbuch der allgemeinen Museologie (Mimundus 3, Wissenschaftliche Reihe des Österreichischen TheaterMuseums, hrsg. von Oskar Pausch). Köln u. a. 1993

Walz, Markus (Hrsg.): Handbuch Museum. Geschichte, Aufgaben, Perspektiven, Darmstadt 2016.

Wegren, Stephen K.: Agriculture and the State in Soviet and Post-Soviet Russia. Pittsburgh 1998.

Weiner, Douglas R.: A Little Corner of Freedom. Russian Nature Protection from Stalin to Gorbachëv, Berkeley/Los Angeles/Oxford 1999.

Wilk, Mariusz: Schwarzes Eis. Mein Russland, Wien/München 2003.

Witte, Georg: Die sowjetische Kolchos- und Dorfprosa der fünfziger und sechziger Jahre. Zur Evolution einer literarischen Unterreihe, München 1983, S. 80–85. Abgerufen unter URL: https://www.peterlang.com/document/1066956, letzter Zugriff: 05.05.2023.

Wojnowski, Zbigniew: De-Stalinization and Soviet Patriotism. Ukrainian Reactions to Eastern European Unrest in 1956, in: *Kritika, Explorations in Russian and Eurasian History* 13 (2012) 4, S. 799–829.

Wüst, Heide: Tradition und Innovation in der sowjetrussischen Dorfprosa der sechziger und siebziger Jahre. Zu Funktion, Darstellung und Gehalt des dörflichen Helden Vasilij Šukšin und Valentin Rasputin, München 1984.

Yurchak, Alexei: Everything Was Forever Until It Was No More. The Last Soviet Generation, Princeton/Oxford 2006.

Zaslavsky, Victor: The neo-Stalinist. Class, Ethnicity and Consensus in Soviet society, New York 1982.

Zelenin, Il'ia E.: Agrarian Policy and Agriculture in the USSR. In: *Russian Studies in History* 50 (Winter 2011/2012) 3, S. 44–70.

Zezina, Maria: De-Stalinisation and Socialist Realism. The Union of Soviet Writers in the Period of the Thaw, in: Bohn, Thomas u. a. (Hrsg.): De-Stalinisation reconsidered. Persistence and Change in the Soviet Union, Frankfurt/New York 2014, S. 193–207.

Zhuk, Sergei I.: Rock and Roll in the Rocket City. The West, Identity, and Ideology in Soviet Dnepropetrovsk, 1960–1985, Washington 2010.

Zlatoustova, V. I.: Gosudarstvennaja politika v oblasti muzejnogo dela 1945–1985. In: Muzej i vlast': Gosudarstvennaja politika v oblasti muzejnogo dela XVIII–XX vv., Moskau 1991, S. 226–298.

Zubkova, Elena: Russia After The War. Hopes, Illusions, and Disappointments, 1945–1957, New York/London 1998.

Enzyklopädien und Lexika

Bol'šaja Sovetskaja Ènciklopedija. 18. Teilband (Nikko–Otolity), ³Moskva 1970.

Das Philosophische Wörterbuch. Band 1, hrsg. von Georg Klaus und Manfred Buhr, Berlin 1970.

Online-Lexikon zur Kultur und Geschichte der Deutschen im östlichen Europa, 2014. Abgerufen unter URL: https://ome-lexikon.uni-oldenburg.de/begriffe, letzter Zugriff: 16.05.2023.

Ožegov, S. I./Švedova, N. Ju.: Tolkovyj slovar' Ožegova 1949–1992. Abgerufen unter URL: https://dic.academic.ru/contents.nsf/ogegova, letzter Zugriff: 05.05.2023.

Pomor Encyclopedia. Tom 1: Istorija Archangel'skogo Severa, Archangel'sk 2011.

Sovetskij juridičeskij slovar', Moskva 1953. Abgerufen unter URL: https://soviet_legal.academic.ru/, letzter Zugriff am 16.05.2023.

Politologija. Slovar', Moskva 2001. Abgerufen unter URL: https://dic.academic.ru/contents.nsf/politology, letzter Zugriff: 16.05.2023.

Zitierte Filme/Fernsehsendungen

Mimino. Mosfil'm 1977.

Nedolgo dumaja. In: *Fitil'* 3 (1962).

Restavracionnyj studenčeskij stroitel'nyj otrjad fizičeskogo fakul'teta MGU »Solovki-75«. Super 8-Filmdokument, 43:45 Minuten.

Internetquellen

Verordnung des Präsidenten der Russischen Föderation vom 6.04.2018, Nr. 145 ›Über die Gründung der Stiftung zum Schutz und zur Entwickung des Solovecker Archipels‹: https://fundsolovki.ru, letzter Zugriff 05.05.2023.

Offizielle Seite des *muzej-zapovednik* in Novgorod: https://novgorodmuseum.ru/, letzter Zugriff: 04.05.2023;

Muzei Rossii: http://www.museum.ru/, letzter Zugriff: 05.05.2023.

Offizielle Seite des historisch-architektonischen und landschaftlichen *muzej-zapovednik* ›Solovki‹: http://www.solovky.ru/, letzter Zugriff: 05.05.2023.

Studenčeskij otrjad MGU na Solovkach, 1967 (?) god: https://visualhistory.livejournal.com/1545228.html, letzter Zugriff: 05.05.2023.

Abbildungsverzeichnis

Titelbild © *Privatarchiv Igor' Mitin*
Abb. 1 © *Central'nyj archiv goroda Moskvy (CAGM), f. R-792, op. 1, d. 44, ll. 29–31.*
Abb. 2 © *Soloveckie Ostrova – Tourismusbroschüre 1986*
Abb. 3 © *Privatarchiv Igor' Mitin/Fotograf V. Tarasevič*
Abb. 4 © *Privatarchiv Jurij Brodskij*
Abb. 5 © *Soloveckie Ostrova – Tourismusbroschüre 1986*
Abb. 6 © *Privatarchiv Jurij Brodskij*
Abb. 7 © *Privatarchiv Jurij Brodskij*
Abb. 8 © *Privatarchiv Jurij Brodskij*